让法律被信仰

破产法文库

总主编 王欣新

论坛系列

王欣新　郑志斌　主编

BANKRUPTCY
LAW
FORUM

破产法论坛

第十五辑

王欣新　郑志斌　主编

法律出版社
LAW PRESS·CHINA

《破产法文库》编审委员会

总　序

现代破产法融清算退出与挽救更生程序于一体，是警醒正常市场主体"向死而生"之法，是帮助困境企业"涅槃重生"之法，是促使失败企业"规范退出"之法。破产法律制度是市场经济法律体系不可或缺的重要组成部分，甚至被称为市场经济之"宪法"。市场经济社会的基本法则乃公平竞争、优胜劣汰。故，凡市场经济之法治国家，无不将破产法视为其法律体系不可或缺之重要组成部分，并将其作为评价一国市场经济地位和营商环境水准的重要标志。

中国自改革开放以来，高度重视营商环境建设，逐步健全完善市场主体退出制度。1986 年 12 月 2 日第六届全国人民代表大会常务委员会审议通过了《企业破产法（试行）》，于 1988 年 11 月 1 日起施行。2006 年 8 月 27 日第十届全国人民代表大会常务委员会第二十三次会议审议通过了《企业破产法》，自 2007 年 6 月 1 日起施行，《企业破产法（试行）》同时废止。2013 年 11 月《中共中央关于全面深化改革若干重大问题的决定》指出：要"健全优胜劣汰市场化退出机制，完善企业破产制度"。2014 年 10 月《中共中央关于全面推进依法治国若干重大问题的决定》指出："社会主义市场经济本质上是法治经济。使市场在资源配置中起决定性作用和更好发挥政府作用，必须以保护产权、维护契约、统一市场、平等交换、公平竞争、有效监管为基本导向,完善社会主义市场经济法律制度。”2018 年 8 月第十三届全国人大常委会立法规划发布,《企业破产法》的修订纳入立法规划,属于“需要抓紧工作、条件成熟时提请审议”的项目。2018 年 11 月中央全面深化改革委员会第五次会议审议通过了《加快完善市场主体退出制度改革方案》,将加快以破产法为核心的市场主体退出制度建立健全的步伐,以更好地服务供给侧结构性改革和营商环境优化建设。

我国破产法的历史虽然短暂,但也已走过了 30 余个春秋,《企业破产法》及其司法解释构成了较为完整的破产法制度体系,全国各地各级法院组建了约 100 家破产审判庭,北京、上海、深圳三地更是在最高人民法院的批准下组建了破产法庭,破产审判的市场化、法治化、专业化建设取得了长足的进步,破产案件数量逐渐上升,破产法的理念、文化与制度规则也得到了更广泛的传播和认可。

破产法律制度的建立健全和破产审判的市场化、法治化、常态化推进,是市场经济可持续发展、营商环境优化建设的重要保障,市场经济之发展亦注定离不开破产法学研究之繁荣。中国人民大学破产法研究中心和北京市破产法学会自成立以来,始终坚持学术为本、理论联系实际和以问题为导向的研究理念,不遗余力地创办“中国破产法论坛”及其专题研讨会等权威交流平台,多年来持续编辑出版《破产法论坛》等图书,凝聚了中国破产法理论与实务界之顶尖研究力量,致力于破产法治事业之发展与进步,赢得了全体“破人”之赞誉与支持。

为进一步整合中国破产法理论界与实务界之研究力量,经与浙江省高级人民法院民四庭庭长章恒筑法官、中国人民大学破产法研究中心副主任郑志斌律师、中国人民大学破产法研究中心副主任兼秘书长徐阳光教授、法律出版社法治与经济出版分社社长沈小英编审反复商议,中国人民大学破产法研究中心、北京市破产法学会决定联合法律出版社创办“破产法文库”,面向国内外同仁开放。

“破产法文库”设置 5 个子系列,其中,学术系列希冀广纳中国学界高水准之破产法专著;译著系列拟推介域外之经典破产法文献与法典;论坛文集系列继续推出“中国破产法论坛”及其专题研讨会之优秀论文;实务系列侧重出版破产法实务经验总结之佳作;茶座系列则旨在分享破产法实施中的趣闻轶事以及破产法同仁办理破产案件的心得体会。

从历史上看,中国是一个缺乏破产法文化传统与理论实务研究积淀的国家。“破产法为一重要之法律,然学者研究之者,远不如研究民刑之法之夥;良以向者适用较少,兴趣遂减。”民国法学家吴传颐先生数十年前之感慨,仍让今人有现实之叹。而今,破产法的社会调整作用日益得到人们的认可与重视,破产法的研究也日益深入。破产法是一个综合性的法学领域,破产法治建设是我们共同的事业追求。但愿“破产法文库”之创办能够团结更多法学同仁来关注和研究破产法理论与实践之重点难点问题,并将自己高水平的研究成果纳入文库中出版,共同推动中国破产法学术之繁荣、立法之完善与司法之进步。

是为序!

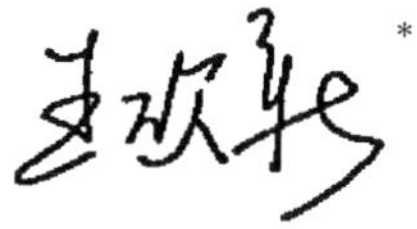*

2016 年 7 月 16 日撰写

2019 年 2 月 26 日修订

* 中国人民大学法学院教授、博士研究生导师,中国人民大学破产法研究中心主任,北京市破产法学会会长。

序 言

2017 年 4 月 23 日“中国破产法论坛 · 管理人制度的实践与创新专题研讨会”在浙江绍兴隆重召开，本次会议由中国人民大学破产法研究中心、浙江省绍兴市中级人民法院、绍兴市司法局、北京市破产法学会共同主办，绍兴市律师协会、绍兴市注册会计师协会、浙江省律师协会企业破产管理专业委员会共同承办。中共绍兴市委常委、常务副市长凌志峰，浙江省高级人民法院党组副书记、副院长朱深远，中国人民大学破产法研究中心主任、北京市破产法学会会长王欣新，最高人民法院民二庭审判长王富博等领导应邀出席会议并在开幕式致辞，中国人民大学破产法研究中心副主任、北京市破产法学会副会长兼秘书长徐阳光教授主持开幕式。

本次会议聚焦管理人制度的理论与实践问题。浙江省绍兴市中级人民法院院长张宏伟、绍兴市司法局局长王旭波、浙江省高级人民法院民二庭庭长章恒筑、广东省高级人民法院破产审判庭（执行裁判庭）庭长丁海湖、广西壮族自治区高级人民法院民二庭庭长蒋太仁、江西省高级人民法院民二庭庭长黎章辉、山东省法学会企业破产与重组研究会会长刘平、吉林省法学会破产法研究会会长齐明、上海市法学会破产法研究会常务副会长杨忠孝、浙江省律师协会副会长唐国华、浙江省注册会计师协会副会长兼秘书长石琪琪等 450 余位来自法院系统、高校系统、政府部门、管理人系统的专家学者出席本次会议,围绕“管理人的选任与队伍建设”“管理人履职与监督机制”“管理人与破产重整制度等问题”等议题展开深入研讨,成果丰硕,对于推动完善破产管理人制度的实践创新与理论研究具有深远的意义。

本次会议是我们第三次在浙江举行中国破产法论坛旗下的专题研讨会,得到了理论界与实务界的大力支持。会务组共征集到200余篇论文,论文内容丰富,理论联系实际,为管理人制度的改革与完善提供了思路与创见。中国人民大学破产法研究中心、北京市破产法学会对提交的论文进行了评奖,共评出一等奖4名、二等奖6名、三等奖8名。作为东道主,绍兴法院的法官和管理人积极撰稿,向本次会议提交了80余篇论文,绍兴市中级人民法院与本次专题研讨会主办方沟通后,在会后组织筛选了绍兴地区作者提交的优秀论文,汇编成《形而上与形而下——企业破产法的理论探索与实践创新》(张宏伟、楼东平主编,周剑敏执行主编),于2018年4月在人民法院出版社公开出版。我们对绍兴地区以外的作者提交的论文进行遴选,从100余篇论文中精选出40余篇论文收入本书,同时,收入了研讨会开幕式嘉宾致辞稿和大会主题演讲稿,以飨读者。

《全国法院破产审判工作会议纪要》指出:“管理人是破产程序的主要推动者和破产事务的具体执行者。管理人的能力和素质不仅影响破产审判工作的质量,还关系到破产企业的命运与未来发展。要加快完善管理人制度,大力提升管理人职业素养和执业能力,强化对管理人的履职保障和有效监督,为改善企业经营、优化产业结构提供有力制度保障。”本书收入的论文涵盖管理人制度改革的总体情况以及管理人选任、管理人报酬的确定、管理人履职及其保障机制建设等具体问题。虽然我们的出版时间较为滞后,但论文的内容和观点对解决现实问题依然具有重要的参考价值。我们期待本次专题研讨会以及本文集的出版能够推动我国破产管理人制度的改革与完善,推动破产法的市场化实施和破产法治事业的进步。

感谢破产法理论界与实务界对中国破产法论坛及其专题研讨会的大力支持,感谢法律出版社法治与经济分社社长沈小英编审及其团队对本书出版的辛勤付出,感谢中国人民大学破产法研究中心硕士研究生韩玥同学协助统稿。在本书编辑出版的过程中,错误与纰漏在所难免,恳请各位作者和读者批评指正。

王欣新 鄭志斌

2019年2月28日

目　录

一、嘉 宾 致 辞

二、主 题 演 讲

三、调 研 报 告

四、管理人的资格准入与选任机制

五、管理人的履职保障与监督管理

一、嘉宾致辞

中国破产法论坛组委会主任王欣新教授开幕致辞

欢迎各位嘉宾光临历史悠久、风光秀丽的绍兴市，参加由中国人民大学破产法研究中心、绍兴市中级人民法院、绍兴市司法局和北京市破产法学会共同主办的“中国破产法论坛·管理人制度的实践与创新专题研讨会”。

2017年恰逢《企业破产法》实施10周年。《企业破产法》的重要创新点之一，就是用市场化、法治化的管理人制度取代了旧破产法下行政性主导的清算组制度。今天我们在此举办“管理人制度的实践与创新专题研讨会”，也是对《企业破产法》实施10周年的回顾与展望。

管理人制度是保障破产法顺利实施的关键之一。随着管理人实务工作的深入展开，在管理人的指定、辞任与变更，管理人的报酬，管理人的职责与责任，管理人在重整程序中职责的履行，管理人的监督，管理人的履职评价机制等方面，都出现一些新的问题、新的挑战，需要我们深入研究，需要研究管理人制度的创新与完善问题。绍兴市在全国破产审判工作中是走在前列的，取得了突出的成绩和丰富的经验。本次研讨会希望大家积极参与、畅所欲言、百家争鸣，共同为管理人制度的创新与完善、相关司法解释的制定和管理人实务难题的解决做出贡献。

本次会议最初计划规模在200人左右，但会议通知发出后有近500人踊跃报名,反映出社会各界对我国管理人制度的极大关注以及对中国破产法论坛及其专题研讨会的大力支持。让我们心怀歉意的是,尽管会议主办方不断努力扩大会场容量,但终因场地所限,仍有部分人员未能如愿参会。今天会议在座的有来自全国各级法院系统、高校科研系统、党政部门及有关行业协会组织、各管理人机构以及司法网拍机构等共450余人参会。本次会议共征集到论文200多篇,论文内容丰富,理论联系实际,为管理人制度的改革与完善提供了思路与创见。会议主办方对提交的论文进行了评奖,共评出一等奖4名、二等奖6名、三等奖8名。会后我们还将择优将论文编入公开出版的《破产法论坛》系列文集。

在此,我们要感谢最高人民法院民二庭的支持,感谢浙江省高级人民法院以及该院民二庭对本次会议的支持。浙江省高级人民法院民二庭向本次会议提交了约4万字的关于完善破产管理人制度的调研报告,在本次会议上首次公开发表。尽管这篇调研报告的水平很高,但他们主动提出不参加论文评奖,表现出礼让的风格。此外,我们还要感谢与会各位领导和嘉宾的支持,感谢绍兴市律师协会、绍兴市注册会计师协会、浙江省律师协会企业破产管理专业委员会等承办单位对本次专题研讨会的支持,感谢会务组的辛苦工作。

最高人民法院民二庭审判长王富博开幕致辞

衷心地感谢中国人民大学破产法研究中心、绍兴市中级人民法院、绍兴市司法局、北京市破产法学会联合举办本次专题研讨会，使我们有幸在美丽的绍兴古城共同研讨管理人制度的实践与创新，共谋破产事业发展大计！

多年以来，中国人民大学破产法研究中心和北京市破产法学会一直致力于破产法理论研究和实务探讨，为促进中国破产法制建设做出了杰出贡献。其创办的“中国破产法论坛”已经成为行业内最具影响力的知名品牌，对于加强理论界和实务界的沟通交流，推动破产法学研究及其成果转化发挥了巨大作用。浙江省是全国法院破产审判工作的排头兵，在浙江省高级人民法院的有力指导和监督下，以绍兴市中级人民法院为代表的浙江省各基层法院积极探索，勇于实践，积累了丰富的审判经验，走出了一条成功的破产审判之路，促进了地区经济转型和发展。在浙江省法院审理的破产案件中，有很多都非常具有典型性和开创性。例如，绍兴市中级人民法院审理的“浙江玻璃股份有限公司等五公司合并破产案”，即被最高人民法院评为“人民法院依法处置‘僵尸企业’十大典型案例”。此次专题研讨会选在绍兴市召开，本身就是对浙江省、对绍兴市破产工作的充分肯定。

管理人是破产程序中最重要的机构之一，是破产程序的推动者,其职责贯彻破产程序始终。管理人的工作好坏、素质高低直接决定破产程序能否公正、高效、顺利进行。我国 2007 年实施的《企业破产法》创设管理人制度,是我国破产工作走向规范化、市场化、国际化的重要标志。我国《企业破产法》实施以来的 10 年间,广大管理人和法官共同努力,化解了数万件破产案件,保障了破产法的贯彻实施,为市场主体有序退出或重生发挥了重要作用。10 年的实践磨炼,锻造出了一批业务精湛、实力雄厚的机构管理人,涌现了包括在座很多人在内的一大批优秀从业人员。这是我国破产行业最宝贵的财富,是破产事业发展的希望和基石。

但是,在看到成绩的同时,毋庸讳言,由于管理人制度并非植根于我国本土的制度设计,而是一个“舶来品”,加之运行时间不长,因此社会认知度不高。现行法律制度是在实践经验不足的情况下,通过借鉴国外立法经验制定而成,难免存在一定的水土不服问题。况且,实践的发展总比事先预期更为纷繁复杂,由此导致现行管理人制度在适用过程中还存在不少问题。具体而言,主要有以下几方面:

一是选任范围。我国《企业破产法》规定管理人由清算组或律师事务所、会计师事务所、破产清算事务所等社会中介机构及其个人担任。为了指定管理人的便利性、有效性、公开性,我们配套采用了管理人名册制度。但由于管理人名册编制标准过于原则,自由裁量空间大,导致各地入册管理人的资格标准和数量不一,素质良莠不齐;而且名册调整不及时,难以适应现实的发展变化。清算组缺乏中立性、专业性,不具备责任能力,本应限制适用,但因现行规定存在兜底条款,导致清算组适用边界不明,实践中有扩大化的倾向。破产清算事务所符合破产管理的职业化方向,但因入口过宽,门槛较低,资信与业务能力差异较大,亟须健全管理体制,合理设置准入条件,制定规范化的行为准则,提升整体素质。

二是选任主体。由谁来选任管理人,历来存在法院和债权人会议之争。强调法院在破产程序中公权干预职能的,则主张由法院选任,以凸显管理人的中立性,平衡债权人和其他当事人之间的利益关系;遵从债权人自治理论的,则主张由债权人会议选任,以凸显债权人的意志。我国《企业破产法》规定管理人由人民法院指定。但一直以来,对此持批评意见,主张由债权人会议选任的呼声不绝于耳。如何协调两种模式,兼顾不同价值取向,实现司法控制与债权人自治的平衡,值得研讨。

三是选任方式。根据现行规定,管理人的选任有随机、竞争和推荐等方式。

目前摇号等随机方式在全国仍占主流。这有利于实现机会均等，保障选任公开公平，防止“暗箱操作”，杜绝司法腐败，但最大弊端在于选出的管理人往往与破产案件难易程度和审理要求不匹配，影响破产工作的质效，必须加以改进。改进的方向是建立管理人分级、案件分类，管理人素质与案件难易程度相适应的选任机制。竞争选任规则在适用范围、选任程序上都过于严格，下一步也应调整优化，总的趋势是扩大适用范围，改进选任程序，通过有序竞争，实现优胜劣汰，促进管理人能力提升。

四是薪酬制度。管理人制度以市场化为导向，薪酬标准也应符合市场规律，理当按劳取酬。但目前的管理人报酬还没有真正实现市场化，薪酬标准相对固定单一，缺乏有效激励机制。根据债务人最终清偿财产的价值总额计付薪酬，常常不能体现管理人的工作业绩和效果。随着“僵尸企业”的清理、执转破的大力推进，下一步会出现大量的无产可破案件，此时管理人的报酬如何保障，需要认真研究解决。

五是监督管理。破产法赋予了法院、债权人会议、债委会对管理人的监督权。但法院对管理人的监督往往会出现两个极端：有的以审判任务繁重为由，放任不管；有的事必躬亲，对本应由管理人自行处理的事务也插手过问。如何合理界定法院监督和管理人自主决策之间的边界，需要研讨。债权人会议的召开费时耗资，作为会议机构，难以实施日常监督。债委会的委员都是兼职，也很难胜任日常监督。监督机制如何构建，需要进一步探索。此外，现行法律对管理人业务指导、技能培训、履职考核等均未明确，全国性的行业自律组织——中国管理人协会尚未成立。

提出以上问题，并非否定管理人的制度价值和工作业绩，而是坚持问题导向，希望大家充分利用本次专题研讨会提供的契机，群策群力，探讨解决问题的思路和办法，推动管理人事业健康发展。当然，最高人民法院对此也责无旁贷。下一步，我们将广泛调研，充分论证，适时制定司法解释，在能力所及的范围内解决问题。今天，我和郁琳法官前来参会，目的就是倾听大家的意见和建议，为制定已经提上日程的管理人司法解释收集材料、储备知识、开阔思路。

“沉舟侧畔千帆过，病树前头万木春。”只要我们充分利用当前破产工作发展的有利时机，紧密合作，积极作为，就一定会迎来破产事业的春天，开创管理人工作的新局面！

浙江省高级人民法院党组副书记、副院长朱深远开幕致辞

春暖花开，大地回春。我谨代表浙江省高级人民法院对来自全国的从事破产审判、管理业务的同仁表示诚挚的欢迎，对“中国破产法论坛·管理人制度的实践与创新专题研讨会”的胜利召开表示热烈的祝贺！感谢最高人民法院民二庭、中国人民大学破产法研究中心一直以来对浙江法院破产审判工作的支持。2015 年在余杭召开了“中国破产法论坛·房地产企业破产专题研讨会”，取得了很好效果，今天又在绍兴市召开管理人制度专题研讨会，是适逢其时。在制度层面，党的十八届三中、四中全会确定了市场、法治的顶层设计，企业破产制度是社会主义市场经济体制的一项基础性制度，而管理人制度则是企业破产制度的重要组成部分；在实践层面，当前，法院通过破产审判深化服务供给侧结构性改革正在着力推进，法院内部作为“基本解决执行难”重要路径的执行和破产程序衔接工作正拉开帷幕，管理人是破产事务的具体执行者，加强管理人工作的研究和部署将有力推动破产审判实践。

破产管理人是 2007 年 6 月 1 日实施的我国《企业破产法》新创设的制度。《企业破产法》实施以来，浙江法院在这方面开展了一些工作，取得了初步成效：一是建立了一支全国范围内数量最多的管理人队伍，2007 年浙江

省高级人民法院编制了第一批包括48家律师事务所和会计师事务所在内的管理人名册。2012年适应破产审判深入推进的需要,编制了包括220余家律师和会计师事务所机构和23名个人在内的第二批管理人名册,连同特批温州市中级人民法院编制的管理人名册,形成了全国机构数量最多的管理人队伍。二是在全省范围内常态化开展竞争方式指定管理人工作,按照浙江省高级人民法院《破产案件管理人指定工作规程(试行)》确定的“731规则”指定破产案件管理人,市场化配置管理人资源。截至2017年3月,浙江省共开展了160次区域性重大破产案件的竞争方式指定管理人工作,通过竞争机制优化管理人资源配置。三是推动府院联席会议机制,在全省范围内推动设立包括管理人报酬保障资金的破产专项基金,用以解决无产可破案件管理人报酬保障等问题。目前,温州、衢州、湖州、舟山等地政府均已经设立金额达数百万元的破产专项基金,省级层面也已经通过印发《推进企业破产审判重点工作及任务分工方案》落实省财政厅推动、指导有条件的市、县安排破产审判专项经费。四是引进省外管理人到浙江履职,2016年5月,浙江省高级人民法院发布通告,共17家省外中介机构经审核备案可以在浙江履职办理破产案件。制度化、规范化的引进省外管理人资源,据我所知这在全国也是首例。

2016年浙江法院共受理破产案件849件,约占全国法院受理案件数的15%;审结427件,约占全国的12%。2016年6月最高人民法院通报10起依法审理破产案件推进供给侧结构性改革典型案例,绍兴市中级人民法院审理的“浙江玻璃股份有限公司及其关联公司合并破产案”、安吉县人民法院审理的“浙江安吉同泰皮革有限公司执行转破产清算案”位列其中。这些破产案件的审理是由审判人员、管理人,在一些重大破产案件中还包括政府工作人员,付出了大量的心血和努力所取得的成果,来之不易。随着浙江市场化、常态化破产审判工作的不断深入推进,越来越多的问题也开始不断呈现,在管理人制度方面主要有:如何进一步加强管理人在接管、调查债务人财产等履职过程中的执业保障;如何更精细化的界定人民法院、管理人、债权人会议等各主体的权力(权利)、义务和职责;如何更准确的评价管理人的工作和确定管理人报酬等。今天举办的这个研讨会,为省内外管理人、审判人员、相关专家学者共同探讨和解决这些问题提供了良好和务实的平台。

最后,预祝本次研讨会取得圆满成功!

绍兴市人民政府常务副市长凌志峰* 开幕致辞

非常高兴"中国破产法论坛·管理人制度的实践与创新专题研讨会"在美丽的绍兴市举行。首先,我代表市委市政府对各位领导、专家莅临指导表示热烈欢迎,并预祝本次会议取得圆满成功。

下面,我简单介绍一下绍兴市。绍兴市地处长江三角洲南翼,下辖3区2市1县,面积8256平方公里,常住人口498万。2016年,全市实现生产总值4710亿元,人均生产总值超过1.5万美元,财政总收入630亿元,一般公共预算收入390亿元,城镇居民人均可支配收入50,305元,农村居民人均纯收入27,744元。绍兴市主要有四个特点:一是文化底蕴深厚。绍兴已有2500多年建城史,是首批中国历史文化名城,著名的水乡、桥乡、酒乡、书法之乡、戏曲之乡、名士之乡。二是山水风光秀丽。绍兴境内有会稽山、鉴湖水等名山、名水,古代文人墨客都以到绍兴采风为时尚,是著名的"唐诗之路"。三是产业特色鲜明。柯桥中国轻纺城是全球规模最大的纺织品集散中心,嵊州市是全国最大的领带生产基地,诸暨市是全国最大的袜业生产基地。此外,一批生物医药、节能环保、新能源等战略性新兴产业正在崛起。四是民营经济

* 现任浙江省应急管理厅厅长。

发达。2016 年全市共有市场主体 47.6 万家(包括个体工商户 33.1 万家),其中规上企业 8816 家,来自全球 50 多个国家和地区的外商在绍投资办厂超过 5900 家。目前,全市共有上市企业 67 家,上市企业的数量居全国同类城市第四位。

近年来,为加快淘汰落后产能,促进产业转型升级,绍兴市以供给侧结构性改革为主要抓手,注重运用法治思维和法治方式,为企业发展营造良好法治环境,取得了明显成效。特别是绍兴两级法院坚持问题导向,立足当地实际,不断探索实践破产等企业处置方式,出台了破产审判与管理的一系列创新工作举措,处置了一批重大有影响的破产案件,使一批应淘汰企业依法、有序退出了市场,为企业帮扶工作积累了宝贵经验,同时也为我市经济发展腾出了空间。

中国破产法论坛是国内破产法理论和实务领域最专业、最权威的论坛。王欣新教授是破产法方面的领军专家,今天来参加会议的都是破产法方面的资深专家,此次专题研讨会选择在绍兴召开,对绍兴市的经济发展而言既是一种有力支持,也是一次难得的学习机会。绍兴市民营经济发达,大量市场主体积极发展的同时,也有大量市场主体被淘汰或重生,2016 年全市新增规上企业 1316 家,退出 428 家,全市两级法院共受理了破产案件 78 件,且数量呈逐年较快上升的趋势,这对于破产法的研究和发展而言,我想也是一片很好的实践基地。我相信中国破产法论坛与绍兴的破产实践相结合,一定能取得丰硕的成果。希望各位专家为绍兴的发展多作指导、多提意见,共同推进绍兴的企业破产工作再上新台阶,为绍兴经济转型提供有力司法支持。

二、主题演讲

管理人制度的发展与创新*

王欣新**

我国《企业破产法》自2007年6月1日实施，至今恰逢10周年。我国《企业破产法》的重要创新点之一，是用市场化、法治化、国际化的管理人制度取代了旧破产法下行政性主导的清算组制度。在《企业破产法》实施的十年中，管理人制度得到了广泛的适用与长足的发展，但在实践验证中也显现出许多需要继续改革与完善之处。为此，要根据企业破产法对管理人制度的立法目的与实践需要进一步转换观念，完善规则，健全制度，不断创新发展。

一、管理人制度立法理念的转换与调整

要想使管理人制度得到发展与创新，首先要在制度的立法理念、基本原则上进行一些必要的转换与调整。

第一，从目前注重保障管理人制度运作的形式公平，转换为进一步致力于保障制度实施的实质公平，适应破

---

* 本文为作者在“中国破产法论坛·管理人制度的实践与创新专题研讨会”上的大会主题演讲内容，后发表于《人民司法》2017年第19期。

** 中国人民大学破产法研究中心主任、教授，北京市破产法学会会长，中国破产法论坛组委会主任。

产法顺利实施的需要。必须承认,有时候法律的形式或程序由于立法背景、制度设计、实践经验等方面的原因,可能不足以在各种情况下都能保障立法目的的实现,保障实施的实质公平。管理人制度作为破产法中的一项新制度,由于缺乏立法经验与实践检验,也难免存在这种情况。目前在大部分情况下,管理人制度的实施,通过对形式公平的保障就可以实现实质公平,达到立法目的,两者是一致的。但有时形式公平与实质公平之间也会出现偏差,仅做到形式公平尚不足以实现法律实施的实质公平,尤其是保障破产法的顺利实施,这就需要对制度实施的形式与方法进行调整改进。例如,适用随机方式指定管理人,在部分情况下可以实现指定的形式公平,但是,对一些案件却不能做到指定与案件所需能力最为适当的管理人就任,导致案件的处理可能失去质量与效率、失去实质公平。要实现立法实质公平的目的,就必须转换管理人指定的理念,适当打破形式公平的过度束缚,适用实质公平优先的原则对管理人指定制度进行不断的创新与发展。此外,在管理人制度的其他一些方面也存在类似的问题,需要进行相应的调整。

第二,从单纯强调制度的公平优先,转换为效率与公平兼顾。2015 年《中央经济工作会议公报》提出,要加快破产清算案件审理。公平是法律追寻的目标,但任何时候对公平的追求都不应以过度牺牲效率与效益为代价,尤其是在企业债务清偿最后环节的破产案件中。没有效率与效益的所谓公平,往往会构成对当事人尤其是债权人权益的实质损害。也就是说,过度迟延实现的公平,对当事人来说已经不再是真正的公平。当公平的成本超过当事人期望的效率与可能得到的效益时,公平就成为普通人无法承受的奢侈品而失去其本意。实践中,一些破产案件由于种种原因久拖不决,以致部分人失去对破产法的信任与尊重,不愿再寻求破产法的保护与救助。所以,在破产法尤其是关系着破产程序进程的管理人制度的改革与完善中,一定要致力于提高管理人的工作素质、提高破产程序的效率,包括健全相关的各项社会配套制度,从管理人工作的角度出发争取尽快结案,保障当事人尤其是债权人包括担保债权人的权益尽早得到实现,要使公平与效率和效益同时体现在每一个破产案件中。

第三,转换管理人制度尤其是指定管理人方式思维的基点,从最初的制约权力、防范腐败、保护法官,转换为保障破产程序顺利进行,保障破产法立法目标即公平与效益的实现。再严格的制度在人的操作之下也难免会有腐败的缝隙,即使是目前法官权力难以直接渗透的管理人随机指定制度也有可以钻营的漏洞。

如有的破产法官反映,一些法院的随机指定管理人摇号程序规则不明确、程序不公开透明,仍存在"暗箱操作"的可能;管理人名册制度在入册标准、机构评审等问题上也存在利益输送的风险。所以,虽然管理人制度在设计时要考虑不留下司法权力滥用的漏洞,但对司法界的反腐倡廉问题还是应当由其他法律如行政法乃至刑法等相关的主导法律制度去调整,即由相关的党纪国法来制约、解决。管理人制度建立的目的是保障破产程序的顺利进行,而不能设计成以制约司法腐败为主要导向的制度。在很多国家,即使是采用由法官直接自由指定管理人的方式也没有出现明显的腐败问题,我们在改革管理人指定方式等制度时也应当调整这一被扭曲的观念,摆脱其不当约束。

二、管理人制度规则的确立与完善

为了实现破产法建立管理人制度的立法目标,要建立起一系列管理人的行为规范、监督机制与责任追究等方面的制度与规则,要不断对管理人制度进行改革与完善,以适应实践发展的需要。笔者认为,目前需要调整的重点领域包括以下几个方面。

第一,在管理人人选的选任范围方面,要确立由社会中介机构担任管理人的市场化主导模式,以此为发展方向,逐步废止旧破产法下遗留的由政府清算组担任管理人的行政主导模式。在目前的司法环境下,实现这一目标、排除不当行政直接干预渠道的关键是,尽快健全企业破产引发的各种衍生社会问题的解决机制与制度,以实现2015年《中央经济工作会议公报》提出的目标:要依法为实施市场化破产程序创造条件。实践中,中介机构担任管理人经常遇到的一个难题,或者反过来讲,一些人热衷于主张指定政府清算组担任管理人的一个重要理由,就是因涉及企业破产衍生社会问题解决的各项市场化社会配套制度不健全,由中介机构独立担任管理人,在需要协调地方政府解决破产衍生社会问题时存在诸多困难。而由政府官员担任清算组作为管理人直接介入破产案件,可以迫使政府不得不出面处理本应由其负责解决的社会问题,借助政府行政化手段处理,有利于破产程序较为顺利地进行。

应当说,目前企业破产的一些社会配套制度不健全的主要原因之一,就是一些政府部门未能积极、有预见性地正确履行其工作职责,即政府应当办的事没有及时办或没有办好,没有建立起切实保障市场经济正常运行的各种机制和相应制度,没有为实施市场化破产程序创造条件。目前已有的一些与企业破产相关的法律和制度往往仅着眼于对正常经营企业的常态化调整,而缺乏对处于债务困境尤其是处于破产程序中的非常态企业进行常态化调整的理念和措施,以至于远远落后于现实发展的需要。这些法律和制度与破产法之间的生态关系处于隔离、缺失与冲突的状态,不仅不能对破产法的实施起到有机配套、衔接与融合的保障效应,其制度缺陷反而往往成为制约破产法顺利实施的阻力乃至障碍。由于对企业破产衍生社会问题的解决缺乏法律与制度性的常态化保障,而从法律角度讲,法院与中介机构管理人既无财务资源也无职权和职责解决这些本应由政府负责解决的社会问题(虽然因这些问题发生在企业破产程序中而不得不协助地方政府一并予以处理),使法院在审理破产案件面临这些难题时不得不更多地依赖于地方政府对破产企业个案的临时性、非制度化调整措施的解决。但一些地方政府缺乏对破产法的正确认识,一旦企业进入破产司法程序,就消极对待本应由其负责的各种破产衍生社会问题的解决,把自己的责任推卸给法院与管理人。有的地方政府还不承认管理人的法定地位,不配合管理人依法履行职务的行为,使破产案件的审理因衍生社会难题的阻碍而陷入困境。这就使法院不愿意受理地方政府不承担其应尽义务的破产案件,并由此导致一些法院不得不借助于指定政府清算组作为管理人,将地方政府拖入破产案件,以缓解、疏导其面临的破产衍生社会问题的解决压力,由此形成恶性循环。

破产衍生社会问题的存在以及社会配套解决法律制度的不健全,导致实施市场化破产程序往往不具备充分条件,难以市场化、法治化、常态化地处理这些问题,所以不得不强调政府依法履职予以解决,这是客观事实。这一现实经过破产法的实践,大家已经有充分的共识,所以关键不是社会问题要不要解决、政府要不要发挥作用,而是政府应当通过何种方式解决问题、发挥作用。笔者认为,解决问题的正确方法,不是向后退缩到固化由政府清算组担任管理人的模式,将政府重新推向行政直接干预企业破产的前台,走非市场化、非法治化的政策性破产老路,而是应当督促、协助政府尽快建立起完善的社会配套制度,如常态化的政府财政支持企业破产社会费用制度,建立职工工资保障基金、管理人报酬保障基金等制度,以及在工商管理、证券发行融资、重整企业信用修复、破产税务合理调整、企业破产注销、企业档案保存管理等方面及时进行适应企业破产需要的全面改革，建立相应的调整机制，从根本上解决问题。在能够以法律和制度统一解决问题前的过渡阶段，应当由地方政府采取类似浙江等地区建立的府院联动等机制，对企业破产提供全面的临时性协同处理和个案支持，尤其是对中介机构管理人工作予以大力支持，同时通过政府发布相关文件、达成各方的会议纪要等方式逐步建立起常态化调整制度。对那些有重大社会影响的企业破产案件，地方政府应当予以充分关注，并采取相应措施避免企业破产的社会负效应过度溢出，影响社会稳定和经济发展。但是这些措施应当以市场化、法治化的方式实施，而不能进行直接的不当行政干预，包括任意使用清算组管理人模式进行内部化干预。其实，在一些地方如浙江，在破产案件中全面停止使用政府清算组管理人模式，反而促进了地方政府以市场化、法治化方式建立对破产衍生社会问题的常态化调整制度和机制，并逐步实现中央为实施市场化破产程序创造条件的要求。

为此，首先，应使政府有关部门端正观念，使其认识到解决企业破产衍生社会问题是政府的本职工作，是其应尽的职责。法院和管理人是在帮助政府解决问题，从而依法积极配合中介机构管理人的各项工作，而不能站在一边“打酱油”、看热闹、拒不配合，甚至有意无意地给管理人的工作设置阻力、制造障碍。其次，地方政府要主动承担起建立解决企业破产衍生社会问题的常态化调整制度的责任，逐步建立各项具体的配套执行制度与机制，并建立相应的责任追究制度，以保障政府解决企业破产衍生社会问题职责的切实履行。

第二，实现管理人指定制度的改革。管理人的指定要从以随机方式为主（正如有的人指出的，从严格的意义上讲，随机方式并不具有法院指定的词义与作用，而是一种运气指定），转变为对管理人实行分级管理、对案件分类适用不同方式指定，并充分发挥在较为重要的破产案件中竞争指定方式的作用，创新指定方式，实行对管理人指定制度的综合性改革。

对资产负债关系简单的普通破产案件可以适用随机方式或者“轮候＋摇号”的复合随机方式指定管理人，对较为重要、复杂的案件可以适用竞争或以竞争为主的综合复合方式（如“竞争＋随机”“轮候＋竞争＋随机”等）指定管理人，使随机方式的形式公平与竞争方式的能力优先有机结合，使随机的运气优先与轮候的机会平等相结合。对不同类型的破产案件可以采用不同的指定方式，如对清算管理人和重整管理人在履职能力与经验方面有不同的要求，可以适用不同的指定方法和选任标准，并扩大重整管理人包括联合管理人的选任范围，使企业经营管理、资产管理、投资银行与金融方面的人才也能在企业重整中发挥作用。选任管理人时的考虑因素,应从注重名册机构的历史业绩转向对具体管理团队与个人履职能力并重,避免因个人的离职流动导致机构原有工作水平和能力变化而使指定判断标准失去实际意义。

有人认为,采用竞争方式指定管理人,会造成部分先行进入破产服务领域、具有竞争优势的中介机构垄断案件出现马太效应,使强者恒强、弱者愈弱,所以应当对其担任管理人予以一定限制。笔者认为,对这个问题要予以公允评价,而这种顾虑则是不必要的。中国管理人队伍的专业水平在世界上还是相对落后的,要形成在国际上具有竞争力的破产管理人团队,应提高低水平机构的能力,还应保证在重大、疑难破产案件中指定的管理人的能力水平标准不会降低。此外,高端中介机构专业水平的发展、主辅联合管理人等制度的适用,也有助于提升管理人队伍的整体水平。竞争的公平、社会的发展,从来也不是以对优胜者的遏制和对弱者的过度保护为手段实现的。

在改革管理人指定方式时,需要注意防范伴随改革可能出现的问题。如以竞争包括"竞争+随机"方式指定管理人时,存在指定期间长、成本大、效率低等问题,法院对参与竞争者的评审尤其是中介机构参与竞聘的成本大、负担重。而在"竞争+随机"的方式下,即使取得较大的竞争优势也可能在随机抽签中落空,还往往发生法院单纯以管理人的报酬报价高低作为主要选任标准的恶意竞争。此外,还要解决一些法院对竞争指定管理人的内部评审程序不够公开透明等问题,为此,应当采取相应措施继续深化管理人指定制度的改革。例如,适当简化竞争及评审程序,降低各方成本与中介机构参与竞争指定的不确定性风险,如当参与竞争者的评审分数差距较大时直接指定优胜者,或缩小随机抽签范围,提高竞争优胜者的指定概率;采取主辅联合管理人制度,由经验丰富的中介机构对经验不足的中介机构进行"传帮带"等。此外,在确立一般指定原则的同时,也要考虑对例外情况的调整。如以"竞争+随机"指定管理人的假定前提是,经过竞争环节后所有纳入随机摇号的中介机构都具备担任该破产案件管理人的基本资质与能力,但在实践中有时会因为参与竞争者的人数不足而导致纳入随机摇号范围者的能力仍存在很大差异。所以,当参与后期随机摇号的中介机构之间在任职能力方面存在明显差距时,就应当取消随机摇号程序,直接进行指定。例如,在第一名与其他竞争者之间的评分差距大到一定程度时,就直接指定第一名担任管理人，以避免因高水平的参与竞选人数过少、摇号反而将不具有充分办案能力者选为管理人的荒谬现象。

第三，对管理人报酬的支付，从以债务人最终获得清偿的无担保财产数额为计酬范围与标准的一般原则，转换为兼由担保财产中公平分担。这一改革主要是为应对日益增多的债务人企业的有效财产上全部设置有物权担保、无担保财产不足以支付破产费用，尤其是管理人合理报酬的实践难题。

我国的银行向企业发放贷款时都要求债务人提供抵押等物权担保，其他债权人在可能的情况下也会寻求以物权担保保障其债权安全，加之我国《物权法》第 181 条还规定有动产浮动抵押制度，这就导致一些企业在进入破产程序时，基本上所有有效财产之上均设有物权担保。根据最高人民法院《关于审理企业破产案件确定管理人报酬的规定》，人民法院是根据债务人最终清偿的财产价值总额，以高额累进、比例递减的方式计算管理人的报酬。担保权人优先受偿的担保物价值，不计入计算管理人报酬的财产价值总额，仅在管理人对担保物的维护、变现、交付等管理工作付出合理劳动的情况下，才有权向担保权人收取适当的报酬。管理人与担保权人就上述报酬数额不能协商一致的，由人民法院确定，但报酬数额不得超出管理人计酬标准的 10%。此外，最高人民法院《关于适用〈中华人民共和国企业破产法〉若干问题的规定（二）》第 3 条第 2 款规定，对债务人的特定财产在担保物权消灭或者实现担保物权后的剩余部分，在破产程序中可用以清偿破产费用、共益债务和其他破产债权。也就是说，担保财产原则上是不得在清偿担保债权之前用于清偿破产费用和共益债务包括支付管理人报酬的。一些破产案件基本上没有无担保财产或其价值很小，使管理人因计酬标准甚低甚至根本不存在而无法获得合理报酬。这种状况的发生若形成常态，必然会使管理人失去任职热情和履行职责的财务基础与积极性。

我国《企业破产法》第 43 条第 4 款对上述情况予以规定："债务人财产不足以清偿破产费用的，管理人应当提请人民法院终结破产程序。"但如因担保财产不清偿破产费用而以此为由终结破产程序，即使债务人还有大量担保财产，也无法通过破产程序处置，担保债权人的利益也难以顺利实现，而不终结破产程序，破产费用、管理人报酬又无从支付，这就会形成恶性循环，破坏管理人制度的市场化适用。笔者认为，当担保物基本覆盖债务人全部财产时，管理人的工作主要是为担保债权人保管、处置、分配担保物，解决担保债权人之间的利益分享、担保物变现、费用分担等问题,破产程序已是为担保债权人的利益而进行。所以,根据"谁受益,谁付费"的公平原则,担保债权人应承担无担保财产不足以支付的全部破产费用和共益债务,包括合理的管理人报酬。此时管理人的报酬应当从担保物变价款中支付,报酬的数额与比例可以按照最高人民法院对于正常情况规定的同等标准执行。此外,对于债务人的无担保财产虽然可以支付破产费用和共益债务,但基本无财产或只有很少财产向无担保债权人分配,以至于按照有关规定管理人不能获得合理报酬的情况,也应当按照上述原则解决,以避免出现债务人有财产、管理人有工作但却基本无报酬的现象,保障管理人的正当权益和破产程序的顺利进行。

三、管理人制度的创新与展望

管理人制度的发展与完善离不开不断创新。目前,一些地方在积极实施市场化管理人制度的同时,已经开始进行各种制度与规则方面的创新尝试,如尝试取消以管理人名册为指定范围、全面跨地域指定、由债权人或债务人推荐管理人、对特定案件适用直接指定方式,等等。在前文中提及的各种改革措施,也都是创新的体现。

凡是创新都难免会突破原有的思维定式、操作惯例以及一些制度局限,改变原有的利益格局,乃至触动一些既得利益者的奶酪。创新是为了正确地发展,但创新也是有风险的,从某种意义上讲,创新也是一种试错机制,在管理人制度方面的创新也是如此,难免伴随产生各种问题与不足。这就要求我们的社会要有开放的态度、容错的肚量与纠错的保障,只有不断创新,才能实现社会的发展与进步,才能使破产法治下的管理人制度逐步完善。

在理念与制度创新的过程中,不仅要从本国的司法实践中汲取经验与教训,还要借鉴世界各国的先进经验。2016 年 G20 峰会期间,在中美两国元首会晤形成的成果中对破产法问题十分重视,强调中方将通过继续建立专门的破产审判庭、不断完善破产管理人制度以及运用信息化手段等方式推进破产法的实施。此后,2016 年 12 月在北京和上海分别举办了以破产法为主题的中美法律交流学术会议,2017 年 5 月在湖南常德举办了破产法专题的中德法治国家对话第十七届研讨会。2017 年 5 月 23 日习近平总书记主持召开了中央全面深化改革领导小组第35次会议,会议指出,要坚持对外开放,适应国际通用规则。只有充分借鉴世界各国有关破产法立法与实践的经验,才能为我国管理人制度的创新与发展提供不断的助力。

管理人制度的创新必须与司法实践的需求密切结合,所有的创新都应是为了更好地解决问题,而不是单纯的标新立异。在创新中还要注意辨明改革的实质,从而从根本上推动制度的前行。例如,现在正在实行的执行转破产,乃至有的地方进一步推行的诉讼转破产的改革措施,从破产的角度讲,其最关键的实质内容无非就是让法院把已经发生破产原因、依法应当受理的企业破产案件及时予以受理,破除当事人对破产申请的惰性认识与错误利益判断,阻断其他制度对破产法实施可能产生的不当替代与恶性循环效应。所谓转破产只是利用程序上的衔接更好地破除在破产申请、案件受理方面的一些认识误区与行为障碍,管理人制度的改革也应循此思路。笔者认为,目前应当考虑有前瞻性地着重解决以下几个方面的问题。

第一,应对实践中对预重整、债务人自行管理的成长性需求与发展前景,建立预重整中由债务人自行聘请中介机构并在重整程序中获得继任的管理人指定实质前移等新模式,改变对前期(债务人进入破产程序前)提供预重整咨询指导服务的中介机构属于有利害关系者、在破产程序中不得指定为管理人的错误认识。

就一般原则而言,曾为企业破产或重整提供预先服务,不应简单地视为存在可能影响忠实履行管理人职责的利害关系。中介机构为破产程序提供预先服务,是市场经济发展的客观需要,也有助于破产法的顺利实施和案件正确审理,是让市场发挥资源配置机制的表现。如果因提供了预先服务就禁止中介机构在随后启动的破产程序中担任管理人,就可能导致无人愿为当事人提供预先服务,这不利于破产与重整的进行。为了更好地挽救企业,实行预重整程序、债务人自行管理程序肯定是需要中介机构事先服务的。将提供破产预先服务视为中介机构存在利害关系,禁止其在破产程序中担任管理人,将严重影响预重整和债务人自行管理程序的适用,不符合破产法的发展趋势和运作规律,也违背立法规定本意,会给我国破产立法的发展与完善造成障碍。为当事人提供破产预先服务,性质不同于禁止任职的提供相对固定的中介服务,如担任法律顾问的服务。禁止任职类的服务,通常是在利益冲突的博弈中维护委托人一方的利益,由于事先某一独立利益关系的存在而可能影响后续管理人职责的公正履行。而破产预先服务与管理人工作职责并不存在利益冲突,两者在事务性质上具有同一性和延续性,在利益方面具有一致性和相容性,并不会形成与破产程序利益以及管理人忠实履行职责相对立的独立利益和利害关系。更何况企业的破产特别是重整挽救,还必须在破产程序内进行协商和博弈,期间还有法院与债权人会议的监督,包括对重整计划草案的表决乃至对管理人的更换,有足够的制约机制。所以,提供破产预先服务是不具有影响公正、忠实履行管理人职责情形的,不应影响中介机构在破产程序启动后继续担任管理人。与此同时,面对管理人的指定从传统的立案后介入向有前瞻性的事前介入转变的新情况,也要研究解决如何进行规范与监督的问题。

第二,中小微企业简化破产程序中管理人的作用与工作规则。中小微企业在企业总量中占绝大多数,如何高效、快捷地解决这些企业的破产问题,具有重要的社会意义。简化破产程序是市场经济与法治发展的需要,是完善市场化破产法的需要,是优化社会资源尤其是司法资源配置的需要。联合国国际贸易法委员会2016年授权第五工作组(破产法组)制定中小微企业破产的立法指南与示范法时,指出:"兹授权第五工作组为解决中小微企业的破产问题制定适当的机制和解决办法,其中应侧重于从事商业活动的自然人和法人。虽然关键的破产原则和《贸易法委员会破产法立法指南》提供的指导应当是讨论的起点,但工作组应当着眼于对立法指南中已提供的机制作出特别调整,以专门处理中小微企业问题,并根据需要制定新的简化机制,同时考虑到这些机制需要力求公正、快捷、灵活和节省费用。"

虽然我国尚未制定自然人破产法,但是中小微企业破产程序的简化问题在实践中已经十分突出,繁复、冗长、高价的破产程序,已经将许多中小微企业实际上排除在外。一些地方法院已经开始在现有法律规定之下进行简易破产程序的尝试,如浙江省高级人民法院以及温州、杭州、嘉兴、衢州等一些地方法院,北京市朝阳区人民法院等都制定了一些破产简化审理的规则。管理人的工作对公正、高效、快捷、灵活和低成本地解决中小微企业破产问题具有重要的作用与影响,为此,在通过立法建立破产审判简易程序的同时,需要确立管理人的相应工作规则等制度,充分发挥管理人在实施中小微企业破产简易程序中的重要积极作用,通过管理人的各项具体工作实现破产简易审理的目标。

第三,跨境破产案件中的管理人工作。目前我国的对外贸易与投资日益增多,也就难免遇到跨境破产问题。无论是对外国与其他法域破产裁判的承认,还是寻求对我国破产裁判在境外得到承认,都离不开管理人的具体工作。管理人如何寻求我国破产裁判在境外的承认?我国破产裁判在境外获得承认后如何管理在境外的破产财产?如何配合在境外启动主要破产程序的管理人在我国执行其破产裁判?如何操作在我国启动的次要辅助程序?这些都需要确立统一、规范的管理人工作规则。为此,需要承认并学习国际上对解决跨境破产问题所制定的国际通用规则,如联合国国际贸易法委员会制定的《破产立法指南》《跨国界破产示范法及立法指南》《跨国界破产合作实务指南》《破产立法指南第三部分:破产企业集团对待办法》等文件,并熟悉各国有关立法与执行情况,以保障在跨境破产案件中能够国际化、法治化、市场化、常态化地完成管理人的工作。

勇立潮头　干在实处　依法推进破产审判保障经济健康发展

张宏伟*

中国破产法论坛是中国破产法理论与实务的顶级交流平台，这次在绍兴市举办专题研讨会，是对绍兴破产审判工作的莫大鼓舞，也是我们十分难得的学习机会。下面，我向大家简要汇报10年来绍兴法院破产审判情况。

一、企业破产审判概况

绍兴市场发达，开放度大，民营经济十分活跃，外贸依存度高，市场反应敏感。2007年以来，宏观经济形势几度起伏，客观上推动了绍兴破产审判的发展。10年来，绍兴两级法院共受理破产案件228件。其中，2016年收案78件，居全省第三位。10年间，出现了一批具有代表性的典型案件。辖区内嵊州市人民法院审理的嵊州市第三羊毛衫厂破产清算案，是浙江省内最早适用新破产法审理的案件之一；辖区内新昌县人民法院审理的新昌县金利房地产有限公司破产案，是浙江省内第一件和解案件；绍兴市中级人民法院审理的纵横控股集团有限公

* 时任绍兴市中级人民法院党组书记、院长，现为宁波海事法院党组书记、院长。

司重整案，首次采用合并重整的方式成功结案；绍兴市中级人民法院审理的浙江玻璃股份有限公司破产案，是国内首起境外上市民营企业合并破产案，探索了“清算式重整”模式，被最高人民法院评为“人民法院依法处置僵尸企业十大典型案例”。

二、破产审判的实践与创新

近年来，绍兴法院坚持问题导向，着力推进破产审判“四大机制”建设，努力推动破产审判由“粗放型”向“精细化”转变。

1. 推动建立府院联动工作机制。实践表明，企业破产不是一项单纯的诉讼活动，而是一项系统工程，需要政府相关部门协同推进。随着企业破产的常态化，原有的个案沟通协调方式远远不能满足实际需要，建立规范的协调机制势在必行。为此，绍兴市中级人民法院先行先试，在全省较早地推动建立府院联动机制。2016 年年初，绍兴市政府出台了《绍兴市企业破产协调处置工作机制（试行）》，成立领导小组，负责企业破产处置工作的总体指导与协调。

2. 推动创设管理人保障机制。近年来，管理人队伍不断发展壮大，但缺乏专门行业组织指导，此外常因企业“无产可破”而报酬落空，成为影响破产审判的突出问题。为此，绍兴市中级人民法院强力推动建立了管理人保障机制。2015 年 11 月，“绍兴市企业破产管理人互助会”正式成立，互助会由会员自愿发起成立，不依附于法院或其他机关，会员按章程实行自我管理。互助会设立管理人互助金，互助金由会员按照章程共同出资设立。

3. 推行管理人竞争方式产生机制。为充分搭建公平竞争平台，选出更优更强的管理人，绍兴市中级人民法院积极推进竞争方式指定中介机构管理人。2014 年 4 月绍兴市中级人民法院在全省率先以竞争方式指定管理人，至今已经通过该方式指定管理人 35 次。2016 年 6 月，绍兴市中级人民法院首次面向全国公开选任管理人，反响热烈，共有来自北京、上海、江苏等地的七家省级中介机构参与，《人民法院报》在头版刊发了《浙江面向全国公开选任指定破产管理人》一文。

4. 探索破产程序规范阳光运行机制。近年来，绍兴市中级人民法院先后印发《关于审理破产撤销权纠纷案件若干疑难问题的会议纪要》《关于试行破产担保财产变价款预分配的通知》等文件,就相关问题作出统一规范。同时,不断推进破产审判"阳光化"。2016 年就一起注册资金总额约 11 亿元的关联企业破产案,绍兴市中级人民法院指导管理人采用公开竞价方式确定管理人账户的开立银行。竞价对象为定期存款的基准利率上浮水平,最终在报出上浮 50% 最高价的 13 家银行中,通过现场抽签方式确定了开户银行,保障了存款收益的最大化。

三、理念梳理和经验积累

回顾 10 年来的企业破产审判历程,我们深切体会到,要做好破产审判工作必须做到四个坚持:

一是坚持党委领导政府支持与依法破产相统一。实践证明,无论是大案要案的处置,还是关键机制的建设,都离不开党委政府的领导和支持。同时,实行依法破产也是党委政府的决策意图得以实现的重要途径和保证,对于依法处置"僵尸企业"、有效释放市场资源、维护金融安全和经济发展都具有十分重要的现实意义。

二是坚持司法主导与支持管理人依法履职相结合。企业破产是在人民法院的管理、监督和指导下进行,体现了法院的主导地位。同时,管理人是破产事务的具体执行者,在破产程序中发挥着无可替代的重要作用。因此,人民法院既要充分发挥主导作用,又要准确把握与管理人的工作关系和职责边界,全力支持管理人依法履行职责。切实做好管理人的遴选和指定工作,加强对管理人的监督和指导,注重优化管理人发展环境。

三是坚持依法合规与司法创新相兼顾。企业破产是一审审判活动,必须坚守法律底线,同时,企业破产纷繁复杂,必须在创新中破解难题。10 年来,绍兴破产审判坚持原则性与灵活性相结合,在很多方面都体现了自身特点。无论是大型民营企业破产重整,还是小型企业的破产和解;无论是直接的司法重整,还是重整式清算;无论是关联企业的合并破产,还是境外上市公司的成功处置;无论是管理人互助机制的建立,还是破产审判阳光化规范化机制的探索,可以说都体现着破产审判的智慧和胆识。

四是坚持实践探索与理论提升相融合。理论指导实践,实践丰富理论。绍兴法院一贯重视破产理论学习,重视专家学者的指导和交流。近年来,绍兴破产审判法官受中国破产法论坛、中国人民大学、上级法院等单位的邀请，多次参加学术交流或举办专题讲座，在学习和交流中不断提升水平。同时，绍兴法院审理的破产案件覆盖全部案件类型，可以说积累了较为丰富的实践素材。作为一线司法办案人员，我们将继续在实践中大胆探索，及时总结，努力提供可以借鉴和复制的样本。

通过不断地创新与实践，绍兴法院的破产审判工作取得了一定成效，但也面临不少困难和问题。下一步，绍兴法院将继续坚持问题导向，立足绍兴实际，不断探索实践，努力打造"规范、高效、有为、公信"的绍兴破产审判新形象，为"僵尸企业"依法处置、推进供给侧结构性改革提供更加有力的司法保障。

勇于创新　砥砺奋进　不断开创破产管理工作新局面

王旭波*

“中国破产法论坛·管理人制度的实践与创新专题研讨会”在绍兴市隆重举行，是中国破产管理界的一件大事。本次专题研讨会聚焦“管理人制度的实践与创新”，旨在共同回顾中国企业破产工作历程，展望机遇与挑战并存的未来。下面，我向大家介绍一下绍兴律师行业破产管理工作情况。

10年来，绍兴市的破产管理人为推进绍兴的民营企业转型升级发挥了积极作用。10年间，破产管理人共承办法院破产案件228件（其中办结114件），处置破产企业资产价值总额113.3亿元，公平清偿破产企业债务总额655.2亿元，平稳处置破产企业职工安置、资产变现、债权追讨等难点问题，为经济社会发展做出了积极贡献。

10年来，绍兴的破产管理人打造了一个又一个经典案例。从2007年《企业破产法》施行以来浙江省第一个破产清算案——嵊州市第三羊毛衫厂破产清算案开始，到浙江第一个大型民企破产重整案——浙江纵横控股集团有限公司等6家企业合并重整案，再到国内第一个境

---

* 浙江省绍兴市司法局局长。

外上市民企破产案——浙江玻璃股份有限公司等5家企业合并破产清算案，绍兴的破产管理人打造了一个又一个经典案例，在破产清算、重整及和解三大类型案件中积累了丰富经验，浙玻股份破产清算案被最高人民法院评为“依法处置僵尸企业十大典型案例”。

10年来，绍兴的破产管理人队伍在实践中不断走向成熟。目前，绍兴市有破产案件社会中介管理人23家，其中律师事务所17家，会计师事务所6家，有4名律师担任个人管理人，破产从业人员300余人，一大批优秀人才参与破产管理工作，为破产管理事业的发展注入了强劲活力。

经过10年发展，绍兴的破产管理业务市场和管理人主体更加成熟，形成了自己的业务特色：

一是业务常态化。随着近年来“去产能”“调结构”“处置‘僵尸企业’”等政策的大力推行和法院破产案件审理工作的不断推进，企业破产管理业务日趋常态化。作为“破产管家”的绍兴破产管理人，在实践中逐渐摸索出一些破产管理的有效做法，如根据法院审理程序有序推进破产进程，与政府及时沟通衔接同步做好职工安置、信访维稳、行政执法、公共服务等事务。2015年绍兴市22家破产管理人发起成立“绍兴市企业破产管理人互助会”，以入会认缴、个案提缴等方式，筹集破产管理互助基金，为解决个别“无产可破”案件的管理人报酬问题提供了保障。

二是管理规范化。为指导破产管理工作，2016年年初，绍兴市人民政府出台了《绍兴市企业破产协调处置工作机制（试行）》，内容涵盖职工安置、涉案资产查控、破产企业税收、工商登记、重整后企业信用修复等八大方面。绍兴市企业破产管理人互助会先后制定了《关于审查债权的操作规程》《关于审查和确认补充申报债权的收费办法》《破产管理人货币资金管理办法》等业务指导文件。各破产管理人相继制定和完善了破产企业突发应急方案、破产企业继续经营监管方案等管理人内部规程，管理工作不断规范。

三是团队专业化。历经10年磨炼，绍兴破产管理人更加注重队伍专业化建设。在23家管理人中介机构中，每家都有一支或者数支破产管理专业团队，集聚所内最优秀的律师、会计师人才，常年专业从事破产管理。在管理技术、服务内容、工作方式等方面也日趋完善，运用了诸如债权人会议通知信息化、债权人会议投票结果计算自动化、大型债权人会议会务统筹一体化、非现场表决的普及化、通过竞争方式选定破产管理人开户银行、评估审计中介机构等创新工作方法。

2007年既是新《企业破产法》的实施起点,也是新《律师法》的颁布之时,这对整个破产管理业务和律师行业发展产生了深远影响。同时,司法行政部门作为律师行业的主管部门,10年来,积极引导、支持、培育和壮大破产管理人队伍,努力为破产管理人从事破产管理业务营造良好的执业环境:

一是坚持服务大局与行业发展相结合。绍兴民营经济发展较快,受国际金融危机冲击较大,大批企业经营面临困境。司法行政部门紧紧围绕党委政府工作大局,及时调整律师工作重心,积极组织、引导律师参与党委政府帮助企业解困的应急处置工作,促使律师行业主动将服务经济发展、帮扶企业解困作为工作重点,收到良好的政治效果与社会效果。在加快转型升级过程中,我们及时紧跟形势,提出律师与企业共同发展的工作理念,开展"法律体检""律师走访中小企业""法律走进民营企业"等专项服务,律师工作不断得到党委政府认可,律师行业由此也拓展了新的业务发展空间。

二是坚持科学引导与激发热情相结合。继2008年、2009年成功组织律师参与浙江纵横集团等企业破产重整重组案后,我们致力于打造律师服务中小企业的政策支撑平台,市政府先后出台了《关于进一步加强律师担任企业法律顾问工作的意见》《关于律师参与企业重整重组 为化解企业债务危机提供法律服务的意见》《充分发挥司法行政职能作用 主动积极依法帮扶企业的指导意见》《关于在"僵尸企业"处置过程中积极发挥律师职能作用的指导意见》等系列文件。工作中,司法行政部门既积极引导,发挥律师专业优势,避免因律所缺乏经验带来履职不到位,又要求律所严格依法履行破产重整管理人职责,不越权越位。

三是坚持优化环境与提升能力相结合。在充分把握律师业发展现状、机遇的基础上,司法行政部门对全市律师行业发展进行高起点谋划。从2008年起,我们会同发改等部门,连续实施了两个绍兴市律师业发展五年规划,同时推动市、县分别出台《关于进一步加强和改进律师工作的实施意见》等文件,积极回应行业关心的热点问题,努力争取社会各界支持,律师行业整体形象不断提升,行业协作氛围逐渐浓厚,法律服务规模效应不断显现。2017年以来,我们相继出台了《关于进一步深化法律服务工作的意见》《绍兴市律师行业实施"名所名品名律师"培育工程三年规划》,力争将破产管理人业务逐步打造成绍兴律师业务的一个重要增长点和知名品牌，从而实现区域特色业务、行业间协作平台、律所专业品牌的联动提升。

四是坚持市场倒逼与协会支持相结合。破产管理是一项既复杂又实践性很强的综合性业务，融法律、社会、经济、财务等问题于一体，对管理人要求很高。市场竞争日趋激烈，倒逼破产管理人进一步加大人才、技术、管理的投入和建设，强化团队意识、风险意识、协调意识和创新意识培养，不断实现业务迭代更新。同时，律师协会充分发挥业务指导职能，先后成立公司破产相关专业委员会，加强与法院、相关政府部门、金融机构及大型企业集团等的专业交流，引导律师积极参加全国、省级律协破产专业委员会并担任相关职务，加强对律师从事破产业务的指导和支持。

2011 年全国律师协会民事专业委员会主办的“破产管理人实务研讨会”在绍兴召开，今天，中国破产法论坛在绍兴召开专题研讨会，这是对我们绍兴的律师行业和破产管理工作的肯定与鼓励。希望我们的破产管理人，通过本次活动加强与国内外破产法律实务专家、学者的交流合作，以更高的执业定位、更广的执业视野、更宽的执业领域，投身破产管理实务，更好地助推企业转型升级，促进经济社会发展。

浙江律师从事破产管理的实践与思考

陈三联*

“中国破产法论坛·管理人制度的实践与创新专题研讨会”在“去产能过剩”的经济转型大背景下召开，可以说是恰逢其时，在破产管理工作堪称“全国样板”的绍兴召开，可以说是恰逢其地。

一、浙江已成为全国破产业务高地

一是浙江法院受理破产案件数量位居全国之首。根据2015年、2016年浙江省“两会”省高级人民法院工作报告显示：2015年全省法院受理企业破产案件619件，占全国法院的17%，审结312件，占全国的13%；2016年全省法院受理企业破产案件849件，占全国法院的15%，审结427件，占全国的13%。

二是破产案件办理质量高，具有代表性。2016年最高人民法院发布10起破产审判典型案例，浙江省独占两席。越光律师事务所在办理“浙江玻璃股份有限公司及其关联公司合并破产案”的过程中，及时由重整转入清算，实现了“破产不停产”；振源律师事务所和京衡律师

* 浙江省律师协会秘书长、浙江省人民政府参事。

事务所办理的"浙江安吉同泰皮革有限公司执行转破产清算案",实现了案件执行程序和破产程序的有序衔接。这两起案件的办理,在全国范围内都具有一定的典型性和示范性。

三是浙江省律师从事破产业务走在全国前列。目前,浙江省共有 187 家律所被列入破产管理人名册,其中省级管理人 14 家。2016 年,办理了破产案件 510 件,标的达到 300 亿元,其中破产和解 11 件,破产重整 102 件,破产清算 397 件,担任破产管理人的 302 件。多名浙江省律师登上了中德、中美破产法论坛,或到国家法官学院讲课。今天首发的《破产疑难案件实务应对》,是浙江省律师 10 年破产的经典之作,献礼之作,也是浙江省律师行业实施"三名工程"的首部"名品"之作。浙江省律协也同样走在了前列,在全国率先成立了企业破产管理专业委员会,制定律师办理破产业务操作指引若干个。

四是破产业务工作机制较为完整,有些是全国首创。建立了省、市两级管理人制度,并分别于 2007 年和 2012 年编制了两批《浙江省人民法院破产案件社会中介机构管理人名册》,对管理人资质进行认定和规范。建立了较为合理的管理人选任办法——较有特色的"731 规则",即在 7 家管理人中通过竞争的方式选出评分前三的中介机构,再从中通过摇号方式随机产生最终管理人。尝试了管理人的退出机制,目前已有 4 家被取消了管理人资格。浙江省高级人民法院与省律协共同建立了强制性业务培训机制。市一级破产管理人制度也得到逐步完善,目前杭州、温州、绍兴已经成立了破产管理人协会,杭州、宁波、温州、绍兴建立了破产基金制度。

综上所述,浙江是破产大省,也是破产强省,吸引全国各地的法院、律所来访考察取经。浙江省成为破产大省、强省的原因主要有三:一是政府认识到位,浙江省各级政府把企业破产作为推动供给侧结构性改革、"僵尸企业"处置、化解过剩产能、推动企业转型升级的重要举措。二是浙江民营经济占主体,政府,法院、银行敢破、能破。2016 年,浙江省共处置"僵尸企业"555 家,2017 年预计将处置 300 家。三是法院与律师事务所、会计师事务所工作衔接顺畅,能够形成合力。

二、律师从事破产业务正逐渐形成"围城"效应

一方面是"城内"的想出来,主要原因有三点:一是工作量大,参与人数多。

据调研统计,浙江省破产案件管理人团队人数超过10人的占60%,超过20人的占30%。且时间跨度长,对管理人要求高,既要懂管理,又要懂财务,还要善于与政府沟通协调。二是工作压力大。团队既当管理人,又当讨债鬼,既当总经理,还当看门人,人身权利受到威胁的实例也屡见不鲜。三是长期垫资,报酬低。诟病最大的是有些法院在最终核算管理人报酬时,打折凶狠,破产管理人亏本干活、入不敷出成为常态。从杭州律协去年的调研报告看出,企业"无产可破,颗粒无收"的情况比比皆是,基金补助只是杯水车薪,许多从事其他业务的律师远比从事破产管理工作的律师收入高。如嘉兴市第一个实行破产管理人制度的案例——嘉兴十八里服饰公司破产案,耗时一年半,破产管理人报酬却只有1200元;在金华2016年上半年18家办理破产管理案件的律所中,有6家没有收取任何报酬,而邮寄费、公告费、场地费等不计人力成本的垫资支出则达到200余万元。

另一方面是"城外"的也有不少想进来。破产管理属于非诉讼领域,以"业务新、标的大、收费高"而声名远扬,而收不到钱的例子却无人知晓。"破产管理"听起来很美,看起来很好,做起来很烦,要做好很难。浙江省187家在册律所,正常开展破产业务的已不足一半,撤退成了唯一的选择,长此以往,这些"破事"只有法院负责了。

三、转变理念、完善机制,打造破产业务新优势

一是让从事破产管理业务的法官、律师成为"自家人"。破产管理业务是法律职业共同体的最好体现,甚至是"一体化",没有哪一项业务能够使法官与律师结合得如此紧密。法院、法官要多从律师的角度出发,不要随意减扣报酬,把下调报酬当作法院业绩;要尊重债权人会议的意见。绍兴、温州、舟山法院支持力度大,杭州、宁波、金华等地还比较欠缺。这些问题一定程度上已经被领导所重视,2016年,笔者写了有关"僵尸企业"处置问题的提案,其中专门提到了解决破产管理人报酬问题。

二是管理人选任机制要兼顾公平、效率原则。法院在设计规则时,要注意公平在先,兼顾效率。如当前的"731规则",在运行过程中是否存在影响公正或者效率的问题,能否研究、修订或者完善,使其更加科学、合理。

三是管理人的准入、退出机制应更加完善。自从2012年浙江省高级人民法院发布第二批《名单》,2013年温州新增8家律所成为破产管理人后,破产管理人队伍就再未准入过。2016年,浙江省高级人民法院面向全国选任17家破产管理人,但外省是不是也向浙江省律师、会计师开放了？否则,这可能会进一步压缩了浙江省破产管理人的生存空间。建议由法院设置管理人的准入和退出条件,律师协会与注册会计师协会可以负责具体操作,这样可能更公平、合理,也与法院的审判职能划清了界限。

四是推进破产业务组织建设。一要普遍设立破产庭,推进法官专业化、职业化。二要成立各级破产管理人协会,开展培训、交流与研讨活动,提升破产管理人与法官的业务水平。三要争取政府资金投入破产基金,并提取法院部分诉讼费用进入基金,保证基金充裕,保障管理人权利。

清算所眼中的管理人制度的完善建议

提瑞婷*

2007年9月管理人制度实施时,《山东法制报》对笔者专门有一篇《关于管理人眼中的管理人制度》的专访;时隔五年,2012年7月在山东省法官培训学院的商事培训课上,笔者受邀再次谈了《管理人眼里的管理人制度》的理解。五年后的今天,破产管理人制度实施十年,作为中国第一代职业化的破产管理人,从事唯一、终生管理人事业的清算所代表,确实对其有不一样的情怀与感受,也对管理人制度有了新的理解。下面,笔者从清算所角度,将我们对"如何定位管理人的业务、如何定位管理人与法院的关系,如何定位、发展管理人行业"这三个问题的实践思考,向各位法官、专家、同行汇报请教。

一、如何定位管理人的业务问题

管理人制度实行10年,全国管理人机构的执业得到较快发展。分级管理,也让不同的管理人机构出现不同的职业选择趋向:一方面,管理人业务是"面子"工程——撑起门面的一个门类业务,在部分律师事务所体

---

* 山东华信清算重组集团董事长,山东省法学会企业破产与重组研究会副会长兼秘书长,北京市破产法学会副秘书长。

现较普遍。这与法院多年不立案，相当多的管理人机构“无案可干”，参与事务少有关。一些律所、会计所入册时做专做强管理人业务的雄心壮志被一点点消磨掉了。笔者总结他们视该类业务为“鸡肋”业务——食之无味，弃之可惜，纠结于“要不要坚持做”；但是同时，也涌现了一批独辟蹊径、创新理念、敬业精神的管理人机构，他们专注于研究破产业务，以工匠精神用心打磨。他们认知趋势、创建团队、打造模式、创立文化，将驾驭问题、解决问题的能力转化成服务困境企业永恒的品质追求，其良好的业绩也成为团队梦想、个人飞翔的基础。笔者总结他们视该业务为“主打”业务——救治企业的同时实现自我价值，思考于“如何做强”。

随着供给侧结构性改革与“僵尸企业”出清市场的发展，执转破制度的推进，困境企业的拯救觉知，管理人业务发展的空间越来越大。法院越来越重视管理人作用的发挥，管理人的职业化发展必要且紧迫。管理人业务要兼营发展还是专注发展的职业困惑越来越清晰。无他，这是趋势、需求、定位决定的。趋势——决定我们是什么行业；需求——决定我们是什么业务；定位——决定我们是什么机构。

在今天供给侧结构性改革背景下，社会资源的重新配置、市场优胜劣汰机制、债务人债权人保护的需求，让破产法实施的意义更大。破产法除了救治企业，更赋予了它拯救资源的价值。同时催发出更多困境企业对管理人的服务需求——懂法律、懂财务、懂企业经营的“管理人医生”的诊治与拯救。切除病灶重整是拯救，和解走出矛盾是拯救，死亡重组再生也是拯救。通过拯救企业的机制、拯救企业的资产、拯救企业的经营，直至拯救他们的人，这就是破产管理人职业的目标。

关于对定位的认识，是源于肯德基的启发。肯德基给我们最大的印象是他经营的独一无二的汉堡。卖汉堡就是肯德基的定位。管理人经营的服务定位也非常精准，就是专营破产业务。在专业化分工越来越细的今天，只有持续与重复才能让专营破产的差异化能力优势得到凸显。

但定位意味着业务“做减法”，意味着利益的舍弃，意味着平阔变狭长的能力适应。如律所管理人机构，面对既有的法律顾问单位，原从事的证券、金融、房地产等法律服务市场的火热，这些成熟业务与资源，是否能够减得、舍得、退得？而清算所的专营，却给我们充分的精细化发展空间。在我们眼里，管理人真正的执业本质，是其综合性管理能力的输出和运用，即专注做困境企业综合解决方案的提供商。

现在管理人机构无论是以会计师事务所、律师事务所还是以清算事务所的组织形式执业,需求市场决定管理人的业务定位方向——专业化的全面履职,即完成破产程序中的“一揽子”工作,包括且不限于审计、律师专项业务内容,更多是对整个业务流程的管理与督导,对法律、财务、管理、金融、劳动政策等多种专业人才的资源能力进行综合运营,集合发挥效用。此成为管理人的执业要求,将是一种发展的必然。对此清算事务所的公司化治理结构、不同专业人才的互补优势,专注管理人要求的能力建设,让其拥有先天优势,而且正在不断被各级法院所确认。当然我们也看到,金杜、中伦、大成、京衡、中咨、炜衡等律所也在专注发展管理人业务,但对相当部分律所、会计所,与清算所的合作共赢的空间更大。如律所的诉讼服务好,清算事务所可以把衍生诉讼交与他们做;会计所的审计评估业务专,清算所可以把审计评估工作交与他们做。清算所把擅长的项目管理方案的筹划、节点管理、人才培训、资产招商、营销服务做成全面履职的管理经验,实现三类机构在管理人业务中的风险共担,协作配合,共同提高破产管理的专业技能和服务水平。

二、如何定位法院与管理人的关系问题

对于法院与管理人的关系,学界多集中在“指定与被指定的关系、监督与被监督的关系”定位上。作为执业多年的清算所,笔者认为,这个说法无可厚非。相对于管理人“业务的专一性,履职的全面性”的市场化要求,必须重新定位管理人与法院的关系。

笔者认为,在破产职业共同体的要求下,法院与管理人的关系应当是相互成就与相互责任。如同父母与孩子之间、夫妻之间、老板与员工之间等所有人格独立但相互依存的关系一样,只有相互成就与相互责任是最健康与持久的关系。

多年的破产案件受理率低的问题,折射的是法院受理破产案件的忧虑。这种人所共知的忧虑在于法院作为司法程序的主导者,破产审理的风险大、责任高、琐事多、业绩难。一句话,庭室及法官均没有受理与审理的动力。而“常在河边走,如何不湿鞋”的战战兢兢,让破产法官的职业幸福感、荣誉感大打折扣。

而就管理人而言,“问题恰是机会”,当我们读懂、了解并很好地解决了法官的“少责任、少风险”“多业绩、多成长”的内心需求,从机制上保护、意愿上激励

法院与法官的受案办案热情，才能很好促进案件的受理数量与审理质量。所以“打铁必须自身硬”，管理人对法院最大的负责就是“干好活”，最大的成全就是“多解矛盾、少惹风险”，从根本上消除所谓的“关系”因素——让法官不怕与管理人打交道。以自身素质消除他们后顾之忧，解放他们的风险与劳累，获取他们更多的信任与交付。当管理人将自己培养成法院离不开、靠得住，值得尊敬的专业机构时，双方关系也将转入良性循环发展的阶段，在消除了各地法院的受案顾虑时，机构服务的机会也会更多。

清算事务所作为管理人的实践，让我们了解了懂他们、敬他们、爱他们最大的体现就是做好我们机构工作的本分，并超前做好一点点，让他们少操心、少担心。因为最大的爱就是成就他们，责任于他们。

而法院对我们管理人也是同理，父母对孩子最大的爱就是尊重与信任，认真指导，勇于放手，允许犯错，但不包办代替，监督其不出大问题，只有“成长比成功更重要”的理念在法院真的身体力行了，管理人机构一定能成长得很好。所以在破产案件中，法院要善于发挥好管理人的作用，有交付信任的勇气，善于将权力责任下移，指导管理人发挥好执业职责与协调债务人、债权人等各利害关系方的作用——做好破产案件的指导员与监督员，多做“拍板”的事；而管理人机构勤勉尽责，不仅会“带着答案汇报工作”，而且“贴心”服务——将法院关心的、政府关注的信访稳定、善后事务托管、资产处置等疑难问题的处理，作为工作的总抓手，发挥好化解矛盾、程序顺畅、创造企业价值的作用。让法院作为的空间更大，支持法院赢得破产案件处理的荣誉与口碑。

因此法院与管理人的关系，已经从简单地“指定与被指定”关系，上升为“互担责任，相互成就”的依赖关系，是“相濡以沫，荣辱与共”的共融关系。破产职业共同体的基础就是建立在互爱的基础上——爱这个行业，并为这个行业负责，只有这样才能保证法院、管理人机构之间的相互独立、健康发展。

三、如何定位行业发展的问题

破产法对经济社会发展保驾护航的作用已毋庸置疑。在供给侧结构性改革背景下，尤其是当下的“两链”危机化解，迫切需要法院及管理人有所作为，“大干快上”，适应破产管理常态化、法制化、规范化的发展要求。

由此我们建议:沿着“制度规范、平台搭建、系统再造、标准化建设”四个关键点进行基础性实施。

(一)完善并规范管理人机构的制度管理,建立对管理人的督导监管机制

现全国各地编制的管理人名册已实行了10年,部分省市法院出台实施了对管理人执业的指导意见。但实际上,即使有指导意见,不同法院、法官对制度执行或重视不够,或重视点不清,造成很多问题责任存在盲区。部分法院对管理人实施分级管理,在很大程度上是引导管理人的执业能力提升、执业规范完善,进一步提高法院的审理质效,化解法院的审理风险。但实践中也存在诸多适用不一的问题,如很多入围的一级名册机构仍承担不了一级管理人事务,造成使用管理人机构的审判部门对名册机构不用不行、用更不行,小案子试用、大案子不用。

因此,建议今后在对管理人制度的规范完善中,树立“以质为本”的管理人分级认定原则,并实施动态化管理,做好对管理人的督导监管,引领管理人行业发展的规范化、精细化。华信成立12年或有小许成绩,但更有对行业发展的战战兢兢、如履薄冰,这份敬畏实际上来自对破产业务唯一饭碗的保护。我们在发展中因遭遇不规范执业高管的烦扰,这份“痛”让我们作出“零容忍”的一致行动——除了设立执行标准,在集团内部也率先建立了督导机制,同时希冀受理法院对我们执业管理的督导监管到位。这不仅会提升我们的执业能力水平,更多是消除我们的执业风险。目前深圳市中级人民法院、淄博市中级人民法院建立的督导要求,从一定程度上率先建立了对破产管理人的规范发展、行业保护。

(二)积极搭建平台,构建更多管理人机构学习交流的舞台

目前,王欣新教授发起的“中国破产法论坛”及其专题研讨会,王卫国教授与日韩两国教授发起的“中日韩破产法论坛”,在最高人民法院的支持下,已经发展成为全国最有影响力的行业信息互动、交流共享的平台。其前瞻性、导向性很高,为我们管理人的实务执业带来了理论的指导与发展的方向。而全国不同省市、不同经济发展环境,地域特色明显,实务问题很多,且很难将行政管理部门、司法部门、金融机构、多个市场主体解决问题的目标统一到一个层面上来。而创设舞台,就是让一个个实务问题通过管理人机构之间、管理人与法院、管理人与金融机构等,在对接研讨、交流经验、释疑解惑中,从破产法的文案上走下来,让

服务困境企业、经济社会发展的核心能力不断提升。

自 2015 年开始，山东省法学会企业破产与重组研究会与省高级人民法院民二庭共同承办的“山东破产法论坛”已经举办两届，分别围绕“新常态下的企业重组与破产”“信息时代僵尸企业出清”中心工作要求，邀请省内外不同角色的专家展开研讨。此为山东破产管理人的学习培训、实务经验交流、信息互通创设了条件。2017 年 5 月在青岛举办的第三届山东破产法论坛“执行转破产”主题，也将为管理人机构创设更多执行不能转破产案件的理论学习与服务机会。这种搭建平台的实践证明：各省市应尽快启动成立破产法方向的学会或研究会，立足各省实际问题，建立壮大管理人机构——“企业医师”团队，加强对困境企业的“诊治”能力，提高管理人与司法部门、行政部门、企业家、金融机构一起参与使用破产法的热情、功效。

（三）推动行业协会成立，支持清算所管理人对系统再造、商业模式创新、信息化建设等方面的探索

与律所、会计所行业发展的成熟不同，清算所因政策法规滞后、社会对该行业认识不够等原因，全国尚未获批成立自己的协会。除上海、天津、吉林外，其他各省市也未有获批。十多年努力，让最初进入管理人行业的清算所，其执业价值不断得到市场认同的同时，却仍处于无人管理的尴尬境地。但当律所、会计所对破产管理人业务的专注度不足时，清算所以业务的唯一性成为管理人行业发展的建设基础。因此，全国清算事务所的努力，包括专家学者呼吁、最高人民法院的关注，市场发展的趋势均可加快中国清算行业协会成立的进程，支持清算事务所管理人在系统再造、商业模式创新、信息化方面所作的探索努力，也会及早将多年思考与实践成果贡献于管理人行业建设的共享，与律所、会计所共同构筑起管理人行业发展的力量。

（四）研究创立管理人的执业标准与规范，建立管理人文化，促进管理人教育的职业化

随着破产管理的常态化，执业标准与规范作为执业质量的保障提到计时日程来。可选择一家行业内具有前瞻与创新精神的管理人机构，从业务的标准化流程与管理的规范化、信息化建设入手，建立破产管理人的执业规范，探索建设

管理人的“悲悯”文化。同时在有影响力的法律学校开设管理人学科教育,让管理人的职业化作出实践性的第一步,为管理人行业的产学研一体化发展奠定基础。

综上所述,无论各方面是否做好了准备,管理人作为一个独立的、专业特色的职业群体已经确立并发展起来。作为清算所的代表,笔者的观点是,管理人行业必将像我国的审计、评估、律师行业发展一样,成为独立的行业。由此在这条充满荆棘艰难,又富有魅力的路上,我们有幸成为见证者、奠基石。管理人行业的发展离不开市场机制的作用,也离不开管理人制度的实施者——破产法院的支持与关爱,由此我们有理由相信,在最高人民法院的推动下,在多类管理人机构的共同努力下,管理人制度的实施一定会越来越好!

三、调 研 报 告

关于完善破产管理人制度的调研*

浙江省高级人民法院联合课题组**

自2007年6月1日我国《企业破产法》实施以来，浙江省的破产审判工作大致经历了两个阶段：第一阶段大致从《企业破产法》实施之日到2011年上半年，有效应对国际金融危机影响开展破产审判工作的阶段。2011年11月浙江省高级人民法院发布《浙江企业司法重整报告》，对这一阶段的破产审判工作作了总结。第二阶段是自2012年以来，在加快经济转型升级背景下，浙江省高级人民法院党组明确提出了市场化、法治化的破产审判

---

* 本报告为2016年全省法院重点调研课题之十的研究成果。完成时间：2016年10月。

** 课题主持人：林一（浙江省高级人民法院副院长）。课题组成员：章恒筑（浙江省高级人民法院审判委员会委员、民二庭庭长）、饶文军（浙江省高级人民法院司法鉴定处处长）、杨宇军（浙江省高级人民法院司法鉴定处副处长）、王雄飞（浙江省高级人民法院民二庭助理审判员）、颜延（上海国家会计学院教授）、章伯凌（嘉兴市中级人民法院副院长）、褚翔（嘉兴市中级人民法院民二庭副庭长）、赵超（嘉兴市中级人民法院民二庭审判员）、胡庆龙（衢州市中级人民法院副院长）、程顺增（衢州市中级人民法院民二庭庭长）、朱晓龙（衢州市中级人民法院司法鉴定处处长）、邬凡敏（宁波市镇海区人民法院院长）、刘天恩（宁波市镇海区人民法院副院长）、赵淼（宁波市镇海区人民法院助理审判员）、鞠海亭（瑞安市人民法院院长）、陈光琳（瑞安市人民法院副院长）、张坚键（瑞安市人民法院审判员）、卢燎峰（杭州市律师协会重整与清算专业委员会主任）、李斌（杭州市律师协会重整与清算专业委员会副主任）、俞意能（中国人民大学法学院硕士研究生）。

工作思路。在破产审判启动、推进过程中,浙江省高级人民法院高度重视管理人工作,及时编制管理人名册,出台相关规范性文件,建立管理人动态管理机制,积极助推管理人履职能力和水平的提高。

2016年以来,在依法处置"僵尸企业"、推进供给侧结构性改革的背景下,破产审判工作得到前所未有的重视,对管理人工作也提出了更高的要求:第一,2016年2月,最高人民法院在杭州召开全国法院依法处置"僵尸企业"调研工作座谈会,强调需要重点抓好六项工作,其中之一就是加强管理人队伍指导和管理,并就强化管理人队伍人才的积聚、试行管理人分级管理制度、开展管理人的淘汰、增补和升降级工作和建立破产费用专项资金、保证管理人能够按劳取酬等问题提出了要求。第二,全国法院破产重整案件信息平台于2016年8月1日正式上线运行,与之配套,最高人民法院于2016年7月26日先后下发《关于印发〈企业破产案件法官工作平台使用办法(试行)〉的通知》(法〔2016〕252号)、《关于印发〈企业破产案件破产管理人工作平台使用办法(试行)〉的通知》(法〔2016〕253号)等文件,推进管理人工作和法院平台的网上对接。第三,2016年9月3日G20峰会期间,中美两国元首会晤形成的中方成果清单明确:中方将通过继续建立专门的破产审判庭、不断完善破产管理人制度以及运用信息化手段等方式推进破产法的实施。新形势下,破产审判工作面临着新的机遇和挑战,管理人工作也面临着新的机遇和挑战。

一、浙江管理人履职情况的基本回顾

(一)编制管理人名册

《企业破产法》实施后,浙江省高级人民法院根据最高人民法院发布的《关于审理企业破产案件指定管理人的规定》组成评审委员会,于2007年9月编制了第一批48家中介机构(其中律师事务所34家,会计师事务所14家)管理人名册。浙江是中小企业和县域经济大省,发生债务危机的中小微企业多集中在县域范围,而第一批入册的管理人都集中在杭州、宁波和其他省辖市内,县域范围内没有入册管理人,不便于中小微企业破产案件的审理。一些人大代表、政协委员也向浙江省高级人民法院提出了编制第二批管理人名册的建议。浙江省高级人民法院及时回应实践需求,于2012年上半年组成评审委员会启动了第二批管理人名册的编制,并于同年9月公布了第二批222家中介机构(其中律师事务所151家,会计师事务所71家)和个人管理人(其中律师18名,注册会计师5名)名册。另外,经省高级人民法院批准,温州中级人民法院于2013年11月增编12家社会中介机构破产管理人(其中律师事务所8家、会计师事务所4家)。第二批管理人名册编制后,连同第一批编制的48家(其中1家企业注册地发生变更,减为47家)中介机构管理人,形成了全国高级人民法院层级法院辖区机构管理人和个人管理人人数最多的管理人队伍。

(二)建立管理人动态管理机制

总结2007年以来管理人履职和管理人制度实施的经验,针对存在的问题,结合市场化导向破产审判工作推进和管理人队伍扩编的情况,落实最高人民法院2009年发布的《关于正确审理企业破产案件维护市场经济秩序提供司法保障若干问题的意见》和2011年在山西太原召开的全国法院审理企业破产案件工作座谈会的工作部署,经浙江省高院审判委员会2389次会议讨论并原则通过,浙江省高级人民法院2013年2月20日发布了《关于规范企业破产案件管理人工作若干问题的意见》(浙高法〔2013〕38号文,以下简称《管理人意见》)。《管理人意见》是全国各高级人民法院中第一个经审委会讨论出台的管理工作的规范性文件,该规范性文件的发布实施,标志着浙江省管理人动态管理机制工作架构的形成。《管理人意见》主要明确了四个方面的内容:

1. 关于管理人名册的编制

《管理人意见》第1条明确管理人名册由省高级人民法院编制。[①] 鉴于企业破产法和相关司法解释规定,可以在律师事务所、会计师事务所之外的破产清算事务所等其他社会中介机构中编制管理人名册,而这项工作在浙江省尚未开展,为此,该条第4款明确,"适时开展从律师事务所、会计师事务所之外的破产清算

---

① 最高人民法院《关于规范企业破产案件指定管理人的规定》规定管理人名册由高级法院和经高级法院批准的中级法院编制。考虑到浙江区域面积不大,人口集中度较高,编制第一批管理人名册时破产案件不多等情况,采取了由高级法院编制管理人名册的方式。作为例外,为适应温州市中级人民法院破产审判工作的深入推进,浙江省高级人民法院批准温州市中级人民法院在浙江省高级人民法院名册之外编制了辖区内的管理人名册。实践中体会到,由浙江省高级人民法院编制管理人名册,有利于全省统一的管理人动态管理机制的建设;管理人跨中级人民法院辖区履职,也有利于管理人工作的独立开展。

事务所等社会中介机构中编制管理人名册”。为今后开展此项工作留下空间。

2. 管理人动态管理机制的相关内容

根据《企业破产法》的规定,管理人名册由法院编制,管理人指定和报酬的一般规范由最高人民法院制定,具体案件管理人的指定由法院实施,管理人履职受法院监督;另外,现行管理人主要由律师事务所和会计师事务所等中介机构及个人担任,缺乏统一的管理人行业协会;现行框架和实践与对管理人管理的需求存在一定程度的脱节。正是在这样背景下,2011 年最高人民法院在太原召开的全国法院审理企业破产案件工作座谈会上和相关的业务文件中提出了建立管理人动态管理的要求。《管理人意见》贯彻了最高人民法院的工作部署,回应了实际需要,通过“明确法院内部机构和各级法院的职责分工”和“建立与中介机构行业协会会商机制”两个主轴,搭建了管理人动态管理机制的工作框架:(1)在法院内部,一是明确省高级人民法院内部管理人动态管理机制的职责分工:司法鉴定处商民事审判第二庭等部门指导、监督和负责管理人动态管理的相关工作;民事审判第二庭指导、监督和协调下级法院审理破产案件中涉及管理人工作的相关问题;监察室负责实施管理人制度中涉及人民法院廉政建设的相关工作。二是明确各中级人民法院司法鉴定处商该院商事审判业务庭等部门指导、监督和负责辖区内管理人的动态管理工作,依法办理指定管理人等相关工作。(2)《管理人意见》还明确,省高级人民法院相关部门与省律师协会、省注册会计师协会等中介机构行业协会建立管理人动态管理工作的会商机制。

在前述两个主轴搭建的管理人动态管理机制框架下,为落实最高人民法院提出的建立管理人评价档案,探索对管理人分级管理的要求,《管理人意见》第 3 条明确分级建立管理人履职资料库,第 4 条明确将个案中债权人会议和人民法院对管理人履职情况的评价留存管理人履职资料库,第 5 条要求管理人每年必须提交《履职报告》,第 6 条对管理人业务培训的问题提出了原则意见。管理人提交年度履职报告,是接受法院监督的重要形式。为强化年度履职报告的作用,《管理人意见》第 3 条专列一款明确:“省高级人民法院以管理人履职资料库为重要依据,结合管理人的履职情况,逐步建立管理人名册和省级履职资料库的动态调整机制”,这有助于真正实现对管理人的奖优罚劣。

3. 管理人指定的相关内容

管理人指定是管理人履职的起点。这方面,首先,要符合企业破产法和司法解释的规定;其次,要有利于培育管理人市场、调动管理人工作的积极性;最后,还要有利于切实防止管理人指定中的利益输送和其他司法不廉行为。为此,《管理人意见》主要明确了以下内容:

(1)关于管理人形式。为适应市场化导向破产审判工作的开展,同时为防止中介机构和个人管理人规避管理人指定的程序而借助权力因素进入清算组,《管理人意见》明确,除简易清算组外,破产案件管理人原则上应由列入名册的中介机构和个人管理人担任。依法且确有必要指定清算组为管理人的,清算组中的中介机构必须是中级人民法院辖区管理人名册的现行在册机构,且应按照与指定中介机构相同的程序产生才能作为清算组的成员。

(2)关于管理人指定。①明确将接受推荐方式指定管理人严格限定于企业破产法规定的情形;适当扩大了企业破产法和司法解释关于竞争方式的适用条件,即基层法院管辖的在当地有重大影响的破产案件采用竞争方式产生管理人,而一般破产案件则采用轮候、抽签、摇号等随机方式产生管理人。[①] ②明确中级法院管辖的破产案件都适用竞争方式指定管理人,基层法院审理的破产案件,则区别情况分别通过随机和竞争方式指定管理人。③鉴于由中级法院负责辖区内管理人的动态管理工作的实际情况,同时也便于中级人民法院对下指导和监督,《管理人意见》明确由中级人民法院统一管理辖区内两级法院管理人指定工作。基层法院可以通过提出建议、参加评审委员会等形式参与相关工作。④为有利于培育本地管理人及便利管理人的使用,一般破产案件应当在中级人民法院辖区管理人名册中指定管理人;竞争方式指定管理人,为体现对优质管理人的激励作用,在省级管理人履职资料库建立后,应在省级管理人履职资料库挑选参加竞争的辖区外中介机构。⑤实践中,一些危困企业在进入破产程序前由政府主导进行风险处置(包括对部分债务纠纷案件由法院进行集中管辖),或由债权人和债务人开展庭外和解的谈判,有的还成立了清算组或类似机构,也有的风险企业需要及时进入企业破产程序,而此时尚来不及按照我国《企业破产法》第13条的规定指定管理人。为有利于此类案件政府主导的风险处置工作、庭外和解谈判

---

① 企业破产法规定了随机、竞争和接受推荐三种管理人指定方式,从实践看,完全随机地指定管理人也并不利于破产案件妥善处理和管理人队伍的发展壮大;竞争方式能够确保程序公正和对疑难复杂案件执业能力的双重要求,而任意扩大接受推荐方式,可能产生利益输送以及其他影响司法廉洁的问题。

和破产程序的协调和对接,有利于危困企业依法及时进入破产程序,同时也避免可能出现的利益输送和影响司法廉洁的行为,《管理人意见》借鉴国际成熟经验并结合实践中的做法,明确可由清算组作为临时管理人,同时对临时管理人的职责范围作了限定,还明确人民法院应结合清算组的临时履职情况决定启动管理人的指定工作,或将是否由清算组正式履行管理人职责的议案提请第一次债权人会议表决。通过债权人意志的介入,确保此类清算组履行管理人职责的正当性。实践中存在个别中介机构在破产程序前介入债务人企业风险处置和庭外和解谈判中存在有违职业操守的行为,此类中介机构不宜继续履职,为此,《管理人意见》第11条提出了约束性的意见,人民法院应及时停止其履职活动。⑥为了适应小微企业破产案件简易审理的实际需要,《管理人意见》明确了简易清算组承担管理人职责的相关问题。简易清算组不产生从破产财产中拨付的管理人报酬,所以不受企业破产法及其司法解释关于管理人指定和报酬规定的约束。⑦新编入管理人名册的中介机构第一次申请参加随机方式产生管理人的挑选或竞争方式产生管理人的竞争,受理企业破产申请的人民法院可以要求其与已列入管理人名册并有管理人执业经验的中介机构联合接受挑选或参与竞争。

(3)对破产程序中更换管理人、管理人的回避和重新指定管理人以及人民法院对管理人履职的指导、监督等问题结合实际提出原则意见,并要求管理人结合行业协会制定的管理人工作指引规范,制定履职的规范要求和具体破产案件中的相关制度。

4. 管理人报酬确定

最高人民法院《关于审理企业破产案件确定管理人报酬的规定》对管理人报酬的相关问题作了原则规定。实践中存在的问题有:(1)一些疑难复杂破产案件,在维稳和风险处置问题上耗费了大量资源;一些经验不足的管理人需要法院进行非常具体繁复的业务指导,在确定管理人报酬时,没有充分考虑这些因素;个别案件在确定管理人报酬时,没有体现“债权人利益最大化”。(2)在一些破产重整案件中,管理人对债权登记、清产核资等事务的工作不得力,却热衷于参与重整程序的谈判以提高自身和所在机构品牌形象。(3)在重整程序中,管理人是否接管债务人的财产和营业、是否对引进战略投资者和制订重整计划草案具有实质性贡献以及是否依法履行监督重整计划执行的职责,都对管理人报酬的确定有很大影响,但在确定管理人报酬时,一些法院对这些因素考虑不周。(4)在无产可破案件中对管理人的引入缺乏激励。(5)管理人报酬确定、支付的透明度不够。

《管理人意见》对确定管理人报酬提出原则意见,强化了内部约束和外部债权人的监督,强调应充分尊重债权人会议的知情、监督和表决权利。明确破产重整案件中管理人报酬确定的特殊问题,强调管理人报酬应据实合理确定和支付,是否管理债务人财产和营业等应作为确定管理人报酬的重要因素。明确金融资产管理公司、中介机构参加清算组工作的报酬确定问题。并且对推进无产可破案件管理人报酬的保障措施提出了意见,各中级法院按照最高人民法院的要求和省高级人民法院的部署,协调当地财政部门成立管理人报酬保障资金,会商当地律师协会、注册会计师协会建立管理人报酬援助资金。

(三)《管理人意见》的实施情况

1. 管理人履职情况的监督。通过对个人和机构管理人每年提交的《履职报告》的分析反馈、受理举报投诉、对下级法院破产案件指导监督等形式,直接或通过下级法院开展管理人履职情况的监督,及时纠正下级法院管理人指定和管理人履职过程中的不规范行为。

2. 根据《管理人意见》的要求,省高级人民法院建立与省律师协会、省注册会计师协会的会商机制。通过会商机制,依托省律师协会、省注册会计师协会的在职培训平台,开展管理人培训工作。2014 年以来,已经先后举办了四期破产管理人专题培训。

3. 2013 年 8 月浙江省高级人民法院下发浙高法办发〔2013〕8 号《关于建立省级管理人履职资料库的通知》,确定将省高级人民法院名册的中介机构中整体实力和履职能力较强的 22 家中介机构列入省级管理人履职资料库(其中律师事务所 14 家、会计师事务所 8 家)。这些省级管理人履职资料库的中介机构(以下简称省级管理人机构)可以跨中级法院辖区参与当地有重大影响的破产案件管理人的竞争;也可以跨中级法院辖区与当地列入管理人名册的中介机构合作,参加随机方式指定联合管理人的挑选。

4. 在全省范围内推进竞争方式指定管理人的探索。2014 年 3 月浙江省高级人民法院司法鉴定处、民二庭联合下发浙高法鉴〔2014〕3 号《关于进一步规范管理人动态管理若干事项的通知》以及与该通知配套的浙高法民二〔2014〕8 号《关于规范以清算组形式履行管理人职责等管理人指定工作有关事项的通知》,就竞争方式指定管理人规则进行了明确。这两个通知下发后截至2016年5月,全省法院共开展竞争方式指定管理人109次,结合这109次竞争方式指定管理人的实践探索,省高院制定了《浙江省高级人民法院破产案件管理人指定工作规程(试行)》并于2016年6月1日开始实施。①

5. 2011年11月浙江省高级人民法院发布了《浙江企业司法重整报告》,对2007年6月1日《企业破产法》实施以来管理人履职情况作了阶段性总结。2012年、2013年、2014年和2015年省高级人民法院连续四年发布每年度的《浙江法院企业破产审判工作报告》,其中都有管理人履职情况的介绍和分析;在省高级人民法院建议下,省政府办公厅《关于有效化解资金链担保链风险加快银行不良资产处置的意见》(浙政办发〔2013〕113号)及其实施细则——省政府金融办、中国人民银行杭州中心支行、中国银监会浙江监管局《关于防范化解企业资金链、担保链风险促进经济平稳健康发展的实施意见》(浙金融办〔2014〕51号),都对通过建立提供资金等形式支持管理人工作的开展提出了要求。温州、绍兴、衢州等地开展了设立管理人报酬基金(有的称破产专项资金、管理人互助资金等)的探索;支持、鼓励中介机构行业协会通过举办论坛等形式开展业务研讨,提高履职能力。

6. 借鉴广州市、河北省等地做法,2016年1月温州市成立了省内首家破产管理人协会。杭州市等地也在研究成立当地的破产管理人协会。

二、强化管理人制作“财产状况报告”工作的思考——兼评财政部会计司《企业破产清算有关会计处理规定(征求意见稿)》②

在破产程序中,制作债务人(破产人)的财产状况报告是破产管理人的法定

① 详细内容参见本文“三、管理人指定工作的进一步规范——附《管理人指定工作规程(试行)》的解读”。

② 调研报告的该部分内容,由课题组成员章恒筑(浙江省高级人民法院)和颜延(上海国家会计学院)共同撰写,作为课题的阶段性调研成果,曾以《财产状况报告不是财务报表》的标题在《人民司法》2016年第9期发表。纳入本调研课题时,作了适当的删改。

职权。财产状况报告并非财务报表，前者用于债务人或破产人财产的管理、变价与分配，服务破产审判工作，后者则是在企业持续经营状态下编制的、用于反映特定期间企业财务状况与经营成果的报表。由于破产案件受理后债务人企业持续经营假设不再成立，债务人（破产人）不能再行编制财务会计报表；《企业破产法》相关规定特别是第25条规定明确了管理人包括制作财产状况报告在内的各项职责，其中并无制作破产财务会计报表的内容。行政机关在企业破产法之外制定规范性文件，要求管理人编制非持续经营状况下债务人（破产人）的财务会计报表，没有相应法律依据。制作财产状况报告是破产程序中管理人的一项基础性职能。实践中，存在对管理人制作财产状况报告定位不准、规范模糊、效率不高，监督不严等问题。制约了管理人作用的正常发挥。人民法院应通过发布司法解释等方式，规范财产状况报告的制作。

2016年7月4日财政部会计司印发了财办会〔2016〕28号《关于征求企业破产清算有关会计处理规定意见的函）》，就起草的《企业破产清算有关会计处理规定（征求意见稿）》（以下简称征求意见稿，附会计科目适用说明及账务处理和破产企业破产财务报表及其附件两个附件）面向社会征求意见。按照征求意见稿的起草说明，出台破产清算有关会计处理的规范性文件，是为了规范企业破产清算的会计处理，向人民法院和债权人会议提供企业破产清算期间的相关财务信息，其立法依据是会计法和企业破产法。征求意见稿经修改实施后，适用于经人民法院宣告破产后处于破产清算期间的企业法人。根据征求意见稿，破产企业会计确认、计量和报告以非持续运营为前提。破产企业按照法院或债权人会议要求的时点划分会计期间，并编制破产财务报表。破产企业在破产清算期间的财产该当以破产清算净值计量。

乍一看来，征求意见稿弥补了当前破产程序中债务人（经法院宣告破产后称为破产人）财产状况报告的立法缺漏，为管理人提供了编制财产状况报告的指引，对便利管理人履职和加快破产案件审理进度具有积极的作用。但是，进一步研究后发现，征求意见稿混淆了财产状况报告与财务报表，实际上越权对我国《企业破产法》第25条第1款第2项规定的财产状况报告进行了解释。征求意见稿一旦颁布实施，将不利于管理人的独立履职，不利于破产审判工作的开展。

（一）征求意见稿混淆了财产状况报告与财务报表

我国《企业破产法》第25条规定，管理人应当调查债务人财产情况，制造财产状况报告。第61条第1款规定,债权人会议通过债务人财产的管理方案、破产财产的变价方案和分配方案。而财产状况报告是制定上述管理方案、破产财产变价和分配方案的依据,其范围已经远远超出传统资产负债表意义上的静态资产、负债。财产状况报告依法应由管理人代表债务人或破产人制作,并提交债权人会议审议。财产状况报告是在前期管理人接受的债权申报、债务人财产调查基础上制作的,以便利法院审理破产重整、和解或清算案件,方便管理人履职,也有助于强化债权人会议对破产程序的参与。在具体的制作方法上,管理人应当以债务人财产最大化为主旨,以经管理人审查确认的债权人申报债权和调查发现的债务人财产为基础。报告中的财产与债权,均需符合企业破产法及相关法律之规定,经过法定的核实与认定程序。也就是说,债务人的财产和债权人的债权,在财产状况报告中是相对应的两个法律概念,其定义及解释需以法律而非会计为根据。

与此不同的是,财务报表是一个会计法上的概念。财务报表与前述财产状况最大的区别,系前者必须以持续运营为前提。《企业财务会计报告条例》(国务院令第287号)第2条第2款规定:"本条例所称财务会计报告,是指企业对外提供的反映企业某一特定日期财务状况和某一会计期间经营成果、现金流量的文件。"根据该规定,财务会计报告必须是反映企业某一特定日期财务状况和某一会计期间经营成果、现金流量的文件。而人民法院受理破产案件后的债务人(破产人),已经或有可能被裁定破产并进行清算,丧失了持续经营的基本特质。一旦人民法院裁定进行破产清算,原则上就不能再从事正常的生产经营活动,民事权利能力与行为能力均受到一定限制,只能从事与破产清算相关的民事行为。由于破产重整、和解程序亦有可能转为破产清算,理论上人民法院受理破产申请案件后,债务人即已经不再满足编制财务会计报告的持续运营假设。《企业会计准则——基本准则》(财政部令第76号)第6条规定:"企业会计确认、计量和报告应当以持续运营为前提。"资产负债表等财务报表,是对特定资产负债日及报告期间企业资产、负债、权益,以及收入、成本、费用的静态记录,而财产状况报告则是管理人积极追收债务人(破产人)财产,依法调查、核实债权人申报债权这一过程和结果的动态反映。值得关注的是,征求意见稿中的破产财务报表与企业破产法上的财产状况报告,所使用的概念从属于不同的语境。例如,法律上的财产并非会计上的资产,法律上的负债与会计上的负债也不是同义词。会计上的部分资产，在法律上并不满足财产的定义。例如，在报表上确认的商誉，本质是一种企业合并的价差，没有经济价值，在破产程序中也不能进行处分、变现以偿债。同样，会计报表中根据谨慎性原则计提的部分预计负债，实际上不存在真正的债权人，在破产程序中不能作为债权申报。能够被称为会计的有关报告行为，均需以持续运营假设为前提。对于进入破产程序的企业来说，鉴于其持续运营的前提已经不复存在，依法不能按照有关企业会计准则编制财务报表。总之，财产状况报告是企业破产法上的法律概念，其含义应当根据法律规定的解释方法进行相应的法律解释。征求意见稿舍弃前述法定概念于不顾，转而向会计法、《财务会计报告条例》等其他财务会计法律法规借用只适用于持续经营条件下的财务会计报表概念，有可能在实务中形成不必要的混乱。

（二）行政机关无权将财产状况报告解释为破产财务报表

我国《会计法》第 8 条第 1 款规定："国家实行统一的会计制度。国家统一的会计制度由国务院财政部门根据本法制定并公布。"第 13 条第 1 款规定："会计凭证、会计账簿、财务会计报告和其他会计材料，必须符合国家统一的会计制度的规定。"根据该规定，由财政部制定的统一会计制度，仅适用于财务会计报告；而如前所述，能够被称为会计报告的，必须满足持续经营的前提与假设。

在人民法院受理破产案件后，由管理人在接受申报并经核实的债务人拥有之债权、经调查确认的债务人财产基础上编制的财产状况报告，恰恰是以非持续经营为前提，不属于会计报告。相应地，财政部也无权发布规范性文件，对财产状况报告这一破产法上的概念进行解释。联合国国际贸易法委员会制定的《破产法立法指南》在涉及破产管理人的职责和职能中规定："定期向法院和债权人提供详细介绍程序进行情况的资料。有关资料将包括，例如，在有关期间内已出售资产的详情、变现价格、出售费用以及法院要求或债权人委员会可能合理要求的资料；有待管理的资产。"上述管理人应提交的资料，接近于我国企业破产法规定的应由管理人制作的财产状况报告。但《破产法立法指南》亦无任何有关管理人需要编制破产财务报表的要求。

从会计准则本身的发展来看，包括中国在内的世界上大多数国家普遍借鉴或采用了国际财务报告准则。在该准则中，也无任何类似征求意见稿中破产财务报告的内容。国际财务报告准则认定，企业必须以可持续经营为基础编制会计报表,在管理层倾向于将企业进行清算或终止经营,或者除此之外别无选择的情况下,持续运营假设将不再成立。但是,国际会计准则理事会至今也未制定任何适用于破产企业的会计准则。《国际财务报告准则第5号——持有待售的非流动资产和终止经营》(International Financial Reporting Standard 5, IFRS5)中规定的持有待售的非流动资产和终止经营,其适用的前提依然是持续经营而非进入法院破产程序的企业,处理的是处于持续经营条件下的企业中临时出现的局部的、个别的非持续运营现象,而不是相反。[①] 美国于2013年7月修订了其《财务报表列报》准则,增加了以清算为基础的会计,规定企业在清算迫在眉睫时,应列报与能够从清算中获得的期望现金收入相关的信息,将那些本来未在报表中列报的、能够用于偿债的资产纳出列报范围,但应全额列报负债(无论是否会被豁免)。[②] 所谓清算,是指企业终止经营且将所有资产转换为现金以偿债。所谓迫在眉睫,是指清算计划已经内部批准或由外部决定,且该计划被第三方阻却或企业从清算中脱身的机会渺茫。企业应使用可收回金额(多数情况下不等于公允价值)列报和计量清算净资产报表以及清算净资产变动表。值得关注的是,该准则通篇未见破产管理人的字样,未涉及任何法院的破产案件审理程序,明显非为破产企业所定制。其次要规制的是清算(而且主要是自主清算)过程中的企业资产、负债的确认、计量、列报与披露问题,与征求意见稿直指破产企业的财务报告完全不同。在编制主体方面,该准则仍然要求由公司董事会、管理层基于企业的实际情况进行职业判断,在确认清算已经迫在眉睫后适用该准则,与征求意见稿直接介入破产案件审理程序、规定由管理人负责制定完全相反。

我国《立法法》第104条第1款规定,最高人民法院、最高人民检察院作出的属于审判、检察工作中具体应用法律的解释,应当主要针对具体的法律条文,并符合立法的目的、原则和原意。该条第3款规定,最高人民法院、最高人民检察院以外的审判机关和检察机关,不得作出具体应用法律的解释。《企业破产法》相关规定特别是第25条规定明确了管理人包括制作财产状况报告在内的各项职责,其中并无制作非持续运营状况下财务会计报表的要求。该法第25条第1款第9项规定,人民法院认为管理人应当履行的其他职责,也属于管理人的法定

① 资料来源:www. ifrs. org,最后访问日期:2016年8月1日。

② 资料来源:www. fasb. org,最后访问日期:2016年8月4日。

职责。据此,对这一属于兜底性质规定中包含的管理人的其他职责范围,应由人民法院根据案件的实际情况予以合理确定。立法并未赋予其他行政机关确定管理人其他职责的权力空间。由行政机关在企业破产法之外制定规范性文件要求管理人编制非持续运营状况下债务人(破产人)的财务会计报表,实质是在企业破产法之外额外添加了管理人的义务;管理人编制财政部要求的破产企业财务会计报表,干扰了管理人依法制作财产状况报告和其他正常履职行为;而法定依据不明的破产企业财务会计报表如何制作,对债权人会议和人民法院有何拘束力,也要取决于财政部的规定,这实际上是赋予了其他行政机关解释企业破产法的权力。

(三)征求意见稿从股东本位主义出发,编制以权责发生制为基础的破产财务报表,不利于人民法院在审理破产案件中形成合理妥当的判断

会计学与法学存在一定的历史渊源,但这并不能够成为征求意见稿任性混淆法律概念与会计符号的依据。实际上,征求意见稿从股东本位主义出发,编制了以权责发生制为基础的所谓破产财务报表,一旦发布,可能导致我国破产法律体系出现一定程度的冲突与混乱。

股东本位主义的报表编制思想,与破产程序中保护债权人利益的立法宗旨产生直接的冲突。综观征求意见稿,仍然是秉承股东本位主义、践行资本雇佣劳动原则编制破产企业财务报表,原封不动地引入了持续经营状态下企业利润表中的清算损益概念,规定“破产清算净值和清偿价值对财产和债务进行初始确认,相关差额直接计入累计清算净损益”。在列报时,最终的数据为清算净收益。这种思路仍然是持续经营假设下所有权权益的视角,即企业的全部法人财产在扣除负债之后,归属于股东所有;资产与负债之差额,被称为所有者权益,即股东权益。

如前所述,在企业资不抵债且到期无法偿债的情况下,则企业的剩余索取权与剩余控制权应当归属于债权人而不是股东。此时,董事会等公司机关的职责,将由管理人取代;股东(大)会的职能,将由债权人会议取代。相应地,债务人(破产人)的法人机关原在持续经营条件下编制的、反映股东权益的财务报表,该当转为在非持续运营条件下由法院任命的管理人编制的、反映债权人利益的财产状况报告。

在企业破产法规定之外,征求意见稿创设了大量未经详细定义的新名词,如破产清算净值、破产清算期间、清偿价值。这些名词要么没有任何定义(如破产清算期间),要么与相关法定概念相冲突(如清偿价值与申报的债权、破产财务报表与财产状况报告),或者与公平保护债权人利益、实现破产人财产概括清偿的破产法立法意旨相悖(如从破产人股东角度定义的破产清算净值或破产清算收益等概念)。而且,征求意见稿在法律规定的财产状况报告之外,制定了大量没有法律依据、在破产审判实践中没有任何意义的破产财务报表,如破产财务状况表、清算损益表、破产现金流量表、债务清偿表格式。

值得关注的是,如果该征求意见稿颁布后成为正式的规范性文件,将进一步降低管理人的工作效率,进而对人民法院审理破产案件的公信力产生不利影响。这是由于,有报表必有审计,破产财务报表的出现,将进一步诱导目前法律专业知识欠缺的会计师管理人队伍用会计思维处理法律问题,令其在不同学科的符号体系中迷失。同时,也会给人民法院受理破产案件,管理人进行破产财产管理、变价与分配带来不必要的麻烦,降低破产程序的效率,损害破产法的价值。还需要指出的是,破产财务报表的出现还有可能催生通过指定审计、评估机构等方式进行利益输送和权力"寻租"的现象,将简单问题复杂化。按照企业破产法制度设计的初衷,管理人应当然具有制作财产状况报告的能力和资格。企业财产状况作为破产审理程序中的一份重要证据,其制作过程本身就是证据调查和发现的过程,是一种诉讼活动,不仅应符合程序法和证据规则,还应满足各项实体法的规定。该报告的制作过程,绝对不是一个简单的审计、评估过程,也不以审计报告、评估报告为必要前提。在实践中,一些中介机构被指定管理人后,出于各种考虑首先进行的工作就是委托其他机构对债务人进行审计或者财产评估,而不是依法固定、保全债务人财产和追讨债务人对外债权。这些审计、评估活动耗费了大量人力、物力,产生的费用又要从管理人费用之外另行列支,严重损害了债权人公平清偿的利益,也为利益输送和权力"寻租"打开了方便之门。这种现象也是导致一些破产案件低效率的重要原因,应该引起高度重视。[①]

---

① 业内人士还担心,财务报表的主要作用是作为税务机关收税的依据。征求意见稿实施后,管理人有异变为"税务协管员"的可能,严重影响管理人法定职能的发挥,并导致改变管理人履职的法律生态环境。

(四)完善财产状况报告制度的建议

也应当看到,企业破产法虽然规定了管理人制作财产状况报告,但对于如何制作、制作后的财产状况报告相应的法律性质和效力以及如何完善针对财产状况报告的救济等问题却语焉不详。实践中,存在对管理人制作财产状况报告定位不准、规范模糊、效率不高,监督不严等问题。制约了管理人作用的正常发挥。针对存在的问题,笔者建议:①

1. 必须明确,制作财产状况报告是破产程序中管理人的一项基础性职能,应由最高人民法院在总结审判经验的基础上,通过出台司法解释等形式指导和规范管理人的财产状况报告制作行为。事实上,最高人民法院《关于适用〈中华人民共和国企业破产法〉若干问题的规定(二)》就是围绕债务人财产的内容展开的。该司法解释已经在相当程度上为管理人制作财产状况报告提供了依据。②

2. 前述企业破产法司法解释的实施,为管理人制作财产状况报告提供了较具体的实体法依据。据此,地方法院可以根据企业破产法及其司法解释的规定,为管理人制作财产情况报告制定具有可操作性的工作指引。具体内容应包括但不限于以下范围:

(1)规定制作财产状况报告是管理人的基础性职能。被指定为管理人的中介机构和个人管理人,应当具有制作财产状况报告的能力,并应当对其所制作的财产状况报告负责。管理人需要具备法律、财务和业务的复合专业背景与执业能力,这也正是法律赋予其职责的依据所在。人民法院通过竞争方式指定管理人时,应考察参与管理人履职的机构成员或个人管理人制作财产状况报告的经历和实际能力。

(2)规定承担管理人职责的中介机构或个人管理人原则上不得委托其他机构或个人制作财产状况报告。确有必要委托其他机构或个人制作财产状况报告的,应提供合理理由,经债权人会议同意方可执行,并自行承担相关费用,不得从

---

① 2016年10月,浙江省注册会计师协会召开管理人业务研讨会,将起草《制作财产状况报告工作指引》纳入研讨议程。课题组希望,通过强化管理人制作财产状况报告这一基础性职能的引导,切实提高管理人履职的实效。

② 张先明:《积极追收债务人财产充分保障债务人利益——最高人民法院民二庭担任人答记者问》,载《人民法院报》2013年9月13日,第4版。

破产费用中另行列支。

(3)规定债权人对财产状况报告异议的处置。对管理人提交表决的财产状况报告,债权人会议对财产状况报告有疑问的,管理人应作出合理解释。如异议意见不属于全局性和实质性的,管理人应对财产状况报告的个别内容依法进行调整,并对调整的内容负责;如异议意见属于全局性和实质性的,且管理人无法作出合理解释的,人民法院可以经债权人会议申请或依职权,根据我国《企业破产法》第22条及最高人民法院《关于审理企业破产案件指定管理人的规定》第31条、第32条、第33条和第34条的规定更换管理人。

(4)规定财产状况报告经债权人会议确认的,有相应的证据效力。人民法院审理破产衍生诉讼案件,当事人对财产状况报告有异议的,应召集管理人和对方当事人质证,根据质证情况合理评价财产状况报告的证明力。

三、管理人指定工作的进一步规范
——附《管理人指定工作规程(试行)》的解读

(一)两个《通知》的主要内容

管理人指定是管理人履职的前提。2014年3月浙江省高级人民法院司法鉴定处、民二庭联合下发《关于进一步规范管理人动态管理若干事项的通知》以及与该通知配套的《关于规范以清算组形式履行管理人职责等管理人指定工作有关事项的通知》(以下简称两个《通知》),两个《通知》细化了《管理人意见》的可操作性要求,有若干重要的创新内容,特别是明确了竞争方式指定管理人的主要操作步骤:

1. 发送询邀函。由中级人民法院(具体是司法技术管理部门)向列入省级管理人履职资料库名单的中介机构和中级人民法院辖区内的中介机构发出询邀函,符合条件的中介机构在询邀函指定的期限(不少于8日)内回复报名参加竞争,期限届满时回复询邀函的中介机构多于5家的,即可启动后续工作。

2. 确定7家参与竞争的中介机构。报名参加竞争的中介机构超过7家的,应按照以下顺序确定7家参与竞争的中介机构:①列入省级管理人履职资料库名单且分属于律师事务所和注册会计师事务所的中介机构以联合管理人形式参与竞争的;②列入省级管理人履职资料库名单的中介机构与住所地在债务人企业所在县(含县级市、区)的中介机构以联合管理人形式参与竞争的;③列入省级管理人履职资料库名单的中介机构单独参与竞争的;④其他。根据以上顺序产生的中介机构超过7家的,应通过抽签产生位列第7的参与竞争的中介机构。

3.组成评审委员会。根据司法解释和省高级人民法院《管理人意见》第10条,适用竞争方式产生管理人的,由中级人民法院相关领导召集司法鉴定处、审判业务庭、监察室人员组成不少于7人的评审委员会(基层人民法院受理的企业破产案件,评审委员会应包括1~2名基层人民法院的院领导),在中级人民法院辖区及省级管理人名册中通过竞争方式产生管理人。①

4.通过评审听证会投票确定前三位社会中介机构。询邀函所确定的报名时间截止后,确定评审听证会的时间地点并通知7家参与竞争的候选中介机构,该7家候选中介机构在评审听证会上按照抽签确定的顺序先后陈述并接受询问。同时通知其他未入选前七的中介机构可旁听评审听证会。候选中介机构陈述完毕,由评审委员会通过无记名投票方式确定各中介机构的得票,每位评审委员会成员限投3家(含本数)中介机构,超过3家无效。经过统计确定得票数前3位的中介机构。

5.通过抽签方式在得票数前三位的社会中介机构中确定管理人,另2家中介机构作为依法需要更换管理人时的候补中介机构。

(二)两个《通知》的实施和竞争方式指定管理人的常态化开展

1.下级法院的调研

两个《通知》实施后,作为课题组成员单位的衢州市中级人民法院在其调研子课题《关于衢州市辖区破产管理人制度实施情况的调研》②中也对辖区内管理人履职存在的问题进行了总结,认为管理人指定工作主要存在以下问题:省级管理人优势过于突出,通过竞争方式指定管理人在一定程度上导致新入库管理人机会丧失;以联合管理人形式参加竞争,但实际上存在挂靠现象,使竞争流于形式;多家管理人参加的联合体,无法形成合力,互相推诿塞责;管理人参加竞争存在挑肥拣瘦现象,会计师事务所参加联合管理人存在不善于沟通,僵化适用会计

① 两个《通知》在实施过程中,考虑到法院监察机制新的要求,经省高院同意,监察室不再派人直接参加评审委员会,而是派人对包括评审在内的整个指定过程进行监督。

② 衢州市中级人民法院子课题成员为胡庆龙(主持人)、程增顺、祝伟荣、揭其荣。

准则问题。

2. 中介机构行业协会的调研

作为课题调研的组成内容,课题组委托杭州市律师协会重整与清算专业委员会,对协会中被编入浙江省高级人民法院编制管理人名册中的杭州市中级人民法院辖区的34家律师机构成员进行了调研,形成了《破产管理人执业状况的调研报告》。[①] 调研中,向34家律师事务所进行了问卷调查,发送率为100%,最终收回26份问卷,回收率为76.5%,调研组还对具有代表性的管理人律所团队进行了访谈。调研报告中涉及对按照浙江省高级人民法院两个《通知》确定的"731规则"[②]开展的竞争方式指定管理人工作的评价及建议,相关内容节录如图1所示。

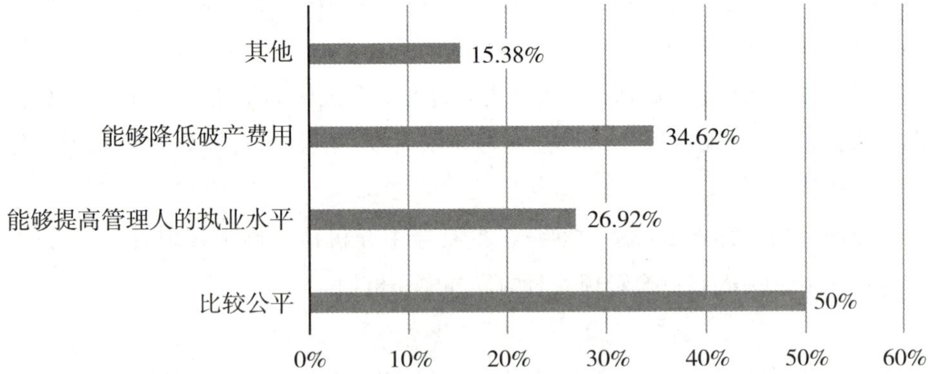

图1 对"731规则"的总体评价

① 杭州市律师协会重整与清算专业委员会调研报告成员:卢燎峰、李斌、赵婷、傅忠彬、汪红妖、丁兴、陆之悦。除了对管理人指定问题外,调研报告对管理人履职风险、管理人报酬的合理确定等问题进行了调研。认为管理人履职主要面临商业风险(管理人因缺乏企业经营管理知识面临的风险)和人身风险(调研表明,57.69%的管理人曾受到包括直接人身威胁在内的各种阻力,其中53.85%来自破产企业的债权人、26.92%来自破产企业职工、11.54%来自破产企业原有股东和高管,管理人遭遇职工债权人围攻的事件屡屡发生)。管理人履职面临的主要障碍是财产解封、股权变更和财产处置过程中的财税规制问题)。这些问题,有的不属于本课题调研的范围或重点,需要涉及政府职能作用发挥的问题需要通过推动府院联动机制解决,有的则在《管理人指定工作规程(试行)》中作了回应。

② 浙江省高级人民法院两个《通知》中的竞争方式指定管理人规则遵循7(正式参与竞争的机构)、3(进入前三名的机构)和1(前三名中抽签确定的正式管理人)的淘汰顺序,为方便表述起见,业内把浙江省高级人民法院的竞争方式指定管理人规则称为"731规则"。

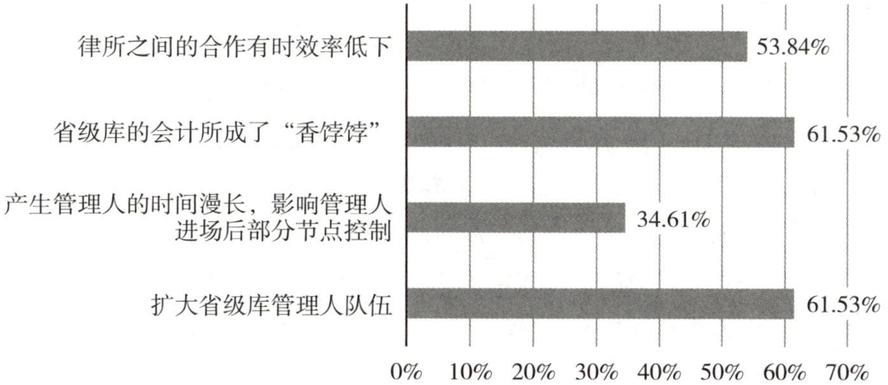

图2 对“731规则”的改善性建议

在调查中,50%的管理人认为该规则总体来说较为公平;34.62%的管理人认为能降低破产费用;26.92%的管理人认为能提高管理人执业水平;15.38%的管理人有其他评价,如认为联合竞标无助于提升管理人履职效率,为提高评分而临时组建的竞标团队或将造成后期职责、权利义务的冲突与推诿。同时提出如下建议:(1)以压缩管理人报酬的形式降低破产费用无助于管理人队伍培养;(2)建议进一步明细化管理日评价标准;(3)建议进一步明确案件适用标准,一旦符合标准便应当采取“731规则”、无除外情况。

总体看,受访者一致认为,“731规则”可较好地体现公平、公正原则,但对于联合竞标管理人则普遍提出了保留意见,如61.53%的受访者认为,需要改善“省级库的会计所成了香饽饽”这一现象,并扩大省级库管理人队伍、吸纳有能力的管理人团队入库;53.84%的管理人认为律所之间的合作有时效率低下;34.61%的管理人认为产生管理人的时间漫长、影响管理人进场后的节点控制(见图2)。一些受访者还认为,在“731规则”最后的3选1随机抽取过程中,如最终入选3家均为实力强劲、经验丰富的候选管理人,则随机方式在维护公平的同时亦可避免所谓“暗箱操作”;但如因报名情况不理想导致候选管理人素质参差不齐时,随机方式将撇除实力强弱的竞争性考量,甚至存在一定比例实力弱、无经验,甚至是“新手”管理人最终当选。对于管理人而言,有实践磨炼的机会当然是好事,但对破产企业及债权人而言却未必,特别是破产重整类案件,对管理人全局把控能力、谈判能力、风险防控能力、诉讼、财务等综合能力的要求极高,一旦“新手”入选,或将导致“事败人成”乃至本极有希望重整成功的企业最终不得不清算收场的局面。据此,部分律师建议在"731 规则"的基础上,按资产规模对破产案件进行分类,符合标准的案件统一由浙江省高级人民法院参照"731 规则"进行竞聘;部分案件中管理人前期已经介入并开展实质性工作、获得各方认可的,建议在竞聘时予以优先考虑。调研报告结合问卷调查反馈情况提出建议:"731"模式难以满足重整案件对管理人的特殊需求。重整案件不同于清算,其不仅要解决债务人的债务问题,而且还需要考虑其资产重组、资本运作、改善经营管理等多方面复杂的问题。对于这类特殊的案件,仅依靠随机方式指定管理人,存在管理人履职能力不匹配,不受到重整人、债权人等各方认可,甚至导致重整目的无法实现等一系列问题。

上述律师行业协会调研中反映的问题,有的合理意见值得引起重视:强调对管理人团队的建设;防止在"731 规则"实施中的"逆淘汰"现象发生;避免临时拼凑型的联合管理人,以及强调清算管理人和重整管理人在履职能力上的不同要求等。但也有一些意见或出于对浙江省高级人民法院两个《通知》精神的误读,或过于站在自身立场上看问题,客观性受到影响。

(三)数据分析

2014 年 3 月至 2016 年 5 月,浙江省全省法院按照两个《通知》的要求,由各中级人民法院组织(属于基层法院审理的案件,基层法院派出法官参加中院召集的评审委员会),通过竞争方式指定企业破产案件管理人 109 次(有的指定包含若干关联破产案件,因此,指定的次数与案件的次数并不完全对应)。分别是:杭州市中级人民法院组织 23 次;宁波市中级人民法院组织 12 次;温州市中级人民法院组织 9 次;绍兴市中级人民法院组织 20 次;舟山市中级人民法院组织 8 次;衢州市中级人民法院组织 12 次;台州市中级人民法院组织 6 次;湖州市中级人民法院组织 7 次;嘉兴市中级人民法院组织 3 次;金华市中级人民法院组织 7 次;丽水市中级人民法院组织 2 次。通过 109 次实践,浙江省法院区域性重大疑难案件竞争方式指定管理人工作实现了常态化实施阶段。

表1　竞争方式指定管理人次数占受理企业破产案件数量的比例

	杭州	宁波	温州	嘉兴	湖州	绍兴	金华	衢州	台州	丽水	舟山
破产案件数量	148	133	547	42	32	151	72	85	69	24	34
竞争方式次数	23 次	12 次	9 次	20 次	7 次	20 次	7 次	12 次	6 次	2 次	8 次
占比	15.5%	9%	1.6%	47.6%	21.9%	13.2%	9.7%	14.1%	8.7%	8.3%	23.5%

由表1可知:(1)采用竞争方式指定管理人比例最高的是嘉兴地区,为47.6%,其次依次为舟山、湖州、杭州、衢州、绍兴等地。(2)温州地区竞争方式指定管理人的案件在受理破产案件中占比最小,反映出温州地区受理的企业破产案件数量较多,但规模体量总体偏小,无产可破案件比例较大的实际。

表2　22家列入省级管理人履职资料库中介机构被指定情况

地区	省级管理人	参与报名次数	进入前三名次数(与报名次数占比)	中签次数
杭州市中级人民法院辖区机构	浙江天平会计师事务所有限公司	47	22(46.8%)	11
	京衡律师集团事务所	44	22(50%)	10
	国浩律师集团(杭州)事务所	37	19(51.4%)	8
	浙江天册律师事务所	42	16(38.1%)	7
	浙江韦宁会计师事务所有限公司	25	13(52%)	5
	天健会计师事务所(特殊普通合伙)	14	12(85.7%)	2
	浙江至诚会计师事务所有限公司	30	11(36.7%)	6
	浙江中汇会计师事务所有限公司	22	11(50%)	5
	浙江六和律师事务所	19	10(52.6%)	2
	北京市金杜律师事务所杭州分所	17	5(29.4%)	7
宁波市中级人民法院辖区机构	浙江德威会计师事务所有限公司	33	10(30.3%)	4
	北京炜衡(宁波)律师事务所	19	7(36.8%)	4
	北京大成(宁波)律师事务所	12	4(33.3%)	3

续表

地区	省级管理人	参与报名次数	进入前三名次数（与报名次数占比）	中签次数
温州市中级人民法院辖区	温州中源会计师事务所有限公司	49	12(24.5%)	9
	浙江光正大律师事务所	25	9(36%)	8
	浙江嘉瑞成律师事务所	20	6(30%)	6
	浙江人民联合律师事务所	17	6(35.3%)	1
绍兴市中级人民法院辖区	浙江中兴会计师事务所有限公司	48	17(35.4%)	16
	浙江大公律师事务所	17	8(47.1%)	5
	浙江越光律师事务所	9	3(33.3%)	2
	嘉兴中级人民法院辖区			
	浙江子城律师事务所	10	4(40%)	3
衢州市中级人民法院辖区	浙江青风律师事务所	10	4(40%)	1

备注:依进入前三次数为主序列分地区排序,含作为联合管理人被指定,金华、台州、丽水、台州、舟山和湖州中院辖区尚无省级管理人机构。

由表2可知:(1)在22家省级管理人中,进入前三名的次数与报名次数占比超过50%的中介机构共有6家,分别为:天健会计师事务所(特殊普通合伙)、浙江六和律师事务所、浙江韦宁会计师事务所有限公司、国浩律师集团(杭州)事务所、浙江中汇会计师事务所有限公司、京衡律师集团事务所,均为杭州市中级人民法院辖区的管理人,这与杭州法院进行了最多次的竞争方式指定管理人有一定关系,但也一定程度上反映出法院对中介机构的认可度。(2)进入前三名后,三取一的抽签环节存有不确定性。如天健会计师事务所(特殊普通合伙)参与报名14次,有12次入围前三名,但只被抽中了2次。而浙江中兴会计师事务所有限公司报名48次,有17次入围前三名,居然被抽中了16次。

表 3 部分省级管理人在本地履职情况与该地区非省级管理人履职情况对比情况

地区	破产管理人	参与报名次数	进入前三名次数	中签次数
杭州	浙江六和律师事务所	5(19)	3(10)(60%)	0(2)
	北京市金杜律师事务所杭州分所	2(17)	1(5)(50%)	0(7)
	浙江智仁律师事务所	21	11(52.4%)	4
	浙江金道律师事务所	13	5(38.5%)	3
	北京高朋(杭州)律师事务所	7	6(85.7%)	2
	浙江诺力亚律师事务所	11	5(45.5%)	2
	浙江君安世纪律师事务所	7	4(57.1%)	1
	浙江法君律师事务所	17	4(23.5%)	0
温州	浙江嘉瑞成律师事务所	5(20)	3(6)(60%)	2(6)
	浙江人民联合律师事务所	8(17)	4(6)(50%)	0(1)
	浙江平宇律师事务所	6	5(83.3%)	0
	浙江泽商律师事务所	5	4(80%)	0
	温州道盛会计师事务所有限公司	6	4(66.7%)	0
宁波	北京大成(宁波)律师事务所	2(12)	1(4)(50%)	1(3)
	宁波科信会计师事务所	9	5(55.6%)	3
	浙江海泰律师事务所	10	5(50%)	1
绍兴	浙江越光律师事务所	6(9)	2(3)(33.3%)	2(2)
	浙江震天律师事务所	11	1(9.1%)	2
	绍兴大统会计师事务所有限公司	13	1(7.7%)	2

备注:(1)省级管理人有两个统计数据,原因在于省级管理人可以报名参加全省的破产案件竞争,而非省级管理人只能报名参与该中院辖区的破产案件竞争。括号内的是省级管理人参与全省破产案件竞争的数据,括号外的是省级管理人参与中级人民法院辖区破产案件竞争的数据。如浙江越光律师事务所参与全省破产案件竞争报名次数 9 次,3 次入围前三名,中签 2 次;9 次中有 6 次是绍兴市中级人民法院辖区的破产案件,2 次入围前三名,中签 2 次。(2)北京市金杜律师事务所杭州分所参与报名 17 次,5 次入围前三名,中签 7 次,是因为北京市金杜律师事务所杭州分所报名参与竞争的破产案件中,有一些案件报名家数不足 3 家,直接抽签指定管理人,所以会出现中签次数多于进入前三名次数的情形。

如表 3 所示,将各地区的选任情况中表现突出的非省级管理人与省级管理人进行比较,可以发现,部分中级人民法院辖区非省级管理人进入前三名次数与报名次数的比率甚至高于排名靠后的省级管理人,比如,杭州市中级人民法院辖区非省级管理人北京高朋(杭州)律师事务所、浙江君安世纪律师事务所、浙江智仁律师事务所均高于北京市金杜律师事务所杭州分所;温州市中级人民法院辖区的情况更为明显。这也为下一步省级管理人名册的调整提供了部分依据。

此外,全省 282 家中介机构管理人,其中有 260 家非省级管理人,在非省级管理人中有 109 家社会中介机构从未参加过竞争方式指定管理人的报名,占比 41.9%;23 名个人破产管理人均未参加过报名。在报名参加过竞争方式指定管理人的 151 家非省级管理人中,最终有被指定为管理人的有 64 家,占比 42.4%。也就是说,有 196 家非省级的管理人从未在采用竞争方式指定管理人的破产案件中被指定为管理人。

(四)《管理人指定工作规程(试行)》的制定和主要内容

总结两个《通知》的实施情况,借鉴衢州市中级人民法院、杭州市律师协会重整与清算专业委员会的调研报告,特别是对 109 次竞争方式指定管理人指定实践的梳理分析,也发现了指定管理人工作需要改进的一些问题,主要有:(1)现有 22 家省级管理人机构的规模和人力资源已经不足以应对常态化破产审判工作开展的需要,需要适时引进省外管理人中介机构参与我省区域性重大疑难破产案件管理人的竞争;(2)需要根据团队建设、履职业绩等情况,适时对省级管理人名单进行调整;(3)需要适时编制非律师事务所、会计师事务所中介机构管理人名册;(4)需要规范随机和接受推荐方式指定管理人工作;(5)通过指定管理人工作的引导作用,促进管理人机构团队建设,解决履职不规范问题(如一些省级管理人机构派驻的管理人团队常驻人员有多头执业的现象,影响工作质量;有的联合管理人系临时"捏合"组成,其中的省级管理人机构"出照不出力",主要工作还是由非省级管理人机构承担);(6)一些法院指定管理人工作不规范的问题(如个别基层人民法院受制于外部干扰因素,通过种种方式规避浙江省高级人民法院的竞争方式指定管理人规则;个别中级人民法院在包括评审环节的指定工作中也存在不规范的情形,有的过于迁就基层法院的不合理要求)。对于通过投诉举报等途径发现的管理人履职不规范和法院指定工作不规范的情形,浙江省高级人民法院司法鉴定处与民二庭及时予以纠正。有的还由相关法院院领导到浙江省高级人民法院说明情况，消除指定工作不规范造成的不良影响。

作为课题调研的阶段性成果，今年 5 月 16 日，浙江省高级人民法院制定了《浙江省高级人民法院破产案件管理人指定工作规程（试行）》（浙高法办〔2016〕40 号，以下简称《指定规程（试行）》，自 2016 年 6 月 1 日起实施。《指定规程（试行）》和《管理人意见》、两个《通知》一脉相承，并有若干改进、拓展、细化和提升的内容。《指定规程（试行）》共 32 条。除了第 1 条（制定背景）、第 2 条（管理人履职类型的一般要求）、第 24 条（相关资料的电子发送媒介及发送成功的认定）、第 26 条（清算组履行临时管理人职责）、第 27 条（清算组作为正式管理人的特殊情形）、第 28 条（执行转破产中管理人的指定）、第 29 条（廉政监督）、第 30 条（业务指导和监督）、第 31 条（接受举报投诉和处理）和第 32 条（附则）外，第 3 条至第 25 条构成规程的主要内容，分别是随机方式、竞争方式和接受推荐方式指定管理人的操作细则。现分述如下：

1. 随机方式指定管理人操作细则（第 3 条、第 4 条和第 5 条）

（1）随机方式指定管理人的范围：实践中，随机方式指定管理人的居多，《指定规程（试行）》第 3 条明确了两个问题：一是随机方式和竞争方式、接受推荐方式的划分标准（结合第 7 条、第 8 条和第 25 条的理解）；二是随机方式指定管理人原则上适用于基层人民法院受理的案件，但中级人民法院受理的案件符合特定条件也可以通过随机方式指定管理人。

（2）随机方式指定管理人的三种途径：（1）鉴于多数中级人民法院没有按照《管理人意见》的要求出台随机方式指定管理人规程，其第 4 条第 1 款第 3 项的意旨，是督促中级人民法院按照《管理人意见》和《指定规程（试行）》的要求出台随机方式指定管理人规程。（2）除了按照中级人民法院制定的《随机方式指定管理人工作规程》随机指定管理人外，规程还设计了另两种随机方式：①基层人民法院从住所地在其辖区或地理上接壤的县（县级市、区）范围内择取有履职经历的中介机构中挑选 3 ~ 5 家，通过中级人民法院商事审判庭报请该院司法鉴定处进行抽签，根据抽签的结果指定管理人。②基层人民法院从省高级人民法院发布的上一年度以来参与本省法院受理的破产案件竞争管理人的中介机构中择取曾在单次竞争中进入前三名的中介机构，也可以在省高级人民法院编制个人管理人名册内或经省高级人民法院备案省外中介机构有个人管理人资格的人员中，挑选 3 ~ 5 家（位）中介机构（个人），将挑选后的名单进行抽签，根据抽签结果指定中介机构或个人管理人。提供这两种选择方式,符合《管理人意见》的原则要求,有的在实践中已经采用,可以避免一些从未有履职经历的机构被指定后无法胜任的情形。其中,第②种方式在随机中带有一定的竞争因素(基层人民法院在挑选中介机构名单时,可以要求被挑选的中介机构具有相应的履职能力),也有利于鼓励中介机构参与竞争方式指定管理人。

(3)《指定规程(试行)》第5条对随机方式指定管理人中管理人及其管理人团队成员提出了资格要求,以确保管理人履职能力的合法性、针对性和适当性。

2. 竞争方式指定管理人的操作细则(第6条至第23条)

本部分内容是《指定规程(试行)》的重心,有以下几个特点:

(1)总体沿袭两个《通知》要求开展试点工作行之有效的做法。主要有以下两个方面:一是除法律规定的情形外,按照最高人民法院有关文件的要求和浙江省实际,将竞争方式指定管理人扩大至区域性有重大影响的破产案件(第7条、第8条)。二是保留了两个《通知》中各个节点工作的主要内容:竞争评审会前相关资料的准备(第10条)、评审委员会的组成(第11条)、相关资料报送备案和发送(第12条、第13条)、《询邀函》的回复和《陈述意见书》的提交(第14条)、陈述意见书的内容(第15条)、联合报名参与竞争(第16条)、特殊情况的处理和评审会的召开(第17~20条)、正式管理人和接替机构的确定(第22条)。

(2)这一部分补充、修改的内容主要有:一是评审委员会的组成由原来的7人修改为5人或7人。实践中,个别中级人民法院由院领导主持评审委员会,但又不出席评审会议,这一不规范做法应予纠正。二是结合试行工作经验总结,强化了报名参加竞争管理人提交陈述意见书的规范要求,警示了中介机构不履行承诺的风险(第15条)。三是为提高评审委员会的评审质量,专列一条对评审委员会成员的工作指引(第21条)。四是总结联合管理人模式的得失,在第18条中对确定正式参与竞争机构的筛选顺序作了微调,保留不同专业省级管理人机构联合的第一顺序(评审中,要重点审查组建的联合管理人团队工作机制实质性协调配合的程度),同时,对于省级管理人机构与当地中介机构交叉联合报名的,以及聘请了与管理人机构不同知识领域的专业顾问的(如律师事务所管理人团队聘请财务顾问,会计师事务所管理人团队聘请法律顾问的),一同列入第一顺序。这一调整,有利于本地管理人队伍的培育和引导中介机构靠内生发展提升综合履职能力,制约了靠简单“拼凑”“捏合”方式临时搭建联合管理人的做法,也符合最高人民法院提高管理人团队综合履职能力的要求。①

3. 接受推荐方式指定管理人的操作细则(第25条)

《指定规程(试行)》明确,除最高人民法院《关于审理企业破产案件指定管理人的规定》第22条规定的情形外,不得采用接受推荐方式指定管理人。针对实践中存在的对人民法院指定管理人工作的不当干扰,规程还明确:遇有有关中介机构和个人要求在法律、司法解释之外推荐管理人的,应予拒绝,并根据最高人民法院《人民法院落实〈领导干部干预司法活动、插手具体案件处理的记录、通报和责任追究规定〉的实施办法》第7条第8项规定②和浙江省高级人民法院《关于贯彻执行〈领导干部干预司法活动、插手具体案件处理的记录、通报和责任追究规定〉和〈司法机关内部人员过问案件的记录和责任追究规定〉的实施细则》的规定,作为外部过问案件情况中的特别报告事项予以记录、报送。

《指定规程(试行)》是两个《通知》的升级版。自2016年6月1日《指定规程(试行)》实施以来,实施情况总体良好。按照《指定规程(试行》的要求,浙江省高级人民法院开展了邀请省外管理人机构备案履职的工作,共有17家来自北京、上海和江苏的省外管理人机构获得备案履职资格。至2016年10月31日止,全省已经开展25次竞争方式指定管理人工作,分别是:杭州市中级人民法院组织2次;宁波市中级人民法院组织6次;温州市中级人民法院组织5次;绍兴市中级人民法院组织5次;金华市中级人民法院组织2次;衢州市中级人民法院组织4次;台州市中级人民法院组织1次。省外管理人机构积极报名参与竞争,有若干机构在竞争中进入前三名序列,其中上海汇同清算事务所有限公司、上海市汇业律师事务所、江苏百年东吴律师事务所、江苏众勤会计师事务所4家机构最终入选(包括与浙江省内机构组成联合管理人)。③

另外,针对执行案件移送破产程序中管理人指定工作中出现的特殊问题,浙

① 2016年2月在杭州召开的全国部分法院依法处置"僵尸企业"调研及工作座谈会上,最高人民法院要求,"人民法院要引导担任破产管理人的传统中介机构吸收擅长企业管理、科学技术等的专业人才,确保对企业破产重整、清算作出准确有效的评估"。

② 《人民法院落实〈领导干部干预司法活动、插手具体案件处理的记录、通报和责任追究规定〉的实施办法》第7条第8项规定,"要求人民法院选择特定鉴定机构、资产评估机构、拍卖机构或者破产企业资产管理人的",应列入特别报告事项。

③ 上海汇同清算事务所有限公司入选管理人,也是清算事务所中介机构首次在浙江省破产案件担任管理人履职。

江省高级人民法院经审委会讨论通过于2016年5月16日以浙高法〔2016〕62号通知发布的《关于执行程序与破产程序衔接若干问题的纪要》第11条专门作了规定,总的精神是降低衔接过程的时间和金钱成本,可以采用随机抽签方式就近指定临时管理人(包括以简易清算组形式履行管理人职责);临时管理人符合条件的办理相关手续后可以转为正式管理人;债务人存在无产可破情形的,可以使用各地建立的管理人资金。

四、下一步工作的设想

以2013年开始实施《管理人意见》为标志,浙江省破产管理人动态管理机制正式建立并渐趋成熟。管理人履职能力和水平得到进一步的提升,浙江管理人的品牌也在全国产生了一定的影响。① 两个《通知》和作为两个《通知》升级版的《指定规程(试行)》的实施,浙江省管理人动态管理机制和管理人履职能力和水平达到新的水平。要巩固既有成果,弥补工作的不足。课题组就在新的形势下进一步健全管理人工作,提出以下工作思路:

(一)把握好完善管理人制度在推进破产审判工作中的定位

在国家深入推进供给侧结构性改革、加快"僵尸企业"处置过程中,破产审判工作迎来了新的发展机遇。特别是2016年以来,最高人民法院、省委省政府作出了一系列部署,有力推动了破产审判工作的开展。2016年6月16日浙江省有关部门联合下发的《关于处置"僵尸企业"的指导意见》明确,"积极发挥破产管理人、律师事务所、会计师事务所等作为第三方专业机构的作用,探索资产管理公司、清算公司等从事企业风险处置的托管重组业务和参与破产管理人工作";还明确了"有条件的市、县(市、区)可安排企业破产相关专项经费,建立多渠道筹资机制,制定相关管理办法,专项用于解决'僵尸企业'破产启动和资金周转、援助问题"。同年10月21日浙江省预防和化解行政争议工作第八次府院联席会议把推进破产审判工作列入会商内容,就落实《关于处置"僵尸企业"的指导意

① 笔者在调研中解到,浙江省杭州、宁波、温州等地管理人机构已经应邀在安徽、福建等地担任管理人或重整顾问等工作。

见》达成了共识。10月31日浙江省促进企业兼并重组工作部门联席会议办公室、省高级人民法院、省经信委会签了《关于成立“僵尸企业”处置府院联动机制的通知》,标志着浙江省在全国率先建立了实质运作的省级层面破产审判府院联动机制,府院联动机制把“积极发挥管理人作用”等列入主要职责范围。

2016年10月10日国务院通过《关于积极稳妥降低企业杠杆率的意见》,要求:依法依规实施企业破产,建立健全依法破产的体制机制;因企制宜实施企业破产清算、重整与和解;健全企业破产配套制度。并特别强调要健全管理人制度,规范和引导律师事务所、会计师事务所等中介机构依法履职,增强破产清算服务能力。实践证明,深入推进浙江破产审判工作,实现破产审判市场化法治化基础上的常态化开展,司法平台(法院对破产审判工作的部署和体制机制建设)、府院联动(政府和法院之间破产审判的工作沟通协调机制建设)、专业管理(提升管理人履职能力和水平)和金融创新(改善有助于破产审判财产处置和重整融资的金融环境)四个板块的建设缺一不可,必须同步推进。管理人的作用也越来越得到政府和社会各界的重视。[①] 要用活用足政策,通过府院联动机制,协力推动管理人制度的运用,在实践中不断健全管理人制度。

(二)研究解决管理人合理报酬的保障问题

浙江省高级人民法院《管理人意见》根据最高人民法院《关于审理企业破产案件确定管理人报酬的规定》提出了一些具有可操作性意见,但实践中管理人机构对获取合理报酬问题仍有一些反响。在制定两个《通知》时,没有把这个问题作为重点。《指定规程(试行)》仅在第30条中明确,“本院司法鉴定处、民二庭在职责范围内对全省法院指定管理人工作进行业务指导和监督,依法保障管理人获取合理报酬的权益”。要充分听取管理人机构和破产案件相关利害关系人的意见,按照激励与约束相结合、有利于破产审判工作的推进和有利于管理人队伍建设的原则要求,依法妥当研究解决管理人合理报酬的保障问题。

课题组委托杭州市律师协会重整与清算专业委员会调研报告集中就债务人企业财产状况(见图3)及管理人垫付资金情况(见图4)、管理人报酬情况(见图

---

① 如温州、绍兴、湖州、衢州和舟山中级人民法院层级和部分基层人民法院层级都建立了管理人报酬资金。

5~8)两个问题进行了调研。

1. 债务人企业财产状况及管理人垫付资金情况

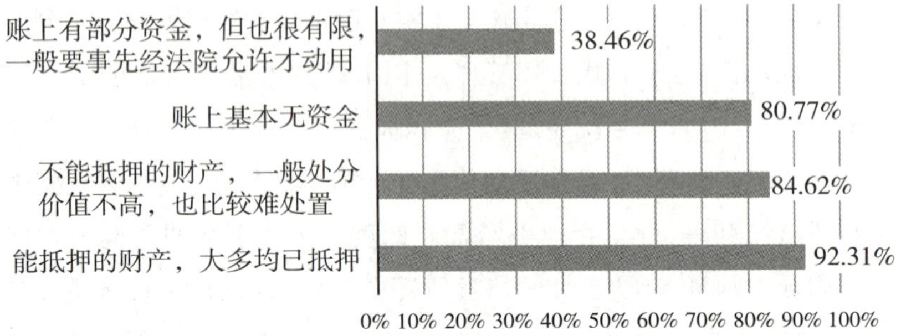

图3 债务人企业可处分财产情况

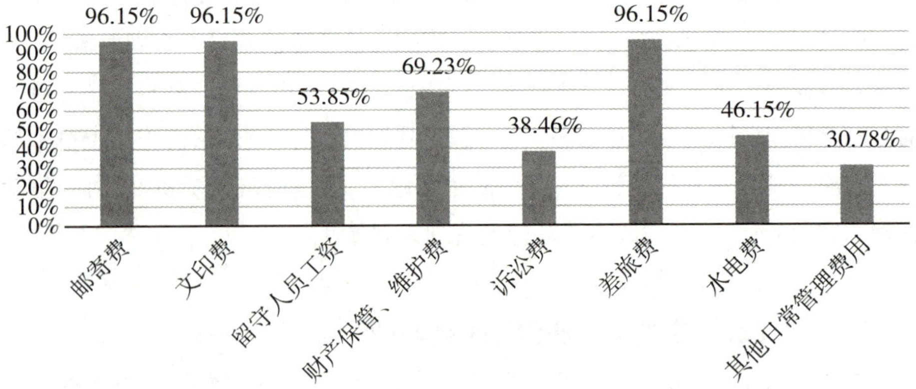

图4 管理人垫付费用情况

2. 管理人报酬情况

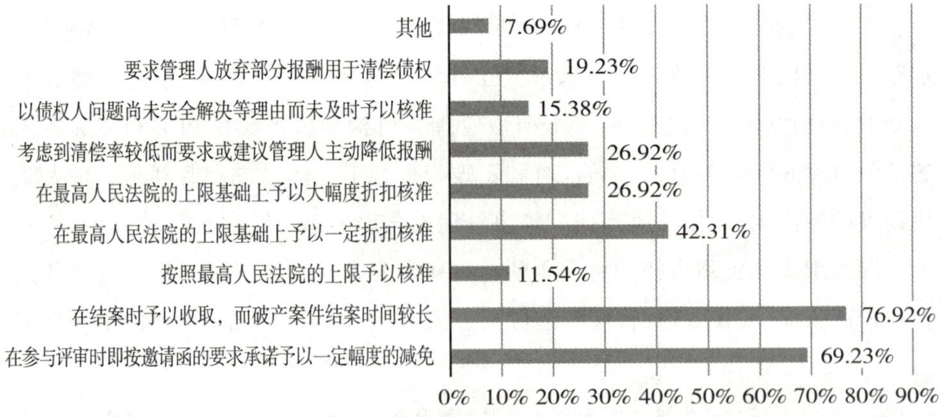

图5 管理人报酬计收方式

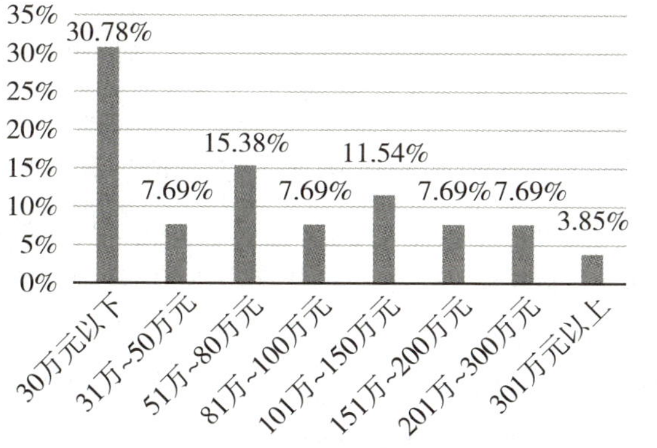

图 6 破产团队 2015 年度的成本

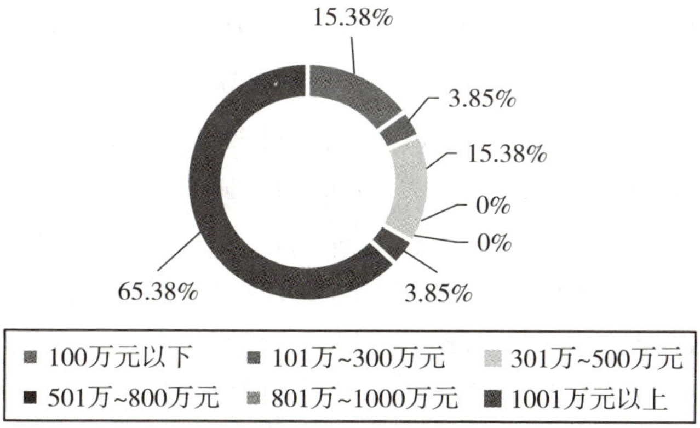

图 7 破产团队 2015 年度的管理人报酬

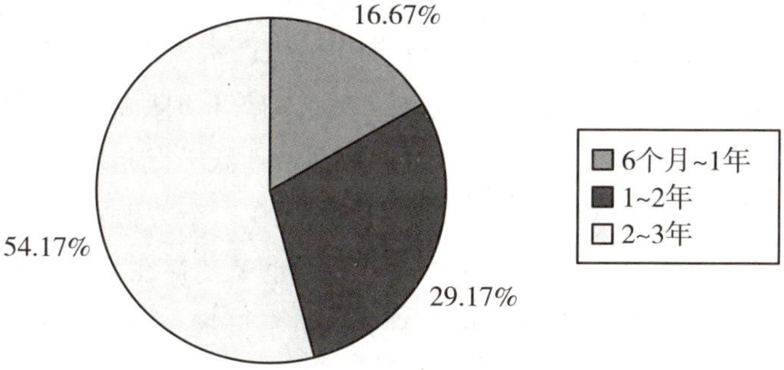

图 8 管理人进场至报酬收取时间间隔

调研结果显示,债务人企业在最终破产前往往采取多种手段自救,其中包括变卖资产、融资租赁、抵押借贷等,导致管理人在接管破产财产时,债务人企业可处分的财产情况往往不容乐观甚至无财产可处分。债务人企业资产抵押率高达92.31%,不能抵押的财产一般价值不高、难以处分的情况占84.62%,账上基本无资金的情况为80.77%。在少数情况下(38.46%),账上有少量资金,但是数额有限且需经人民法院批准方可动用。而管理人入场后,小到公告费、邮寄费、文印费,大到留守人员工资、财产报关费、诉讼费等往往需要管理人先行垫付。这一现象直接关乎管理人的入场积极性和资金、人力的安排力度。

调研结果还显示,管理人报酬的计收方式呈多元化方式,76.92%管理人在结案时收取报酬,但是破产案件结案时间较长,成本收回及报酬收取的时间成本高;69.23%的破产案件要求候选管理人在竞聘时即按邀请函的要求承诺予以一定幅度的减免;在42.31%的案件中,法院在最终核准管理人报酬时,选择在最高人民法院核准基础上进行扣减;而人民法院在最高人民法院司法解释确定的上限基础上予以大幅度扣减,以及法院考虑到清偿率较低而要求管理人主动降低报酬的两种情况发生较少,比重均为26.92%;以债权人问题尚未完全解决等理由而未及时核准或要求管理人放弃部分报酬用于清偿债权的情况发生率分别为15.38%和19.23%;仅11.54%的情况下,法院会按照最高人民法院司法解释的上限予以核准。即在大多数情况下,管理人是在破产项目全部结束后方能收取报酬,并且法院在管理人报酬方面具有裁量权限,管理人实际所收取的报酬远低于债权人会议所审议通过的金额,一定程度上挫伤管理人的工作积极性。如一旦面临“无产可破”的清算案件,管理人费用更将遥遥无期。

在受访管理人团队中,61.54%的管理人团队表示仅2015年度为支付团队律师费用的成本在100万元以下;同时,65.38%的破产团队却并未在当年度收取到任何报酬,平均报酬收取时间间隔长达2~3年。破产团队之间成本投入与报酬收入差距大、回收成本与收取报酬成本高、收益率远低于行业其他团队。

调研中,管理人就报酬问题的反映集中表现在三个方面:其一,大部分受访管理人认为实践中管理人的报酬过低。实践中也确实存在这样的案例,如嘉兴十八里服饰有限公司破产案,该案的管理人入驻后开展了近一年半的工作,最后按照最高人民法院规定标准收取的报酬，只有1200元。① 其二，现行法律与司法解释虽然在量化的报酬范围规定中增加了许多考量因素，②但这些考量因素相对较为原则、难以被定量。现实中，易出现债权人与管理人各执一词，而法院虽居中裁判，但难免对现实情况缺乏了解，从而出现"闹得凶被支持"的司法窘境。其三，债务人企业法律服务需求大，管理人承担大量标的额巨大、案情复杂的诉讼案件和非诉讼事务，而这些标的额巨大的案件收益又存在不确定性。限于经费考量，仅少数管理人有能力派出合伙人或资深律师出庭应诉，从而影响债务人企业的债权追偿和债务确定。

上述行业协会调研情况虽由于调查样本所限，不能涵盖全省管理人机构获取报酬情况的全貌。另外，调查结论一定情况下也受到调查者立场主观性的影响。但是，杭州市是浙江省的省会城市，经济发展在全省处于领先地位。综合各种因素考虑，行业协会的调查报告也反映了一定的真实情况。为此，在下一步工作中，对管理人合理报酬保障问题要予以高度的重视。

（三）不断改进管理人动态管理机制

管理人动态管理机制是完善管理人制度的基础。浙江省高级人民法院2013年发布实施的《管理人意见》通过"明确法院内部机构和各级法院的职责分工"和"建立与中介机构行业协会会商机制"两个主轴，搭建了管理人动态管理机制的框架。实践证明是可行的，应继续坚持，进一步落实、拓展和充实《管理人意见》搭建的管理人动态管理机制框架的具体内容。如完善和行业协会的定期会商制度；进一步规范依托行业协会培训平台对管理人进行业务培训，探索建立委托培训之外的其他培训形式；结合部分省外管理人机构在我省备案履职的实际，适时把备案履职的省外管理人机构纳入动态管理范围；支持、推动行业协会通过举办论坛等形式开展业务研讨，指导行业协会出台《财产状况报告制作指引》；适时开展非律师事务所、会计师事务所类型的中介机构管理人名册的编制；以业绩

---

① 徐得均、刘成雄：《管理人几个实务问题的思考》，载凤凰财经网：http://finance.ifeng.com/stock/roll/20091113/1461625.shtml，最后访问日期：2016年4月11日。

② 最高人民法院《关于审理企业破产案件确定管理人报酬的规定》第9条规定："人民法院确定或者调整管理人报酬方案时，应当考虑以下因素：（一）破产案件的复杂性；（二）管理人的勤勉程度；（三）管理人为重整、和解工作做出的实际贡献；（四）管理人承担的风险和责任；（五）债务人住所地居民可支配收入及物价水平；（六）其他影响管理人报酬的情况。"

表现和团队建设为主要依据,对管理人名单分级目录实现动态调整;规范管理人机构的奖惩、退出机制;对建立管理人协会的可行性和必要性进行研究;①条件成熟时,在修改完善基础上正式出台《管理人指定工作规程》。

① 从长远看,建立自律管理的管理人协会有其必要性。但是,一方面,浙江省高级人民法院制定《管理人意见》确立的动态管理机制一定程度上代替了管理人协会的作用(即使是未列入动态管理内容的管理人援助资金的管理,也可以通过其他适当的方式得到解决);另一方面,目前温州市管理人协会运作的实际效果还需要继续观察。因此,至少在当下,设立管理人协会还不是当务之急。

管理人选任机制实证研究*

——以江苏法院管理人选任机制改革实践为蓝本

夏正芳** 李　荐*** 张俊勇****

一、问题的提出：管理人选任机制为何要改革

在梳理破产审判难题过程中，我们发现很多难题与管理人制度及管理人未能有效发挥应有职能作用密切相关。为此，我们就相关问题进行跟踪调研，并于 2016 年面向江苏省部分地区破产审判法官、管理人作了专门问卷调查。① 从调研情况来看，管理人大多同时承担管理破产案件以外的其他工作，而管理破产案件的工作量大，收益不高，且获取报酬周期长，严重影响管理人工作积极性；调研中破产审判法官反映最多的问题是，管理人的知识、能力、经验参差不齐，个别管理人工作拖拉、甚至不接受法院监督，能够完全胜任破产案件管理工作的比例并

---

* 本文曾发表于《法律适用》2017 年第 15 期。

** 江苏省高级人民法院民二庭庭长。

*** 江苏省高级人民法院民二庭副庭长。

**** 江苏省高级人民法院民二庭综合组成员。

① 为做好此次调研，我们与江苏省律师协会、江苏省会计师协会合作，共同向江苏省部分破产审判法官、律师、会计师发放调查问卷，共收回有效问卷 190 份，其中法官 40 份、律师 90 份、会计师 60 份，并多次召开法院系统、管理人系统座谈会。

不乐观。由此,我们从源头入手,在现行管理人选任机制方面发现以下问题。

(一)管理人名册的弊端

在制定《企业破产法》之时,考虑到我国建立管理人制度欠缺以及当时的法治环境,出于对管理人市场进行严格管理的目的,建立了管理人市场准入机制,从而保证破产管理从业人员的职业能力,最高人民法院为此专门制定了《关于审理企业破产案件指定管理人的规定》(以下简称《指定管理人的规定》)。2007年6月以来,通过破产审判的实践探索,[①]江苏省已经培育了一批较为成熟的管理人队伍。[②] 但调研中普遍反映的问题是,由于律师、会计师行业的流动性比较大,很多在册管理人中有管理经验的管理团队或骨干人员已经离职,而根据现行法律规定,破产案件的管理人只能从名册中进行选任,导致选出的管理人常常难以胜任案件管理工作。

1. 管理人名册采申请审核制

中介机构或个人如欲申请编入管理人名册,目前采报各中级人民法院司法鉴定部门审核,各地均设置了一定的准入门槛,有变相设立行政许可之嫌;而评价标准主要表现为执业业绩、执业年限、执业规模、办案经验、专业水平、风险责任等弹性内容,且各地人民法院的审核过程并不对外公开。有的中级人民法院名册多年未作增补或变动,导致部分有志于从事破产管理的中介机构和个人没有申请加入的机会;或虽然设法申请,却始终未能通过法院审核。

2. 管理人名册设置地域限制

《指定管理人的规定》要求管理人选任实行属地管辖原则,即管理人原则上从本地名册中指定。江苏省除13家中级人民法院编制管理人名册外,仅有3家基层人民法院编制了自己的小名册。综观大小名册,均系从本地中介机构和个人中遴选入册管理人,严重影响管理人市场的流动性,优质管理人即便业绩再突出,原则上也只能在本地从事破产管理事务,无法实现管理人市场的充分竞争,

---

① 2007年6月1日至2017年3月30日,江苏法院共计新收各类破产案件3642件,审结3459件。

② 据统计,江苏省在册管理人共326家机构和个人;其中,机构管理人266家,个人管理人60人;在266家机构管理人中,律师事务所152家,会计师事务所90家,清算事务所18家,另有6家律师事务所与会计师事务所联合体。

亦不符合市场经济的优胜劣汰的规律;一些能力强的管理人通过到外地设立分支机构这种变通的方式来规避现有名册制度,突破地域限制已是大势所趋。

3. 管理人名册未明确退出机制

一方面,名册外有志于从事破产管理的机构进不来;另一方面,却是在册管理人的高枕无忧和守株待兔,只要还是随机选任,不管做好做坏,同样可以选任为管理人。而从调研情况看,62.50%的法官认为管理人能力有待提高。在册管理人机构中以30岁以下从业经验不足的工作人员占半数以上,[①]无论其业务能力与申请入册时比有多大变化,基本不会影响其后的选任,如此制度设置变相给在册管理人提供铁饭碗。同时,江苏省仍有6家法院的管理人名册10年来未作过任何调整,甚至有12家在册机构管理人从未管理过任何破产案件,亦未有指定个人担任管理人的案例,如此固化的管理人市场亟待设置优胜劣汰机制。[②]

4. 管理人名册带来的廉政风险

管理人名册制度如同要求已取得执业资格的专业机构再次考取一本职业证书,而各地法院的遴选审核过程并不对外公开,难免产生司法寻租风险。从现行《指定管理人的规定》以及各地增选管理人公布的入册条件来看,客观评价的内容较少,主观可控的弹性评价标准居多,加之遴选评审过程的不透明,面对巨大的破产管理人市场,看中的中介机构必将想方设法申请加入名册,存在严重的廉政隐患。

(二)管理人选任方式过于机械

根据现行《指定管理人的规定》,法院一般应当按照管理人名册所列名单采取轮候、抽签、摇号等随机方式公开指定管理人。对于金融机构或在重大疑难复杂的破产案件,法院可以采邀请竞争的方式选任管理人。然而,实践中,因上述规定过于原则,各地在选任过程中差异明显。

1. 随机摇号。[③] 该种管理人选任方式被认为是最具公平性,而破产案件复杂

---

① 据统计,入册管理人机构中50岁以上的从业人员占14.53%,刚参加工作30岁以下的从业人员达50.43%。

② 据统计,62.50%的法官、58.80%的律师、38.30%的会计师认为应当优化管理人名册。

③ 目前江苏省法院主要采取随机摇号的方式指定管理人,据统计,随机摇号方式占比60%以上。

程度因案而异,单纯采取该方式产生的管理人完全可能无法胜任重大、复杂破产案件的管理人工作。从调研的情况看,高达58.33%的破产审判法官反映中介机构的能力参差不齐,部分管理人基本依靠法官手把手指导来管理案件,无疑给法官增加了过多的工作量。

2.竞争选任。[①] 该选任方式是以评分制为主导的管理人评价体系,特别是在重大疑难复杂破产案件中,具有较大优势。但也存在一定弊端:首先,从评分规则来看,专业水准、从业经验、机构规模等分值变化较小,综合得分基本恒定,如果竞争评分,排名在前的中介机构被选中的概率极高,其案件量将大幅增加,但人员和精力有限,专业团队的培养又需要过程,一定程度上将影响案件的管理质量;其次,从市场发展来看,如果法院长期单纯使用该种选任方式,排名在后的中介机构积极性将受到严重打击,一旦丧失竞争信心,市场将逐步萎缩;最后,从选任效率和资源来看,竞争选任方式需要发布公告、评审申报资料、现场陈述、讨论研究等,选任过程时长少则半个月,多则2个月,程序复杂,耗时费力,既浪费司法资源,又增加中介机构的负担。在此选任方式下,个别地区的基层人民法院单纯采用竞价投标的模式,价低者中标。如此虽然可以在一定程度上降低破产案件的成本,但容易形成恶性竞争,不利于管理人行业的良性发展;亦有存在获取报酬过低,工作积极性降低的可能,不利于个案管理的顺利推进。

3.轮候摇号。考虑到管理人在管理破产案件的精力和能力问题,江苏省有2家中级人民法院以案件数量的饱和度作为管理人选任资格的前提,所有机构在轮满5件(或2件)之前,换言之即已有5件(或2件)案件在手的中介机构,不得参加下一轮摇号。该规则设计目的虽然是确保管理人有足够的时间和精力管理在手案件,兼顾公平以达到平均分配案件的目的,但是未考虑各管理人管理能力差异、专职工作人员数、人案比系数等,直接以收案5件(或2件)为上限,对能力强、人数多、经验丰富的管理人并不公平。

4.直接指定。苏中地区部分基层人民法院在指定管理人过程中,仍然采用接受当地政府推荐而直接指定的方式产生管理人,甚至主动申请在法院裁定受理前先行成立由政府相关职能部门主导的清算组,这种指定方式虽然在一定程

---

① 调研发现,近30%的中介机构认为竞争方式选任管理人不具有客观公正性,两极分化的现象比较严重,有的中介机构在短时间内被连续指定为管理人,而有的中介机构在很长一段时间内都未被选中。

度上解决了政府在维稳、安置职工等方面的协调问题。但是如果指定管理人，一方面程序不公开，其公正性无法保证；另一方面行政色彩浓厚，导致破产案件的管理过于行政化。实践证明，该方式已难以适应当前管理人制度的市场化趋势。

（三）管理人选任过程不够透明

1. 通知程序不够透明。对于通过竞争选任方式的破产案件，中介机构一般是通过法院发通知或邀请函才得知。调研中发现，个别法院存在对外邀请或通知机会不均等的现象，从3年来收到通知的情况来看，有的法院虽然受理了13件案件，但该院所在地的在册管理人从未收到过该院的任何邀请或通知。

2. 摇号过程不够透明。随机摇号方式目前有电脑摇号和摇号机摇号两种，但调研中发现，有的法院摇号时，并不通知机构到场或者仅通知部分机构到场；也有虽然通知到场，但序号和机构名称的对应存在多种排序的情形；甚至有的法院资产较多的案件总是摇中个别几家，如果不公开透明，将直接导致公正性受到质疑。

3. 评审过程不够透明。在所有竞争选任公告中，均要求参与竞争的社会中介机构提交相关资质证明资料、管理破产案件的经验、本案的管理工作预案及报酬初步报价等材料，而评审委会员对上述材料的评标过程并不公开，评审方式是否客观亦不明朗，甚至中标结果也不对外公告，最终除中标的管理人知道结果外，其他投标单位只能通过反复联系法院确认自己是否中标。

二、管理人选任机制如何改革

破产案件将长期处于快速增长态势，[①]亟须制定高效、科学合理的管理人选任制度，在公开、公平、公正的基础上，选任满足个案需要的管理人。针对调研中发现的问题，改革和优化现行管理人选任机制已势在必行。

（一）改革的可行性分析

1. 关于取消管理人名册制度的问题。根据我国《企业破产法》第24条的规

① 从破产案件增长态势看，2016年江苏省新收企业破产案件841件，同比2015年（491件）增长71.28%；较2012年（153件）增长449.67%。

定,依法设立的律师事务所、会计师事务所、破产清算事务所等社会中介机构以及专业执业人员均可以担任破产案件的管理人。法律规定的管理人资格是,掌握相关专业知识并取得执业资格的机构和个人,其从事的行业与企业破产的主要工作内容相关联。我们认为,在《企业破产法》制定之时,设置名册是出于对我国当时法治环境的考虑,而上述中介机构在设立时,已由其主管单位对机构的规模实力、人员数量、执业年限、资产状况、风险责任等多方面进行了非常严格的资格审核。从《指定管理人的规定》对于申请编入管理人名册的要求,结合各地法院增补管理人名册设置的条件来看,对申请入册的机构硬件条件要求都不高,基本为常规性内容,并未就破产案件的管理提出专业化要求,故设置二次准入门槛实属画蛇添足。从国外立法现状来看,德国、[①]荷兰、瑞典、奥地利等国法律均未对管理人入册或地域提出专门的要求。[②] 同时,我国《企业破产法》还明确了个人管理人制度,个人申请编入管理人名册的条件,对其从事破产专业管理提出要求。我们认为,法律允许专业执业个人从事破产案件的管理,而经过严格审核、依法设立、规范执业的专业机构却被排除在管理人名册外,在体系解释上存在一定的矛盾之处;而从机构管理案件的经验来看,册外的中介机构和新入册的管理人一样,均无管理经验,即便是在册管理人也存在10年未管理过任何案件,或者有经验的管理团队已经离任的情形,不能以是否在册来判断中介机构的管理人能力和经验。因此,我们建议取消管理人名册,只要有志于从事破产管理,依法设立的上述中介机构原则上均具备管理破产案件的资格。

2. 关于取消管理人城市地域限制的问题。根据《指定管理人的规定》,管理人一般应从本市管理人名册中指定,但同时又为金融机构或重大疑难复杂案件的跨地域管理留有余地。其目的是解决当地管理人无法胜任的问题,说明在立法当时既考虑了管理人管理案件的便利性,但也已考虑到允许跨地域执业的可行性。在现行法律框架下,律师事务所、会计师事务所受托进行法律、财务等方面的专业服务没有地域限制的要求,但在管理破产案件时却被明令禁止,存在一

① 根据德国《支付不能法》第56条的规定,管理人应由具有专业知识的自然人担任。这里的专业知识,应当是指法律、会计、审计以及管理等与破产管理方面的知识,这是由管理人的职务决定的。

② 参见李飞:《当代外国企业破产法》,中国法制出版社2006年版,第31页。需要说明的是,虽然上述国家法律对于管理人任职资格没有明确规定,但在司法实践中,也都是从具备相关专门知识、经验丰富的律师、会计师或者其他经济专业人士中选任管理人的。

定的不合理不处。考虑到破产案件存在难易之分,而当地在册管理人的能力和水平并不一定能够胜任疑难复杂案件,硬性规定须从本市管理人名册中指定,无疑是对破产企业和债权人权益不负责任的表现,亦违背市场经济的自然规律。实务中,浙江省的破产案件已向全国管理人市场开放;江苏省也有多起破产案件指定由外地的中介机构进行管理,且管理的质量和效果俱佳,为取消管理人地域限制提供了实践支撑。因此,我们建议打破原有地域限制,在更广范围、更广地域内选任管理人,实现市场化充分竞争,选出能力更强的、经验更丰富的、更能胜任工作的管理人。

(二)试点改革的工作情况

为优化和改革管理人选任机制,解决现行机制中存在的问题和隐患,并探索建立科学合理的市场化模式,经汇报,我们对江苏省管理人选任机制进行了试点改革。为稳妥开展此项工作,第一批选取破产案件数量较多的 1 家中级人民法院①及 4 家基层人民法院②进行试点。各家试点法院根据文件精神,结合自身实际,细化改革试点方案,制定新的管理人选任办法,并开展了有益实践,经过半年的努力,已有 23 件破产案件通过新管理人选任办法指定管理人,③试点改革工作有序推进。

1. 主体资格的改革。各家试点法院的通行做法是取消原有管理人名册,突破城市地域限制,扩大管理人备选范围,面向全国范围内依法设立的律师事务所、会计师事务所、破产清算事务所等社会中介机构公开招募,建立市场化选任机制,以解决管理人市场准入门槛的难题。从试点情况看,以江宁区人民法院为例,该院共有 5 件破产案件面向全国公开招募管理人,平均每件案件收到 16.50 家机构和个人提交的竞选申报方案,册外中介机构占比为 27.27%,外地中介机构占比为 3.03%。再以常熟市人民法院为例,该院共有 18 件破产案件面向全国公开招募管理人,平均每件案件收到 14.55 家机构和个人提交的竞选申报方案,

---

① 徐州市中级人民法院为省法院指定的改革试点法院,徐州市中级人民法院要求其辖区内 11 家基层人民法院均适用该院制定的新管理人选任意见。

② 分别为南京市江宁区人民法院、常熟市人民法院、海门市人民法院和淮安市洪泽区人民法院。

③ 本文数据均为截至 2017 年 3 月 30 日的试点数据。

册外中介机构占比为47.71%,外地中介机构占比为15.65%,册外中介机构被指定管理人的有7件,3件为外地在册管理人机构;另外,外省中介机构也频频申报,已有1家外省中介机构被指定为管理人。

2. 设置案件分类机制。试点法院均通过不同方式,对案件类型特别是难易程度进行了划分。有简单分为重大和普通两类的,有分为疑难、普通和简易三类的,也有分为重大、普通、简易、小微(无利)四类的。通过座谈,我们发现常熟市人民法院通过设置"百分制"的方式,由合议庭对破产案件的20个事项进行客观评判,各合议庭成员评分的加权平均值为该案难易程度的最终分值,通过分值大小确定案件分类。该做法既有利于法院决定适用何种管理人选任方式,亦有助于法官第一时间对案件难易程度和风险隐患作出预判,同时也有利于管理人对于是否决定申报、投入成本、工作量等方面进行评估。

3. 成立评审委员会。各家试点法院均成立评审委员会(评审管理监督工作小组),通过设置各自不同职权,对管理人的申报材料、主观态度、管理成效、履行情况等多方面内容进行评判,确保评审出的中介机构能够满足个案所需。不同点在于,评审委员会的组成人员、评审阶段、职权均有所不同。从各家制定的选任规则来看,仅2家具有最终决定权,其他均为前置参与权;评审委员以本院破产审判部门、相关鉴定部门人员为主;但洪泽区人民法院从资深法官、行业主管部门和专业技术人员中产生,但评审结果仅作为合议庭参考的依据。关于评审标准,两家法院在选任规则中予以客观规定。以江宁区人民法院为例,该院制定《申报管理人工作方案评分表》,通过对申报主体的规模实力、经验业绩、工作计划、管理建议、经费保障、报价方案、已结案件履职评价、在办案件数量与进程等8个方面进行排除主观因素的可操作规定,由评审委员会根据申报主体提交的材料,进行客观评分,从源头上防范廉政风险,做到公开公正。而常熟市人民法院则制作《遴选管理人评分表》,设置评分大项6项、小项16项,由评审管理监督工作小组通过第二个"百分制",对申报主体的主观态度、客观情况、风险能力、费用负担、工作能力、针对性工作思路及管理人事务执行的思路进行评分,根据分数高低确定备选管理人范围,并通过随机摇号方式确定管理人。评审结束后,将评分表、得分统计表等材料一并归入破产案件的卷宗备案,为事后二次监督留下事实依据,确保全流程公开公正。

4. 优化选任方式。基本确立以随机摇号为原则,以竞争选任为例外的管理人选任方式。目前,常熟市人民法院已经实现简易破产案件管理人全部随机摇号指定的方式,从试点实践来看,已有 18 家中介机构通过随机摇号成为破产案件管理人,其中 7 家为名册外机构,3 家为外地机构。而南京市江宁区人民法院通过借鉴学习其他地区先进做法,制定出一套体系完备的“N→7→3→1”三步走管理人选任规则。第一步“N→7”,即从所有申报主体中由司法鉴定部门按比例摇号选定 7 家;第二步“7→3”,即由评审委员会根据 7 家申报主体提交的申请书进行综合评分,再提交审判委员会研究决定择优选定 3 家;第三步“3→1”,由司法鉴定部门通过摇号方式,从 3 家申报主体中随机产生管理人。一方面通过“2 次摇号”以确保选任工作的公正性;另一方面通过“7 进 3”择优选任以保证管理人能力,更好地满足破产审判实际需要。

5. 完善监督体系。一是加强内部监督。为防范廉政风险,强化纪检监察部门监督,试点法院在试点改革中基本上都通过制度方式管人管事,引入监察室全面负责廉政监督,实现纪检监察全流程监控,做到防患于未然。二是主动接受外部监督。试点法院对于评审工作形成的书面材料均作为破产案件材料入卷备查;所有摇号工作均请所有申报主体派员到场并形成摇号笔录签字,常熟市人民法院进一步严格要求将所有摇号过程全程录音录像,不留任何风险缺口;海门市人民法院还要求将摇号过程和结果到互联网公示,主动接受社会和上级法院的全方位监督。

6. 调整公告方式。试点法院均通过各种方式提升公告平台,丰富公告方式。一方面升级公告平台,在全国企业破产重整案件信息网、人民法院网、《人民法院报》等全国性媒体平台刊登公告,面向全社会公开选任;另一方面丰富公告方式,除传统公告方式外,通过法院官方互联网、微博、微信多种媒体发布公告,以增加公告受众,扩大影响力。从实践的效果来看,目前已经面向全国公开招募管理人的破产案件中,平均每件案件均收到 16 家左右机构和个人提交的竞选申报方案,册外中介机构和外省中介机构占比达 1/3 以上。

三、改革过程中遇到的困难与问题

由于江苏法院开展的“取消管理人名册、突破地域限制”的选任机制改革创新在全国尚属首创,各家试点法院通过半年多的试点实践,虽然取得了一定成效,但改革难免遇到了各种困难和问题。通过座谈交流,归类出以下共性问题。

(一)主体资格的改革不彻底

从试点情况看,除江宁区人民法院外,各试点法院在制定管理人选任办法时,均表述为全国范围内依法设立的律师事务所、会计师事务所、破产清算事务所等中介机构可申报破产案件管理人,未将各地法院原在册个人管理人列入,导致很多原已取得管理人资格的会计师、律师产生疑问并予以咨询。同时,试点过程中还发现,有资产评估事务所、审计事务所向法院申请将其列入管理人选任范围,理由是我国《企业破产法》规定的是依法设立的律师事务所、会计师事务所、破产清算事务所等社会中介机构,虽未明确包含评估事务所和审计事务所,但也未予排除。

(二)已建立的名册分级管理、定期考核制度将受影响

在试点过程中,有管理人向我们反映,目前江苏省许多法院都建立了对在册管理人机构进行分级管理、定期考核,此举一定程度上稳定管理人队伍,提高管理人工作水平。一旦在江苏省范围内取消管理人名册,已建立的制度都将受到影响,更会造成江苏省的管理人制度与其他地区不一致。

(三)在册管理人利益受到冲击

在座谈交流过程中,有管理人向我们反映一旦全面取消管理人名册和地域限制,将严重打击现有在册管理人的积极性。一方面,外地特别是外省经验丰富的机构将占有江苏省的破产管理市场份额,对江苏省的在册管理人利益形成严重冲击,江苏省管理人市场难以良性发展;另一方面,现有在册管理人通过10年的学习和实践,以普通日常业务补贴破产管理业务,类似交纳10年学费才积累了一定的经验,今后被摇号选中为管理人的概率将大幅降低。

(四)选任公告受众面不够

现行试点改革的公告方式虽已多元,但全国企业破产重整案件信息网、人民法院网、《人民法院报》等此类全国性媒体平台,具有较强的专业性和自身局限性,长期阅读《人民法院报》或浏览全国企业破产重整案件信息网、人民法院网的中介机构较少,报纸公告也多刊载于专门公告版面。所以,实际能看到招募管理

人公告的中介机构较少，导致前来竞争的申报主体数量普遍在16家左右，远未达到制度设计当时的理想状态。

（五）“一稿多投”问题严重

试点实践中，很多申报主体存在“一稿多投”的现象。一是律师事务所、会计师事务所实质为联合担任管理人，但分别申报；二是某律师系在册个人管理人，并设立了清算事务所，申报管理人时，其分别以所在律师事务所、清算事务所、个人管理人三个身份进行申报；三是同一中介机构多家分支机构在同一案件中分别申报。上述“一稿多投”体现为各自申报方案除申报主体名称不同外，其他内容高度一致，影响公平竞争。

（六）评审工作增加了法官工作量

当前，江苏法院“人—案”矛盾十分突出，法官的办案压力巨大。[①] 而评审委员会多为业务部门领导或骨干法官，平时承担着较重的办案任务，评审制度的设立，额外地增加了评审委员的工作量，而评分选项内容众多，对每一份申报方案分项打分，给法官特别是非从事破产审判部门的法官增加了较多工作量。实践中，个别法院因员额法官办案数量的要求，已经出现有评审委员敷衍应付的现象，无疑给选任过程中评审工作的公正性蒙上了阴影。

（七）申报材料浪费现象严重

各试点法院成立的评审委员会委员人数均为5人以上不等单数，而评分的主要依据为申报材料。因此，实践中，很多申报主体尽可能多地准备各类申报材料，有的申报方案多达200页，胶装成册，且设计有非常精美的封面；且按照公告要求，应提交不少于该院评审委员会委员人数的册数，此举确实造成严重的纸张浪费。

（八）公告期间与破产审查期限的协调问题

破产法对于破产申请审查有严格的期间限制。如果初步审查拟裁定受理破

---

① 据统计，2016年江苏法院共受理案件1，820，788件，审执结1，471，778件，同比分别增长11.47%和9.75%，案件总数连续4年位居全国法院第1位。

产申请,按照破产法的规定,在受理破产申请时,应同时指定管理人。综观各家管理人选任办法,均确定了一定时长的公告期间,少则3天,多则1个月,外加评审、讨论、摇号等一系列程序,很难保证在破产审查的期限内,完成管理人的选任工作。

(九)册外管理人能力问题[①]

目前通过摇号产生的7家册外机构管理人中,3家为异地在册管理人,有一定的管理经验,另外4家也多次参与过其他破产案件的管理。虽然尚未出现完全无经验的册外管理人,但从前期选任过程中申报主体提交的申请书内容看,有的申报主体未参与过《企业破产法》法律服务或者审计评估等工作,甚至有申报主体的专职律师仅有7人,而且还要兼顾其代理的普通案件,无法胜任破产管理工作。一旦这样的申报主体被摇号选中,承办法官将要手把手指导管理人工作,给法官增加了太多管理性工作。

(十)外地管理人工作不便问题

目前已有多家外地中介机构被指定为管理人。一方面,由于其在当地并不设常驻机构,管理人在外地从事管理工作多有不便,特别是在维护职工稳定、处理突发事件等方面无法做到及时高效;另一方面,其与本地管理人相比额外增加的交通、餐饮、住宿等费用,增加了债务人企业的负担;同时,目前我们并未制定针对外地管理人进行规范和约束的有效措施,破产案件的管理质量待实践予以验证。

(十一)无人申报的问题

在取消名册的情况下,无人申报的问题将难以解决。从近两年收案情况看,案件以破产企业的资产均已设定抵押权或无产可破居多,在无利可图的情况下,中介机构的申报积极性可能大打折扣,[②]将会出现无人申报的情形。从试点的情况来看,对于无人申报的问题,多数仍沿用现有名册,强制指定交由在册中介机

---

① 此处的册外管理人限缩解释为没有破产管理经验的中介机构。

② 据统计,76.7%的律师、71.7%的会计师遇到过无法获得报酬的情形。

构来管理。此举存在两个问题:一是名册取消后将无从指定;二是在册中介机构的利益受到一定影响的情况下,仍然要承担如此之重的社会义务,贴本管理案件,造成严重不公。

四、解决上述管理人选任问题的建议

综合前期改革试点情况,针对改革试点过程中遇到的上述问题,结合江苏省其他地区管理人选任的先进做法,提出以下解决建议。

(一)主体资格再扩容

《企业破产法》使用了“等社会中介机构”的用词,对此问题理解有所不同,有人主张“等内说”,有人主张“等外说”。“等外说”认为担任管理人的社会中介机构不应当仅限于法律规定的三个主体,还应当包括诸如资产评估事务所、审计事务所等社会中介机构。从《指定管理人的规定》的体系解释来看,该规定未明确规定上述三种中介机构之外的主体可以担任管理人,同时又规定清算组可以管理人,金融资产管理公司可以被指定为清算组成员,并担任管理人工作。因此,我们认为制定该规定之时,明确的三种中介机构从事的业务均与破产事务相关联,而破产审判中也存在大量资产评估、财务审计事务,需要相应此类专业中介机构的介入。律师事务所担任管理人时,可以聘请专业的审计评估机构参与管理事务;同理,评估事务所、审计师事务所担任管理人时,法律、会计等事务可通过聘请专业机构的方式予以处理。因此,管理人的主体应包含与破产事务相关联的评估事务所、审计事务所等其他中介机构。

(二)将管理与考核理念融入选任管理机制

管理人的选任和管理机制是相辅相成的,管理人的管理与考核也是此次改革的重要组成部分。在试点法院的选任办法中,均不同程度地融入对管理人工作的管理与考核。南京、苏州、无锡、南通等地均已建立完备的管理人考核管理机制,在下一步试点、总结、推广过程中,将重心向管理机制的改革倾斜,花大力气深入调查研究,争取尽快形成体系完备、内容完整的选任和管理机制。

(三)在册管理人利益未受严重冲击

从各试点法院的选任办法来看,一方面,仅有常熟市人民法院对简易破产案件全部实行随机摇号,而案件难易分值在35分以下的案件,基本为无产可破的案件,在册管理人即使被摇中,并不会带来多少收益;另一方面,各家法院均设置了评审委员会,在申报方案评分表中对案件管理经验、已结案件的履行评价均设置了较高的分值,在有利可图的破产案件中,册外中介机构很难形成优势,对于在册管理人利益的影响非常有限。

(四)拓宽选任工作的受众面

从目前改革实践情况来看,本地册外及外地中介机构对于江苏省法院管理人选任改革机制试点并不了解。我们建议:一方面,通过微信、微博加强对外宣传,建立中介机构微信群,派专人负责维护,将全国范围内有志参与破产案件管理的律师事务所、会计师事务所、破产清算事务所、审计事务所、评估事务所以及专职从业个人添加进管理人微信群;另一方面,通过全国破产重整案件信息平台和江苏省高级人民法院官方微信、微博同时发布管理人选任公告,实现所有中介机构全覆盖,在对外宣传的同时,拓宽公告的受众面。

(五)鼓励联合申报,禁止"一稿多投"

管理人选任市场化机制改革的目的就是要实现管理人市场的充分竞争,而同一中介机构的多家分支机构,或一名负责人员以多重身份在同一案件中分别申请担任管理人的,存恶意提高选中概率之嫌,有违市场公平竞争。我们建议,不同机构申报方案内容高度一致而分别参与选任的,应告知其作为单一主体联合申报,并予以加分。实践操作中,江宁区人民法院对于律师事务所、会计师事务所联合申报管理人的,在后续评审环节予以加分,此举既可以发挥各方优势,方便案件管理,又可以节省破产企业管理费用成本。

(六)评审工作折算法官的工作量

面对当前人案矛盾的现状,特别是基层人民法院的法官,均设置有较高案件量的办案指标。而选任评审工作,确实费时费力。我们建议应与审判管理部门协调,对破产审判工作量进行折算的同时,对评审工作量一并折算。考虑到评审工作主要系对申报方案中记载内容的客观打分,法官评审一份申报方案相当于办案中阅一本卷的工作量,而普通案件的审理除了阅卷以外,还需要开庭、调查、调解、制作文书等大量工作,初步设想将评审一份申报方案折算为一件普通案件1/20 的工作量为宜。

(七)建立信息化选任模式

印制多册申报方案,确实造成严重的纸张浪费。因此我们建议可以调整为电子邮箱投标,每个案件在公告时即明确发送至专用邮箱,由各评审委员直接到专用邮箱查阅,既契合无纸化办公的要求,又能节约大量有限资源。另外,为方便外地管理人参加摇号,建议由目前到现场参与摇号的方式调整为使用微信或QQ 视频远程摇号方式,摇号结果当场公布,既公开透明,又节省外地管理人的人力物力成本。

(八)统一公告与破产审查期限

对于拟裁定受理破产申请的案件,我们建议:一方面,在发布选任公告时,由于全国破产重整信息网发布公告的时间完全可控,根据案件情况缩短公告周期至3~5个工作日左右的合理期间,该期间既能满足审查期限的限制,又留足中介机构准备申报材料的时间;另一方面,加快评审和摇号程序的节奏,严格遵守《企业破产法》对于破产申请审查的期间限制,及时完成管理人选任工作。实践中,常熟市人民法院对外发布公告时,预留时间基本为1周左右;而江宁区人民法院预留时间虽然长,但申报机构通常在最后截止日递交申报材料,可以反向印证上述3~5个工作日为合理期间。

(九)加强册外管理人能力的培训

针对册外管理人能力不足的问题,我们建议通过管理人相互学习与法官指导管理人相结合、理论学习与实务培训相结合等方式,培养和提升册外管理人的执业能力。如建议管理人购买管理人业务操作指引类书籍加强学习,江苏省律师协会专门制定了《律师担任破产管理人业务操作指引》,对没有经验的册外管理人而言,具有很强的实务操作和指导价值。关于实务培训,一方面,可以邀请经验丰富的管理人收费式指导册外管理人;另一方面,在组织管理人工作培训时,向所有律师事务所、会计师事务所、清算事务所有偿式开放,从而让法官回归监督者本位。南京市中级人民法院在前期审理破产案件的过程中,通过组织所有在册管理人按照管理流程跟踪进行学习,对于没有经验的册外管理人,无疑提供了真实生动的学习机会。

(十)变通外地管理人工作方法

对于外地管理人工作不便的问题,我们建议外地管理人可与本地其他机构联合申报,或者对外地管理人增设“派员常驻破产企业”的要求,并将该要求纳入管理人报酬考核范围,以此为抓手,解决外地管理人工作不便、监督乏力的问题。同时,通过上述变通方法,可以大量节省交通费、住宿费,减轻债务企业不必要的负担。

(十一)多措并举解决无人申报问题

一旦名册取消,强制指定的可行性将不复存在,针对可能出现的无人申报问题,我们建议从以下四个方面予以解决:一是考核加分,对于被选中的册外管理人来说,虽然管理无产可破案件无法获得报酬,但却可以带来办案经验和考核加分。二是打包摇号,将无产可破案件和有利可图的案件一并对外公告招募管理人。在试点实践中,江宁区人民法院已有“肥瘦搭配”的成功案件,将一件有一定资产的破产案件与另两件无产可破的案件一起打包对外招募管理人,事实证明该方法可行。三是承诺申报,即对于取得足额管理人报酬且报酬金额在10万元以上的管理人,承诺申报一件无产可破案件。四是设立破产保障基金,解决破产启动费用和管理人报酬的保障不足问题。江苏省的南京、苏州、无锡、南通等地已经实践,由财政部门专项拨款,设立一定金额的资金池,再由各管理人从管理案件的报酬中按比例捐助。无产可破案件的管理人报酬,从该保障基金的资金池中支付,解决申报机构的后顾之忧。

五、结　　语

破产审判存在诸多难题,管理人的工作能力作为其中重要一环,在破产案件受理数逐年倍增的当下，打开管理人市场，在充分竞争的基础上，选出能够胜任破产案件的管理人是切实可行的解决方法之一。实践证明，“取消管理人名册，突破地域限制”的管理人选任机制创新是可行的，改革的方向是正确的，是符合市场经验规律的。改革之路不会一帆风顺，难免遇到种种困难，只有通过反复试错，才能发现问题，找到解决问题的方法。改革也必将触及一部分人的既得利益，从而遭到一些阻力。同时，法官没有了名册，也需要一定时间来习惯。从综合试点成效来看，虽然遇到一些困难，但试点实践基本能够实现改革目的。下一步我们将继续坚持市场化的选任机制改革方向，围绕建立高效、科学的管理人选任制度，及时总结试点成果，适时扩大试点范围，以期形成有益经验，选出真正满足个案所需的管理人，服务好破产审判。

关于破产企业管理人队伍建设的调研报告

——以温州地区管理人队伍建设为研究对象

潘光林[*]　方飞潮[**]　叶希希[***]　金晓平[****]

管理人作为参与破产程序，接管、追收和分配破产企业财产的主体，在破产程序推进过程中扮演着极为重要的角色。其是否具有足够的履职能力，是否能够积极、忠实、勤勉履职，对破产审判工作的全面推进与发展起着举足轻重甚至是决定性的作用。我国现行《企业破产法》跟随世界潮流引入了管理人制度，并对管理人的选任、更换和监督等作了一系列的规定，但是由于特定的社会背景、新旧破产法衔接、破产实践经验不足、社会观念转换不畅等原因，我国现行《企业破产法》关于管理人相关制度的规定仍明显不足，管理人履职障碍普遍存在，这对于提升破产审判效率、增强破产审判效果都产生了较多的不利影响。为有效解决目前管理人队伍建设困境，现以温州地区为例，就管理人队伍建设现状、遇到的问题及原因分析进行简要的介绍，并就温州地区现阶段管理人队伍建设问题提出相应的对策和建议，以供各地法院及有

* 浙江省温州市中级人民法院党组成员、副院长。
** 浙江省温州市中级人民法院民六庭庭长。
*** 浙江省温州市中级人民法院民六庭副庭长。
**** 西南政法大学博士研究生。

关部门决策时参考。

一、温州地区管理人队伍建设现状

浙江省温州市中级人民法院(以下简称温州中院)作为最高人民法院(以下简称最高法)确定的破产审判工作试点法院之一,在破产审判工作方面取得了一定成果。迄今为止,温州地区共分三批将36家机构管理人及3位个人管理人编入该市管理人名册。而2013年至2016年,温州两级人民法院共受理破产案件913件,审结破产案件662件,破产案件的收结案数长期占据浙江省全省收结案数的“半壁江山”,在如此大量破产案件的审理过程中,温州两级法院在管理人队伍建设方面积累了诸多经验。管理人作为参与企业破产程序,接管、追收、处置和分配破产企业财产的主体,是企业破产程序中至关重要的组成部分,温州两级法院一直致力于积极指导、支持管理人依法履职,对管理人注重强化其履职积极性、提升其履职效率,加强其履职效果、提高其业务水平、保护其合法权益,并为此作出了巨大努力,温州地区的管理人队伍亦日趋成熟,多次受邀参与或指导部分外地企业管理人工作。

我们认为,管理人队伍建设的核心主要涉及管理人执业资格制度、选任及考核制度、报酬支付制度的完善、破产法理论与实践培训制度的构建及完善和管理人自治组织的成立与制度完善五个方面。而温州两级人民法院根据彼时温州地区管理人实践经验、履职能力、理论功底均有所欠缺的阶段性特点,首先针对管理人报酬制度的完善、破产法理论与实践培训制度的构建及完善和管理人自治组织的成立与制度完善三个方面进行阶段性破冰,目的在于先行全面提升温州地区管理人的执业能力并调动其履职积极性,而对于管理人执业资格制度、选任及考核制度两个方面则主要以进行较小范围探索性尝试为主,其将作为下一个阶段中的工作重心,在本调研报告中暂先不予阐述。

温州两级人民法院在2013年至2016年就管理人队伍建设问题重点从以下几个方面着手:

(一)高度重视管理人知识理性的积累

囿于我国破产法起步较晚,破产相关法律制度并不完善的现状,破产法条文本身理解与适用、部门法间规定的内生冲突与实践衔接等争议,均为我国破产制度的推广与实施制造了巨大的阻碍。在我国当前民众法律意识高速觉醒、经济结构急遽转型的大背景下,在新旧破产法衔接、企业破产审判实践经验不足、社会观念转换不畅的特殊时期,这种破产法的内部争议与外部冲突更是被在一定程度上放大。针对这种情况,温州中院自2012年以来多次邀请最高法的破产审判法官、中国人民大学、清华大学、北京大学等高校的专家学者及破产审判实践经验丰富的律师授课,并组织温州两级法院从事破产审判工作的法官、管理人及相关行政部门的相关人员参加学习、培训共计1000余人次。温州破产管理人协会成立后,温州中院于2016年还联合管理人协会组织从事破产审判工作的法官、管理人以及市国税局代表100余人次赴中国人民大学举办为期5天的破产专题培训,同时敦促温州破产管理人协会积极组织相关学习、培训、考察活动。该些做法都大大提升了管理人业务水平与理论水平,并保证了管理人在从事管理人事务时更加熟稔,明显提升了管理人的理论知识和实务操作能力。

(二)为管理人提供实践理性积累的良好平台

2013年至2016年,温州法院共受理破产案件913件,而目前温州地区仅有36家机构管理人及3名个人管理人,大量破产事务的实践工作促使温州地区的管理人的执业水平和履职能力得到了普遍性的长足发展。而后,温州两级法院根据《企业破产法》关于更换管理人的相关规定及浙江省高级人民法院印发的《破产案件管理人指定工作规程(试行)》《破产案件管理人指定工作规程(试行)》的相关规定,通过选择3~5个管理人进行摇号指定及竞争式选拔指定管理人的方式,对履职不甚积极、勤勉、忠实的管理人进行筛除,并将具有重大影响、法律关系复杂、债务人财产较多的破产案件交由执业经验较为丰富、执业能力出众的管理人负责。该种分阶段的做法为温州地区培养了大批业务精专的管理人。近两年,不少温州地区的管理人也已经走出温州,在外市乃至外省承担破产案件的管理人工作以及咨询指导工作等,管理人队伍得以快速成长。

(三)推动设立专项破产援助资金以保障管理人的履职积极性

温州地区的企业类型以中小型民营企业为主,在特殊历史环境下,该地区企业的内部治理结构与财务管理模式普遍均不尽完善,导致该地区进入破产程序的企业大量呈现出无财产、无账册、无人员的“三无”特点。管理人在办理该类“无产可破”案件时，不仅很可能无法获得管理人报酬，还可能会因公告、刻章等破产事务的推进而产生许多额外的支出，而简单地直接根据管理人的申请径自以债务人财产不足以清偿破产费用为由终结破产程序，又会因无法妥善解决相关矛盾纠纷而失去破产程序本身的价值和意义。管理人报酬支付制度的完善，是保护债务人企业全体债权人的利益，维护破产管理人的合法权益，提高破产管理人积极性的重要物质保障。而面对温州地区“无产可破”案件占比较大、相当一部分破产企业的债务人财产不足以支付破产费用的现实状况，部分管理人一开始可能会报以抓住先机、积累经验的心态积极履职，但如若长此以往则必然会严重挫伤管理人的履职积极性。故而，温州中院于2013年便积极推动温州市财政局联合出台《温州市市级企业破产援助资金管理和使用办法》并由此建立总计达200万元的破产援助专项资金，后温州地区各基层人民法院继续积极效仿，推动温州市两级财政设立破产援助专项资金12笔共计895万元，并后续追加破产援助专项基金最终总计批准金额1050万元。截至2016年12月31日，两级人民法院就已使用破产援助资金共计372.23095万元。

（四）协助组建管理人协会并积极推动协会内部制度构建

管理人协会作为管理人的自治组织，可以为管理人提供沟通、交流与学习的平台，管理人亦可借助这个平台分享经验做法、共同探讨解决破产实践中遇到的难题、邀请破产事务方面的专家授课，以全面提升管理人队伍的整体素质。同时，也便于法院与协会建立沟通联动机制，搭建管理人与法院之间的统一对话交流平台，方便管理人与法院更好地共同推进破产审判工作。鉴于管理人协会的成立对于培育优质管理人队伍以及推进法院破产审判工作的重要价值和意义，温州中院于2016年1月9日积极推动全省首家、全国第二家地市级管理人自治组织即温州破产管理人协会在温州成立。其后，在温州中院的指导下，温州市破产管理人协会迅速搭建了包括班子成员、专业委员会等内部运行架构，并积极创设微信公众号、中国管理人网等对协会的性质、定位、功能等进行推广。

协会成立一年多时间以来，通过全体管理人自治，已经取得了诸多成果。温州地区的管理人立足于协会，通过内部协商机制达成一致意见后，多次以座谈会形式统一发声来反映自身诉求，并成功与部分商业银行等机关单位及相关部门签订了合作协议,同时还推动全体会员成立破产援助基金,提取有可破案件所取得的报酬超10万元部分的10%纳入资金池,用以将来向无产可破案件管理人支付相应补偿性质的报酬。在协会的统一组织安排下,温州地区管理人的理论水平与执业能力获得了相当大程度的提升,协会多次组织座谈会进行经验交流、探讨破产实务中的法律和实践问题、邀请破产事务专家授课,并统一组织参加中国破产法论坛、第21届中美法律交流上海研讨会、第二届山东破产法论坛、第一届西部破产论坛、第一届长白破产论坛等破产交流盛会。协会还为温州地区管理人提供了一个展示风采的平台。协会成立后,温州市破产管理人协会多次应泉州市人民政府、泉州市中级人民法院、济南市管理人协会等多家单位,邀请传授抑或是向带队至温州访问农工党徐州市委一行、美国驻上海总领事馆领事邵霭帝女士、徐茹女士和重庆、杭州、宁波、金华等地的管理人协会筹备组等介绍温州市管理人队伍建设经验。

二、温州管理人队伍建设中遇到的问题及其原因分析

(一)管理人水平参差不齐现象较为明显

破产案件涉及社会、经济、法律等诸多问题,法律事务与非法律事务交叉明显,破产事务的妥善处置不但要求管理人熟练掌握法律、金融等的综合知识,还需要管理人具备谈判、沟通、协调等综合能力。如前所述,温州地区的管理人经过近几年的快速成长,部分管理人的水平已经能够胜任复杂案件的管理人工作。然而,从全体管理人的总体水平来看,能力参差不齐的情况仍然较为突出,比如,部分管理人在办理一些重大复杂案件时,对于破产程序推进过程中遇到的困难和问题有极强的畏难情绪和懈怠心理,事务处置的积极性不足,导致破产程序推进较为缓慢。

出现管理人水平参差不齐现象的原因,一方面,与不同管理人在履行管理人职责时的工作态度有关。部分管理人既不通过多种渠道和方法努力提升自身破产法理论素养,亦不愿意在破产实务中积极积累实践经验,“不懂就问,问了照做,做了就忘”的情况并非罕见。另一方面,在于绝大部分企业破产案件选择的随机指定管理人模式使不同管理人的办案机会有多有寡、难易有别,导致不同管理人积累的实务经验有所不同,进而导致其参与竞争式选拔指定的机会也不一

样,最终逐渐呈现出破产事务处置的水平层级化。

(二)破产事务操作的规范化意识较为薄弱

破产案件被依法裁定受理后,应及时进行相关操作,包括接管债务人账册、资产、文件等,掌握债务人涉诉、涉执信息并采用相关措施等。但从温州地区管理人对破产事务推进所做的相关工作来看,能够熟练掌握各个破产流程中所需处置事务的管理人并不多。在温州地区的破产审判实务中,部分管理人经常会遗漏一些必要的"规定动作",抑或是在提交给法院的文书中经常性缺乏法院制作相应文书所需的基本要素,导致破产案件程序的推进经常性地需要"推倒重来",导致破产程序推进过程中"重复劳动"情形过多,严重影响了破产程序的推进。

管理人对破产事务操作的规范化不足,一方面,属于管理人队伍建设的阶段性难题。囿于破产事务纷繁复杂且其推进与诸多行政部门、机关单位的配合程度密切相关,管理人操作规程的设定在一定程度上存在困难,不但要全面设定破产事务处置的"枝干",还要将全部可能遇到的困难和问题进行事无巨细的叙写和陈明,况且目前仍存在诸多难以成功处置的问题。另一方面,仍然是部分管理人履职态度的问题,没有在长期的案件办理过程中及时总结经验,没有形成管理人在破产事务处置中的独立意识,过于依赖法院对破产程序的引导和指导,对破产事务处置不勤勉、不积极,甚至存在履职虚化、走过场的现象。

(三)管理人团队人员组织架构有待大力加强

管理人通常需要做大量繁杂的事务性工作,如登记与审查债权、账册审计、解决劳资纠纷、清收应收账款等,对于较之破产清算案件更为复杂的重整案件,管理人不但需要最基本的法律、财会知识,还需具备一定的金融、企业管理、经营乃至一些专业技术知识。就目前而言,相当一部分温州地区管理人团队都存在人员配备不足、人员架构不稳的情形,而且基本上全面存在"偏科"严重的现象,团队中若非全部是律师,则就全部是会计师,更毋谈企业管理、经营乃至专业技术人员,这种状况对管理人全面履行管理人职责产生了极其不利的影响。譬如,一部分以会计师事务所为主的管理人,业务能力和履职能力较为低下,甚至连最基本的破产流程都不熟悉,在破产程序的推进过程中仍需要法官一步步指导,严重拖沓了破产程序的推进。而大部分以律师事务所为主体的管理人,由于缺乏审计能力而导致债务人企业在破产程序中支付大量审计费用,抑或是因债务人企业财产不足以支付审计费用而轻易申请终结破产程序,使债务人企业债权人之权利的实现受到一定程度上的削弱,乃至在根本上无法实现通过破产程序化解相关纠纷与矛盾的目的。

管理人团队之所以会出现人员配备不足、人员架构不稳乃至“偏科”严重的现象,一方面是因为全面配备各类专业人员成本过高。鉴于随机摇号选择管理人的射幸性及竞争式选拔管理人对执业经验丰富、执业能力强的管理人青睐,相当一部分管理人难以承担全面配备法律、财会及其他专业人员的成本压力。另一方面是因为管理人团队中专门从事破产事务工作的人员过少。温州地区民营经济发达但多中小型民企、少大型民企、国企以及民营企业普遍不规范经营的特性使无产可破案件比例较高,相当一部分管理人可能耗费大量时间和精力,但获取的管理人报酬却远低于其完全从事本职行业所能获得收益,这导致绝大部分管理人团队中专业水平较高的成员仅是兼职从事管理人工作,这种情况在以律师事务所为主体的管理人团队中表现得更为明显。

(四)管理人履职敦促机制构建不足

如何有效敦促管理人忠实、勤勉履职一直是温州两级法院较为重视的问题,但温州两级法院因将温州地区管理人队伍水平的整体提升置于一个更为重要的位置而暂缓了履职敦促机制的构建,导致部分破产程序的推进较为被动和拖沓,严重影响了破产案件的进程。即便破产案件经办法官时常联系通知管理人依法忠实、勤勉履职,并要求管理人定期汇报管理人履职情况,该种情况依然无法完全避免。典型如重整案件中,管理人可能对重整计划的制订和决议通过等的相关工作非常重视,但一旦重整计划草案被裁定批准,管理人即会对后续工作包括债权追收、相关人员的责任追究等问题抱以一定的懈怠态度,容易出现善后工作不到位的情况,如没有及时通过移送公安等手段对逃废债行为进行规制等。

导致前述情况产生的原因,主要是因为温州地区关于管理人履职的考核、奖惩、退出等机制尚未成熟构建。目前,对温州地区管理人的考核还仅限于每年向浙江省高级人民法院提交一次履职报告,内容主要包括管理人工作团队建设情况、对管理人履职实效的嘉奖和其他社会评价证明材料、参加管理人业务培训的证明材料等。管理人不会因对无产可破以及债务人最终清偿的财产价值较低的案件不忠实、不勤勉履职而获得足以产生敦促效力的负面评价和惩罚,亦不会因为工作懈怠和轻微失误而导致其失去管理人履职资格。如此一来,法院就难以对管理人进行行之有效的敦促,并因此而缺乏相应抓手。长此以往,必将对法院破产审判工作的顺利推进产生严重不利影响。

(五)管理人履职监督力度不足

管理人在接管破产企业的财产、经营及内部事务后,管理人依据《企业破产法》的相关规定,有权决定债务人的日常开支和其他必要开支,有权管理和处分债务人的财产,经法院允许后还可以聘用必要的工作人员。管理人在破产程序中对债务人财产及破产程序走向有着至关重要、无可替代的作用,但也表现出了一种过大的掌控力,以及随时可能出现履职失控的道德风险和法律风险。

前述现象的产生,主要是因为法院对管理人的监督手段不足。《企业破产法》虽然规定管理人向法院报告工作,并接受债权人会议和债权人委员会的监督,但是对于管理人在破产清算中对债务人财产的支出、管理、使用情况,却并未规定具体的监督措施。管理人在破产程序中的规范履职问题、财务支出包括破产费用的界定问题,以及对管理人的监督问题,均是目前司法实践中非常突出的问题,也是质疑最多,最容易引起道德风险的问题,亟须予以规范。

三、当前加强温州地区管理人队伍建设的几点想法

(一)建立科学的管理人履职评价机制

建立管理人履职评价机制,是加强管理人队伍建设的抓手和重要手段。对管理人进行科学考评,并形成激励和淘汰机制,有利于形成有效监督,倒逼管理人队伍提高履职能力,加强自身团队建设,促进管理人队伍的专业化,进而保证破产审判工作的顺利进行。

一是基本原则。对管理人的履职评价,首先应坚持全面原则,即应当能够反映管理人的整体素质和水平。具体而言,履职评价要包括个案评价和年度评价两个层面。个案评价主要是对管理人办理每个破产案件的表现作出评价;年度评价则是对管理人年度内办理破产案件的综合表现作出评价。应当说,年度评

价是以个案评价为基础的,但不是个案评价的简单总和。其次应坚持主客观相结合原则,这主要体现在评价内容方面。无论是个案评价还是年度评价,不仅要对人员管理、制度管理、债权审核、财产管理与调查等客观方面进行审查,也要对工作积极性、案件效果等主观方面予以评价。

二是评价主体。对管理人进行履职评价的主体应区分个案评价和年度评价而有不同设置。个案评价主体是审理破产案件的合议庭,评价时应说明理由和依据。为了更加全面掌握管理人在办理具体破产案件中所表现出来的业务素质、工作质量和效率等情况,合议庭或独任审判员可以向各债权人发放管理人履职评价表征求意见表,债权人意见可以作为评价管理人的重要参考。各基层人民法院不对管理人进行年度评价,而是将所办结案件的个案评价意见汇总给市中级人民法院,因此年度评价主体应是温州市中级人民法院专门成立的综合评定工作小组,组成人员可以包括分管院领导、监察室负责人、破产审判部门负责人、对外委托管理部门负责人等,并视情况决定由部分基层法院经办破产案件的法官参与评价。

三是评价内容。这是管理人履职评价机制的核心,其内容的确定应秉承前文所述的全面原则和主客观相结合原则。具体应包括四个方面:第一,管理人团队建设方面,应要求管理人保证团队人员具备相关职业资格,没有违反相关法律法规的情形,并应保持组成人员相对稳定和实质参与,避免出现因挂名或者人员流动频繁而影响工作推进的情形。同时,团队规模和从业经验也是其中的重要内容。第二,管理人日常工作方面,应对管理人是否制定工作规程、财务制度、公章管理制度等进行审查,并对这些制度的具体实施情况作出评价。第三,管理人工作的规范化方面,应对破产清算、重整、和解程序工作推进中管理人对工作流程的把握、操作是否规范等方面作出评定,具体包括接管企业、债权审核、财产调查、财务审计、协助召开债权人会议、财产追收、财产处置与分配、引进战略投资人等工作,不仅要在规定时间内完成,同时要讲求相关操作程序、文书的规范性。第四,主观评价方面,考虑到破产案件不同于一般的民商事案件,其在案件效果方面比一般民商事案件有更高的要求,因此破产案件效果是否良好、管理人是否存在牟取私利等情况要予以评价。

四是评价后果。通过评价后果倒逼管理人提高积极性和整体素质是对管理人进行履职评价的主要目的,因此评价后果的设置是比较关键的。具体而言,对个案管理人的履职评价意见材料统一保管留存于资料信息库，评价结果分为优秀、良好、合格、不合格四个等级。年度履职评价分为优秀、称职、基本称职和不称职四个等次，个案评价占年度评价比重的 80%，综合评价占年度考核值的 20%。有下列情形的，不得评为优秀、称职等次：违反廉洁自律原则或保密义务；履行职务时，因故意或重大过失导致债权人利益受到损害；管理人不接受监督，连续或累计 3 次未向法院提交个案月度履职工作进度报告的，以及翌年不提交年度履职报告的；1 宗以上个案履职被评价为不合格的；其他出现严重违反法律规定及浙江省律师协会律师担任破产案件管理人业务操作指引（会计师事务参照）的行为。关于评价结果的使用，对管理人履职综合评价为优秀等次的，可依照最高人民法院《关于审理企业破产案件确定管理人报酬的规定》第 2 条规定，适当提高管理人的报酬；在竞争性选择管理人时，考虑优先作为推荐对象。对于年度综合评价出现履职评价为不称职等次的，可暂停管理人作为本市法院系统推荐人名单 3～6 个月，责令管理人进行整改，并向管理人协会通报。连续 2 年被评为不称职等级的，可以作为报请上级人民法院从管理人名册中调整或除名的重要依据。

（二）健全并更好发挥管理人协会职能

一是发挥好行业自律作用。管理人协会作为管理人的自治组织，应当发挥好自律作用，也就是说，要通过内部组织机制的运行，规范协会成员的行为，既能维持内部的良好秩序，又使其在履行管理人工作职责时能够勤勉、尽责，要充分发挥自身的职能，改善当前不规范、行事拖沓等情况。

二是搭建好经验交流平台。管理人协会作为管理人自己的组织，要为管理人提供更好的沟通、交流与学习的平台。管理人要借助这个平台分享好的经验做法，共同探讨解决破产实践中遇到的难题，邀请破产审判方面的专家授课，以逐步改善管理人执业水平参差不齐的现状，提升管理人队伍的整体素质。

三是做好履职规范指引。如前所述，管理人工作涉及面广，事务性工作繁杂，所涉文书繁多，管理人协会要立足破产工作实际，对管理人工作流程进行总结梳理，对文书格式进行统一规范，以更好地提升管理人的履职能力和执业水平。厦门市管理人协会等已对该内容经作出了有益的尝试，值得我们借鉴参考。

四是建立报告机制。管理人协会可能并无主管部门,故而法院应充分履行对管理人协会的监督和指导职能。一方面,法院应立足于破产审判实践,积极指导协会开展相关工作;另一方面,对于协会的财务等事项以及重大事项,管理人协会应提前、主动向法院报告,并充分、及时地接受法院监督。

完善破产管理人制度的实践探索

姚志坚* 薛　枫** 蒋　伟***

企业破产法被公认的亮点之一，是以破产管理人制度取代旧法中的清算组制度。“破产管理人制度的导入开放了破产法律服务市场，使律师、会计师和其他破产专业人员广泛地参与到破产程序中，既满足破产程序市场驱动性的必要，又保证破产程序能够公开公正地进行。”①因此，破产管理人制度的运行状况关系到破产程序能否公正高效运作。但从破产管理人制度实践来看，普遍存在管理人素质能力参差不齐，部分破产案件管理人难以胜任职责；管理人履职缺乏有效的司法监管；管理人市场发育尚不成熟，管理人履职缺乏保障激励等共性问题。2016 年 9 月中美两国元首杭州会晤中方成果清单明确将“不断完善破产管理人制度”列为推进破产法实施的重要方式。如何选好破产管理人、用好破产管理人，最终促进整个破产管理人市场繁荣发展，实为破产司法实践亟须解决的问题。

---

* 法学博士，江苏省南京市中级人民法院副院长。

** 法学硕士，江苏省南京市中级人民法院民二庭庭长。

*** 法学硕士，江苏省南京市中级人民法院清算与破产庭审判员。

① 齐明：《破产法学：基本原理与立法规范》，华中科技大学出版社 2013 年版，第 76 页。

一、关于管理人选任机制的完善

对于破产管理人的选任方式,依照最高人民法院《关于审理企业破产案件指定管理人的规定》,区分破产案件类型和复杂程度,一般破产案件采取随机方式为原则,重大、特殊案件采取竞争、推荐和直接指定方式为例外。根据不同案件采取不同方式选择破产管理人,立法初衷在于对公平和效率的兼顾,但在司法实践中,却出现了诸多问题。

(一)现实困境和原因分析

1. 一般破产案件管理人选任问题及原因

实践中,管理人出现履职能力难以胜任破产案件,选任方式往往是随机方式。随机方式选任管理人的前提假设在于名册内的管理人履职能力虽有高低,但均能够胜任破产案件,以随机方式选任,名册内的管理人被选中的机会均等,而且根据概率的大数法则,一定时间内管理人接任的案件均等。但是,问题在于名册内的部分管理人履职能力并不能胜任具体案件,同时,受制于破产案件数量较少,大数法则难以在短期内体现效应,造成案件分布在名册内不均衡,以致有管理人质疑摇号存在内幕。

造成上述问题的主要原因有二:一是管理人名册编制存在弊端。在名册编制之初,管理人准入门槛较低,入册标准拟定较粗,个别中介机构业务能力并不符合入册要求,虽在案件量较少的前期,履职能力不足的问题尚未完全暴露,但随着近几年破产案件大幅增加,新类型、新问题不断涌现,加之管理人名册未能适时优胜劣汰地进行调整,造成名册内的中介机构素质良莠不齐,以致部分破产案件出现了管理人难以胜任的问题。二是机械采取随机选任方式存在弊端。随机方式一味讲究形式公平,对管理人履职能力、在手案件量等均不作考察,忽视了案件效率因素,不仅造成被选中的中介机构并不适格,还造成不同中介机构之间“撑死”和“饿死”的不公局面。

2. 上市公司重整案件管理人选任问题及原因

对于诸如上市公司重整等重大复杂破产案件管理人的选任,依照最高人民法院《关于审理企业破产案件指定管理人的规定》,一般应采取市场化的竞争方式,但在实践中往往是以政府为主导的清算组担任管理人为主。有学者统计,2007年6月至2013年12月,沪深两市共有43家上市公司重整,其中清算组担任管理人的共有36家,占比约84%;中介机构担任管理人的共有7家,占比约16%。[①] 与此同时,近年来虽中介机构担任上市公司重整管理人的案件逐步增多,但是担任管理人的中介机构集中度较高,多为金杜、中伦等国内知名律所,案件本地中介机构因为经验不足,鲜有机会被选中,导致"强者恒强、弱者恒弱"的管理人市场垄断局面。上市公司重整领域呈现管理人选任市场化程度不高,管理人市场竞争不充分的问题。

应该说,清算组担任上市公司重整管理人,在实践中取得了不错的效果,早在2007年最高人民法院联合有关部委在江苏省昆山市召开会议对此也作出了肯定。但清算组担任管理人,其优势并非精于重整事务,而在于政府对于社会资源的强有力的调配能力,政府对于重整程序的过度介入,在一定程度上是对市场的干预,实际上混淆了政府在破产案件中职能定位。甚至个别政府出于地方保护主义,滥用行政权力,借清算组职务便利,强行达成重整计划,损害股东、债权人利益,如在江西赛维破产重整案中,清算组工作饱受金融债权人质疑。同时,即使采取竞争方式选任管理人的,法院往往也基于案件重大、不容有失的顾虑,宁愿选择国内具有丰富实践经验的知名中介机构,也不愿给予本地中介机构机会,这就造成本地中介机构越缺乏经验,就越难有机会被选中,进而导致管理人市场固化,缺乏竞争活力。

(二)解决路径探索

选好破产管理人的关键在于,提高管理人市场竞争活力,兼顾公平和效率,以市场化的方式选任适格管理人。具体而言:

1. 完善名册制度,强化动态管理

设置管理人名册管理制度是各国破产法通行做法,如美国除联邦托管人由政府任命外,私人破产托管人名单由联邦托管人任命和维护;欧盟各成员国大多采取破产管理人名册制,主管机关有所差别,主要分为主管行政机关、职业行会、

---

① 参见丁燕:《上市公司破产重整计划法律问题研究——理念、规则与实证》,法律出版社2014年版,第47页。

司法机关三种。[①] 我国立法也采取了管理人名册管理制度,虽对管理人准入条件作出了相关规定,但对管理人名册维护和退出机制则未能作出详细规定,造成管理人市场流动性不强,不利于管理人市场培育和发展。

为打破管理人名册“僵化”的问题,实现优胜劣汰的市场竞争,应强化对管理人的动态和分级管理,及时对管理人名册进行调整和维护。为此,南京地区采取了以下做法:建立管理人的基本情况、业绩、信用等资料信息库。破产案件合议庭根据管理人履职情况,对管理人实行一案一评,将考评结果逐项计入考评意见表,作为管理人履职考评和确定报酬的依据。破产案件申报结案时,填写并提交管理人履职考评意见表。司法鉴定部门定期采集管理人履职考评信息,计入管理人资料信息库,作为决定管理人分级管理和退出的依据。管理人分为一级和二级两个类别,一级管理人数量不超过在册机构管理人数量的40%。重大、疑难、复杂的破产案件的管理人,应当在一级管理人中选择,其他破产案件的管理人可以在一级、二级或只在二级管理人中选择。备选机构监督委员会每3年对全部在册机构的类别进行评定,并报上级法院备案。

2. 以市场为导向,优化选任机制

一是管理人选任方式的确定。按照“谁审判,谁负责”的审判机制要求,将管理人选任权赋予案件审判者,由合议庭根据案件类型和复杂程度选择管理人选任方式。如法国最高法院在1992年第91-17.274判决中明确指出,“法官指定管理人的权力属于法官自由裁量权”。[②] 采取随机方式的,由合议庭评议后径行适用。采取竞争选任方式的,可由合议庭根据申报情况先确定匹配案件难度的管理人候选名单,报经法官会议研究讨论确定后上报审判委员会评审,由审判委员会评定入围摇号的候选机构,最终由司法鉴定部门摇号选定管理人。

二是随机方式的修正。建立“轮候+摇号+竞争”复合型随机方式,在随机方式的公正属性中加入公平和竞争属性。具体而言,发布破产案件选任管理人公告,在报名担任管理人的在册中介机构中根据能力高低次序,圈定入围摇号名单,摇号选择管理人。入围摇号条件考虑在册管理人在手案件饱和度,通过设定存量机制来配合随机选任,对于在管理人名册中的中介机构,如果在随机摇号的

① 参见种林:《破产管理人选任制度:中欧比较研究》,载《政法论丛》2015年第4期。

② 同上。

时候,已经有一定数量以上尚未结案的破产案件的,不得再通过随机摇号的方式被指定为其他案件的破产管理人。

三是竞争方式的改进。因竞争选任管理人将打破地域管理人名册的限制,为培育本地管理人市场,给予其发展的缓冲期,可以考虑以"主辅联合管理人"的方式,让本地管理人有更多机会参与诸如上市公司重整案件管理人工作。具体而言,"主管理人"以不限地域的竞争方式选任,"辅管理人"则限为本地管理人竞争选任。由"主管理人"和"辅管理人"搭建联合管理人团队,明确各自分工职责和报酬分成,协同配合推进管理人工作。待本地管理人经验丰富后,再实现充分的市场竞争。

四是推荐方式的借鉴。美国对于大公司重整解困,多采用 DIP 模式,债务人在法律、投行等专业人士的帮助下,第一时间与债权人、股东等开展谈判,拟订重整计划。从效率的角度看,管理人在申请重整之前的谈判阶段就介入企业重整并且在申请重整之后得以继续提供服务,重整才具有连贯性。① 实践中,我国部分重整案件有意无意地借鉴了此种模式,也取得了良好效果。如华源股份重整案,在前期法庭外重组过程中,金杜律师事务所已深度介入,考虑到重整效率和利害关系人意愿,经国资委推荐,选任金杜律师事务所担任管理人。再如,雅新电子重整案,开创了由主要债权人(银行团)向法院推荐管理人的先例。② 中介机构利用 DIP 和预重整模式作为业务切入点,不仅有利于困境企业尽早干预危机,还有利于中介机构把握先机,主动争取担任管理人的机会,还有利于发挥债务人、债权人在管理人选任环节的自治作用。

二、关于管理人履职司法监管的完善

(一)现实困境和原因分析

对破产管理人工作的监督是破产程序司法监督的重要抓手,但在实践中,法

---

① 参见中国政法大学破产法与企业重组研究中心凯恩克劳斯课题研究组:《上市公司重整管理人制度研究》,载李曙光、郑志斌主编:《公司重整法律评论》(第 3 卷),法律出版社 2013 年版,第 42 页。

② 参见最高人民法院民事审判第二庭编:《企业改制、破产与重整案件审判指导》,法律出版社 2015 年版,第 278 ~279 页。

院对破产管理人工作的监督往往陷入两种极端的境地:一是"保姆式",由于管理人能力不足,不知如何开展工作,在程序期限的压迫下,法院不得不由破产程序主导和监督者,化身为管理人的全程辅导者,甚至越俎代庖,亲自上阵。二是"甩手掌柜式",受困于审判力量不足,审判任务繁重的现实障碍,有些法院对管理人工作采取粗放式的监督,工作流于形式。

造成上述问题的主要原因在于:我国破产法律制度对管理人职责作了相应规定,但有关要求散落于我国《企业破产法》和相关司法解释中,缺乏系统化规范,且对管理人职责履行方式、内容、期限等也未能作出进一步具体安排,不利于管理人工作的开展和监督。

(二)解决路径探索

我们建议,健全管理人履职规范,按照破产工作流程,将管理人各项工作职责法定化,对于管理人的不当行为,明确责任承担。要求管理人在法定期限内及时接管企业,完成对债务人资产状况调查,规范聘用和监督审计、评估等中介机构完成工作,及时对申报债权进行审查,充分披露债权人会议审议事项,做好债权人会议召开的各项准备工作,及时制订债务人财产管理方案、职工遣散和安置方案、破产财产变价、分配方案以及重整计划草案等。同时针对管理人不当履职情况,视情节大小,苛以训诫,责令限期整改,更换管理人,暂停、取消管理人在册资格,罚款乃至追究刑事责任。

为规范管理人工作,南京法院将监督工作重点落脚于破产程序关键节点和重要事项,有针对性地强化对管理人的履职监督。具体而言:

一是工作计划制。破产案件受理后,承办法官及时带领管理人与原企业管理人员办理相关资料和财产的交接手续,全面接管破产企业。管理人接手后,及时制订工作计划并报送法院。

二是定期报告制。管理人每月向案件承办法官报告工作进展,并提交书面报告,承办法官就报告情况制作谈话笔录。每次报告中承办法官应当对管理人工作中面临的情况和存在的问题提出建议。对管理人工作需要法院配合的,承办法官报经合议庭评议后决定工作的安排。

三是重大事项专项报告制。管理人对重大事项书应及时向承办法官汇报,并制作书面报告。承办法官对报告情况制作谈话笔录,并及时向合议庭通报。

四是定期巡查制。承办法官每月至少去破产企业查看一次,与职工或企业主管部门座谈,了解企业状况和对管理人的工作意见,及时答复和处理,避免出现不稳定因素。

五是债委会定期召开制。每3个月管理人必须召开一次债权人委员会会议,向其汇报工作进展,听取工作意见,保证破产案件的审理公开透明,以获取债权人对管理人的信任和对管理人工作的理解、支持。

六是文件审核制。审计报告、财务报告、评估报告、清算报告、财产管理和变价方案、财产分配方案、重整计划草案等重要法律文件,必须经法院审核确定后再提交债权人委员会或债权人会议审议。

七是职工安置向地方政府通报制。管理人在对破产企业职工遣散、安置的过程中,加强与地方政府相关部门的联系,及时向地方政府通报遣散、安置情况,以杜绝群体性事件的发生。在遣散和安置的过程中,听取政府相关部门的建议,尽量邀请其参与职工问题的解决。

三、关于管理人履职保障和市场发展的建议

(一)推动行业自治,建立管理人履职保障基金

1. 推动成立破产管理人行业协会

自2014年年末以来,广州、杭州、厦门等地区相继成立了破产管理人协会。由破产管理人协会实施行业自治的管理职能和自律监督,有助于保障破产管理的专业化、市场化发展,促进管理人水平的整体提高。行业协会可以根据地区不同的市场发展水平确定符合现状的行业纪律、规则、道德准则,为破产管理人的执业活动提供统一的行为规范,以便形成公平合理的、符合行业习惯的执业过失认定标准等。目前,南京地区也在筹建破产管理人行业协会,并有望近期成立。

2. 推动建立管理人履职保障基金

当前,我国经济存在大量“僵尸企业”“三无企业”亟须通过破产程序退出市场,这些案件往往又是“无产可破”的案件,管理人报酬和费用成为破产案件审理的一大掣肘。为解决该问题,建议通过管理人协会设立管理人援助基金,确保援助基金使用公开、公正、公平,为管理人提供充分的执业保障。基金设立方式可以考虑对管理人收费在一定数额以上的案件,按照一定比例提取基金,用于支付

管理人报酬,地方政府有余力的可通过财政拨款给予一定补贴,解决前期资金不足问题。同时,必须建立基金收支与运作的监管机制,通过设置专项账户管理及对基金的收支登记造册并向公众公开等形式强化监督。

(二)简化破产程序,降低管理人履职成本

“无产可破”的小微企业破产案件占据了法院受理破产案件的相当比重。如在南京法院2015年上半年受理的39件破产案件中,“无产可破”的小微企业约12家,占比31%。这些破产案件的程序启动,往往需要破产管理人先期垫付公告、审计评估等费用。对于这类企业资产较少、债权债务简单的破产案件,实有必要简化程序,提高效率,以降低管理人投入的人力和时间成本。对于破产公告办理,可依照最高人民法院《关于企业破产案件信息公开的规定(试行)》第7条规定,①仅在破产重整案件信息网发布,这样不但不需支付公告费用,而且节约了办理时间。对于审计评估工作,可以考虑赋予管理人聘请审计、评估机构的自主选择权,通过竞标、协商等方式,降低费用。

鼓励和推动个人管理人开展工作。最高人民法院《关于审理企业破产案件指定管理人的规定》第17条规定:对于事实清楚、债权债务关系简单、债务人财产相对集中的企业破产案件,人民法院可以指定管理人名册中的个人为管理人。但在实践中,较多地区法院很少选择个人管理人,“与我国司法实践中基本由社会组织担任管理人不同,美国司法实践中则以自然人担任破产托管人为普遍。根据美国联邦托管人办公室的统计,目前全美国在册的自然人托管人共计1600余人”。② 因此,应更多地适用与规范破产案件简易程序,发挥个人管理人名册的作用。

(三)细化市场,拓展管理人服务市场的广度和深度

当前,我国破产管理人服务市场仍处于培育阶段,法律服务产品并不丰富,

---

① 最高人民法院《关于企业破产案件信息公开的规定(试行)》第7条第2款规定:人民法院、破产管理人在其他媒体发布公告的,同时要在破产重整案件信息网发布公告。人民法院、破产管理人在破产重整案件信息网发布的公告具有法律效力。

② 参见山东法院破产托管人制度培训团:《赴美培训破产托管人制度情况的报告》,载《山东审判》2013年第2期。

市场有待进一步细分,中介机构应转变观念,主动出击,积极寻求和开拓业务新的增长点,如提前介入危困企业的施救,为债务人提供重整顾问服务,借助预重整等制度优势,抢占担任管理人的先机;代表债权人开展与管理人的谈判服务;为并购重组方提供咨询服务等。美国破产管理人服务市场为我国提供了有益参照,“活跃的市场,广阔的谈判空间,市场化的运作模式催生出一批专业的重整中介人才,包括专门从事困境公司管理的 TMA 公司”。[①] 差异化、专业化的管理人服务,有助于我国管理人服务市场充分竞争和繁荣发展。

四、小　　结

管理人是破产程序的重要主体,也是困境企业实施市场化退出和挽救的关键一环。如何选任适格管理人,规范管理人履职,既是破产制度自身完善的需要,也是我国破产法司法实践的需求。只有科学设计管理人选任程序,健全管理人履职监督机制,促进管理人市场健康发展,才能提升破产审判质效,高效发挥破产制度功能。

① 中国政法大学破产法与企业重组研究中心凯恩克劳斯课题研究组:《上市公司重整管理人制度研究》,载李曙光、郑志斌主编:《公司重整法律评论》(第 3 卷),法律出版社 2013 年版,第 48 页。

四、管理人的资格准入与选任机制

论管理人破产理念在实务层面之贯彻

徐根才*

管理人,是指在破产案件受理后依法成立的,在法院指导和监督之下全面接管债务人企业并负责债务人财产的保管、清理、估价、处分和分配等事务的专门机构。①在各国的破产立法中,均规定了由律师、注册会计师等具有较高社会诚信度的专业人士担任管理人的制度。管理人是破产事务的具体执行者,所以,德国主流观点认为管理人作为独立司法助理机关,是“履行职务的当事方”。②管理人和法院的关系,有人曾形象地比喻为唐僧和孙悟空的关系。除了法院可以念管理人勤勉尽责的“紧箍咒”外,孙悟空可以天马行空。这一比喻虽然还算贴切,但是跛脚的。取经的路上还有牵马的、挑着担的,都是团队的成员,分工协作,管理人有法律规定的职能。从管理人在一个案件中完成破产工作来说,合议庭或独任法官和管理人其实是一个大团队,虽然有分工,有各自不同的任务,但其目标是一致的,都行走在“取经”的路上,都想早使破产案件早成正果,无论是重整成功,还是及时完成

---

* 浙江省江山市人民法院副院长,四级高级法官,国家法官学院浙江分院、浙江法官进修学院兼职教师。

① 王欣新:《破产法》,中国人民大学出版社 2001 年版,第 63 页。

② [德]莱因哈德·波克:《德国破产法导论》,王艳柯译,北京大学出版社 2014 年版,第 29 页。

清算,分配清偿债权。管理人自始至终扮演重要的不可或缺的角色。管理人工作好坏直接关系到破产案件的审理周期,甚至是成功与否。法官思路再清晰,对破产法再娴熟,具体的工作还是要由管理人去做。基于这等重要性,管理人在破产工作中应贯彻怎样的破产理念,是一个值得研究的事情。然而,这方面的研究是很不够的。笔者在从事破产案件审理实践中探索总结,发现至少应当贯彻这么五大理念:悬壶济世、系统思维、团队协作、框架运行、勤勉尽责。本文抛砖引玉,供方家指正。

一、悬壶济世

最高人民法院杜万华专委指出,让人民法院成为"生病企业"的医院,应当成为人民法院依法审理审理破产案件的指导思想。让这些企业愿意到法院来,通过破产重整和破产和解,通过资源重新配置重获生机,重返市场经济的舞台。[①]企业者,法人也。法人是法律上拟制的人。企业设立后也有生老病死的过程,只是企业最终表现的是出现危机、陷入困境。企业一旦进入危困企业,病轻的可能需要破产法的和解、重整程序来解救;病重的,无挽救可能的就要进入破产清算程序。前者或能浴火重生,通过和解或重整企业得到挽救,不能挽救的也就转入破产清算。但无论哪个程序,引进战略投资者进行股权转让也好,还是受让变价出售财产也好,法院是为企业诊疗的指导老师、权威专家,操刀的医生和护士等是管理人这个破产的核心团队。如同医生和病人的关系一样,困境企业交付了"身家性命",债权人又如债务人孵出的"嗷嗷待哺"的小鸟,这"医生"责任不可谓不重大——"救大济小"。企业能救的不放弃,资产的处置价值要最大化,提高债权的清偿率。管理人要有救"人"于水火的道义精神,需要敬业、认真的态度,以及对法律的娴熟、对市场的了解,才能使进入破产程序的企业有生的可能或及时退出市场,并使可供分配的财产最大化,使债权人的利益得到有效的保护;破产企业资源得到最有效的配置,破产的社会效益也得到较好的体现。

古人所谓的"悬壶济世":医者仁心,以医技普济众生。而管理人悬法律之

① 《依法开展破产案件审理,稳妥处置"僵尸企业"——专访最高人民法院审判委员会专职委员杜万华》,载杜万华主编:《商事审判指导》(总第40辑),人民法院出版社2016年版。

术、经营之道，救企业于危困，清理债权债务于公平。管理人与医者同道。其使命之特殊，于社会利益之巨大。试想一家偌大的企业，若干的债权人，企业的生死存亡，债权能够得以清偿之多寡，核心的还是管理人的履职能力。正如一个患有疑难杂症的病人到了医院，都是在医护人员基础的初诊、检验分析、病理报告、打针、送药，甚至动手术等工作的基础上，专家才能给出治疗方案，但具体的工作还由医护人员实施，专家对此施以指导、监督。所以，管理人作为为破产事务具体执行者应有怀有敬畏之心、敬业的精神，有较强的责任心、使命感，荣耀感去从事破产工作。对于能够挽救的，极尽所能，想方设法，使企业起死回生或浴火重生。对于无挽救可能或无挽救必要的，则运用破产清算程序，促使破产企业及时退出市场，资源得到有效配置，债权得到及时清偿。

因此，"悬壶济世"要求管理人"壶"中有真丹，有灵丹妙药，没有劣药、假药；手上有真功夫，有真心、真爱，去"救死扶伤"、妙手回春，为经济社会发展服务。

二、系统思维

破产工作纷繁复杂，涉及的法律主体、法律关系、法律部门之多、之复杂，协调处理事务之巨，统筹思考问题之细，利益主体之多元，诉求之强烈，受到监督压力之大，时间之紧、任务之重，等等。需要管理人有系统思维。防止瞻前不顾后、抓大忘记小、兼左不顾右的情况发生。

什么是系统思维？简单来说就是对事情全面思考，不只就事论事。是把想要达到的结果、实现该结果的过程、过程优化以及对未来的影响等一系列问题作为一个整体系统进行研究。回归到破产工作中，管理人对一个破产案件，从接受法院的指定开始，就要先充分了解情况，及时接管债务企业。然后分轻重缓急安排管理人团队的工作，此外，为了争取时间还要考虑工作的齐头并进，在齐头并进中对一些将来的工作做好准备。一个经验丰富的管理人在一开始掌握了破产企业的情况后，应当就会有一个大体的思路、对整个破产工作大致的方向性安排，有一个比较清晰明确的目标。绝不会是走一步看一步，甚至走错了又回头，即对破产重整有一套识别方法。什么样的企业能够重整？如何重整？重整的概率有多少？如果有一套精准的识别方法，就可以少走弯路。对无可能重整的企业，不再耗费时间而是直接以破产清算的方式进入。而且对如何在最短的时间、最有效地处置破产财产,也要有一套管用快捷的方法。破产企业的财产是整体处置,还是可以分别变价出售,都要根据市场来综合判断,还要善于吸收债权人、债务人的智慧,使资源得到最优配置和价值最大化。

这样,在对破产案件有一个总蓝图的前提下,要对每个阶段的工作进行细化,以项目管理的方法,进行每周的清单化进度安排,以期确保目标任务的如期完成。做到大的工作脉络清晰,小的目标工作具体,小目标的实现就如铁路铁轨一段一段连接到大目标的终点。并要根据情况的变化作及时的修正,修正的依据应是工作中的发现或法院的指导,应是科学的、求真务实的。切忌随意改变方案,举棋不定,丧失时机。

所以,作为破产管理人的系统思维非常重要,既要有全方位的战略思考,也要有战术上的具体部署,从管理人团队人员的管理到目标任务的分解细化,都要人适合事,事可由委任的人完成,不打无准备之仗。不能人非其用、事无所成或事成无时。要运筹帷幄在前,冲锋陷阵在后,谋定而动,动而坚决、动而迅速、动而能成。管理人如果能做到这些,全局在胸,大处着眼,小处着手,破产案件成功的终点,就可能以最短的路径实现。

三、团 队 协 作

团队协作是指建立在团队的基础之上,发挥团队精神、互补互助以达到团队最大工作效率的能力。对于团队的成员来说,不仅要有个人能力,更需要有在不同的位置上各尽所能、与其他成员协调合作的能力。团队协作的本质是共同奉献,团队精神的核心就是协同合作。但由于目前的管理人大多采用的是联合管理人,有的是由三四个律师事务所、会计师联合组成管理人,没有合作的经历,缺乏团队协作精神。笔者曾经遇到由一家会计师和两家律师事务所联合组成的管理人,把破产工作切割分块,每个所各顾各的,而且由该会计事务所担任负责人,没有很好的协商机制,造成开会无结果,即使形成意见,也不能很好落实。致使工作脱节,遇事推诿,缺乏效率,给法院的指导、监督和推进破产工作带来严重的滞碍。甚至发展到债务人的相关人员不予配合管理人的工作,部分债权人要求驱逐管理人,直至整顿后才有所改善。其中一个律师事务所内部缺乏团队协作精神,工作态度极不认真。会计事务所只管财务审计,债权审查和财产清理由律师事务所负责，互不兼容，也不衔接，造成重复劳动作无用功，甚至损害了债权人利益。

因此，管理人的团队协作精神非常重要，不仅关系到破产工作的效率，债权人利益的保护，还损害了管理人的形象。更直接地说，关系到律师事务所和会计师事务所的形象，关系到业务、行业口碑。管理人一定要有自我意识、自爱意识、品牌意识。破产事务的完成全靠管理人团队，团队是由每个人组成的。人员分工要根据每个成员的特长、性格合理搭配进行分组，要有分有合、统分结合，既分工又合作，任务明确，考核到人，而且要有完成的时间表。此外，还要利用如微信、电子邮件、定期例会等方式，使阶段性的工作在成员间透明，通过会议点评、表扬、批评，以激励和监督方法，达到成员为了一个目标，心往一处想、劲往一处使，团结合作，顾全大局，讲求奉献。律师、注册会计师，平时独立工作，独自承揽案件的、情况较多，而加入破产团队则是集体工作，要通过各自的工作来完成共同的工作任务，因此，不能把平时养成的工作习惯适用在破产工作上，这点是要特别提醒的。一些破产案件审理的周期长，最大的原因是分工不明确、目标不明确，管理人团队管理松散，彼此不兼顾，各自为政，统不起，形不成合力，如一盘散沙。

一个团队一定要有全局观，有向心力和凝聚力。一个团结协作，无私奉献、敢打硬仗的管理人队伍，是做好破产工作的保证。

四、框架运行

框架是一个基本概念上的结构，用于去解决或者处理复杂的问题。这里，笔者是套用流行语，来阐述管理人在破产工作中如何正确履职的问题。管理人从事破产工作，是依据破产法履行职责。破产案件由人民法院负责审理。人民法院是企业破产程序的主导者，受理破产申请，启动破产程序、指定管理人，指导、监督管理人，直至结束程序。但破产的具体事务则由管理人执行，管理人是破产事务的具体执行者。

具体说，人民法院审理破产案件，主要是创造程序框架，通过管理人之手来完成大量破产程序中的事务性工作。法院通过指导、监督管理人的工作来推进破产程序的进程，对管理人、债权人会议作出的涉破产工作的程序性、实体性事项,以及管理人的汇报、报告,通过裁定、指定、决定、复函等形式进行许可、认可、批准,以保证破产的各项工作在符合破产法及相关法律规定范围内进行;通过破产衍生诉讼来解决管理人作为中介机构无力解决的纠纷;通过裁定撤销、未获得批准,来纠正债权人会议、重整计划等有违反法律规定、损害债权人利益的行为。[①] 所以,管理人要有程序意识,在破产法和法院创设的程序之下开展工作。这就要解决好管理人积极履行职责和适当向法院汇报和报告的问题,以便法院的监督与指导。规范的汇报和报告是管理人自觉接受法院的监督、及时得到法院指导的保证。要把职责范围内的工作积极努力做好,自己能够解决的矛盾和问题要在分内去化解、去解决,不能怕担责、畏惧,把一些难题推向法院。该汇报、报告的事要不遮不掩及时向法院汇报、报告,得到指导,依法正确尽早解决。要避免事事向法院汇报,也要避免埋头拉车,法院不催不汇报,不监督就无时间观念的消极管理人现象。

管理人的工作除了积极、认真、负责外,还要有创新热情和勇气,才能更好地开展破产工作。创新就是在现有的法律框架下,既依法履职,又在无法律明确禁止的前提下不悖法律精神的恰当履职。“尽管世界上在被使用的破产程序有许多不同,但它们不外乎两大类:现金拍卖和规则的协商。”[②]无论是破产清算的现金拍卖,抑或是重整为公司的出路和价值分配的规则协商,都需要管理人有较强的创新能力,因案、因地、因时地提出切实的措施。如已有较大规模的律师事务所把破产重整专业团队细分为债权申报审核、资产调查与接收、财务审计、衍生诉讼、战略投资人引进等不同功能组,以打造更加高效的破产管理人内部协作机制。特别是战略投资人引进功能组,这是一种“产业链思维”,如何将破产管理人手上掌握的破产企业资源和资本市场、战略投资人更好地对接,减少信息不对称,加快让破产重整企业获得重生。

破产管理人与破产审理法官是龙舟上共同划桨的伙伴,在破产案件工作上是战友。因此,需要强调管理人工作在法院指导框架下运行,齐心协力,心往一处想、劲儿往一处使,使破产之舟驶向成功的彼岸。

---

① 徐根才:《破产法实践指南》,法律出版社 2016 年版,第 17 页。

② [美]O. 哈特:《企业、合同与财务结构》,费方域译,上海三联书店、上海人民出版社 2006 年版,第 203 页。

五、勤勉尽责

管理人在破产程序中是以自己的名义工作，要有社会责任感和使命感。除了精通法律、会计事务外，还要善于调动各方面的资源，有时还需要担当和勇气。勤勉是什么意思？就是努力不懈，勤劳不懈。努力不懈，就是为了实现既定的目标，只要还有一丝可能，一线希望，绝不轻言放弃，不达目的，绝不罢休。有的管理人遇到障碍就停滞不前，推给法院或等待法院给出具体措施、办法。这就不是做事的应有态度。勤劳不懈，就是要真用心思、真花功夫、真的认真，以踏实不虚的劳动付出求得债权人满意的结果。做好破产事务是管理人的职责所在，赢得报酬是管理人的权利，做好工作是管理人的义务。所以，勤勉是管理人工作应有的态度，尽责是管理人应当的行为，不容推卸的责任。勤勉是基础，尽责是前提。时刻把责任放在肩上的人，是不会不去努力工作的。同时，要忠实执行职务，要公正地对待债务人，公平地对待每一个债权人，廉洁从事破产业务。管理人不能替债务人遮掩其隐匿、转移的资产；对偏袒清偿的债务，不能故意无视，放弃职责。实务要杜绝管理人怕遭债务人的相关人员报复，不敢深挖财产，也要防止为债权人“劫持”违法损害了债务人相关人员的利益。正确履行职责，管理人必须在法律规定的范围内履职，法外的勤勉不是尽责，而是超越职责范围外的违法，这是要注意的。

所以，管理人还要有法律风险意识。如果其存在失职或者渎职行为或其他违反《企业破产法》规定的行为，将承担相应的民事、行政、刑事责任。

我国《企业破产法》第130条规定：“人民法院可以依法处以罚款；给债权人、债务人或者第三人造成损失的，依法承担赔偿责任。”第131条规定：“违反本法规定，构成犯罪的，依法追究刑事责任。”最高人民法院《关于审理企业破产案件指定管理人的规定》第39条第2款规定：“管理人有前款规定行为或者无正当理由拒绝人民法院指定的，编制管理人名册的人民法院可以决定停止其担任管理人一年至三年，或者将其从管理人名册中除名。”管理人做事要避免法律风险，办法律事务不能陷入法律风险。

管理人要以勤勉尽责、如履薄冰这种态度去从事破产工作，秉承兢兢业业的工匠精神，做好、做专、做精每一起破产案件。

六、结　语

《企业破产法》在我国施行的时间还不长,我国破产法需要在实践中总结经验并加以完善。破产管理人的培育还需要时间,形成成熟的管理人机制、铸就管理人品牌更需要时间的积淀。但理念要当先,只有在正确的理念指导下,管理人工作的目标和成长才会有方向。

我国破产管理人制度和业务拓展若干问题的思考

张海征*

一、与英美法国家破产案件办理情况

破产管理人(Insolvency Practitioners,IPs)制度产生于英国,目前已形成一支具有破产案件执业资格近2000人的专业团队,每个破产管理人可以个人名义承接破产业务。1986年英国破产法改革之前只有律师或会计师才能担任破产管理人,改革之后使破产管理人成为一个新的职业资格,有专门的资格考试、职业许可程序和管理机构。[①] 如此小规模的执业团队每年要承接15,000件以上的企业破产案件和11万件以上的自然人破产案件。

---

* 北京外国语大学教授。

① Insolvency Act 1986,Part XIII Insolvency Practitioners and Their Qualifications, Accessed November 19, 2015. http://www. legislation. gov. uk/ukpga/1986/45/part/XIII.

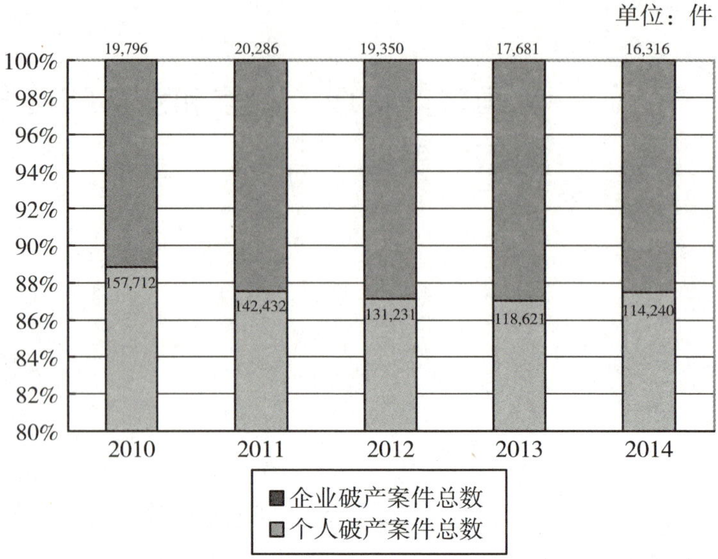

图 1 2010～2014 年英国破产案件数量

在这些企业破产案件中，启动管理程序(administration)进行重整的案件和占比如表 1 所示。

表 1 2010～2014 年英国启动管理程序进行重整的案件数量及占比

年份	破产案件总数(件)	启动管理程序(重整)案件(件)	占比
2010	19, 796	2972	15%
2011	20, 286	2818	13.9%
2012	19, 350	2586	13.4%
2013	17, 681	2178	12.3%
2014	16, 361	1703	10.4%

美国破产管理人称为托管人(trustee)，为破产财团的代表(representative of the bankruptcy estate)，包括联邦托管人(United States trustee)和私人托管人。① 联邦破产托管人为联邦政府官员，由美国司法部长任命，与法院无隶属关系，任期为 5 年，联邦司法部下设常设机构——托管人办公室(现有 77 人)。目前全美设立了 21 个地区联邦托管人办公室，任命有 21 个联邦托管人。私人托管人是破

① 11 U.S.C.A. § § 323,544.

产执业者,由债权人选择参加破产程序。担任私人托管人一般应向地区联邦托管人办公室申请,并得到批准。另外,按照美国破产法的规定,私人托管人须在被选定后开始执行职务之前,向法院提交一份保证诚实履行职责并维护国家利益的保证金。在美国破产重整程序中,一般没有管理人的介入,而由占有中的债务人(Debtor in Possession, DIP)负责继续经营企业,提出重整方案。依据美国《破产法》第1104条,法院在占有中的债务人不诚信或管理不善的情况下,可以根据利害关系人的申请指定托管人,该托管人代替占有中的债务人继续经营。在大型企业重整中,联邦托管人办公室可以任命一位监督人(examiner)监督重整工作。美国法院近年来受理的破产案件数量十分庞大,公司破产和自然人破产的案件在2005年达到峰值,突破了200万件。

表2　美国受理破产案件情况

年份	总数(件)	企业破产(件)	自然人破产(件)
2005	2,078,415	39,201	2,039,214
2006	617,660	19,695	597,965
2007	850,912	28,322	822,590
2008	1,117,771	43,546	1,074,225
2009	1,473,675	60,837	1,412,838
2010	1,593,081	56,282	1,536,799
2011	1,410,653	47,806	1,362,847
2012	1,221,091	40,075	1,181,016
2013	1,071,932	33,212	1,038,720
2014	936,795	26,983	909,812

在上述企业破产案件中,启动重整程序(reorganization)进行重组的案件和占比如表3所示。

表3　美国启动重整程序的案件数量及占比

年份	企业破产(件)	重整案件(件)	占比
2005	39,201	5923	15.1%
2006	19,695	4643	23.6%

续表

年份	企业破产(件)	重整案件(件)	占比
2007	28,322	5736	20.1%
2008	43,546	9272	21.3%
2009	60,837	13,683	22.5%
2010	56,282	11,774	20.9%
2011	47,806	9772	20.4%
2012	40,075	8900	22.2%
2013	33,212	7660	23.1%
2014	26,983	6093	22.6%

二、对于"零报酬"破产案件破产管理人的指定

在我国实践中,会出现债务人无产可破或者破产财产不足以支付破产费用的情形,如采用摇号或抓阄的方式,被选中的破产管理人只能自认倒霉。但是,中介机构要通过取得劳动报酬来维持正常运转,如果总是碰到报酬一般甚至没有报酬的情况会严重影响中介机构办案的积极性和办案的质量。山东省滨州市中级人民法院的调研显示12.8%的破产案件中管理人所得报酬低于管理人的实际工作量,在15.4%的破产案件中管理人所得报酬不足以支付工作开支。虽然在2007年《企业破产法》实施初期,很多中介机构情愿为无产可破的案件垫付办案支出,以达到积累经验、锻炼队伍的目的,但毕竟不是长久之计。法官也不能为了表面上的公平而在指定管理人时主动进行"肥瘦搭配",因此必须通过建立新的机制加以解决。①

在英国,破产执业者分属各个以营利为目的私人事务所,对于无钱可赚的案件是不会承接的,因此要有另一个机构——破产署(the Insolvency Service)处理此类案件。破产署有多名官方破产接管人(official receiver),他们的法律地位是公务员而不是私人执业者,对于债务人无产可破的案件,通常由官方破产接管人

① 参见王欣新:《破产管理人制度立法完善问题研究》,载《法治论坛》2010年第4期。

担任清算人。① 而对于一般破产案件，法院在收到破产清算的申请后也会指定一名官方破产接管人临时接管债务人，收集和保护债务人的财产，以及调查债务人破产的真实原因。这里仍然涉及一个问题就是对于无钱可赚的破产案件虽然由官方破产接管人处理，但仍需一定资金来维持破产署的支出。对此，英国政府设立了一个基金，资金来源由四个部分组成：(1)从破产人的不动产中收取一定比例的费用；(2)政府拨款；(3)对被取消资格的董事的罚款；(4)基金投资所得的收益。

英国通过设立专门的基金来解决无产可破案件管理人的报酬和管理工作支出。我国也可以考虑设立相应的基金，基金可以包括政府的财政拨款，也可以从有产可破的案件中寻找来源，如从处置不动产的收入中提取一定比例，或者当管理人从有产可破案件中的收费达到一定数额时提取一定比例。当然，在解决无产可破案件时，也可以接受利害关系人的垫款，如债权人主动支付管理人报酬。有一个问题是，此种情况下债权人的垫款可否视为共益债务，以使该债权人在破产清算顺序中获得优先受偿权。虽然对此在全国层面还没有专门的规定，但很多地方就管理人报酬制度已进行了一定的探索。如绍兴市中级人民法院已建立了管理人报酬基金制度，资金源于法院从以往有产可破的案件中提取一定的比例。深圳市中级人民法院也已建立了破产案件援助资金，由政府财政拨款和法院从以往有产可破的案件中提取一定比例的款项组成，针对无产可破的案件，每个案件的办案费用最高不超过15万元，管理人的报酬最高不超过10万元。

三、从传统的事后介入向有前瞻性的事前介入转变

破产管理人如果能够在适当的时机及时介入出现财务危机的企业，提供法律咨询、设计重组预案并积极与债权人沟通，将会增加重整成功的可能性。此外，预重整可以有效避免程序拖延造成的时间成本，也可以最大限度地减少因提起破产程序对债务人的业务造成的负面影响，如客户丢失、雇员离开、供应商拒绝合作等。预重整制度作为介于重整程序和庭外重组之间的企业解困模式，于

---

① Insolvency Act 1986, S. 136; Vanessa Finch, *Corporate Insolvency Law: Perspectives and Principles*, Cambridge University Press, 2009, p. 182.

20 世纪 80 年代中期在美国创设,克里斯托(Crystal)石油公司即通过预重整走出财务困境。[①] 数据显示,普通重整案件平均耗时 450 天,而预重整基本上不超过 200 天,节省的时间成本占公司破产前总资产价值的 3.93%。[②] 在英国,预重整(pre-packaged administration)被认可和接受的时间较晚,通过判例予以确认,[③]每年一半左右的重整案件都是通过预重整完成的。英国于 1990 年成立了一个破产管理人的非官方机构 R3(Association of Business Recovery Professionals),囊括了 90% 具有破产职业资格的从业人员信息,为陷入财务困境的企业和个人能够与破产重组专业人士有效沟通搭建了平台。债务人在提交破产重整申请之前,可聘请破产执业者为其设计资产和债务重组预案,并充分听取主要债权人的意见,在达成一致后形成预重整资产处置预案(pre-pack deal)。正式进入重整程序后,该破产执业者被正式任命为破产管理人负责执行预重整预案,在不召开债权人会议的情况下,破产管理人有权根据预重整预案将债务人资产处置完毕。

我国法院在指定破产管理人时往往回避由债务人推荐的中介机构,原因在于,固有观念认为债务人与为其提供咨询服务的律师事务所或会计师事务所存在利益关系,担心其作为管理人会为了债务人的利益而损害债权人的合法权益。这种担忧虽符合情理,但忽视了三个问题:首先,债务人在有资不抵债或不能清偿到期债务之虞时会咨询律师事务所或会计师事务所,寻求度过财务危机的咨询意见或资产和债务的重组方案。该中介机构已对债务人的资产负债、财产状况、经营管理有了全面的认识。一旦进入破产清算或重整程序后被法院指定为管理人,将会比其他中介机构更快速高效地开展工作,减少时间成本。其次,作为管理人的中介机构在破产程序中应忠实勤勉地履职,因故意或过失给债务人或债权人造成损失的应承担损害赔偿责任,不因管理人是由债务人或债权人或通过其他方式选定而有不同。最后,法院一味地排斥债务人推荐的中介机构作管理人,客观上会造成有管理人资格的中介机构不愿意为陷入财务危机的企业提供咨询,因为一旦进入破产程序,自身将失去担任破产管理人的机会,丧失承办破产案件的大单。这种做法违背了既破产立法的本意,也不符合市场发展的

① 参见王佐发:《预重整制度的法律经济分析》,载《政法论坛》2009 年第 2 期。

② See Brian L. Betker, "The Administrative Costs of Debt Restructurings: Some Recent Evidence", *Financial Management* 26, 1997, p. 56.

③ *DKLL Solicitors v Revenue and Customs Commissioners*[2007] BCC 908.

客观需要。对是否存在利害关系要从身份关系、业务关系、经济关系三个方面进行界定，判断标准为是否可能存在影响管理人公正、忠实履行职责的情形，而不能简单地因中介机构为债务人进行重整提供过预先服务就认定其与债务人存在“利害关系”。

四、拓展与国外破产专业机构和业务团队的合作

1997 年联合国国际贸易法委员会(United Nations Commission on International Trade Law,UNCITRAL,以下简称贸易法委员会)第三十届会议通过《跨境破产示范法》,对承认外国破产案件的效力、破产管辖的合作与协调等问题作出了相应规定,对于加强各国法院之间的合作、促进跨境破产案件的公正有效处理、充分保护债务人财产、最大限度挽救财务困难企业具有重大作用。① 目前,世界各国破产法总的趋势是走向融合统一。② 越来越多的国家开始接受《跨境破产示范法》中的国际合作理念,并在本国的破产法制定与修改中以其为示范;截至 2010 年,美国、英国(北爱尔兰除外)、日本、韩国和澳大利亚等国已在其国内破产法涉外部分采用了示范法的立法模式。③ 美国《破产法》第 15 章附则和其他破产案件(Ancillary and Other Cross-Border Cases)采纳贸易法委员会示范法;据此,该章的法律适用解释需与其他已采纳该法为国内法的国家给出的解释一致。④ 2006 年生效的英国《跨国破产条例》(Cross-Border Insolvency Regulation 2006)也是在广泛征求破产执业人员意见基础上对示范法的移植。⑤

从美国关于跨境破产的规定来看,外国破产管理人在美国开展破产业务时

---

① See "UNCITRAL Model Law on Cross-Border Insolvency with Guide to Enactment and Interpretation", p. 3, Art. 1, Accessed November 10, 2015. http://www. uncitral. org/pdf/english/texts/insolven/1997 – Model-Law-Insol – 2013 – Guide-Enactment-e. pdf.

② 参见李曙光、贺丹:《破产法立法若干重大问题的国际比较》,载《政法论坛》2004 年第 4 期。

③ See Jay Lawrence Westbrook, et al., The World Bank, *A Global View of Business Insolvency System*, p. 248, Accessed November 10, 2015. https://openknowledge. worldbank. org/bitstream/handle/10986/13522/68423. pdf? sequence = 1&isAllowed = y.

④ See Administrative Office of the United States Courts, *Bankruptcy BASICS*, p. 57, Accessed November 10, 2015. http://www. uscourts. gov/services-forms/bankruptcy/bankruptcy-basics.

⑤ 参见解正山:《跨国破产立法及适用研究——美国及欧洲的视角》,法律出版社 2011 年版,第 80 页。

享有以下权利:(1)向美国联邦法院直接申请开展破产程序或申请法院承认其本国破产判决;若以上申请获得承认,外国破产管理人有权在法院起诉或被诉;(2)外国破产管理人不因依美国《破产法》第 15 章提出申请而受美国任何法院司法管辖;(3)即使上述申请未获承认,外国破产管理人仍有权在美国依其他程序起诉。① 外国债权人在破产程序开始和参与方面享受与美国本国债权人相同的权利。② 具体而言,在国外法院启动的破产程序,要想在美国执行或者取得破产法上的相关救济,需要首先获得美国法院的承认,包括外国破产管理人、清算人(组)在内的外国代表(foreign representative)可向美国法院提出上述申请。若外国程序被承认为主要程序(foreign main proceedings),则外国破产管理人享有同美国破产托管人相同的权利,且可以直接经营债务人在美国的营业。③ 外国非主要程序中(foreign non-main proceedings)中,为了获得自动冻结(automatic stay)等救济,外国破产管理人必须证明其所要求的救济是"为了实现第 15 章的目的所必需的,而且以保护债务人资产或者债权人利益为目的"。④

除上述立法层面对跨境破产业务进行调整规制之外,越来越多的国际破产管理人通过达成跨境破产协议寻求利益最大化。跨境破产协议(Cross-Border Insolvency Agreement),亦称"议定书"(Protocol)、"破产管理合同"(Insolvency

① 11 U. S. C. A. § § 1509 - 13,1521.

② 11 U. S. C. A. § § 1513 - 4.

③ 11 U. S. C. A. § 1520(a)(1) - (4); *In re ATLAS SHIPPING A/S*, 404 B. R. 726, 739 - 42 (Bankr. S. D. N. Y., 2009). 11 U. S. C. A. § 1520, subsection(a) provides that:

Upon recognition of a foreign proceeding that is a foreign main proceeding—

(1) sections 361 [Adequate Protection] and 362 [Automatic Stay] apply with respect to the debtor and the property of the debtor that is within the territorial jurisdiction of the United States;

(2) sections 363 [Use, sale, or lease of property], 549 [Postpetition transactions], and 552 [Postpetition effect of security interest] apply to a transfer of an interest of the debtor in property that is within the territorial jurisdiction of the United States to the same extent that the sections would apply to property of an estate;

(3) unless the court orders otherwise, the foreign representative may operate the debtor's business and may exercise the rights and powers of a trustee under and to the extent provided by sections 363 and 552; and

(4) section 552 applies to property of the debtor that is within the territorial jurisdiction of the United States.

④ 11 U. S. C. A. § 1521(a)(c).

Administration Contract)或"合作与妥协协议"(Cooperation and Compromise Agreement)。[①] 自美国麦克斯威尔案开始,跨境破产协议已被成功运用于平行的重整或清算程序中,以协调主要程序与非主要程序、协调不同国家针对同一债务人的辅助程序。[②] 美国《破产法》第15章奠基人Westbrook教授曾指出,当事人经由律师、会计师达成协议书,并获得相应法院批准,这些协议书"可使律师与法官在缺乏条约或者其他制定法的情况下为跨境破产案件的处创设一套法律框架"。[③] 根据联合国贸易法委员会对近几十年来跨境破产案件中的跨境破产协议的梳理,破产管理人往往是订立跨境破产协议的当事人——因为保护并实现破产财产价值最大化是破产管理人的法定权限,订立此类跨境破产协议是其履职的表现之一;[④]"法院之间直接订立跨国界协议的情形极少,其一般是通过建议或鼓励当事人通过达成一项跨国界协议,并动用法院的裁量权或法定权限对这一协议进行控制"。[⑤]

1991年总部位于英国的麦克斯威尔通讯公司(Maxwell Communication Corporation,MCC)的美国子公司,根据美国《破产法》第11章(重整)向纽约南区破产法院提出破产保护申请;与此同时,为保护部分英国债权人利益,MCC向英国伦敦高等法院申请启动管理程序(petition for an administration order)。[⑥] 由此,英美两国启动了两个平行的破产程序。在英国法院受理上述申请并任命联合管理人之后,美国法院认命一位监管人(examiner),协调两国诉讼以保证美国重整程序可使债权人利益最大化。[⑦] 为使破产财产价值最大化、避免管辖冲突、降低

---

① "UNCITRAL Practice Guide on Cross-Border Insolvency Cooperation (2009)", p. 3, para. 9, Accessed November 19, 2015. http://www. uncitral. org/pdf/english/texts/insolven/Practice_Guide_Ebook_eng. pdf.

② Draft UNCITRAL Notes on cooperation, communication and coordination in cross-border insolvency proceedings, United Nations General Assembly, A/CN. 9/WG. V/WP. 86, May 2009, p. 22.

③ Jay L. Westbrook, "Multinational Enterprise in General Default: Chapter 15, the ALI Principles, and the EU Insolvency Regulation", 76 *Am. Bankr. L. J.* 1, 2002, p. 37.

④ UNCITRAL Practice Guide on Cross-Border Insolvency Cooperation (2009), pp. 32 – 33, paras. 15 – 8, Accessed November 19, 2015. http://www. uncitral. org/pdf/english/texts/insolven/Practice_Guide_Ebook_eng. pdf.

⑤ 解正山:《跨国破产立法及适用研究——美国及欧洲的视角》,法律出版社2011年版,第184页。

⑥ *In re Maxwell Communication Corp.*, 170 B. R. 800, 802 (Bankr. S. D. N. Y., 1994), aff'd, 186 B. R. 807, 813 (S. D. N. Y., 1995).

⑦ Ibid.

破产管理费用,两国法院一致认为,有必要促使两地破产管理人订立某种形式的议定书;在此认识的基础上,英国联合管理人与美国监管人开展了前所未有的合作。两国破产管理人最终达成一项提交美国破产法院的重整计划(Plan of Reorganization)和一项提交英国法院的债权债务调整方案(Scheme of Arrangement),两项文本相辅相成形成了在英美两国对 MCC 进行重整的单一机制;①上述计划和方案形成了单一资产池(a single pool of assets),允许 MCC 债权人在英国或美国参加破产重整程序。② 值得注意的是,因两国法院分别批准了计划和方案,其国内开展的破产程序均为主要程序。③

继 MCC 案中当事人首次通过签订议定书成功解决跨境破产这一复杂问题之后,该作法在美国、加拿大、英国等国间发生的一系列跨境破产案件中被广泛采用。据联合国国际贸易法委员会统计,其后大约有 30 多例跨国破产案件中的当事人或破产管理人采用了与麦克斯威尔议定书相似的协议。④ 1995 年国际律师协会制定《跨境破产协定》(Cross-Border Insolvency Concordat),作为跨境破产协议的范本,乃至"国际破产习惯法",为各国法院及国际破产从业人员提供了公平而可预见的指引。⑤ 在 1996 年的常青饮料公司(Everfresh Beverages Inc.)破产案中,当事人及破产管理人根据上述协定范本达成涵盖法律选择、诉讼地选择、债权解决、资产出售及撤销程序等内容的跨境破产协议;⑥由于协议的适用及当事人之间、破产管理人之间的密切合作,最终破产财产价值增加了 40%。⑦

---

① *In re Maxwell Communication Corp.*, 170 B. R. 800, 802 (Bankr. S. D. N. Y., 1994), aff'd, 186 B. R. 807, 813 (S. D. N. Y., 1995).

② Ibid.

③ *In re Maxwell Communication Corp.*, 170 B. R. 800, 801 (Bankr. S. D. N. Y., 1994).

④ See UNCITRAL Practice Guide on Cross-Border Insolvency Cooperation (2009), Annex I Case summaries, footnote c, Accessed November 19, 2015. http://www.uncitral.org/pdf/english/texts/insolven/Practice_Guide_Ebook_eng.pdf.

⑤ See *Cross-Border Insolvency Concordat*, adopted by the Council of the International Bar Association Section on Business Law, Paris, 17 September 1995, Accessed November 19, 2015. http://www.ibanet.org/Document/Default.aspx? DocumentUid = 2d55e76f-cab1-493d-b0a9-4b4b967b335f; David H. Culmer, *Cross-Border Insolvency Concordat and Customary International Law: Is It Ripe Yet?*, *Conn. J. Int'l L.* 14, 1999, pp. 563 – 564.

⑥ *In re Everfresh Beverages Inc.*, Ontario Court of Justice, Toronto (Court File No. 32 – 077978: December 20, 1995) and U. S. Bankruptcy Court, S. D. N. Y. (Case No. 95 B 45405: December 20, 1995).

⑦ See J. M. Farley, "*A Judicial Perspective on International Cooperation in Insolvency Cases*", *Am. Bankr. Inst. J.* 12, 1998, p. 12.

在金融危机之后的雷曼兄弟破产案中，自2008年9月15日纽约南区破产法院受理美国破产申请起算，[①]全世界范围内共有约16个法域启动了针对雷曼兄弟超过75起破产程序，监管程序的性质涵盖司法、行政和政府监管；考虑到公司规模之大、财产分布之广，在包括破产管理人在内的破产代表人的主导下，相关方在美国破产程序启动约1个月后开始谈判以期达成跨境破产协议。鉴于涉及法域众多、各方利益平衡困难，该协议明确规定相关方在坚持协议精神的前提下可以不正式签署协议；各法域破产代表人可以在协议的基础上，签订针对特别问题的双边跨境破产协议。该协议的初始缔约方最终涵盖了美国债务人和来自德国、中国香港特别行政区、新加坡和澳大利亚的破产代表人。[②]

五、改善破产执业环境有助于破产业务的拓展

英国的破产执业环境相对单纯，破产法律以及相关的社会保障制度健全，使破产执业者在客观上能够同时承接多个案件。在英国破产清偿顺序中，虽然职工债权处于优先受偿地位（preferential creditors），但是不足以保证能得到全额清偿。不能从破产企业的剩余财产中清偿的部分，可依据相关的劳工法案向国家保险基金（National Insurance Fund，NIF）请求补偿。[③] 同时，英国的破产法与社会保障法紧密相连，使更多的职工不会因为企业破产而失业。[④] 2006年《企业转让（就业保护）规则》（2014年修订）[Transfer of Undertakings（Protection of Employment）Regulations 2006（Amended in 2014）]中明确规定，破产重整案件中，债务人企业的财产或营业通过拍卖转移至受让人，受该财产转让影响的职工一并转移，受让人必须至少接受该职工与前雇主签订的雇佣合同的条款或提供更优的合同，不得将其解雇，除非是因为金融危机或技术方面的原因等。[⑤] 如果

---

① *In re Lehman Brothers Holdings Inc.*, *et al.*, 2008 WL 4902202, (Bankr. S. D. N. Y., 2008).

② See UNCITRAL Practice Guide on Cross-Border Insolvency Cooperation (2009), pp. 123–124, Accessed November 19, 2015. http://www.uncitral.org/pdf/english/texts/insolven/Practice_Guide_Ebook_eng.pdf.

③ Employment Rights Act 1986, Section 184.

④ See Vanessa Finch, *Corporate Insolvency Law: Perspectives and Principles*, Cambridge University Press, 2009, p. 762.

⑤ See D. Pollard, "TUPE and Insolvency", *Insolvency Intelligence* 19, 2006, p. 81.

该职工被财产受让人无故或不公平解雇(unfair dismissal),可向法院申请赔偿。例如,一个食品加工厂在濒临破产之际或已进入破产程序拍卖其生产线时,该生产线上作业的工人随其一同转移,这样虽然增加了受让人的购买成本,但一定程度上解决了破产企业职工的分流和再就业问题,减少了破产管理人的工作和法院的担忧,客观上大大提高了审理破产案件的效率。

首先,我国破产管理人在处理职工债权时还通常要考虑职工安置的问题,需要不断和地方政府沟通,而不能仅从破产企业账面上进行简单处理。其次,法院在审查破产重整案件申请时,以债务人具有"挽救价值希望"作为受理的标准,把重整的"可能性"变成了"可行性",要求在提交重整申请时,要向法院提交重整预案、找到重组方、出具债权人和股东的意见。上述要求虽有利于重整的推进,但客观上加重了中介机构的负担,也把很多破产重整申请拒之门外;虽然提高了重整案件的成功率,但也使以拯救具有再生希望的企业为目的的重整立法不能充分发挥作用。相比之下,美国的重整案件成功率也不过20%,但重整程序却得到了充分的运用。再次,管理人个别重要权限在立法中存在盲区,阻碍了管理人充分行使职权。例如,在陕西省,破产清算程序中涉及债务人资产的评估、拍卖等事项均由法院决定而非由管理人主导,导致承接该项业务的中介机构只向法院而不是向管理人负责,实践中造成了资产处置问题的混乱。最后,有的法院在摇号选任管理人的过程中要求被摇中的中介机构向法院缴纳一定数额的保证金,以担保在办案过程中不给债务人和债权人的利益造成损失,不缴纳保证金的后果是不能承揽该破产业务——这种做法是于法无据的。

管理人从“指定”到“选任”的改革路径探析

周东瑞[*]　张敦臣[**]

一、管理人法律地位之辨析：实事求是承认“和而不同”

破产管理人处于整个破产程序的核心地位，起着连接破产财产和各破产关系人的枢纽作用。对于破产管理人法律地位的探讨是关于其相关理论研究领域不可回避的。理论指导实践。在司法实践中，对此问题的认识各方也会各执一词：债权人会说，管理人是代表我们说话的，他拿着本该分给我们的钱去办事；债务人会说，管理人应该是我们利益的守护者，管理人报酬是从我们身上“薅下来的羊毛”；法院会说，管理人是接受我们指定产生的，理所应当为我们负责。分析时下几个较为流行的学说，笔者认为，其在我国现行的法律框架下各有弊病。

（一）代理说

这种理论认为，破产管理人是代理人，以其名义行使

---

* 海门市人民法院院长。

** 海门市人民法院民二庭（清算与破产庭）法官助理。

破产程序中的职务权限。[①] 这种理论在我国现有法律框架下漏洞极大,管理人是接受法院指定而非委托,并非平等的民事法律关系,更没有在委托法律关系中被赋予的任意解除权等。

(二)职务说

这种理论认为,破产管理人由法院选任,基于法律规定的职责,以自己的名义独立地行使破产财团管理处分权,不为任何人代理。[②] 该学说将管理人视为类似于强制执行机关的工作人员,其行为是一种职务行为。这种理论没有厘清工作和公务的区别。管理人是中介机构,没有公权机构的相关权力,连基本的调查权在司法实践中也需要法院的积极配合。

(三)破产财团代表说

这种理论认为,破产管理人是这种人格化财产的代表机关。[③] 独立于破产人之外直接管理分配破产财产,当出现破产管理人损害权益人的情形时,由破产财团担负侵权责任。[④] 这种理论混淆了物权和债权的法律问题。破产财团的物权属于债务人,债权属于债权人,破产财物的所有权并不属于所谓被人格化的"破产财团"。

(四)信托说

这种理论源于美国将管理人定义为受托人,拥有独立于法院、债权人、债务人的地位,以其个人的名义受托处理债务人破产事务。这种理论的不足之处只需比较我国《信托法》对信托法律行为的规制就可得出:(1)委托人要求为完全民事行为能力,谁是委托人?(2)信托财产中不能确定的信托无效,那取回权、抵销权、撤销权的行使势必会引起财产量上的变动,那是否还要行使?这种理论也许更贴合我们的司法实践,但却在我国现行的法律框架下显得格格不入。

---

① 参见魏莉、雷道茂:《论破产管理人的性质和任职条件》,载《海南大学学报》(人文社会科学版)2004年第3期。

② 参见邹海林:《破产程序和破产法实体制度比较研究》,法律出版社1995年版,第233页。

③ 参见陈荣宗:《破产法》,台北,三民书局1994年版,第170页。

④ 参见刘冰、韩长印:《论破产清算组的法律地位——兼论建立我国的破产财团制度》,载《法学评论》1995年第3期。

(五)本文观点

既然每种学说在我国现行法律框架下均有漏洞可循,何不承认管理人就是为了处理破产法律关系而存在的专门机构,没有破产案件就没有破产管理人,转引相声中常用的一个包袱:没有大海,就没有海军司令。笔者姑且将此称为“专门机构说”。

管理人设立的初衷是解决债权人、债务人之间的债务纠纷。为了维护“裁判员”的公正性,管理人必须是一个中立机构,不代表谁、也不受托于谁。法院不能承担管理人的职责,因为法院仅擅长处理法律问题,但对破产案件涉及的繁杂的会计问题、审计问题、评估问题等,不可为也实难为。“瓜田不纳履,李下不正冠。”法院如果直接经手破产财产,更不易解决自身裁决的公正性问题;债权人和债务人更不能承担管理人的职责,因为二者均是利害当事人,任何一方管理破产财产都会有失公正。

由管理人必须是一个中立机构而且应当是一个独立存在的机构,它独立于债权人、债务人甚至法院之外,只有保持这种状态,管理人才能够平衡债权人、债务人利益而不偏颇。因此,管理人有独立的法律地位,依据破产法产生,依据破产法履职,依据破产法担责,是在破产案件受理期间负责管理、变价和分配破产财产的临时成立的专门机构。

二、破产管理人“指定”与“选任”之辨:基于实践现状

正所谓“物有本末,事有终始,知其先后,则近道矣”。管理人的法律地位影响着管理人的制度设计。

我国《企业破产法》第13条规定:人民法院裁定受理破产申请的,应当同时指定管理人。而“管理人选任制度改革”在法院系统正如火如荼地展开。我院也有幸成为江苏省高级人民法院确定的“开展管理人选任和管理机制改革”的四个试点单位之一。如何理解“指定”与“选任”的区别呢?笔者认为,应从以下几个方面进行考量:

1. 从基础词义的角度,“指定”,即“确定、认定”之义;“选任”,即“挑选任用”之义。“选任”相较于“指定”,有挑选的前置程序。

2. 现有制度如何“指定”?“指定”一词,有着浓重的行政管理的色彩。其源于1986年我国《企业破产法》第24条第2款对清算组成员由人民法院在一定范围内进行指定的规定。在司法实践中,江苏地区多为摇号确定的管理人,摇号为法院司法鉴定机构进行组织,而参与摇号的管理人的范围为进入中级人民法院管理人候选名册的机构。因此,哪家机构担任管理人具有偶然性,法院并非“一言堂”,又何来“指定”之说。这种制度的设计有着法院自身须杜绝司法腐败的苦衷,但对公平的追求往往以牺牲效率为代价,选出来的“鞋”合不合“脚”,却是“如人饮水,冷暖自知”。因此,笔者认为,在标的额较小、权利义务较清楚的案件中,应当将接受推荐方式产生管理人的指定方式从专门针对金融机构破产清算推广至所有案件。

3. “选任”改革去往何处?“陈力就列,不能者止。”所谓“选任”,其核心在于“选”,这就要根据案件的实际情况,结合候选管理人的人员结构和业务资质,以及过往案件中其业务能力留给法院的“印象分”,把最符合条件的管理人放在摇号的机器中。

三、探索实现“选任”的路径:管理人机制改革的“戏核”

(一)选任主体

选任主体解决的是“谁选”的问题。

关于破产管理人的选任主体,从一些国家的规定来看,主要分为三种:一是由法院决定;二是由债权人会议选任;三是由债权人会议选任和法定权力机关指定破产管理人。① 从我国《企业破产法》第22条的规定来看,我国采用了由法院主导的第一种,这也是绝大多数大陆法系国家的共同选择。

这种模式的法理基础在于破产程序是国家为公平清理债权债务,保护债权人和债务人合法权益的一套司法程序,具有强制变动财产属性的效力;与此同时,国家为充分保护私权,避免“瓜田李下”的尴尬,需要破产管理人的实际操作,因此需要突出法院的主导地位。

---

① 参见赵雷主编:《新企业破产法讲读》,中国工人出版社、人民法院出版社2006年版,第45页。

但是,法院主导的模式也有一定的弊端:法院选任过程权力过大、缺少制约、易生腐败。因此,应适当借鉴多数英美法系国家中债权人会议选任模式的一些机制,给予债权人更多的话语权,进而形成以法院选任为原则,债权人选任为补充的“双轨制”模式。例如,德国《破产法》第27条规定,“破产程序开始时,破产法院任命一名破产管理人”;该法第57条规定,“在破产管理人选任后的第一次债权人会议上,债权人可选任另一名的管理人取代法院之前的任命,法院只有在被推举者不适合担任此职务时才能拒绝选任,而任命破产债权人均有权对不予任命提出及时抗告”。[①] 此时,法院选任的破产管理人,如同物业公司与业主之间的关系:小区刚建成后,物业公司进驻是因为开发商的选任。在小区入住率逐渐高企后,形成了业主大会和业主委员会,通过自治的形式决定物业公司的去留。此时,债权人会议就类似于业主大会,债权人的个体也更为关注自身权益的实现,干得好继续留用,干得不好另请高明。

按照这种模式的逻辑继续推衍下去,既然赋予了债权人会议“罢免”管理人的权利,这实际可以视为对法院选任管理人的一种监督形式。因此,法院在初选管理人时完全可以绕过全凭运气的摇号随机产生管理人的流程,通过制定一定的规则,如类似于“招投标”的形式,赋予法院更大的初选管理人的权力。当然,“标书”的订立显得尤为重要。尤其要写明的是如果被债权人会议“罢免”,只能得到基本的成本性质的报酬,用经济杠杆刺激管理人谨慎、勤勉、忠实地履行管理人义务。

为了避免管理人为得到“选票”而可能导致的“贿选”,更为了实现破产法平等清理债权债务的立法宗旨,一方面,应当赋予债务人对管理人不当行为的控告、申诉的权利;另一方面,法院也要切实履行起监督管理人的职责,对债权人会议作出的更换或者留用管理人的决议进行审慎的判断。

海门市人民法院在处理一起债权人会议要求更换管理人的纠纷中,因为债务人的管理人依法未将占有很大比例的职工债权优先于破产别除权进行清偿,且职工对于依法评估的破产企业资产价值不满,不仅多次到政府和法院上访,还书面申请法院更换管理人。在这种情况下,海门市人民法院果断对申请人的申请予以驳回,以避免依法勤勉履职的管理人寒心。

---

① 李飞:《当代外国破产法》,中国法制出版社2006年版,第746页。

(二)选任范围

选任范围解决的是“选谁”的问题。有些国家规定管理人只能是自然人,如德国和英国;有些国家规定自然人和法人均可担任管理人,如美国。大多数国家规定应由自然人担任管理人,并且规定以选任1人为原则。[①] 对于这个问题,我国2007年实施的《企业破产法》在立法中采取了折中的态度,确立了以中介机构担任为常态,以自然人担任为补充的原则,且规定了自然人担任管理人需要在机构执业并参加执业责任保险。

笔者认为,判断破产案件应由中介机构还是自然人担任的核心标准就是繁简分流。这点类似于审理案件时独任审理和合议庭审理之间的关系。简单的、标的额不大的破产案件选任自然人管理人,比如,在一些几乎无产可破,只需进行简单清算的案件中,一位会计师或审计师就足以担任管理人。而复杂的、标的额较大的案件选任机构管理人。在案件办理过程中,一旦发现案件较为复杂,如事前未知债权人较多,职工债权社会矛盾大,破产别除权的争议较大等现象,因自然人管理人均隶属于执业机构,可转为机构承办。这点类似于诉讼程序上的“简转普”。

1.管理人的分级管理和案件的分类管理

我院在试点改革中尝试将管理人进行三级化的分级管理,与之相对应的是将受理的破产案件进行分类管理(见表1)。破产案件分为:重大破产案件、普通破产案件、简易案件、小微(无利)案件四类。一级管理人可参加任何案件的选任,二级管理人参加除重大破产案件外的选任,三级管理人只能参加简易、小微(无利)案件。按照级别进行对应,其中一级破产人所参加的重大破产案件必须通过竞争性遴选的方式加随机摇号确定,确定一家为管理人,一家为备选管理人;而简易破产和小微(无利)案件的案件相对灵活。

---

① 参见沈贵明:《论我国破产管理人选任的立法失误及其纠正》,载《郑州大学学报》(社会科学版)2000年第6期。

表1　对管理人分级、对破产案件分类对应

管理人级别	资质要求	对应关系	案件分类	界定条件
一级管理人	(1)从事破产管理工作3年以上;(2)承接破产案件、公司强制清算案件10件次以上(以下均含本数);(3)具备律师资质或注册会计师资质从业人员20人以上;(4)具备担任重大疑难复杂破产清算案件破产管理工作能力	参加任何案件的选任	重大破产案件	(1)上市公司破产案件; (2)在本市具有重大影响且案件疑难复杂并在本地引起各界高度关注的破产案件
二级管理人	已经进入省、市法院破产管理人名册的中介机构	参加除重大破产案件外的选任	普通破产案件	除其余三类案件外
三级管理人	已经进入省、市法院破产管理人名册的中介机构	只能参加简易、小微(无利)案件的选任	简易破产案件	经执行程序财产已查明,因不能完全清偿,转为破产清算程序的案件
未定级别管理人	从业人员具有破产、公司强制清算经验,具有律师资质或注册会计师资质从业人员不少于10人,经本院评审委员会审核确定相应的等级		小微(无利)案件	经本院初步审核,管理人正常支出费用尚不能满足的案件

所谓“竞争性遴选的方式加随机摇号”,就是要在选任之处引入管理人竞争机制,让相关参与竞争者针对个案出具完整的工作方案,再辅之以管理人的实际情况,通过公开摇号的方式来确定具体案件的管理人。也就是说,在公开摇号之前,通过一套行之有效的竞争机制划定参与竞争者的范围,防止鱼目混珠、泥沙俱下。

因为摇号的偶然性,往往摇出来的并不是公认的最优的选择。举两个实例:一个是笔者从一位管理人处得知,其独自负责的破产企业就有七家,有时确实也感到力不从心。这种高强度的案件压力很难使管理人有充足的精力做到事无巨细且面面俱到。另一个是在一次江苏省高级人民法院组织的试点单位经验总结会议上,有人提出摇号机是不是设备设计的问题,因为摇出的 2 号球的概率极高。

2. 建立管理人业绩考评机制

引入竞争机制的前提是有一个公平、公正、透明的管理人业绩考评机制。因此,需要对管理人的工作业绩进行打分。鉴于同一法院承办破产类案件的数量有限,可选取更大容量的样本进行测评,如同一地级市下辖法院甚至同一省份下辖的法院,均可对本院承办的案件中管理人的业绩进行打分。为保证打分标准的统一,应采取同一测评项目表进行。这样,可以选取出更为优质,更被认可的管理人成为破产企业人、财、物的“大管家”。

在笔者在办理的一起破产案件衍生诉讼的排除妨害纠纷中,在管理人实际接管破产企业财产后,被告占用了破产企业的两间门面,完成了装修并进行经营近一年。如果事发之时管理人能够及时发现并报警,此类纠纷将会得到及时、妥善地处理。这类管理人将在业绩考评时进行低分处理,并在合议庭讨论其管理人报酬时酌情减、扣。

3. 鼓励律师师事务所和会计师事务所联合竞标

在实践中,律师对财会知识的缺乏和会计师对法律知识的缺乏,都会成为案件进展缓慢的桎梏和推高破产费用的因素。然而,一方面,绝大多数的破产案件无须倾全事务所之力进行办理,这便为两类事务所抽调 1 ~ 2 名业务骨干专门处理案件创造了条件;另一方面,对外既然均是以破产企业管理人的名义进行活动,内部的人员组成也无须来自同一机构。

4. 建立管理人“黑名单”制度

如果说前两点是对管理人的“正向排序”,第三点就是对管理人的“反向涤除”。管理人在案件承办过程中存在妨碍破产程序正常进行、利用职权或地位获取不当利益等情形,应当列入“黑名单”。

其实,司法实践中会给管理人留有较大的操作空间。例如,管理人对破产抵销权的滥用:管理人通过查阅会计账册等行使管理职能的手段得知破产企业有对债权人行使破产抵销权的情形,通过和债权人私下达成不行使抵销权的“协议”,并从中渔利;管理人对债权人债权数额放之于宽,对一些仅有借条没有转账记录的巨额借款进行认可,无疑会稀释其他债权人的受偿比例。一旦发现类似情形，应进行一票否决，果断列入“黑名单”，并在全省范围内予以通报，用制度威慑私心，用制度震慑违法。

对破产管理人违规行为发现难度之大可想而知。为最大限度地克服这一难题，海门市人民法院出台了《海门市人民法院破产管理工作细则》，建立了管理人的汇报制度，规定：“破产管理人原则上应每两周向法院汇报相应的工作进展一次，汇报采用书面形式，也可以采取定期汇报或专项汇报形式，确保向法院实时汇报工作进展”；“破产管理人书面汇报的主要内容为前期的工作进展、下阶段的工作计划以及需要法院协调和重点讨论的相关事宜。在此基础上，形成每月的破产个案工作简报”；“遇有紧急情况或突发信访事件，破产管理人应及时向法院口头报告，并在随后将该事件的起因、缘由、目前的事态和情状，后续发展的评估及需要相关部门协助事项进行书面专报”。让破产管理人与法院沟通频繁化、常态化、透明化，让“阳光是最好的防腐剂”。

四、结语：改革征程无尽，吾将上下而求索

笔者认为，作为改革试点单位的意义，是拥有一个在现行法律框架下先行先试的机遇。但管理人选任改革的实践探索，很多时候因为法律规范的表述及既有制度的构架，变得小心翼翼，无法大刀阔斧。我院清算与破产审判庭的成立虽然在全国范围内也算起步较早（据“中国破产法论坛”微信公众号推送的信息：截至 2017 年 2 月 24 日，全国也仅有 4 家高级人民法院，47 家中级人民法院，22 家基层人民法院成立清算与破产审判庭），但算下来也只不过是刚满半岁的“襁褓之婴”。真正做到习近平总书记所要求的“改革要‘蹄疾而步稳’”，仍需要自身的努力与各界的帮助。

十年后的回望：破产管理人选任三题

李　凯[*]　陈冠兵[**]　周人杰[***]

随着2007年6月1日《企业破产法》以及最高人民法院《关于审理企业破产案件指定管理人的规定》（以下简称《指定规定》）等配套措施的实施，我国管理人制度运行至今已接近10年。《企业破产法》第13条规定："人民法院裁定受理破产申请的，应当同时指定管理人。"对于管理人的选任方式，《企业破产法》起草组（以下简称起草组）认为："只要破产法律制度完备，管理人队伍素质可靠，至于管理人如何产生并不重要。我国破产法规定管理人由法院指定，同时规定债权人会议有权对不能胜任的管理人请求法院解任，另行指定。这样就兼顾了我国法院依据1986年破产法有权指定清算组的司法传统和债权人自治的本质要求。"①概言之，起草组认为：一是较之管理人的选任方式，应当更加注重破产法律制度及管理人素质的完善；二是选任管理人需要考虑的主要因素为清算组的司法传统和债权人的自治。然而，2007年《企业破产法》实施10年来，起草组的上述说法已逐渐

---

* 上海市方达律师事务所合伙人。

** 上海市方达律师事务所资深律师。

*** 上海市方达律师事务所律师。

① 《中华人民共和国企业破产法》起草组编：《〈中华人民共和国企业破产法〉释义》，人民出版社2006年版，第72页。

受到挑战。下文即从管理人选任程序的重要性、指定清算组的适用范围、债权人自治与管理人指定三方面出发,回应起草组于立法之初的说法,并就管理人选任程序提出建议。

一、管理人选任程序的重要性

管理人选任程序的重要性,源于管理人在破产程序中的重要性。不少学者指出,我国《企业破产法》规定了管理人中心主义的结构模式。所谓管理人中心主义,是指破产程序的事务性工作通过管理人来进行,管理人在破产程序开始后依法对债务人的财产进行接管、清理、保管、运营以及必要的处分。① 也有学者进一步认为,我国破产立法所要解决的根本问题,是在管理人中心主义的架构下,如何协调管理人、人民法院和债权人之间的关系或权利分配问题。② 在此背景下,管理人选任程序尤为重要。

同时,管理人选任程序(如通过准入制度、竞争的选任方式)还可以鼓励管理人进行自我完善,从而提升管理人队伍的素质。并且,管理人选任程序还关涉司法资源的有效利用,因为一旦管理人选任不当,债权人的撤换及交接,将不可避免地浪费司法资源。

此外,在目前的司法环境下,管理人的选任可能与管理人履职的中立性相关。在管理人的选任程序中,应当谨慎认定管理人与破产案件的"利害关系",以保证管理人的中立性。虽然被选任的管理人理应中立地履行职责,但在目前的法律框架下,特别是在重整程序中,由于管理人具有较大的裁量空间,一旦其与部分利害关系人具有关联,可能影响其履职的中立性,而管理人的行为往往并不直接违反破产法的规定。例如,由于《企业破产法》缺乏细化规定,管理人对重整计划草案披露的详细程序、披露时间享有事实上的裁量权。在很多案件中,管理人往往不顾及债权人的利益,使重整计划草案披露的信息不足以使债权人作出有无更为合理的替代措施、出售的具体程序等商业判断,而债权人可能直至债权人会议前几天甚至会议时方得知重整计划草案的细节,其作出商业判断的时间

---

① 参见韩长印:《破产法学》(第2版),中国政法大学出版社2016年版,第74页。

② 参见邹海林:《新企业破产法与管理人中心主义》,载《华东政法学院学报》2006年第6期。

也不够充分。① 固然,《企业破产法》要求管理人与破产案件不能存在利害关系,但《指定规定》第23条②对"利害关系"列举的情形较少,且设有兜底条款,导致"利害关系"的认定仍有较大的弹性空间,部分管理人仍可能与利害关系人存在事实上的关联,进而影响其履职的中立性。例如,清算组的中立性在实践中即备受质疑。

可见,管理人选任制度,是破产法律制度的重要组成部分,且有助于提升管理人队伍的素质。如果忽视管理人选任制度,"破产法律制度完备"将无从谈起,也将增加实现"管理人队伍素质可靠"的难度。

二、指定清算组的适用范围

由清算组担任管理人是2007年《企业破产法》沿袭自1986年《企业破产法(试行)》的特色之一。1986年《企业破产法(试行)》第24条即规定了清算组接管破产企业的制度。起草组因此称清算组为我国的"司法传统"。然而,这一说法值得商榷。原因在于:第一,《企业破产法》实施前,清算组严格意义上仅适用于国有企业。对于非国有企业,依照当时《民事诉讼法》规定的"企业法人破产还债程序",相应的组织为"清算组织"。第二,即使对于国有企业,传统的土壤(适用清算组制度的基础)已在很大程度被消解,作为"传统"的正当性已摇摇欲坠。《企业破产法》的起草文件显示,该法保留清算组制度的重要原因,除了与《公司法》的规定相衔接,即在于国有企业破产当时的特点,具体而言,"管理人……要负责处理大量复杂事务,特别是国有企业的破产涉及国有资产处置、职工安置等

---

① 韩长印:《简论破产重整计划表决的信息披露机制——以美国法为借鉴》,载《人民司法》(应用)2015年第1期。

② 《指定规定》第23条规定:"社会中介机构、清算组成员有下列情形之一,可能影响其忠实履行管理人职责的,人民法院可以认定为企业破产法第二十四条第三款第三项规定的利害关系:(一)与债务人、债权人有未了结的债权债务关系;(二)在人民法院受理破产申请前三年内,曾为债务人提供相对固定的中介服务;(三)现在是或者在人民法院受理破产申请前三年内曾经是债务人、债权人的控股股东或者实际控制人;(四)现在担任或者在人民法院受理破产申请前三年内曾经担任债务人、债权人的财务顾问、法律顾问;(五)人民法院认为可能影响其忠实履行管理人职责的其他情形。"

复杂问题,需要由政府有关部门、机构的人员组成的清算组担任管理人”。[①] 而国有企业的政策性破产已于2008年被废除,国有企业破产也逐步走向了市场化,在此背景下,带有计划经济色彩的清算组适用的空间理应受到限制。

况且,清算组履职的质量也饱受质疑。例如,对于W市两级法院受理的59件破产案件,破产企业股东及主管部门、债权人、审判庭、当地政府进行的无记名问卷调查显示,仅18.18%的被调查对象对清算组管理人的任职质效评价为优秀,显著低于机构管理人65.38%的优秀率。[②] 东星航空公司破产清算等案件更是将清算组制度的缺漏推向了舆论的风口浪尖。其原因主要在于:(1)由于清算组成员主要来自企业上级主管部门,各政府部门,其选任方式决定了其代表的利益与行政机关的利益密切关联,缺乏独立性及中立性。(2)清算组成员往往缺乏破产法方面的专业知识。(3)清算组的报酬往往是固定工资,缺乏激励机制。(4)清算组的议事规则、决策主体不清,难以有效追责及监督。[③]

因此,尽管《指定规定》对清算组的指定条件保留了兜底条款,即“人民法院认为可以指定清算组为管理人的其他情形”,但是,基于清算组的特点以及债权人整体利益的考量,应当在清算组的专业性、中立性、独立性获得有效提升前,尽可能将该兜底条款进行限缩,至少考虑如下因素:(1)由于重整案件放大了各利害关系人之间的利益冲突,而清算组具有先天的中立性问题,因此重整案件应当避免指定清算组。(2)由于清算组成员往往缺乏破产法的专业知识,并且缺乏激励机制,为提升办案质量、效率,对于规模较大、法律关系较为复杂的破产案件,应当避免指定清算组作为管理人。(3)对于非国有企业的破产,较之指定名册中的管理人,指定清算组并无比较优势,因此,也应避免指定清算组作为管理人。总而言之,在清算组组成人员的专业性、中立性、独立性未获有效提升的前提下,指定清算组担任管理人应当作为例外情形。

---

① 蒋黔贵:《全国人大法律委员会关于〈中华人民共和国企业破产法(草案)〉修改情况的汇报》,转引自许德风:《破产法论》,北京大学出版社2015年版,第253页。

② 参见陆晓燕:《破产管理人制度中司法控制与当事人自治之间的制衡——破产管理人选任制度价值探究》,载《人民司法》(应用)2015年第1期。

③ 参见刘艳军:《浅析管理人制度》,载《第四届中国破产法论坛论文集》,第110~111页;王欣新:《破产法》(第3版),中国人民大学出版社2011年版,第66~67页。转引自许德风:《破产法论》,北京大学出版社2015年版,第253页。

三、债权人自治与管理人选任

目前,债权人仅能依照我国《企业破产法》第22条第2款请求法院更换管理人,而无权直接提名管理人。并且,债权人的管理人更换请求权并不具有终局性,是否变更、变更为哪一家管理人均受制于法院的决定。以上规定对债权人的保障是否充分,有待商榷。因此,下文先论述债权人参与管理人选任的基础,再分别评析债权人于事实上及理论上参与管理人选任的主要方式。

(一)债权人参与管理人选任的基础

债权人参与管理人选任的基础主要在于债权人以及管理人的角色定位。

一方面,债权人作为债务人的最终受益人,理应对债务人的重大事项包括管理人的选任,享有发言权。况且,由于管理人将全面接管债务人,管理人的选任本质上是一种商业判断,较之作为司法主体的法院,作为商事主体的债权人往往能更好地作出该判断。另一方面,尽管管理人具有独立性及中立性,但通常情况下,应当侧重于保护债权人整体利益。在此情况下,债权人理应有权判断管理人实现其利益的能力,并据此参与管理人的选任。

不可否认,管理人在破产案件中具有中立性,理由在于:首先,管理人是破产财团的代表机关,因此管理人在破产事务中的地位应当独立于债权人和债务人等利害关系人,从而使破产程序得以公正合理地进行。① 其次,债权人追求的目标具有多元性,应当综合考虑债权人利益、债务人利益、国家利益、社会公共利益等价值目标。② 此外,在目前的法律框架下,管理人的产生并不依附于特定的利害关系人。根据《企业破产法》,法院对管理人享有选任权和报酬请求权,债权人会议也仅有更换管理人的建议权。③

然而,管理人的中立性并不妨碍管理人侧重于保护债权人整体利益,理由在

① 参见韩长印:《破产法学》(第2版),中国政法大学出版社2016年版,第73页。

② 参见陆晓燕:《破产管理人制度中司法控制与当事人自治之间的制衡——破产管理人选任制度价值探究》,载《人民司法》(应用)2015年第1期。

③ 我国2004年的破产法立法草案曾采纳了"债权人代表说",债权人会议对管理人享有选任权和报酬请求权。参见韩长印:《破产法学》(第2版),中国政法大学出版社2016年版,第73~74页。

于:第一,保护债权人整体利益,意味着管理人应当追求破产财团的最大化。而这一价值目标是各利害关系人共同追求的目标。第二,管理人侧重于保护债权人整体利益,并不意味着管理人偏袒保护特定债权人的利益,因此并不损及管理人的中立性。第三,优先保护债权人利益,可以促进破产程序的市场化。例如,如上所述,目前重整案件的信息披露机制往往不足以使债权人作出合理的商业判断。而如果管理人由债权人产生且其职权行使需要优先考虑债权人的利益,则可以促成管理人在实践中弥补信息披露机制的不足。第四,债权人对债务人财产享有剩余索取权,因而债权人理应对债务人享有控制权。但在债务人破产时,由于债权人分散、没有组织,且相互之间利益不一致,其利益难以得到保障。因此,较之其他利害关系人,管理人应当更侧重于保护债权人的利益。

此外,综观各国的立法例。关于管理人的选任主体,历来存在法院与债权人会议之争:法院选任模式,如我国、日本、韩国、意大利、法国;债权人会议选任模式,如美国、加拿大、瑞士;双轨制模式,如德国、英国。[①] 而联合国国际贸易法委员会(United Nations Commission on International Trade Law,UNICITRAL)《破产法立法指南》也指出,管理人的选任可以通过债权人委员会推荐,或在债务人申请破产时同时选择(在此情形下鼓励债务人与债权人等其他当时前在程序启动前进行讨论)。[②]

(二)债权人参与管理人选任的方式

1. 由债权人会议更换管理人

根据我国《企业破产法》第 22 条第 2 款,债权人会议认为管理人不能依法、公正执行职务或者有其他不能胜任职务情形的,可以申请人民法院予以更换。根据上述规定,债权人的管理人更换请求权仅限在特定情形下使用。并且,《企业破产法》未明确债权人会议在向法院申请更换管理人时,是否可以提议变更为哪一家管理人。根据上文的分析,债权人会议理应享有该提议权,以供法院参考。

此外,《企业破产法》以及《指定规定》均未明确债权人会议作出此项决议的

---

① 陆晓燕:《破产管理人制度中司法控制与当事人自治之间的制衡——破产管理人选任制度价值探究》,载《人民司法》(应用)2015 年第 1 期。

② 联合国国际贸易法委员会:《破产法立法指南》(2006 年版),第 159 页。

表决方式。我们认为,在破产案件中,不同类型的债权人之间往往也有利益冲突,例如,担保债权人与普通债权人之间,大额债权人与小额债权人之间,非自愿债权人与自愿债权人之间的利益诉求往往并不一致。因此,需要解决的问题是,如何确保债权人的决定符合债权人整体利益。对此,我们认为,在严格意义上,可以借鉴重整计划的表决机制,由债权人分组表决。但是,上述表决措施可能导致当债权人更换方案时很难获得通过,使债权人更换管理人的请求权落空。因此,也可以考虑由无担保债权总额1/2以上的债权人表决通过。

2. 法院选任临时管理人后,由债权人会议选任正式管理人

不少人指出,可以借鉴美国《破产法典》第701条的规定,在我国设置临时管理人。在破产申请受理时,由人民法院指定临时管理人,经债权人会议决议任命后才能转化为正式的管理人,由此可以充分保障债权人的选任权。① 而浙江省高级人民法院《破产案件管理人指定工作规程(试行)》第26条等地方性规定已确立了清算组作为"临时管理人"的制度。② 根据有关学者的主张,采用临时管理人的其他理由包括:第一,由于我国采用破产受理主义,而法院在破产案件受理后可能难以在短时间内找到合适的破产管理人,为了保护债权人的利益,防止债务人不当处理自己财产,可以设置临时管理人,并顺应有关的国际趋势。第二,在没有债权人的监督下,由法院直接指定管理人,在程序上没有保障债权人对管理人产生过程的监督,且在债权人会议召开之前的职务行为也将失去债权人会议的监督。③ 我们认为,为尽早获得破产保护,在部分案件中,确实应当考虑上述第一点理由;但上述第二点理由难以成立,因为临时管理人的选任及履职同样缺乏债权人的监督。

因此,我们认为,在破产案件有尽早受理的必要性;且在适宜通过竞争方式

① 参见张磊:《论我国破产管理人制度之完善——以临时管理人制度为视角》,载《暨南学报》(哲学社会科学版)2012年第8期;陆晓燕:《破产管理人制度中司法控制与当事人自治之间的制衡——破产管理人选任制度价值探究》,载《人民司法》(应用)2015年第1期。

② 《破产案件管理人指定工作规程(试行)》第26条第3款规定:"拟受理破产申请的法院依法指定清算组为临时管理人,应在裁定受理破产案件并指定清算组为临时管理人后即报本院司法鉴定处备案。书面报告应说明指定清算组为临时管理人的理由、临时管理人职责范围和拟通过竞争方式指定管理人的工作安排,并附民事裁定书和清算组成员名单。中介机构作为清算组成员的,还必须附有中介机构出具的依法不存在回避情形和不应被指定为管理人情形的声明。"

③ 参见张磊:《论我国破产管理人制度之完善——以临时管理人制度为视角》,载《暨南学报》(哲学社会科学版)2012年第8期。

选任管理人时,可以考虑设置“临时管理人”,主要的考虑因素为:一是充分保障债权人选任权的需要(因为正式管理人系由债权人会议确定);二是尽早受理破产案件的需要;三是由于临时管理人的指定并不彻底,获得正式管理人的选任可以成为该临时管理人的激励机制。并且,考虑到上述激励机制,加上前文所述的清算组作为管理人的弊端,应当通过随机方式(以保证选任的效率及公正性)或债权人推荐制,允许列入管理人名册的管理人参与临时管理人的竞争,而不应一概由清算组担任临时管理人。而在债权人可能依照最高人民法院《关于适用〈中华人民共和国企业破产法〉若干问题的规定(二)》第15条[①]等规定规避破产受理效力的情况下,基于尽早受理破产案件的需要,法院可以将临时破产人制度常态化,以实现债权的公平受偿。此外,在设置临时管理人制度前,应当明确临时与正式管理人之间的薪酬分享方案,并考虑对临时管理人的权限进行必要的限制。

对于正式管理人的选任方式,我们同样认为,在严格意义上,可以借鉴重整计划的表决机制,由债权人分组表决。但是,上述表决措施可能导致管理人选任方案难以获得通过。因此,也可以考虑由无担保债权总额1/2以上的债权人表决通过。

3. 债权人于破产申请时推荐

前述UNCITRAL《破产法立法指南》以及此前曾发布的最高人民法院《关于适用〈中华人民共和国企业破产法〉若干问题的规定(三)》(征求意见稿)均纳入了债权人推荐管理人的选任模式。根据后者:“债权人对债务人提出破产申请时,可以向人民法院推荐符合企业破产法规定的社会中介机构或者个人担任管理人。人民法院可以指定被推荐的机构或者个人担任管理人。”

我们认为,债权人推荐制值得肯定。理由在于:首先,债权人推荐制引入了市场机制。债权人,尤其是大债权人,有强烈动机选聘敬业的管理人以实现自身权益。而债权人作为市场机构,也会主动关心和选择业务水平较高的管理人,从而形成管理人的良性市场竞争。其次,在债权人推荐制下,法院可以在初步审查后,迅速指定管理人,使破产程序可以尽早启动。

---

① 最高人民法院《关于适用〈中华人民共和国企业破产法〉若干问题的规定(二)》第15条规定:“债务人经诉讼、仲裁、执行程序对债权人进行的个别清偿,管理人依据企业破产法第三十二条的规定请求撤销的,人民法院不予支持。但是,债务人与债权人恶意串通损害其他债权人利益的除外。”

对于债权人推荐制,还应考虑以下两个方面的问题:第一,债权人推荐制系基于个别债权人的推荐,无法确保是否有更好的管理人人选。对此,在制度设计上,可以结合临时管理人制度,将债权人推荐的管理人作为临时管理人,参与破产程序。第二,推荐人的利益与债权人整体利益之间是否一致。我们认为,一般而言,推荐人作为债权人,同样旨在追求破产财团的最大化,且其推荐的管理人应当与破产案件无利害关系,因此,一般可以推定推荐人的利益与债权人整体利益相一致。

四、余论:随机方式以及竞争方式的终点

目前,法院选聘管理人的机制主要有两种:随机方式、竞争方式。经过10年的运行,上述选任方式逐渐趋于成熟,但仍有进一步改进的空间。

首先,就随机方式选任管理人,各地主要通过轮候、摇号等方式进行。而随机选任的主要考量因素为程序的公平、公开、公正。而所谓的公平,包括机会公平以及结果公平。然而,随机方式很可能无法兼顾机会公平及结果公平。例如,如果仅适用摇号的方式,很可能导致“中奖”管理人分布不均:部分管理人可能工作过重,而部分管理人可能长期没能承揽破产案件。因此,建议法院不单独采取摇号的方式随机指定管理人。① 但是,随机方式的最大问题在于:管理人的选任与其破产案件执业水平无关,长期过度依赖随机方式,可能导致各家管理人没有动力提升执业水平,造成“劣币驱逐良币”的结果。

其次,就邀请竞争方式选任管理人,各地主要通过招投标、公开征询等方式进行。如上所述,法院在选任管理人时应当考察管理人的中立性、实现破产财团最大化的能力等因素。这些因素往往也被纳入了相应的法院评定标准。问题在于:管理人的选任具有商业判断的因素,作为司法主体的法院,并不一定能精准地作出判断,甚至可能存有“暗箱操作”。

对于随机方式以及竞争方式选任管理人的上述缺点,浙江省高级人民法院

---

① 例如,《宁波市中级人民法院破产管理人指定办法》结合了“摇号”以及“轮候”的方式。根据该办法,对基层人民法院管辖(包括上级人民法院指定管辖)的企业破产案件,原则上以轮候方式在管理人名册内社会中介机构中依次选定管理人。轮候的顺序以公开随机摇号方式确定,摇号程序由市中级人民法院司法鉴定处主持、院监察部门监督、管理人代表操作完成。

采取了在竞争基础上对前三名进行摇号方式。既弥补了摇号的不足,也相对杜绝了竞争机制下可能产生的“暗箱操作”问题。当然,这并不是解决上述问题的唯一方式。如上文所述,通过使债权人参与管理人选任,同样可以克服随机方式以及竞争方式的主要缺点,且更贴合破产法保护债权人整体利益的价值取向。

此外,由于法院较为看重管理人往期的从业经验,可能会导致,对于某些类型的案件,在管理人市场将出现寡头垄断的情形。并且,由于该等管理人积累案件的增加,将加剧这一趋势。即使交由债权人选任,在目前的市场环境下,也无法避免这一结果。对此,我们认为,法院应当综合考察管理人在各类破产业务领域乃至破产以外业务领域的经验,并且,可以采取竞争加随机的方式,以增加各家管理人参与该破产业务领域的机会,提升相关破产业务领域的竞争。

可见,管理人如何产生绝非易事,也绝非不重要。我们既不能故步自封,因袭“传统”,亦不能忽视我国破产案件中“自生自发的秩序”,需要作出现实的改革。可以肯定的是,目前采取的管理人选任方式,绝非制度的终点;而终点,始终处于流变之中。

论破产程序中管理人的选任和变更

胡　迪*　江子洋**

2017年3月15日第十二届全国人大第五次会议正式闭幕。政府工作报告和最高人民法院工作报告中，都提到了目前我国经济结构调整、改善供给结构的问题。供给侧结构性改革的关键，就是通过市场化、法治化的手段促进去产能、去库存、去杠杆，通过兼并重组、债务重组、破产清算实现“僵尸企业”合法、有效地退出市场。我国正在建立和完善社会主义市场经济体制，在这种自由的经济体制的大背景下，市场主体具有多样化的特点，优胜劣汰的竞争规则成为市场的主要规则。因此，建立和完善企业的市场退出机制是社会主义市场经济中不可或缺的一个环节，关系着社会的正常、有序发展。在市场退出机制上，我国借鉴了世界上先进国家的破产制度和立法经验，与我国的国情和特色相结合设立了企业破产制度，并于2007年出台了《企业破产法》，在该部法律条文中正式引入了破产管理人的制度以取代先前的清算组制度。

破产管理人在破产程序之中贯穿始终，在企业退市环节中扮演着举足轻重的角色。但是近些年，随着2007年《企业破产法》的实践，立法中关于破产管理人的相关

---

* 北京市中伦(深圳)律师事务所权益合伙人。

** 北京市中伦(深圳)律师事务所律师。

规定体现了一定的局限和不足,而在破产管理人的选任和变更方面尤为突出。可以说,破产程序能否公正、公平和高效的实施和运行,与破产管理人的综合能力密不可分。本文拟通过讨论国外现行破产程序中关于破产管理人选任和变更的制度设计之优,以及我国现行破产程序中需要借鉴和改进之处,力图为促进我国破产管理人选任和变更制度的改革和完善贡献绵薄的力量。

一、国外现行破产程序中关于破产管理人的选任和变更

1. 破产管理人的资格准入

专业的技能与良好的品行是保障破产管理人能够胜任其工作的基本条件之一。为此部分欧洲国家以及美国均专门出台了有关破产管理人的前置职业资格准入之制度和名册编制制度。

首先,在美国,成为破产职业者需要具备以下几个条件:(1)所在州或者哥伦比亚司法区的律师协会成员;(2)注册会计师;(3)获得一个经过认证的大学的四年制大学学士学位的毕业生,并且至少修过 20 个学分以上的商业课程,或者拥有该类大学办法的硕士或者博士学位;(3)经过有关法学院院长推荐的高年级法律学生或者商学院中受到院长推荐的 MBA 的学生。这些受到推荐的人还必须在下列专业人士的直接监督下工作:法学院老师、私人信托人专家组成员、被联邦托管人认可的当地的律师行业中具有示范经验的律师。①

在英国,成为一名破产职业者总体上需要经过两个步骤:一是申请者需要通过破产考试联合会(Joint Insolvency Examination Board)组织的每年一度的考试。二是考试合格者一般需要申请加入一个能给予其执业许可授权的专业机构(Recognized professional body, RPB),全英国包括特许公认会计师公会(Chartered Association of Certified Accountants)、英国和威尔士特许会计师协会(the Institute of Chartered Accountants in England and Wales)以及破产职业者协会(Insolvency Practitioner Association)等在内的 7 家机构拥有这种权利。要加入这些机构还需要满足这些机构提出的专门要求,以特许公认会计师公会为例,申请者要有 3 年共计 600 小时的破产领域相关的工作经验。

---

① 参见罗一夫:《中美破产管理人选任制度比较研究》,载《商情》2014 年第 9 期。

同样,作为欧洲破产制度较为完善的法国,也特别规定了破产管理人要通过职业资格考试的制度且报名者必须要有法学、经济学、商业、管理或者会计专业的高等学历背景,还要通过实习资格考试以及3年至6年的实习经历之后,方能成为一名正式的破产管理人。此外,法国的相关法律还规定了破产管理人应当有良好的声誉与品德,参加破产管理人资格考试的报名者不得有除名、被吊销专业证书、被从破产管理人名册除名等纪律处分或行政处分,也不能受到过破产法领域内的任何职业处分。① 其主要原因在于,在破产程序中存在的不仅是无力清偿到期债务的债务人和债权人之间的矛盾,还存在挽救困境企业、保护劳动者债权等多方之间的矛盾和冲突。这就需要破产管理人不仅具备过硬的专业技能,还需要有良好的职业道德,能够独立、公正地履行自己的职责,妥善处理各种矛盾和冲突。

其次,英国与破产相关的规定也明确了破产管理人名册(Insolvency Practitioner Rota)的编制。根据英国政府网站发布的破产服务技术手册(The Insolvency Service Technical Manual)第17.89条,②破产管理人的名册是由官方接管人负责具体的审核与编制。官方接管人只能接受在自己以及当地郡法院的管辖范围内有固定住所和正式员工的职业破产管理人的申请。在收到申请之后,官方接管人会审核其是否符合相应的条件,若符合则直接编入管理人名册之中,若不符合则书面告知申请人。当有破产案件发生时,官方接管人会在债权人会议没有指定管理人的前提下按照管理人名册的顺序指定破产管理人,如果被指定的管理人存在利益冲突,那么官方接管人就会按照顺序指定名册中的下一位作为破产管理人。这样做的目的在于保障破产案件公平、合理的分配。但如果是一个重大复杂的破产案件,比如,破产企业的资产遍布全国乃至全世界各地,涉及债权人人数众多,而如果按照顺序应当被指定成为破产管理人的人没有相应的资质或能力处理该类重大复杂的破产案件,则由内阁大臣指定一名有相应资质或能力的破产管理人来处理该类案件而不受地域的限制。此外,官方接管人应当根据破产法的规定定期对管理人名册中的职业破产管理人进行监督和检查并且每2年就要重新审核管理人名册中的职业破产管理人是否仍然适格,

---

① 参见种林:《破产管理人选任制度:中欧比较研究》,载《政法论丛》2015年第4版。

② 资料来源:https://www.gov.uk/government/publications/the-insolvency-service-technical-manual,最后访问日期:2017年3月4日。

对于不符合条件的破产管理人，官方接管人将给予其一定时间予以改正，到期仍然不符合要求的将被除名。

2. 破产管理人选任方式

关于破产管理人的选任方式，各国的做法不尽相同，这和各国具体的破产制度是息息相关的。选任方式大体上可以分为三种模式，即法院选任、债权人会议或债权人委员会选任和法院与债权人会议结合选任的模式。

(1)法院选任

在法院选任模式之下，破产管理人由法院任命，法院独立行使该职权而不受债权人(会议)的影响。破产管理人对法院负责，受法院监督和管理。如果债权人会议认为法院选任的破产管理人与自己或者其他债权人存在重大利害关系时，可以向法院提出异议请求法院更换破产管理人，但是没有最终决定权。这种选任破产管理人的立法体系主要被大多数大陆法系国家所采用，例如，韩国《破产法》第147条中规定了破产管财人由法院选任；[①]日本2004年《破产法》第157条规定了破产财产管理人由法院选任。[②]

实行这一选任方式的法理基础在于：破产程序是法院主导下的清理债权债务的司法程序，破产具有一般的强制执行性质，国家为保护私权而选任破产管理人，由此应突出法院在破产程序中的主导地位。破产管理人具有特殊的法律地位，并非是全体债权人的代理人，也不是破产债务人的代理人，而是处于中立地位，公平、公正、合理的处理破产程序中各项事务的主体，应平等保护各方的合法权益，所以破产管理人由法院予以选任。

此种方式最大的优点在于效率高，能及时产生破产管理人，并且能够保证破产管理人平等保护各方当事人的合法权益，有助于保持破产管理人的中立地位。但其主要弊端是可能导致公权力机关的权力寻租、对债权人的自治有一定程度的限制、不利于债权人的共同意志的充分体现，因而难以充分保护保债权人的合法利益。

---

① 参见赵玲玲：《破产管理人制度研究——兼评我国〈企业破产法〉构建的破产管理人制度》，厦门大学法学院2008年硕士论文，第34页。

② 日本《破产法》第142条规定，“法院在破产宣告的同时，选任破产财产管理人”。第157条规定，“破产财产管理人由法院选任”。

(2)债权人会议选任

债权人会议选任模式体现的是债权人自治原则,英美法系国家向来提倡债权人自治,在他们看来破产程序归根结底是为了债权人的合法利益,那么由债权人会议来选任破产管理人是理所应当的,只有如此才能最大限度地保护全体债权人的合法利益。在这种选任模式中,当企业刚进入破产程序时,由于此时尚未召开全体债权人会议,无法依据法定程序选任正式的破产管理人。在此情况下,法院可以先行选任一个临时的破产管理人处理该破产企业的前期事务直至债权人会议选出正式的破产管理人。例如,美国《联邦破产法》中规定了在破产宣告之时,法院先行指定一名临时管理人负责处理破产企业的前期事务并召开债权人会议。其后,债权人会议依据法定程序选认出正式的破产管理人。如果债权人会议不能按期选出破产管理人或者破产管理人出于重要原因(如死亡、辞职等)不能履行职务时,则由临时受托人出任破产管理人或者由"联邦受托人"选任。

由债权人会议选任破产管理人的法理基础在于,破产程序是为了债权人的共同利益而进行,破产管理人不是所有人利益的代表,而仅是债权人利益的总代表。破产清算的目的在于维护债权人的共同利益,应彻底贯彻债权人自治精神,由债权人会议选任破产管理人。

这一破产管理人选任方式的优点是充分反映了破产法对债权人利益保护基本功能之要求,彻底贯彻了债权人在破产程序中的自治精神。完全由债权人会议选任破产管理人的不利之处是由于债权人会议人数众多,往往难以达成一致意见,因此效率低下,还可能会出现选不出破产管理人或不能及时选出破产管理人的情形。另外,如果破产管理人被主要的债权人通过债权转让的方式控制,可能会损害中小债权人的利益,进而影响破产程序的顺利进行。

(3)法院与债权人会议相结合之选任

法院与债权人会议结合选任的模式又可被称为"双轨制"选任模式。在此模式之下,破产管理人既可由法院或者其他法定机关选任,也可由债权人会议选任。例如,在英国破产法的相关制度中,管理人的种类和选任方式是丰富的。在强制清算程序中,从破产申请通过之时开始,法院先指定一名官方接管人,并由其接管公司。在法院下达清算令之后,官方接管人召集债权人会议以任命相应的破产职业人为清算人。若债权人会议未能选出清算人,则由官方接管人担任清算人继续履行职务。除债权人会议外,债权人或清算出资人亦可以提名相应的破产职业人担任清算人。在自愿清算程序中,由股东发起自愿清算程序并且由股东大会任命一名清算人。管理程序法院在接受申请并发出管理令的同时将任命一位或者多位具有破产职业人资格的人为重整管理人管理公司财务以及经营。浮动担保财产债权人、公司以及公司负责人也可以通过庭外途径指定重整管理人。这种多样性的选任方式能够保证在不同的破产程序中,或破产程序的不同阶段,对于各利益相关方的权利进行有效保护,有利于推进管理程序的高效进行。

该选任模式的优点在于,相对于法院选任模式中以公立救济为原则而言,它赋予了债权人更大的权限,防止因公权力过多干涉而导致权力寻租滋生;相对于债权人会议选任模式而言,公权力的介入能防止部分债权人的私权滥用以至于损害其他债权人的合法权益。

3. 破产管理人的更换

在破产制度较为完善的各个国家的破产程序中,更换破产管理人的事由以及主体都大致相同,即由法院或破产管理人的选任主体作为更换主体。例如,美国《联邦破产法》规定了联邦受托人可以解任破产管理人,法院在举行听证会之后也可以解任破产管理人。日本《破产法》也规定了法院可以依职权撤换破产管理人,也可以根据债权人会议的决议撤换破产管理人。

更换破产管理人的事由,概括而言即为损害债权人或债务人的利益、违反法定义务等。例如,英国《破产法》中规定破产管理人的更换事由有:(1)破产管理人不履行法定职责或者实施了违法犯罪行为;(2)破产管理人任期届满且无延长任期的必要;(3)因自身能力原因履行职责有障碍的;(4)与破产案件的利害关系人有关联关系而可能影响破产程序公正的。①

二、我国现行破产程序中关于破产管理人的选任和变更

1. 我国破产管理人的资格准入

谈及破产管理人的资格准入制度,破产管理人名册的编制以及管理人的考

---

① 参见李艳萍:《论我国破产管理人的选任制度及其法律完善》,对外经济贸易大学出版社2007年版,第35页。

核制度是重中之重。我国相关的法律法规也对管理人名册的编制以及管理人的考核进行了较为明确的规定,但总体而言还尚有欠缺。

(1)管理人名册编制的主体

管理人名册编制的主体,是由各个地区的高级人民法院或者中级人民法院所编制的。最高人民法院《关于审理企业破产案件指定管理人的规定》第2条规定了各个地区的高级人民法院应当根据本辖区律师事务所、会计师事务所、破产清算事务所等社会中介机构及专职从业人员数量和企业破产案件数量,确定由本院或者所辖中级人民法院编制管理人名册。人民法院应当分别编制社会中介机构管理人名册和个人管理人名册。由直辖市以外的高级人民法院编制的管理人名册中,应当注明社会中介机构和个人所属中级人民法院辖区。实践中各地的操作方式亦有所不同。比如,上海、河北等地是由其高级人民法院编制全省统一适用的管理人名册,也有像深圳、福州等地是由其中级人民法院编制适用的管理人名册。

(2)审核社会中介机构或个人资质的主体

审核社会中介机构或个人的资质是由编制管理人名册的人民法院负责的。最高人民法院《关于审理企业破产案件指定管理人的规定》第10条规定了编制管理人名册的人民法院应当组成专门的评审委员会,决定编入管理人名册的社会中介机构和个人名单。评审委员会成员应不少于7人。人民法院应当根据本辖区社会中介机构以及社会中介机构中个人的实际情况,结合其执业业绩、能力、专业水准、社会中介机构的规模、办理企业破产案件的经验等因素制定管理人评定标准,由评审委员会根据申报人的具体情况评定其综合分数。人民法院根据评审委员会评审结果,确定管理人初审名册。

(3)社会中介机构或个人的前置准入资格

对于社会中介机构或个人的前置准入资格,我国《企业破产法》及相关司法解释中只宽泛地规定了申请编入管理人名册的社会中介机构和个人只要符合《企业破产法》规定的条件,具备相关专业知识并取得执业资格的人员,即可申请编入管理人名册,并未明确社会中介机构及个人所需满足的具体条件。但是深圳市中级人民法院(以下简称深圳中院)出台的《深圳市中级人民法院破产案件机构管理人名册编制办法》(以下简称《办法》)中对社会中介机构提出了明确的要求,《办法》第3条明确规定律师事务所申报企业破产案件管理人的条件为:

(1)在深圳依法设立,经有权机构核准执业3年以上,并有固定经营场所;(2)该机构拥有5名以上的合伙人,且具有律师执业证书的从业人员不少于20名,有足够人力资源完成破产管理工作。会计师事务所申报企业破产案件管理人的条件为:(1)在深圳依法设立,经有权机构核准执业3年以上,并有固定经营场所;(2)该机构执业的注册会计师不少于10名,有足够人力资源完成破产管理工作;(3)有限责任公司类型的会计师事务所注册资本不低于50万元人民币。

此外,深圳和武汉等地在实践中采取了对中介机构的负责人笔试加面试考核的相关做法。以深圳为例,深圳市中级人民法院委托专门考试机构出题,组织申报人进行专业能力测试。申报入册的社会中介机构应当有5名以上从业人员参加测试,测试合格的从业人员具有公司清算和破产管理业务从业资格,测试不合格的从业人员不能担任破产管理人的负责人且不被列入评审范围。

(4)管理人的考核

对于管理人的考核,我国只有少数部分地区如深圳、浙江等地区出台了较为全面的业绩考核规定。以深圳为例,根据2013年7月25日深圳中院审判委员会民事行政执行专业委员会2013年第14次会议通过的《深圳市中级人民法院破产案件管理人考核办法》,深圳中院设立评审委员会负责对其受理的破产清算、重整、和解案件中依法指定的管理人进行考核。考核采取个案考核和年度考核相结合的方式进行。其中,个案考核是对管理人办理具体破产案件的量化考核,年度考核是对管理人每一年度内办理破产案件的综合考核。个案考核注重工作质量和效率,考核结果应当能够反映管理人办理该案件的效果,并由承办该案的合议庭负责,在具体实施过程中分别从客观标准和主观标准两个角度进行打分,客观标准包括管理人内部管理、日常性工作等,主观标准包括依法办案、接受监督、维护稳定等内容,考评结果分为不合格、合格、良好、优秀四个等级;年度考核注重考评管理人的履行职责过程中执业操守、执业能力、工作表现、工作绩效的综合表现,考核结果应当能够反映管理人的整体素质和水平,具体考核办法采取年度个案考核分数和综合评价分数相加的方式,考核结果分为优秀、称职、基本称职和不称职四个等级。个案考核及年度考核的结果向管理人公示,管理人对考核结果有异议的,可向评审委员会申请复核。考核的结果作为管理人分级管理的重要依据。

2. 破产管理人的选任方式

我国在2007年颁布施行的《企业破产法》中明确规定破产管理人由人民法院指定。在具体选任方式上,最高人民法院《关于审理企业破产案件指定管理人的规定》规定了随机选任、竞争选任、清算组转任以及主管部门推荐四种方式:

(1)人民法院一般应当按照管理人名册所列名单采取轮候、抽签、摇号等随机方式公开指定管理人。

(2)对于商业银行、证券公司、保险公司等金融机构或者在全国范围有重大影响、法律关系复杂、债务人财产分散的企业破产案件,人民法院可以采取公告的方式,邀请编入各地人民法院管理人名册中的社会中介机构参与竞争,从参与竞争的社会中介机构中指定管理人。参与竞争的社会中介机构不得少于三家。

(3)企业破产案件有下列情形之一的,人民法院可以指定清算组为管理人:①破产申请受理前,根据有关规定已经成立清算组,人民法院认为符合本规定第19条的规定;②审理《企业破产法》第133条规定的案件;③有关法律规定企业破产时成立清算组;④人民法院认为可以指定清算组为管理人的其他情形。

(4)对于经过行政清理、清算的商业银行、证券公司、保险公司等金融机构的破产案件,人民法院除可以按照《关于审理企业破产案件指定管理人的规定》第18条第1项的规定指定管理人外,也可以在金融监督管理机构推荐的已编入管理人名册的社会中介机构中指定管理人。

在选任范围上,我国《企业破产法》第24条规定:"管理人可以由有关部门、机构的人员组成的清算组或者依法设立的律师事务所、会计师事务所、破产清算事务所等社会中介机构担任。人民法院根据债务人的实际情况,可以在征询有关社会中介机构的意见后,指定该机构具备相关专业知识并取得执业资格的人员担任管理人。"

3. 破产管理人的变更

(1)变更破产管理人的主体

我国《企业破产法》第22条第2款规定:债权人会议认为破产管理人不能依法、公正执行职务或者有其他不能胜任职务情形的,可以申请人民法院予以更换,但允许管理人就有关情况做出说明,法院对债权人会议的申请和破产管理人的说明进行审查后,根据双方提出的事实和理由做出解任破产管理人或驳回申请的决定。此外,当管理人有最高人民法院《关于审理企业破产案件指定管理人的规定》第 33 条、第 34 条情形时，人民法院可以径行更换管理人。

（2）变更破产管理人的理由

从我国《企业破产法》和司法解释的规定看，由于破产管理人分为清算组、中介机构和个人作为破产管理人，因此对变更管理人的理由分两个层次作了规定：

首先，我国《企业破产法》和司法解释对变更破产管理人的理由概括为：不能依法公正执行职务或者有其他不能胜任职务情形时，债权人会议可申请法院更换。这一规定主要是针对个人破产管理人组的具体成员以及中介机构派出的人员。清算组和中介机构作为破产管理人组织一般不会因为个别成员的不胜任或不当行为被解任，他们完全可以通过更换成员来达到胜任要求或纠正不当行为。

其次，我国《企业破产法》和相关司法解释还专门针对社会中介机构作为破产管理人时变更的具体理由作出明确规定：职业许可证或者营业执照被吊销或注销；出现解散、破产事由或者丧失承担职业责任风险的能力；与本案有利害关系。

（3）变更破产管理人后的工作交接和报酬的确定

对于法院依职权或者依债权人会议申请而变更破产管理人之后，有关管理人工作交接以及报酬的确定都在司法解释中有明确的规定。我国最高人民法院《关于审理企业破产案件指定管理人的规定》第 37 条规定，在人民法院决定更换管理人后，原管理人应当在收到决定书后向新任管理人移交全部资料、财产、营业事务及管理人印章，并及时向新任管理人移交书面说明工作进展情况。在破产程序终结前，原管理人应当随时接受新任管理人、债权人会议、人民法院关于其履行管理人职责情况的询问。

对于管理人变更后如何确定两任管理人报酬的问题，最高人民法院《关于审理企业破产案件确定管理人报酬的规定》第 16 条规定管理人发生更换的，人民法院应当分别确定更换前后的管理人报酬，其报酬比例总和不得超过分段确定管理人报酬的限额范围。

三、我国破产管理人选任和变更亟待完善之处

鉴于上文详述了国外破产法律制度中对于破产管理人选任和变更较为全面之规定以及我国现行《企业破产法》对破产管理人选任和变更的不足之处，我们认为，我国现行《企业破产法》可以从以下几个方面进行完善。

1. 完善破产管理人的资格准入

上文提及我国现行企业破产法中尚未向英国等国家一样设立专门、统一的行业准入制度,对此我们拟提出以下意见。

(1)完善破产管理人名册的编制

上文中提及我国司法解释中明确规定由各个地区的高级人民法院或者所辖中级人民法院编制管理人名册,实践中各地的做法也不尽相同。鉴于破产管理人制度是我国 2007 年《企业破产法》中新设立的法律制度,最高人民法院的司法解释授权各地高级人民法院来负责编制当地的破产管理人名册是有其合理性的。但是,我国地域辽阔,部分地区如新疆、西藏、甘肃等地的高级人民法院所管辖的地域非常之大,此时再由高级人民法院负责编制全省统一适用的破产管理人名册则可能并不合适。主要原因在于根据最高人民法院的相关司法解释,一般情况下人民法院指定破产管理人均是通过抽签或者摇号等方式随机指定破产管理人,这就很可能导致通过随机方式指定的中介机构或者个人在省内偏远地方,从而导致他们无法便利的履行管理人职责,不但增加不必要的往返费用,还有可能贻误工作。鉴于此,对于破产管理人名册的编制,在注重上级法院监督把关的同时,也应注重实践操作中的便捷。综上所述,我们认为,对于破产管理人名册的编制应当进行逐步的统一和规范,建议由各个地区的中级人民法院负责编制本辖区内的破产管理人名册并逐级报由高级人民法院和最高人民法院进行备案。

(2)完善破产管理人的任职资格和执业考评

对于中介机构担任破产管理人而言,应要求其具备相应的资质,例如,设置中介机构作为破产管理人的注册资本、资历年限、专业背景等必要的准入条件以确保管理人具备足以胜任管理工作的法律、财务、经营管理知识和执业经验。上文提及深圳中院出台的办法中即明确了社会中介机构申报企业破产管理人的前置条件,这一规定无疑是我国各个地区实践《企业破产法》较为先进和完善的规定。我国在完善和改进中介机构作为破产管理人的过程中,可以借鉴深圳中院的做法,明确其作为破产管理人的前置条件使破产管理人队伍更加的专业化和标准化。

对于个人担任破产管理人而言,则应当通过全国性的统一破产相关的考试以及进行一定的相关法律实践之后方能成为适格的破产管理人。[①] 借鉴前文所述之英国破产法中的相关制度，我们认为我国也可以由司法部门设立一个管理人考评委员会，专门负责组织全国性的破产统一考试以及设置具体的考试范围，其中应当包括与破产相关的现行有效的法律法规的理解和运用以及破产管理人职业道德标准等基础性考试内容。参与考试的个人在通过全国性统一考试之后，还需在被编入当地管理人名册的中介机构中从事专职的破产领域的相关工作满5年并且经其所在的中介机构的书面认可后，方可向当地人民法院申请编入个人破产管理人名册。当地人民法院在收到其申请之后，应当对该申请者进行审查，其中主要包括其所获得的执业证书、执业年限证明、业务专长及相关业绩材料等，对于审查通过的申请者，人民法院应当将其编入当地的个人管理人名册之中。

此外，在完善了破产管理人的前置条件之后，还应当完善对于破产管理人后续的考核体系。其中即包括日常考核和综合考核。

日常办案考核由法院在管理人办理破产案件过程中进行实时监督，从案件的效率，工作的实际成果，相关权利人的意见三个方面入手，评判管理人是否适任。对于工作效果不佳的管理人予以指正并限期整改，若到期仍无法达到标准则应予以及时更换。

综合考核方面，除考察管理人日常工作外，对于管理人团队的研究能力、创新能力以及团队的稳定性等进行考核，对于综合水平高的管理人推荐其更多的从事破产案件办理和相应问题研究工作。

(3)以考核为基础完善管理人分级制度

为完善破产管理人分级制度，还应以管理人的考核为基础。这样不仅可以使中介机构作为破产管理人能够在最大限度上达到不同复杂程度的破产案件对破产管理人的不同要求，同时还能将不足以胜任的中介机构或个人淘汰出局，使破产管理人队伍有序合理地流动以达到良性循环之结果。

以深圳为例，2013年5月16日深圳市中级人民法院作出的《管理人名册编制办法及分级办法》中规定，管理人名册中的社会中介机构分为一级、二级、三级管理人，各级管理人据此晋级、降级或者淘汰。深圳市中级人民法院将破产案件

---

① 参见王欣新：《论破产管理人制度完善的若干问题》，载《法治研究》2010年第9期。

分为重大复杂破产案件、普通破产案件和小额破产案件三类。一级管理人可以担任这三类破产案件的管理人,二级管理人可以担任除重大复杂案件之外的其他两类破产案件的管理人,三级管理人只能担任小额破产案件的管理人。企业破产案件受理后,依照案件类别分别在一级、二级、三级管理人名册中指定管理人,原则上均采取摇号等随机指定方式。重大复杂破产案件在一级管理人名册中摇号;普通破产案件在二级管理人名册中摇号;小额破产案件原则上在三级管理人名册中摇号,但人民法院可以根据实际需要对小额破产案件进行分流。

深圳市中级人民法院根据前文所述的考核制度对管理人进行日常和综合考核,考核的结果将作为法院决定管理人晋级、降级或者淘汰的主要依据。综合考核结果排名前两名的三级管理人可以晋升为二级管理人,排名第一的二级管理人可以晋升为一级管理人。

此外,管理人的降级实行末位淘汰制。深圳市中级人民法院对同级管理人按照综合考核得分高低进行排序,排名居本系列末位的一级管理人应当降为二级管理人,排名居本系列后两位的二级管理人应当降为三级管理人,排名居本系列后两位的三级管理人应当淘汰。此类评级规定有利于促进管理人队伍的专业化,改进和完善管理人队伍的管理和监督机制,提高管理人制度的运行效能。

2. 完善破产管理人的选任方式

我国《企业破产法》规定管理人均由法院指定,根据最高人民法院《关于审理企业破产案件指定管理人的规定》第 20 条规定:“人民法院一般应当按照管理人名册所列名单采取轮候、抽签、摇号等随机方式公开指定管理人。”虽然有竞争、推荐和清算组转任三种形式作为随机形式的补充,但选任方式仍较为单一化,没有考虑个案差异和利益群体诉求,可能造成个别案件管理人无法适应案件需要,难以被债权人等利害关系群体接受。可以在下一步的管理人改革中借鉴国外立法经验以完善我国的管理人选任路径。

(1)扩大管理人的适用范围

我国现行《企业破产法》将管理人的指定只明确在法院受理破产案件的同时,这其实并没有给予管理人更大的发挥空间。反观英国《破产法》,在诸多的庭前程序、庭外程序中,均可以任命管理人参与其中。我国在探索预重整制度中,也采取了在正式受理破产案件前就指定管理人的方式,由其负责组织关系人会议、促进谈判、帮助企业准备重整相关的文件、协调政府和法院,取得了良好的效果。因此,可以借鉴英国的公司自行重组(CVA)制度、破产管理人(Administration)制度等,构建破产受理前的庭外和解程序、预重整程序,并选任管理人参与,给管理人更大的发挥空间,更好地发挥管理人专业技能。同时,在公司自行清算中,如股东向法院申请亦可以考虑指定管理人参与自行清算,提高企业退出的效率。

(2)在重整程序中,允许相关利害关系人推荐管理人人选

我国现行《企业破产法》将管理人的指定权力限制在法院,没有赋予程序参与主体指定、推荐管理人的权限,在破产清算程序中没有太大的问题。但在有众多主体参与,博弈激烈的重整程序中,对管理人的需求则更加多样化。这时扩充重整程序中管理人的选任渠道就显得尤为必要。我们认为,在管理人人选的指定上可以赋予债务人股东大会、实际重组方、债权人会议推荐管理人的权利,这样一方面照顾了重整参与方对于管理人的特别需求,另一方面也减少了法院在选任合适管理人上花费的时间和精力,有利于重整程序的顺利推进。此外,一般能够得到推荐的管理人基本对案件已经有了较为深入的了解,加之有利害关系人支付管理人参与前期破产事务处理的各项费用,使整个重整程序更加高效、顺利的深入推进。

(3)明确后破产程序中原管理人的职权延续

我国现行《企业破产法》规定管理人的职责至注销企业时终止,但存在诉讼、仲裁未决的除外。这一规定并没有充分考虑破产企业其他后续事务亦需要使用管理人的情况。比如,继续履行破产期间签订的尚未履行完毕的合同,清理追究清算责任人责任,处理后续财产处理和分配问题等事务均需要管理人的参与和努力工作。对这一问题英国法从破产费用的角度进行了明确,其中规定清算人继续执行合同、履行职务,行为是有利于增加债权人可分配额的,其花费作为破产费用。我们认为,这一规定值得借鉴,可以作为解决我国破产程序终结后需要继续保留管理人处理后续事务的参考。这一规定即可确保即便破产程序终结,也可以继续保留管理人以处理后续各类事项,并且只要其工作能够增加债权人可分配额的,其花费即可作为破产费用优先从剩余财产中支出。

(4)完善科学合理的回避制度

最高人民法院《关于审理企业破产案件指定管理人的规定》第23条规定,社会中介机构、清算组成员有下列情形之一,可能影响其忠实履行管理人职责的,人民法院可以认定为《企业破产法》第24条第3款第3项规定的利害关系:

(1)与债务人、债权人有未了结的债权债务关系;(2)在人民法院受理破产申请前3年内,曾为债务人提供相对固定的中介服务;(3)现在是或者在人民法院受理破产申请前3年内曾经是债务人、债权人的控股股东或者实际控制人;(4)现在担任或者在人民法院受理破产申请前3年内曾经担任债务人、债权人的财务顾问、法律顾问;(5)人民法院认为可能影响其忠实履行管理人职责的其他情形。

对于最高人民法院的该项规定,在实践中会有一定的模糊和争议,即在破产特别是重整程序开始前,债务人、债权人或新的意向重组方可能会聘请律师、会计师等中介机构为顺利启动程序而事先提供法律、财务等服务。有的观点认为,在破产程序启动前存在这种中介服务应被认定为存在利害关系,该中介机构不得在此后启动的破产或重整程序中再担任管理人,或成为清算组管理人的成员。

笔者认为这种观点是存在局限性的:首先,这违背市场的客观需要。[①] 中介机构为破产企业提供预先服务,这是市场经济发展的客观需要,也有助于破产法的顺利实施和案件正确审理,是让市场发挥资源配置机制的表现,本应加以鼓励。如果因为中介机构进行了预先服务就禁止其在随后启动的破产程序中担任管理人,会导致无人愿为当事人提供预先服务,这是不利于破产与重整进行的。其次,这不符合破产法的发展趋势和运作规律。为了通过破产重整程序更好地挽救企业,各地都在不断完善重整制度,提倡实行债务人自行管理程序、预重整程序。比如,上文提及的我国深圳就已经开始探索在企业的预重整程序中就指定管理人介入而获得良好的效果。如果将提供预先服务视为中介机构存在利害关系,禁止其在破产程序中担任管理人,将影响债务人自行管理和预重整程序的适用,对程序的顺利推进造成实际障碍。最后,这不利于企业重整的顺利进行。对于已经在破产程序之前就被聘请协助企业进行重整前各项准备的中介机构来说,由其在企业进入破产程序后直接转任管理人会对案件的处理产生积极的作用,有利于提高办案效率、节省沟通成本。因为该中介机构在破产程序开始之前就已经协助企业进行前期的论证、评估、重整草案的拟定等各项事务,那么这些中介机构必然已经熟悉企业的经营、财务等状况,且与债务人等各方沟通顺畅,这反而有利于更好地保护全体利益相关者的合法权益。因此,由中介机构直接

---

① 参见王欣新:《破产管理人指定中与“与本案有利害关系”的认定》,载《人民法院报》2014年4月9日,第7版。

转任管理人并不必然导致公平性和公正性的损害。如果债权人对于管理人的中立性、公正性存疑,可在其后的债权人会议上,对转任管理人的阶段性工作成果、专业性以及综合性等进行评判和表决,并在表决通过之后报告给法院,由法院决定是否更换破产管理人。综上所述,我们建议国家在完善破产立法时应充分考虑到此点并加以完善。

3. 完善破产管理人的变更制度

对于破产管理人的变更制度,其主要涉及两方面的内容:一是变更管理人的主体;二是变更管理人的事由。对于这两方面我国现行有效的法律法规已经作了非常细致和明确的规定并且这些规定也与英美等破产法制度较为完善和先进的国家没有实质上的差异。但是,在我国破产法实践的过程中却鲜有破产管理人被更换,究其症结还在于我国破产程序中对于破产管理人的监督体系不够完善。如果没有一个全面、完善的管理人监督体系,那么不但债权人、债务人、职工等各方面的合法权益不能够得到有效的保障,而且债权人会议和法院亦无从判断管理人在履行职责的过程中是否做到公平、公正与合法,这就导致破产管理人的变更制度虽然细致和完善却也不得不沦为空谈。因此,建立一个完善的破产管理人监督体制是完善破产管理人变更制度的先决条件。

综观破产法制度较为完善的发达国家,大都专门设有破产管理行政机构用以监督管理人履行职务。例如,美国的破产托管人办公室,英国的国家破产管理署等这些机构不仅负责协助破产法的实施,更重要的是对破产管理人管理破产事务进行监督。在美国,联邦托管人执行办公室是独立的政府破产管理机构。虽然其隶属于司法部,但是与法院没有任何行政隶属关系。该机构是全国性的机构,在各区设立相应的垂直分支机构,并赋予其行政职能管理破产事务。地方办公室直接隶属于破产托管人执行办公室,不对地方政府负责。托管人办公室为联邦托管人提供法律、行政和管理上的支持。美国政府在联邦托管人执行办公室系统的协助下对全国的破产案件进行监督和管理。美国破产管理机构的公职人员与一般的政府机构人员组成不同,是由破产专业人士组成的。其工作内容主要是协调破产当事人之间的关系,提高相关信息的披露程度,监督日常破产案件处理期间的不当做法。

我国现行《企业破产法》第 23 条和第 27 条规定,破产管理人应当忠实勤勉的履行职务并接受法院、债权人会议或债权人委员会的监督。由此可见,对于破产管理人的监督主要是来自法院、债权人会议或债权人委员会的监督以及破产管理人自身的自我监督、法律责任监督等几个方面共同构成。但是,在司法实践中,法院、债权人会议或债权人委员会并不能很好地发挥监督破产管理人的作用。①

首先,法院本应是监督破产管理人履行职务最主要的主体,但是由于我国经济的快速增长,随之而来的纠纷和冲突也与日俱增,这在很大程度上加重了法院的审判业务导致工作压力大、任务复杂且繁重,从而导致了其往往没有充裕的时间和精力对管理人进行监督。此外,破产案件本身即是一个综合性的业务,其中既包括了法律事务也包括了非法律事务。但是,对于非法律事务方面并不专业的法院来说,其对破产管理人的监督也有一定的局限性。

其次,债权人会议或债权人委员会也无法很好地行使其监督职权。虽然监督破产管理人是债权人会议的职责之一,但从 2007 年《企业破产法》第 62 条和第 63 条可以看出,债权人会议并非是常设机构,无法对破产程序中管理人所行之日常事务实施有效监督。此外,债权人会议是由众多债权人组成,实践中很难达成统一的意见,这也在一定程度上导致债权人会议无法很好地履行监督职责。除此之外,债权人会议的召开费时、费力,对于那些债权金额较小、路途遥远的债权人而言,其参加一次债权人会议所费之开销甚至大于其通过破产程序受偿的债权金额,这就直接导致这些债权人不积极参加债权人会议从而使债权人会议或债权人委员会成为部分债权人的“一言堂”。在此种情形下就极易造成债权人会议或者债权人委员会忽视其他利害关系人的合法权益,从而影响破产程序的公正性。

基于此,我们认为,完善管理人的监督机制是完善破产管理人变更制度之前提,为此我们建议,可以通过以下几个方面予以完善:

(1)建立专门的破产管理人监督管理机构

作为监督机构,要想合法、合理地行使其监督权就必须保持中立地位,只有这样才能对破产管理人履行职责作出合理、客观的评价。建立专门的破产管理人监督管理机构不但可以高效地开展监督工作,有利于维护债权人、债务人、职

① 参见刘思佳:《论我国破产管理人制度的不足与完善》,吉林大学法学院 2014 年硕士学位论文,第 16 页。

工等多方面的合法权益，维护社会的稳定，同时也可保障破产程序公平、公正、高效地进行。

我们认为，在建立综合性的破产管理人监督机构条件尚不成熟的情况下，可以采用联合会议的模式来建立专门的破产管理人监督管理机构。[①] 即从法院、检察院、财务部门、税务部门、司法局等相关部门中选调人员组成监督管理机构，并且在各地设立相应级别的分支机构，进行垂直领导。之所以要从多个部门选调人员进入监督管理机构，主要是因为破产程序本身就涉及法律、财务、税务、金融等多方面的领域，从多个部门选调有相关专业人士的人员进入监督管理机构就可以更好、更全面地对管理人进行合理监督。比如，在管理人召开债权人会议之后，对债权人会议或债权人委员会提出的合理建议的执行情况的监督，还可以对债权人会议或债权人委员会反映的有关管理人的情况或问题进行调查，查证确有问题的，则可以向法院汇报等。

(2)增加破产管理人的监督主体

即增加除了法院、债权人会议、债权人委员会以外的与该破产程序有利害关系的人作为监督主体，赋予其一定的监督职权，以实现监督机制的多元化。[②] 例如，破产企业原职工代表、股东或该破产企业原管理层人员等。[③] 这样做的好处在于，这些人与破产企业之间有直接或者间接的利益关系，赋予其监督职权既有利于保护其他利害关系人的权利，也可以对破产管理人进行有效的监督。但是为防止其不正当的干预破产管理人正常性的事务处理，我们还需规定其作为监督主体不得直接或间接地干预破产管理人处理日常性的破产事务，如果对破产管理人的做法有异议，可以书面提交法院予以审查决定。

综上所述，我们认为，建立和完善多元化的监督体制，再结合我国现行《企业破产法》中对于管理人更换的相关规定，才会使我国管理人更换制度更加完善和全面。

---

① 参见邓艳君：《论我国新破产法中人民法院定位的缺失及完善》，载《吉首大学学报》(社会科学版)2010 年第 3 期。

② 参见曹爱民：《我国破产管理人制度设计的不足与完善》，载中国法院网：http://old.chinacourt.org/html/article/201112/06/471234.shtml，最后访问日期：2017 年 3 月 4 日。

③ 参见齐明：《重整期间公司控制权二元模式探究——兼论我国破产管理人制度的不足与完善》，载《求是学刊》2010 年第 5 期。

四、结　　语

我国已经在根据自身实际情况并借鉴他国先进立法经验的基础上建立起破产管理人选任和变更制度。这是我国破产立法的重大进展,应当予以充分肯定。当然,破产管理人选任制度的某些方面还需要继续商讨和论证,在具体制度设计上需要进一步细化和完善。但值得我们注意的是,一国破产管理人选任和变更制度的设计和该国的破产法律体系、法院执行体系、经济市场的变化等密切相关,还受该国历史传统、破产实践等诸多方面的影响。仅孤立地考察其具体破产管理人选任和变更制度则难以作出全面、准确的评价。[①] 所以一定要将对其他国家破产管理人选任和变更制度的研究放到该国整体的破产法立法、执法体系下进行研究和借鉴。

① 参见肖欣菲:《破产管理人选任法律问题研究》,南昌大学法学院2012年硕士学位论文,第15页。

论我国破产管理人选任制度的完善：域外经验及其借鉴

林少伟*

一直以来，破产管理人都承担着在企业破产程序中处理破产财产管理、分配、接收和处分等法律事务的工作，以及最大限度地平衡与保护债权人和债务人利益的使命。作为贯穿整个破产程序，并将债权人、债务人以及其他相关人员有机联合在一起的"枢纽"制度，破产管理人制度在破产相关立法中的地位举足轻重，而破产管理人选任就是整个破产管理人制度体系中最初也是至关重要的一环。我国现行《企业破产法》和最高人民法院《关于审理企业破产案件指定管理人的规定》对破产案件中破产管理人的选任作了相关规定，通过法律手段在一定程度上实现了相关权利人利益的最大化。

然而，由于历史背景、经济发展以及主观认知等客观因素的制约，我国破产管理人选任制度还存在相当大的不足，正所谓"陋法不足以行"，这已经严重影响了破产程序的高效推进，阻碍了我国经济发展的步伐。考察目前我国破产管理人选任实践，不难发现，现存管理人选任制度还存在诸多问题，而这些问题的解决将为完善我国

* 西南政法大学民商法学院副教授。

破产管理人选任制度提供可行方案。

一、我国现行制度的缺陷

(一)选任对象:过于"粗放"的法律规制

我国《企业破产法》第24条第1款规定:"管理人可以由有关部门、机构的人员组成的清算组或者依法设立的律师事务所、会计师事务所、破产清算事务所等社会中介机构担任。"随后,最高人民法院似乎意识到仅《企业破产法》中关于破产管理人选任的寥寥数语不足以应对破产管理人选任过程中可能遭遇的困境,因为破产管理人需集社会、经济、法律多重属性于一体,时刻要面临各种纷繁复杂的实践性难题,故对破产管理人专业技能与素养的要求应该要比普通律师、会计师更为严格,而《企业破产法》对此少有谈及。为了解决这一难题,最高人民法院发布《关于审理企业破产案件指定管理人的规定》,并于第6~9条明确了担任管理人的专业能力和承担民事责任的能力。同时,其第10条、第13条补充了编制管理人名册时,应当根据本地区破产案件数量和社会中介机构及其从业人员的数量分批择优确定名单的规定。毋庸置疑,最高人民法院的规定对破产管理人选任对象问题作了进一步明晰,在一定程度上消除了法院管理人指定工作的盲目性和随意性,为完善管理人选任制度奠定了基础。

然而,尽管最高人民法院对破产管理人资格加以又一次地深化与说明,但是关于管理人选任的规定仍然过于宽泛,与破产管理人的选任实践相较而言,仍缺乏细化且具有可操作性的制度。具体而言,我国法律仅规定破产管理人可以由律师事务所、会计师事务所、破产清算事务所等社会中介机构担任,但是对于一个合格破产管理人应当具备的最基本资质缺乏统一的判定标准,国内目前也并不存在专门的破产管理人资格考试或者审查管理人资质的专业协会。必须承认,仅规定依法设立的律师事务所、会计师事务所、破产清算事务所人员均可以担任管理人,无法保证一定能选出合适的管理人。对于破产管理人资格,应当也必须予以重视,因为破产管理人需要具备横跨法律、经济和管理等多个领域的专业知识,一般会计师事务所、律师事务所等中介机构的人员很难满足现实需求。《企业破产法》中的粗放型规定,有待进一步丰富和完善。

(二)选任方式:无法避免的“随机缺陷”

我国破产管理人选任的方式主要有三种:一是法院直接指定破产管理人,这种方式主要适用于指定清算组成员。二是按照破产管理人名册所列名单采取轮候、抽签、摇号等随机方式公开指定破产管理人。这种方式一般适用于各类普通的破产案件。三是竞争方式,这种方式针对中介机构,专门评审委员会综合考量中介机构的专业水准、经验、机构规模、初步报价等因素,从而在参与竞争的社会中介机构中择优指定破产管理人。三者之中,随机指定破产管理人适用于各类普通因而也是最常见的选任方式,并一向以“能有效防止法官肆意妄为,从而最大限度地确保管理人的中立性”①著称。但是,随机方式有一个致命的弊端,就是其无法保证随机选出的管理人是最适合的,然而无论是对债权人还是债务人而言,他们希望也理所应当地认为法院会为他们选择最优方案而不是随便抽取一个管理人来搪塞他们。随机方式使最终结果的产生,不是各凭本事,而是成事在天,因此,其附带的固有缺陷毫无疑问地引发了破产程序中各方的不满,尤其是债权人,要求改进选任方式的呼声不断。

为了尽可能地消除随机方式带来的消极影响,部分法院开始在现有制度下积极探索,于是一种“竞争 + 随机”的选任方式横空出世。北京丹耀房地产有限公司破产案成为我国首例采用随机与竞争方式相结合选任管理人的破产案件。北京市第二中级人民法院在北京丹耀房地产公司破产选定管理人过程中,先对有意参加竞聘的各管理机构进行认真筛选以后,再以随机方式选任破产管理人,最后通过摇号选定北京市企业清算事务所和北京市炜衡律师事务所成为这个重大复杂案件的管理人。② 毋庸置疑,“竞选 + 随机”的选任模式在一定程度上弥补了随机方式的缺陷,最后能够参与随机方式的候选人是经过筛选之后的,这能有效保证候选破产管理人的资质。然而,就本质而言,它还是一种随机挑选管理人的方式,只不过是经过一轮筛选之后再进行随机抽选,仍然不能保证抽选到的管理人是最好的,仍然是以随机方式为主导。因此,此种选任模式还有待完善。

---

① 参见金春:《破产重整程序中的管理人制度》,载《政法论坛》2010 年第 6 期。

② 资料来源:http://www.chinalaw.gov.cn/article/dfxx/zffzdt/2009/200709/20070900047473.shtml,最后访问日期:2017 年 3 月 10 日。

(三)选任时间:无"法"区分的过渡期

我国《企业破产法》第13条规定:"人民法院裁定受理破产申请的,应当同时指定管理人。"该法第18条又指明破产管理人对债务人财产享有经营权和处分权,又进一步明确了破产管理人的权限。也就是说,我国破产管理人的选任采用"破产申请受理开始主义",从法院受理破产申请到整个破产程序完结,破产管理人全程参与,自债务人破产申请受理之日起,管理人便可以自由决定一切企业经营事项而免受过多的限制。然而,《企业破产法》的规定似乎忽略了一个事实:受理破产申请到法院正式宣告破产之间存在一个"过渡期",而这期间破产债务人的地位既不同于破产申请受理之前的无拘无束,也与宣告破产之后民事行为能力名存实亡千差万别,但是我国法律并未对破产管理人在后面两个期间的职责加以区分。换言之,破产管理人过早地参与到破产程序中,模糊了这两个期间的界限。破产申请受理前,企业享有自主经营权,有权对其经营范围内的任何事项作出决策并执行。宣告破产后,破产管理人就是破产债务人的"代理人",其所做的一切民事法律行为都是破产管理人为了追求成功破产。二者之间存在一个"过渡期",而在这个期间,宣告企业破产并非是必然路径。也就是说,法院受理破产申请后并非当然宣告企业破产,还可能发生重整或者和解,那么对此期间的债务人财产的管理方式自然应当不同于宣告破产后,破产管理者的职责也应当体现差异性。然而,对此我国法律并未予以释明,出现了无"法"区分的困窘之境。

(四)选任主体:饱受诟病的"单轨制"

我国《企业破产法》第22条规定:"管理人由人民法院指定。债权人会议认为管理人不能依法、公正执行职务或者有其他不能胜任职务情形的,可以申请人民法院予以更换。指定管理人和确定管理人报酬的办法,由最高人民法院规定。"由此观之,我国破产管理人的选任主体为法院,债权人可以申请法院更换,但是最终决定权还是在法院。实践中,以法院为主导的"单轨制"选任模式往往饱受诟病:首先,法院作为唯一的选任主体,拥有绝对的话语权。当其一意孤行,对其他相关各方意见置若罔闻,就会造成权力泛滥,公平实现各方利益就是天方夜谭,选任的科学性就难以实现。① 其次,我国《企业破产法》虽然赋予债权人申请更换破产管理人的权利,但是最终决定权仍然掌握在法院手中,而法院更换管理人就意味着要推翻之前的决定,相当于自己“打脸”,因而实践中更换管理人的请求得到支持的情况屈指可数。最后,在破产程序中,管理人的首要任务是查明并有效控制债务人的财产,决定是否继续债务人的营业,清理债务人的债权债务关系等。② 抑或者说,在法律上虚构这样一个代理人,其目的是保证债权人的利益。③ 既然如此,何以债权人不能自由选择自己中意的管理人呢?依照此逻辑,忽视债权人意志的法院主导的“单轨制”设计难免让人感觉有些莫名其妙。即便是目前我国破产立法经历了一个从“以债权人为中心的单面保护”到“债权人与债务人利益双重保护”再到“债权人、债务人、社会公共利益多重利益之兼顾”的过程,作为整个程序中关键的一环,债权人的意志理所应当地得到肯定与尊重,而由法院指定破产管理人已然违背了“彻底贯彻债权人在破产程序中的自治精神”原则之要求。④

诚然,法院决定破产管理人人选是基于破产管理人应该代表破产程序中所有主体的利益,法院作为国家机关具有中立性的考量。但是,在整个破产管理人的选任程序中,法院既充当管理人的指定者,又作为债务人提出异议后的裁决者发挥效用,姑且不论法院是否会不堪重负,这样的一个权力无法得到监督与制衡的系统运作就很难让人满意。即使破产管理人的特性产生了法院选任管理人的现实需求,法院也不应当是唯一并且身兼数职的。当然,完全由债权人选任破产管理人的弊端也显而易见,容易出现如效率低下、大债权人损害中小债权等问题。因此,解决问题的关键在于降低选任程序中风险和责任的同时,分享法院的权利,减轻其负担,并平衡好各方利害关系。

我国《企业破产法》的立法目标是多元化的,兼顾债权人、债务人和社会公共利益,我国在设计破产管理人选任制度时应体现出来。立法既要尽量保障破产程序高效进行,又要避免形成由某一方独掌破产管理人选任权的局面,注重合理分配权力,从而符合《企业破产法》的立法宗旨。

---

① 参见王欢欢:《破产管理人选任制度研究》,载《法制博览》(中旬刊)2014 年第 6 期。

② 参见王欣新、郭丁铭:《论我国破产管理人职责的完善》,载《政治与法律》2010 年第 9 期。

③ 参见张军:《论破产管理人的法律地位》,载《武汉大学学报》2012 年第 4 期。

④ 参见蒋国艳:《论破产管理人制度》,载《改革与战略》2009 年第 6 期。

二、国外立法与实践的比较与借鉴

(一)选任对象之域外立法与经验

美国《联邦法规汇编》第58条b款规定,成为托管专家组成员,必须同时包含高尚的品格、适合的身体与精神条件、无不事宜的血亲或姻亲关系等在内的七个基本条件,其中对托管人的从业资格更是作出了详细的规定:(1)哥伦比亚地区法院或州最高法院具有较高地位的法律从业人员;(2)注册会计师;(3)国家承认的大学或学院中获得与商业相关的学士、硕士或博士学位(或同等学力),或修读过不少于20个学时的商业相关课程;(4)被法学院主任推荐的高年级法学学生或商学院院长推荐的攻读工商管理硕士学位者,这些学生在法学院教师、破产专家组成员和能够提供丰富实践经验的当地法律从业人员且属于项目组人员的监督下工作;(5)具有联邦托管人认可的专家组成员应当具备的经验。除此以外,在正式成为特定案件的托管人以前,为了能使托管人忠实地履行职责,按照美国《破产法》第322条a款的规定,托管人需向联邦托管人提供一份保证(bonds)。[①] 英国对破产管理人的资质同样作出了严格的规定。在英国,参加英国破产管理人职业资格考试的报名者必须满足以下条件之一:是破产从业人员联合会的学员;是七个被认可的行业组织中任一组织的会员;是商业革新与技术部在英格兰和威尔士地区的推荐候选人;是企业、商业和投资部在北爱尔兰地区的推荐候选人。上述每个机关各自安排培训计划,但是所有的申请人都必须通过由破产考试联合委员会组织的破产管理人职业资格考试。[②] 此外,法国法律还要求破产管理人应有良好的声誉,参加破产管理人资格考试的报名者不得有除名、被吊销专业证书、被从破产管理人名册除名等纪律处分或行政处分,也不能受到过破产法领域内的任何职业处分。[③]

不难看出,这些国家对于破产管理人应当具有的专业技能和善良德行都作

---

① U. S. Department of Justice, Executive office For United States Trustees. Handbook for Chapter 7 [EB/OL]. : U. S. Trustee Program/Dept. of Justice, 2008 - 11 - 13:3 - 1 - 3 - 2.

② Jean—Luc Vallens. Quelles convergences pour améliorer le traitement des difficultes des entreprises dans l 'Union européenne[J]. Petites af-fiches, 2009 - 11 - 27, n° 237.

③ 参见种林:《破产管理人选任制度:中欧比较研究》,载《政法论丛》2015年第4期。

了明确的规定,有的国家还专门设立了破产管理人执业资格考试,要求从业者必须熟知破产领域的专业知识,并且通过资格考试。的确,专门的破产管理人执业考试制度有利于保证和提高破产管理人职业素质,推动破产管理人执业群体形成,在防止法官在任用破产管理人时自由裁量权滥用和保障破产程序顺利进行方面有重大积极意义。

(二)选任方式之域外法考察

在美国,法院受理破产申请后,联邦托管人需要从私人托管专家中挑选一名成员担任破产案件的临时托管人。此时,除以下情况外,联邦托管人会通过任意循环规则(blind rotation system)随机选任管理人:具有独特特征的特定种类案件;从专家组成员中的任命以实现个案公正为目标;选举出的托管人被取消担任正式托管人的资格;已任命托管人的重行审理的或从其他章转换为第七章清算程序的案件;地理位置的考虑;为新专家组成员提供实践机会。[①] 如未按任意循环规则选举临时管理人,联邦托管人必须出具一份报告说明理由,以便满足日后复查的需要。可见美国一般采用随机方式选任管理人,特殊情况下直接才由法院指定。德国对于法院如何指定破产管理人没有作出具体规定,完全由法官自行指定。法国最高法院民二庭在 1992 年第 91 – 17.274 判决中明确指出:“法官指定管理人的权力属于法官自由裁量权。”[②]

由此观之,美国关于破产管理人选任方式的规定与我国最为相似,随机方式均占据了大半江山,而德国与法国则主要以法官自由裁量为主,法国法院甚至在 2000 年 11 月 9 日的一个判决中又指出:“法院没有任何义务来平衡其辖区内编入破产管理人名册的不同成员之间被实际指定担任破产管理人的次数。”[③]通过比较我们可以发现目前对于管理人的选任方式各国并未发生趋同,而是各有不同,各自活跃在自己的体制范围。而最终采取何种方式选任破产管理人还是要扎根于本国实践,毕竟适合自己的方为最好的。

---

① 参见种林:《破产管理人选任制度:中欧比较研究》,载《政法论丛》2015 年第 4 期。

② Civ. 2e. 14 déc. 1992. n° 91 – 17. 274, Bull. civ. II, n – 314; D. 1993, somm. 192, obs. A. Honor? t.

③ Civ. 2e. 14 déc. 1992. n° 91 – 17. 27.

(三)选任时间之域外立法例

以美国、英国为代表的英美法系国家亦奉行"破产程序受理开始主义"。美国《破产法》第 701 条(a)(1)款规定,破产程序开始后,联邦托管人应立即任命一名无利害关系人担任案件的临时受托人。① 英国《破产法》第 14 部分第 399 条规定,在破产管理人或者清算人缺位时,官方接管人接棒成为正式的破产管理人。② 但是,英美两国奉行的"破产程序受理开始主义"与我国并不完全一致,有其独到之处。因为英美的"破产管理程序受理开始主义"实行的是分阶段的管理人制度。③ 即受理破产申请之后到宣告破产之前,虽然债务人还未沦为真正法律意义上的破产人,但是鉴于此时债权人会议还未成立,为了防止债务人财产无人管理或者恶意转移财产损害债权人利益现象的出现,法院设立临时财产管理人对债务人的财产予以接管。待法院正式宣告企业破产后,债务人的财产名正言顺的沦为破产财产,此时临时财产管理人的使命就是将破产财产完整地转移到破产管理人手中。这种"临时财产管理人—破产管理人"的管理模式就有效地避免了前面所说的未将破产宣告前与宣告后明确区分的尴尬,除此以外,破产还能避免法院受理破产申请后短期内难以找到最佳破产管理人局面出现。因此,临时财产管理人制度在英美法系国家被广泛地推崇与使用。

以德国、日本为首的国家似乎对英美赞誉有加的临时财产管理人制度不以为然,而是另辟蹊径,推行"破产宣告开始主义"。德国《支付不能法》第 27 条规定,开始破产程序的,由法院任命一名破产管理人(Insolvenzverwalter)。④ 日本《破产法》第 30 条、第 31 条规定,法院在出现破产申请后即要作出是否开始破产程序的决定,并且,作出破产程序开始的同时必须选任破产管理人。具言之,法院宣告是整个破产程序开始的起点,在法院正式宣告企业破产前,债务人拥有完全民事主体地位,对其财产享有占有、使用、处分和收益的权利而不受拘束,故法院无须亦不能接管债务人的财产。企业正式宣告破产后,其民事行为能力受到

① 11 U,S,C,A,ξ701(a)(1).

② The Insolvency Act[198],section 399.

③ 参见张磊:《论我国破产管理人制度之完善——以临时管理人制度为视角》,载《暨南学报》(哲学社会科学版)2012 年第 8 期。

④ Insolvenzordnung,ξ27 ErÖffnungsbeschluß.

限制,不能肆意处分其财产。此时为了更好地管理债务人的财产并保障债权人的权益,法院会指定正式破产管理人参与破产活动,接管债务人的所有财产。

不难看出,“破产宣告开始主义”同样对破产宣告前与正式破产后作了明确了区分,更是以条文的形式释明在企业正式破产后管理人方能加入破产程序。而对于破产宣告前债务人资产的管理,采用“破产宣告开始主义”的国家大多规定债权人有权在法院受理破产申请后请求法院采取财产保全措施。可以说,“破产程序受理开始主义”与“破产宣告开始主义”各有千秋,殊途同归。

(四)选任主体的域外立法与实践之探索

美国《破产法》第702条规定,破产管理人可以由债权人会议选举产生,有选举权的债权人必须是持有无争议的、固定的、无担保债权的债权人,而且不得享有与一般无担保债权发生重大冲突的利益。作为债务人的内部人员的债权人也没有选举权。在美国,联邦破产管理人会任命一些专业人员组成“破产管理人小组”(trustee panel),这些人主要负责清算程序。在指定破产管理人时,联邦破产管理人通常都从“破产管理人小组”中选取。联邦破产托管人有时也指定不属于“破产管理人小组”的人担任破产托管人,这主要发生在重组程序以及由重组程序转换为清算程序的案件中。[①] 德国《破产法》规定,破产程序开始时由法院任命一名财产管理人,但债权人在破产财产管理人受托后的第一次债权人会议上,可选任另外的破产财产管理人以代替法院的任命。法院仅在被推选者不适合担任此项职务时方可否认此项选举。对法院的否认,每个债权人均可上诉。根据英国破产法,破产管理人由债权人会议和法院选任,主要是以债权人会议的选任为主,法院选任为辅。一般的做法是,破产管理人由债权人会议选任,在破产宣告后四周内债权人会议未选出破产管理人的,由工商部任命。[②]

由此可见,对于破产管理人的选任,美国采用的是债权人会议的方式,这主要是基于美国《破产法典》规定破产管理人代表的是普通债权人的利益的考量,因而采取债权人会议选任破产管理人无疑最符合立法目的。而德国采用的是一种“类双轨制”来选举破产管理人,而之所以说是“类双轨制”是因为选任管理人

---

① Martin A. Frey, Warren L. McConnico, Phyllis Hurlev Frey, *An Introduction to Bankruptcy Law* (3rd ed.), West Publishing Company, 1997, p. 55.

② Insolvency Act, Section 4, 19.

的两条轨道并非是并存的,二者存在一个时间的先后差异,法院可以在破产程序开始之际指定管理人,而一旦债权人会议选出了他们心仪的管理人员,除非被推选者确实有不适宜担任职务的事由,否则之前指定的人员就必须将管理人之位拱手让出。而英国就是典型的法院与债权人会议结合的"双轨模式",破产程序是在法院主持下进行的法律程序,因而由法院选任破产管理人理所应当,又基于破产法保护债权人的价值取向,债权人会议理应被纳入选任主体的范畴,二者相结合既有利于保障破产程序的顺利进行,同时又兼顾了债权人的利益。

三、我国具体制度的完善

"没有改革社会难以进步,没有法治社会难以稳定。"①不改进破产管理人选任制度,破产程序难以高效和平稳的进行,经济结构难以快速转换并进行创新与发展。所以完善破产管理选任制度是社会发展的必然要求,困难重重但却刻不容缓。

(一)破产管理人资格准入制度的分类建立

破产管理工作是一项专业性很强的工作。为了能使破产管理人更好地胜任破产工作,最大限度地实现各方多赢的结果,笔者建议,设立破产管理人执业人资格准入制度,尤其是在目前我国诚信体系尚未完好建构的情况下。同时,针对不同中介机构的从业人员建立不同类型的破产管理人资格准入制度。比如,针对具有律师、注册会计师等专业资格的执业人员,可以规定其经过培训后方可获得准入资格;针对其他从业人员,考虑设立专门的执业资格考试,要求必须通过执业资格考试以后才能申请执业资格等。相比其他资质认定方式,资格考试是最为简单、有效而且相对公平的途径。② 还有学者建议,为了综合考核申请人的知识、德行、技能和实务水平,破产管理人职业资格考试由口试和笔试两部分组成。口试部分的内容包括经济金融、法律、职业道德、财税法、社会法、管理学基

① 陈金钊:《对"以法治方式推进改革"的解读》,载《河北法学》2014 年第 2 期。

② 参见叶甲生、高峰:《中国破产管理人选任制度的完善》,载《安庆师范学院学报》2011 年第 3 期。

本知识、实习报告答辩等;笔试部分题型为案例分析。[①] 这些观点可以加以参考与借鉴,以便制定出最适合我国的破产管理人选任制度。

此外,破产管理人除应当尽到勤勉尽责、忠实执行职务的义务以外,还应当考虑将"破产管理人应当具有良好职业声誉"纳入我国破产法,强化破产管理人依法办事、忠于法律的信念,以此提高破产管理人的基本素质。

(二)设立临时财产管理人的必要性判定

对比"破产程序受理开始主义"与"破产宣告开始主义"可知,二者的区别主要是破产管理人对债务人全部财产进行程序性控制的时间不同,但是事实上在功能效用上并没有实质性差异,因而我国无须推翻现有的制度区采用破差宣告开始主义。实际上,目前越来越多的国家的破产立法已经发生变化,由最初施行"破产宣告开始主义"改而采取"破产程序受理开始主义",[②]我国顺应国际破产法发展的趋势,实行"破产程序受理开始主义",立法理念较为先进,值得肯定。但是,这意味着我国应当模仿英美,设立临时管理人吗?笔者认为,其实不然。很多时候,生搬硬套西方的制度并不会锦上添花,反而会弄巧成拙。因为解决问题的最好方式可能不是再加入新的事物,反而也许在现有的基础上加以补充是更明智的选择。我国关于破产管理人的实践便是如此,在意识到选任方式存在的问题之后,各地法院没有急着学习西方设立临时财产管理人,而是作出了自己的探索与创新,并且不得不说,结果可喜。

2008 年 10 月重庆市沙坪坝区人民法院(以下简称沙区法院)受理了招商银行股份有限公司重庆上清寺支行申请重庆大学科技实业总公司破产清算一案,因该案具有重大影响,且法律关系复杂、债权债务分散繁多,沙区法院在报经重庆市高院同意后,决定按照最高人民法院《关于审理破产企业案件指定管理人的规定》第 21 条之规定,以竞争方式选任破产管理人。为了进一步规范法院通过竞争方式选任破产管理人的工作,沙区法院同步出台《关于以竞争方式选任破产管理人的实施办法(试行)》。根据其附件中的评分细则,沙区法院综合考量了参评机构的专业水准、从业经验、机构规模、初步报价等因素评定综合得分,按得分

① 参见种林:《破产管理人选任制度:中欧比较研究》,载《政法丛论》2015 年第 4 期。

② 参见张晋萍:《中外破产管理人选任时间比较之思考》,载《中国律师》2008 年第 9 期。

高低确定若干入围名单,最终指定重庆海川资产清算服务有限责任公司为重庆大学科技实业总公司的破产管理人。该办法的出台避免了评审委员会成员选任时的盲目性和随意性,使选任工作公开化、规范化、具体化,从而选定出更有利于债权人利益的管理人。其后,浙江、湖北、江苏、四川、湖南、江西等多地人民法院先后发布破产企业管理人选任竞聘公告,纷纷向具有相应资质的破产管理人发出《邀请函》,为破产企业公开选聘"管家"。毋庸置疑,随着破产制度的不断完善以及破产管理人的专业化和职业化进程的不断提高,竞争方式应是选任管理人的最优方式。竞选方式本身所具有的公平性、公正性和公开性使其逐步成为一般性的选任方式。

然而,从目前的司法实践来看,各地人民法院在采取竞选方式选任破产管理人的过程中仍有待改进之处。从浙江省首例以竞争方式选任管理人的具体案例来看,人民法院并未在事前就评审细则作出明确和详尽的规定,并进行公示,该种模式极易引发参与竞争各方对竞争程序的质疑,引发破产管理人恶意价格竞争,从而违背竞争方式择优选任破产管理人的初衷。沙区法院虽然就破产管理人选任办法出台了实施办法和评分细则,但是从全国范围来看,此种做法还在少数。即便之后重庆市第五中级人民法院印发了《审理企业破产案件通过竞争方式选任管理人的实施办法(试行)》,成立专门评审委员会,负责对参与竞争的社会中介机构实行逐项评分,但是适用范围也仅在重庆市内,其他省市对于具体的评分标准未作细化规定。因此,为了确保竞选方式的公平、公正和公开,司法实践中对于上述标准应予以细化,并且明确以条文的形式对外进行公示,这样才能避免破产破产管理人之间恶意竞争,促进以竞争方式选任破产管理人制度稳定而长远的发展。

(三)竞争方式选取管理人制度的具体化与长远化

任何制度的形成背后都有对利益和成本的考虑,只有巩固和强化已经形成的制度才能保障利益的继续。[①] 对于临时财产管理人是否应当纳入我国破产立法体系中,应视其是否能够在成本最小化的基础上同时平衡各方利益,最终实现

① 参见张磊:《论我国破产制度之完善——以临时管理人制度为视角》,载《暨南学报》(哲学社会科学版)2012 年第 8 期。

利益的最大化。我国《企业破产法》未创设临时财产管理人,但是实际上赋予了管理人临时财产管理人和破产管理人的双重角色,从受理破产申请开始统一收集、清查、管理、处分债务人的财产,有效地贯彻了破产程序的连续性。实际上,破产管理人从一开始就接手破产案件可以避免交接的麻烦,毕竟等到宣告破产后再指定一个陌生人参与破产程序所花费的时间和金钱成本会进一步增加破产成本,影响债权人的受偿权利,并且影响管理人的工作积极性。尽管建立临时财产管理人制度有利于填补目前现行立法程序制度上的欠缺,但是权衡各方利弊,此时贸然添设一个新的制度有失妥当。

鉴于此,我国《企业破产法》未采取临时财产管理人制度,充分地体现我国立法并没有盲目照搬西方破产法制度,保留了结合我国实际需求再作补充的审慎态度。当一个制度出现漏洞,我们首先应该考虑的不是采用一个新的制度去替换它,而应当是如何用最小的成本去弥补它,毕竟卷土重来永远比弥补漏洞要容易得多。申请破产到受理破产申请再到正式宣告的过程是企业走向破产的三个不同阶段,受理破产申请后到破产宣告前系人民法院对债务人是否符合破产条件的审查期,应与正式宣告破产后区别对待。即债务人在此阶段内权利的行使既不同于受理前的完全自由,也不同于宣告后的完全接管,而是适度受限和适度容忍;对于此阶段内债务人的管理,既不能形同受理前的不去问津,也不能如宣告后的正式、严格接管。① 因此笔者认为,在今后的立法中应当明确破产管理人在这两个阶段职责上存在的差异,比如,以条文的形式指明破产正式宣告前破产管理人以维护债务人的资产完整、安全等为主,如限制其出质资产的权利。如此一来,既能省去设立临时财产管理人带来的弊端,又能为下一阶段工作的开展创造良好条件。

(四)选任主体"法院+债权人会议"双轨制模式的重构

我国《企业破产法》经历了单纯注重保护债权人的利益到同时兼顾债权人与债务人利益的价值取向的转变,但是维护债权人权益这一基本原则自始不变,因而我国可以考虑借鉴英国的债权人和法院结合的双轨模式。企业的经营状态,对应着不同的企业所有权安排。股东不过是"正常状态下企业的所有者",而在

---

① 参见尚淑莉:《论我国破产管理人制度的完善》,载《法制与社会》2013 年第 2 期。

企业破产时,债权人则是企业的所有者,因而我们破产制度的设计应当确保债权人行使索取权和控制权。[①] 既然是保障债权人的权利,那么他们的意志就应当得到尊重,就如同正常状态下董事会由股东会选举产生一般。除此以外,绝对的权利滋生绝对的腐败,债权人会议的参与能够有效避免仅由法院主导带来的权利滥用问题,保障破产程序的公正合法。当然,法院也是选任破产管理人中不可或缺的重要方面,在债权人会议选出他们中意的候选人之前,法院需要指定候选人才不至于使债务人的财产处于无人监管之境,公权力的参与也能保障整个破产程序井然有序地进行。

具言之,为了保障破产程序的顺利进行,法院需要在受理破产申请之后指定破产管理人接管债务人的财产,如果经债权人会议 2/3 以上有表决权债权人表决通过,选出新的管理人就可以申请法院更换管理人。只要新选出来的候选人并无不宜担任破产管理人的事由,法院就应当准许。如果债权人会议最终无法选出合适的破产管理人,那么之前指定的人员就可以继续担任管理人直至破产程序终结。

四、结　　语

破产管理人是促成破产债务人有序退出市场,合理配置社会资源和产业结构的有效保障,完善破产管理人选任制度成为破产程序中保护包括债务人在内的各方权益的重要内容。深究破产法理念与技术规则设计的背后,我们很容易得出这样一个结论:一方面,基于尽可能制定周全完备的规则的考量,我们需要取别国经验之长,所谓"取其精华,去其糟粕"。另一方面,对于某些问题和规则的斟酌,我们必须意识到事物具有差异性这一永恒命题,因而我们在制定规则的同时必须脚踏实地,一切从实际出发。破产管理人制度的设计亦应当遵循这一规律,对于诸如破产管理人的执业资格,或者称破产管理人的市场准入制度,我们不应坐视不理,而应对此予以明确。对于选任破产管理人的主体,借鉴国外经验,建立"法院 + 债权人会议"的双轨模式也是保护债权人权益的应有之义。而

---

① 参见叶甲生、高峰:《中国破产管理人选任制度的完善》,载《安庆师范学院学报》(社会科学版)2011 年第 3 期。

如破产管理人的选任时间和选任方式,目前的制度虽有瑕疵,但是先考虑将现有制度予以细化而不是完全照搬别国模式或许是更为明智的选择。毕竟在立足国情的基础上,借鉴先进经验填补实践与理论之间的漏洞才是完善现有规则体系的不二之选。

重申破产管理人指定中的适任原则

韦忠语*

关于个案中破产管理人指定的模式，有所谓债权人会议选定模式、法院指定模式和债权人会议与法院结合模式等。近年来，业界对于这些问题已有诸多研究，并基本上认为，我国采用的是法院指定模式，其依据便是《企业破产法》第22条和最高人民法院《关于审理企业破产案件指定管理人的规定》（以下简称《指定管理人规定》）。客观地说，《指定管理人规定》的确为我国破产法的实施起到了不可忽视的推动作用。然而，企业破产法实施以来，《指定管理人规定》所确立的破产管理人指定方法，却又无形中限制了破产管理人队伍的良性发展，在某种程度上甚至阻却了破产法顺利运行。对于这一问题，不仅业界有所见，学界亦有所思。但却始终未能形成统一的看法和认识，究其原因，乃是人们在这一问题上缺少应有的理性思考，而过多地看重司法实用性和方便性所致。笔者曾于2008年在《法制日报》发表《适任原则应是法院指定管理人的首选原则》一文，①现就该文提及

---

* 法学博士，西南政法大学副教授，重庆海川资产清算服务有限公司董事长。

① 参见韦忠语：《适任原则应是法院指定管理人的首选原则》，载《法制日报》2008年6月4日，第8版。

的观点再次作出阐明,以期引起同行的重视。

一、我国指定破产管理人的现状和缺陷

按照业界和学界的观点,我国是典型的法院指定模式国家,我国《企业破产法》第22条第1款规定,“管理人由人民法院指定”。最高人民法院为指导各地法院适用破产法,在破产法颁布后及时出台了《指定管理人规定》。《指定管理人规定》确立了人民法院指定管理人的四种主要规则:

1. 就地规则。《指定管理人规定》第15条第1款规定,“受理企业破产案件的人民法院指定管理人,一般应从本地管理人名册中指定”。也就是说,我国法院在个案指定管理人时,原则上要在本地的管理人名册中指定。确立这一原则的初衷有二:一是为了节约破产程序的成本,毕竟,外地机构至少会增加管理人执业的差旅费成本;二是为了尽量在全国各地培养出适当的管理人。

2. 机会均等规则。《指定管理人规定》第20条规定,“人民法院一般应当按照管理人名册所列名单采取轮候、抽签、摇号等随机方式公开指定管理人”。设立此规则的目的也有二:一是为了预防法院和法官在指定管理人的过程中以权谋私,滋生腐败。二是为了使本地获得执业许可的管理人都有机会承揽破产案件,以迅速培养出一定数量的破产管理人队伍。轮候、抽签和摇号是三种不同的选取管理人的方式。轮候指法院先按一定的规则将名册中的管理人排序(一般采用抽签的方式),然后按照所排定的顺序向管理人分配案件;抽签指法院受破产案件后,通知名册中的管理人到法院现场抽签,谁抽中谁就是管理人;摇号则是法院受理破产案件后,直接将名册中的所有管理人编号,通过摇号器选出管理人。实务中,各地法院使用的方法不一,有的法院采用纯粹是轮候制,有的法院采用单纯的摇号制,而有的法院则采用“摇号+轮候”制。三是机构管理人优先规则。《指定管理人规定》第16条规定,“受理企业破产案件的人民法院,一般应指定管理人名册中的社会中介机构担任管理人”。也就是说,法院指定破产管理人原则上应考虑机构管理人,只有在案件情况符合《指定管理人规定》第17条规

定的情形下，[①]法院才“可以”从机构管理人名册中指定个人管理人。设此规则的理由是，我国个人管理人队伍尚无从业经验，在职业保险尚未普及的情况下，个人管理人承担风险的能力较低，故应以机构管理人为主要选任对象。

4. 有限择优规则。根据《指定管理人规定》第 15 条第 2 款和第 21 条第 1 款的规定，对于金融机构的破产案件和在全国范围内有重大影响、法律关系复杂、债务人财产分散的企业破产案件，人民法院“可以”从所在地区高级人民法院编制的管理人名册列明的其他地区管理人或者异地人民法院编制的管理人名册中指定管理人，并可以采用竞争招标的方式选取管理人。[②]《指定管理人规定》第 21 条明确了采用竞争方式选取管理人的要求，包括成立评审委员会（第 2 款）、对竞标者的考量因素及评审委员会的表决方式（第 3 款）、竞标者不得少于 3 人（第 1 款）以及应当同时选出备用管理人（第 4 款）等。此规则仅适用于特殊的案件类型，除金融机构的破产案件外，“有重大影响、法律关系复杂、债务人财产分散”的案件由各地法院根据具体情况掌握尺度。

此外，《指定管理人规定》还规定了清算组做管理人的指定方式（第 19 条），并在金融破产案件中赋予金融监管机构对破产管理人的推荐权（第 22 条）。

由上述可见，《指定管理人规定》对法院指定管理人的总的指导思想为：就地、机会均等和最大慎重，而对于择优遴选“适任”的管理人则只作例外考虑。这一点从该规定的表述上完全一目了然，其前三个规则的表述为“一般应当”，而对择优规则的表述为“可以”。这种片面强调方便、机会均等和盲目慎重的指导思想，忽视了破产管理人是特别商事营业者的基本属性，粗暴地干涉了破产执业者的意思自治，并破坏了市场的公平竞争规则。同时，该指导思想还忽略了选择“最适合”的管理人是破产管理人选任制度的本来目的，牺牲了商事法的效益原则，与国际上普遍遵循的适任原则相去甚远。

其一，就地规则之“方便而有利于节约破产成本”的理由显易证伪。本地管理人虽占有“地利”的方便，但占据“地利”的人未必就可以高效率地工作。有学者指出，“破产成本主要是时间成本和不确定性成本”。[③] 如果本地管理人的能

---

① 《指定管理人规定》第 17 条规定：“对于事实清楚、债权债务关系简单、债务人财产相对集中的企业破产案件，人民法院可以指定管理人名册中的个人为管理人。”

② 参见《指定管理人规定》第 15 条第 2 款、第 21 条。

③ 参见李曙光、王佐发：《中国新破产法实施的法律经济分析》，载《政法论坛》2007 年第 1 期。

力和素质与个案情况不适应,无法快速处理清算事务,则无疑会增加时间成本;管理人不能准确把握案件的程序转换,则不确定性成本会大大增加。异地优质管理人到本地执业产生的差旅费成本与这些成本相比不过是九牛一毛,更何况,管理人的差旅费本来就包含在管理人报酬之内,并不会因管理人是异地身份而增加破产费用。同时,就算我们只承认破产管理人是自由职业者(类似律师),在执业许可条件相同的情况下,又有什么理由限制此地的执业者到彼地执业呢?至于"有利于培养本地管理人队伍"的理由,则是无视市场公平竞争法则的结果。在市场经济条件下,任何市场主体都应当享有平等的待遇,对破产管理人队伍的培养应通过市场竞争机制,使有意于从事破产执业的人不断提升自己的执业水平,从而在市场中立于不败之地,也只有这样,所培养出来的管理人才可能成为适任的管理人。破产管理人指定的本地规则,造成了我国破产管理人行业"地方保护主义"的合法化,既不利于提高法院审判破产案件的效率,也不利于我国管理人队伍的正常培育和发展。

其二,以轮候、抽签、摇号等形式公平为表象的机会均等规则,事实上无法避免法官权力的滥用和腐败的滋生,在缺乏公开和监督程序的情况下,法院摇号或抽签的过程实际上很容易进行"暗箱操作"。一些地区在确定"轮候 + 摇号"的选任机制下,仍出现有的机构已经多次被指定,而有的机构却从未获得案件的情形,有损法院的公正形象。更重要的是,机会均等规则是以"所有入册的管理人对任何案件都愿意并应当接受"为假设前提的,在管理人无正当理由"不得拒任"和"不得辞任"的法律框架内,①无论管理人是否愿意,只要法院摇号结果是某管理人,他就必须接受该案件。法院在缺乏公示告知程序的情况下,通过轮候、抽签或摇号直接指定管理人,剥夺了破产执业者应有的选择权,违背了民商法上的自愿原则。破产管理人作为特别行业的执业者,也是市场经济人,其执业选择权理应受到尊重。在缺乏利益补偿机制的条件下,法院简单地根据摇号或者抽签的结果武断地责令破产执业者必须承办某一案件,对被指定人来说或许是不公平的,因为他们有可能利用办理这个案件的时间和机会去办理其他获利更大的案件。此外,机会均等规则忽视了不同类型中介机构的特性,不利于专业破产清

① 《企业破产法》第 29 条规定"管理人没有正当理由不得辞去职务",《指定管理人规定》第 28 条规定"管理人无正当理由,不得拒绝人民法院的指定"。

算机构的发展。与其他中介机构不同,破产清算业务是专业清算机构最主要甚至是唯一的营业内容。近年来,我国一些地区的专业清算机构发展迅猛,在2007年《企业破产法》实施前,他们一度成为各地破产清算的生力军。但《企业破产法》实施后,由于受到就地规则和有缺陷的机会均等规则的制约,其生存和发展举步维艰。

其三,指定管理人时的"机构管理人优先规则"基本上将个人管理人边缘化,这不仅与国际上重个人管理人轻机构管理人的多数做法相悖,也跟市场经济的主体地位平等原则格格不入。虽然"机构管理人优先规则"的动因是出于最大谨慎,其理论逻辑是个人管理人的信誉及风险承担能力不如机构管理人,故机构管理人更适合个案任职。但是,在个人破产执业者提供足额职业保险的情况下,其担任个案管理人的执业风险完全可以得到覆盖。因此,"个人管理人的信誉和风险承担能力不及机构"之说其实并无根据,正如有学者指出,"法律有什么理由认为,中介机构比个人更适合或者更有信誉"。①

二、适任原则应是指定管理人的基本原则

尽管各国对破产管理人的指定采用了不同的指定模式,但凡是市场经济国家,对破产管理人的指定都可以归结为一个基本原则——适任原则。如德国《破产法》第56条第1款规定,法院任命破产管理人,必须"适合个案情况";在英国的破产实务中,即使债权人会议选举了清算人或托管人,但当发现清算人或托管人与案件存在利益冲突或者"没有以充足的精力履行职责"时,也可能会被法官罢免。② 因此,个案中破产管理人的指定与被指定人是否获得执业许可没有关系,而只与他是否适合担任本案的管理人有关。

(一)适任原则的含义和理论基础

虽然多数国家对破产管理人的指定以是否适任作为衡量标准,但将其上升为原则高度却并无学者提及。笔者认为,所谓适任原则,是指法院在选任和指定

---

① 李永军:《破产法:理论与规范研究》,中国政法大学出版社2013年版,第164页。

② 参见[英]费奥娜·托米:《英国公司和个人破产法》,汤维建、刘静译,北京大学出版社2010年版,第210页、第214页。

破产管理人时,或者债权人会议在选举管理人,以被选任或被指定对象是否适合担任某一案件的破产管理人为标准,确定是否由其担任该案件的管理人。除非法律有禁止性规定,被选人或被指定人不因身份属性或者地域差异受到限制。"适任"一词在我国立法层面仅见于《海船船员适任考试、评估和发证规则》,其含义是应试者的能力和素质是否适合担任海船上的相应职位。① 但本文所提的管理人适任原则的含义却远非那么简单。适任原则不仅包括对破产管理人能力和素质的考查和评判,还包括对破产管理人执业意愿和破产当事人(特别债权人)选择意愿的衡量。根据这一原则,在个案指定管理人时,首先,应尊重破产执业者的意愿,确定其是否愿意承揽某一案件的破产事务;其次,考查评估破产执业者是否具备担当本案管理人的条件和能力;最后,应尽量尊重破产当事人对破产管理人的选择意愿。通过破产执业者、破产当事人与司法控制的互动与制约,选择最适合案件的破产管理人。适任原则之所以被许多市场经济国家作为指定管理人一个基本原则,乃因其具有坚实的法学和经济学理论根基。

1. 适任原则是民商法自愿原则在破产法中的体现。在民法理论上,"自愿原则是指民事主体在进行民事活动时意志独立、自由和行为自主",意志的自由主要包括"当事人有依法进行某种民事活动和不进行某种民事活动的自由"。② 民法上的自愿原则延伸到商事法领域即是商事营业者的营业自由。营业自由的含义有二:一是民事主体有权自由选择是否从事某种营业;二是营业者有权自由决定是否从事某一具体交易行为。无论在理论上如何定位破产管理人,私人破产执业者属于私法上的主体是毫无疑义的,从商法的角度看,私人管理人就是特别营业主体,也就是市场经济人,其营业活动以谋取自身利益为导向属于理性经济人的正常思维。"破产管理人不可能是志愿者,也不是上天派来的天使和救星",③正由于有自身利益的期待,才催生了破产管理人市场的繁荣,因为"对利益的追求是推动人类活动的最重要的力量"。④ 因此,法律没有理由要求取得执业许可的管理人必须接受所有的破产案件,正如执业律师没有义务接受所有的委托一样。指定管理人制度只有认可和保护破产管理人的自利追求,才可能真

---

① 参见《海船船员适任考试、评估和发证规则》,该规则由交通部于2004年以法令的方式发布。

② 马俊驹、余延满:《民法原论》,法律出版社2010年版,第36页。

③ 陈泽桐:《破产管理人制度研究》,吉林大学2008年博士学位论文,第77页。

④ 赵万一:《商法基本问题研究》,法律出版社2002年版,第99页。

正激活破产管理人市场,从而为破产法的价值发挥提供人才保障。从法经济学的角度看,“法律制度的设计,就是要产生一种激励机制,使得外部成本内部化,也就是使行为人承担行为成本,享受行为的收益”。[①] 对破产管理人的有效激励,首先就是要尊重和保护他们营业的自由选择权,激励他们根据自身的条件和利益衡量来决定是否应聘某一案件的管理人。破产执业者只有在充分自愿的基础上主动成为管理人,才会有足够的激励使其投入破产事务中。同时,破产程序作为一种私权自救程序,尊重破产当事人对管理人的自由选择权,也是私法自治的应有之义。从经济学的视角来看,由当事人选择决定愿意为他们提供破产服务的管理人,可以大大降低破产当事人与管理人之间的谈判成本,从而提升整个破产程序的效率。适任原则要求在指定管理人时,一方面,要充分尊重破产执业者的意愿;另一方面,又要维护破产当事人的意思自治,不仅符合民事主体行为自愿、意思自治的民商法精神,而且契合法经济学的基本原理,是现代商法“充分尊重个人利益”的必然选择。[②]

2. 适任原则是民商法主体地位平等原则在破产法中的具体运用。在民商法领域,“平等原则包含着诸多因素,然而,最基本的仍然是作为市民主体资格的平等,是身份上的平等,即民事主体权利能力的平等”,“平等意味着法律对任何民事主体的活动在对待上都是一视同仁”。[③] 在市场经济条件下,平等原则要求法律规则为市场主体提供平等的竞争机制,使所有的市场主体获得平等的机会、享受同等的法律保护。在实行行业准入的领域内,所有获得同样资格的市场主体能享受“相同情况相同对待”的平等待遇。适任原则要求在指定管理人时,对有执业许可的破产执业者不作身份属性和地域的限制,使机构管理人和个人管理人、本地管理人和异地管理人处于同一起跑线上,有同等机会参与破产管理人的执业竞争,满足了对所有市场主体“一视同仁”的平等原则,是民商法主体地位平等原则在破产程序中的具体适用。

当然,民商法上的平等并不是绝对的平等,更不是结果的平等。亚里士多德

---

① 李曙光:《破产法的转型》,法律出版社2013年版,第140~141页。

② 参见赵万一:《商法基本问题研究》,法律出版社2002年版,第100页。

③ 赵万一:《民法的伦理分析》,法律出版社2003年版,第76~77页。

认为,“平等并不是说每个人都一样”。[①] 市场经济的法律规则一方面承认市场主体的平等地位,同时也正视市场主体的能力差异,正因如此,良性的市场竞争机制才可以建立。我们必须承认,即使是同样获得市场准入资格的破产执业者,其执业的能力和条件仍会存在不同的差异。适任原则在确保主体地位平等的前提下,从众多的应选执业者中择优去劣,选取与个案情况最相适合的主体来担任管理人。平等条件下的优胜劣汰竞争机制,一方面,可以激发破产管理人不断提高自身业务能力的热情,促进我国破产管理人队伍的良性发展;另一方面,也更方便个案遴选到优质的破产管理人,从而提升破产程序的效率。

3.适任原则与商事法的“效益至上理念”一脉相承。商事法是市场法、是营利法,效益至上是商法的基本理念。所谓效益至上,是指商事法以保护主体的对经济利益追求和保障主体经济利益的实现为最大价值取向。效益是“商法的最高价值目标”。[②] 商法的效益至上理念源于商法自身产生的根基:商法从一开始就是为商人的营利服务的。因此,对市场主体自利动机的承认、追求经济利益行为的保护是商法最直接,也是最主要的功能。商法上的“自利”并非伦理道德意义上的自私、贪婪和无度,而是指主体对经济利益的追求。古典经济主义认为,自利有其合理性,并可以服务于有用的目的。[③] 个体利益是群体利益的构成基础,商法的价值之一便是从对个体利益的保护出发,客观上达到社会整体利益的提升。正是出于对主体自利行为的承认和保护,所以,商法所讲的效益至上“主要强调个人利益至上,而不是社会利益或公共利益至上”。[④] 破产现象是市场主体竞争优胜劣汰的结果,进入破产程序更是各竞争主体为利益争夺而进行的最后博弈。此时,破产管理人作为的特殊市场主体也加入博弈中,并不可避免地也为自身利益的最大化作打算。在现有管理人报酬机制下,管理人只有充分实现其他破产当事人特别是债权人利益的最大化,并以最高效的方式处理破产事务,才有可能使自身达到最高效益。适任原则,一方面,要求保护管理人与当事人意思自治,使管理人与当事人之间达成良好的默契与沟通,以便快速推进破产程

---

① [美]彼得·斯坦、约翰·香德:《西方社会的法律价值》,王献平译,中国人民公安大学出版社1990年版,第79页。

② 参见赵万一:《商法基本问题研究》,法律出版社2002年版,第101页。

③ 参见[瑞典]拉尔斯·马格努松主编:《重商主义经济学》,王根蓓、陈雷译,上海财经大学出版社2001年版,第86~87页。

④ 赵万一:《商法基本问题研究》,法律出版社2002年版,第101页。

序,节约破产的时间成本;另一方面,又强调债权人或法院对管理人的能力和执业道德的考查,确保管理人有能力实现破产财产的最大化价值,并避免管理人可能发生道德风险而损害破产当事人的利益,最终实现各参与主体的效益最大化。

(二)“适任”的判断标准

适任原则的核心价值是“选取最合适的管理人”,作为一项科学、合理、高效的指定管理人的原则,其具体适用的关键是如何把握备选对象是否“适任”某一具体案件。根据适任原则的要求并结合我国破产审判实践,笔者认为,具体运用适任原则时,主要从以下两个方面判断备选对象是否适任。

1. 适法性标准。所谓适法性,是指在指定破产管理人时,首先应考查备选对象是否符合法律规定的案件管理人任职条件,包括积极条件和消极条件。在实行管理人执业许可的国家,对管理人适法性积极条件的考察一般不会发生分歧,因为未获得执业许可者显然不属于管理人的备选对象。但对于案件管理人任职的消极条件,无论是学界还是实务界都存在认识上的不同。我国《企业破产法》将破产管理人执业和任职的消极条件混合规定在第 24 条第 3 款,该款共有 4 项内容,其中,第 1 项、第 2 项明显是破产管理人执业的积极条件,而第 3 项则显然是破产管理人任职的消极条件,第 4 项则是一个兜底条款。《企业破产法》第 24 条第 3 款第 3 项“与本案有利害关系”的规定针对的主要是破产执业者与案件当事人的利益冲突问题,这也是学界和实务界争议的焦点。对此,最高人民法院《指定管理人规定》专门用了两条对该规定作了解释,分别规定在该司法解释的第 23 条和第 24 条。其中,第 23 条主要是对管理人或清算组成员行为的规定,第 24 条则是针对个人管理人、机构管理人派出的工作人员、清算组组成人员身份的规定。此外,《指定管理人规定》第 26 条还规定:“社会中介机构或者个人有重大债务纠纷或者因涉嫌违法行为正被相关部门调查的,人民法院不应指定该社会中介机构或者个人为本案管理人。”因此,《企业破产法》第 24 条第 3 款第 3 项及《指定管理人规定》第 23 条、第 24 条和第 26 条,构成了我国破产管理人任职的消极条件,具有其中任一情形机构或个人都不得担任相关个案的破产管理人(不具有适法性)。不过,《指定管理人规定》发布后,业界和学界对这一司法解释却有不同看法。观点一:司法解释对“利害关系”的认定过于苛刻,特别是第 23 条第 2 项、第 4 项的规定不符合我国国情,理由一是,我国的破产管理人主要为律师事务所、会计师事务所等中介机构,有实力的机构通常都会为大量企业提供中介服务,而这些机构恰恰是我国破产管理人的主力军,在经济不景气的形势下,他们服务的企业进入破产清算或重整的概率非常高,如果不让他们成为这些企业的破产管理人,则可选管理人的范围将受到极大限制;理由二是,为破产债务人或者债权人提供过服务的中介机构更熟悉相关当事人的情况,可以免除履职过程中重新了解情况、收集材料的麻烦,有利于降低破产成本,提高清算效率。观点二:为债权人担任过法律顾问不应该成为担任破产管理人的禁止条件,因为破产程序就是债权人对债务人的概括执行程序,保护债权人利益本来就是破产程序的价值所在。观点三:如果在破产受理前,中介机构仅是为债务人或者债权人就本次破产事宜提供过中介服务,不应属于禁止任职的情形。[①] 观点四:规定中的债权人应指“提出申请破产的债权人,或与债权人存在明显债权债务关系的债权人”,而不包括事后发现的债权人,因为一个破产案件债权人众多,申请担任管理人的执业者未必了解自己所有的客户与破产债权人关系,因此,在法院指定后才发现债权人中有自己服务的客户时,不应更换管理人。[②]

笔者认为,对破产管理人任职条件的适法性判断是适任原则的根本准则,失却这一根本准则,将会对破产程序的公正价值造成伤害。《企业破产法》和《指定管理人规定》把“与本案有利害关系”的管理人排除在个案任职之外,其目的在于防止管理人在执业中利用特殊身份和职权为自己或者自己的客户谋取利益,影响管理人执业的中立性。我们注意到,《指定管理人规定》第 23 条、第 24 条规定都同时使用了“可能影响管理人忠实履行职责”的表述,进一步表明《指定管理人规定》力图从程序的角度阻止管理人违反忠实义务的可能。破产管理人的忠实义务是忠实于法律规定的职责,忠实于破产参与者的整体利益,而不是个别债权人或某一群体的利益,因而,这种忠实义务有别于律师、会计师执业时对个别客户利益的忠实。我们承认破产执业者在执业过程中的自利行为,但这种自利必须是以忠实履行职责为前提的,它只能是管理人合法执业所应获取的利益(报酬)。破产理论和破产法绝不允许破产管理人在法定报酬之外有任何非法的利己行为。对此,美国的破产法院在实务中甚至要求破产管理人“必须完全抛弃利

① 这一观点甚至已被某些地区的法院作为地方规定或者指导意见予以认可。

② 参见贺小电:《破产法原理与适用》,人民法院出版社 2012 年版,第 190 ~ 191 页。

己主义”,并“禁止他获得不利于破产财产的利益”。[①] 因此,业界和学界对《指定管理人规定》第23条、第24条的质疑是不值一驳的。试述如下:

观点一认为,《指定管理人规定》会导致个案管理人的选择受限。其实,只要放弃现行管理人指定中的“地方保护主义”,这个问题就可以完全解决。在一个较小的地域范围内,有实力的破产执业者与破产债权人或债务人存在利益联系是普遍的现象,但在全国范围内来看,寻找优质而超脱于破产当事人的管理人并非难事。必要时,受案法院完全可以在全国范围内公开竞争选择管理人。至于该观点还认为可以“提升破产效率”,在笔者看来,破产程序的效率必须是确保公正基础上的效率,如果失去了公正,破产程序的公信力将会受到质疑。而程序公正是实质公正的保障,“没有程序公正就没有实质公正,至少没有看得见的实质公正”。[②] 指定管理人是破产程序中当事人最关心,也是当事人最容易看得见的程序,如果允许与个别当事人有利益关系的人担当管理人,无异于是对破产法公正理念的扭曲。

观点二实际上是对破产法价值的片面理解。破产法既要保护债权人利益,也要保护债务人利益,而且破产法所指的“保护债权人利益”是指对整体债权人利益的保护,而非仅保护个别债权人。《指定管理人规定》中的“担任债权人、债务人顾问”是指备选破产执业者担任案件中个别或部分债权人的顾问,此种情形将可能导致破产执业者在担任个案管理人后,因为出于对“自己客户”的忠诚而损害其他债权人或者债务人的利益。

观点三本质上是一种实用主义思想,该思想源于过去几年我国破产案件数量的持续减少,[③]一些实务界人士将此种现象归因于债权人、债务人不知道破产程序的功能,或者不懂得如何利用破产程序保护自己的权益,因此,主张鼓励中介机构特别是律师事务所积极推动当事人申请破产或者帮助当事人策划破产重整。作为一种激励,应允许策划破产程序的中介机构在破产受理后担任管理人,

---

① 美国第十巡回法庭、第二巡回法庭的指示,参见李志强:《破产管理人民事责任研究》,中国政法大学2008年博士学位论文,第44页。

② 景汉朝、卢子娟:《论民事审判监督程序之重构》,载《法学研究》1999年,第1期。

③ 据统计,我国法院系统每年受理的破产案件由2000年的1万余件下降至2014年的1000余件,与此同时,我国每年约有70余万家企业倒闭关门或被吊销营业执照。参见《新破产法实施后破产案件逐年下降至千余件》,载中华网新闻频道:http://news.china.com/domestic/945/20151010/20533396.html,新华网－中国新闻,最后访问日期:2015年11月12日。

否则将有损他们的积极性。其另一出发点则与观点二相同。这种观点忽视了中介机构与债务人或个别债权人的潜在利益联系，实务中，中介机构参与策划破产程序通常都会与当事人有利益方面的承诺——以进入破产程序或通过破产程序达到何种目的作为收取报酬的条件，这样的利益关系比为当事人担任常年财务顾问或法律顾问更容易损害破产程序的公正。

观点四实际上是对《指定管理人规定》第25条发表的看法，[①]同时也带有实用主义的思想，其主要观点认为：中介机构在被指定时没有发现自己与当事人有利害关系，而在被指定后特别是已经开展部分工作后发现自己与本案有利害关系的，不应被撤换。理由是，在这种情况下更换管理人将增大破产程序的成本。但笔者认为，作为破产执业者理应保持勤勉、谨慎的敬业精神，如果一家中介机构连自己客户的基本状况都不了解，说明其缺乏应有的职业修养，让其在个案担任管理人，很难说可以做到"勤勉尽责"。再者，若此种情形下允许其继续任职，则难免一些执业者会在指定管理人的过程中刻意隐瞒与当事人的利益关系，以谋求可以当选个案管理人。如此，则法律和司法解释就形同虚设。

总之，适法性标准是确保指定管理人程序公正的根本准则，《指定管理人规定》采用在程序上切断利益链的方式，阻止有可能不忠实履职的执业者进入个案担任管理人，其对程序公正的维护是值得赞许的。

2. 适应性标准。所谓适应性，是指备选的机构管理人的执业人员、专业水准、经验及风险承担等必须与个案的情况相适应。必须承认，任何行业中的从业人员都会存在专业水准、经验和能力上的差别，即使是在严格实行执业许可制度的行业也不例外（如律师、会计师等）。适应性标准考查的正是备选管理人的执业能力问题。适应性标准要求在指定管理人时，应着重考查备选管理人是否具备可以处理本案相关法律和财务问题的专业水准、是否拥有足够处理本案破产事务的人员储备、是否具有处理过与本案类似案件的执业经历。对备选管理人专业水准的的考量，主要应考察其在破产事务方面的专业知识和专业水平，对人员储备的考查则主要看其是否有足够专事破产业务的执业人员。尽管破产事务

① 最高人民法院《关于审理企业破产案件指定管理人的规定》第25条规定，"在进入指定管理人程序后，社会中介机构或者个人发现与本案有利害关系的，应主动申请回避并向人民法院书面说明情况。人民法院认为社会中介机构或者个人与本案有利害关系的，不应指定该社会中介机构或者个人为本案管理人"。

繁杂多绪,而且破产程序发展也具有较大的不确定性,但是否具有相关经验仍然是衡量备选管理人是否适应的重要标准,因为“经验是知识之父”,对于操作性很强的破产管理事务尤其如此。所谓“学有专攻”,对于专事首次公开募股(Initial Public Offerings,IPO)业务的大型律所来说,破产或许是它从未接触过的领域,它也无须储备破产方面的知识和人才,但由于破产执业许可中的“规模”标准,它也许就是某一地区排名靠前的破产管理人。这种因“大”而优的管理人并不符合本文的适应性标准。只有具有熟悉经验的管理人,才能熟练处理个案中的各种复杂事务,并能够对可能发生的突发事件有足够的应变能力。

适法性标准与适应性标准是适任原则在指定管理人过程中的具体化,使适任原在指定管理人过程中成为可操作的规范,在遵循当事人自愿、顾及效益至上的基础上,适任原则可以促使法院或者债权人会议遴选出最适合本案的破产管理人。

三、我国破产管理人指定方法的完善

每一个国家指定破产管理人的方法都会有所不同,但从总体上看,选取合适的管理人是各国或地区的基本认识,“适任”是各国破产法规定指定管理人方法的总体原则。而我国现行的指定管理人方法与适任原则存在较大差距,在很多情况下无法选出合适的管理人,故有必要进行完善。

1. 临时管理人制度的建立。无论在哪种指定模式下,都要选择合适的案件管理人,都需要给指定主体适当的时间。在实行破产程序受理开始主义的国家或地区,破产程序是从法院受理破产申请开始的。为避免不诚实的债务人在破产宣告前为有损破产财产的行为,自破产受理之日起,即应指定管理人接收其财产和营业。但问题是,在法院指定模式下,法院在审查立案的较短时间内很难选择合适的管理人,而在债权人指定模式下,法院受理破产申请时,债权人会议尚未能召开,也无法选出正式的管理人。于是,临时管理人制度应运而生。但是,我国现行《企业破产法》却没有规定临时管理人制度。

另外,对于我国是否应建立临时管理人制度,早在我国现行《企业破产法》起草阶段,就有许多学者提过相关建议,认为新破产法应当设立临时管理人制度,其理由主要就是要弥补因正式管理人到任前的监管真空。[①] 但是,最终的《企业破产法(草案)》没有采纳设立临时管理人的建议,而是将管理人的指定时间改为"人民法院受理破产案件时,应当指定管理人"。几经修改,最终形成现行《企业破产法》第13条的规定。[②] 2007年《企业破产法》颁布后,针对破产实务中出现的指定管理人问题,业界和学界均有人提出有设立临时管理人之必要。[③] 但也有反对者认为,临时管理人制度是破产程序宣告开始主义的产物,我国实行的破产程序受理开始主义,《企业破产法》第13条规定"使我国的破产管理人同时拥有临时管理人和破产管理人的双重身份",故临时管理人之争是"伪"争议,"在现有立法体系下,已丧失借鉴引进临时管理人制度之实益"。[④]

笔者认为,是否设立临时管理人制度取决于两个方面的考量:一是如何认识和定位临时管理人的性质和功能;二是临时管理人对现行管理人制度是否有所补益。从第一个方面来说,临时管理人并非破产程序宣告开始主义的产物,在破产程序受理开始主义的英美等国同样存在,而且,国外设置临时管理人制度并不是对管理人类别的划分,而是对同样的破产执业者在不同阶段任职的称呼。因此,建立临时管理人制度并不会导致破产管理人队伍的调整,也不会增加法院审查管理人资质的成本。临时管理人的功能主要在于:及时接管破产债务人的财产和营业,监督破产债务人在正式管理人就任前的涉及破产财产的行为,从而为法院和债权人会议选取正式管理人留足时间。从第二个方面来说,我国虽然实行的管理人法院指定模式,但这种纯粹的法院指导模式本身存在理论和实务上的弊端,尚需改良。而我国《企业破产法》虽然规定法院在受理破产案件时应同时指定管理人,但是,按照适任原则的要求,法院若要选取合适的管理人,也只有在案件受理后才能开始启动遴选程序。实务中,许多重大复杂案件都是在法院受理裁定下达后,才开始破产管理人的遴选工作,至遴选出合适的管理人,离破

---

① 参见杨振山:《破产程序中的财产管理制度》,载《政法论坛》1998年第6期;张秀华:《论破产管理人制度》,载《中央政法干部管理学院学报》1997年第3期。

② 《企业破产法》第13条规定:"人民法院裁定受理破产申请的,应当同时指定管理人。"

③ 参见杨姝玲:《管理人选任制度的反思与重塑》,载《行政与法》2011年第10期。刘国华、邱维焱:《破产管理人现任制度研究》,载王欣新、尹正友主编:《破产法论坛》(第4辑),法律出版社2010年版,第71页。

④ 林恩伟:《我国破产管理人制度刍议——以管理人中心主义架构为视角》,载王欣新、郑志斌主编:《破产法论坛》(第12辑),法律出版社2016年版,第399页。

产程序的开始已有一定的时间差。[①] 在此期间,破产债务人的财产和营业处于无人管理的真空期,破产财产存在巨大风险。因此,即使在纯粹法院指定管理人模式的我国,临时管理人制度仍有建立之必要,以弥补我国现行破产管理人指定制度之缺陷。

在现行破产法律制度下,我国建立临时管理人制度并无修改《企业破产法》之必要。我国《企业破产法》虽然未规定临时管理人,但赋予了法院指定管理人的权力,并赋予人民法院授予管理人职责的权力。[②] 因此,最高人民法院只需对现行的《指定管理人规定》进行修改,允许人民法院根据具体情况指定个案的临时管理人,并同时规定临时管理人的职责范围即可。在制度设计上,可以考虑临时管理人为非必要指定,即是否指定临时管理人由各案件受理法院自行决定。由于临时管理人的作用主要是在正式管理人就任前对债务人财产起到"保全"功能,因此,对临时管理人的指定不必适用适任原则,同时,被指定人原则上也不允许拒任。

2. 改变现有指定管理人方法,重塑以适任原则为导向的指定管理人规则。如前所述,现有的管理人指定规则存在诸多弊端,未能体现适任原则的应有要求。因此,最高人民法院应将现行的指定规则作适当改变,在保持现有具体指定管理人方法的同时,将这些指定管理人方法与适任原则有机结合起来,使适任原则成为这些指定管理人方法的基本导向,以便人民法院选出最合适的个案管理人。具体规则可以作如下改变:

(1)彻底废弃"就地规则"和"机构管理人优先规则"。如前所述,此二规则不仅不能节约破产成本,反而破坏了市场平等原则。无论是机构管理人还是个人管理人,无论是本地还是外地管理人,作为市场的从业者,其本身都会理性地衡量每一案件的执业成本和执业风险。在规定执业成本由管理人自己承担的前提下,允许破产执业者异地执业,并不意味着异地执业者一定会到本地承揽所有的破产业务。同样,将个人管理人与机构管理人同等对待,也不意味着个人执业者会愿意参与所有的破产案件。基于成本、效益以及执业风险的考量,破产执业

---

① 如上市公司*ST中华、*ST偏转、*ST科健的破产重整案都存在法院先受理案件,后遴选管理人致使管理人未能及时到位的问题。参见张思明:《破产重整债务人自行管理的适用性分析》,载王欣新、郑志斌主编:《破产法论坛》(第12辑),法律出版社2016年版,第274页。

② 《企业破产法》第25条第1款第9项。

者自然只会选择自己力所能及且能带来利润的案件。多数情况下，个人管理人对案情重大复杂的案件会选择放弃以规避执业风险，而对本地受理的财产数量较少的案件，因异地执业成本巨大，异地管理人也不会有太大的参与兴趣。①

(2)指定管理人充分尊重破产执业者的执业意愿。为公平起见，现有的抽签、摇号轮候等选取管理人方式仍可保留，但应以尊重破产执业者的从业意愿为前提，并应主要适用于较简单的破产案件。在法院随机摇号选取管理人时，应将案件情况公布，由已入册的机构和个人根据自己的情况决定是否加入案件，未向法院明确表示不参与本案的，视为同意法院指定。在抽签选取管理人时，法院通过公告通知入册的执业者，在规定的时间、地点统一抽签，未到场抽签的管理人视为放弃本案。② 同时，法院摇号应至少邀请两家以上的入册机构到场监督，充分保证管理人指定程序的公开和透明。

(3)大力推行以适任为导向的竞争招标选取管理人的方式。重大复杂的破产案件应当以竞争招标的方式，在全国范围内通过竞争选取合适的管理人。同时应允许和鼓励各级法院根据案件情况和本地管理人的状况，在普通案件中采用竞争方式选取管理人。法院用招标的方式选取管理人应当明确评标的条件和评标规则，并进行公示，避免"暗箱操作"，损害法院的公信力。③ 为避免破产管理人市场形成寡头垄断之势，法院可以采取招标和随机抽取相结合的方式确定最后的中标人，即先通过评标确定数家最适任的投标人入围，再在入围的投标人中公开随机摇号或抽签确定最后的中标人。这种选取方式既满足了"适任"的基本要求，又最大限度地避免了滋生腐败的可能。

① 2016年11月，湖南长沙市中级人民法院就湖南锦宏新合纤优先公司破产清算一案在全国范围招标聘人管理人，但因该案破产财产较少，异地管理人报名者寥寥。

② 一些法院已在尝试采用此种办法选取管理人，如重庆市第五中级人民法院在重庆基良房地产开发有限公司破产重整一案选取管理人时即采用此方法。

③ 竞争招标如不公开条件、规则和程序，则极易产生腐败。全国破产试点法院浙江省温州市中级人民法院、重庆第五中级人民法院、重庆市沙坪坝区人民法院都有成熟的竞争招聘破产管理人制度，其核心就是评标的条件、程序和规则在事前向应聘者公开，收到了良好的效果。

破产人共同体构建视角下试论管理人辞任的应对

——以富阳地区破产案件为样本

马嶙侃* 黄赛琼**

管理人是破产程序中最为重要的机构。根据我国《企业破产法》的规定,管理人在人民法院受理破产申请后产生,承担全面接管破产企业,保管、清理、分配破产财产等法定职责,应当勤勉尽责,忠实履行职务。而当前,管理人辞任现象越来越突出,致使破产案件审理的整体进度受到影响,个案风险增大。管理人辞任问题能否有效解决,既关乎法院破产案件的审理进程,又关乎管理人自身职业发展,迫切且举足轻重。

鉴于破产事务所涉范围广、关系复杂、人员众多,无论是管理人辞任问题的处理还是其他问题的解决,仅由人民法院和管理人各自发挥,单打独斗,往往无法达到最佳效果,更无须提债权人权益保障最大化以及对破碎的社会关系进行快速修复。随着破产潮的扑面而来,无论是人民法院的破产审判形势,还是管理人的履职形势,都将越来越为严峻。一方面,案多人少处处显现;另一方

* 杭州市富阳区人民法院助理审判员。

** 杭州市富阳区人民法院助理审判员。

面，各主体涉猎不同，专长多有局限。如何在这样的情势下突出重围，让人民法院和管理人都能在破产程序中走得更远、更稳，需要新的思路——逐步建立一定范围内的破产人共同体。破产人共同体是在破产程序中，由政府、法院、破产管理人、其他社会中介机构等组成的破产职业群体，群体成员间相互作用、相互联系、相互制约，从而形成一个健康、有序的破产事业共同体。破产人共同体的建立，可以整合有效资源，发挥各自优势，其有赖于各主体的积极推动，特别是政府和法院应更有所作为。但同时，也应注意共同体中，各机构的职能定位，做到既坚守法律的底线，又能更具包容性，达到破产"情商"与"爱商"相统一的效果，使破产审判走上健康发展的道路。管理人辞任是影响破产审判健康发展的重要一环，更加需要用共同体的思维妥善处理，有效解决。

一、管理人辞任现象概况

（一）主要特点

1. 辞任逐渐增多

随着破产案件数量的增多，管理人辞任现象频发。杭州市富阳区人民法院（以下简称富阳法院）自2014年开始逐步推进破产案件审理，2015年即已发生管理人提出辞任请求的情况，而在2016年受理的13起破产案件中，有4起案件管理人提出辞任请求，占比达30.8%（见图1、图2）。当前各地法院受理破产案件已呈"开放"状态，高频率管理人辞任问题将同样可能出现在其他各地法院，对破产审判有序进行产生不利影响。

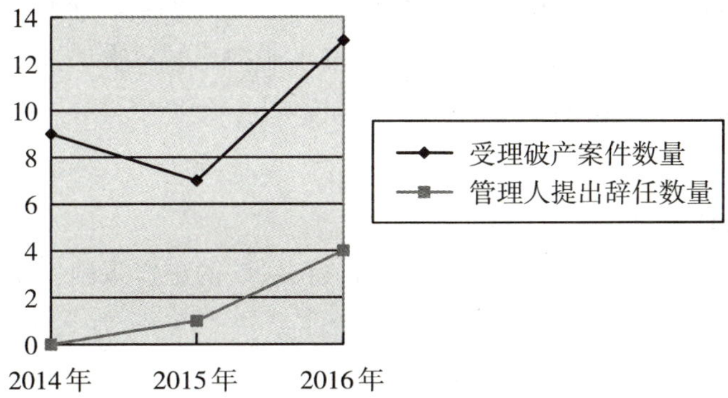

图1

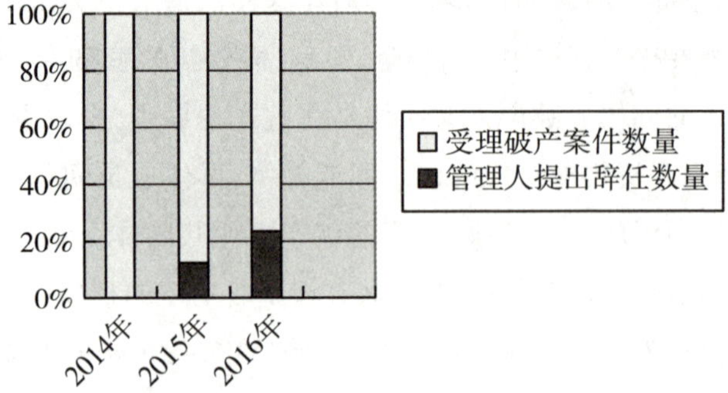

图 2

2. 辞任主要发生在交接前

在富阳法院出现的5起管理人辞任案件中,有3起发生在案件受理后法院与管理人对接阶段,1起发生在法院与管理人对接完毕,就管理人今后工作开展进行部署阶段,另有1起则发生在管理人已全面开展工作之时。综合来看,管理人提出辞任请求的时间主要在破产案件受理、管理人指定之初。

3. 辞任原因集中

在管理人提出辞任的案件中,辞任原因主要集中在管理人自身人力资源不足方面。除此以外,随着案件处理的进一步深入,管理人经调查发现,案件情况复杂,处理难度较大,因自身能力限制无法胜任工作而提出辞任请求的情况也有所发生。

4. 辞任对管理人无不利影响

当前,管理人辞任具有较强的随意性,对其辞任原因,人民法院无从考察。因考虑后续工作的积极性,对管理人所提辞任请求,人民法院一般均予以准许,但这会导致法院自身工作量增加,如重新摇号产生管理人,加强对债务人企业的监管等。对部分恶意辞职行为,人民法院并无制约或制裁手段,因而,管理人的信誉及利益丝毫不受影响。

(二)潜在隐忧

管理人辞任现象的逐步显现,无论对人民法院的破产审判工作还是管理人自身的能力提升都无益处。

1. 案件整体进度被打乱

当前,杭州地区管理人的确定主要以杭州市中级人民法院(以下简称杭州中院)通过摇号或竞争方式产生。人民法院在依法受理破产案件后,函告杭州中院代为指定管理人,并附随相关要求,如管理人所在地域、是否需要联合管理人等。杭州中院根据相关需求,确定管理人后发函通知相关法院,由所需法院自行通知管理人进行对接。在富阳法院发生的管理人辞任案件中,有3起案件在法院通知管理人指定情况时,管理人反馈无法任职,后不得不再次函告杭州中院重新摇号指定。是故,案件整体推进时间明显延后,甚至部分重要节点受到影响,审判效率降低,程序合法受到影响。

破产案件对接前的辞任尚存一定缓冲空间,而对接之后的辞任则给法院带来了更多困扰。在与管理人的对接会议中,人民法院需要告知破产案件的相关情况,提出管理人工作要求,因而,对接后的辞任致使法院需对新任管理人再次告知上述事项,在案件审理初始即耗费过多时间和精力,对当前案多人少的审判现状更是雪上加霜。同时,破产审判工作一经开展,管理人的更换则可能增加破产费用的支出,加重债务人负担。

2. 良好破产审判秩序难以建立

管理人全面、忠实履行职务是破产程序顺利推进的核心,也是良好破产审判秩序得以建立的关键。作为司法实务的新兴领域,破产审判要建立良好的秩序仍需经历漫长的过程,而在这过程中,不仅需要人民法院的努力,更需要核心主体管理人的付出。当前,破产案件因案情复杂、人数众多,致使时间跨度长、人力、物力耗费大,管理人最终收益不高。作为理性主体,部分管理人在了解债务人企业相关情况,就其可能产生的收益进行评估后,因回报率低而提出辞任,不仅增加了随意性,破坏了司法的严肃性,也致使无产可破案件、案情复杂案件无人问津,良好的破产审判秩序难以建立。

3. 个案审理带来隐患

各破产案件均具有一定的特殊性,如部分案件欠付职工工资规模较大,部分案件债权申报可能存在虚假诉讼等。管理人在接管案件后需对个案特殊性进行梳理,并及时提出处置意见。而管理人的辞任则容易产生破产案件受理后的管理真空状态,引发个案安全问题,或产生其他隐患。如富阳法院受理的某一家禽公司破产清算案,债务人企业系杭州市家禽定点屠宰点,曾在2016年12月发生员工感染H7N9事件,故生产安全系该案关注重点,处置不当极易引发地区疫情。富阳法院在裁定受理该公司破产清算申请并指定管理人后,及时与管理人就工作的开展进行对接。然而,管理人却以人员不足为由于数日后提出辞任请求,后历时半个月时间,管理人才得以再次确定。在此期间,债务人企业的管理处于真空状态,给地区卫生安全带来极大隐患。

4. 管理人丧失自我提升良机

在全国破产审判"渐醒"的情势下,各机构都格外珍惜来之不易的管理人资质,并寄希在案件办理过程中不断积累经验,树立自身在业界的地位。而无论是何原因提出的辞任,都将这些提升自我能力、展现良好业绩的机会拒之门外。部分管理人因案件太多只能辞任,而另一部分管理人却因摇不到号而无缘案件。案件量与需求量的不对称导致管理人能力参差不齐,整体水平得不到提升。

二、管理人频繁辞任的成因剖析

管理人频繁辞任既有客观形势的逼迫,也有其自身内部的矛盾。无论是人民法院还是管理人自身,都需要正视问题,积极面对。

(一)破产案件数量的大幅增加

受国家供给侧改革的影响,快速、高效处理"僵尸企业",保障落后产能快速出清,促进资源优化配置成为当前国家经济工作的总体思路和基本遵循。而《企业破产法》的有力实施则为供给侧结构性改革提供了重要的司法保障,也是破产法在当前这一时期的重要使命。新形势下,破产案件开始遍地开花,成为各地法院增幅明显的案件类型之一。以杭州市为例,2014 年全市受理破产案件共计 44 件,至 2016 年共计受理 154 件,增幅达 250%。随着破解执行难工作的全面开展,2017 年,破产案件审理数量将更达一个小高峰。反观管理人数量,在浙江省人民法院破产案件管理人名册中,杭州市辖区内具有管理人资格的社会中介机构为 50 家,个人 3 名,这一标准自 2013 年设立以来尚未进行调整。其数量已不能满足今后将要面临的实际案件需求,每一管理人同时办理数起破产案件已成为现实。

(二)管理人自身原因无法任职

1. 管理人自身准备不足

管理人系债务人的"管家",在企业进入破产程序后,承担着资产核查、债权申报、应收款催讨等多方面的职责，无论哪一方面，都需要足够的人力投入，因而团队人力资源保障是有序开展管理人工作的基础。就富阳法院审理的破产案件来看，多数案件在第一次债权人会议之前基本保持6人至10人的团队规模，而一些超大规模的破产案件则需要更多的人力投入。当前，通过走访部分管理人发现，多数团队中，破产案件专职律师或会计师所占比例不足该机构人数的1/3，部分机构总人数甚至不达管理人开展工作所所需人数。而这样的团队则可能同时办理着数起破产案件（见表1）。因而，人力资源不足成为管理人辞职的最重要因素之一。

除团队人数不足外，破产专职律师或会计师的自身业务能力不强，素质不高也成为当前管理人开展破产工作的"瓶颈"。破产事务综合性强，对管理人素质、能力的要求应高于一般的律师、会计师，而当前，因管理人司法实践不足，专业性指导较少，以致业务素养积累慢，专业型破产人员数量仍然不多。

表1　富阳法院破产案件管理人（部分）的人力资源及办案情况（截至2017年3月）

序号	管理人机构名称	在职律师或会计师			承办破产案件情况	
		总人数（人）	专职破产（人）	专职占比	案件总数（件）	案均作业人数（人）
1	浙江华光律师事务所	6	4	67%	1	4.0
2	北京大成（杭州）律师事务所	165	35	21%	5	7.0
3	浙江智仁律师事务所	70	20	29%	4	5.0
4	浙江星韵律师事务所	36	14	39%	4	3.5
5	浙江浙经律师事务所	61	20	33%	3	6.7
6	浙江京衡律师事务所	108	25	23%	8	3.1
7	浙江杭天信律师事务所	80	20	25%	3	6.7
8	上海锦天城（杭州）律师事务所	68	27	40%	16	1.7
9	浙江五联律师事务所	87	9	10%	3	3.0
10	浙江海浩律师事务所	63	25	40%	3	8.3
11	浙江君安世纪律师事务所	72	20	28%	5	4.0
12	国浩律师（杭州）事务所	100	31	31%	23	1.3
13	浙江康城律师事务所	52	6	12%	3	2.0
14	浙江韦宁会计师事务所	20	10	50%	9	1.1
15	浙江天平会计师事务所	108	20	19%	7	2.9

2. 联合管理人间出现摩擦

当前,部分债权债务规模大、债权人人数多、社会影响面广的破产案件通常采用联合管理人制度,即两家以上中介机构组成团队共同处理案件。因联合管理人系临时组建,中介机构间大多没有合作经历,因而在案件开展过程中,如何进行团队分工、配合,甚至在分配管理人报酬等问题中,都容易产生摩擦,引发矛盾。部分团队在磨合中能逐步调整方法,配合较好,而部分团队因无法协调以致合作困难重重,出现辞任情况。

3. 出现管理人回避事由

随着司法环境日趋成熟,社会大众的法律意识也日渐增强,企业就法律事务、审计事务聘请律师、会计师已经成为常态,部分破产企业亦然。个别管理人通过摇号被指定为某破产企业管理人后,因存在曾为该企业处理过涉诉事务、审计事务,以与该案有利害关系、可能影响忠实履职为由,主动申请辞任。

(三)管理人存在挑选案件的情况

1. 因报酬较低、案情复杂而辞任

企业进入破产程序时,其资产与负债情况往往不容乐观。根据最高人民法院《关于审理企业破产案件确定管理人报酬的规定》,管理人报酬以债务人最终清偿的财产价值总额为基础计算。部分企业因其资产情况相对较好,管理人争相竞争,而对于一些资产情况较差、案情相对复杂的案件,经人民法院就案情进行介绍后,管理人辞任现象突出,尤为存在挑选案件的嫌疑。

2. 因法院要求严格而辞任

破产审理系新兴领域,各地法院仍在探索、研究过程中。部分法院因起步较早,已逐步形成制度和规范,在破产审判实务中收获了较好的效果。而更多的地方法院,受经济、社会政策的影响,破产审理才刚起步,制度性规范尚未形成。尽管《企业破产法》及相关司法解释对破产事务的一般性问题作出了规定,但在实务操作中仍有诸多方面存在空白,尤其是对于管理人全面、忠实履行职务,并无统一标准,各地法院在对管理人履职的监管方面也标准不一、宽严不同,为管理人挑选案件提供了机会。有些管理人不愿意接受要求严格、监督有力的法院承办的案件,而更愿意选择监督相对宽松的法院的案件来办理。

(四)管理人选任程序与条件存在缺陷

1. 入册容易,出册难

浙江省人民法院管理人名册自2013年设立以后尚未进行调整,该名册仅对入册条件进行规定,未设立因不当履职、人员不足等原因而成立的“出册”条件,是故,中介机构只进不出,管理人成为“铁饭碗”。当前,管理人辞任具有随意性,一定程度上是因为进入名册后无考评、追责以及淘汰机制而未能形成倒逼。

2. 不能胜任非得胜任

受当前管理人选任制度的影响,除竞争方式外,多数案件以摇号方式产生。而摇号具有随机性,致使尚有未办结案件的管理人不断被选中,管理人确无多余的人力、物力能保证新案件的同时处理,而人力资源相对充沛且经验丰富的中介机构却与破产案件无缘。在管理人名册相对固定的情况下,如何做好意见征询,避免在人力资源已无法保障的情形下“赶鸭子上架”的情况少发生、不发生,是当前的管理人选任程序需要认真考量的。

三、管理人辞任问题化解对策与出路

无论是国家供给侧结构性改革的外力推动还是法院执转破的内力驱动,都证明了破产时代已经到来。对于突如其来猛增的案件量,无论是对管理人,还是对法院来说,既是机遇也是挑战。同时,无论哪一主体,当破产之势扑面而来时,都无法独善其身。只有建立破产人共同体这一价值理念,寻求多方合作,发挥各方优势,才能真正办好破产案件,维护好债权人的权益。站在法院的层面,首先要直面破产审判中的各种问题,正视严峻的形势,通过破产审判各项机制的建立,为核心主体——管理人开展工作开好头、把好方向。而管理人也应通过自身努力,提升自我,做好全面迎接破产事务的准备。

(一)人民法院主动担当,完善机制

人民法院对管理人选任、考核及履职评价制度进行有益探索和逐步完善是减少管理人辞任最为直接而有效的措施之一。

1. 设立管理人分级分类制度

为激励管理人忠实、全面履职,对编入名册的管理人可实行分级管理,设立一级、二级、三级或更多层级,并按照适当比例及管理人相应水准设定各层级管理人名额,适时进行动态调整。在管理人层级分类过程中,可根据管理人从事破产事务的年限、承接破产案件的件次、从业人数、担任疑难复杂案件管理人的能力以及是否有"污点"记录等方面予以确定。为确保办案质量,可考虑对管理人承接案件的数量进行限制,如长期未审结案件的、工作中出现重大错误的、有其他严重污点记录的,可对管理人进行降级处理。而对经法院考核、第三方评价,表现突出的管理人,则可进行升级,从而激发管理人工作积极性,使其注重工作方法,提升质效。

2. 设立管理人动态"污点"制度

在司法实践中,基层法院即使发现管理人存在恶意辞任、不当履职等情形时,也往往反映无门,管理人一经确立,除《企业破产法》赋予债权人更换管理人的权利外,人民法院并无相应对策。为此,应当设立自下而上的管理人动态"污点"制度,上级主管法院可根据各基层法院反馈的管理人存在的问题,成立专门的调查小组进行充分调查,若情况属实,则将该管理人纳入"污点"名册,当一定期限内达到污点上限,则暂停其在一定时期内参与摇号的权利或可直接除名,一定年限内不得申请入册。

管理人动态"污点"制度系管理人分级分类制度中的一个环节,法院考核不仅限于管理人选任部门,而将使用部门的意见真正纳入等级评定中来,使管理人选任部门和使用部门形成及时沟通,下情上传,充分打通联络渠道,并建立"一票免进"长效制度,不仅促使管理人不敢对破产案件"挑肥拣瘦",也倒逼其全面、忠实履行职务。

3. 科学制定摇号式选任程序

为避免当前摇号式选任随机性强的弊端,可就是否"适任"制定科学的选任程序。一是确定管理人的备选范围。如适用重整程序的,应重点考察是否具备资产运作和业务经营的能力;适用和解程序的,应重点考察斡旋协调能力;适用清算程序的,应重点考察是否兼具法律和财会知识。① 二是适时考虑地域因素。

① 参见滨州市中级人民法院课题组:《围绕主要环节,推进实践创新——关于破产管理人制度适用和完善的调研报告》,载《山东审判》2011 年第 2 期。

既然一个破产管理人办理多个破产案件已经成为常态，那么，在选任管理人过程中，可将在某区域办理破产案件的所有管理人纳入该区域及周边区域的管理人备选范围，再通过摇号的方式公开选任，减轻管理人的人力、财力和精力负担的同时，也避免了管理人辞任的增多，可谓一举多得。另外，对虽没有在某区域办理破产案件，但其系债务人注册地或主要财产所在地的破产管理人也可纳入备选范围，以更加适应案件的实际办理需求。三是允许管理人申请暂停其摇号资格。对于破产案件已经较多、精力难以为继的管理人，应主动向管理人选任部门申请暂停参与摇号的资格，待案件处理完毕或接近尾声时，再行申请恢复摇号的资格。

4. 全面建立备用管理人制度

为出现管理人辞任时，人民法院能更快速、有效地作出应对，可在初次确定管理人时同时产生"备用管理人"。当前，备用管理人已在竞争方式产生的管理人模式中运用，但未在摇号模式中使用，其在管理人辞任情况下发挥的积极作用不可否认。事实上，国外立法在临时管理人的指定上对我国备用管理人制度具有一定的借鉴意义，其主要采用随机指定的方式产生临时管理人。如美国联邦托管人在应法院要求指定临时托管人时采用了轮候的方式。然轮候制选任方式也存在诸多弊端，如管理人轮候名单制作、破产案件的排号顺序等均存在一定可操作的空间，极有可能因人为操作导致分案的不公平。因此，在没有更好的选任制度出台之前，可通过摇号制度和轮候制度相结合的方式确定管理人，即每起破产案件同时摇出 2 个至 3 个管理人，并根据摇号的先后顺序来确定第一、第二、第三顺位管理人，第一顺位管理人若出现辞任情况，法院可立即启用第二位备用管理人，节省再次摇号确定管理人的时间，提高破产审判的效率。

5. 逐步建立区域统一的管理人履职标准

各地法院在管理人履职过程中标准不一，宽严不同不仅是引发管理人挑选案件的温床，更是良好破产审判秩序建立的最大障碍。为此，可逐步建立地区性管理人履职、评价及考核标准，尤其在管理人履职中，与债权人权益保障最为相关的如债权的审查标准、应收款的催收、资产的核查与管理等方面，逐步形成"杭州标准"乃至"浙江标准"，使这一区域的管理人在开展工作过程中，人民法院、债权人等可通过看得见的手来量化其工作质效，确定其工作业绩，使履职评价经得起考验。

为此,首先,富阳法院依据《企业破产法》以及最高人民法院相关司法解释,同时结合近年来破产审判实践经验,已形成了《破产管理人工作指引》,从管理人对破产企业的接管、债权申报、资产管理、应收款核查、债务人监督、审计、评估、重整等18项事务形成较为完整的行为准则,为管理人在实施破产审理实务中提供明确的、规范性的行动路径参考。其次,为使对管理人的履职评价更为客观、全面和公正,富阳法院形成《管理人履职考评办法》,在管理人就破产案件进行对接之始,即向其下发,并告知其考评的主体、项目、标准、流程及权数分布,初步形成了项目化、标准化、菜单式、节点式、验收型的动态考评体系,其中包含了三级大项目、十三级小项目的具体考评要求,而考评主体也不局限于合议庭,而是引入了如全体债权人、债权人委员会、主席单位、第三方机构等多方主体。履职评价在管理人项目实施完毕后立即进行,以及时对管理人工作质效进行固定。这些工作指引和考评办法为区域统一标准的建立提供了思路,但仍需要更为权威的上级法院提出更为全面、专业的指导与评价。

6. 适当扩大管理人名册

当前,法院案多人少的情况已十分普遍,而破产程序中,应避免破产案件多、管理人少的情况。针对管理人数量不能适应破产案件数量的现状,可适当扩大管理人名册,通过选任制度,让更多的优秀机构和个人参与破产事务。当前,杭州地区共有律师事务所、会计师事务所等接近523家,若纳入清算事务所则数量将更多,而进入浙江省人民法院的管理人仅53家,是否已将有办理破产案件意愿,且已具备一定能力的机构都已纳入名册,似乎仍有待考察。随着破产审判的全面铺开,破产事务已不再是人们眼中的“高大上”,其将更为接地气的成为律师事务所的非诉事务、会计师事务所的财务、会计业务。因而,在设置准入标准的基础上,打开大门欢迎有意愿有能力的机构参与破产事务,无论是对破产审判的有力有序推进,还是对健全管理人竞争机制,提升其业务能力都有重要的意义。

在职业准入制度的科学制定方面,可借鉴国外的实践经验,对破产管理人的职业准入采用考试的方法,如英国,设立破产职业考试(Joint Insolvency Examination Board,JIEB)。

(二)管理人内夯基础,迎接挑战

霍姆斯曾说过:“法律的生命在于经验,而不是逻辑。”然而,面对当前“风雨欲来”的破产浪潮，作为破产审判核心主体的管理人，已经没有时间在办案中一点点成长，获得经验，越来越严峻的破产形势只会要求管理人在一开始就以一支训练有素、胸有成竹的专业团队投入案件。因此，止步不前显然已经无法在破产的舞台上站稳脚跟。“工欲善其事，必先利其器”，管理人在走得更远之前，必须站在一个更高的位置，以更全面的视角来定位管理人这一新时期赋予的时代角色。那么，如何完善自我、迅速打造一支具有独立性、专业性和中立性的管理人团队，已成为当前管理人要解决的当务之急。

1. 增强自身业务素养，提升价值追求

因破产事务专业性强、自律性高，需要管理人具有更为全面的综合素养。除基本法律素养外，管理人还应当积累在会计、财务、商业、管理等其他多个方面的知识，以更好地适应各行业破产案件的审理需求。因而，内夯基础，是管理人立足于破产舞台的根本。为此，应不断自我完善：第一，要定期开展业务学习，广泛涉猎，提升各方面素养；第二，建章立制，完善内部管理模式，打造职业化团队；第三，建立激励机制，培养优秀人才；四是注重管理人情怀培养，增强社会责任感，提升价值追求。

2. 合作共赢，协作共进

由于破产案件纷繁复杂，律师事务所之间、律师事务所与会计师事务所组成联合管理人已经成为常态。能否强强联合打造更强是任何一个联合管理人所要面临的首要问题。因此，不同机构在合作期间应特别注重团队协作，始终将维护债权人权益作为开展破产事务的首要目标，适当进退，适时妥协。同时，无论在工作经验的积累还是获得经济报酬方面都要均衡各方利益，取长补短，实现合作共赢。此外，不同机构间建立长效合作机制，也是推进破产行业良性发展的重要举措。

3. 设立行业标准，增加业内交流

随着破产形势的日趋明朗，各地破产管理人协会也纷纷建立，为设立统一的行业标准奠定了基础。作为行业风向标，管理人协会应担负起时代赋予的责任，着力强化和规范破产管理人的执业行为，健全、完善统一的破产管理人工作指引和职业操守准则，为优秀破产人才的培养搭建桥梁，充分打造破产管理人与法院、政府之间有效、多元、常态化的交流平台，促进行业健康快速发展。

(三)外部机制有力保障

1. 设立破产管理人专项基金

如何保障管理人的合理报酬和破产程序运行行政费用等的支付,使破产财产不足以支付破产费用即无产可破企业的破产程序与管理人全面、忠实履行职务能顺利完成,已成为当前法院不得不面对的困局之一。[①] 而建立破产管理人专项基金是打破这一困局的有效途径:首先,确定资金来源。一方面,可寻求政府支持的财政资金,要求政府对处理破产企业的"后事"仍负有义务,如美国破产法规定,部分无产可破企业的管理人的工资由政府支付。因此,政府的财政资金可作为破产管理人专项基金的主要来源。另一方面,按约定或者自愿的原则在法院审理破产案件中,由管理人按报酬比例交纳破产基金,纳入破产管理人专项基金;此外也可接受来自企业、社会中介机构的捐赠。其次,确定适用范围。对如破产企业财产不足以支付破产费用、执行职务费用、管理人报酬等情形,管理人可根据要求向法院申请使用企业破产管理人专项资金。再次,建立完善的管理人基金保管及支取制度。根据《企业破产法》的规定,管理人报酬由人民法院确定,而法院作为破产案件的审理部门,由其管理破产管理人专项基金比较符合实际,也较为合理。法院应制定规范的基金申请、审批、支取制度,切实做到专款专用、资金安全、使用到位。最后,必须建立长效的监督机制。破产管理人基金作为一项公益基金,应该经得起广大群众的监督,监管法院应定期将该基金的分配使用情况进行信息披露,适时接受广大债权人、破产管理人、媒体、社会大众等的监督。

2. 建立破产管理人执业责任保险制度

破产管理存在多种风险。我国《企业破产法》第130条规定,管理人未依照本法规定勤勉尽责,忠实执行职务的,人民法院可以依法处以罚款;给债权人、债务人或者第三者造成损失的,依法承担赔偿责任。《企业破产法》第24条同时规定,个人担任管理人的,应当参加执业责任保险。但对于单位担任管理人的,则没有明确要求,实务中也无针对破产管理人的执业责任保险。现有的律师责任保险、会计师责任保险均无法涵盖破产管理人的责任保险,存在漏洞。目前,破

---

① 参见王欣新:《僵尸企业治理与破产法的实施》,载《人民司法》2016年第13期。

产法运行较好的国家如澳大利亚，在20世纪70年代就已经设立了专门针对破产管理人的执业责任保险，美国、俄罗斯等国家也有该方面的规定。故而，加快建立单位与个人均能参与的破产管理人执业责任保险制度，一方面，能够有效分散管理人的执业风险，减少辞任现象的产生；另一方面，也是保护债权人、债务人的需要，通过保险制度，将风险损失降到最低，从而最大限度地保障广大债权人的利益。[①]

四、结　　语

俗话说，良好的开始是成功的一半。管理人如果能满怀热情与激情参与破产事务，那么就能为其后续工作的开展、案件的有序推进奠定良好的基础。破产案件不同于一般审理案件，其承载着更多的社会关注和公众期待，而这种期待随着管理人破产事务的开展，将逐步转化为对管理人全面、忠实履职的期待。因此，减少管理人辞任，推进破产案件顺利进行才能真正回应这些期待，真正体现债权人权益的切实维护。而上述机制的建立不仅是为管理人积极应对这些期待提供了思路，而且为如何创建“破产共同体”指明了方向。管理人辞任问题涉及的点虽小，但辐射的面却非常大，而要想做到点面结合、两者兼顾，则只有加快建立“破产共同体”，才能真正实现法院和管理人共同直面破产审判危机，共同化解破产审判难题，共同推进破产审判事业的法治化、常态化进程。硕果正在远方，而我们共同前进的步伐必将随着破产共同体的建立实现采摘的那一刻！

---

① 参见谷会苗：《破产管理人法律问题研究》，河北大学2014年法律硕士学位论文，第20页。

破产管理人资格准入探讨

阙　强*　宋　炜**

近年来,随着最高人民法院要求大力加强破产审判、以配合国家推动“僵尸企业”有序退出的指导意见,为了健全完善破产管理人工作机制、管理人工作规则体系,各地法院都先后出台了相应的文件及管理办法,完成了破产管理人名册的增选、管理人考评和分级等工作。

管理人制度是我国2007年《企业破产法》较之旧法创设的一项新的制度,明确了破产管理人在破产程序中的重要地位,赋予其全面接管债务人企业、接收和处置债务人资产、审查和清收债权债务等的重要职能。由此可见,破产管理人的综合素质决定破产程序是否能公正、高效进行,相关利害关系各方利益是否能够得到保障;而选任的破产管理人素质如何,又取决于破产管理人的选任、考评、分级等制度是否公平、合理。本文拟以国内现有破产管理人资格准入等制度为立足点,与大家共同探讨相关问题,以供实务、理论参考。

---

* 江苏神阙律师事务所主任。

** 法律硕士,江苏神阙律师事务所合伙人。

一、管理人队伍是否需要资格准入

1. 管理人名册制度

最高人民法院《关于审理企业破产案件指定管理人的规定》(以下简称《指定规定》)第 1 条明确了管理人名册制度,人民法院审理企业破产案件应当指定管理人。除《企业破产法》和本规定另有规定外,管理人应当从管理人名册中指定。第 2 条、第 3 条紧接着明确了律师事务所、会计师事务所、破产清算事务所等社会中介机构,以及具备相关专业知识并取得执业资格的人员,均可申请编入管理人名册。

2. 管理人名册制度的必要性

就是否应该实行管理人名册制度,在 2007 年《企业破产法》制定、颁布之初,实务界、理论界也曾对比热烈探讨,但 2007 年《企业破产法》至 2017 年的破产实务表明,对管理人队伍设立资格准入门槛、实行名册制度还是有其必要性。就整个破产事务而言,涉及破产清算、重整、和解三大块,这就要求管理人不仅需要具备法律专业知识,还要具备财税会计、审计评估、工商管理等专业知识,如果涉及上市公司重整(甚至金融机构、房地产企业等上市公司重整)等对管理人的要求更严格,不仅要具备前述专业知识技能,还要通悉该所属行业领域的信息、经验,以及上市公司应当遵守的证券交易、信息披露等规则,这对管理人提出了很高的要求。而现实是,我国的管理人队伍尚处于起步阶段,并未实现职业化、专业化,就算是已入册的管理人,专业素质也是参差不齐;且由于破产实务发展时间并不长,初期又限制受理,导致案件不多,无法让大多数管理人有在实务中探索进步的机会,即使是在经济发达地区、已入册的机构也不能保证有足够数量的专业人员来从事破产管理工作。因此,不能把所有的律师事务所、会计师事务所、破产清算事务所等社会中介机构都默认为符合管理人资质条件,而应该设定资格准入门槛,经考核后符合条件的才能纳入管理人名册。

二、已入册管理人是否需要再分级

(一)目前已入册管理人选任规则

对于已经入册管理人是否需要在分级的问题,有很大争论,要解决这个争议问题,我们必须先研究在现有制度框架下,是如何选任管理人进行破产管理事务的。对于入册的管理人,目前采取由法院主导的选任制,各地法院基本采用以下规则:

1. 一般按管理人名册采取轮候、抽签、摇号等随机方式选任管理人。对于商业银行、证券公司、保险公司等金融机构或者在全国范围有重大影响、法律关系复杂、债务人财产分散的企业破产案件,法院可以采取公开招标的竞争机制指定管理人。

2. 一般从本地管理人名册中选任。采取公开招标的方式机制选任时,可以从编入其他各地法院管理人名册中的社会中介机构参与竞争。2016 年 6 月浙江省绍兴市中级人民法院受理的浙江绿洲生态股份有限公司等 7 家关联企业合并破产、涉及金额 9 亿余元的案件,向全国入册的机构管理人公开招标,吸引了来自全国范围内的 7 家中介机构参与公开竞争"上岗",也成为浙江省首例通过竞争方式、在全国范围内选任破产管理人的案例。

3. 一般选任管理人名册中的社会中介机构。对于个别事实清楚、债权债务关系简单、规模较小的破产企业,法院可以选任名册中具备相关专业知识并取得执业资格的个人管理人。

4. 除例外情形(商业银行、保险公司破产,最后一批国有企业的政策性破产,其他法院认定的情形)外,不再选任清算组为管理人。2007 年《企业破产法》及《指定规定》较之旧法,以管理人制度替代了清算组制度,对选任清算组担任管理人作出严格限制。但也有个别法院较为支持、认可清算组管理人,认为从政府相关部门、管理人名册中的社会中介机构、金融资产管理公司等抽调人员组成清算组管理人,因为有政府的直接参与,综合协调能力增强,尤其在解决破产企业的职工、税务、工商等事务时,能够得到政府各方面的支持,可以有助于法院解决很多其他管理人无法解决的棘手问题。

(二)已入册的管理人队伍存在的问题

在上述法院主导的管理人选任制度框架下,进入名册的管理人队伍在这近 10 年的破产司法实践中显示出诸多问题:

1. 随机化选任方式,使管理人队伍参差不齐,专业素质差距悬殊

"随机化"看似具有形式上的公平,但事实上达不到实质公正。在目前"僧多

粥少”的破产实务现状下，偶然性使分配更为不均，运气好的管理人能中签较多，相应积累较多实务经验，从而能凭借丰富经验在竞争方式选任中脱颖而出，进而有资格参与更多案件。另外，现各地法院受理破产案件数量也存在很大差距，而按照《指定规定》，各法院在采取随机方式选任管理人的时候，一般只能从本地管理人名册中选任，从而导致破产案件较多地区的管理人较破产案件少的地区的管理人，办案经验、专业人员配备等累积得更迅速，最终导致各地区管理人队伍整体专业素质差距悬殊。

2. 突破“本地区”范围限制的竞争选任方式，又进一步加剧了管理人队伍发展的不平衡

如前所述，破产案件较多地区的管理人较破产案件较少地区的管理人累积了更多的办案经验，也就赚取了更多管理人报酬，能够发展出一支内部人员更为稳定的队伍，那么在破产案件较少地区如果一旦出现“商业银行、证券公司、保险公司等金融机构或者在全国范围有重大影响、法律关系复杂、债务人财产分散的”破产案件，需要竞争选任的，势必又是那少数发展超前的管理人获得头筹。而那些运气差的管理人无机会、无报酬、无人员，会渐渐放弃退出队伍，更加剧管理人队伍发展的两极分化。

3. 作为机构管理人的清算事务所，很难证明其破产管理履职能力

清算事务所作为管理人也存在诸多缺陷：第一，清算事务所的相关人员无须通过相应专业资格考核，其专业水平参差不齐，甚至缺乏基础的法律、审计、财会等方面的知识；第二，清算事务所更像是一个商业组织，即为从破产清算、重整中获取相应利益而成立的公司，其设立程序与一般公司无异，限制较少，而对于律师事务所、会计师事务所的设立，政府却有严格的限制，准入门槛较高；第三，律师事务所、会计师事务所都有严格的行业法规及执业道德规范，法律强制性规定其必须对提供材料的真实性作出保证，不得因逐利而违反执业道德，但是如前所述，清算事务所更像是一个商业公司，行业规范对其限制较小，更无行业自律组织实施监督，无法保证其作为管理人时行为的规范性与合法性。

4. 清算组管理人的保留，使法院的破产审判绩效受限、受制于政府

清算组往往不能胜任作为破产管理人的要求，清算组成员主要由政府相关部门人员兼职，不具备管理人所需的法律、财会、工商管理、资本运作等相关知识，因其专业能力不强，难以满足破产事务管理的要求，更难达到法院对破产程

序高效、快速完成的要求。

鉴于前述管理人队伍在破产司法实务中凸显的问题,越来越多的法院、学者呼吁应当对已入册的管理人队伍再次进行分级。

三、管理人队伍分级的标准和应考虑的因素

对管理人进行考核分级的标准以及应考虑的因素有哪些?可以参考无锡市中级人民法院2016年《无锡法院破产管理人分级管理和选任办法》。

该办法第4条明确了管理人的分级及分级标准,规定:对编入名册的管理人进行分级管理,分为一级、二级、三级。一级管理人3~5名,二级管理人10名,其余均为三级管理人。一级管理人数量根据破产案件审判需要动态调整,在分级考核时确定。具备以下条件可被评定为一级管理人:从事破产管理工作3年以上;承接破产案件、公司强制清算案件不少于10件次;具备律师资质或注册会计师资质的从业人员不少于20人;具备担任重大疑难复杂案件破产管理工作的能力。具备以下条件可被评定为二级管理人:从事破产管理工作2年以上;承接破产案件、公司强制清算案件不少于5件次;具备律师资质或注册会计师资质的从业人员不少于15人;具备担任疑难复杂案件破产管理工作的能力。除一级、二级管理人以外,其余均为三级管理人。对于无锡市中级人民法院管理人名册中有律师事务所和会计师事务所联合体的,在该办法中同时规定了对联合体评定等级时,优先考虑评定较高等级。同时,该办法第12条明确了管理人的分级考核,规定:无锡市中级人民法院根据业务需要每1~3年对管理人进行分级考核,采用管理人自评、法院考评、专家评定三者结合的办法确定管理人的升级、保级、降级。根据年度考核的得分名次,确定除名和降级。

无锡市中级人民法院的该规定,在全国法院系统中率先推行了对名册内管理人的分级管理,因其制定内容比较详尽、各利害关系方利益诉求也都得到了一定体现,所以在全国破产实务界得到很大程度推崇。根据该规定、再结合管理人制度框架体系,笔者对管理人名册内再分级持保留意见,并提出以下建议、以供参考:

1. 名册内再分级,应考虑是否进一步扩大了法院的选任权,是否更容易显失公平和滋生腐败

管理人名册准入门槛是由法院主导设定的,如果在名册内再行设定由法院

意志为导向的考核标准，无疑进一步加大了法院选任管理人的权力；《企业破产法》又仅规定了"债权人会议认为管理人不能依法、公正执行职务或者有其他不能胜任情形的，可以申请人民法院予以更换"，除此之外，并没有其他对于法院这种选任权力的外部监督机制。而破产案件涉及处置的资产标的动辄上千万元、上亿元，利润空间很大，如果相应的权力没有监督，就容易"暗箱操作"、滋生腐败。如笔者所在的律师事务所，在2008年就被选入法院破产管理人名册，但近10年，同其他大多数入册的管理人一样，从来没有被法院通知参与随机或者竞争选任办理破产案件；这种通知、机会待遇本身就不公平、公正，这种不透明的遴选方式，也使法院很难摆脱滥用职权、利益输送的嫌疑。

2. 在破产实务队伍发展初期，如实行名册内再分级，是否会不利于管理人队伍整体均衡发展

法院对管理人进行分级的最终目的，是希望在一些"商业银行、证券公司、保险公司等金融机构破产、上市公司破产或有重大影响且案情复杂"的破产案件中，排除资历不够、低级别的管理人参与随机或者竞争选任，初衷虽然是提升破产程序的高效、公正、顺利进行，但在破产司法实践刚起步发展、破产案件与管理人"僧多粥少"的现状下，这样的分级无疑将破产案件集中在个别管理人手中，可能会导致将来不可避免地形成管理人行业垄断团体，垄断的后果直接影响推高管理人报酬，不仅不利于提升整个管理人队伍的专业能力水平，更不利于维护破产企业和债权人等利害相关方的权益，与《企业破产法》的宗旨相违背。

3. 是否应考虑用对名册内管理人的考评机制，来替代名册内再分级

法院的权利需要限制，破产管理人作为特殊行业、其工作绩效也应该受到监督与制约，故笔者虽对名册内再分级持保留意见，但是呼吁应当建立对管理人队伍的综合考评机制，并对每个管理人建立相应的考评档案，这也是得到大多数人共识的。利用考评机制来进行市场化的优胜劣汰，而不是直接利用分级来司法干预、限制低等级管理人参与摇号、竞争选任，相对公开、公平、公正。考评范围可以根据管理人的工作进行个案的业绩考核以及整体的综合素质考评，考评主体可以法院、债权人为主，当然如果不久的将来行业自律组织——破产管理人协会能够得以成立，考评主体应该由协会主导。另外，即使是对名册内的管理人进行考评，也不应再设置所谓的"末位淘汰出局"，因为既然已经设置了资格准入门槛，是否需要清退除名，完全应该由准入门槛的相关标准评定。

四、对资格准入、分级框架下,避免"暗箱操作"的建议

1. 扩大、细化债权人会议对管理人选任的异议权

明确在哪些情况下债权人会议可以提出异议,也明确哪些情况下法院无正当理由不得拒绝债权人会议推选的破产管理人;同时也可以规定其他利害关系各方可以对该推选的破产管理人提出异议,但是异议是否成立最终由法院裁定。这样既尊重了债权人的意思自治,又不影响法院在破产审判程序中指导、监督的主导地位。

2. 加快设立行业自律组织——破产管理人协会

管理人协会作为管理人的自律组织,应当将名册内所有的管理人纳入管理范围,把现有的法院直接指导、监管管理人队伍,转变为由协会把关管理人队伍的资格准入、综合考评、日常监管等行业自治规范,然后再由法院作为业务主管部门对破产管理人协会统筹指导、监督。

3. 竞争选任评分结果公开化

采用摇号等随机选任方式的,大多都能做到形式上的公平。采用竞争方式选任的,存在个别现象:也许法院已经内定了人选,但为了做到形式上的公平,会通知名册内管理人在很短的期限内提交投标方案参加遴选,而准备投标又要对破产企业进行摸底调查以及准备大量的材料,耗时耗力,但最终可能是徒劳无功。所以,建议竞争选任的最终评分结果应该公开、透明,如当场答疑、当场评分、当场公布。

五、结　　语

管理人工作贯穿整个破产程序,法律对管理人给予重托。破产程序一经启动,管理人接管债务人企业人财物的控制权,其职能的实施与债权人及相关利害关系人息息相关,因此建立公开、公平、公正的管理人选任机制尤为重要。笔者认为,法院的主导管理人资格准入、分级选任机制,应当只是在目前管理人队伍发展初期、素质参差不齐的情况下,采取的短期、临时措施;长期来看,还是应该由市场决定、法院评价、行业考核来最终确定行业准入标准,消除司法干预市场经济的影响,从而培育符合破产法根本宗旨的正当竞争、优胜劣汰的管理人选任机制。

五、管理人的履职保障与监督管理

破产管理人就有财产担保债权受偿的报酬计收问题刍议

胡　聪[*]　宗士才[**]

在当前全国法院系统倡导破产审判助推供给侧结构性改革、全面推进破产企业救治和清算工作，并在中级人民法院设立清算与破产审判庭的大背景下，新一轮的破产案件审判高潮即将来临。而在破产案件审理过程中承担关键角色，作为破产企业"保姆"的管理人，其报酬的计量和支付问题，作为一个"很敏感也很受破产从业人员关注的问题"，①亦需要在推进破产制度改革的同时协同变革。而在管理人报酬的诸多议题中，破产管理人就债务人对有财产担保债权清偿的报酬计收问题广受关注，本文将聚焦该问题，结合笔者参与破产案件处置的经验进行探讨分析，并提出解决问题的思路。

---

* 泰和泰(深圳)律师事务所律师。

** 上海市锦天城律师事务所高级合伙人。

① 陈夏红:《再穷不能穷破产管理人》，载《法制日报》2016年7月20日，第12版。

一、问题的提出

(一)现行法律对于管理人就债务人对有财产担保债权清偿的报酬计收之规定

根据我国《企业破产法》第28条第2款之规定,管理人的报酬由人民法院确定,据此授权,最高人民法院于2007年出台了《关于审理企业破产案件确定管理人报酬的规定》(以下简称《规定》),《规定》第2条第1款确定了以债务人最终清偿的财产价值总额为基数,在不同比例限制范围内分段确定管理人报酬的基本原则,同条第2款规定,“担保权人优先受偿的担保物价值,不计入前款规定的财产价值总额”,根据该规定,作为计量管理人报酬基数的债务人最终清偿的财产价值总额不含担保权人优先受偿的担保物价值。而依据《规定》第13条之规定,“管理人对担保物的维护、变现、交付等管理工作付出合理劳动的,有权向担保权人收取适当的报酬。管理人与担保权人就上述报酬数额不能协商一致的,人民法院应当参照本规定第二条规定的方法确定,但报酬比例不得超出该条规定限制范围的10%”。据此,管理人对于担保物的维护、变现、交付等付出合理劳动的,在未与担保权人协商一致的情况下,其收取的报酬至多不超过上述第2条分段计算报酬的10%。以债务人最终清偿100万元普通债务与债务人向有财产担保债权人清偿100万元特定债务为例,前者管理人最多能收取12%即12万元的报酬,后者管理人至多能收取12%之10%即1.2万元的报酬。①

担保权人优先受偿的担保物价值的1.2%,成为管理人针对担保债权人就担保物受偿的报酬计算之最高比例,因为随着担保物价值的提升,实行的是分段计费,债务人最终清偿的财产价值总额超过100万元之后,管理人的报酬将从12%到0.5%逐段下降。

(二)现行规定的合理性

现行法关于有财产担保债权人就担保物受偿的管理人报酬计量之规定,并

---

① 即便是在考量《关于审理企业破产案件确定管理人报酬的规定》第2条第3款关于高级人民法院可参照第1款比例在30%的浮动范围内制定符合当地实际情况的管理人报酬比例限制范围之规定的情况下,管理人就债务人向有财产担保债权人清偿100万元债务也至多能收取1.5万元报酬。

不是毫无道理,也是其来有自。最高人民法院《规定》第2条第2款“担保权人优先受偿的担保物价值,不计入前款规定的财产价值总额”之规定,确立了管理人就担保权人优先受偿债权的报酬不由债务人财产支付的原则,原因在于,管理人对于担保债权的合理劳动一般不会给普通债权人带来利益,“显然不能从债务人无担保的财产中支付,而只能从担保财产的变价款中支付上述管理人的劳动报酬”。①

最高人民法院《规定》第13条则从量的角度确立了管理人就担保债权受偿之报酬计量规则,该条实际上是我国《物权法》第173条规定之延伸,②即管理人对担保物的维护、变现、交付等管理工作付出合理劳动的报酬,属于担保物权之担保范围,由债权人自担保物中受偿之后向管理人支付。至于为何支付比例最高只是无财产担保债权最终受清偿额分段计算报酬的10%,应当是因为管理人对于该等债权的受偿所付出劳动较少,管理人只是单纯对担保物进行维护、变现、交付等工作,故只能以较低的比例收取报酬。

值得指出的是,上述担保债权人所支付的报酬,仅针对管理人对担保物的维护、变现、交付等管理工作而付出的合理劳动,不包含管理人就担保关系是否存在进行的审查确认工作,原因在于,担保权人对于自己享有的权利是不存在疑问的,也不需要别人的鉴别,对其债务的确认活动虽然影响到其利益,但实际上是为了全体无担保债权人的利益进行的,而不是为担保权人的利益进行的,因此应当从破产财产中支付费用,尤其是对于采取登记生效主义且登记具有较强公信力的不动产抵押权而言,更是如此。③ 也就是说,将管理人审查担保关系存在与否的工作作为影响无担保债权人利益的因素,用破产财产以支付其合理报酬,至于管理人对于担保物的维护、变现、交付等管理工作所付合理劳动的报酬,应由担保权人自担保物变现价款中予以支付。

---

① 王欣新:《破产法》(第3版),中国人民大学出版社2011年版,第97页。

② 《物权法》第173条规定,担保物权的担保范围包括主债权及其利息、违约金、损害赔偿金、保管担保财产和实现担保物权的费用。

③ 参见许德风:《破产法论:解释与功能比较的视角》,北京大学出版社2015年版,第278~279页。

二、现行规定存在的问题

一家企业之所以进入破产程序,按照《企业破产法》的规定,是其不能清偿到期债务,并且资产不足以清偿全部债务或者明显缺乏清偿能力,在破产审判实务中,除“无产可破”①的案件之外,进入破产程序的企业绝大多数都存在以财产设定担保融资的问题,可以说,破产债权中存在财产担保债权是破产案件最常见的现象之一,在此背景之下,现行法关于管理人就有财产担保债权清偿额的报酬计收之规定主要存在以下问题:第一,未能区分担保债权的种类,未能细分管理人就担保财产所付出劳动,而一体规定管理人报酬的计收比例;第二,管理人所付劳动的报酬极低,不利于鼓励管理人积极履职;第三,管理人与担保权人协商报酬的规定被虚置,背离了破产法作为私法的性质定位。以下,试分别阐述之。

(一)现行规定未能区分担保债权的种类

根据我国现行法律的规定,破产法中担保债权人可对担保物行使优先受偿权的担保方式包括抵押、质押和留置,其中,质押包括动产质押和应收账款质押。应当说,在动产质押和留置的场合,管理人所付出劳动确实有限,因为此时担保权之标的已转移至债权人占有,管理人所负劳动仅限于对担保物之变现和交付。就抵押而言,抵押物虽不转移至债权人占有,但管理人对于担保物与破产财产之区分,亦可能颇费周折,尤其是对于动产抵押和浮动抵押而言,该等标的与债务人的其他财产相联系,管理人对该等财产与其他财产所付出的区分、确认和分割等劳动,已超出上述所谓维护、变现和交付的范围,理应对管理人支付相应报酬。以笔者参与处理的一宗破产清算案件为例,债务人最大的债权人为一家金融机构,债务人以其部分生产用机器设备做抵押向其借款,还有部分机器设备属于债务人通过融资租赁获得,在债务人债务危机发生之后,其他债权人纷纷对其提起诉讼并对其机器设备进行了多轮查封。遗憾的是,查封法院未制作详细的查封财产清单,金融机构的抵押机器设备及融资租赁公司的融资租赁机器设备也未

---

① 无产可破是学界的一种形象说法,是指破产财产不足以支付管理人报酬的情形。参见许德风:《破产法论:解释与功能比较的视角》,北京大学出版社 2015 年版,第 281 页。

与债务人的其他机器设备相区分,本案债务人的法定代表人及经营管理层均跑路,员工也已全部离职,所以管理人需要组织、协调各利益相关方对案涉机器设备开展区分、确权工作,就此而言,管理人即应当向享有机器设备抵押权的金融机构收取该部分劳动的合理报酬。

就应收账款质押而言,存在的问题更大。根据《物权法》第223条之规定,债务人可以应收账款设定质押,应收账款之所以可以作为质押之标的,在于其为一种债权请求权,依据该请求权可以取得资金收益。应收账款质押,其标的为应收账款非为账款,在作为应收账款之债权人企业破产的场合,应收账款的债务人往往不会主动付款,管理人一般只能以诉讼的方式追讨债务,在此种情况下,管理人对应收账款收回所付劳动等同甚至远远大于对破产企业一般债权的追收,而其报偿只及一般债权计量报酬金额的10%,殊不合理。

以笔者所在破产管理人团队所负责的一宗破产案件为例,债务人深圳市某电脑系统工程公司以其对工程发包方的应收账款作为标的向多家银行贷款,应收账款及银行贷款金额均在1000万元以上,后该公司资不抵债进入破产程序,管理人在对工程发包方追收应收账款时,发包方以破产债务人欠其债务为由向管理人主张抵销,在管理人不同意其抵销的情况下,最后只能通过诉讼的方式对应收账款进行追收。此种情形,若质押权人不向管理人支付相当的报酬并承诺配合开展诉讼,管理人虽肩负追收债务职责,却很可能力不从心(以诉讼收回1000万元应收账款并对担保权人偿付为例,在顶格计算的情况下,管理人收取的最高费用仅为9.2万元:$100 \times 12\% \times 10\% + 400 \times 10\% \times 10\% + 500 \times 8\% \times 10\% = 9.2$万元);不说报酬,单是诉讼费用就会使管理人望而却步(在败诉的情况下由破产财产支付诉讼费用对于无财产担保债权人而言也不合理)。

(二)现行规定所确立的管理人报酬极低

如前所述,现行法对于管理人就担保权人优先受偿担保债权的报酬,采取的是以担保物价值总额为基数,适用《规定》第2条第1款计算管理人报酬的分段分比例,计算出一个报酬额,再以不超出该报酬额10%的比例确定管理人对担保债权清偿的报酬,该规定虽保持管理人的报酬与担保财产价值的间接联系,但担保财产价值的折扣加折扣的计算方式(两个折扣均较低),使管理人能收取的报酬极低,不利于鼓励管理人积极履行债权追收职责。

按照制度设计者的思路,既然认为管理人对于无财产担保债权清偿所付劳动与对有财产担保债权清偿所付劳动不同,将二者区分,那么,逻辑一贯的结果应该是分不同的标准确立管理人的报酬计量方法。原因在于:

第一,最高人民法院《规定》第2条第1款所规定的计算管理人报酬的基数,是债务人最终清偿的财产价值总额,该数额与分段计算比例相匹配计算管理人对无财产担保债权受清偿的报酬,而管理人对于有财产担保债权受清偿的报酬,不能以担担保物的价值总额与上述分段计算比例相匹配计算,因为担保债权人受清偿债权额与债务人最终清偿的财产价值总额是性质不同的两个数额,后者是债务人财产扣除破产费用和共益债务之后的余额,是债务清偿额,该清偿额将用于向普通债权人清偿债务,而前者根本不存在扣除破产费用和共益债务的情形,是担保物变现的总额,只能用于向担保权人清偿优先债权。性质不同的两个数额与同样的分段比例匹配计算管理人报酬,很难说合理。

第二,即便是采用无财产担保债权受清偿所对应比例计算有财产担保债权受清偿管理人报酬,10%的二次限制比例还是太低,管理人能收取报酬与其承担的责任和风险不相匹配,根本无法调动管理人的工作积极性。“从市场经济的角度,显而易见的是,在不完美的竞争机制中,过低的报酬只会导致劣胜优汰,最优秀的破产管理人完全可以改行做其他风险更低、时间更短、报酬更高的事情,逆向淘汰终将大行其道,这绝对不利于顶级人才加入破产管理人队伍之中。”①“天下熙熙,皆为利来;天下攘攘,皆为利往”,管理人虽肩负破产清算重要职责,但其根本目的还是获得与其劳动相匹配的报酬,对于中介机构担任管理人而言,更是如此。并且,10%的限制比例也为管理人与担保权人协商报酬的破裂埋下了制度的种子,有关此点,后文会详述。

(三)现行规定关于管理人与担保权人协商报酬的规定被虚置

如前所述,依据最高人民法院《规定》第13条之规定,管理人对担保物的维护、变现、交付等管理工作付出合理劳动的,有权向担保权人收取适当的报酬。管理人与担保权人就上述报酬数额不能协商一致的,人民法院应当参照本规定第2条规定的方法确定,但报酬比例不得超出该条规定限制范围的10%。该规

① 陈夏红:《再穷不能穷破产管理人》,载《法制日报》2016年7月20日,第12版。

定似乎为管理人与担保权人协商报酬开启了制度的大门,实则不然。原因在于,既然在协商不成的情况下法院会依据一个较低的比例确定管理人的报酬,有哪个担保债权人会与管理人协商?协商如何不失败?

此一规定体现出了司法权积极介入、主导破产程序的立法趋势,与破产程序私法自治的性质相违背。对于破产法的性质,学者普遍认同的观点为:破产程序是在公力监督下的债权人自治程序。[①] 而债权人自治的基本形式是债权人会议,破产程序中的重大问题由债权人会议决定,法院只扮演消极角色,如债权人会议与债务人的和解协议、破产财产的管理、变价与分配方案等,均由债权人会议决定,只要不违反法律或者债权人的一般利益,法院即认可而具有法律效力。而针对管理人向担保权人计收报酬这样的事宜,完全可以由双方按照市场化的方式协商达成一致,因为这不同于以债务人财产向管理人支付报酬,毫不损害广大无担保债权人的利益。担保权人完全可以在权衡利弊之后与管理人就报酬事宜达成一致,即便双方未能达成一致,在管理人不积极履行职责的情况下,担保债权人可以通过债权人会议和人民法院对其进行监督,在管理人不主动向第三人追收债务的情况下,担保债权人还可以对第三人提起代位权诉讼。遗憾的是,现行法以人民法院行使最后决定权并设定固定计算比例的方式间接关闭了管理人与担保权人协商的大门。

三、出路:程序向谁开启由谁买单

最高人民法院《规定》系2007年制定,至2017年已近10年,期间未作任何修改。10年来,制定《规定》的社会经济背景已经发生很大变化,《规定》所确立的管理人报酬标准也应随着社会经济的发展进行必要的调整。面对破产管理人,不能只强调其义务和责任,而无视其正当合法的权利,作为管理人,无论是律师事务所、会计师事务所还是破产清算事务所,无不是以市场化的方式运作,因此,保护、兼顾管理人的正当化利益成为推进破产案件审判的关键一环。在当前强调去产能、去库存、去杠杆、降成本、补短板的大背景下,司法处置"僵尸企业"助推供给侧结构性改革,已经成为新形势下人民法院审判工作的新抓手,要集中整

① 参见李永军:《重申破产法的私法精神》,载《政法论坛》2002年第3期。

治“僵尸企业”,推进企业救治与清算工作,就不能不对早就陈旧的破产管理人报酬制度进行同步改革。就破产管理人的报酬改革而言,核心原则应是以市场化为导向进行改革,减少司法权对于债权人自治的介入和干预,让“法院的归法院,债权人的归债权人”。

第一,就管理人对有财产担保债权清偿的报酬计收问题而言,在适当提高管理人整体报酬的前提下,应积极落实管理人与担保权人的协商机制,坚持“程序为谁开启由谁买单”的原则,尤其是在处置“僵尸企业”的过程中,面对大量的无产可破案件,在普通债权人清偿率极低的情况下,有财产担保债权人无疑是破产程序启动的最大受益者,因此,制度应允许管理人自由与担保债权人协商报酬。至于管理人与担保权人协商报酬的标准,当以担保权人优先受偿的担保物的价值为基础,由双方商定报酬比例。一个需要澄清的问题是,实践中相当多的金融机构担保债权人只愿意以一个相当于诉讼中委托律师追收不良资产的报酬比例向管理人支付,导致管理人与担保权人无法达成协议。事实上,诉讼程序中律师的角色和作用与破产程序中管理人的角色和作用完全不具有可比性,因为当债务人进入破产程序后,担保债权人只能通过管理人实现债权,即便是委托律师通过诉讼取得法院的生效判决,亦无法绕开管理人这一环节实现债权受偿,即对担保债权人而言,诉讼代理人与破产管理人不是平行的可选择关系,破产管理人是其必然选择。

第二,作为制度保障,在管理人与担保债权人双方协商不成的情况下,可以规定由人民法院在一个起点较高和幅度较大的比例范围内根据案件实际情况决定管理人报酬,如此,一来可以解决双方协商不成出现僵局的问题,二来也为双方的协商提供了一个可以凭借的合理参考范围,避免管理人要价过高及担保债权人低价议付。

第三,这也使法院结合经济社会发展形势及具体案情确定管理人报酬成为可能,避免频繁修改管理人报酬标准。

另外,在人民法院决定管理人就有财产担保债权清偿的报酬的情形下,还应区分不同的担保形式,充分考量管理人所付出的劳动量,并将之与管理人就无财产担保债权受清偿之报酬计量作出对比,综合确定管理人的报酬。

值得指出的是,在应收账款质押的场合,管理人同样可以与担保权人协商由担保权人承担追收应收账款的诉讼费用,该等诉讼费用可由担保权人据实承担,其合理之处在于：追收应收账款的诉讼系为保障担保权人利益而发动，普通债权人一般不会从中受益，担保权人即便不通过管理人提起诉讼，也会以自己的名义通过代位诉讼等方式提起诉讼追偿，对于预计将通过诉讼追收应收账款的担保债权人而言，这是一笔无法避免的费用支出。

破产管理人"四元"监管模式研究*

刘冬梅** 张 妍*** 范晓玲****

破产管理人是破产程序中最为重要的角色之一,在各国的破产立法或商法典中,对破产管理人制度均作有相应规定,破产管理人制度的起源可追溯至古罗马时代。但在我国,破产管理人实际上是一个新兴事物。在2007年6月1日起开始施行的《企业破产法》中才正式确定破产管理人的法律地位。在过去的10年间,破产管理人制度从无到有,管理人的执业水平显著提升、团队规模不断扩大、社会认同度明显增强,这些变化在对我国破产事业的发展具有积极的推动作用。但不可否认,我国的破产管理人制度尚有许多缺陷和不足,其中管理人监管制度不完善是最为重要的内容。现行《企业破产法》赋予了管理人极大的自主权利,但相应的配套监督机制不健全,导致管理人不作为、乱作为的现象时有发生。正如孟德斯鸠所说:"每个有权力的人都趋于滥用权力,而且还趋于把权力用至极致,这是一条万古不易的经验。"①权力具

---

* 本文发表于《法治论坛》2017年第2期。

** 广州市中级人民法院清算与破产庭副庭长。

*** 广州市中级人民法清算与破产庭审判长。

**** 广州市白云区人民法院民二庭法官。

① 参见[美]E.博登海默:《法理学:法律哲学与法律方法》,邓正来译,中国政法大学出版社1999年版,第55页。

有自我扩张的本性和肆意滥用的本能。要想避免管理人执业乱象的发生，只能考虑用监管制度将权力关进笼子里。为此，本文以建立破产管理人“四元”监督模式为着眼点，以期全方位破解管理人监管困境。

一、管理人执业现状

根据《企业破产法》的相关规定，管理人需要协调破产企业的职工、股东、债权人、债务人、上级主管单位、行政管理部门等各方利益主体之间的法律关系，处理财产保管、职工安置、债权审核、债务追收、资产处置、财产分配等各项法律及非法律的破产事务。因此，一支成熟的管理人队伍应当兼具法律、财务、会计、审计、企业管理等各项专业知识，管理人成员应当属于知识复合型管理人才。而当前的管理人整体执业水平距离这一要求还有很大差距。尽管现实中不乏高素质管理人办结大案要案的范例，但笔者通过走访深圳、广州、温州、北京等国内有代表性的几个城市，发现实践中更为普遍的管理人执业现状是下述情况：

（一）管理人执业水平参差不齐

笔者在调研中发现，管理人之间的执业水平差异巨大。这种差异体现在不同地区、不同行业及在册时间不同的管理人之间，具体情况如下：其一，破产审判工作走在前列的地区，其管理人执业水平远高于其他审判工作滞后的地区。例如，深圳、温州、广州、上海地区的管理人执业水平普遍较高，与中西部地区存在显著差异。其二，律师事务所的执业水平普遍高于会计师事务所。按照最高人民法院《关于审理企业破产案件指定管理人的规定》的规定，律师事务所、会计师事务所、破产清算事务所等社会中介机构及专职从业人员均可编入人民法院的破产管理人名册。其中，会计师事务所并非提供法律服务的中介机构，而破产程序要求管理人精通《企业破产法》及相关法律、司法解释，这种跨学科作业或多或少会影响案件的办理质效。其三，在册时间长的管理人比在册时间短的管理人执业水平更高。破产程序涉及各项法律及非法律事务，需要与多个单位和个人进行沟通和协调。先入册的管理人在这方面的经验积累更加丰富，对于后续案件的审理也更加有利。

(二)管理人自我定位存在偏差

关于破产管理人的角色定位,理论界有不同观点。在英美法系国家中占主导地位的是信托说。在大陆法系有代表性的是代理说、职务说、财团代表说。① 由于理论界尚未对这一问题达成共识,司法实践界更是存在巨大争议。无论是法院还是管理人,在两者权利边界的限定上均存在不同的认识,由此导致部分管理人在自我定位上存在偏差。笔者在调查中发现,以下三种错误定位比较有代表性:第一种错误观点是管理人认为自己代表的是债权人。在处理事务的过程中,管理人成为了债权人的代言人,部分管理人甚至跟债务人的董事、监事、高级管理人员打擂台,严重违背了管理人的"中立性"。第二种错误观点是管理人认为自己是法院的副手,是接受法院的委托,帮助法院处理破产清算事务。持有这种观点的管理人缺乏独立的判断,事事请示汇报,各种事项均请求法院出面协调,给司法审判工作带来极大困扰。第三种错误观点是管理人认为自己是单纯提供法律或会计服务的中介机构,在执行职务的过程中,缺乏对案件进程的全面把控,注意力往往集中在其专业业务本身,忽视了管理人综合职能的发挥。

(三)管理人的执业压力逐年上升

近几年,随着社会经济的不断发展,在优胜劣汰的市场机制下,越来越多的落后产能需要借助司法程序退出市场,破产事业有了显著发展。而管理人的执业压力与破产事业的发展相同步,管理人的执业压力也在近几年间不断上升。这种上升可以从以下三方面进行展现。

一是法院受理案件数逐年上升。近几年,全国各地的破产案件收案数均有所提升。以广州地区为例,2012~2016 年,广州两级人民法院共收破产案件 246 件,结案 183 件。其中 2012 年收案 36 件,结案 25 件;2013 年收案 31 件,结案 27 件;2014 年收案 33 件,结案 18 件;2015 年收案 68 件,结案 54 件;2016 年收案 78 件,结案 59 件。具体变化如图 1 所示。广州地区作为珠三角地区的核心城市,广州地区的情况如此,其他法院可见一斑。

---

① 参见王欣新:《破产法》(第 3 版),中国人民大学出版社 2011 年版,第 64 页。

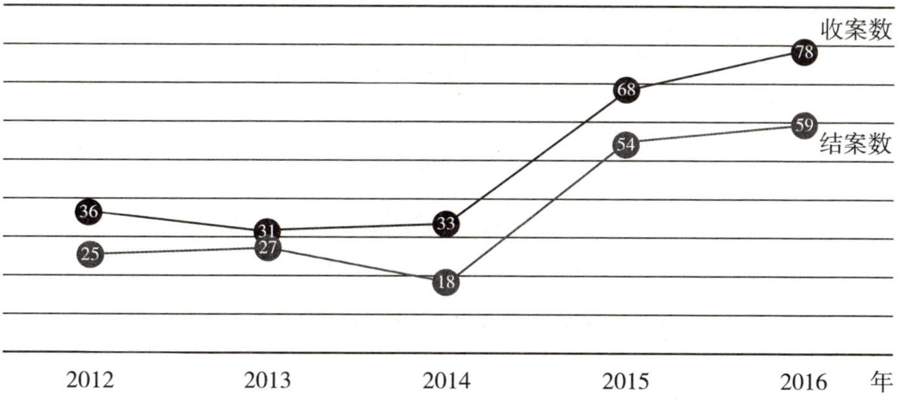

图1 广州两级法院2012～2016年破产案件收结数统计

二是"执转破"全面实施带来的挑战。2017年1月20日最高人民法院正式下发最高人民法院《关于执行案件移送破产审查若干问题的指导意见》,详细规定了执行案件向破产审判的移送问题。这一规定出台之后,许多久拖不决的执行案件有望借助破产程序顺利终结,"执转破"工作已经成为人民法院力推的工作重点。以广东省为例,据不完全统计,广东省预计今年推动件执行案件转入破产程序。这对管理人队伍无疑是一个重大挑战。

三是"僵尸企业"清理工作带来的冲击。供给侧结构性改革是国家经济改革的重点,而清理"僵尸企业"是供给侧结构性改革的重要组成部分。党中央、国务院已将清理"僵尸企业"作为工作任务下方到各地政府。"僵尸企业"的清理工作已在国内全面铺开。而破产程序作为"僵尸企业"出清的一种重要手段,必将在未来很长一段时间内被频繁使用。以广州地区为例。广东省属"僵尸企业"共计3385家,第一批拟进入破产程序的"僵尸企业"已有239家;广州市属国有"僵尸企业"共计476家,第一批拟进入破产程序的"僵尸企业"为168家。预期还将有大量"僵尸企业"陆续进入破产程序。除了数量的增长外,案件的复杂程度也会有明显提升。以广州地区首批拟进入破产程序的"僵尸企业"为例,历史遗留问题涉及欠税、职工安置、不动产处置、历史债权债务问题等各个方面(见图2)。这些必将给管理人队伍带来冲击。

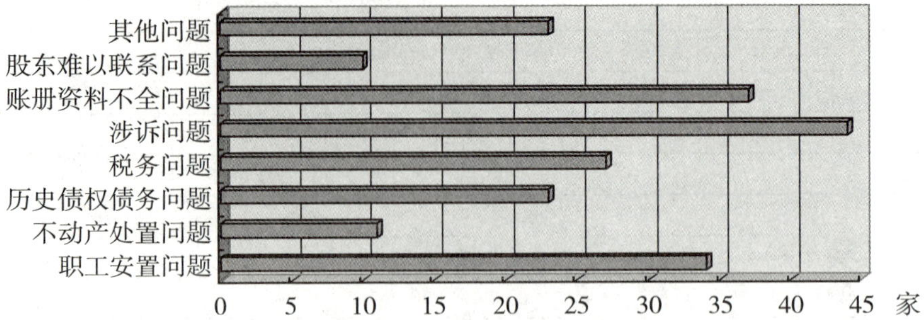

图2 广州地区首批拟进入破产程序的"僵尸企业"历史遗留问题情况分布

二、困境:管理人监管制度之缺陷

如前文所述,管理人执业现状令人担忧,管理人不作为、乱作为的现象层出不穷。为肃清这一执业乱象,完善的管理人监管制度不可或缺。正如柏拉图所言:"如果某人管理人类事务可以不承担责任,那么就必然产生傲慢和非正义。"①法律不能期待以当事人的自身约束和良好的品德来保证制度的顺利运行;权力制约和监督机制是唯一防止权力滥用的良好药方。而我国目前的管理人监管体系存在缺陷,部分管理人即使不积极履行职责也可以逃脱法律的制裁,这种放任自流进一步冲击了薄弱的监管屏障,导致管理人监管制度陷入困境。这种困境主要体现在以下几方面:

(一)权利主体监督不到位

根据我国《企业破产法》第23条的规定:"管理人依照本法规定执行职务,向人民法院报告工作,并接受债权人会议和债权人委员会的监督。管理人应当列席债权人会议,向债权人会议报告职务执行情况,并回答询问。"因此,债权人会议和债权人委员会是管理人的法定监督主体。除此之外,管理人的自行监督和法院的外部监督也是管理人监管制度的重要组成部分。但现行法律在各监督主体的职权划分上存在不当之处。

---

① 参见[美]E.博登海默:《法理学:法律哲学与法律方法》,邓正来译,中国政法大学出版社1999年版,第10页。

1. 债权人会议和债权人委员会的监督

根据我国《企业破产法》第 23 条、第 68 条的规定，债权人会议和债权人委员会对管理人的监督方式主要是质询。这是法定的监督方式，对于切实维护广大债权人的合法权益意义重大。但债权人会议和债权人委员会是通过集体的方式进行监督，本身具有临时性和人员利益的复杂性，不适宜作为日常监督，而且召开债权人会议耗时耗力，也会影响破产清算效率，这些必然影响监督的质效。加之债权人会议和债权人委员会对于破产法律制度缺乏了解，质询的内容和方向可能与管理人应尽的法定职责存在偏差，难以对管理人作出客观准确的考量，监督效果大打折扣。

2. 管理人自我监督

我国《企业破产法》规定管理人应当勤勉尽责。但是，法律并未规定勤勉尽责的判定标准，这种勤勉尽责主要依靠管理人自身的职业操守，存在一定的主观任意性。而且管理人既当运动员，又当裁判员，也会影响监督权的行驶。同时，在司法实践中，破产案件缺乏启动经费的情况十分普遍，严重制约了管理人开展工作。管理人作为营利性的中介机构，在没有经费的前提下，不愿意积极履行管理人职责，更遑论自我监督。

3. 法院监督

根据我国《企业破产法》第 23 条、第 68 条的规定，管理人应向人民法院报告工作，当管理人拒绝接受债权人委员会的监督时，债权人委员会还可以请求人民法院作出决定。但是，法律并未规定，管理人报告之后，法院应当怎么办，也没有确定法院许可或禁止某些行为的标准。而且，当管理人拒绝接受监督时，法院应当依据何种标准，作出何种决定，这些也都缺乏明确的规定，影响了法院监督权的行驶，甚至为管理人权利寻租提供了可能。例如，我国 2006 年深圳市中级人民法院被揭发的司法人员集体贪腐案，涉案被“双规”的法院高层就有 3 人曾掌管过破产庭的工作。①

(二) 监督手段缺乏威慑力

监督效果的好坏与监督力度的强弱密切相关，而监督力度的强弱是由监督

① 参见《司法系统地震将引发对深圳企业破产案的强烈质疑》，载《海新集团财经周刊》：http://www£ qhx. ne 灯 index. PhP? /eontent/view/388/36 为 tml，最后访问日期：2017 年 4 月 20 日。

手段决定的。现行《企业破产法》中对于监督手段的规定不到位,直接影响管理人监管制度的实施。根据《企业破产法》的规定,对管理人的监管手段,主要包含以下内容:

1. 更换管理人

根据我国《企业破产法》第22条的规定,债权人会议可以申请人民法院更换管理人。但司法实践中,这一情况十分鲜见。以广州市中级人民法院为例,在过去的近十年间,尚无一件破产案件的债权人会议申请更换管理人。为何会出现这一情况?因为更换的管理人同样是随机选定的,我们无法确定新选定的管理人优于之前的管理人。而且之前的管理人已经开展了一定的工作,新旧管理人移交事务可能会耗费更长的时间。综合上述考量因素,更换管理人并非是债权人的最优选择,这一监督手段基本形同虚设。

2. 减少管理人报酬或罚款

根据最高人民法院《关于审理企业破产案件确定管理人报酬的规定》,管理人报酬是根据债务人最终清偿的财产价值总额来确定的。但是,在司法实践中,无财产、无人员、无账册的"三无"企业十分常见。以广州地区省、市属"僵尸企业"为例,在首批拟进入破产程序的"僵尸企业"中,28.8%的企业属于"三无"企业。这些企业连启动经费都无法支付,更遑论减少管理人报酬。至于罚款,《企业破产法》并未规定罚款的标准,法院在实践中也难以准确把握。而且,罚款还可能激化债权人与管理人之间的矛盾,引发管理人的不满情绪,阻碍后续破产清算进程。

3. 追究管理人的法律责任

根据我国《企业破产法》第130条、第131条、最高人民法院《关于适用〈中华人民共和国企业破产法〉若干问题的规定(二)》第33条的规定,管理人承担的责任包含民事责任、刑事责任两类,但在两类责任的法律规定上均存在不当之处。其中,在民事责任方面,管理人可能没有能力承担赔偿责任。我国《企业破产法》仅对个人管理人购买执业保险作出了要求,并未规定机构管理人需要购买执业保险。但是,机构管理人才是承接案件的主要主体。特别是在一些大案要案中,管理人处置的资产高达数亿元,而担任管理人的注册会计师事务所、律师事务所注册资本远远低于这一金额。如果管理人没有能力进行赔偿,债权人即使提起诉讼,也不能有效维护其合法权益。此外,在刑事责任方面,我国实行罪刑法定原则,管理人的刑事责任应当由法律明确规定。但是,由于理论界对管理人的性质认定存在争议,导致定罪量刑上存在不同的标准。以管理人挪用破产企业的资金为例:假如采用“代理说”,认为管理人是接受破产企业的委托开展清算工作,则构成职务侵占罪;如果采用“职务说”,认为管理人类在破产程序中相当于强制执行机关的公务员,则构成挪用资金罪。

三、出路:建立管理人“四元”监管模式

如前文所述,我国目前的管理人监督制度存在一定的缺陷。如果对管理人没有一套行之有效的监督机制,很难保证管理人积极、恰当行使权力,也很难保证破产程序公正和效率的目标实现。笔者比较了深圳、广州、温州、上海等国内主要城市的管理人监管制度,并以调查问卷的形式征求了广州、温州、长春等地破产审判人员和管理人的意见,形成了建立管理人“四元”监管模式的基本思路,具体情况如下:

(一)一元:债权人会议之职责监督

债权人会议的监督权限是《企业破产法》明确规定的,这种制度设置确实有其必要性。一方面,《企业破产法》的目的之一在于最大限度地维护广大债权人会议的合法权益,赋予债权人会议以监督权,保证债权人会议全面参与破产清算工作,保障整个破产清算程序的合法性、公正性、合理性。另一方面,债权人的利益与管理人的工作成效息息相关,管理人能否高效推进破产清算工作,直接关系债权人的受偿比例、受偿效率,债权人有必要以监督的方式维护自身的合法权益。不过,虽然债权人会议有权对管理人进行监督,但监督方式应当有所转变。笔者认为,应当将债权人会议的“主动监督”转变为“被动监督”。这种方式的内容包含以下两点:

1. 加强财务监督,监控管理人账户

在破产案件受理之初,管理人即可开设管理人账户。在破产清算过程中,管理人接管到的现金、资产处置变现的款项、追收回来的应收债权、追缴的出资额等均须划入管理人账户。在一些破产财产数额较大的案件中,管理人账户可能拥有数亿元资金。正因如此,许多银行争相向管理人伸出了橄榄枝,有些地方甚

至出现了以竞价方式开设管理人账户。[①] 加之破产案件审理期限较长,少则几个月、多则十几年,这些巨额资金有可能一直存放于管理人账户,资金安全有待考量。针对这一情况,有些法院已经采取了应对措施。如深圳市中级人民法院规定管理人账户的大额支出需报法院批准。[②] 这一做法确实有其可取之处。但是,笔者认为,这一做法不能从根本上杜绝管理人挪用资金的情况,管理人通过小额多次取出的方法同样能够达到目的。为此,笔者建议,可以要求管理人定期打印管理人账户的银行流水供债权人会议和债权人委员会查看,并接受债权人会议或债权人委员会的质询。因为银行流水能够全面反映管理人账户的收支情况,定期监督又能实时把控资金安全,有效预防管理人挪用资金。

2. 重视职责监督,定期听取汇报

根据我国《企业破产法》第 62 条的规定,除第一次债权人会议之外,人民法院认为必要时,或者管理人、债权人委员会、占债权总额 1/4 以上的债权人向债权人会议主席提议时,可以召开债权人会议。由此可见,债权人会议的召开时间存在不确定性,债权人会议能否及时发现管理人工作存在的漏洞并予以监督有待商榷。而且,破产程序历时长久,在漫长的破产程序中,仅仅通过有限的几次债权人会议,也很难对管理人形成威慑力,这种监督的效果大打折扣。为此,笔者建议,可以参照广州市中级人民法院的做法,要求管理人进行定期汇报。[③] 不过,管理人汇报的对象可以从法院扩展到债权人。可以要求管理人通过书面、电子邮件等形式定期向全体债权人汇报工作进展,并要求债权人在限期内提出质询意见。管理人收到债权人的质询后,应当在规定时间内予以答复。若债权人对管理人的工作存在重大疑惑,可由管理人或债权人提议召开债权人会议,由债权人会议对管理人工作进行质询。管理人应当及时向人民法院报告上述工作。

(二)二元:法院之任职监督

根据《企业破产法》、最高人民法院《关于审理企业破产案件指定管理人规

---

① 《绍兴中院"试水"浙江首例竞价方式开设破产管理人账户》,载新浪网:http://news.sina.com.cn/o/2016-07-19/doc-ifxuaiwa7260812.shtml,最后访问日期:2017 年 3 月 29 日。

② 《深圳市中级人民法院破产案件管理人工作规范》第 12 条规定:"管理人应当严格执行财务收支管理制度,所有开支必须按内部审批程序批准后从管理人账户列支,大额支出应当经本院审核批准。"

③ 广州市中级人民法院制定了《广州市中级人民法院破产管理人工作报告规定(暂行)》。

定》等法律及司法解释，破产管理人名册由法院制定，法院在裁定受理破产申请的同时从管理人名册中选定管理人，管理人应向人民法院报告工作。因此，法院对管理人的监督体现在三个方面：入册监督、选任监督、履职监督。在完善法院对管理人的监督模式时，也应当从这三个层面分别予以完善。

1. 严控准入标准，强化入册监督

管理人名册由法院确定，这是中介机构进入司法清算程序的第一道关口，在册管理人素质高低直接影响后续清算工作的开展。因此，确定管理人入册标准尤为重要。但是，现行法律及司法解释只是宽泛规定了哪些类型的中介机构可以进入管理人名册、哪些情形下不能进入管理人名册，对于入册的管理人应对满足何种条件则缺乏详细标准。正因如此，各地制定管理人名册时存在不同做法。例如，广州地区的管理人名册主要由司法委托部门负责更新制定，入册标准较为原则，且大多为客观标准(如机构规模、专业人员数目等)，法官对管理人的主观评价并未列入考量范围。而深圳地区的管理人名册主要由破产审判部门制定，入册标准更加关注法官对管理人在个案中的评价。针对这一问题，笔者还以抽样方式向广州、温州、长沙等地的45名管理人发出了调查问卷。根据问卷的结果，笔者认为，管理人从业经验、管理人团队规模、管理人成员执业年限、个案中法官的意见、办结用类型案件的效率、重大债权人会议事项的表决比例高低、管理人成员参与调研情况等均应作为管理人入册标准。这些标准全面反映了管理人的综合素质，有助于法院作出客观合理的判断。

2. 创新指定模式，加强选任监督

如前文所述，目前的管理人执业水平参差不齐，破产案件的审理难度也存在巨大差异。如何让案件的难易程度与管理人的执业水平相匹配，是管理人选任阶段最为重要的问题。根据最高人民法院《关于审理企业破产案件指定管理人的规定》第20条、第21条、第22条的规定，管理人的选任方式包含以下几种：随机方式、竞争方式、推荐方式。其中，竞争方式、推荐方式一般适用于金融机构破产案或在全国范围有重大影响、法律关系复杂、债务人财产分散的企业破产案件。这两种方式在适用范围上具有一定的局限性。在司法实践中，随机指定管理人是最为常见的选任模式。这种模式固然保证了形式上的公正性，避免了“暗箱操作”的可能，但也带来了许多弊端。比如，管理人的能力与案件难易程度相差巨大，出现了“高射炮打蚊子”或者“蚂蚁搬大象”的乱象，严重阻碍了破产程序的顺利推进。鉴于此,各地法院也纷纷采取各种措施寻求突破。例如,深圳市中级人民法院对管理人进行分级管理,温州市中级人民法院采用竞争方式指定管理人。上述做法各有优劣,不能一概而论。笔者认为,采用“分级+联合”的管理人选任模式较为恰当。这种模式包含两项内容。一是对管理人进行分级管理。我们可以参照深圳市中级人民法院的做法,将管理人分为不同的等级,再根据案件的影响力、债务数额、职工人数等情况选择不同级别的管理人,这种模式能够保证管理人的执业能力与案件的复杂程度相匹配,避免能力强的管理人“吃不饱”和能力差的管理人“咽不下”。二是采用联合管理人制度。在管理人分级管理的大前提下,允许中签的管理人自由选择另一家管理人组成联合管理人,且这种选择只限于不同性质的中介机构之间,例如,律师事务所可以选择会计师事务所组成联合管理人,但是不能选择另一家律师事务所组成联合管理人。联合管理人制度可以充分发挥不同中介机构的专业优势,提高破产清算效率。同时,为了避免联合管理人之间互相推诿,法院出具指定管理人决定书时可以仅指定中签机构担任管理人,中签机构在接受指定后,需要将联合管理人的组成情况向人民法院备案。

3. 完善工作制度,定期抽查报告

在前述债权人会议监督中,针对管理人工作积极性不高、工作拖延的问题,笔者提出了管理人定期报告制度。在构建管理人定期报告制度时,除了债权人会议和债权人委员会以外,人民法院也应该是监督主体之一。因为法院是专业的审判机构,能够全面掌握破产清算进程,了解管理人的工作动态。对于工作积极性不高,消极怠工的管理人,法院可以通过定期报告,督促管理人开展工作,并将定期报告作为管理人入册、分级、考评的依据之一。对于工作积极主动,但是遭遇困境无法突破的管理人,法院可以利用公权力机关的主体地位,帮助管理人协调处理相关问题。而且,在管理人报告制度的约束下,管理人团队的成员相对固定,避免管理人成员之间的责任推诿。在具体的制度设计上,笔者建议参考广州市中级人民法院的做法,将管理人对法院的工作报告分为定期报告和不定期报告。其中,定期报告每个季度一次,管理人定期报告的内容包括但不限于管理人在上一季度的工作开展情况、管理人工作推进障碍及解决方案、管理人下一季度的工作计划等。管理人不定期报告是管理人自收到指定管理人决定书之日起,根据案件进展情况以及人民法院对个案问题的具体要求向人民法院提交报告。管理人在履行职责过程中,发现案件存在维稳隐患或其他重大紧急事项,应及时向人民法院报告。法院可以对管理人的报告进行定期抽查,及时督促管理人开展工作,提高管理人工作质效,加快破产清算进程。

(三)三元:管理人协会之行业监督

根据法律规定,律师事务所、会计师事务所和清算事务所均可担任管理人。其中,律师由律师协会监督、会计师由会计师协会监督,清算事务所则没有专门的监督机构。由于不同协会的监督内容、方式存在差异,导致管理人执业水平存在差异。而且这些行业协会的监督重点在于专业服务本身。而管理人是一种复合型的角色,管理人的工作已超出上述协会的监督范围。需要成立一个专业的破产管理人协会对管理人进行监管。这一问题已经引起了破产理论界和实务界的广泛重视。自2014年11月20日广州地区成立全国首个破产管理人自治组织——广州市破产管理人协会①以来,浙江、福建等地陆续成立了管理人协会。成立管理人协会已是大势所趋。但是,各地协会具有鲜明的地方色彩,协会之间缺乏联系的纽带,不同协会发挥的功能有所不同,协会对管理人的监督作用也存在较大差异。为此,笔者建议,由最高人民法院推动成立全国破产管理人协会,各地法院推动成立区域性的管理人协会,由全国破产管理人协会统一对各地协会进行管理,再借助区域性协会的力量对管理人进行具体监督。在这种制度设计下,全国破产管理人协会能够凝聚各地管理人的集体智慧,全面提升管理人监督水平。具体而言,全国破产管理人协会可以从以下几方面开展工作,推动管理人监督体系之完善。

1. 制定工作指引,规范执业行为

尽管《企业破产法》对管理人的基本工作职责作出了限定,但破产程序是一个系统工程,涉及资产清理、债务追收、财产管理、债权分配、职工安置等各项工作,牵涉我国《企业破产法》《公司法》《合同法》等各类法律及司法解释,这些需要管理人具备综合性的职业素养,由此导致能力不强的管理人无所适从,部分管

---

① 《市中院举行全国首家破产管理人协会揭牌仪式》,载广州地图网:http://gz.city8.com/life/66/9RkgyTBobIh4TNb.html,最后访问日期:2017年3月30日。

理人甚至消极怠工。针对这一情况,深圳、[①]浙江、[②]上海[③]等地的法院及中华全国律师协会、[④]江苏省律师协会[⑤]积极出台管理人工作指引或规范,详细列明管理人的权利与义务。这些做法对于规范管理人执业行为具有一定的积极意义。但是,这些地方的管理人工作规范由不同的主体颁布,且内容上存在较大差别,不利于统一管理人监管标准。故此,笔者建议由全国破产管理人协会对各地的规范进行归纳总结,形成统一的管理人工作指引,确定哪些是管理人的"固定动作",哪些是"自选动作",帮助能力不强的管理人迅速适应管理人角色转变。

2. 成立风险基金,应对执业风险

正如美国学者 E. 博登海默所说:"法律是一个带有许多大厅、房间、凹角、拐角的大厦,在同一时间里想用一盏探照灯照亮每一间房间、凹角和拐角是极为困难的。尤其是由于技术知识和经验的局限,照明系统不适当或至少不完备时,情形就更是如此了。"[⑥]法律尚且有照不到的地方,更遑论管理人协会。当管理人工作在"凹角""拐角"出现问题时,管理人就需要承担执业风险。但是,管理人本身的承责能力有限,穷尽自身力量也可能无法解决问题。在这种情况下,笔者建议参考参照北京的国企破产准备金制度,[⑦]设定管理人行业风险基金。基金可由管理人自行缴纳,由管理人协会统一管理。当然,为避免管理人恶意骗取基金,在基金的使用条件上应当加以限制。只有非因管理人自身原因出现执业风险,导致管理人遭受损失时,管理人才能够申请基金援助。

(四)四元:法律之责任监督

法律监督是管理人监督模式中最为重要的一环,法律制度是否完善直接关涉司法实践是否有法可依。而现行法律及司法解释对于管理人监督的规定过于宽泛,在一定程度上制约了管理人监督体系的发展。针对这一困境,笔者建议从

---

① 深圳市中级人民法院制定了《深圳市中级人民法院破产案件管理人工作规范》。

② 浙江省高级人民法院制定了《浙江省高级人民法院关于规范企业破产案件管理人工作若干问题的意见》。

③ 上海高级人民法院制定了《上海法院企业破产案件管理人工作职责指引》。

④ 中华全国律师协会制定了《中华全国律师协会律师担任破产管理人业务操作指引》。

⑤ 江苏省律师协会制定了《江苏省律师协会律师担任破产管理人业务操作指引(2015 年)》。

⑥ [美]E. 博登海默:《法理学:法哲学及其方法》,邓正来译,华夏出版社 1987 年版,第 199 页。

⑦ 资料来源:http://finance.sina.com.cn/2000-08-07/3846.html,最后访问日期:2017 年 4 月 20 日。

以下三个方面着手,完善管理人监督制度。

一是制定工作规范,明确执业标准。如前文所述,《企业破产法》对于管理人职责规定的较为宽泛,且需要工作并未限定完成时间,由此导致部分管理人消极怠工、工作拖延。部分法院已经意识到这个问题,如深圳市中级人民法院制定了《深圳市中级人民法院破产案件管理人工作规范》。这些做法固然能够起到一定的作用,但是有法院造法之嫌。而且,如果法院为管理人制定了工作规范,管理人又未能积极遵守,法院有何法律依据对管理人加以惩戒呢?而且,如果法院自己制定了工作规范,法院就有义务按照工作规范予以监管。假如法院监管不到位,法官是否承担渎职责任呢?正是基于上述考虑,许多法院不愿意制定管理人工作规范。在这种情况下,笔者认为应当在法律层面设定管理人工作规范,明确管理人在各个阶段应尽的职责和义务,并列明违反工作规范的法律后果,以便法院在对管理人进行监管时有法可依。

二是设定执业保险,落实民事责任。根据最高人民法院《关于审理企业破产案件指定管理人的规定》,个人管理人需要购买执业保险,但是并未对机构管理人是否购买执业保险作出明确规定。在司法实践中,出于各种因素的考量,法院很少选择个人管理人,中介机构担任管理人是普遍情形。由于律师事务所、会计师事务所均属于服务型的中介机构,固定资产、流动资金等资产相对较少,其最有价值的是人力资源,能力十分有限。因此,笔者认为,法律应当要求机构管理人购买执业保险。不过,根据执业保险的定义①可知,执业保险是为个人设定的,目前尚无中介机构的执业保险,这些也需要在政府层面予以解决。

三是根据罪刑法定,明确刑事责任。根据罪刑法定的原则,关于对管理人刑事责任的规定,不能突破现行的刑事法律,需要有明确的法律依据;所有刑事责任的追究,必须严格适用刑事法律的犯罪构成要件。而管理人需要承担何种刑事责任,与管理人的性质界定息息相关。笔者认为,管理人是由法院指定,按照法律规定履行职务的中介机构。其处理破产清算事务的职权来自法律规定,而

---

① 执业责任保险也称职业责任保险,它是指投保人支付一定数额的保险费,为律师、会计师、医师等提供特殊职业服务的被保险人因其在执业过程中的过错、造成他人人身或财产损害而面临赔偿时,提供保险金以替代被保险人部分或全部赔偿责任的一种保险,保险标的是被保险人的职业过错行为应对第三人承担的赔偿责任。参见最高人民法院民事审判第二庭编著:《最高人民法院关于企业破产法司法解释理解与适用》,人民法院出版社2007年版,第54页。

非当事人的委托,其权利性质具有一定的公权力属性。假如管理人出现挪用管理款项的情形,可以依据《刑法》第 272 条有关挪用资金罪的规定追究其刑事责任。

四、结　语

上一个 10 年,破产管理人制度从无到有,从一张白纸到黑白图片;下一个 10 年、20 年、30 年……破产管理人制度将不断发展完善,从黑白图片变成彩色图片、立体图片甚至动画图片。这些需要一代代"破人"们的共同努力。其中,完善破产管理人监督体系是不可或缺的一环。在当前的法律框架下,建立破产管理人"四元"监督模式无疑具有重要意义。当然,随着时代的不断发展,法律制度也会不断完善。在不久的将来,我们希望能够建立一套更加完善的管理人监督体系,推动我国破产审判事业全面发展。

论管理人与人民法院的职责边界*

郑　拓**　何　平***　黄千格****

我国现行《企业破产法》引入了管理人制度,因此如何处理管理人与债权人、债务人、人民法院之间的关系,成为现实中的热点和难点问题,这也直接关系到各自职责的规定及其他法律制度的展开。因此,有学者提出,“我国破产立法所要解决的根本问题,并不是要否坚持管理人中心主义的问题,而是在管理人中心主义的架构下,如何协调管理人、人民法院和债权人之间的关系或者权利分配问题”。①

回顾现有文献,关于管理人职责的研究虽然较多,但关于管理人与人民法院职责边界的专门研究并不多见,诸多研究并未全面整理管理人与人民法院职责边界不清的表现,对导致边界不清的原因也缺乏总结,相应的修法建议也并不系统。本文拟在全面整理破产实践中管理人和人民法院职责不清的表现的基础上,分析两者职责边

---

* 本文发表于杜万华主编:《商事审判文件解读》(2017 年第 9 辑总第 153 辑),人民法院出版社 2017 年版。

** 法律硕士,温州市瓯海区人民法院审判员。

*** 硕士研究生,温州大学副教授、法学系主任。

**** 温州市瓯海区人民法院书记员。

① 邹海林:《新企业破产法与管理人中心主义》,载《华东政法学院学报》2006 年第 6 期。

界不清的原因,在确定各自法律地位的基础上,厘清职责边界,并提供相配套的建议和措施。

一、管理人与人民法院职责边界不清的表现

管理人制度的立法初衷是为解决以往的清算组行政色彩浓厚、缺乏专业性、独立性的问题,以及法院工作量大导致司法资源浪费等问题。但从实践来看,管理人和人民法院的职责边界仍不清晰,导致管理人不能独立行使职责,法院往往成为事实上的管理人,工作量仍然很大,并没有很好地实现立法的初衷。

(一)管理人行使职责需借助法院权威

在实践中,经常出现债务人、金融机构、政府有关部门甚至人民法院不配合甚至阻碍管理人行使职责,管理人只能借助受理案件法院权威开展工作,人民法院不得不介入本应当由管理人独立完成的工作。

实践中,债务人不配合管理人活动的情形比较普遍。温州市瓯海区人民法院2016年办结破产案件52件,仅有1件案件的债务人配合管理人处置公司财产,其余有产可破案件债务人的法定代表人、股东或去向不明或拒不配合。再如,债务人股东拒不提交财务账册,导致管理人不仅无法全面对公司进行清算,更无法依据账册资料及时对外清收财产,查明破产案件受理前债务人是否存在损害债权人利益的行为等事项。管理人只能向法院反映,法院考虑到对债权人利益的维护以及实现对破产企业的实质清算,要么需要主动出面与债务人沟通联系责令其提交相关文书资料,要么在债务人提出只向法院提交财务账册资料的要求下,不得不通知管理人到法院,在法院工作人员的主持下进行交接。

相关金融机构、行政管理机构也有不配合管理人工作的情况。如管理人行使对债务人银行账户的调查权时,银行不认可,需要法院工作人员前往调查或者出具调查令;管理人行使债务人工商登记内档的调查权、破产财产处置权时,相关行政部门不配合。以破产财产的处置为例,破产财产的处置不同于法院强制执行程序中的财产处置,其处置主体是管理人而非法院。但实践中,管理人在办理债务人的土地、房产、车辆、商标等财产变更登记手续时,相关政府部门均要求法院出具相应的民事裁定书和协助执行通知书,否则拒绝予以办理相关变更登

记手续。甚至管理人在成功拍卖某公司的厂房时,作为抵押权人的银行到房管部门准备注销该房产的抵押权以便于过户给买受人,但房管部门对于抵押权人主动对该厂房申请注销抵押权的,也以没有法院的法律文书为由予以拒绝。

在实践中甚至还出现人民法院不配合管理人工作的情形。根据我国《企业破产法》第19条规定:“人民法院受理破产申请后,有关债务人财产的保全措施应当解除,执行程序应当中止。”因此,管理人拥有解除保全措施申请权。最高人民法院《管理人破产程序法律文书样式》中在“文书样式6”中特别规定了通知书(解除财产保全措施用)、《申请报告》(请求法院通知相关单位解除财产保全措施用)落款均为管理人。但是,管理人行使法院财产查封的解冻申请权时,查封法院却不认可,要求受理法院发函,否则不予解封。

(二)管理人行使职责过于依赖人民法院

大量债务人虽然面临资不抵债的境况进入破产程序,但也有部分债务人的生产、销售等经营业务仍然持续,而企业的持续经营必然涉及经营事务的决断。《企业破产法》规定由管理人决定债务人的内部管理事务、债务人的日常开支和其他必要开支、对未履行完毕合同决定是否继续履行,但大多数管理人因没有从事商业经营的经验和能力大多交由债务人自行经营,即使个别管理人因债务人的实际状况不得不自行维持公司的运行,一旦涉及公司的内部事务,往往通过电话请示或书面报告的方式向法院征求意见,法院工作人员虽然同样无企业的经营经验,但为保护债权人利益最大化,避免债务人在破产期间出现重大资产贬损的情形,只能为企业的经营事务出谋划策。

破产财产处置是破产案件中管理人的重要工作。现管理人可利用的破产财产处置方式主要为传统拍卖,方式较为单一,拍卖费用过高,债权人认可度较低。为此法院引导管理人借用司法网拍系统对破产财产进行处置,相较于传统处置方式,法院的司法网拍处置具有拍值最大化、全程公开透明、拍卖费用零佣金等优势。但实际操作过程中,管理人与法院之间对破产财产处置的主体发生了混淆,管理人仅需向法院提交破产财产的评估报告和瑕疵说明,而法院需要根据司法网拍规定撰写拍卖移交审批表、拍卖公告、拍卖须知,在拍卖成功后,还需协助管理人办理相应的交接手续,支付拍卖款。虽然法院在拍卖公告中注明本次拍卖系管理人借用法院司法网拍系统进行拍卖,法院并非本次拍卖的主体,但买受人简单认为在法院的司法网拍系统中竞得的标的物应由法院负责,本着司法为民的精神,法院又不得不协助管理人处理司法网拍中出现的各种问题。

另外,在破产财产处置中,管理人因未参与过财产强制处置变现工作,缺乏应对处理破产财产瑕疵问题的能力和经验。法院为推进破产处置进程,快速实现破产财产变现,往往在管理人无法处置破产财产时代替管理人对破产财产存在的瑕疵问题进行协调,通过现场勘查、沟通座谈、订立腾空协议等方式予以解决后再交由管理人拍卖。

二、管理人与人民法院职责边界不清的原因

(一)管理人法律地位尚不明确

管理人的法律地位问题包括管理人的定位以及管理人与债权人、债务人、人民法院等其他破产程序主体之间的关系,这决定着立法对其职责的确定及其相关法律制度的设计。《企业破产法》中虽专设"管理人"一章,但未正面规定破产管理人的法律地位,由此导致理论和实践中对破产管理人法律地位的认识各不相同,也导致债务人、金融机构、相关部门的不认可。

同时,我国管理人法律体系还不健全。目前对管理人有具体规定的,在全国层面主要是《企业破产法》以及最高人民法院两个司法解释,省级范围内并未出台针对性、可操作性强的指导规范;而在本市内,仅有政府办公室或法院与相关职能部门联合出台的若干会议纪要中某些条目零散分布一些涉及管理人具体事务处理的规定。特别是在具体行政规章中未对涉破产企业有关事宜进行明确,从而造成了管理人的函件、通知统统被"束之高阁",以没有明文规定为由遭到冷处理。破产管理人只能依赖法院事无巨细发函解释说明、出具协助执行通知书落实办理事项,使各职能部门只看法院的文书材料办事,架空管理人,实际上便造成了管理人职责由法院落实的现状。

(二)管理人与法院职责规定交叉模糊

以接管为例,我国《企业破产法》第 25 条第 1 项规定了管理人享有接管债务人有关资料的职责。该条文大致列明了管理人对债务人接管所涉的内容,包括财产、印章和账簿、文书等,但应不限于上述资料。破产管理人从破产受理之时

至破产程序终结之日全面履行破产管理责任的角色决定了其拥有充分接管权。但矛盾的是,我国《企业破产法》第 11 条第 2 款规定,“债务人应当自裁定送达之日起十五日内,向人民法院提交财产状况说明、债务清册、债权清册、有关财务会计报告以及职工工资的支付和社会保险费用的缴纳情况”。根据本条法律规定,债务人也应当向人民法院履行提交公司相关材料的义务,即对于财产状况说明、债务债权清册等公司相关文书资料的接受对象的规定具有可选择性,很容易导致债务人在提交时有推诿、拖延、混淆的情况,不利于破产财产、资料的接管。

我国《企业破产法》第 8 条规定:“债务人提出申请的,还应当向人民法院提交财产状况说明、债务清册、债权清册、有关财务会计报告、职工安置预案以及职工工资的支付和社会保险费用的缴纳情况。”本条与第 11 条规定的区别在于,债务人应当向法院提交公司有关书面材料和情况反映的基本前提是债务人自己申请破产清算,法院需要以上述材料为依据进行初步的审查判断,从而作出是否受理破产申请的裁定,而第 11 条系法院对已经作出受理裁定后债务人所负提交义务的情形。而该法第 13 条规定,“人民法院裁定受理破产申请的,应当同时指定管理人”。在司法实践中,基本也是在裁定受理的同时即刻指定了管理人,此时债务人财产、印章和账簿、文书等已经可以由管理人接管,而不再需要法院接手。由管理人对整体材料进行归纳处理从而向法院汇报情况的方式,更有利于发挥破产管理人的专业优势,也使各司其职更有效地推进破产案件的办理。

(三)管理人履职环境不理想

第一,责任追究难以落实。一方面,破产法对债务人的有关人员拒绝协助管理人行使调查权的行为规定可以由人民法院罚款,但没有明确罚款的具体标准;对其他人拒绝协助调查行为的法律责任没有规定,至于政府有关部门拒绝协助的行为,则更是无法追究其法律责任,导致管理人职责将难以实现,最终可能导致不得不由法院来完成管理人的调查职责。另一方面,还有管理人自身的责任问题。我国《企业破产法》第 130 条规定,“管理人未依照本法规定勤勉尽责,忠实执行职务的,人民法院可以依法处以罚款;给债权人或第三人造成损失的,依法承担赔偿责任”。但具体怎样赔偿,数额怎么确定,是否区分故意与过失,都未作详细规定,不利于督促管理人履职。

第二,公信树立缺乏媒介。根据管理人履职困难的情况来看,缺乏整合性的破产案件及管理人公示平台是造成法院及管理人职权边界不清的技术硬伤。破产事务的涉及范围广,往往牵涉执行、银行、税务、工商等,而这些系统之间的信息相互封闭,破产企业的信息与相关单位已有的系统不存在信息共享的渠道。法院对破产案件的受理、管理人的指定等可公开的破产案件的情况都仅在审判系统中可知,甚至在同属于法院的执行系统中也没有涉及破产案件的立案受理情况。缺乏数据整合,银行征信系统、执行系统、工商信息系统、税务系统等无法得知破产企业的信息,相关单位工作人员难免对于非属于行政序列的破产管理人申请办理的事项持有一定怀疑态度。在他们的惯性思维中,只有法院才是案件的实际处理单位,其决定具有权威性,而管理人的身份虽通过法院指定,但在缺乏权威系统辅助证明的情况下,管理人的身份认可度难以显著提升。

(四)管理人履职的主动性和专业性不足

第一,主动性不足。《企业破产法》对管理人职权的规定较为粗放,导致管理人在许多事项的处理上并没有主动意识,对于一些较为深入的矛盾的解决过于依赖法院,更多时候稍显消极被动,因此其自身定位及涉案当事人对管理人的身份认识便容易出现偏差,往往觉得法院才是实际管理者。特别是在一些无产可破的案件中,因为管理人并非公益性组织,本身仍具有一定的营利性,其开展破产管理工作的积极性在一定程度上会受到管理人报酬的影响。虽然温州地区在财政上设有破产案件专项资金对无产可破案件的管理人予以一定的报酬补贴,温州地区管理人协会也有资金予以补贴,但是仍旧制约了管理人发挥其主观能动性,在工作效率、工作质量上均无法实现最优。

第二,专业性不足。目前管理人的组成仍具有单一性,浙江省的管理人名录上几乎均为律师事务所或会计师事务所,有资格担任个人管理人的也均为律所主任或会计师事务所主任。这两类事务所对于破产案件中的法律事务或财会事务,以其具备的专业素质处理起来能够得心应手。但是破产财产处置涉及的范围更广,需要考虑的因素更多,与利益各方的沟通、与政府部门的对接、对市场动向的把握都应有所兼顾。司法实践中,管理人对于财产处置的思路及具体操作,包括处置方式、处置时机、流转程序等均难以把握,其判断经常会受到债权人、债务人甚至其他利益相关者的影响,需要不断征求法院意见,借助法官与各方进行沟通协调才能最终落实处置方案。且经债权人会议表决通过的财产处置方案,往往无法对处置事项中可能发生的所有突发状况进行预估，管理人在财产处置过程中的风险应变能力从现阶段来看仍旧难以达到应有水准，从而在财产处置的过程中法院不仅扮演着监督者的角色，很多时候甚至“越权”代为决策，一定程度上养成了管理人的“依赖性”，导致了法院介入管理人工作。

三、管理人与人民法院的职责边界的厘清

（一）明确管理人与人民法院的法律地位

要厘清管理人与法院的职责边界，首先就必须阐述两者在破产程序中的法律地位，这决定着立法对其职责的确定及其相关法律制度的设计。

关于人民法院在破产程序中的法律地位，可以从三方面界定：第一，人民法院是破产程序中的裁判者，也是整个破产程序的主持者和指导者。第二，根据我国《企业破产法》第22条的规定，人民法院是管理人的指定者。第三，根据《企业破产法》第23条的规定，人民法院是管理人的监督者。破产案件中涉及债权人债务人的利益，同时涉及破产债权的确认、破产财产的归属和管理等非常复杂的技术性工作，法院作为居中的裁判者，显然无足够的人力、时间进行这样的商业判断，不宜介入破产程序的具体事务中，更多地应是对破产管理人执行破产事务乃至整个破产程序进行监督，重在对破产管理人的行为给予引导，并实施合法有效的司法监督，确保破产程序公正、顺利运行。而确定法院是管理人的监督者，也说明管理人应是独立于法院的民事主体，而不是法院的附属机构。

关于破产管理人的法律地位，各国立法例和学理有不同的认识，形成了不同学说，国外学者提出了代理说、职务说、破产财团代表说、特殊机构说、受托人说等。国内学者提出了特殊机构说、破产企业法定代表人说、清算法人机关说、双重地位说、破产财团代表说、“债权人代表说”、“法定机构说”。《企业破产法》中虽未明确界定管理人的法律地位，但结合《企业破产法》第三章“管理人”的相关法律条文，特别是该法第25条关于管理人接管权、决定权、债务人财产的管理和处分权等的规定，我们可以将管理人在破产程序中的法律地位界定为债务人财产的管理者、债务人业务的决策者、债务人参加诉讼等法律程序的代表者等，实际上就是破产案件具体事务的执行者。结合前述管理人独立性的分析，可以看出，《企业破产法》最终采取了法定机构说，即破产管理人是对由人民法院指定，

对人民法院负责,受债权人会议和债权人委员会监督,依法执行职务的具有独立地位的机构。①

为明确管理人的法律地位,建议为法院职权设置明确的权力清单,除了法律明确规定的必须由法院执行的事项外,其余涉及实际操作执行的职权均应由管理人来行使。这样的设计,一方面给管理人充分发挥其专业能力的空间、同时使法院发挥自身强制力对阻碍破产程序进行的行为做出处罚;另一方面也能利用管理人群体的能动性提高效率,从而由法院在程序上进行监督进而确保公平。

(二)推动管理人破产事务执行者职责的充分实现

现有文献中对管理人报酬制度、责任制度都有比较多的研究,本文不再赘述。为推动管理人破产事务执行者职责的充分实现,笔者认为,应该积极探索建立以下制度:

1. 确立股东责任。目前企业的财务账册真实性问题备受社会诟病,温州区域内的民营企业几乎都存在"两本账"问题,其中企业股东滥用法人独立人格是"两本账"问题泛滥的主要原因之一。一般情形下,债权人需在债务人破产程序终结后,才可以向法院提起股东损害债权人利益纠纷之诉,且债务人股东若在破产程序中拒绝或怠于向管理人移交财务账册的,在该诉讼过程中仍享有救济权利。长此以往,债务人股东在债权人因诉讼成本不一定会向其主张对公司债务承担连带责任的侥幸心理下,怠于在债务人破产期间向管理人移交财务账册等资料,从而导致法院、管理人因债务人财务账册等资料的移交问题上疲于应付。因此,建议立法机关规定在债务人破产期间,管理人有书面通知或公告通知债务人股东拒绝或怠于提交公司财务账册的法律后果的义务;在管理人已经履行相应通知义务的情况下,债务人仍怠于或拒绝提交财务账册资料的(包括债务人股东下落不明的),法院可直接在破产终结程序的民事裁定书中明确股东责任,债权人可凭该民事裁定书直接向法院申请对债务人股东强制执行。这就从根本上解决了债务人股东拒绝或怠于移交财务账册等资料时,法院与管理人之间职责不清的状态,同时将债务人股东的救济权利限定在破产程序中,督促债务人股东依法移交财务账册的同时减少债权人的诉累,减轻司法成本。

---

① 王欣新:《破产法》(第2版),中国人民大学出版社2007年版,第87页。

2. 赋予管理人强制执行申请权。根据最高人民法院《关于审理企业破产案件若干问题的规定》(2002 年)第 73 条,清算组应当向破产企业的债务人和财产持有人发出书面通知,要求他们于限定的时间向清算组清偿债务或者交付财产。破产企业的债务人和财产持有人有异议的,应当在收到通知后的七日内提出,由人民法院作出裁定。破产企业的债务人和财产持有人在收到通知后既不向清算组清偿债务或者交付财产,又没有正当理由不在规定的异议期内提出异议的,由清算组向人民法院提出申请,经人民法院裁定后强制执行。可是,我国现行《企业破产法》中没有延续类似的规定,导致管理人在处置破产企业财产时缺乏相应的强制手段,若通过诉讼方式回收破产企业财产费时费力,且大量浪费司法资源。建议立法机关参照最高人民法院 2002 年的司法解释,赋予管理人在破产财产因债务人和财产持有人拒不交付时向法院申请裁定强制执行的权利,明确管理人面对破产企业财产无法回收时的通知职责和申请法院强制执行的职责以及法院对管理人申请的审查职责和强制执行职责。

3. 完善破产企业财产的流转程序。破产财产司法网拍不同于人民法院的强制执行程序的司法网拍,在破产财产司法网拍成功后涉及办理产权过户变更登记手续时,相关行政职能部门以司法网拍的标的物需以法院出具法律文书为由拒绝办理变更登记手续。在温州市区域范围内,市委市政府、市中级人民法院通过召开市委专题会议的方式,于 2016 年 3 月 30 日出台的《中共温州市委专题会议纪要》(〔2016〕9 号),明确破产财产处置后需要办理过户手续的流程和关于办理抵押物登记注销手续的问题,及时解决了温州区域范围内破产财产司法网拍后的交付问题。但破产企业的财产往往遍布全国各地,温州地区内的会议纪要仅能解决温州地区的破产财产交付问题。政府部门亟须出台相关规定,认可管理人在破产企业财产处置过程中代为处置债务人财产的地位,转变政府部门只认可法院法律文书的意识。

4. 打造破产企业财产统一处置平台。网购平台单列破产企业财产拍卖系统,独立于司法网拍系统,明确破产企业财产的拍卖主体是破产企业管理人,拍卖监督人系受理该企业破产案件的人民法院。设立企业破产财产网络拍卖系统的人民法院账户和管理人账户。管理人账户具备提请发布内容权限和提请收取保证金及拍卖款的权限,管理人可对评估价格、起拍价格、拍卖次数、下浮比例、保留价等内容根据债权人会议的意见予以设置,同时负责拍卖公告、拍卖须知、拍卖其他事项等内容的发布。管理人在提交发布拍卖破产财产信息时或确认收支保证金、拍卖款时需提请由受理该企业破产案件的人民法院审查确认。法院账户具备审核通过权限,可对管理人拍卖破产财产信息时或确认收支保证金、拍卖款进行审查,经人民法院最终审查无误后,确认发布拍卖破产财产信息或确认收支保证金、拍卖款。由此厘清法院、管理人在通过网络平台处置破产财产时的职责关系。

5. 打造整合性的破产企业多维数据交互平台。为了解决管理人履职过程中身份认可度低、与有关部门沟通协调困难、信息流通不畅的问题,笔者认为目前亟须打造一个整合性的破产企业多维数据交互平台。该平台中可以导入法院破产案件、关联诉讼执行案件、银行抵押贷款情况、工商变更登记信息、车辆房产登记信息、税务交纳情况等,实现各部门对破产企业信息的互通。法院对破产案件的受理、管理人的决定、债权人会议的决议等一系列破产案件的情况均可以逐步录入,而相应的其他企业关联信息也可以自动因破产案件的导入而引入。不仅管理人能够通过该平台直接了解破产企业的细节情况而减少其基础性调查的工作量,更重要的是其他有关部门可以通过该平台了解到破产案件的审理情况,管理人持法院出具的决定书再去办理行政手续时便可以由该平台作权威性证明,使其履职身份不再尴尬。只有让管理人在执行职务时的权威性得到认可,便不再需要法院出面“代劳”,从而避免了外界混淆管理人与法院的职责。

法院对破产管理人的监督新论
——以破产管理人法律地位为视角

董　璐[*]　毛荧月[**]

破产管理人作为具有中立性和独立性的管理机构，是处理破产事务涉及的所有利益冲突焦点。对主宰破产企业命运的破产管理人而言，其履职处理破产事务的公正客观程度不仅会影响破产程序的有序推进，还会影响债权人、债务人的切身利益。虽然《企业破产法》规定了管理人监督机制，但因相关法律条文规定过于笼统、缺乏实用性和可操作性导致实践中部分破产管理人行使权利犹如脱缰的野马，对其难以控制，容易造成管理人对权益的滥用，甚至还会出现管理人权力寻租的腐败现象。法院作为象征法律权威的监督者，依法行使国家审判权，主持、指导好破产程序进程，责无旁贷，当以身作则，为在新常态下进一步规范及完善破产管理人监督机制建言献策，以待将“脱缰的野马”转变为“驯服的良驹”。

---

* 法学博士，乐山师范学院政法学院副教授，中国人民大学破产法研究中心研究员。

** 中国人民大学法律硕士，乐山市中级人民法院法官助理，现挂职最高人民法院第五巡回法庭法官助理。

一、定位法院与管理人间的法律关系

“破产管理人又称管理人,系在破产案件受理时被指定的,在法院及相关主体的监督下履行接管债务人企业、管理债务人财产、决定债务人事务等法定职责的专门机构”。[①] 其“主要任务在于打点和处置进入破产程序的债务人财产及相关财务关系,并负责依法分配债权人应取得的债权”。[②] 就管理人法律地位的相关问题,在看重抽象逻辑思维的大陆法国家对此引发了积极的讨论。而我国《企业破产法》在确定引入管理人制度时也未对管理人的法律地位进行过诠释。有关管理人的法律地位问题,综观国内外学说,大致形成了代理说、双重地位说、破产财团代表说等观点。

代理说[③]认为,“破产程序系债务清偿程序,关注于处理债权人和破产债务人间的私人清偿关系”。[④] 其主张管理人不能获取直接利益,管理人行为的利益获得者系相关的债权人或债务人本身。该主张的特点类似于民法中的委托代理关系。根据该学说,管理人实质上系代理人。代理说虽能确定管理人的行为目标,但不能对管理人做出的某些职权行为给予合理的解释。例如,管理人行使撤销权的行为。因为代理人无权对被代理人的行为予以撤销或否定,而管理人却能依法对破产债务人的行为行使撤销权。另外,管理人在破产程序中为中立且独立的机构,其履职行为的后果时而利于部分债权人,时而利于债务人,这种“摇身一变”、经常转换角色的情况,亦不符合委托代理法律关系的特点。

双重地位说认为,管理人是具有双重属性的特殊机构。双重地位说主张“管理人不仅是法院选任的、辅助执行破产程序的实施者,也是具有独立身份的民事、诉讼主体。管理人可自行处置与破产相关的事务。”[⑤]双重地位说虽充分认识到管理人功能和职能的多样性,但其没有明确地诠释管理人的法律地位。

破产财团代表说认为,应将被宣告破产后的债务人财产视为抽象化的团体,

---

① 王欣新主编:《破产法原理与案例教程》,中国人民大学出版社2010年版,第67页。
② 王东敏:《新破产法疑难解读与实务操作》,法律出版社2007年版,第110页。
③ 代理说又可细分为债务人代理说、债权人代理说、债务人和债权人共同代理说。
④ 申静涛:《破产管理人选任制度研究》,载《法制与社会》2010年第29期。
⑤ 李桂模:《论破产清算组的法律地位》,载《法学论丛》1993年第2期。

并可以其名义做出各种法律行为,依法设定法律关系。该说主张被抽象化后的债务人财产类似于非法人团体。管理人系其法定代表机关。该说一方面在更为合理地解读了管理人的行为宗旨的同时,避免了双重地位说等类似学说含混不清的缺陷;另一方面又很好地解释了管理人的撤销权,避免了代理说等类似学说解释不能的缺陷。

笔者倾向于破产财团代表说。债务人被宣告破产后,破产财产与债务人和债权人均无关系,而是作为具有独立地位的权利主体存在,且法律明确规定了财团的权利义务,对财团的分配应按照法定程序在特定的利害关系人中进行。破产财产在被分拨前,系司法程序管辖范畴内的财产,不归任何人所有。其无法进行意思表示,由管理人代为执行相关权利则应运而生。因此,管理人是破产财团的法定代表机关。管理人可据此依法享有特定的权利。

破产程序从始至终的整个过程,管理人都要全程参与并享有管理破产事务的法定权利。管理人的法定权利与债务人财产处置、财务管理、对外诉讼等核心事项相关。这不仅关系到债权人和债务人的切身利益,而且在一定程度上决定了破产的进程与结果。一旦债务人进入破产,不仅有大量的普通债权人主张债权并要求对破产财产进行分配,各财产权利人、以税务机关为代表的公法债权人、债务人企业职工等也会汇集于破产程序之中主张权利。此外,债务人的出资人、供货商、消费者等其他与债务人有利害关系的群体亦会主张各自的利益诉求。众多利益相关者集中在破产程序之中,导致棘手问题出现的同时,也产生了利益冲突。因此,平衡利益、解决矛盾、协调冲突系破产程序的关键所在。综观两大法系实践经验,解决此问题,大致有三种基本途径:一是在破产法中确定权利种类和清偿顺序,通过立法调整各方利益。二是由管理人、债权人会议等通过决议实行团体自治。通过债权人会议决定破产事务,通过管理人对已决议的事务予以执行。三是通过法院裁判的方式。然而破产程序区别于其他程序,其作为一个特别程序,集诉讼和执行等其他程序为一身。“审理破产案件法官除可根据判例规则或成文法规定进行裁量外,还可对管理人、债权人会议以及债权人委员会团体自治的结果进行裁量。当结果违反法律强制性规定时,更多地倾向于对破产清算工作的管理。”①由此观之,破产程序为一种集内部监督与外部监督相

① 丁文联:《破产程序中的政策目标与利益平衡》,法律出版社2008年版,第77~86页。

于一体的特别程序。内部监督指的是管理人在良知上应履行特定的注意义务。该注意义务为高标准的注意义务。内部监督被许多大陆法国家采用,且其大都明文规定了管理人的内部监督制度。[①] 外部监督指法院及其他依法享有监督权的主体监督管理人在破产程序中实施的行为。债权人会议、破产监督人、法院等被纳入了外部监督的主体范围内,其可根据相应职权依法对管理人进行监督。

按照《企业破产法》规定,我国管理人的监督主体为法院、债权人会议、债权人委员会,此三大监督主体系上文论述的外部监督的主要主体。但实践中,这三大监督主体履行监督职责的情况及实际效果则有所差别,"债权人会议和债权人委员会监督管理人的作用须通过法院才能真正得以实现"。[②] 一方面,对于债权人会议来说,其组成具有临时性,因召开的时间和成本所迫,无法对管理人形成日常性监督,且其组成人员能力水平参差不齐。尤其对于身处异地的债权人来说,其因受时间上和交流上的限制,通常不太知晓破产程序的相关细节。加上他们大多只关心自己申报债权利益的"一亩三分地",对管理人的监督难免会流于形式,难以发挥实质性作用。另一方面,根据我国《企业破产法》的相关规定,不是每个破产案件都设立了债权人委员会。即使在个案中创设了相应的债权人委员会,但根据《企业破产法》相关规定债权人委员会是由债权人会议进行选举产生的,其依法要对债权人会议负责。从客观的角度看,债权人委员会缺乏一定的独立性。因法律规定和现实所迫,债权人委员会的相关成员无法因履行监督职责的行为获取相应的报酬。实践中,难免会出现个别成员为谋生计而选择"脱离值守"。这样,债权人委员会在一定程度上形同虚设,债权人委员会对管理人的监督职能也被虚置化。法院作为中立的国家裁判权行使者在破产制度的建立与发展中起着重要作用。在整个破产程序中,管理人行使职权的过程未曾离开过法院的监督。破产程序也因法院的监督、指导与管理人对具体事务的执行相辅相成而得以顺利推进。综上所述,法院与管理人之间的关系可以被定位为监督与被监督的关系,法院系监督主体,管理人为相应的被监督对象。纵观我国破产法历史,旧法中规定的清算组和现行法中规定的管理人,均未曾脱离过法院的监督。从实质上讲,法院监督管理人为国家审判权得以体现的一种方式。法院既

---

① 如日本《破产法》第164条规定:"(一)破产管理人应以善良管理人的注意,执行其职务;(二)破产管理人怠为前款注意义务时,该破产管理人对利害关系人负连带损害赔偿责任。"

② 汪来喜:《论破产案件中法院对管理人的监督》,载《人民司法》2009年第7期。

要监督管理人的相关行为是否合法、是否妥当,又要监督破产清算过程中出现的程序性问题以及实体问题。整个监督过程的重点在于法院要依法监督管理人的相关履职行为。

二、法院监督指导破产管理人的现实窘境

根据我国《企业破产法》的内容,可归纳总结出法院监督管理人的主要内容。一是对管理人的任免进行监督。任免监督[①]系对管理人监督的首要环节,其目的在于保证管理人有胜任其工作所需的基本能力。二是对管理人处理破产事务的过程及具体内容进行监督。事务监督系法院对管理人实行监督的基本环节。按照《企业破产法》相关规定,"在召开第一次债权人会议前,管理人决定债务人是否营业的重大事项或行使其他对债权人利益影响重大的财产处分行为,应经法院许可"。[②] 此外,管理人还应向法院报告工作。三是按照相关规定对管理人的责任进行监督。对管理人进行责任监督是促进破产程序依法得以顺利推进的重要保障。我国企业破产法对管理人实施的不当、违法行为规定了应由其依法予以承担的相应的民事赔偿责任和刑事责任。[③] 对管理人进行责任监督可提高其履行职责和义务的自觉性。设计管理人监督机制的目的在于确保管理人勤勉、忠实尽责履行法定义务,依法行使相应权利。然而,"囿于相关制度设计的缺陷以及审判力量的匮乏,实践中管理人在履职方面仍有问题,监督效果与立法预期相去甚远"。[④]

(一)管理人指定规则模糊化

通过解读《企业破产法》及相关规定,可以发现法院指定管理人的如下规律:一是以随机方法选取为原则,以竞争、推荐方式选取为例外。二是以选择入册的机构和个人为原则,以选择清算组为例外。三是以指定本地的机构和个人为原

---

① 任免监督的内容包括:法院负责指定具体破产案件的管理人;法院负责确定管理人的具体报酬;经法院许可管理人方能辞去相应职务;经法院许可管理人方能聘请必要工作人员。

② 根据《企业破产法》第 69 条之规定。

③ 我国《企业破产法》第 130 条、第 131 条 对此有相关规定。

④ 张君明:《理性分析与制度完善:论人民法院对破产管理人的监督》,载《理论与改革》2013 年第 5 期。

则,以指定外地的机构和个人为例外。四是以任用入册的机构为原则,以任用入册的个人为例外。从以上规则可以发现:规定的方式部分略显空洞,部分较为概括,部分未予明确,部分失之合理。实务中存有争议。

根据我国立法规定,编制管理人名册的标准含糊,给法院留有过宽的自由裁量范围。实践中,各地法院无法统一选任进入管理人名册的管理人任职资格以及控制被纳入名册中管理人数量的标准,各地选任和控制的标准差别较大。管理人在组织规模、执业经验、资金实力、人员素质等方面均不一致,其极可能因法院认定入册标准的不统一而被不分类别、不分等级地编入管理人名册。如此一来,不利于建立放之四海而皆准的专业高效的职业队伍。另外,《企业破产法》及其相关规定对管理人名册的除名和补录规定不明确,导致在司法实践中施行困难。

随机指定管理人的方式因过于寻求形式公正,难以避免其存在固有的缺陷。当前管理人市场尚未成熟。管理人名册中的中介机构及个人在实务经验、业务水平、专业程度等方面参差不齐。在随机选任管理人时,极易导致让缺乏经验的中介机构或个人担任"高大难"案件的管理人,而业务水平较高、经验丰富的团队却只能处理简易破产案件,造成"大材小用"的不良现象。管理人队伍参差不齐,因而随机选取管理人犹如人们摸彩票。抽到好的,可以更为高效地开展工作并让破产程序得以有效推进;抽到差的,问题则会层见叠出并影响处理破产事务的效率,在加大法院工作量的同时延缓破产程序进程。

采用竞争方式对管理人进行选任有助于遴选出业务能力强、经验丰富、适格的管理人。但由于我国在立法中未将临时破产管理人与破产管理人进行区分,在法院受理破产案件即指定管理人时,法院没有合适的时间对适格的管理人进行遴选。管理人也缺乏充足的时间对参与竞争的相关工作进行准备。竞争方式选任管理人的程序复杂且耗时费力,采用竞争方式指定管理人的方法在实践中不被"青睐",尤其对于经济水平不太发达、观念较为落后、破产管理人水平不高的西部欠发达地区来说,采用竞争方式确定管理人的情况和概率微乎其微。

(二)管理人责任监督规定原则化

关于管理人相关法律责任的规定略显原则、概括。我国《企业破产法》第130

条、①第131条②对管理人相应的法律责任规定亦存缺陷。一是其仅规定了相应民事责任及刑事责任,行政责任导致管理人的主管部门对管理人失职行为及违法行为的处罚在破产法中难觅相关依据。二是其没有规定承担责任的范围、归责的具体原则、相应的免责事由以及责任财产的来源等,尤其是其没有明确管理人应尽"勤勉忠实义务"的判断标准,以致民事责任司法认定困难、评价追究管理人失职行为困难。三是对管理人的执业过失风险和固有的商业风险未加以区别,在阻碍管理人职业健康发展的同时,难以平衡管理人职业与破产利害关系人间的利益。

关于管理人监督指导的规定略显笼统。我国《企业破产法》没有规定三大监督主体③监督管理人的具体方式,因此造成对管理人的监督引导不具可操作性。同时,该法仅以"向人民法院报告工作"来概括法院的事务监督方式。未突出法院的重点监督工作与任务,未明确管理人报告工作的方式,未指明管理人报告义务的范围,未规定在管理人报告其工作后法院可采取的措施,极可能引起法院对管理人监督程序的运行失范。

(三)管理人信息披露制度简单化

在破产程序中,管理人处理破产事务重大事项通常会引起以债务人为载体的相关权利义务关系的重大变化。管理人监督机制中的重要环节之一为通过信息披露监控、制约管理人对破产事务重大事项的处理。一方面,债权人及三大监督主体只有在及时、充分了解管理人履职行为和破产程序的进展的情况下,才能对管理人是否有失职行为进行责任追究;另一方面,管理人应依法积极履行披露信息的义务。管理人违法不披露相关信息,情形恶劣满足相关构成要件的承担相应的民事责任也缺乏具体化的规定。

综观各国破产立法,普遍对管理人披露信息较为重视,尤其是对向债权人的信息披露比较关注,因其直接影响债权人监督管理人及追究管理人责任的能力。例如,根据德国破产法,管理人对具有别除权的标的进行变现前,应告知该债权

---

① 我国《企业破产法》第130条规定:"管理人未依照本法规定勤勉尽责,忠实执行职务的,人民法院可以依法处以罚款;给债权人、债务人或者第三人造成损失,依法承担赔偿责任。"

② 我国《企业破产法》第131条规定:"违反本法规定,构成犯罪的,依法追究刑事责任。"

③ 三大监督主体,指法院、债权人会议及债权人委员会。

人出让该标的的方式并给予其一周的时间,建议另一种对其更为有利的财产变现方式。经享有别除权的债权人要求,管理人应告知该动产的情况。“英国破产法对各种破产程序的管理人在就职环节、处理已担保财产时均规定了其向债权人披露相关信息的义务”。[①] 根据日本破产法,债权人等利害关系人可以向法院书记官请求阅览、誊写基于破产法规定被提交法院的以及法院自己编制的相关文件。相较之下,我国《企业破产法》对向债权人披露信息的规定不太健全。我国《企业破产法》仅在第 14 条和第 57 条简单规定了管理人相应的信息披露义务。该法第 14 条只规定了法院对管理人基本信息的公告程序。该法第 15 条亦只规定了利害关系人可查阅债权表和债权申报材料。此外,债权人基本上只能通过债权人会议和债权人委员会获取相关信息,获取途径单一且获取的信息存在滞后性、片面性。

(四)管理人报酬的确定规则机械化

根据相关法律规定,我国管理人获取报酬取决于管理人工作的勤勉程度和最终清偿的财产价值总额。在实际生活中可以发现,管理人获取报酬的比例和其勤勉程度正相关,但不能和其实际所付劳动形成平等对价。管理人获取报酬的多少在很大程度上取决于最终清偿的破产财产价值总额标的,而不是其完成的工作量,显失公平。破产财产金额不同,不同案件之间管理人的报酬也会有所区别。加上随机选任管理人的不定性因素,当“不走运”的管理人遇见“无产可破”的复杂案件时,其付出的工作量与获得的报酬往往不成比例,甚至有时“无利可图”。

合理的管理人报酬制度可促使管理人忠实勤勉履责,激励其不断提高工作的积极性。管理人获取酬劳的多寡将影响对可胜任管理人职务的中介机构的吸引力。若酬劳过高,则将有损债权人的相关利益;若报酬劳过低,则不易吸引高能力、高水平的中介机构进入破产程序。从客观上讲,这不利于顺利推进整个破产程序进程影响法院对破产案件的审理,也不利于最大化促进债权人的相关利益。此外,管理人在处理破产事务中勤勉尽责、忠实执行职务的程度系确定其获

---

① See Stuart J. Frith, “Administrator’s Declaration of A Dividend”, *Insolvency Intelligence* 3, 2007, p. 931.

取报酬比例的依据。但因承办法官的主观认识不同难以统一认定“勤勉”“忠实”的尺度标准，导致确定管理人报酬比例具有不确定性，且根据《企业破产法》相关规定，①确定管理人报酬比例只有上限而无下限。

三、探索施行梯队化管理制度以完善法院对破产管理人的监督指导

破产案件因受所涉债权债务关系、负债比例、破产财产价值、申报债权数量、申报债权种类等因素影响，可根据办理破产案件的难易程度将其细分为重大复杂破产案件、普通破产案件和小额破产案件。破产管理人特别是作为中介机构的管理人在组织规模、执业经验、资金实力、人员素质等方面均不一致。据此也可根据被纳入管理人名册的中介机构的工作质效、处理案件的经验、处理案件所获清偿率等标准，将其划分为不同的等级，并进行梯队化管理。梯队化管理是一个“动态管理制度”，暂处低等级的管理人可通过能力的提高升级为高等级的管理人；高等级的管理人也不能“养尊处优”，其也会因裹足不前、违法失职等原因被拉入低等级管理人行列，甚至被除名。梯队化管理为管理人提高自身行业水平提供了动力，分级管理从本质上讲也是一种竞争方式，在一定程度上避免了“强者恒强，弱者恒弱”的局面。结合实践经验，对管理人进行梯队化管理，可考虑从如下方面着手。

（一）根据具体案件情况分类指定管理人

根据破产法相关规定，我国人民法院指定管理人的方式以随机方式为原则，以竞争方式为例外虽有一定的合理性，但因随机方式和竞争方式均存在固有的

---

① 最高人民法院《关于审理企业破产案件确定管理人报酬的规定》第2条规定：“人民法院应根据债务人最终清偿的财产价值总额，在以下比例限制范围内分段确定管理人报酬：（一）不超过一百万元（含本数，下同）的，在12%以下确定；（二）超过一百万元至五百万元的部分，在10%以下确定；（三）超过五百万元至一千万元的部分，在8%以下确定；（四）超过一千万元至五千万元的部分，在6%以下确定；（五）超过五千万元至一亿元的部分，在3%以下确定；（六）超过一亿元至五亿元的部分，在1%以下确定；（七）超过五亿元的部分，在0.5%以下确定。担保权人优先受偿的担保物价值，不计入前款规定的财产价值总额。高级人民法院认为有必要的，可以参照上述比例在30%的浮动范围内制定符合当地实际情况的管理人报酬比例限制范围，并通过当地有影响的媒体公告，同时报最高人民法院备案。”

缺陷。此基本适用方法显得过于僵化和简单。根据上文所述,承办破产案件的合议庭可在充分阅卷、摸清破产财产及负债状况、广泛征集利害关系人意见的基础上,对破产案件的难易程度做出预判分析。因此,其可根据案件的复杂程度和标的额大小对破产案件进行分类。

对于关系复杂、影响重大、财产分散且相比较优的破产案件可适用竞争方式,择优选取管理人。法院可通过新建立的破产案件法官工作平台在破产重整信息网上进行公告,邀请将编入各地法院管理人名册中的机构纳入邀请范围以让其参与竞争。在此基础上,邀请、鼓励被纳入梯队化管理范围内的高等级管理人参与竞争,从竞争的中介机构中择优选取适格的管理人。采取竞争方式指定管理人的具体工作应由负责管理人名册编制工作的法院的专门评审委员会一并承担。① 评审委员会应对具体案件进行具体分析,结合案件的特点,从中介机构的经验、水平、规模、初步报价等方面进行考虑,并从不少于 3 家的中介机构中择优选任管理人。同时,法院应再确定 1 ~2 家中介机构,作为发生特殊情况时更换管理人的"候补人员"。通过竞争方式指定管理人不仅能为重大复杂的破产案件找到合适的"管家",而且可促进被纳入梯队化管理中的中介机构能力水平的提升。被择优选上的中介机构通过竞争模式展示了其"真金不怕火炼"的能力,落选的中介机构也能通过竞争发现自身的不足,找到努力改进的方向。

当相关资源必须被分配而实体标准匮乏且难以适用其他程序标准时,随机程序的必要性得到彰显,随机程序在实质上系以运气或概率为实体标准。对于普通破产案件和小额破产案件,仍可坚持选择随机方式对管理人予以指定。为确保在无产可破案件中管理人随机指定的公平公正,可根据破产财产的数额和价值将普通破产案件和小额破产案件再细分为"肥""瘦"两类。"对采取随机方法指定的管理人分别在这两类案件中进行排轮排候选,以建立利益共沾、亏损共担的公正有效机制"。②

---

① 根据我国破产法相关规定,人民法院应当组成成员不少于 7 人的专门评审委员会,决定编入管理人名册的社会中介机构和个人。该评审委员会可同时负责采用竞争方式指定管理人的相关工作以及负责对管理人处理破产事务的监督工作,据此可在更好保持法院中立性的同时,在一定程度上避免司法资源的浪费。

② 王欣新:《论破产管理人制度完善的若干问题》,载王欣新、尹正友主编:《破产法论坛》(第 6 辑),法律出版社 2011 年版,第 6 页。

(二)立积分制度对管理人处理破产实务情况进行监督

法院要在坚持程序正义的原则下,不断丰富改进监督管理人的方式手段,并以监督、协调、保障为出发点处理好与管理人间的关系,充分发挥管理人在破产程序中的积极作用。法院可考虑以积分制为基础,设立入册机构的质效审核及资质评价机制,对管理人处理破产实务、履行应有义务进行全程监督。

一是要建立入册机构的基本积分制度。负责决定管理人名册工作的法院专门评审委员会可采集管理人工作的各项质效数据,通过无记名问卷调查方式收集债权人意见以及结合相关主管部门和破产债务人意见和建议,评定管理人的个案积分并将此作为其进入入册机构的基本积分。二是探索创建合理的入册机构的年度审核制度。法院的专门评审委员会和具体案件的承办合议庭可通过审核管理人的报告、对破产企业进行实地巡查的方式对管理人实务工作进行年度考核评分并可将其考核的结果在新建立的全国企业破产重整案件信息网上予以公示,以接受社会公众的监督。根据梯队化管理要求,年度考核通过并满足一定条件的管理人可晋升为高等级管理人,而对考核不达标的管理人则可依照相关处理办法规定对其进行降级处理。

法院对管理人进行年度考核的内容可包括以下方面:一是审核管理人提交的相关文件。法院应要求管理人及时提交其制订的工作计划、管理印章及证照情况报告、管理财务收支情况报告,以及处理突发事件应急预案等内部管理文件。在法院审核批准后,督促管理人对报告确定的相关内容予以执行。二是要求管理人对重大事项处理情况向法院做专项报告并建立定期报告机制。管理人处理特别重大权益转让或处置破产财产等重大事项时,应书面报告债权人委员会或法院。在债权人委员会会法院书面回复后,管理人方可予以处理。此外,法院要明确事务监督的具体内容,并要求管理人定期书面报告其处理破产事务的行为,同时做好会议记录。为确保管理人按期正常履职,还应对管理人回复债权人委员会和法院的时限做出要求,以免管理人拖延工作、浪费时间影响破产程序的推进,影响管理人工作顺利开展。三是法院应抽时定期实地巡查债务人企业。评审委员会和破产案件承办合议庭可走访座谈员工、留守人员以及债权人。通过听取利害关系人的意见和建议,了解管理人对具体破产事务的处理情况并可根据其了解的情况给管理人评分,进行考核,有的放矢地做好监督工作。

(三)实事求是科学确定管理人报酬

在我国,管理人的报酬比例与其对管理人工作勤勉忠实的程度挂钩。据前文所述,法院可通过积分制对管理人的履职行为进行“评分”。从客观上看,管理人所得的积分反映了管理人履职的相应情况和其尽责的相应程度。据此,法院可以管理人所得积分为基础,按照奖勤惩懒的标准和要求管理人尽心尽责完成工作的原则,根据管理人的工作表现确定管理人报酬比例。

另外,在实践中,无产可破案件大量存在。管理人报酬因债务人财产不足以偿清破产费用而无法得到保证。加之管理人并非自愿接手此类破产案件,导致无钱可赚的无产可破案件无人问津。因此,对于无产可破这一类特殊案件,可考虑调整管理人报酬的确定方式。

法院在确定无产可破案件中管理人的报酬时,可暂时放弃对以债权人分配财产数额的方式计算报酬的考虑,可以选择以管理人完成工作的实际时间为依据按时计酬。这样可让管理人获取报酬不受债权人能否得到财产分配影响。笔者认为,针对无产可破案件的管理人报酬支付问题,可考虑选择以下模式设立专项基金以解决实际问题。一是通过政府财产拨款方式设立专项基金。以给予补贴的方式解决解决资金不足的问题,即解决无产可破案件的破产费用和管理人报酬支付问题。二是为支付破产费用,可针对破产财产达到一定数额以上的破产案件,提取一定比例金额并划入基金。三是为支付管理人报酬,可针对管理人获得报酬达到一定数额以上的破产案件,提取一定比例金额划入基金。

论管理人调查权的制度建构

张　芮*

破产程序是一项在债务人丧失清偿能力或具有明显丧失清偿能力的可能的情况下，清理债务人的全部债权债务，以实现债务人责任财产在全体债权人间有序、公平清偿的法律制度安排。因此，充分掌握债务人财产信息是确定债务人是否具备破产原因的前提，也是实现破产制度公平清偿目标的关键。为了充分掌握债务人的财产信息，《企业破产法》在制度安排上，一方面，通过科以债务人及其有关人员以相应的义务并规定了有关罚则，①以促使债务人主动披露财产信息；另一方面，也明文规定了管理人应当履行"调查债务人财产状况、制作财产状况报告"的职责。②

从管理人实务的角度来看，调查工作无疑是管理人工作的前提与关键。没有对债务人财产状况的深入调查、了解，便无法掌握债务人的真实财产状况，管理人也就无从判断继续履行或决定解除某一合同对破产财团是否有利，甚至无法知悉债务人是否存在应予撤销或无效的财产处置行为、债务人的股东出资是否存在瑕疵等信

* 四川方法律师事务所律师。

① 参见我国《企业破产法》第15条、第126条、第127条之规定。

② 参见我国《企业破产法》第25条之规定。

息。由此,破产撤销权、挑拣履行权等破产法赋予管理人的特殊权能的行使,也会变得无的放矢。

从管理人实务的视角去分析《企业破产法》第 25 条,便不难发现,该条明确规定的管理人应当履行的九项职责,就实际操作而言,几乎都涉及对有关事项的调查。换言之,实施充分的调查行为,以最大限度地掌握债务人的真实财产状况,是管理人有效履职的前提和关键。然而,《企业破产法》虽明确规定了管理人应当履行的各项职责,却并未规定管理人的调查权。在实务中,由于破产企业普遍存在管理不规范、财务状况混乱等复杂情况,管理人的调查工作原本就面临较大的困难,加之立法的缺失,使管理人的调查工作面临制度安排与现实环境的双重困境。

笔者认为,管理人调查权是基于管理人工作的特点而形成的,保障管理人有效履行职责和开展执业活动的基础性权利。我国应当在立法中明确规定这一权利,以保障管理人执业活动的有效开展,促进破产程序有序、有效率的进行。

笔者将首先分析我国现行立法上管理人调查权制度的缺失及其带来的现实困境,而后探讨管理人调查权的性质以及在立法上确立此项权利的必要性,最后,将对制度的完善提出具体的构想。

一、管理人调查权:立法缺失与现实困境

(一)立法的缺失

我国《企业破产法》第 25 条明确规定了管理人应当履行的 9 项职责。这 9 项职责的有效履行,必须以管理人充分、扎实的调查工作为前提。而遍阅《企业破产法》,以第 15 条、第 25 条为代表,分别对债务人有关人员的配合义务和管理人应当履行的职责进行了较为详细的规定。但该法并未明确规定管理人享有相应的调查权。《企业破产法》第 15 条第 1 款第 2 项要求债务人的有关人员承担"根据人民法院、管理人的要求进行工作,并如实回答询问"的义务。结合该法关于管理人应当履行的职责的规定,可以推论,管理人为了调查有关债务人财产状况的信息,有权要求债务人的有关人员按要求进行工作或者接受询问,债务人的有关人员应当配合。这个推论隐含着管理人调查权的某些因素,但并不是管理人调查权的明确法律依据。

笔者之所以认为,现行《企业破产法》未明确规定管理人调查权属于立法缺失,主要是基于以下两点理由:

第一,从立法应当坚持权利与义务相平衡的角度看,《企业破产法》要求管理人"应当勤勉尽责,忠实执行职务";该法第25条详细规定了管理人应当履行的九项"职责"。在措辞上,《企业破产法》对管理人必须履行的行为使用"执行职务""履行职责"这样的表述,有别于该法中对债务人的有关人员"承担义务"的要求。从本质上讲,管理人应当履行的职责和债务人有关人员应当承担的义务并无差别,均是法律强制有关主体必须完成的行为。但是,在同一部法律中,立法者针对管理人和债务人的有关人员分别采用"承担义务""履行职责""执行职务"这样不同的表述,这表明,在立法者看来,在破产程序中,管理人与其他主体所承担的义务是有所差别的。

尽管在学理上对管理人的地位、性质存有争议,但毋庸置疑,管理人并不是一个享有公权力的机构。而从我国立法的惯常措辞来看,类似"履行职责""执行职务"这样的表述,常见于对特定国家机关工作人员的义务要求。① 而对于不享有公权力的管理人使用"履行职责""执行职务"这样的表述,实属罕见。从法理上讲,权利与义务应当平衡,既然要求管理人履行众多职责,在制度安排上,就必然要为管理人履行职责提供充分的保障。也就是说,要为管理人有效履行职责配置必要的权利、设计必要的程序。笔者,在上文中已经指出,调查权是管理人有效履行职责的基础性权利。而现行《企业破产法》在详细规定管理人应当履行的众多职责的同时,却并未明文规定管理人享有调查权。这就造成了权利与义务的不平衡,当属立法的缺失。

第二,从有利于推进破产程序高效开展的角度看,破产程序是由人民法院、管理人、债权人、债务人等多主体共同参与、协调推进的法律程序。在制度设计上,破产法应当激发各主体互相协作的意愿,避免或降低各主体因利益诉求的差异,而可能产生的对抗,从而有助于破产程序高效地展开。但现行立法在详细规定管理人应当履行的职责的同时,却并未明确赋予管理人以有力的调查权利和调查手段,这将有可能诱发或激化管理人与程序中其他主体的矛盾和冲突,使管

---

① 例如,《人民警察法》第5条规定,人民警察依法执行职务,受法律保护;《法官法》第4条规定,法官依法履行职责,受法律保护;《检察官法》第4条规定,检察官依法履行职责,受法律保护。

理人掌握债务人真实财产状况的工作陷入困境,变得拖延和无效率,从而降低破产程序的实际运行效率。这个问题,在实务操作中已经有所表现。

(二)现实的困境

由于管理人调查权在现行立法上的缺失,在实务操作中已经引发了管理人与破产程序中其他利益主体的矛盾甚至是冲突,严重影响了破产程序的效率和管理人的执业环境。

实践中,由于立法上管理人调查权制度的缺失造成的不良后果主要表现为:

第一,诱发了管理人与债务人的有关人员的矛盾。由于破产企业往往存在长期管理不规范、财务管理混乱,甚至部分企业涉嫌违法犯罪活动、有的企业借破产之名,行逃废债务之实等情况,而上述情况的产生、恶化往往与债务人的高管等人员的行为存在关联。因此,实务中,债务人的有关人员抗拒管理人调查的情况屡有发生,表现形式多种多样。除了破产法中列举的拒不进行陈述或者进行虚假陈述、拒不移交财产、印章和账簿、文书等资料或者伪造、销毁有关财产证据材料之外,债务人的有关人员"玩失踪",蓄意下落不明等情况也时有发生。[①] 面对上述情况,由于管理人缺乏有效的法定调查手段,往往不得不借助法院的力量,通过相关的司法强制手段制约债务人的高管等人员对抗调查的行为。但鉴于实践中,破产企业的董事、监事或高级管理人员鲜有被严肃追究破产责任的案例,因此,实务中,管理人与债务人的有关人员的矛盾将长期存在。

第二,政府相关主管部门配合管理人调查的积极性不高,由此造成不必要的程序拖延,影响破产程序的效率。为了深入了解债务人的真实财产状况,厘清债务人的全部资产与负债,在实务操作中,管理人往往需要向政府相关主管部门征询特定的情况、了解特定的事项或请求查阅依法由政府有关主管部门保存的档案、文件、资料等。由于2007年《企业破产法》实施时间较短,包括政府相关部门在内,对破产法中新引入的管理人制度认知不到位等复杂原因,在实践中,政府相关主管部门对管理人的相关调查请求配合度往往不高。个别政府部门甚至违反《政府信息公开条例》等法规的规定,对管理人查阅、复制依法由该部门保管的有关债务人的档案、材料的请求不予理睬,给管理人的调查工作造成了极大的阻

---

① 参见《人大代表妨碍破产清算工作法院予以拘留》,载《人民法院报》2017年2月15日,第1版。

碍。由此不仅容易引发管理人和政府相关部门的矛盾,客观上也造成了破产程序的拖延,影响了破产程序的效率,甚至可能给全体债权人的利益造成损失。

第三,管理人与人民法院之间就调查事项的权利义务界限模糊,不利于破产程序的推进。在实践中,当管理人的调查行为遭遇债务人的有关人员的抵触或政府有关部门消极配合时,管理人往往借助于受理破产案件的人民法院采取有关协调或司法强制措施,以推进调查工作。我国某些地方性规范也赋予了管理人当调查工作遭遇重大障碍时,可以申请受理破产案件的人民法院采取有关保全等司法强制措施的权利。①

诚然,这些地方性规范是出于现实的需要以及推进破产程序的一片好意。但仅有这些规定,仍不能解决现实的困局。例如,当管理人向受理破产案件的人民法院申请对债务人的有关人员采取司法强制措施或者向相关政府部门调取证据时,受理破产案件的法院未能及时审查管理人的相关申请并作出决定,以致债权人的利益造成损失,这时,应当由谁承担何种法律责任?还可以设想,若管理人调查工作的障碍来自其他法院,甚至是受理破产案件的人民法院的上级法院时,管理人应通过何种形式,向哪家法院提出何种申请?这些问题在现行立法上,均没有清晰的规定。由此可见,立法上管理人调查权的缺失,不仅可能引发管理人与债务人、政府相关部门等主体的矛盾,造成破产程序不必要的拖延,还会使管理人与人民法院之间就调查事项的权利义务边界模糊,不利于破产程序的有序推进。

第四,不当增加了管理人的执业风险。当管理人调查工作遭遇其自身无法克服的重大障碍时,不得不借助受理破产案件的法院的强制力以排除障碍。在人民法院怠于审查管理人的相关申请并作出决定时,在当前的现实执业环境下,管理人似乎没有更好的办法推进调查工作。由此造成在管理人调查工作进展缓慢甚至给债权人造成损失时,债权人将依法提出对管理人的赔偿请求。这无疑增加了管理人的执业风险。

---

① 例如,《深圳市中级人民法院破产案件管理人工作规范》第15条规定,管理人应当申请本院对可能被转移的财产采取保全措施。第16条规定,债务人的有关人员拒不移交财产、印章和账簿、文件等资料的,管理人可以申请本院采取强制措施。第19条规定,管理人可以要求债务人的有关人员协助调查,债务人的有关人员拒不协助调查的,管理人可以报告本院依法处理。此外,《上海法院企业破产案件管理人工作职责指引》等地方性规范中也有类似的规定。

二、确立管理人调查权的合理性

(一)平衡管理人权利与义务的必要

在立法上确立管理人调查权,将有助于平衡管理人在破产程序中的义务负担与权利享有,达致权利义务的基本平衡。现行《企业破产法》对管理人的义务即应当履行的职责进行了较为全面的规定。一些地方性规范对管理人的履职行为作出了更为详尽的规定。但综观这些规定,却缺乏对管理人履行职责的基础性权利,即管理人调查权的规定。

正如笔者在上文所言,作为管理人履行职责的基础性权利,调查权是管理人充分掌握债务人真实财产状况,有效行使包括撤销权、挑拣履行权在内的管理人权利的前提和基础。现行立法上管理人调查权规范的缺失,无疑使管理人在破产程序中的权利与义务的配置不平衡,由此可能引发管理人与破产程序中其他主体的关系混乱、不当增大管理人的执业风险。

(二)明确管理人与相关主体权利义务边界的需要

破产程序是多主体参与、推进的程序。为了促使破产程序有序、高效推进,破产法应当合理配置、平衡各方的权利义务关系,以激发各方的合作意愿,避免或降低各方因利益诉求的差异而在程序中可能产生的对抗。尤其是合理界定法院与管理人之间的权利义务边界,促使双方的合作,避免相互拆台,对推进破产程序至关重要。

在立法上明确管理人的调查权,也就明确了相关主体对管理人调查的配合义务。相关主体不得再以任何借口推诿、拖延配合管理人的调查,这将有助于管理人及时查明债务人的财产状况,有效推进破产程序。

在此,值得探讨的问题是,当管理人调查权在立法上确立后,受理破产案件的法院或其他与管理人调查事项相关的法院或政府主管部门对管理人是否负有相应的配合义务。笔者认为,破产是解决债务人支付不能情况下,有序、公平清偿债权的法律制度安排。破产法不仅追求公平清理债权债务,更蕴含了通过清算、重整、和解等程序设计,维护社会经济整体秩序的价值追求,这就是破产法的社会价值。[①] 因此,当破产程序启动时,受理破产案件的法院和其他与推进破产程序相关的公权力机关即负有协同推进破产程序依法进行的义务。具体到管理人的调查行为,当破产法确立了管理人的调查权时,受理破产案件的法院即负有及时指导、帮助管理人依法开展工作的义务。当管理人调查工作遭遇其自身不能克服的障碍并向法院申请帮助时,受理破产案件的人民法院应当及时审查管理人的申请并作出决定;其他法院和政府主管部门应当尊重管理人的调查权,在各自职责范围内配合管理人依法完成相关调查工作。此种配合的义务,从表面看是相关机构对管理人负担的义务,但本质上乃是相关机构对债务人的全体债权人所负担的义务。从更高的层面上说,配合管理人调查的义务,体现了公权力机构对破产程序严肃性的尊重,体现了公权力对维护社会整体经济秩序的庄严承诺。

(三)合理控制管理人执业风险的需要

我国《企业破产法》实施管理人制度的时间尚不长久,管理人队伍建设尚不成熟。[②] 在笔者看来,管理人队伍的培育需要一个相对宽松的执业环境。若立法上对管理人课以众多义务,却对其履行职责的基础性权利——调查权语焉不详,将给管理人履职工作带来诸多困扰。且不利于准确界定管理人与相关主体的法律责任,可能不当增加管理人的执业风险。在我国管理人制度的初创阶段,笔者认为,应当合理控制管理人的职业风险,以有利于管理人队伍的培育与长远发展。

(四)实践法治思维,摆脱不当行政干预破产的需要

在我国的破产实践中,对于政府支持度高的债务人企业的破产案件,往往表现出法院立案快、政府相关部门配合度高、管理人调查工作顺利、案件进展快的特征。而对于政府不太关注的债务人企业破产案件,则往往表现出立案难、协调难、调查难等多种问题。

这种现象的存在,阻碍了《企业破产法》的有效实施,从长远来看也不利于社会经济秩序的维护。在立法上确立管理人的调查权,就是要将相关部门的配合

---

① 参见王欣新:《破产法》(第3版),中国人民大学出版社2011年版,第11~16页。

② 参见瞿卫东、谢江武:《论我国管理人制度的运行机制——以破产审判与管理人市场培育为视角》,载王欣新、尹正友主编:《破产法论坛》(第7辑),法律出版社2012年版,第129~138页。

义务明确下来,杜绝或减少目前管理人调查工作的进展在很大程度上取决于政府、法院是否支持的不合理现象,将相关主体的权利、义务更清晰地界定和明确。

三、具体的制度构想

(一)在立法上明确管理人的调查权

应当在《企业破产法》第25条关于管理人应当履行的职责之后增加一条,明确规定“管理人为了履行第25条和企业破产法规定的其他应当履行的职责,掌握债务人的财产状况,依法享有调查权”。

(二)明确管理人调查权的行使方式

无论理论上如何认识管理人的地位和性质,管理人非公权力机关当是不争的事实。在立法上确立管理人的调查权,并非赋予管理人如行政执法机关那般的事实调查权力,更不是意图将管理人的调查权升格为类似司法机关的侦查权般强大的权力。这种设计不符合管理人的法律性质,更不具有现实操作性。

笔者认为,从实务经验来看,管理人的调查权可以通过接管资料、询问相关人员、调取相关资料等方式予以实现。当管理人实施上述接管、询问、调阅等调查行为面临显著障碍时,管理人可申请受理破产案件的法院实施司法强制以帮助管理人完成上述调查行为。接收申请的法院应当及时审查管理人的申请并作出决定,不得推诿拖延。总之,管理人的调查权并不直接赋予管理人实施任何强制手段的权利,但赋予管理人在调查工作遭遇显著障碍时请求司法强制的权利,同时规定了司法机关及时审查决定的义务。

因此,笔者建议,在立法上明确规定管理人享有调查权之后,采取列举的方式规定管理人的调查权可以以“接管资料、询问相关人员、调阅相关材料”等方式实施,相关信息的占有人应当配合。当相关人员拒不配合或管理人行使调查权遇有其他显著障碍时,管理人可申请受理破产案件的法院采取强制移交、强制接管、拘留、拘传、限制出境、罚款等司法强制措施以帮助管理人实现调查权利。接到申请的人民法院应当及时审查管理人的申请并作出决定。对于因人民法院未及时审查管理人的申请或虽审查但未及时作出决定,导致债权人利益受损的部分,管理人不承担相应的责任。

在实践中，为了高效查明债务人财产状况，同时赢得债权人的信赖，管理人往往需要聘用相关审计、评估人员作为辅助的调查人员。因此，笔者建议，立法在明确管理人调查权行使方式的同时，可以进一步规定，经人民法院批准，管理人可聘用相关审计、评估等社会中介机构作为管理人的调查辅助人。

（三）明确管理人调查费用的性质

立法应当明确管理人行使调查权，开展调查工作所产生的合理费用的性质。笔者认为上述费用应当列入破产费用。在此，需要说明的是，管理人行使调查权所产生的合理费用应当包括管理人聘用审计、评估机构等调查辅助人的费用。

当然，管理人调查费用的列支应当必要且合理。在实务中，人民法院可通过委托相关中介机构进行破产审计等方式来监督管理人调查费用的列支。

（四）完善拒绝配合调查的罚则

对于债务人的有关人员据不配合管理人调查的行为，除规定人民法院可依管理人的申请或依职权对其采取罚款等司法强制措施外，还应当适时完善刑法中关于妨害清算的相关规则，必要时，对上述人员追究相应的刑事责任。

对于人民法院或政府其他部门拒不提供依法由其掌握的材料或拖延审查管理人的申请，拖延作出决定的行为，除赋予管理人依法申请其上级法院或上级主管部门责令改正的权利外，对于情节特别严重，造成破产程序重大迟延，给债权人利益造成重大损失的，应当规定依法追究有关人员的刑事责任。

四、结　　语

管理人调查权是基于管理人执业的现实需求所产生的基础性权利，是管理人行使包括撤销权、挑拣履行权等其他权利，有效掌握债务人财产状况的前提和基础。在立法上确立管理人调查权，是平衡管理人在破产程序中的权利和义务、准确界定相关主体权利、义务边界、合理控制管理人执业风险，避免造成破产程序迟延的必然要求。我国立法应当明确规定管理人的调查权及其行使方式，以促进破产程序的高效推进。

论破产管理人债权审查标准

黄雯思*

我国现行《企业破产法》摒弃了旧破产法下由债权人会议单一主体、单一层次的债权审查模式,将破产债权的审查确认进行分解,改为由管理人审查、债权人会议核查、最终由法院确认的新模式。债权审查作为破产程序的基础工作,是整个破产程序的重中之重。然而在破产实务中,关于如何对债权人申报的债权进行审查并确认,缺乏一定的标准。从目前破产法立法情况来看,相关法律法规、规章制度并没有对破产债权的审查标准作出明确规定。近期,厦门市破产管理人协会出台了《厦门市破产管理人业务操作指引》(以下简称《指引》),可作为管理人工作的一项重要参考。就债权审查方面,《指引》第30条对管理人债权审查事项的具体范围作了详细规定,并明确提出管理人对申报的债权应进行实质性审查,即审查债权的真实性、合法性、时效性等。但除此之外,《指引》未对债权审查的具体标准进行规定。近几年,法院受理的破产案件日益增多,案件情况纷繁复杂,无论是破产管理人还是法院,均企盼着能对债权审查标准进行统一,形成较模式化债权审查机制,有效推进破产工作。本文

* 温州市瓯海区人民法院审判员。

结合笔者的法院审理工作经验，对管理人债权审查基本标准及具体标准进行简要的分析、阐述。

一、管理人债权审查基本标准

在司法实践中，法院一般会要求管理人参照法院审理案件的标准对申报的债权进行审查。理由主要有两方面：一是破产案件实际上是将多个原本要进入法院审理的债务纠纷，纳入一个案件中审理，不同的是，审查人由法院变成了管理人。因此，从公平、公正角度考虑，破产案件中债权认定的标准应与法院同类案件的审理标准相当。二是根据《企业破产法》第58条的规定，对管理人审查的债权有异议的，债权人及债务人可以提起破产债权确认之诉。根据该条规定，当管理人的审查标准与法院审理标准出现差距时，会有更多债权人向法院提起破产债权确认之诉，不仅造成审查工作重复，更会增加当事人诉累，并造成司法资源的浪费。

由此，管理人在审查债权的时候，既不能比法院审查的宽松，也不能过于严格。《企业破产法》赋予管理人对债权人申报债权的实质审查权，这就要求管理人应参照法院审理案件的过程，对申报资料的来源是否合法，内容是否真实，与欠款事实有无关联性等进行实质性审查。有些管理人在债权审查过程中不做认真细致的审查，而是简单地与债务人的财务账册核对欠款金额，若金额相符便予以确认，这样做并不可取。虽然管理人无法像法院审理案件一样，通过开庭审理的方式，听取双方当事人的陈述、举证和质证，再对法律事实进行认定。但管理人可以参照最高人民法院《关于民事诉讼证据的若干规定》第65条规定，①对债权人提供的证据进行审查，并按照《民事诉讼法》规定的“谁主张，谁举证”原则，由不能举证或者举证不能的债权人承担相应的法律后果。

二、管理人债权审查具体标准

司法实践中，法官审理案件（主要指经济纠纷）所把握的标准及采用的方法

---

① 最高人民法院《关于民事诉讼证据的若干规定》第65条规定：审判人员对单一证据可以从下列方面进行审核认定：(1)证据是否原件、原物，复印件、复制品与原件、原物是否相符；(2)证据与本案事实是否相关；(3)证据的形式、来源是否符合法律规定；(4)证据的内容是否真实；(5)证人或者提供证据的人，与当事人有无利害关系。

具有一定的共性及差异性。共性体现在对各类纠纷所具备共同特征的部分,可以采取相同的审理标准,如主体资格的查明、诉讼时效的认定、争议金额的核实等。差异性体现在因各类纠纷所依赖的基础关系以及当事人提供的证据材料千差万别,应采用不同的审查方法及标准。故笔者亦以此为参照,将管理人债权审查工作分为纵向审查与横向审查。纵向审查各类债权的共性特征,主要包括债权主体、申报材料、债权性质、债权时效、债权金额等五个方面,横向审查各类债权的基础关系,不同的证据材料的认定等。

(一)纵向审查标准

1. 对主体资格的审查标准

一般来说,向破产管理人进行债权申报的人员有两类:申报人本人、申报人的委托代理人。申报人为本人的,通常分为个人或者单位。对个人,管理人应核对个人提供的身份证或其他能够证明身份的证件。对于企业,应审查企业营业执照或其他批准设立的登记证明,以及盖有企业公章的法定代表人身份证明。申报人委托他人代为申报的,除了提供委托人的上述基本证件外,还应当要求受托人出具授权委托书及受托人的身份证明文件,授权委托书应明确载明委托事项及范围。

2. 对申报材料的审查标准

债权申报材料通常包括债权申报表和证明债权成立及数额的相关材料。申报人除了规范填写债权申报表外,还应当提供合同、结算凭证、法院裁判文书等证据进行证明。《企业破产法》并未明确规定管理人应如何对申报材料进行审查,但深圳市律师协会于2014年10月8日发布的《律师担任破产案件管理人债权申报及审查业务指导标准》第12条、第13条规定,管理人应对债权进行形式审查和实质审查。① 其中形式审查包括对申报债权的书面形式、申报期限、债权

① 《律师担任破产案件管理人债权申报及审查业务指导标准》第12条规定:管理人对债权人的债权申报形式进行审查,包括是否采用书面形式、是否在申报期限内申报、是否提交了证实债权申报主体资格、证实债权是否成立、债权数额和有无财产担保的证明材料。第13条规定:管理人应当根据下列原则对债权申报的实体内容进行审查:(1)有生效法律文书确认的,应当根据生效法律文书确认债权,但超过申请执行时效的债权不列入破产债权;(2)无生效法律文书确认,但证据真实、合法、充分,或者虽然证据不足,但债务人财务记录有明确记载或者有其他证明文件的,应当根据证据、财务记录或者其他证明文件确认债权。

凭据、债权数额等进行审查,实体审查包括对是否经生效法律文书确认,证据是否真实、合法、充分,债务人财务是否有记录等方面进行审查。其中证据的真实性、合法性、关联性审查是审查环节中的重点及难点,笔者将在下一章节中展开论述。

3. 对债权时效的审查标准

债权的时效性审查包括两方面,一是审查债权申报时效,二是审查债权诉讼时效。

(1)关于债权申报期限。我国《企业破产法》第 48 条、第 56 条对债权申报期限进行了明确规定。[①] 据此,破产管理人在审查债权时要区分债权的申报日期是在申报期限内还是之外。如果申报人在申报期限内申报,申报有效。如果申报人未在申报期限内申报,其在破产财产最后分配之前仍可以向管理人申报债权。管理人应当对此类债权进行审查,并且该债权也要经过核查、确认的程序。但不同的是,补充申报的债权只能在未被分配的破产财产中按比例分配,已经分配的破产财产不再补充分配,并且补充申报人应支付相应费用。如果申报人是在破产财产被最后分配后申报债权的,该申报无效。

(2)关于债权诉讼时效。根据最高人民法院《关于审理企业破产案件若干问题的规定》第 61 条第 7 项规定,超过诉讼时效的债权不能认定为破产债权。但实践中,直接认定表面已超过诉讼时效的债权不属于破产债权的话并不合适。对于上述申报债权,管理人可以参考法院的审查方式,对相关事实进行细致审查。首先,管理人应当对超过诉讼时效的债权提出异议,申报人则可以向管理人提供证据证明自己曾有效地将行使债权的意思表示送达债务人,比如曾向债务人催讨或者债务人曾承诺付款等。其次,管理人应就上述证据进行认真审查,就相关事实征求债务人负责人、财务人员或其他相关人员的意见,并形成书面谈话记录。最后,管理人应从公平、公正的角度出发,对经审查认定存在上述事实的,可对相关申报债权予以确认。

4. 对债权性质的审查标准

根据我国《企业破产法》第 109 条、第 113 条的规定,可以总结得出破产债权

---

① 《企业破产法》第 48 条规定:债权人应当在人民法院确定的债权申报期限内向管理人申报债权。第 56 条:在人民法院确定的债权申报期限内,债权人未申报债权的,可以在破产财产最后分配前补充申报;但是,此前已进行的分配,不再对其补充分配。为审查和确认补充申报债权的费用,由补充申报人承担。

按照以下顺序清偿:可抵销债权(法律规定的除外)—有担保的债权—职工债权—税款债权—普通债权。因此,管理人在审查债权时应先查明债权性质,并根据债权性质不同把握相应的审查标准。对有担保的债权,管理人应结合《担保法》《物权法》等相关法律规定,对担保行为是否生效、担保的范围及数额进行审查,如申报人主张债权由不动产担保的,管理人应对该不动产担保行为是否已办理相应公示登记进行审查。对职工债权,管理人应对结合债务人的工资册、财务账册、职工社保记录等相关材料进行审查。对税款债权,管理人应结合债务人的财务审计报告进行审查。

5. 对债权数额的审查标准

破产实务中,债权数额通常包括两部分,一是本金,二是利息或违约金。关于本金的计算,争议不大,管理人只需核对申报金额与其提供证据上记载的金额即可。实践中,利息或违约金数额的审查,往往是债权审查工作的难点。由于《企业破产法》没有将违约金和利息排除于破产债权之外,因此合法的违约金及利息应依法予以认定为破产债权。

(1)就违约金而言,首先,管理人应当审查债务人主张违约金的相关依据,如申报人提供的证据材料是否记载违约金约定。其次,管理人应当对约定过高的违约金数额进行调整。如果申报人能够证明债务人行为造成其实际损失的具体数额,管理人则应把违约金降至实际损失数额,如果无法证明,管理人可以根据最高人民法院《关于适用〈中华人民共和国合同法〉若干问题的解释(二)》第 29 条的规定,[①]将违约金调低至本金金额的 30%。

(2)利息通常为两种情况:一是双方约定的利息,二是因资金占用造成的利息损失。对于申报人主张利息的,首先,管理人应先审查其提供的证据能否证明双方约定利息的事实;其次,如果双方约定的利息超过了同期贷款利率的 4 倍,管理人最高以 4 倍计算利息。对于申报人主张利息损失的,管理人应当以人民银行同期贷款基准利率计算利息。另外,根据我国《企业破产法》第 46 条的规

① 最高人民法院《关于适用〈中华人民共和国合同法〉若干问题的解释(二)》第 29 条规定:当事人主张约定的违约金过高请求予以适当减少的,人民法院应当以实际损失为基础,兼顾合同的履行情况、当事人的过错程度以及预期利益等综合因素,根据公平原则和诚实信用原则予以衡量,并作出裁决。当事人约定的违约金超过造成损失的 30% 的,一般可以认定为《合同法》第 114 条第 2 款规定的"过分高于造成的损失"。

定,附利息的债权自破产申请受理时起停止计息。实践中,不少申报人申报债权时,将利息计算至债权申报之日,故管理人在审查时应对超出部分利息进行核减。

(二)横向审查标准

1. 对基于不同基础关系的债权审查要点

申报的债权因其依据的基础关系不同,管理人对其进行审查确认时,应有不同的审查要点。下文就几类典型性合同债权的审查要点进行分析、阐述。

(1)买卖、承揽合同债权审查要点。企业作为市场交易活动中的重要主体,尤其是生产、贸易型企业,其对外负债很大部分是基于买卖、加工等业务往来关系。此类债权往往以普通债权为多。实践中,申报此类债权应提供相应的合同、对账单、欠条、送货单等证据材料,以证明合同关系的存在及欠款事实。对于没有签订书面合同的,可以提供相应结算依据或者货物交付依据,管理人应结合双方交易习惯及债务人实际情况,对申报人提供的证据进行审查、确认。申报人无法证明合同关系存在及欠款事实的,应承担举证不能的法律后果。

(2)借款合同债权审查要点。借款合同主要分为金融借款合同和民间借款合同。对于基于金融借款合同的债权,金融机构因其专业性,在债权申报时往往能提供较为完整、规范的证据材料,管理人的审查工作也相对简单。但应注意的是,对于此类金融债权复利的计算问题。实践中,通常应对申报人主张的期内复利予以确认,对期外复利不应予确认。对于基于民间借款合同的债权,申报人应当提供借条、银行转账凭证等进行证明,管理人应对主体资格、借款合同、借款合同的约定内容及合同是否已履行等法律事实进行审查。对于现金交付的借贷,管理人可根据交付凭证、支付能力、交易习惯、借贷金额大小、当事人关系以及当事人陈述的交付细节经过等因素综合判断是否存在借贷关系。①

2. 对各类证据材料的审查标准

破产实务中,破产管理人审查债权是否真实有效应当立足于申报人提交的证据材料,通过审查,对具备真实性、合法性、关联性的证据予以认定采纳。实践中,申报人提交的证据一般是以下几类,管理人应当分情况进行审查:

---

① 参见朱深远主编:《商事审判实务技能》,人民法院出版社2013年版,第105页。

(1)法院判决书、调解书。通常情况下,法院作出的判决书、调解书会对相应法律事实及债权是否成立、债权金额多少进行认定。所以申报人只需提供已生效的法律文书进行债权申报,无须提供其他证据。管理人在审查债权时应对判决书、调解书的关联性及文书是否已经生效进行审查。

(2)合同。破产债务人与债权人签订的各种合同是债权形成的主要证据。对合同的审查标准应从以下几方面把握:一是合同的真实性。首先,是合同双方签字盖章的真实性。合同应由债务人和申报人双方签字盖章确认,管理人可以把合同上债务人的印章或其负责人、有权代理人的签名与其接管的内部资料里的印章、签名进行对比确认,若管理人无法接管任何账册、资料,可以与债务人在工商登记机构备案材料上的印章、签名相比对。其次,是合同内容的真实性。管理人应审查合同是否有改动过的痕迹,若合同经改动,则需审查更改的地方是否由合同双方确认。二是合同的效力。实践中,申报人提供的合同并非都很规范,一些合同只有所谓代理人的签字,没有加盖公司印章亦没有负责人签名,此类合同在法律上属于效力待定的合同。管理人可以根据《合同法》第 48 条、第 49 条的规定对该合同的效力进行审查、确认。首先,对于代理权限的认定。管理人若能接管债务人内部材料的,可以对代理人是不是债务人公司员工、担任具体职务等事实进行查明,从而对合同效力进行认定。若管理人未能接管债务人内部材料,亦无法查明代理人身份的,根据法律规定,应由主张代理权的申报人一方承担举证责任。其次,对于追认行为的认定。对于此类合同,管理人可以核对申报人提交的运货单、付款承诺书等证据,仔细审查债务人有没有对合同进行追认的行为。如果上述证据反映债务人已接受合同履行的,可以视为债务人对合同进行追认。管理人已接管债务人财务账册等内部资料,那么可以通过审查内部资料,更加方便查明是否存在追认行为。

(3)欠条、对账单等结算凭证。实践中,债务人、债权人双方进行商业合作时,出于信任或行业习惯,并未签订书面合同,很多已经实际履行的交易是口头承诺。申报人往往只能提供欠条、对账单、结算单等证据来证明债权的存在。对于此类证据,管理人应对单据的真实性及有效性予以审查,包括对单据上的签字、印章真实性进行审查,对没有加盖债务人印章或负责人签字单据的效力进行审查,具体审查标准可以参考上文合同的审查标准。经审查,申报人所提供的证据形式完整、内容真实的,管理人应依法予以认定。对于形式、内容上有瑕疵的证据,若管理人已接管债务人内部资料的,可以通过核对债务人账簿、交易记录等多种方式收集证据进行印证,当仔细查证确认事实准确无误后,方能认定债权成立。若管理人无法接管债务人内部资料,那么对于有瑕疵的证据,应由申报人承担举证不能的后果。

(4)送货单、运单等交付凭证。债务人、双方未签订书面合同的,债权人履行合同义务后,未能与债务人进行书面结算的,申报人往往只能以送货单、运单等货物交付凭证为证据,向管理人申报债权。管理人在审查此类证据时,应对送货单有无签收,签收人是何身份,单据能否反映货物价值等事项进行核实。送货单无人签收的,相应债权不应予以确认;送货单由单位印章或者单位负责人签收的,相应债权应予以确认。送货单若为其他人员签收,管理人在审查时应查明签收人员是否为债务人员工,其签收行为是否经债务人授权。若管理人已接管债务人内部资料的,可以通过核查职工信息、库存清单、财务账册等,对收货事实予以查明。若管理人无法接管债务人内部资料的,应由申报人对其主张承担全部举证责任。另外,申报人提供的货物交付凭证应当能反映货款金额。单据只注明货物数量,未注明金额的,申报人可以提供其他证据对货物价格进行补充证明,否则由申报人承担举证不能的不利后果。管理人应当结合其掌握的债务人内部资料,对此类单据进行综合认定。

需要补充说明的是,管理人进行债权审查时,不能只就申报人提供的证据进行简单确认或否定。在有条件的情况下,应当主动询问债务人的法定代表人、负责人或者职工有关债权的情况,并制作好谈话笔录。管理人还应充分利用手头掌握的债务人内部资料,如财务账册、债权债务清单、资产清单等,对申报人提供的证据进行综合分析,对能够相互印证的事实予以确认。

管理人审查确认职工债权若干法律问题探析

李乐敏[*]　王荣江[**]　傅梦露[***]

破产企业的职工利益保护问题一直备受政府、法院、管理人关注,也是实践中管理人清算、重整工作首先要解决的难点。而职工债权又不同于其他债权,一方面,其确认程序是以管理人为主导的主动审核;另一方面,从清偿顺序上来讲,它又可以获得优先清偿。因此,如何确定职工债权范围、明确相关职工债权的法律适用难题,既影响职工切身利益,也对其他债权人有较大影响。本文拟从破产管理人在破产程序中,审核、确认职工债权过程中经常遇到的法律难题出发,由原则到具体、由实务到程序,依次进行分析论证,并得出结论,以期对破产管理人今后审查、确认职工债权所有裨益。

一、职工债权概说

职工债权,又称劳动债权,是指劳动者个人享有的基于劳动关系产生、以工资为基本形态、用以维持其社会生

* 浙江振邦律师事务所律师。
** 浙江振邦律师事务所律师。
*** 浙江振邦律师事务所律师。

活的债权。[①] 在不同的法律适用语境下,职工债权的内涵和外延是有一定差异的。本文所指职工债权概念,是破产法语境下的特定概念,指因破产宣告前的劳动关系而发生的债权,包括破产企业所欠职工工资和欠缴的基本社会保险费用,以及法律、行政法规规定应当支付给职工的补偿金等其他费用,按依政策性破产由破产企业土地使用权转让所得用于安置职工的职工安置费用除外。依据我国《企业破产法》第48条规定,职工债权包括:债务人所欠职工的工资和医疗、伤残补助、抚恤费用,所欠的应当划入职工个人账户的基本养老保险、基本医疗保险费用,以及法律、行政法规规定应当支付给职工的补偿金。

职工债权因为其不同于普通债权的含义,有其独有的特征:

第一,职工债权的权利主体是特定的。职工债权的主体仅限于劳动者,也就是达到法定的就业年龄、具有劳动能力、在企业破产之前就与破产企业建立了劳动合同关系、聘用制劳动关系或者事实劳动关系的劳动者。[②] 即只有这些人才是真正劳动债权的权利主体。[③]

第二,职工债权的产生时间是特定的。破产法规定,职工债权的产生必须是源于企业破产之前就已经与企业建立劳动关系的职工债权,在企业被宣告破产后,无论发生怎么样的债权债务关系,如企业留守人员的报酬,除法律有特别规定的除外,都只能按照破产费用确定,而不能算作破产企业的职工债权。

第三,职工债权的法律依据是特定的。职工债权是基于劳动和社会保障法产生的特殊债权,工资债权和解除劳动合同经济补偿金债权是基于劳动法的规定而产生,欠缴社会保险费的债权是基于社会保险费的规定而产生,以上债权都具有严格的法定性,不同于普通破产债权产生于日常经营行为中双方当事人产生的合意。事实上,部分职工债权并不会因为当事人协商一致而可以选择放弃,如社会保险法所规定的企业为职工缴纳社会保险的义务,该义务为法定义务。

第四,职工债权的保护客体是特殊的。职工债权意在保护弱势群体的生存

---

① 参见王欣新、杨涛:《破产企业职工债权保障制度研究——改革社会成本的包容与分担》,载《法治研究》2013年第1期。

② 茌远洋:《劳动债权问题研究——从破产法角度》,云南财经大学2010年硕士学位论文,第6页。

③ 在劳动债权中,还有一类特殊人员,这些人员与破产企业之间并不存在合法劳动关系,但由于法律的特殊规定,破产企业依法应当向其支付类似于工资的劳动报酬或者工伤赔偿金,对于此类人员,笔者将在后面详细阐述。

权,一般而言,企业与职工的地位是不平等的,信息不对称,承担风险的能力也不同,职工在维护合法权益时往往处于弱势地位。而一旦职工债权受到损失,不仅会影响职工自身,往往还会影响受其供养家庭成员的利益。因此,基于这种特殊背景的考量,加之其权利具有社会与公共利益的属性,所以在企业破产时,职工债权需要由国家公权利给予积极的保障。职工债权可看作为"社会权"的一种典型形态。①

二、职工债权的界定与审查原则

根据前文所述,可以清晰地得出职工债权的界定范围,这在我国《企业破产法》中也有明确的规定。但是,在破产实务中,对于劳动债权的准确界定,包括主体、内容、除外情形等,仍然存在激烈的讨论,对于职工债权提出的异议与确认之诉,依然较多。与此同时,管理人在审查、确认职工债权时,应当秉持什么样的原则,值得研究。

(一)职工债权主体的界定

我国《企业破产法》规定,职工债权的主体是破产企业职工。该条实际上规定了职工债权主体的两个前置条件:一是破产企业,二是职工。对于这两个前置条件的具体认定,则并不是非常清楚。笔者认为,对于破产企业,顾名思义,是指不能清偿到期债务,并且资产不足以清偿全部债务或者明显缺乏清偿能力,或者有明显丧失清偿能力可能的企业法人。在我国《企业破产法》第2条中,明确了适用范围仅限于企业法人,该限定于普通劳动债权产生的劳动法意义上的用人单位明显缩小,劳动法意义上的用人单位包括企业、个体经济组织、国家机关、事业组织及社会团体。职工,是指在中国境内的企、事业单位和机关等部门中,以付出脑力劳动或者体力劳动的方式获得工资报酬的工作群体。职工需要满足两个条件:一是用劳动取得工资报酬,二是需要职工与工作单位存在确实的劳动关系。涵盖各种用工形式,主要包括订立了书面劳动合同的劳动者,虽然未签订书面劳动合同但成立事实劳动关系的劳动者,以及以临时用工形式存在的学徒工、

① 参见许建宇:《构建我国欠薪保障制度的法学思考》,载《中州学刊》2006年第5期。

实习生[①]等。因此,对于以提供临时性劳务为对价获得劳务报酬的雇佣关系来说,该雇员即不属于我们所说的职工范畴,其因提供劳务产生的劳务报酬请求权,不属于职工债权。通过对于两个前置条件的分析可以得出,破产法语境下的职工债权主体仅仅是可以纳入破产法调整范围内的用人单位的劳动人员。

(二)职工债权内容的界定

我国企业破产法和国际破产法通行的对职工债权内容的规定是基本一致的,主要包括工资、各种非工资形式的报酬、补偿金、社会保险费用等,这些都是各国法律都普遍规定的范围。但是,具体到其中某一项如何确定,则存在的不小的争议。

1. 职工工资及医疗、伤残补助、抚恤费用。债务人在破产受理日前,拖欠职工的工资和医疗、伤残补助、抚恤费用等属于职工债权,其中以拖欠的工资最为常见。任何一个破产企业职工债权的审核,首当其冲的便是审核清楚拖欠工资的数额,而由于我国企业在现实经营中实际发放的货币化工资名目繁多,因此,对于拖欠工资的确定,较重要的是对拖欠工资范围进行界定。然而,对于工资的种类,我国法律法规却没有明确规定,因此,也困扰了很多管理人,如福利费、车贴、季度奖金等,是否可以作为工资予以认定?笔者认为,在没有法律法规的情况下,可以参考权威部门发布的相关规定。可循的有关工资的规定有,国家统计局 1990 年 1 月 1 日发布的《关于工资总额组成的规定》第 4 条可作为参考。该条规定:工资总额由下列 6 个部分组成:(1)计时工资;(2)计件工资;(3)奖金;(4)津贴和补贴;(5)加班加点工资;(6)特殊情况下支付的工资。各省也制定了有关工资的相关规定,如 2016 年《浙江省企业工资支付管理办法》第 2 条:本办法所称工资是指企业按照国家规定和劳动合同的约定,以货币形式支付给劳动者的劳动报酬,包括计时工资、计件工资、奖金、津贴、加班加点工资以及特殊情况下支付的工资等。同时,在国家统计局发布的《〈关于工资总额组成的规定〉若干具体范围的解释》中的第 4 条,对工资总额不包括的项目的范围予以了明确,具体为:(1)有关劳动保险和职工福利方面的费用,如工会文教费、集体福利费、

---

① 参见于丰楷:《多元利益博弈下破产企业职工权益保障之考量》,华东政法大学 2010 年硕士学位论文,第 44 页。

探亲路费、冬季取暖补贴、上下班交通补贴以及洗理费;(2)劳动保护的各种支出,如高温作业所享受的由劳动保护费开支的保健食品待遇。显然,对照该条规定,车贴可以归类为上下班交通补贴、福利费属于职工福利方面的费用、季度奖金属于奖金范畴,管理人可以清楚地进行确认。对于破产企业被宣告破产前已经陷入停产停业状态的工资数额的认定,可以按照如下标准确定:非因劳动者原因造成停工、停产、歇业,时间在一个工资支付周期内的,企业应当按照国家规定或者劳动合同约定的工资标准支付工资;停工、停产、歇业时间超过一个工资支付周期,劳动者提供了正常劳动的,企业应当按照不低于当地人民政府确定的最低工资标准支付工资。

2. 经济补偿金。经济补偿金是劳动法中的一个概念,劳动者在与用人单位解除或终止劳动关系时,为体现其对企业的历史贡献并为其重新就业提供一定的生活保障,劳动法要求用人单位按照劳动者的工作年限和工资标准,发放一定的经济补偿。破产程序中职工债权所指的经济补偿金,特指企业因破产导致劳动合同提前解除或者终止,依法律规定应当支付给劳动者的经济补偿金,其法律依据为我国《劳动合同法》第44条第1款第4项之规定:"用人单位被依法宣告破产的",及该法第46条第1款第6项之规定:"依照本法第四十四条第四项、第五项规定终止劳动合同的",对此问题,在实践中并无大的争议。存在争议的问题是根据我国《劳动合同法》第97条第3款的规定:"本法施行之日存续的劳动合同在本法施行后解除或者终止,依照本法第四十六条规定应当支付经济补偿的,经济补偿年限自本法施行之日起计算;本法施行前按照当时有关规定,用人单位应当向劳动者支付经济补偿的,按照当时有关规定执行。"基于此规定,按照我国《劳动合同法》2008年1月1日起施行为界限,经济补偿金实际上应当分为2008年1月1日以后和2008年1月1日以前两个阶段。而如果一个职工在2008年1月1日前(比如,2000年1月1日起)就已经在该企业工作,因为2008年1月1日后企业破产导致劳动合同终止,我国《劳动合同法》施行前工作的年限能否也按照《劳动合同法》第47条的规定,按每满1年支付1个月工资的标准计算经济补偿金呢?按照我国《劳动合同法》第97条"按照当时有关规定执行"的思路,在《劳动合同法》施行前适用的是《劳动法》,《劳动法》并没有明确规定经济补偿金的问题,只有原劳动部发布的1995年1月1日起施行的《违反和解除劳动合同的经济补偿办法》(劳部发〔1994〕481号,以下简称《经济补偿办法》)可以适用。在该《经济补偿办法》中，并没有明确因企业被宣告破产导致劳动合同终止需支付经济补偿金的规定，仅在该办法第9条规定与破产有点关系。《经济补偿办法》第9条规定，用人单位濒临破产进行法定整顿期间或者生产经营状况发生严重困难，必须裁减人员的，用人单位按被裁减人员在本单位工作的年限支付经济补偿金。在本单位工作的时间每满一年，发给相当于一个月工资的经济补偿金。对此，笔者认为，设置经济补偿金制度的目的是促使用人单位与劳动者保持稳定的劳动关系，而支付经济补偿金只是用人单位未能保持劳动关系稳定的法律后果。由此，可以得出经济补偿金具有解约保护的性质。因此，从这一层面考量，因为非劳动者的原因企业进入破产，企业应当对因其引起的劳动关系的变动承担相应的法律后果，故而对于2008年我国《劳动合同法》施行前的工作年限，参照《经济补偿办法》第9条规定支付经济补偿金。

3. 赔偿金。我国《企业破产法》并没有明确规定赔偿金是否可以作为职工债权优先受偿，仅规定了补偿金的概念，而从《劳动合同法》角度分析，经济补偿金与赔偿金系完全不同的两个概念，因此，很多管理人倾向认为，赔偿金不能列入我国《企业破产法》第113条第1款第1项所规定的第一顺位清偿。而在实践中，劳动者可要求用人单位承担赔偿金的情形也相对较多，如我国《劳动合同法》第48条规定的用人单位在宣告破产前即违法与劳动者提前解除或者终止劳动合同。此时，劳动者可向用人单位主张的是违法解除劳动关系赔偿金。但是，由于我国《企业破产法》并没有明确将赔偿金纳入优先受偿的职工债权范围，很多劳动者考虑到此后企业可能进入破产程序，因为赔偿金未被明文规定为优先受偿，进而导致会被列为普通债权，往往会退而求其次，主动放弃要求用人单位承担2倍经济补偿标准的赔偿金，转而要求用人单位支付经济补偿金。虽然此为当事人对自身权利的处分行为，但也透露出由于法律法规的不明确导致的劳动者对自己合法权益无法得到有效保护的无奈之举。当然，因为我国《劳动合同法》颁布在《企业破产法》之后，在我国《企业破产法》制定的过程中，无法预见其后制定的法律所规定的赔偿金，也无可厚非。但作为破产管理人来说，应当看到这一问题，并作出妥善应对。笔者认为，从举轻以明重的角度出发，对于经济补偿金尚可以在破产债权分配中优先受偿，作为因劳动关系履行期间受用人单位违法行为影响的劳动者，其合法权利更加应当受到法律的依法保护。此外，考虑到今后在司法实践中会越来越多地遇到“执转破”的情形，很多劳动者在此前的司法程序中不可能预见企业会进入破产程序,如果将赔偿金排除在职工债权范围之外,对于保障职工合法权利、维护劳动合同法的法律权威,显然不利。因此,笔者建议,管理人在审查职工债权时,将破产企业应当支付给劳动者的赔偿金纳入补偿金范畴。

4. 社会保险费用。社会保险的立法及实践具有极强的地域差异,各地区的经济发展不均衡、就业水平不一及政府财政实力的差距,造成各地社保统筹步伐的不一致。目前,我国社会保险分为养老保险、医疗保险、失业保险、工伤保险和生育保险 5 种。该 5 种社会保险,同属国家强制的社会保险项目,在职工及其亲属遭遇年老、疾病、工伤、生育、失业等风险时,防止收入的中断、减少和丧失,为职工提供基本的生活保障,用人单位应依法强制缴纳,否则即应承担相应的法律责任。在很多时候,用人单位为了节约成本、劳动者为了每月多获得一些现金收入,往往会私下约定用人单位无须为劳动者缴纳社会保险。然而,该约定因为违反了法律的强制性规定而无效。对此,破产管理人应当引起重视,在审核职工债权时,主动审查破产企业是否已按月为劳动者缴纳了社会保险。如果存在拖欠,则应当按照劳动者的工资标准,结合当地社会保险缴纳管理办法,确定破产企业应当为劳动者补缴的社会保险费数额并列入职工债权,在清偿时按照清偿顺序将该部分费用缴付至社保指定账户。同时,需要注意的是,我国《企业破产法》第 113 条所规定的清偿顺序中,基本养老保险、基本医疗保险费用是列入扣除破产费用和共益债务清偿后的第一顺序,其他的社会保险费用如失业保险、工伤保险和生育保险费用与所欠税款一起列入第二顺序。

此外,破产实践中因破产企业拖欠缴纳社会保险费用,导致被社保行政部门处以滞纳金及罚款的情形经常见到,依据我国《社会保险法》第 86 条规定:“用人单位未按时足额缴纳社会保险费的,由社会保险费征收机构责令限期缴纳或者补足,并自欠缴之日起,按日加收万分之五的滞纳金;逾期仍不缴纳的,由有关行政部门处欠缴数额一倍以上三倍以下的罚款”。对于滞纳金如何处理,是否也要优先足额缴纳的问题,笔者认为,考虑到社会保险费用与税收性质的相似,可以参考最高人民法院《关于税务机关就破产企业欠缴税款产生的滞纳金提起的债权确认之诉应否受理问题的批复》(法释〔2012〕9 号)的精神,对破产企业在破产案件受理前因欠缴社会保险费产生的滞纳金列入普通破产债权。对于破产案件受理后因欠社会保险费产生的滞纳金,依照最高人民法院《关于审理企业破产案件若干问题的规定》第61条的规定处理。

除了前述的4种职工债权外的其他债权,即使与劳动者有关,一般也不属于破产法规定的可优先于普通破产债权清偿的职工债权。尤其需要注意的是,职工集资款的清偿顺序在我国《企业破产法》颁布实施后,已经发生了变化。根据最高人民法院《关于审理企业破产案件若干问题的规定》第58条的规定,在我国《企业破产法》颁布之前的具体法律实务之中,破产企业所欠企业职工的集资款,除对违反法律规定的高额利息部分不予保护外,其他部分参照破产企业所欠职工工资和劳动保险费用的清偿顺序清偿。但随着我国《企业破产法》的颁布实施,并没有再将职工集资款列入优先于普通破产债权的职工债权范畴,因而,管理人应将其列为普通破产债权,按比例清偿。

(三)管理人审查、确认职工债权的基本原则

职工债权作为破产债权的一种特殊类别,必须受到立法的特殊保护。本文着重探讨管理人在审查、确认职工债权进程中,所应秉持的立场。

1.平等保护原则。平等在法律中可以体现为"法律将平等权利化、法律为平等提供统一标准、法律保护被确认的平等"。[①] 管理人与破产企业职工的关系,最重要的表现在我国《企业破产法》第48条。所有的债权都应该申报,但是该法第48条规定职工债权不必申报,是由管理人调查后列出清单来予以公示,这是我们破产法的一个创新。也就是说,如何保护职工的利益,特别是在我们国家这样一种关系下面,如何把职工的权益与其他一般债权人平等地保护,很大程度上取决于管理人的立场。破产法把这样的权力给了管理人,管理人的责任就非常大,因此,极有可能在破产法的实施过程中,如果管理人无法真正做到平等,极有可能会造成职工和管理人的一种紧张关系。

2.适度区别原则。劳动合同本身是一种一方通过合同雇佣另一方的契约,被雇佣的一方无法预测用人单位的兴衰,甚至无法清晰地了解用人单位真实的经济和财产状况,受雇职工在签订劳动合同之前只是对劳动合同有一个详细的了解,至于企业的真实经营状况等信息,他们无从知晓。所以受雇职工的信息获得与用人单位所掌握的信息不对等,并因此使职工处于弱势地位。这种弱势地

---

① 付子堂:《法理学进阶》,法律出版社2006年版,第124~125页。

位决定如果把所有债权平均的对待,将造成实质上的不对等。付子堂教授在《法理学进阶》中提道:“平等不反对适当的区别对待。区别对待有时难免会导致特权或歧视的产生但并不必然如此。适当的区别对待甚至是维护或实现平等所必需的,是平等的表现。”①为此,管理人在审查、确认破产债权过程中,对于弱势的职工债权人以适度的区别对待及适当的特殊保护,是追求整个破产申报,清偿程序实质平等的唯一途径。

3. 利益衡平原则。所有法律制度的出现,必然是平衡了各方利益以后使应予保障的价值得到最大限度的满足。相比于原有破产规定,我国现行《企业破产法》对于担保债权和职工债权的清偿顺序问题,采取了“新老划断”的办法,在我国《企业破产法》中明确,将优先清偿担保债权,职工工资和其他福利从未担保财产中清偿。这一独创性做法,与我国国情密切相关:第一,破产法和担保法的关系,按照我国担保法的规定,担保抵押资产并不纳入破产清偿顺位中,而是独立于破产财产之外的资产;第二,金融机构与债权人风险的考虑,如果担保债权不能依法实现,对金融机构等债权人将是一个巨大打击,金融机构与债权人自身也有可能破产,那涉及的人群会更大。② 因此,管理人在审查、确认职工债权时,必须充分认识职工债权问题处理的复杂性,既要考虑社会的现实情况,又要将它纳入企业破产的整体框架中来考虑,更多地依靠社会保障制度来完善解决职工的社会保障问题。

显然,在破产程序中,面对职工债权,管理人应始终坚持依法、平等原则,在通过追求平等和人身权利之上或者社会稳定和谐等来保护职工债权的同时,保障破产利益的动态平衡。

三、几类特殊职工债权的审查确认

(一)董事、监事、高级管理人员的工资确认问题

从广义的职工来讲,公司的董事、监事和高级管理人员(以下简称董监高)也属于公司职工,公司所欠上述人员的工资、社会保险费等也应当予以清偿。但

---

① 付子堂:《法理学进阶》,法律出版社2006年版,第123页。

② 参见李曙光:《新破产法的九大制度创新与突破》,载《法制日报》2006年8月5日,理论版。

是,对于公司陷入破产清算、重整等境地,董监高负有不可推卸的责任,其清偿原则与普通职工应有所区别。因此,我国《企业破产法》第 113 条第 3 款规定,破产企业的董事、监事和高级管理人员的工资按照该企业职工的平均工资计算。

从规定本身来看,似乎非常清楚,但是到了管理人实际审查确认阶段,却问题颇多。董事,是董事会成员;监事,是监事会成员;高级管理人员,按照我国《公司法》第 216 条规定,是指公司的经理、副经理、财务负责人,上市公司董事会秘书和公司章程规定的其他人员。如何理解"按照该企业职工的平均工资计算"?是指破产程序中按照破产企业职工同期的平均工资确定对董监高的工资支付标准,还是指如果存在拖欠上述人员工资的情况,则拖欠的工资按照破产企业职工同期的平均工资计算?

本文认为,立法原意对董监高工资的限制应当包括破产程序前拖欠的和破产程序中应当支付的两个部分。对于拖欠的工资,应该按照破产企业拖欠职工工资的平均期间确定按平均工资标准支付给董监高,包括长于普通职工被拖欠工资期间的时间,也应当按照当时企业职工的平均工资确定,而对于超出平均部分的工资法律将其规定为了普通债权。① 笔者认为,根据最高人民法院《关于适用〈中华人民共和国企业破产法〉若干问题的规定(二)》第 24 条第 1 款第 2 项的规定:普遍拖欠职工工资情况下获取的工资性收入。对于这部分收入,法律是将其规定为非正常的收入,应当由相应的人员向管理人返还。此处已经对于董监高在普遍拖欠工资的情况下的已获得的工资收入纳入了非正常收入的范围。也就是说,现行法律认为董监高在公司破产中是需要付相应的责任的,而在职工没有获得相应工资的情况下,董监高利用职权获得工资报酬是不允许的。

而且在实践中更有观点认为,如果公司破产,董监高在破产受理前一定时间获取的明显高于企业职工平均工资的收入是非正常收入,应当由管理人追回纳入债务人财产。如此规定可以更有效地保护普通职工的合法权益,使董监高更多地关心职工利益,而不是利用其掌控公司的优势地位谋取自身利益。在企业

---

① 最高人民法院《关于适用〈中华人民共和国企业破产法〉若干问题的规定(二)》第 24 条第 3 款规定:"债务人的董事、监事和高级管理人员因返还第一款第(一)项、第(三)项非正常收入形成的债权,可以作为普通破产债权清偿。因返还第一款第(二)项非正常收入形成的债权,依据企业破产法第一百一十三条第三款的规定,按照该企业职工平均工资计算的部分作为拖欠职工工资清偿;高出该企业职工平均工资计算的部分,可以作为普通破产债权清偿。"

出现破产原因的情况下,董监高应主动降低自己的收入,而在职工工资已经发生拖欠的情况下,无权享受特殊待遇。当然,考虑到破产程序中很多工作都需要董监高的配合,在没有激励机制的情况下,都经常出现不予配合的情况,如果追回已经发放的高额工资则可能导致整个管理工作陷入瘫痪,对整个破产程序尤其是破产重整带来很大的消极影响。因此,笔者建议,对于我国《企业破产法》第113条第3款规定适用增加一个期限限制,可以参照我国《企业破产法》第31条的规定,以人民法院受理破产申请前一年时间为限。则此,也能够顺利解决另一个涉及董监高的难题——经济补偿金的问题。按照我国《劳动合同法》第47条第2款之规定,劳动者月工资高于用人单位所在直辖市、设区的市级人民政府公布的本地区上年度职工月平均工资3倍的,向其支付经济补偿的标准按职工月平均工资3倍的数额支付,向其支付经济补偿的年限最高不超过12年。该法第47条第3款规定:本条所称月工资是指劳动者在劳动合同解除或者终止前12个月的平均工资。如果以前述1年时间为限,受理破产申请前1年时间内,董监高的工资按照职工平均工资确定,则计算其经济补偿金时的工资也与职工平均工资持平,无须受该法第47条第2款规定的约束,对于长期在该企业工作超过12年的老管理人员来说,其利益减损并不明显。

(二)受关联企业委派进入破产企业工作人员的职工债权

严格来说,受关联企业委派进入破产企业工作的人员,其劳动关系的建立对象应当为作出委派决定的关联企业。但有些企业为了规避我国《劳动合同法》所规定的签订两次以上固定期限劳动合同后再续签的即为无固定期限劳动合同的情形,由关联企业之间轮流与劳动者订立固定期限劳动合同。当该劳动者现有建立了劳动关系的企业进入破产程序后,其经济补偿金如何计算。根据最高人民法院《关于审理劳动争议案件适用法律若干问题的解释(四)》第5条的规定,"劳动者非因本人原因从原用人单位被安排到新用人单位工作,原用人单位未支付经济补偿,劳动者依照劳动合同法第三十八条规定与新用人单位解除劳动合同,或者新用人单位向劳动者提出解除、终止劳动合同,在计算支付经济补偿或赔偿金的工作年限时,劳动者请求把在原用人单位的工作年限合并计算为新用人单位工作年限的,人民法院应予支持。用人单位符合下列情形之一的,应当认定属于'劳动者非因本人原因从原用人单位被安排到新用人单位工作'……

(四)用人单位及其关联企业与劳动者轮流订立劳动合同……”因此,管理人在审查此类劳动者的职工债权特别是经济补偿金时,尤其应当注意正确把握其工作年限问题,在破产企业存在多个关联企业的情况下,主动审查是否存在企业间轮流订立劳动合同的情形,有条件的可以对财务人员、人事专员进行调查询问,避免遗漏了工作年限合并,造成被动。

(三)非法用工情形下相关人员债权的保护

根据本文前面的论述,职工债权的主体限于与破产企业建立劳动关系的职工,但在实际用工关系中有几类特殊的主体,其虽然不是劳动法意义上的劳动者,但基于法律法规的特别规定,其劳务报酬或者相关的工伤赔偿费用等,也应当作为职工债权,纳入我国《企业破产法》第 113 条第 1 款规定的清偿范围之中,管理人在对职工债权进行调查时,应当重点予以关注,做到没有遗漏。

我国《劳动合同法》第 2 条规定,“中华人民共和国境内的企业、个体经济组织、民办非企业单位等组织(以下称用人单位)与劳动者建立劳动关系,订立、履行、变更、解除或者终止劳动合同,适用本法”。所以,合法的劳动关系的用人单位和劳动者必须是适格的。用人单位不具备合法经营资格,或者劳动者为童工的,都属于非法用工情形。此类情形下劳动者权益的保护,一般由法律予以特别明确规定。

我国《劳动合同法》第 93 条规定:对不具备合法经营资格的用人单位的违法犯罪行为,依法追究法律责任;劳动者已经付出劳动的,该单位或者其出资人应当依照本法有关规定向劳动者支付劳动报酬、经济补偿、赔偿金;给劳动者造成损害的,应当承担赔偿责任。2010 年 9 月 14 日起施行的最高人民法院《关于审理劳动争议案件适用法律若干问题的解释(三)》第 4 条规定,“劳动者与未办理营业执照、营业执照被吊销或者营业期限届满仍继续经营的用人单位发生争议的,应当将用人单位或者其出资人列为当事人”;该解释第 5 条规定,“未办理营业执照、营业执照被吊销或者营业期限届满仍继续经营的用人单位,以挂靠等方式借用他人营业执照经营的,应当将用人单位和营业执照出借方列为当事人”。

2011 年 1 月 1 日施行的修订后的《工伤保险条例》第 66 条规定:“无营业执照或者未经依法登记、备案的单位以及被依法吊销营业执照或者撤销登记、备案的单位的职工受到事故伤害或者患职业病的,由该单位向伤残职工或者死亡职工的近亲属给予一次性赔偿,赔偿标准不得低于本条例规定的工伤保险待遇;用人单位不得使用童工,用人单位使用童工造成童工伤残、死亡的,由该单位向童工或者童工的近亲属给予一次性赔偿,赔偿标准不得低于本条例规定的工伤保险待遇。具体办法由国务院社会保险行政部门规定。前款规定的伤残职工或者死亡职工的近亲属就赔偿数额与单位发生争议的,以及前款规定的童工或者童工的近亲属就赔偿数额与单位发生争议的,按照处理劳动争议的有关规定处理。"2011 年 1 月 1 日施行的《非法用工单位伤亡人员一次性赔偿办法》,则是针对《工伤保险条例》第 66 条制定的具体的赔偿办法。

虽然在非法用工的情形下,劳动者与用人单位无法建立劳动关系,但双方之间毕竟形成了契约关系,属于平等主体间建立的劳务合同关系。对于劳动者已经付出了实际劳动或者因工受到的伤害,其依法享有请求破产企业支付工资、经济补偿金、赔偿金、一次性工伤医疗补助金、一次性伤残就业补助金等费用的权利。

(四)法律特别规定由破产企业承担的工伤费用

在众多企业的破产程序中,有一类企业的破产职工债权尤其要引起重视,就是建筑施工企业。基于我国建筑行业特殊的实际,绝大多数建筑企业承包的工地后通过转包或者挂靠,交给了其他的承包者来实际施工,我国《建筑法》上称为实际施工人。实际施工人承建建筑工程,同样要招用劳动者,这些劳动者在工地上从事工程施工受伤或者因实际施工人拖欠报酬,在作为总承包的建筑企业破产时,这些劳动者的相关权利该如何保护?对于这些劳动者与破产建筑企业是否建立劳动关系,存在两种意见:一种意见认为,依据原劳动和社会保障部《关于确立劳动关系有关事项的通知》(劳社部发〔2005〕12 号)第 4 条规定:"建筑施工、矿山企业等用人单位将工程(业务)或经营权发包给不具备用工主体资格的组织或自然人,对该组织或自然人招用的劳动者,由具备用工主体资格的发包方承担用工主体责任。"该条规定的"用工主体责任"应当理解为劳动法上的用人单位法律责任。"用工主体责任"应理解为建筑企业与劳动者之间形成事实劳动关系,建筑企业应当承担我国《劳动法》《劳动合同法》规定的用人单位的法律责任。明确被雇佣者与具有用工主体资格的发包组织之间存在劳动关系,既是保护弱势群体的需要，也是社会公平正义的需要。① 另一种意见则认为，法律关系的性质自行为发生时即确定，劳动者由不具备用工资质的实际施工人雇佣干活事实清楚，其在工地上也均受实际施工人的指派管理，并从实际施工人处领取报酬，该劳动者不可能既与实际施工人成立雇佣关系，又与建筑企业成立劳动关系。最高人民法院 2011 年颁布的《全国民事审判工作会议纪要》明确了相关观点：建设单位将工程发包给承包人，承包人又非法转包或者违法分包给实际施工人，实际施工人招用的劳动者请求确认与具有用工主体资格的发包人之间存在劳动关系的，不予支持。显然，根据该意见，破产企业与实际施工人招用的劳动者之间不成立劳动关系，实际施工人拖欠的劳动者工资也不应由破产企业支付。

虽然建筑企业与劳动者之间一般不能认定存在事实劳动关系，但这并不影响劳动者在工地做工时受伤后，向建筑企业主张工伤赔偿责任此项权利的行使，对此权利的保障，最高人民法院以司法解释的形式予以了特别规定。2014 年 9 月 1 日起施行的最高人民法院《关于审理工伤保险行政案件若干问题的规定》第 3 条规定："社会保险行政部门认定下列单位为承担工伤保险责任单位的，人民法院应予支持……（四）用工单位违反法律、法规规定将承包业务转包给不具备用工主体资格的组织或者自然人，该组织或者自然人聘用的职工从事承包业务时因工伤亡的，用工单位为承担工伤保险责任的单位……"因此，根据该条规定，在工地做工的劳动者在受伤后完全可以根据相关事实及证据直接向社会保险行政部门主张工伤认定，由建筑企业作为承担工伤保险责任的单位。此时，建筑企业基于法律的特别规定，需要对劳动者承担工程保险赔偿责任。而该部分工伤保险赔偿金就应当纳入为职工债权，予以确认。

四、管理人对职工债权进行审查、确认的程序规定

基于对平等保护价值的考量，对职工人身权利的尊重和维护我国社会稳定的需要，职工债权的保护十分重要，我国《企业破产法》对职工债权的申报作出了特别的规定。该法第 48 条规定：债权人应当在人民法院确定的债权申报期限内向管理人申报债权。债务人所欠职工的工资和医疗、伤残补助、抚恤费用，所欠

---

① 参见王林清：《劳动争议热点问题司法实务指引》，人民法院出版社 2010 年版，第 34 页。

的应当划入职工个人账户的基本养老保险、基本医疗保险费用,以及法律、行政法规规定应当支付给职工的补偿金,不必申报,由管理人调查后列出清单并予以公示。职工对清单记载有异议的,可以要求管理人更正;管理人不予更正的,职工可以向人民法院提起诉讼。

(一)职工债权不必申报

此处的"不必申报"并非指职工债权不需要申报,更不是指职工债权可以不纳入破产债权的范围获得清偿,而是指为了职工债权人行使债权之便,被简化了的申报程序。①《企业破产法》基于下述理由规定了破产企业职工不用申报职工债权:首先,职工债权不必申报可以使分散的破产企业职工免于很多纷繁复杂的申报手续,以一个整体的形式来申报债权,一一申报债权并不方便债权人;其次,由管理人调查的形式确定职工债权可以避免遗漏单个职工带来的个别职工利益受损,进入破产程序后,债务人财产已由管理人接管,包括账册、文书等资料,管理人可以从有关文书中清楚查明职工债权的债权人数量和债权的种类、金额;最后,不必申报职工债权的规定也可以提高整个破产程序的效率。由于不申报职工债权带来相对较高的效益,节约了部分成本,所以在实务中,职工债权通过管理人进行统一申报已经成为一种常态。但是,笔者认为,职工债权无须申报不等同于不能申报,法律给予了企业职工可以不申报职工债权而是由管理人统一代劳的权利,但是同时法律并没有在条文中剥夺职工自主申报职工债权的权利。

(二)管理人对职工债权进行调查、公示

为维护职工权益,管理人对于职工债权应主动予以调查。管理人的调查应当全面、细致,对于账面有记载的事项以及职工反映的账面未记载事项都应当认真调查,与工会和职工代表充分沟通,与公司财务部反复核实相关数据,以确定未遗漏职工债权。管理人应将职工债权的调查结果制作详细的清单。

根据我国《企业破产法》的规定,管理人应将债权表提交第一次债权人会议核查。虽然债权表是针对申报债权制作,但是管理人对职工债权的调查结果也应提前向职工进行公示,对于公示的场所和时间,应按便于职工知悉与为职工充

---

① 参见齐明:《破产法学:基本原理与立法规范》,华中科技大学出版社2013年版,第136页。

分预留核对时间等原则进行。在实践中,管理人一般在第一次会议召开前或第一次会议召开当日,在债务人公告栏、其他显著场所或会议召开当场向职工进行公示,管理人无论何时、何地向职工进行公示,都必须根据实际情况,保障职工提前知悉职工债权的内容及具体构成,以保障职工行使权力。

(三)职工债权确认诉讼

根据我国《企业破产法》第48条的规定,职工对清单记载的债权有异议的,并不能直接起诉,而是先要求管理人更正,管理人不予更正的,才向法院起诉。为便于职工起诉,管理人不予更正的,应当作出书面通知告知劳动者、说明理由,并告知其相关的起诉权利。异议职工不服管理人决定的,应当在收到管理人不予更正书面通知之日起一定时间内起诉。但现行法律并没有对异议职工超过一定时间未到法院起诉的情形作出明确规定。同时,立法对异议职工应当向哪个法院起诉也未作明确规定?是按照劳动争议的管辖原则确定管辖法院,还是统一由受理破产案件的法院管辖?如果按照劳动争议的管辖原则确定法院,则在向法院提起诉讼前,是否需要依照《劳动争议调解仲裁法》的规定,先向劳动仲裁部门申请仲裁?对此问题,存在两种观点。一种观点认为:无须通过仲裁前置程序,直接向受理破产申请的法院提起职工破产债权确认纠纷诉讼。[①] 另一种观点认为:必须先经过仲裁、诉讼程序予以确认,不宜在破产程序中审查,应该通过“一裁两审”制度对职工债权进行审查确认。[②] 笔者在中国裁判文书网进行检索,发现各地法院对此也没有形成定论,两种程序均在采用。

笔者认为,职工债权的确认之诉属于法院受理破产程序后的特别诉讼程序,系管理人对于职工债权不予确认情形下的诉讼,严格来说与《劳动争议调解仲裁法》第2条所规定的“中华人民共和国境内的用人单位与劳动者发生的下列劳动争议”范围并不完全一致。同时,我国《企业破产法》第21条也明确规定,法院受理破产申请后,有关债务人的民事诉讼,只能向受理破产申请的人民法院提起。同时,尽管目前没有相关法律的明确规定,但是却有相似的参考。在最高人民法院《关于〈中华人民共和国企业破产法〉施行时尚未审结的企业破产案件适用法

---

① 参见郑志斌、张婷:《公司重整:角色与规制》,北京大学出版社2013年版,第57页。

② 参见江晓华:《国有企业破产中的职工权益保护问题研究》,武汉大学2004年法律硕士学位论文。

律若干问题的规定》中对于职工的债权的救济作出了相应的规定:债务人的职工就清单记载有异议,向受理破产申请的人民法院提起诉讼的,人民法院应当依据我国《企业破产法》第21条和第48条的规定予以受理。因此,笔者认为,虽然此条规定的适用范围在于我国《企业破产法》实施的时候尚未审结的破产案件,但是对于后来的破产案件仍具有相应的借鉴意义,对于异议职工应当无须经过仲裁前置程序,即可直接向受理破产的人民法院提起职工破产债权确认诉讼。

(四)已被生效法律文书确认的职工债权的重新确认

在实践中,管理人在审查职工债权的过程中,也会发现已被生效法律文书确认的职工债权存在认定事实不清的情况,[①]对它所确认的职工债权是直接确认,还是予以纠正,常常困扰着破产管理人。

从维护法律的严肃性与尊重生效法律文书的角度出发,已被生效法律文书确认的职工债权在破产程序中可以直接确认。但如果确实发现该法律文书认定事实不清,笔者认为,如果直接确认该法律文书确认的债权,等于将错误的破产程序又一次肯定,事实上也间接侵害了其他合法债权人的利益,与我国《企业破产法》所倡导的管理人应尽"善良管理人"之义务也相违背。因此,应当允许对已被生效法律文书确认的职工债权重新进行审查确认。对于经仲裁裁决书、调解书或判决书确认的职工债权重新确认的程序有三种选择:一是直接在破产程序中不予确认;二是通过再审程序请求法院纠正;三是通过执行异议程序。

在破产程序中不予确认劳动者经仲裁、调解、判决确认的职工债权,存在以下问题:破产程序并非我国法律规定的纠错程序,不能代替审判监督程序,而且如果该调解书、判决书是上级法院作出的,而破产程序的受理又在下级法院进行,从层级制度上来看显然不符合规定。因此,该条路径显然不符合实际。

通过再审申请程序进行,根据我国《民事诉讼法》第199条的规定:当事人对已经发生法律效力的判决、裁定,认为有错误的,可以向上一级人民法院申请再审;当事人一方人数众多或者当事人双方为公民的案件,也可以向原审人民法院申请再审。当事人申请再审的,不停止判决、裁定的执行。这里的当事人自然包括了破产企业和劳动债权人。由于企业破产后,管理人接管了企业财产,依法代

---

① 此种情形经常发生于管理人介入前,公司已经陷入困境的阶段。

表债务人参加诉讼、仲裁或其他法律程序，故管理人可以提起再审申请。但是，根据前述法条规定，再审期间又不停止原判决、裁定的执行。那么在再审结论出来之前，管理人如何对该有异议的职工债权进行确认？对此，笔者认为，可以将该债权确定为准债权，即先承认生效法律文书的效力，将其认定的债权确认为职工债权，当再审有结果时，再依据结果对职工债权进行调整。准债权一样参加财产分配，分配款先由管理人提存，当再审维持原裁判或者调解结果时，提存的分配款支付给债权人，再审改变了原结果，否定了原结果时，提存款可以作为破产财产追加分配给其他债权人。①

对于已经生效的劳动仲裁文书，因为我国《劳动争议调解仲裁法》规定的对于仲裁裁决不服向法院寻求救济的时间很短，在管理人介入时该劳动仲裁文书往往已经发生法律效力。此时，管理人仅能依据最高人民法院《关于审理劳动争议案件适用法律若干问题的解释》第 21 条的规定，请求人民法院裁定不予执行劳动争议仲裁机构作出的发生法律效力的裁决书、调解书。

五、结　　语

在企业破产案件中，对职工债权的调查、确认既是管理人权利，更是管理人的责任。职工债权攸关职工的切身利益，管理人在职工债权调查和清偿的过程中应从维护破产企业职工合法权益的实际出发，只要在不违反法律和工作原则的前提下应尽可能地为当事职工提供各种便利。这样才能使破产工作得以顺利进行，同时对维护社会稳定起到一定的积极作用。

---

① 参见王福祥：《破产债权争议之审理与法律程序之选择》，载《中国民商审判》2002 年第 1 卷。

管理人对涉保证责任债权审查问题的思考

王　晗[*]　韩巧红[**]

破产程序是对债务人所有债务的概括性执行程序，本身具有复杂性、强制性和长期性，对破产债权债务的处理也不可能完全适用一般的债法原理。破产债权是在法院受理破产清算前成立的，基于民法上的合同、侵权行为、无因管理、不当得利或其他法律上的原因而产生的，经依法申报确认，可以从破产财产中获得公平清偿的可强制执行的财产请求权。管理人对于所申报债权确认与否以及确认数额将会对债权人的利益产生根本性影响，因此是破产程序中的一个重要环节。

在破产实务中，涉保证责任法律关系的债权审查难度相对较大。在保证法律关系中，保证人基于保证责任的从属性，在代为清偿后可以获得追偿权、代位权，可以援用主债务人的抗辩，一般保证人还享有先诉抗辩权。较复杂的保证法律关系与破产程序交织在一起，使其审查过程中的法律适用变得更加复杂。保证期间和诉讼期间相互交织，未约定、视为未约定、约定不明这三种情况下保证期间长短不一，规范保证法律关系和破产程序的

---

* 扬州仲裁委员会仲裁员、扬州破产管理人协会顾问。

** 北京市高朋(扬州)律师事务所律师、破产法务中心主任。

法律及相关司法解释,其发布的时间也先后交织,①不同位阶、不同时间的法律规定在实践中如何正确地理解适用,对管理人就相关债权申报的审查确认工作来说,是一个很大的挑战。

本文在对涉保证责任债权申报的类型作划分的基础上,将不同类型的债权申报审查中遇到的一些难点问题作梳理,并侧重于从管理人实务角度,对这些难点问题的审查判断思路进行分析。

一、涉保证责任债权申报审查中难点问题的梳理

根据破产企业在保证合同关系中的不同身份,以及债权申报主体的不同,涉保证责任的债权申报大体分为以下四种类型:第一,破产企业为主债务人,债权人申报债权;第二,破产企业为主债务人,保证人行使或预先行使追偿权;第三,破产企业为保证人,债权人申报债权;第四,破产企业为保证人,其他保证人行使追偿权。不同类型之下,审查判断的难易也各有不同,第四类债权申报审查工作相对简单,本文主要尝试对前三类审查工作中遇到的问题进行梳理。

(一)破产企业为主债务人,债权人申报债权的审查工作中遇到的矛盾点

破产企业为主债务人,债权人申报债权的审查工作,其法律关系的判断相对简单,但在某些破产企业的经营管理人员因下落不明等原因,对于债务有无保证人提供担保等事实无法核对的情况下,相应债权有没有保证人、债权人事先有没有向保证人主张清偿、保证人实际上有没有代为清偿等情况无法进行实质审查。如果债权人有意隐瞒已在保证人处部分或全部获偿的事实,管理人对其申报的债权经形式审查后予以了确认,并在债权人会议核查中无异议,获得了法院裁定确认,此后保证人在财产分配前又向管理人申报代偿债务的追偿债权,这里就产生了一个矛盾点。

---

① 我国《企业破产法(试行)》(以下简称旧破产法)制定于1986年,2002年最高人民法院针对旧破产法颁布了《关于审理企业破产案件若干问题的规定》的司法解释(以下简称旧破产法解释),我国《担保法》制定于1995年,最高人民法院在2000年颁布最高人民法院《关于适用〈中华人民共和国担保法〉若干问题的解释》(以下简称《担保法司法解释》),《企业破产法》颁布于2006年,旧破产法已经废止,但旧破产法解释与新法不抵触之规定继续有效。

(二)破产企业为主债务人,保证人行使或预先行使追偿权审查中的问题

债权人在向破产企业的连带责任保证人主张权利得到清偿后,该保证人承担债务的数额可能不受破产停息的影响而超出债权人本可以向破产企业申报债权的数额,此时保证人申报债权的数额是按其实际代偿数额确认还是按破产受理日停息数额确认,这是实务中的一个常见问题。

预先追偿权不是现实追偿权,是法律在主债务人破产的条件下为了更好地保护追偿权人的权利而设置的一种救济措施。我国《企业破产法》第51条和《担保法》第32条均规定,人民法院受理债务人破产案件后,债权人未申报债权的,保证人可以预先行使追偿权,以其对债务人的将来求偿权申报债权,参加破产财产分配。按照我国《企业破产法》的规定,只要在破产财产最终分配前,债权人均可以申报债权,①那么问题是,债权人未申报是否仅限在债权申报期限内未申报?如果保证人在债权申报期限内以预先行使追偿权来申报,债权人后来也申报债权,就产生了如何确认的问题。

(三)破产企业为保证人,债权人申报债权的审查难点

对保证人破产时债权人申报债权的,旧破产法解释规定,确认为破产债权的前提条件是,保证责任在破产宣告前已经生效的法律文书确定。② 那么,未经生效法律文书确定的保证责任的债权,管理人应当如何确认?

我国《担保法》规定保证人享有债务人的抗辩权,③关于抗辩的法定事由,管理人不可能全面掌握,在债权确认过程中应当如何行使抗辩权?以扬州市中级人民法院承办的"达丽公司破产案"为例,在债权申报阶段,苏某申报债权,称第三人朱某向其借款60万元,并出具手写借条,达丽公司加盖公章提供担保。管

---

① 我国《企业破产法》第56条第1款规定:"在人民法院确定的债权申报期限内,债权人未申报债权的,可以在破产财产最后分配前补充申报;但是,此前已进行的分配,不再对其补充分配。为审查和确认补充申报债权的费用,由补充申报人承担。"

② 最高人民法院《关于审理企业破产案件若干问题的规定》第55条规定:"下列债权属于破产债权……(十)债务人为保证人的,在破产宣告前已经被生效的法律文书确定承担的保证责任……"

③ 我国《担保法》第20条规定:"一般保证和连带责任保证的保证人享有债务人的抗辩权。债务人放弃对债务的抗辩权的,保证人仍有权抗辩。抗辩权是指债权人行使债权时,债务人根据法定事由,对抗债权人行使请求权的权利。"

理人为审查债权的真实性联系朱某未果，在主债权真实性无法核实的情况下，管理人是否应当确认该债权？

我国《担保法》第28条规定，同一债权既有保证又有物的担保的，保证人对物的担保以外的债权承担保证责任。管理人是否需要核查该笔债权的债权人是否享有物上担保权？在债权人故意隐瞒的情况下，管理人如何审查和确认？

二、减少异议之诉，完善涉保证责任债权审查工作的必要性

通过上面对于涉保证责任债权申报审查中难点问题的梳理，我们会发现管理人在审查时需要处理的难点问题，大体围绕在申报主体的确认、债权数额的确定、债权审查尺度的把握三个方面：同一债权多人申报的，如何确定破产债权人；债权人超额申报的，如何核减债权金额；管理人进行实质审查时要审查到什么程度。

我国《企业破产法》采用了无异议债权和有异议债权两种破产债权的确认途径。[①] 无异议破产债权确认经历了管理人登记审查并编制债权表、债权人会议核查以及最终法院裁定确认三个过程，而有异议破产债权确认则需要异议人提起破产债权确认之诉。如果在债权人会议中无人对管理人编制的债权表提出异议，法院便会裁定确认，所以在实质上，债权审查确认的主要工作就集中在管理人身上。

管理人在一个破产案件中可能会审查几十笔甚至几百笔债权，每笔债权的法律关系不尽相同。与其说管理人审查了一笔债权，不如说管理人充当法官审理了一个民事案件。但问题是，目前在实践中，管理人仅能依据债权人提供的申报材料，结合破产企业财务审计，通过询问相关当事人的方式对于债权进行甄别和审查，尤其在设计保证责任的债权审查中，因为涉及至少三方当事人，在三方不能同时到场就相关事实进行举证质证的情况下，审查的全面性和深入性远远不及诉讼程序。但如果将所有债权的审查全部导入诉讼程序，在对破产程序的顺利推进产生阻碍的同时，还会给受理破产案件的法院增加巨大负担。所以，通过合法高效的审查程序对涉保证责任债权作出审查结论，在遵循程序的同时能兼顾效率和公平，平等保护债权人、债务人的利益，是债权人、债务人、法院和管

① 我国《企业破产法》第58条规定："依照本法第五十七条规定编制的债权表，应当提交第一次债权人会议核查。债务人、债权人对债权表记载的债权无异议的，由人民法院裁定确认。债务人、债权人对债权表记载的债权有异议的，可以向受理破产申请的人民法院提起诉讼。"

理人共同的价值目标。

以北京市高朋(扬州)律师事务所2016年承办的3起破产清算案件为例,经统计,管理人共计接受了171笔债权申报,其中涉保证责任债权申报共11笔,债权申报及管理人审查结论具体情况如表1所示。

表1 北京市高朋(扬州)律师事务所2016年承办的破产清算案件中涉保证责任债权申报及管理人审查结论统计

单位:笔

案件名称	申报债权总数	涉保证责任债权数	管理人全部确认数	管理人部分确认数	管理人不予确认数	债权人提起诉讼数
苏豪帅美斯公司破产案	75	4	1	3	0	0
卡麦尔照明公司破产案	41	5	2	3	0	0
达丽公司破产案	55	2	1	0	1	0
合计	171	11	4	6	1	0

管理人予以全部确认的4笔都是已经生效裁判文书确认的涉保证责任债权,予以部分确认的6笔是核减了法院受理破产之日后的利息、债权人为实现债权委托律师参与破产程序支付的费用、债务人未执行生效法律文书应当加倍支付的迟延利息、高额违约金等部分,未予确认的1笔是已过保证期间的。把握好涉保证责任债权申报审查的法律适用,对于减少异议之诉、保证破产清算效率有很重要的意义。

三、涉保证责任债权审查工作完善对策思考

对于涉保证责任的债权审查,如何解决申报主体确认、债权数额确定、审查尺度把握的问题,笔者尝试从明确审查原则、完善审查程序两个角度进行对策思考。

(一)明确涉保证责任债权审查的原则和制度

1. 确立追偿权以主债权申报数额为限的核定原则

我国《企业破产法》第46条规定:附利息的债权自破产申请受理时起停止计息。主债务人破产的,保证人的保证责任不因破产程序影响而减少,①但无论保

① 孟也甜、郑杰:《主债务人破产后,保证人的责任范围是否受破产程序影响而减少?》,载天同诉讼圈:http://blog.sina.cn/dpool/blog/s/blog_78341c350102w9e6.html,最后访问日期:2017年3月20日。

证人是否代为履行了债务清偿责任,其申报追偿债权的利息只能计算至法院受理破产之日,破产受理后的利息、债权人为实现债权而在破产程序中支付的费用、债务人未执行生效法律文书应当加倍支付的迟延利息等属于保证担保范围的债权,管理人在审查时都不应予以确认。

2. 确立债权人申报效力优先于保证人的原则

我国《担保法》第32条规定,人民法院受理债务人破产案件后,债权人未申报债权的,保证人可以参加破产财产分配,预先行使追偿权。在保证人行使预先追偿权的情形下,因无法确定在破产财产分配前债权人是否会申报债权,可以赋予先行申报的保证人临时破产债权,登记在破产债权表上。债权人未申报的,保证人的临时破产债权自动转为破产债权。债权人申报的,应优先确认债权人申报的破产债权,保证人的临时破产债权则不能再转化为破产债权参与分配。

3. 确立效率与程序兼顾原则

破产清算工作是一项法律性、专业性极强的程序性工作,需要遵循法定的程序规则和时间要求。破产程序的高效快速推进是债务人、债权人、管理人以及人民法院的共同目标。因此,在进行债权审查时,本着效率与程序兼顾的原则,对于未经生效法律文书确定的保证责任的债权,如果根据申报材料能够作出债权确认结果的,则不应当强行要求申报人另行通过诉讼方式确认。

(二)完善涉保证责任债权审查的程序

涉保证责任债权审查,除了按照常规债权审查流程、核对当事人身份信息、审查债权证据材料的真实性、核对财务审计结果外,更重要的部分在于法律审查。

1. 明确申报人是基于何种法律关系提出请求权后,对以下六个方面进行全面审查

(1)主债权是否真实存在;

(2)债权人申报的,是否已从别处部分或全部受偿;

(3)保证人代偿后申报的,保证人代偿的金额及构成;

(4)保证人预先追偿的,债权人是否知晓债务人破产的事实;

(5)是否存在其他连带保证人,其他保证人是否承担了保证责任;

(6)除了享有保证担保外是否享有物上担保权,担保范围是多少。

管理人可以在要求申报人提交书面承诺,就上述内容作出说明,并承诺若因

其说明不实而获得不当得利的,愿意承担一切法律责任,包括赔偿债务人、其他债权人、管理人的所有损失。

2. 对于是否超过保证期间和诉讼时效进行重点审查

破产企业作为保证人,债权人前来申报债权的,审查是否已经超过保证期间是一项重点工作,超过保证期间的债权申报管理人不应当予以确认。根据我国《担保法》第26条①的规定,保证期间有约定的,从约定;无约定的,适用法律规定,即为自主债务履行期届满之日起6个月。对主债务履行期的确定,当事人有具体约定的,适用约定;没有具体约定的,则为债权人要求债务人履行义务的宽限期。下图能清晰展示保证期间与主债务履行期的关系。

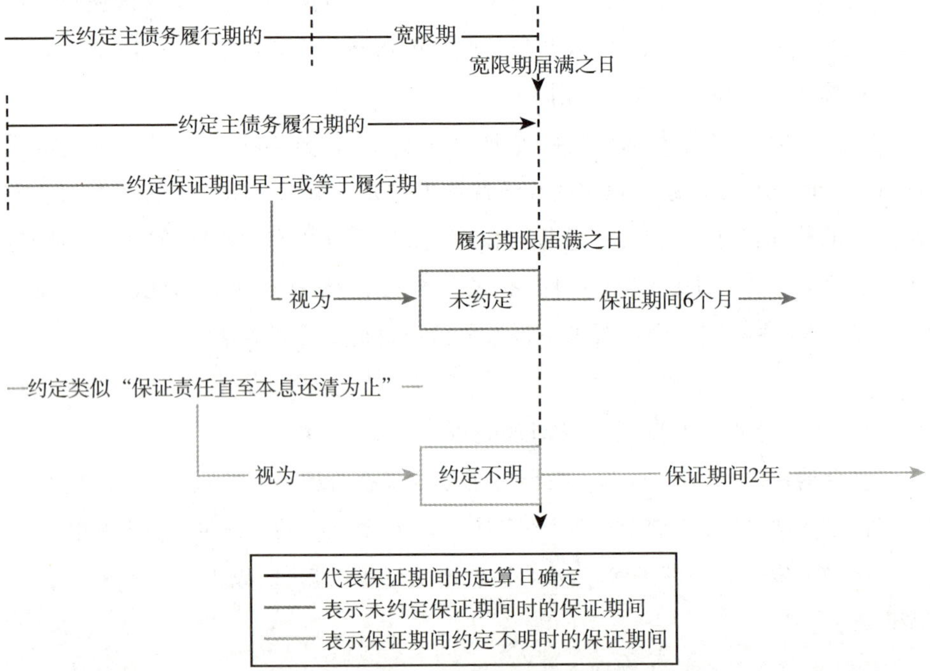

图1 保证期间与主债务履行期的关系

对于超过诉讼时效的债权不予确认,这是债权审查的基本原则,但在涉保证责任债权审查中,当保证期间与诉讼时效相互交织时,审查的难度就会大幅提

① 我国《担保法》第26条规定:“连带责任保证的保证人与债权人未约定保证期间的,债权人有权自主债务履行期届满之日起六个月内要求保证人承担保证责任。在合同约定的保证期间和上述规定的六个月保证期间内,债权人未要求保证人承担保证责任的,保证人免除保证责任。”

升。未进入破产程序的,一般保证的诉讼时效是自债权人对债务人提起诉讼或仲裁裁判生效之日起两年,连带保证的诉讼时效是自债权人在保证期间内要求保证人承担保证责任之日起两年。进入破产程序,为了保证债权人的利益,一般保证人的先诉抗辩权丧失。[①] 但在保证人破产的情况下,将涉保证责任债权确认为破产债权的前提是法院受理破产系在保证期间内。因此,管理人一定要对是否已过保证期间和诉讼时效进行重点审查。

3. 对于证据不足或存疑的债权,不予确认

比如,主债权的真实性无法考证,债权人向承担保证责任的破产企业申报债权的,在要求申报人补偿证据材料后仍不能予以认定的,作出不予确认的债权审查意见并送达申报人,告知其对审查结果有异议的,可以在一定期限内提起债权确认之诉,逾期不提起诉讼的,将无法参与破产财产的分配。

4. 对于在债权人会议核查中有异议债权,发出书面催告

为确保破产程序的有序高效推进,管理人可以对异议人发出书面催告,并明确提起诉讼的期限,告知其逾期不提起诉讼的,视为无效异议。

5. 破产财产分配方案提交前申请法院裁定确认债权

对于保证人、债权人双重申报的矛盾,如果保证人申报债权后,管理人在债权人会议后将无争议债权表提交法院裁定确认,此后债权人又申报的,再对经过法院生效裁定确认的债权表予以调整,显然会对生效法律文书的权威性造成影响。而将裁定确认债权表的时间推迟到破产财产分配方案提交前,就能轻松化解上述矛盾。

四、结　　语

破产程序中,涉保证责任债权的审查问题是一个复杂的问题。破产程序的主要目的是保护债权人的合法利益,保证的目的也是保护债权人的合法利益,管理人在对涉保证责任债权进行审查时,除应当维护债权人的合法权益外,还要保护债务人和其他债权人的合法权益,要秉承遵循程序、兼顾效率、公平保护的基本原则,在法律允许的范围内完善、创新审查程序,以实现依法高效推进破产程序的目标。

---

① 《担保法司法解释》第44条第1款规定:"保证期间,人民法院受理债务人破产案件的,债权人既可以向人民法院申报债权,也可以向保证人主张权利。"

破产企业所得税实务研究

崔荷求*

党的十八届五中全会提出要“更加注重运用市场机制、经济手段、法治办法化解产能过剩，加大政策引导力度，完善企业退出机制”。中央经济工作会议进一步明确要加强供给侧结构性改革，抓好去产能、去库存、去杠杆、降成本、补短板五大任务，尤其强调要积极稳妥化解产能过剩，依法为实施市场化破产程序创造条件，尽可能多兼并重组、少破产清算，严格控制增量，防止新的产能过剩。浙江省最近出台的浙江省人民政府《关于加快供给侧结构性改革的意见》（浙政发〔2016〕11 号）及《关于处置“僵尸企业”的指导意见》（浙并购办〔2016〕4 号）等均是中央经济工作会议精神的落实和贯彻。综上所述，“多兼并重组、少破产清算”应作为指导破产工作的基本原则。

通过破产重整实现企业重生，有利于维护和延续企业的技术、品牌、市场、资质等核心资源，使之能继续创造价值；有利于地方经济增长，能减轻经济增速换挡和产业结构调整的冲击和影响；有利于保持就业，维护社会稳定；有利于破产企业、债权人、出资人、企业职工等各方实

* 台州中天会计师事务所有限公司副总经理，注册会计师、税务师、高级会计师。台州市破产管理人协会会长，浙江省注册会计师协会第一届破产管理人业务专家委员会副主任。

现“共赢”,具有重要的现实意义。影响破产重整成功与否的因素很多,其中涉及的税收问题就是一个主要因素。无论是破产清算案件还是破产重整案件,均会涉及税收问题。如何处理好税收问题,不仅关系国家利益、社会利益,而且与重整方和普通债权人的利益更是息息相关。甚至还可能影响重整计划的顺利实施,关系破产重整案件的成败。破产重整中可能会涉及增值税、土地增值税、企业所得税、房产税、城镇土地使用税、契税、印花税等税收计缴问题,本文仅对其中可能涉及金额较大、影响面较广、目前尚存争议较多的企业所得税进行探讨,以抛砖引玉。

一、破产企业所得税计缴、征收与管理现状

(一)管理人自身执业能力方面

根据最高人民法院《关于审理企业破产案件指定管理人的规定》(法释〔2007〕8号)之规定,破产管理人为社会中介机构管理人和个人管理人。社会中介机构管理人由律师事务所、会计师事务所、破产清算事务所等组成。目前,实务中的管理人基本上由律师事务所或会计师事务所或律师事务所与会计师事务所组成联合管理人。个人担任管理人的案件比较少。管理人中涉及有关税收法律制度的执业能力差异非常大。尤其在破产重整中,有些管理人在拟订重整方案时,基本上没有考虑重整方案可能带来的企业所得税的影响,即便有些管理人已经考虑到企业所得税可能对重整带来的影响,但由于其对企业所得税的法律制度实际执业能力非常有限,以致重整方案在实施过程中困难重重。甚至出现无法实施的尴尬局面。

(二)企业所得税法律制度方面

企业破产涉及的税收法律制度无论是企业所得税,还是流转税及财产资源税,尤其是企业所得税,目前尚没有专门专项的明文规定,而有关破产清算和破产重整两种模式所涉及的企业所得税的主要税收法律制度仅见诸以下各个层面。其主要有:(1)《企业所得税法》;(2)《企业所得税实施条例》;(3)《关于企业清算业务企业所得税处理若干问题的通知》(财税〔2009〕60号);(4)《关于企业重组业务企业所得税处理若干问题的通知》财税〔2009〕59号;(5)《关于发布

〈企业重组业务企业所得税管理办法〉的公告》(国家税务总局公告2010年第4号);(6)《关于促进企业重组有关企业所得税处理问题的通知》(财税〔2014〕109号);(7)《关于企业重组业务企业所得税征收管理若干问题的公告》(国家税务总局公告2015年第48号);(8)《关于非货币性资产投资企业所得税政策问题的通知》(财税〔2014〕116号);(9)《关于非货币性资产投资企业所得税有关征管问题的公告》(国家税务总局公告2015年第33号);(10)《关于发布〈企业所得税优惠政策事项办理办法〉的公告》(国家税务总局公告2015年第76号);(11)《关于资产(股权)划转企业所得税征管问题的公告》(国家税务总局公告2015年第40号);(12)《关于全面推开营业税改征增值税试点的通知》(财税〔2016〕36号);(13)《关于发布〈企业资产损失所得税税前扣除管理办法〉的公告》(国家税务总局公告2011年第25号);(14)《关于发布〈企业清算所得税处理办法〉的公告》(浙江省国家税务局2012年第8号)等。

故要求管理人项目组团队不但要全面熟悉、掌握相关税收法律制度规定,更需要有相当全面综合分析能力并且有与此相适应的执业经验,否则难以准确确认企业所得税应纳税所得额。因此,在很大程度上不但增加了管理人的执业风险,也增加了管理的工作量,影响了管理人的工作效率。

(三)税务部门方面

税务部门对于破产企业所得税的实务征管,无论在征管力度,还是在确认企业所得税应纳税所得额上等方面均存在较大差异,有些税务机关任凭管理人申报或不申报企业所得税,只要有法院终结破产案件裁定书,即可办理注销税务登记证或办理变更税务登记证。有些税务机关按照企业通常注销税务登记证的程序要求管理人办理税务证注销登记或办理变更税务登记证。且可能更严格,甚至要求提供税务师事务所出具的清算鉴证报告、资产损失税前扣除专项报告、债务重组收入确认应纳税所得额专项报告等[根据国家税务总局《关于停止执行〈注册税务师管理暂行办法〉第二十三条有关规定》的通知(税总函〔2016〕407号)之规定,税务师事务所自2016年8月14日起暂停出具有关税收鉴证报告]。从理论上来说,管理人只要向税务师事务所办理相关业务委托手续即可。但是在实务中,很少有税务师事务所愿意承接该鉴证业务。就算有愿意承接该项业务的税务师事务所,费用也往往比较高,而且出具报告的时间往往比较长。上述因素不但增加了破产清算成本,且很大程度上延长了办理案件的时间,对破产受理法院及其经办法官考核带来了非常不利的影响。

二、破产重整中的企业所得税问题

根据财政部、国家税务总局《关于企业清算业务企业所得税处理若干问题的通知》(财税〔2009〕60号)第2条规定,按我国《公司法》《企业破产法》等规定需要进行清算的企业,应进行所得税清算。该通知第3条又对企业清算的所得税处理内容进行了规定,包括:(1)全部资产均应按可变现价值或交易价格,确认资产转让所得或损失;(2)确认债权清理、债务清偿的所得或损失;(3)改变持续经营核算原则,对预提或待摊性质的费用进行处理等。根据《关于企业重组业务企业所得税征收管理若干问题的公告》(国家税务总局公告2015年第48号)、财政部、国家税务总局《关于企业重组业务企业所得税处理若干问题的通知》(财税〔2009〕59号)和《关于促进企业重组有关企业所得税处理问题的通知》(财税〔2014〕109号)等有关规定,重组业务完成当年,是指重组日所属的企业所得税纳税年度。而债务重组,则以债务重组合同(协议)或法院裁定书生效日为重组日。但我国《企业破产法》第94条规定:"按照重整计划减免的债务,自重整计划执行完毕时起,债务人不再承担清偿责任。"根据该条款规定,破产企业只有等到重整计划执行完毕时,才能免除其未清偿部分的清偿责任。对于债权人来讲,此时债权才能消灭。可想而知,破产清算企业与破产重整企业所涉及的债权债务清算利得在确认为应税所得额时限上有较大差异。而且现实情况也普遍存在较多债务人未依据法院生效的判决文书自行履行相应的金钱给付义务,债权人往往需要向法院申请强制执行,即便是法院实施了强制执行,仍然存在大量的执行不能的结果。即存在较多债务人不履行、无履行能力、有意逃避履行义务等情形,而使债权人无法实现其债权。因此,以法院裁定重组方案生效日作为债务重组日,确认破产企业重组利得,确认债权人债权损失(坏账损失),无论对破产企业来讲,还是对债权来讲,均明显存在不合理性。

从法律效力上来讲,破产法属于法律,而《关于企业重组业务企业所得税征收管理若干问题的公告》(国家税务总局公告2015年第48号)等税收文件属于部门税收规范性。破产法的法律效力应当远远大于部门税收规范性。但在实际企业所得税计缴征管过程中,税务机关不会执行破产法的规定,甚至根本不懂破产法有这方面的规定,即使管理人向税务部门人员进行解释,并出具破产法有关具体条款之规定,税务机关仍然执行国家税务总局的规范性文件之规定。况且,目前法院破产重整方案计划裁定即便已经下达并终止了破产重整程序,此时,重整方案也尚未得到执行,而且在破产重整案件实务中,重整方案一般都有一定的前提条件,基本上都是分步、分期执行实施,执行时间少则1年,多则3~5年等。在这一过程中,经常会出现方案的调整。甚至无法实施破产重整方案,进而转回到破产清算程序。很显然,税务部门以法院裁定书生效日为重组日,对破产重整企业带来极端的不利影响。尤其是破产重整方案因各种因素无法执行实施而转回破产清算时,在一般情况下,破产企业本不存在计缴企业所得税,但却因为破产重整方案被法院裁定通过,发生应纳税义务,加重了破产企业负担,损害了债权人的利益。甚至出现个别案件债权人集体上访事件,不利于社会维稳。故笔者认为,对于债务重组利得确认为企业所得税应纳税所得额的时间应当为破产重整方案执行完毕的当日。同样,对于债权人来讲,也应当以破产重整方案执行完毕的当日作为债权消灭。以实际无法收回的债权金额作为坏账损失,在企业所得税税前扣除,相对来说比较合理。该情形在《关于企业重组业务企业所得税特殊性税务处理备案事项的公告》(浙江省国家税务局公告2011年第6号)第6条、《企业资产损失所得税税前扣除管理办法》(国家税务总局公告2011年第25号)第22条等已有所规定。

根据《企业会计准则》及其指南规定,就破产企业而言,债务重组是指在破产企业发生财务困难的情况下,债权人按照其与破产企业达成的协议或者法院的裁定作出让步的事项。而破产企业发生财务困难,是指因债务人出现资金周转困难、经营陷入困境或者其他原因,导致其无法或者没有能力按原定条件偿还债务。债权人作出让步,是指债权人同意发生财务困难的破产企业将来以低于重组债务账面价值的金额或者价值偿还债务。但企业所得税法律制度对于债务重组征收管理,目前的主要依据包括《关于企业重组业务企业所得税征收管理若干问题的公告》(国家税务总局公告2015年第48号),财政部、国家税务总局《关于企业重组业务企业所得税处理若干问题的通知》(财税〔2009〕59号)和《关于促进企业重组有关企业所得税处理问题的通知》(财税〔2014〕109号)等有关规定。分为一般性企业重组业务所得税处理和特殊性企业重组业务所得税处理两大类。即便破产企业适用特殊性企业重组业务所得税处理,也仅是时间性差异,不会涉及企业所得税免税优惠事项。即适用特殊性企业重组业务所得税处理所涉及的债务重组而发生应当计缴的企业所得税,其最长递延时间不得超过 5 年。即使债务重组符合特殊性税务处理规定,但根据浙江省国家税务局《关于企业重组业务企业所得税特殊性税务处理备案事项的公告》(2011 年第 6 号公告)第 1 条之规定,破产企业发生符合财政部、国家税务总局《关于企业重组业务企业所得税处理若干问题的通知》(财税〔2009〕59 号)规定的特殊性重组条件并选择特殊性税务处理的,由破产企业提出备案申请,向破产企业主管税务机关提交书面备案资料,证明其符合各类特殊性重组规定的条件。破产企业未按规定书面备案的,一律不得按特殊重组业务进行税务处理。该公告第 2 条规定:破产企业提出企业重组所得税适用特殊性税务处理备案申请,一般不超过次年 3 月底。税务机关原则上应在当年企业所得税汇算清缴前完成备案确认。特殊情况需要延长的,应将延长理由及时告知破产企业以及各当事方税务机关。该公告第 3 条规定:破产企业提出备案申请时,应按规定向主管税务机关报送企业重组所得税特殊性税务处理备案申请表及相关资料,主管税务机关在收到备案申请后,依据财政部、国家税务总局《关于企业重组业务企业所得税处理若干问题的通知》(财税〔2009〕59 号)和国家税务总局《关于发布〈企业重组业务企业所得税管理办法〉的公告》(2010 年第 4 号)规定,对破产企业上报的重组资料进行符合性审核,确认企业重组业务符合企业所得税特殊性税务处理条件的,应出具《企业重组业务——所得税特殊性税务处理备案结果通知书》。破产企业收到主管税务机关《企业重组业务——所得税特殊性税务处理备案结果通知书》后,应与其他重组资料一并交与重组当事各方主管税务机关。同时又要符合浙江省国家税务局有关"企业符合特殊性税务处理规定条件的申报"等有关规定。可想而知,通过备案也不是一件容易的事情。

众所周知,企业进入破产程序后,包括进入破产重整程序,即使破产重整成功,大多数债权还是无法得到全额清偿,但由于破产清偿分配最终发生债权消灭,对于债权人来说,无法得到偿还的债权部分可以作为债务重组损失或坏账损失处理,根据《企业资产损失所得税税前扣除管理办法》(国家税务总局公告 2011 年第 25 号)等有关规定可以在企业所得税税前扣除,对于破产企业来说,无法偿还支付的债权部分应当作为债务重组收益并计入企业应纳税所得额,因此,破产企业往往会发生因未足额清偿债权而产生巨额的应纳税所得额。而破产企业的对外债权清理损失的确认,则需满足《企业资产损失所得税税前扣除管理办法》(国家税务总局公告 2011 年第 25 号)的有关规定,条件相对来说较苛刻。

另外,目前进入破产的企业一般都存在大额对外担保债务,这些表外债务与破产企业的其他债务一样,同样享有清偿的权利。但是根据国家税务总局的《企业资产损失所得税税前扣除管理办法》(国家税务总局公告 2011 年第 25 号)之规定,破产企业对外提供与本企业生产经营活动有关的担保,因被担保人不能按期偿还债务而承担连带责任,经追索,被担保人无偿还能力,对无法追回的金额,比照《企业资产损失所得税税前扣除管理办法》(国家税务总局公告 2011 年第 25 号)规定的应收款项损失进行处理。根据上述规定,可以发现对于该项损失的确认同样条件苛刻:(1)该担保行为必须与本破产企业生产经营活动有关,包括破产企业对外提供的与本企业应税收入、投资、融资、材料采购、产品销售等生产经营活动相关的担保。为此,管理人应当收集有关资料,证明该担保行为与本破产企业生产经营活动有关,如无法收集到相关资料,则该担保损失不得在破产企业之企业所得税税前扣除。(2)对于向被担保人追讨而无法追讨的部分,如要在企业所得税税前扣除,要比照《企业资产损失所得税税前扣除管理办法》(国家税务总局公告 2011 年第 25 号)有关应收款项损失相关规定进行处理。即破产企业在履行担保责任或承担给付金钱义务后,应当向被担保人实施追讨。并对无法追讨的部分,包括诉讼费用、律师费、案件受理费等,管理人应当收集符合《企业资产损失所得税税前扣除管理办法》(国家税务总局公告 2011 年第 25 号)第 22 条之规定,企业应收及预付款项坏账损失应依据以下相关证据材料确认:(1)管理人应当提供破产企业相关担保合同、协议或说明;(2)如被担保企业涉及破产清算的,管理人应当提供被担保企业受理案件的人民法院的破产、清算公告;(3)如涉及被担保企业诉讼案件的,管理人应当取得人民法院的判决书或裁决书或仲裁机构的仲裁书,或者被法院裁定终(中)止执行的法律文书;(4)如涉及被担保企业停止营业的,管理人应当取得被担保企业工商部门注销、吊销营业执照证明;(5)如涉及被担保的自然人死亡、失踪的,管理人应当取得公安机关等有关部门对债务人个人的死亡、失踪证明;(6)如涉及债务重组的,管理人应当取得债务重组协议及其债务人重组收益纳税情况说明;(7)如涉及被担保企业发生了自然灾害、战争等不可抗力而无法收回的,管理人应当取得被担保企业受灾情况说明以及放弃债权申明。可想而知,困难重重。

对于破产清算企业来说,即便是发生了应纳企业所得税义务,但因企业已经破产清算而无法支付税款。故实际上并不存在实际缴纳企业所得税之情形(特殊破产企业除外)。但对于破产重整企业来说,往往破产重整企业的法人主体资格仍然延续,其企业所得税纳税义务人没有发生变化,除实施合法、合理税收筹划外,往往会发生应纳企业所得税义务。而且有些破产重整企业应纳企业所得税的金额很大,这往往将对重整方(战略投资者)带来无法接受的结果。因为破产企业一旦破产重整计划方案得以被法院裁定批准,可能即刻产生巨额债务重组所得,将需要计缴巨额的企业所得税。即使按照财政部、国家税务总局《关于企业重组业务企业所得税处理若干问题的通知》(财税〔2009〕59 号)的有关规定,企业债务重组确认的应纳税所得额占该企业当年应纳税所得额 50% 以上,可以在 5 个纳税年度的期间内,均匀计入各年度的应纳税所得额。但对于重整方来说,如此巨额的企业所得税即使分 5 年缴纳也将是一个噩梦,也很可能让重整方对破产企业望而却步,最终致使破产重整失败。

如台州市某法院于 2014 年作出裁定,批准管理人提交的甲公司破产重整计划方案。该破产重整计划方案反映,管理人确认甲公司破产债权 7.343 亿元(包括尚未在账面中反映的担保、利息等负债),账面负债为 2.695 亿元,重整方出资 1.755 亿元用于清偿甲公司债务,抵押债权受偿率为 100%,普通债权受偿率仅为 8%。如果按照账面负债与清偿金额之差额确认债务重组利得,则甲公司的债务重组利得为 0.94 亿元(2.695 - 1.755 = 0.94),则甲公司因该债务重组而产生应纳税所得额为 0.94 亿元,相应地,应计缴企业所得税额为 0.235 亿元(0.94 × 25% = 0.235)。如果按照管理人确认的甲公司债权金额 7.343 亿元加上尚未申报的债权扣除担保连带责任所产生的负债金额与清偿金额之差确认债务重组利得,则甲公司的债务重组利得为 1.004 亿元(7.343 + 0.143 - 4.727 - 1.755 = 1.004),则甲公司因该债务重组而产生应纳税所得额 1.004 亿元,相应地,应计缴企业所得税额为 0.251 亿元(1.004 × 25% = 0.251)。如果按照管理人确认的甲公司债权金额 7.343 亿元加上尚未申报的债权与清偿金额之差确认债务重组利得,则甲公司的债务重组利得为 5.731 亿元(7.343 + 0.143 - 1.755 = 5.731),则甲公司因该债务重组而产生应纳税所得额为 5.731 亿元,相应地,应计缴企业所得税额为 1.433 亿元(5.731 × 25% = 1.433)。即便是按照最少债务重组利得计算应纳企业所得税额,也需要计缴0.235亿元税款(当地税务机关也基本同意按照该金额确认债务重组利得)。这对于本身债务重重、资金链断裂、职工工资都无法保障的企业,哪有货币资金用于缴纳税款。故直接导致重整方止步望叹,重整方案无法继续实施。假如,管理人对甲公司先进行零价格股权转让,由重整方(新的投资人)成为甲公司股东(也可以由重整方持有大部分股权,保留小部分原股东的股东资格),而后实施派生分立,将甲公司分立为甲公司和乙公司(可以考虑甲公司的实际情况,分立出两个以上的公司),将重整后有关资产、负债按照原账面价值分立到乙公司,尤其是直接关联的房地产及其抵押权人的债务(因为抵押债权受偿率为100%,乙公司不存在债务重组利得),重整后无关的资产、负债仍然保留在甲公司。重整计划方案获得批准后,甲公司进行破产清算,注销企业法人主体资格。乙公司继续进行生产经营活动。由此,债务重组发生的债务重组利得基本上反映在甲公司,而甲公司因无货币资金用于计缴企业所得税,其税收债权因破产清算、法人主体资格消灭而消灭。但关键在于,这种情形下的派生分立是否符合财政部、国家税务总局《关于企业重组业务企业所得税处理若干问题的通知》(财税〔2009〕59号)等有关特殊性重组之规定,各地税务机关存在较大差异。

又如,管理人对甲公司先进行零价格股权转让,由重整方(新的投资人)成为甲公司股东(也可以为大部分,保留小部分原股东的股东资格)。然后,由变更后的股东按照相同股东、相同投资比例新成立一家丙公司或多家公司。再将甲公司有效的资产通过划转方式转移到丙公司,享有抵押权人的债务也转移到丙公司(因为抵押债权受偿率为100%,丙公司不存在债务重组利得)。然后对甲公司进行破产清算,注销企业法人主体资格。丙公司保留,继续进行生产经营活动。由此的债务重组发生的债务重组利得基本上反映在甲公司,而甲公司因无货币资金用于计缴企业所得税,其税收债权因破产清算、法人主体资格消灭而消灭。同样关键在于这种情形下的资产划转是否符合财政部、国家税务总局《关于企业重组业务企业所得税处理若干问题的通知》(财税〔2009〕59号)、《关于促进企业重组有关企业所得税处理问题的通知》(财税〔2014〕109号)及《关于资产(股权)划转企业所得税征管问题的公告》(国家税务总局公告2015年第40号)等有关特殊性重组之规定,各地税务机关存在较大差异。因为无论是派生分立,还是资产划转,如需要享受特殊性重组之税收优惠,都必须报经税务机关审批、备案通过。如没有报经审批、备案或虽然已经申报但没有通过，均不得享受特殊性税收优惠政策。

综合分析目前国家有关企业所得税有关规定，笔者认为，破产重整企业无论采取何种形式的重整，务必实施税收筹划，并尽可能地做到破产企业利益最大化。一般应当考虑如下方案：(1)将破产企业分立，对资产、债权、债务以及劳动力进行合理的划分、剥离，保留优质资产企业，再对不良资产企业进行清算，转移因不足清偿而产生的应纳税所得额到清算企业，以达到转移企业所得税纳税义务之目标。(2)如果破产重整程序采用清算式重整模式，应该充分考虑上述论及的税收文件，即《关于促进企业重组有关企业所得税处理问题的通知》(财税〔2014〕109号)、《关于企业重组业务企业所得税征收管理若干问题的公告》(国家税务总局公告2015年第48号)、《关于资产(股权)划转企业所得税征管问题的公告》(国家税务总局公告2015年第40号)等有关税收优惠政策，规避清算式重整企业所得税税收风险。(3)将优质资产、资源进行划转，并达到适用特殊性重组税务处理之要求：破产重整企业具有合理商业目的，不以减少、免除或者推迟缴纳税款为主要目的，破产重整企业资产划转后连续12个月内不改变被划转资产原来实质性经营活动，且划出方企业和划入方企业均未在会计上确认损益的。以实现破产重整企业不被确认破产重整重组利得。(4)积极、及时与当地税务机关沟通，取得税务机关大力支持。如提请税务机关考虑破产程序的特殊性，适当放宽资产损失认定条件；并针对重整方案，尽可能地延期确认因债务重组而产生的应纳税所得额等。但要出具上述方案，均需管理人非常熟悉相关税收政策，并积累较好的执业经验，充分全面地考虑降低、免除管理人执业之法律风险。否则，极易给管理人带来执业风险，甚至发生管理人破产之局面。

三、应对策略与措施

综上所述，笔者认为，由于破产重整程序本身的特殊性，以及目前某些税收政策对于破产重整程序特殊性在制度设计上考虑不足，加上当地税务机关对税收政策执行口径不一致等问题，导致税收问题尤其是企业所得税已经成为影响破产重整的成功与否的重要因素。针对该些问题，笔者提出以下应对策略和措施：

(1)最高人民法院应会同财政部、国家税务总局联合出台有关企业破产清算和破产重整专项税收规范性文件,尤其是在破产重整条件下应当给予破产企业特殊税收优惠政策,以降低破产企业税收税负,同时也有利于管理人全面执行实施。

一是明确并扩大优惠主体范围。当前的税收减免政策主要分为报批类减免税和备案类减免税。报批类减免税,即必须经纳税人义务人向税务机关申请后,经具有审批权的税务机关审批同意确认后执行。属于裁量减免。备案类减免税,只要提请备案,经税务机关登记备案后即可,无须税务机关审批。属于法定减免。目前,在破产重整中存在较多的审批类事项,且有些税收政策在多个规范性文件中作出规定,大大限制了优惠主体的范围。不利于破产重整方案顺利实施。如果统一修改为备案类。一方面,各级税务机关对优惠事项事前仅需按照规定进行形式、程序审查,无须实质性审查,事后稽查审核监管。因此,既能恪守依法稽税的原则,有效禁止越权和违规审批减免税事件的发生,又能提高行政效率。另一方面,公平合理的税收优惠政策有利于实现各类企业之间的公平竞争,特别是一些中小民营企业,能够平等地参与到竞争中,实现国家制定破产重整法律制度之目的,确保社会经济发展和社会之繁荣稳定。

二是加大破产优惠力度。目前对于破产重整企业来讲,涉及更多的税收风险、负担主要集中在企业所得税,且主要为符合特殊性条件之递延纳税期限。因此,建议出台专项破产重整企业所得税优惠政策。尤其需要考虑交易的实质。参照一些发达国家的税收规定,区分不同条件,分别适用“应税重组”和“无税重组或免税重组”。在满足经营连续性、缺乏纳税的必要资金以及具有合理商业目的情况下,给予破产企业无税重组或免税重组或低税率或更长期间的递延纳税等优惠政策。帮助破产企业恢复正常生产经营,从而实现税收配置资源之职能。

(2)行业协会应及时、定期收集法院典型案例,并邀请有关专家进行分析,将其作为培训资料或作为典型案件资料发送给有关管理人及有关从事破产审计业务的会计师事务所。以不断提高管理人的执业能力与水平。

(3)省高级人民法院应出台文件,明文规定,破产重整案件应当由会计师事务所和律师事务所组成联合管理人,不得由会计师事务所或律师事务所单独担任管理人,更不得由个人管理人单独担任破产重整案件管理人。

(4)法院应当加强对管理人的监管力度,加大对管理人的处罚力度,尤其对于实际执业过程中明显存在人员不能到位、执业能力差、社会反响负面影响较大的管理人,应对其作出暂停执业或废止其管理人执业资格等措施。

(5)加强破产清算和破产重整税收专题培训,尤其是实务型培训,以提高管理人的实务操作能力。

(6)破产案件受理法院应尽可能地与当地税务部门取得联系,并及时沟通,在条件具备时,成立联合协调管理咨询机构,取得当地税收部门的积极支持。以进一步提高管理人的效率,同时促进破产案件及时办理,化解、防范税收法律风险,推进社会之维稳。

(7)制定并发布统一规范的管理人工作底稿,用以规范管理人的管理行为。也便于法院对管理人实施监督。目前尚无统一的破产案件管理人工作底稿,在很大程度上影响了破产案件的实施和管理质量。工作底稿能够将管理人在管理过程中形成的管理工作记录和获取的资料进行规划管理工作,其在内容上应做到资料翔实、重点突出、繁简得当、结论明确。在形式上应做到要素齐全、格式规范、标识一致、记录清晰、责任明确。也方便法院对管理人实施质量检查和监督管理。因为查看工作底稿就可以得知管理人团队在不同时期做了哪些事务、这些管理人团队成员之间的分工协作情况、管理人获取了哪些资料、管理人对案件的管理思路、管理人内部质量管理控制制度是否规范、三级复核制度是否全面实施等。工作底稿既可以作为质量控制的对象,又可以作为质量控制的依据。质量检查的核心工作通常就是对工作底稿规范程度的检查,因此,离开工作底稿,质量检查就会成为无本之木、无源之水。

(8)实现破产法和税法的有效衔接。我国《企业破产法》和《税收征收管理法》《企业所得税法及其实施条例》处于不同的立法理念,导致三者之间在具体法律条款的设计上存在较大差异。甚至部分法律规范之间存在明显冲突,但三者的立法目的是相辅相成的。税法的目的是保障国家利益和纳税人之间的合法权益,维护正常的税收秩序,保证国家的财政收入。而这一目的的实现,需要企业正常的生产经营活动得以持续。而破产法引入破产重整制度,旨在使有价值的企业持续经营。各方利害关系人本着清偿债务、挽救企业之目的参与重整,或为破产企业筹集资金,或破产企业债务清偿作出让步。但国家如果仍然按照企业正常生产经营活动的方式对破产企业进行税款征收,对于破产企业来说,无疑是雪上加霜。不仅不利于企业破产重整程序的顺利实施,实际上可以说大部分破产企业重整程序是无法实施的,而且因为破产企业无足额的货币资金缴纳税款而致使税款无法实现,达不到税法之税收征管目的。因此,为实现税法之目的,税法应当考虑破产活动的特殊法律性质、期间和特殊财务状况,给予破产企业一定的税收优惠,助力破产企业实施重整,从而实现税收分配收入、宏观调控和保障稳定之功能。为此,务必协调好破产法和税法之间的关系,使其两者之间有效合理衔接。

(9)明确合并破产下的企业所得税计税办法。在破产管理实务中,往往会发生企业集团或实际控制人控制的多家企业同时整体破产的情形。故在该情形下,破产企业主体往往包括多家企业所得税纳税主体,破产资产和破产债权债务分属于不同的纳税主体。而这些纳税主体甚至又分属于不同的税务机关管辖,这就会产生破产法和税法之间、不同税务机关之间利益的矛盾。而且,在企业集团或实际控制人控制的多家企业同时整体破产时,该些关联企业之间往往存在公司法人混同、成本费用核算不准确或不独立等不符合法律规定之情形,进而加剧了企业应纳税所得额计算的困难。因此,税务部门应当在企业集团或实际控制人控制的多家企业同时整体破产的情形下,明确具体计算企业所得税应纳税所得额的计算方法。尤其需要明确担保连带责任、公司法人混同、债务重组等事项的确认、计算方法,使管理人有章可从,否则管理人将有可能承担巨大的税务风险。

总而言之,落实和贯彻“多兼并重组、少破产清算”的中央经济工作会议精神,一是要求破产管理人加强税收政策学习,在制订破产重整方案时对于税收问题予以充分考虑,并合理运用税收政策进行筹划或规避;二是税务机关应当及时、不断地完善税收制度,对进入破产程序企业予以特殊考虑,给予最大限度的优惠政策,以共同推进破产企业成功重整;三是法院应当加强监管,提升破产管理人的执业能力,促进破产管理人最大限度地及时制定、实施破产重整计划,并使破产企业利益最大化。

破产程序中担保物权的性质及其行使
——以破产别除权理论为视角

杨春平*

别除权是指债权人可不依破产财产清偿程序，而由破产人的财产中的特定财产优先受偿的权利。别除权是大陆法系国家破产法上的特有概念，“它是由破产人特定财产上已存在的担保物权或法定优先权之排他性优先效力沿袭而来，并非破产法所设。别除权的名称是针对这种权利在破产程序中行使的特点而命名的”。[①] 德国、日本等国的破产立法均规定了别除权制度。

一、我国别除权立法现状

我国1986年《企业破产法（试行）》和2006年《企业破产法》均未采用大陆法系国家所普遍采用的“别除权”概念。1986年《企业破产法（试行）》采用的是“有财产担保的债权”，如《企业破产法（试行）》第32条第1款规定：“破产宣告前成立的有财产担保的债权，债权人享有就该担保物优先受偿的权利”。而我国《企业破产法》则

* 西北政法大学民商法学院副教授，企业破产法律研究中心主任。

① 王欣新：《破产法学》，中国人民大学出版社2004年版，第285页。

采用的是“对破产人的特定财产享有担保权的权利人”,该法第109条规定:“对破产人的特定财产享有担保权的权利人,对该特定财产享有优先受偿的权利。”我国《企业破产法》之所以作出这样的调整,是因为:(1)如仅采用“有财产担保的债权”,则无法解决破产债务人单纯为债权人之外的第三人提供担保而导致的第三人担保物权的行使问题。而“享有担保权的权利人”则解决了破产债务人以自己的财产为自己的债务设定担保和为第三人的债务设定(提供)担保的问题。(2)“有财产担保的债权”不仅包括了抵押、质押和留置三种物权担保形式,而且也包括了订金担保形式,所以“有财产担保的债权”模糊了担保物权的法律范畴。[①] 但无论是“有财产担保的债权”还是“享有担保权的权利人”,立法在确立其优先权地位时,均是将担保物权作为其最根本的基础权利。所以说,我国破产立法所确立的“别除权”,其权利范围也只限于担保物权。而按照我国《物权法》的规定,担保物权则包括了抵押权、质权和留置权。

我国《企业破产法》不仅仍未采用“别除权”的概念,而且也仅在以下六个方面涉及了别除权行使的一些程序性条件:

1.规定别除权人亦应申报债权。我国《企业破产法》第48条第1款规定:“债权人应当在人民法院确定的债权申报期间内向管理人申报债权。”该法第49条第1款规定:“债权人申报债权时,应当书面说明债权的数额和有无财产担保,并提交有关证据。”从上述规定可以看出,别除权人亦应和其他债权人一样进行债权申报,如其未进行债权申报(包括补充申报)则其不能行使其债权,包括优先受偿权。

2.规定在重整期间别除权暂停行使。我国《企业破产法》第75条第1款规定:“在重整期间,对债务人的特定财产享有的担保权暂停行使。但是,担保物有损坏或者价值明显减少的可能,足以危害担保权人权利的,担保权人可以向人民法院请求恢复行使担保权。”按照上述规定,在重整程序中,别除权的行使适用“自动中止(自动冻结)”制度。也就是说,在重整期间别除权被自动中止,别除权人不得行使别除权。别除权“自动中止”制度是各国破产立法及其他相关立法关于规定破产重整(破产保护、会社更生)法律制度时所确立的基本立法原则,是

---

① 目前,我国的法定优先权包括:(1)《合同法》第286条规定的建设工程款优先权;(2)《海商法》第21条规定的船舶优先权;(3)《民用航空器法》第18条规定的民用航空器优先权;(4)《城市房地产管理法》第50条规定的国有划拨土地使用权出让金优先权等。

在重整程序中对别除权行使的法定限制。

3. 规定在人民法院裁定和解之前别除权暂停行使。依据我国《企业破产法》第95条、第96条的规定，在债务人向人民法院提出和解申请和人民法院裁定和解之前，别除权人应暂停别除权的行使；自人民法院裁定和解之日起"对债务人的特定财产享有担保权的权利人"可以行使权利。

4. 规定管理人有权取回质物、留置物。我国《企业破产法》第37条第1款规定："人民法院受理破产申请后，管理人可以通过清偿债务或者提供为债权人接受的担保，取回质物、留置物。"此条规定表明，立法基于破产和解、重整，以及破产财产变价等需要给予了破产管理人通过清偿债务或者提供为债权人接受的担保而取回质物、留置物的选择权。而一旦管理人实施了该项选择权，债权人的债权性质或状态则可能发生改变。如管理人选择了"即时清偿"，则债权人与债务人之间的债权债务关系归于消灭，别除权也随之消灭。如管理人采取了"替代担保"，则债权人所享有的别除权的状态也因此发生了改变。原质物或留置物可能被新的质物或留置物所替代，也可能被新的担保形式，如抵押权担保、第三人保证等所替代。

5. 规定别除权人行使优先权利后其未受清偿的债权和放弃了优先权的债权可作为普通债权。我国《企业破产法》第110条规定："享有本法第109条规定权利的债权人行使优先受偿权利未能完全受偿的，其未受偿的债权作为普通债权；放弃优先受偿权利的，其债权作为普通债权。"

6. 规定别除权人在债权人会议上对"通过和解协议"和"通过破产财产分配方案"无表决权。我国《企业破产法》第59条第3款规定："对债权人的特定财产享有担保权的债权人，未放弃优先受偿权利的，对于本法第61条第1款第7项、第10项规定的事项不享有表决权。"而依据我国《企业破产法》第61条第1款的规定，其第7项和第10项的内容分别为"通过和解协议"和"通过破产财产分配方案"。

通过上述介绍和分析可以看出，我国现行破产立法对别除权法律制度的规定是非常基础的，立法不仅未采用"别除权"概念，而且相关内容也仅仅限于别除权申报、别除权的暂停行使（重整程序）、别除权人的表决权等最基本的内容。立法对别除权的行使（特别是在清算程序中的行使），以及在不同破产程序中别除权行使的限制等诸多重要的问题均未作出规定：(1)在破产清算程序中别除权人在哪种情况下才可以行使其优先受偿权?即别除权的行使是在破产宣告之前还是破产宣告之后?是在债权登记、核查、确认之前还是在之后?(2)别除权人对债务人的担保财产是有权直接变价受偿,还是必须通过管理人变价受偿?是否可以单独变价受偿还是必须整体变价后优先受偿?(3)不同的物权担保形式是否可以采用相同的行权方式?(4)在不同的破产程序中如何平衡好别除权行使的限制和权利行使的保护之间的关系?比如,别除权的行使在破产和解程序中几乎不受限制,其结果导致破产和解程序在破产实务中很少被采用,因为实践中没有担保的债权已经鲜有存在。(5)如何回应实践中已经广泛存在的浮动抵押担保、让与担保、所有权保留等非典型担保形式?以上种种情况都说明:我国现行《企业破产法》有关别除权的规定存有明显的缺陷和缺少应有的可操作性。

二、别除权与破产程序的关系

明晰别除权与破产程序的关系问题,是在破产立法中科学确立别除权制度的前提。长期以来,在我国的别除权理论中一直存在一个误区,许多学者和理论均认为,别除权是一种"可以就破产人的特定财产不依破产程序优先就担保标的受偿的权利"。[①] 即将别除权视为是一种别除权人可以在破产程序(特别是破产清算程序)之外自由行使的权利。这种认识曲解了别除权与破产程序的内在联系,也偏离了别除权制度本身的法律含义。

要说明别除权与破产程序的关系,首先要明确两个问题:一是构成别除权标的物的财产是否属于破产财产;二是别除权的行使是否与破产程序有关。在这里存在3种选项:(1)构成别除权标的物的财产不属于破产财产,别除权人可不依破产程序而依照民事执行程序自主、个别地行使其优先受偿权,即别除权的行使与破产程序无任何关系。(2)构成别除权标的物的财产属于破产财产,别除权人须依破产程序行使优先受偿权,即将别除权的行使完全纳入了破产程序。(3)构成别除权标的物的财产属于"破产财产",但不属于可在债权人之间进行公平分配的"破产财产"(分配财团),即别除权的行使与破产程序有关与破产财产清偿程序无关。

---

① 刘德璋:《新企业破产法理解与操作指南》,法律出版社2007年版,第248页。

关于上述问题,我国现行《企业破产法》与 1986 年《企业破产法(试行)》作出了完全不同的立法选择。

我国《企业破产法(试行)》第 28 条第 2 款规定:"已作为担保物的财产不属于破产财产;担保物的价款超过其所担保的债务数额的,超过部分属于破产财产。"该法第 32 条规定:"破产宣告前成立的有财产担保的债权,债权人享有就该担保物优先受偿的权利。有财产担保的债权,其数额超过担保物的价款的,未受清偿的部分,作为破产债权,依照破产程序受偿。"从上述规定中可以看出,《企业破产法(试行)》在规定别除权与破产程序的关系方面确立了以下 3 点基本准则:(1)构成别除权的标的物不属于破产财产;(2)将"有财产担保的债权"视同为别除权;(3)规定"有财产担保的债权"可不依破产程序优先受偿。而我国《企业破产法》则在上述有关问题上作出了与《企业破产法(试行)》本质不同的立法选择。我国《企业破产法》第 30 条规定:"破产申请受理时属于债务人的全部财产,以及破产申请受理后至破产程序终结前债务人取得的财产,为债务人财产。"该法第 107 条第 2 款规定:"债务人被宣告破产后,债务人称为破产人,债务人财产称为破产财产,人民法院受理破产申请时对债务人享有的债权称为破产债权。"该法第 109 条规定:"对破产人的特定财产享有担保权的权利人,对该特定财产享有优先受偿的权利。"由此可以看出,我国《企业破产法》在与别除权有关的立法中确立了以下 3 点新的基本准则:(1)构成别除权的标的物不仅属于"债务人财产",而且亦属于"破产财产",即"破产财产"是破产宣告后处于破产清算程序中的"债务人财产";(2)将"享有财产担保权的权利人"视同别除权人;(3)别除权标的物虽然属于"破产财产",但是不属于可供在债权人之间公平分配的"破产财产",别除权人应依破产程序但可不依破产财产清偿顺序行使优先受偿权。

对我国《企业破产法》所确立的上述几点基本准则还有进一步说明的需要。第一,虽然立法并未明确规定别除权的标的物也属于破产财产,但依据我国《企业破产法》第 30 条的规定,别除权标的物在法院受理破产申请时理应被认定为"债务人财产",因为根据物权法的一般理论,当某一特定物上设定担保物权后,其所有人并未失去对该物的所有权。也就是说,即使在破产程序开始后,债务人已设定了担保物权的特定财产仍然属于债务人的财产;在债务人被宣告破产后"债务人财产"仍然为"破产财产"。第二,虽然别除权标的物在破产清算程序中被认定为"破产财产",但立法在对破产财产的清偿顺序作出规定时并未将别除权的标的物列入破产财产的清偿顺序之中(我国《企业破产法》第113条)。也就是说,现行破产立法将别除权的标的物排除在了可供债权人公平分配的破产财产(分配财团)之外。否则立法就应就别除权标的物的分配作出规定。第三,虽然别除权人可不依破产财产清偿顺序行使其优先受偿权,但别除权的行使亦应受整个破产程序的约束。如依我国《企业破产法》的规定:别除权人须申报债权和应提供财产担保的证据;存在瑕疵的担保权可被法院依法撤销;在债务人重整期间暂停权利的行使等。也就是说,别除权人虽然可不依破产财产清偿顺序获得优先受偿,但别除权的实现却应受破产程序的约束。换言之,别除权作为破产法上的一项权利,其离开破产程序就无法完整实现;同样,破产法如不把别除权的行使纳入破产程序,破产程序也无法顺利进行。第四,我国《企业破产法(试行)》之所以规定别除权可不依破产程序行使;最高人民法院在《关于审理企业破产案件若干问题的规定》(2002年9月1日)第71条中,也把抵押物、留置物、出质物排除在了破产财产之外,这是由当时立法的特定认知水平和别除权人大多为国有银行这一特定事实所决定的。在这一方面,一些国家的立法也有过类似的经历。如1923年日本《破产法》第95条规定:"别除权不依破产程序而行使。"但日本在2004年《破产法》中就取消了上述规定,并且就别除权的行使规定了许多约束性的条件,包括规定了担保权和商事留置权的消灭制度等。

通过以上分析,可以得出以下结论:虽然别除权的基础权利主要为担保物权,但在破产程序开始之后才涉及破产法上的"别除权"的问题,在破产程序开始之前只有民法或商法上的民事或商事优先权。也就是说,别除权与破产程序(特别是破产清算程序)开始后破产人财产的分配密不可分。别除权的行使只有在破产程序之中才能成为现实的可能。别除权的基础权利虽然非破产法律制度所特设,但因其行使与破产程序密切相关,故其权能本身已不完全等同于民事或商事优先权。别除权作为破产法规定的一种优先受偿权利,其行使必须受破产程序(特别是破产清算程序和破产重整程序)的约束;其优先受偿性只是表现为可不依破产财产清偿顺序优先受偿,即别除权人可在债权人的集体清偿程序之外个别的接受清偿,而不是在破产程序(特别是在破产清算程序)之外自由受偿。只有将别除权和破产程序的关系建立在以上认识之上,才可在破产立法中对别除权的行使作出科学和可具可操作性的规定。

三、国外别除权立法的理论分析

别除权制度最先在大陆法系国家(主要是德国和日本)的立法中被确立,并随着相关立法的不断发展而不断完善。由于别除权并不是破产法上独有的权利,其仅是担保物权和法定优先权在破产法上的转化形式。所以别除权的权利内容和权利行使主要不是依据破产法,而是依据民法(民事执行法)或物权法的有关规定进行。大陆法系国家破产立法在确立别除权的优先受偿权法定地位的同时,更多的是针对别除权在破产程序如何行使以及别除权与破产程序的关系方面作出规定。

(一)德国《破产法》的规定

德国《破产法》在其第4章"破产财产的管理与变现"中,以第3节专门就"具有别除权的标的"作出了规定。其主要内容为:

1.规定在债权人名册中应列明别除权的情况。德国《破产法》第152条第2款规定,"在名册中,对于享有别除权的债权人以及后顺位破产债权人的各个顺位级别应当单独列明……对享有别除权的债权人,还应特别注明设定别除权的标的以及预计可能出现的缺额"。此项条文,不仅规定了别除权人应负有申报和登记债权的义务,还对债权人名册中别除权的具体记载事项提出了明确的要求。

2.规定法院有权对别除权的不动产标的进行强制拍卖和强制管理。德国《破产法》第165条规定:"即使在破产财产的一项不动产标的上存在别除权,破产管理人也可以向法院申请对其进行强制拍卖或强制管理。"这里的强制拍卖和强制管理是对别除权人优先受偿权的司法强制剥夺,而且这种司法强制剥夺主要针对的是不动产。立法作出此项规定的目的是保障破产财产的整体价值和最大限度地保护全体债权人的利益。

3.规定破产管理人有权对别除权的动产标的进行变现。德国《破产法》第166条规定:"①动产上存在一项别除权的,以该动产处于破产管理人占有之下为限,破产管理人有权将其直接变现。②破产管理人有权收回或以其他方式变现债务人为保全一项请求权而让与的债权。"此条规定则是对别除权行使的又一种限制,其主要针对的是别除权的动产标的,即如该动产标的处于破产管理人占有之下,则该管理人无须征得法院同意即有权将该标的直接变现。这就为破产管理人有效行使其破产管理权提供了有力的手段。

4. 规定了破产管理人变现别除权动产标的的告知义务。依据德国《破产法》第167条、第168条的规定,破产管理人在依法变现一项动产标的或者收回一项债权时,经享有别除权的债权人要求,应当告知其该动产或该债权的状况或情况。应当告知享有别除权的债权人出让该标的的方式,并应当给予别除权人在一周内指示另一种对别除权人更为有利的变现方式的机会。按照此条规定,破产管理人在依法作出针对别除权人权利行使的某些限制或改变措施时,应将有关事项告知别除权人,以尽可能地保护别除权人的正当权利。

5. 规定了别除权人对变现收入的优先受偿权。依照德国《破产法》第170条的规定,"破产管理人在变现一项动产或债权之后,应当从变现收入中先为破产财产提取确定和变现标的的费用。剩余款项应当毫不迟延地向享有别除权的人做出清偿"。依此项规定,破产管理人在变现别除权的动产标的后,在将变现费用从变现款项中预先扣除后,应将剩余变现款项"毫不迟延"地交付给别除权人。

6. 确立了别除权变现的期限制度。根据德国《破产法》第173条第2款的规定,"经破产管理人申请,并经听取债权人的意见,破产法院可以为债权人确定一个变现标的期限。期限届满之后,破产管理人即有权变现"。

从上述德国破产立法的有关规定可以看出,德国破产立法在确保别除权人可自主行使别除权或优先受偿权的同时,对别除权的行使亦作出了若干立法上的限制:(1)确立了别除权人依法自主行使别除权和破产管理人有权依法变现别除权标的两种并行制度。立法规定,"破产管理人无权变现存在别除权的动产或债权的,债权人的变现权不受影响"(《德国破产法》第173条第1款)。(2)破产管理人不仅有权变现其占有之下的别除权动产标的,而且可以向法院申请要求法院对别除权的不动产标的进行强制拍卖或强制管理。(3)规定法院经破产管理人申请和听取债权人的意见后可以给债权人确定一个变现标的的期限。如债权人在该期限之内不能实施自行变现,则破产管理人就有权进行变现。德国破产立法的上述特点,较好地处理了别除权与破产程序的关系,既保证了别除权人的优先受偿权地位,又兼顾了破产程序公平、公正性的要求。

(二)日本《破产法》的规定

日本2004年《破产法》与1923年《破产法》相比,在有关别除权的立法内容上作了较大的修改。1923 年日本《破产法》专设“别除权”一章(第 1 编第 8 章),对“别除权人”“留置权人”“共有人的别除权”“别除权的行使”“准别除权人”等内容均作出了详细的规定。2004 年日本《破产法》取消了对“别除权”的专章规定。只是在第 7 章“破产财团的变现”部分,从别除权财产标的的变现方法、担保权的消灭、商事留置权的消灭等方面,就破产程序中别除权的行使及其约束作出了规定。而将别除权的惯常行使交由民事执行法及其他关于强制执行的法律去规定。也就是说,2004 年日本《破产法》已开始侧重从别除权与破产程序的关系角度对别除权进行规定。其主要立法内容有:

1. 规定破产管理人有权对别除权标的进行价值评估。日本《破产法》第 154 条规定:“破产管理人可以要求别除权人提示其权利标的物的财产。破产管理人拟对前款的财产做出评估时,别除权人不得拒绝。”此条规定有利于为破产管理人预先确定别除权标的的范围和价值提供条件。

2. 规定破产管理人可依法对别除权标的物进行变现。日本《破产法》第 184 条第 2 款规定:“依照民事执行法和其他关于强制执行程序的法律的规定,破产财产管理人可以进行别除权标的物的变现。在此情况下,别除权人不能拒绝该变现。”该条第 4 款规定:“在第 2 款的情形下,别除权人应当受领的金额尚未确定的,破产财产管理人必须寄存。在此情况下,别除权就被寄存的金额而存在。”由此条规定可以看出,日本的破产法亦规定了破产管理人依法对别除权标的的变现权,而且该权利具有强制性。

3. 确立了别除权变现的期限制度。日本《破产法》第 185 条规定:“别除权人具有不依照法律规定的方法处分别除权标的物的权利时,依据破产财产管理人的申请,法院可以确定别除权人应做出处分的期限。别除权人在前款的期限内未进行处分时,则失去前款的权利。”此条规定的目的是最大限度地提高破产程序的效力,强化别除权的合理和有效行使。

4. 规定了担保权的消灭制度。依照日本《破产法》第 186 条的规定,在破产程序开始时,如破产财团存在特别优先权、质权、抵押权或基于商法的留置权的,当变卖该财产消灭该担保权符合破产债权人的普遍利益时,破产管理人可以向法院提出通过变卖该财产和依法将变卖后的相应金额交付给法院而消灭在该财产存在的全部担保权的申请(但是,被认定不当损害该担保权人利益的不在此限)。此条规定构成了日本别除权法律制度的一个显著特点。也就是说,日本

《破产法》在破产程序中确立了担保权的消灭制度,该制度是在特定条件下对别除权优先权属性的法律否定。

5. 规定了商事留置权的消灭制度。依照日本《破产法》第 192 条的规定,在破产程序开始时,破产财团所属的财产存在基于商法规定的留置权(商事留置权)的情况下,如该财产对于破产管理人继续破产人的事业(对于业务的持续发展)有必要,以及该财产的存在有利于破产财团价值的维持及增加时,破产财产管理人对于留置权人可以要求该留置权的消灭。但当破产管理人行使该权利时,应当取得法院的许可和向该留置权人清偿与该商事留置权财产标的数额相当的款项。

从以上的有关立法内容可以看出,日本破产立法有两个显著的特点:

第一,将"特别优先权"(特别先取特权)作为担保物权的一种特定形式加以确认。这一特点是与日本的民事立法紧密相关的。日本《民法典》中有先取特权的专门规定。日本《民法典》第 303 条规定:"先取特权人,依本法及其他法律的规定,就其债务人的财产,有优先于其他债权人受自己债权受清偿的权利。"依据日本民事立法的规定,把先取特权分为一般先取特权和特别先取特权。一般先取特权是指以债务人的一般财产为标的优先权。特别先取特权是以债务人的特定财产为标的的优先权。依据日本《民法典》第 306 条的规定,一般先取特权主要包括了:共益费用、雇员的报酬、丧葬费用和家庭成员的生活补贴费用。"一般的先取特权因为是可以从债务者的总财产中优先得到清偿的权利,所以被担保债权是优先性的破产债权,但是,它不能从特定的财产中获得清偿,就不是别除权。"①而特别先取特权则是由民法典和其他民事法律所分别规定的,使债权人针对债务人特定不动产或特定动产享有的优先权利。

第二,仅将商事留置权作为别除权的一项内容加以规定。在日本的民商事立法中将留置权区分为民事留置权和商事留置权。日本《商法典》第 521 条规定:"在商人之间,因双方的商行为而发生的债权到清偿期时,债权人在未受清偿之前,可以留置因与其债务人之间的商行为而归自己占有的债务人所有的物品或有价证券。但是。另有意思表示时除外。"另外,日本《商法典》还对代理商、批发商、运送管理人、陆上及海上的运送人的留置权的设立作出了规定。而在日本

① [日]石川明:《日本破产法》,何勤华、周桂秋译,中国法制出版社 2000 年版,第 84 页。

法上,民事留置权仅具有留置效力而无优先受偿的效力。

从德国和日本的上述立法中可以看出:大陆法系的代表性国家在破产立法中,在确保别除权所具有的优先权地位的同时,更注意平衡别除权人和普通债权人之间的利益关系;破产立法更侧重解决别除权的行使和破产清算程序之间的关系问题。立法为了保护普通债权人的共同利益和防止别除权人损害无担保债权人的利益,以及最大限度地提高破产清算程序的效率,对别除权的行使确立了越来越多的限制。此点构成了破产程序中的别除权与非破产程序中的民商事优先权的最大不同,也构成了破产别除权制度的独有特征。

四、我国别除权制度的立法完善

通过前面的比较可以看出,我国《企业破产法》对别除权行使的行使方式和别除权行使中的程序约束,规定得非常不够。这些立法缺陷使我国破产立法中的别除权制度变得模糊不清,也使实践中别除权的行使缺少了可依据的现实准则。所以根据国外立法的经验和现存实践的需要,我国应在未来的破产立法或相关的司法解释中明确规定以下八个方面的内容:

第一,应从程序角度对别除权与破产程序(特别是破产清算程序)之间的关系作出明确的规定。立法不仅应引入别除权的概念而且应明确规定别除权标的为债务人财产或破产财产,以消除现行破产立法在这方面所造成的认识分歧。

首先,我国的破产立法应当引进别除权的概念,因为在别除权制度中不仅包括基于担保物权而产生的优先权,还包括其他优先权。如日本破产立法中的别除权就包括了先取特权、担保物权、商事留置权以及共有人为基础的别除权。所以说,别除权制度可以更加充分地涵盖各种形式的优先权,并可以将让与担保、所有权保留等非典型的担保形式也囊括在别除权制度之中。因此,完整的别除权制度可以更有效地界定破产程序中的各种债权的性质及地位。

其次,有关别除权的立法重点在于规定别除权在破产程序中的地位及其行使条件和行使方式。应明确规定别除权的行使须依破产法规定的条件和程序进行,即将别除权的行使纳入整个破产程序之中,使别除权的行使必须受到破产程序的约束。特别是要进一步明确规定别除权在破产清算程序中的行使条件、行使程序和行使方式。解决实践中存在的类似破产申请受理是否也产生执行中止的效力这类最起码的问题。

第二,确立别除权行使的期限制度。别除权行使期限制度,是保证别除权及时、有效行使和保证破产清算程序高效有序进行的一项重要制度。该制度的基本内容是:破产管理人基于对债务人财产估价、变价的需要,经法院许可,可以为别除权人行使别除权规定一个行使期限。如果别除权人不能在该期限内行使别除权,则管理人有权将别除权标的予以估价或变现,别除权人只可对变现后并扣除了估价费用和变现费用的价款主张优先受偿。别除权行使期限制度可以在别除权人怠于行使别除权的情形下尽快确定别除权的受偿额,划分清楚别除权财产变现额与别除权人债权额之间的关系,以加快破产清算程序的进行。

第三,确立别除权标的物强制收回制度。别除权标的物强制收回制度,是指破产管理人基于破产财产整体变价的需要和最大限度地实现破产财产整体价值的需要,可在申请法院许可的前提下,强行收回别除权标的物并将其变现。确立别除权标的物强制收回制度,其目的是在不损害别除权人利益的前提下实现债务人财产价值的最大化,以最大限度地保证普通债权人的利益。在别除权标的物被强制收回的情形下,别除权人也只能就别除权标的物变现的价款部分(扣除变现的费用之后部分)请求优先受偿。

第四,确立破产管理人有权自行决定对别除权标的物进行价值评估制度。该制度是指,破产管理人基于对别除权标的物价值评估的需要,有权自行决定对别除权标的物的价值进行评估,以明确别除权标的物的评估价值,掌握债务人财产的总价值和计算破产财产与破产债权两者之间的比例关系。

第五,在破产财产分配制度中规定别除权行使的除斥制度。即当债务人以自己的财产为自己的债务担保时,如别除权人不能就担保标的物行使优先权后不能得到满足的部分作出说明或证明,则不能参加中间分配或从最后分配中被除斥。①

第六,在破产程序中规定别除权纠纷的审判管辖原则。破产程序作为一种特殊的强制执行程序,其对别除权的保障比当事人的自力救济更具有积极意义。因此,将别除权纠纷的处理也纳入破产程序,可大大提高破产程序的效率。"如

① 参见韩长印主编:《破产法学》,中国政法大学出版社2007年版,第105~151页。

果管理人和担保物权人在实现担保物权时发生争议,属于执行程序中的问题时,在破产程序中直接由受理破产案件的合议庭予以处理;属于对担保物权的确认而发生争议时,应当通过审判程序解决;权利人需要向人民法院重新提起确权之诉,由人民法院通过审判程序对担保物权是否存在等作出判决。基于节约司法成本的考虑,该类案件由受理破产案件的法院专属管辖。"①

第七,明确民商事立法所规定的法定优先权与别除权的关系。在这一方面可有两种立法选择:一是规定法定优先权可依法律规定优先于别除权在破产财产清偿顺序之外获得最优先的受偿;二是将法定优先权也作为别除权的基础权利,使其与担保物权一样共同构成别除权的基础权利。对此,笔者倾向第一种立法选择,理由为:(1)法定优先权是法律特别规定的一种优先权,按照我国《物权法》的规定,担保物权虽然也属于物权,其也具有绝对权的特点,但由于该项权利主要是为了实现债权而设立,故依然具有从属权的特征,而且担保物权中的抵押权、质权主要是依据当事人的约定而设立。故依据约定从法定的一般效力原则,法定优先权优先于具有约定性质的担保物权。(2)法定优先权为一种法定特别优先权,该优先权的设定往往是为了实现某种特别目的和保护某种特殊权益。如我国1995年《担保法》第56条和1995年《城市房地产管理法》第50条所确定的国有土地使用权土地出让金优先权制度,确定该制度的目的就是保障国家对土地一级市场的垄断权力和维护国家对土地的所有者权益。又如,我国《海商法》第21条、第22条所确定的"船舶优先权制度",也是为了实现社会、经济、人道等特别目的和保护船长、船员等人的劳动权益以及海难救助人的特殊权益等。(3)许多法定优先权本身体现的就是某些情况下相关权利人的留置权利。如我国《合同法》第286条规定的"建设工程价款优先权",体现的就是承包人对建设工程的留置权和由此产生的优先权。(4)有的法律明确规定法定优先权优先于有关担保物权。如我国《海商法》第25条第1款规定:"船舶优先权先于船舶留置权受偿,船舶抵押权后于船舶留置权受偿。"我国《民用航空器法》第22条规定:"民用航空器优先权先于民用航空器抵押权受偿。"

第八,增加规定动产浮动抵押担保和让与担保、所有权保留等非典型担保形式在破产程序中的适用规则。动产浮动抵押担保作为已经被我国《物权法》确定

---

① 王东敏:《新破产法疑难解读与实务操作》(修订版),法律出版社2007年版,第224页。

的一种新型担保制度,其在破产程序中的权利行使以及浮动抵押担保权与传统的担保物权在破产程序中的相互关系就成了一个全新的问题。另外,让与担保和所有权保留等非典型担保权利在破产程序中如何具体行使也需要未来的破产立法给予回应。

破产程序中应收账款质权与法定抵销权谁优先

胡　聪[*]　宗士才[**]

假设案例：甲公司与乙公司签订工程施工合同，就乙公司的地铁项目提供智能化改造服务，其后，因融资需要，甲公司与丙银行签订借款合同，并以其对乙公司基于工程施工合同的应收账款设定质押且依法办理了登记，后甲公司因不能清偿到期债务被债权人申请破产清算，丙银行向破产管理人申报债权并主张对乙公司的应收账款行使质权优先权，乙公司则以甲公司应向其返还部分工程款为由主张行使法定抵销权，就此，管理人面临丙银行应收账款质权与乙公司法定抵销权谁优先的疑问，甲乙丙三方的简要关系表示如图1所示。

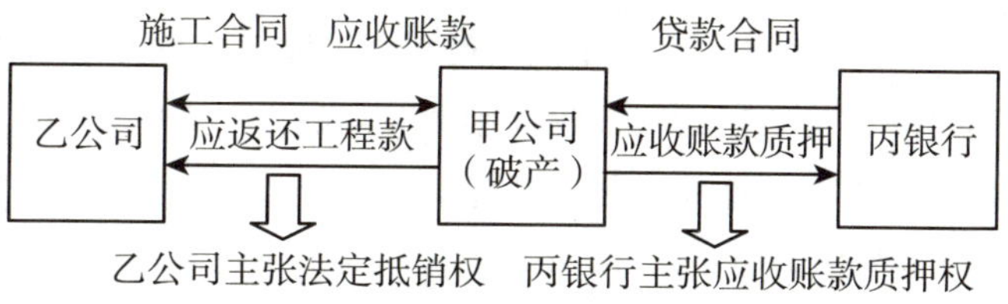

图1

在以上案例中，如管理人确认丙银行的应收账款质

* 泰和泰（深圳）律师事务所律师。

** 上海市锦天城律师事务所高级合伙人。

权,则不能认可乙公司抵销权的行使,需在接到乙公司行使抵销权通知后向人民法院起诉,并积极追收该笔应收账款且向丙银行清偿;如管理人认可乙公司行使抵销权,则丙银行的应收账款质权因质押的标的已被抵销,故不能确认其应收账款质权。破产程序中应收账款质权与法定抵销权谁优先,属于法律未予规定而在实践中极富有争议的问题,本文拟将对此问题进行探讨。

一、破产程序中应收账款质押权与法定抵销权是否冲突?

有学者认为,破产程序中应收账款质权与法定抵销权根本不存在冲突。该观点认为,担保物权的优先受偿,是指在基础债权实现之时,有担保的债权较其他普通债权优先得到清偿,优先受偿性仅体现在债权实现的场合;在应收账款质权法律关系中,只有第三债务人向出质人清偿了应收账款债务,出质人的债权人都就清偿财产进行求偿之时,才会产生质权人主张较其他普通债权人优先受偿的问题,故质权人行使质押优先权的主张曲解了担保物权的优先受偿制度,是对担保物权制度的误读。①

笔者认为,应收账款质权与法定抵销权不存在冲突的观点恰恰是对应收账款担保物权制度的误读。我国的应收账款质权规定于《物权法》第十七章"质权"下第二节"权利质权"下的第223条,应收账款质权属于权利质权之一种,根据中国人民银行《应收账款质押登记办法》第2条第1款之规定,"应收账款是指权利人因提供一定的货物、服务或设施而获得的要求义务人付款的权利,包括现有的和未来的金钱债权及其产生的收益,但不包括因票据或其他有价证券而产生的付款请求权,应收账款质押权系以应收账款作为质押标的,而应收账款在权利属性上属于付款请求权",因此,准确而言,应收账款质权系以应收账款之付款请求权作为质押标的的一种权利质权;应收账款质权作为一种担保物权,其物权优先性不仅体现于债权实现的场合,"有担保的债权较其他普通债权优先得到清偿",而且体现在质权人对债务人享有请求支付应收账款的权利,否则,应收账款质权即失去了其作为一种权利质权的特性:既然质权人不能主动向应收账款的

① 参见万东朝:《论应收账款质权的权利边界——以应收账款质权与法定抵销权的冲突为视角》,载《华南理工大学学报》(社会科学版)2015年第5期。

债务人主张收回应收账款以实现质权，而只能被动地针对已收回的特定应收账款优先受偿，如此，应收账款质权可以归结为以特定物(已收回货币)为标的的动产质权，这显然与物权法关于应收账款质权的立法目的不相吻合。

实际上，应收账款质权包含质权人向第三人直接主张实现质权的权能，并非笔者标新立异，这已为立法实践与司法实践所证明。例如，《德国民法典》第1282条第1款规定，"……质权人有权收取债权，而债务人只能向质权人履行给付"；《日本民法典》第367条第1款也规定，"质权人可以直接收取作为质权标的的债权"。①

根据最高人民法院《关于适用〈中华人民共和国担保法〉若干问题的解释》第106条之规定，质权人向出质人、出质债权的债务人行使质权时，出质人、出质债权的债务人拒绝的，质权人可以起诉出质人和出质债权的债务人，也可以单独起诉出质债权的债务人。据此，质权人起诉应收账款质押下的出质债权的债务人，可谓于法有据。

最高人民法院于2015年11月26日发布的指导案例53号，即《福建海峡银行股份有限公司福州五一支行诉长乐亚新污水处理有限公司、福州市政工程有限公司金融借款合同纠纷案》中，认同一审法院福州市中级人民法院作出的结论：污水处理项目收益权属于将来金钱债权，质权人可请求法院判令其直接向出质人的债务人收取金钱并对该金钱行使优先受偿权，故无须采取折价或拍卖、变卖之方式。② 因此，可以认为，我国最高司法机关亦认为质权人有权直接要求第三人向其支付应付给出质人的应付账款。

故此，应收账款质权作为一种担保物权，包含质权人可向应收账款之债务人请求支付款项以实现质权的权能，就此而言，该权利与破产抵销权存在冲突。

---

① 吴俊：《如何实现应收账款质押权——从最高院第53号指导案例说起》，载金杜律师事务所网：http://www.kwm.com/zh/cn/knowledge/insights/the-right-to-pledge-of-receivables-on-no-53-guiding-case-of-the-supreme-court-20160127，最后访问日期：2016年11月30日。

② 参见《指导案例53号：福建海峡银行股份有限公司福州五一支行诉长乐亚新污水处理有限公司》，载最高人民法院网：http://www.court.gov.cn/shenpan-xiangqing-16095.html，最后访问日期：2016年11月30日。

二、破产程序中应收账款质权与法定抵销权谁优先?

既然在破产程序中应收账款质权与法定抵销权的确存在冲突,那么在冲突场合二者谁优先?

破产程序中的抵销权,属于法定抵销权。根据我国《企业破产法》第40条之规定,“债权人在破产申请受理前对债务人负有债务的,可以向管理人主张抵销”,破产法中的抵销权在权利性质上属于形成权,即只需要主张抵销一方的意思表示即可发生抵销的法律效力。根据最高人民法院《关于适用〈中华人民共和国企业破产法〉若干问题的规定(二)》第42条第1款、第2款之规定:管理人收到债权人提出的主张债务抵销的通知后,经审查无异议的,抵销自管理人收到通知之日起生效。管理人对抵销主张有异议的,应当在约定的异议期限内或者自收到主张债务抵销的通知之日起三个月内向人民法院提起诉讼。无正当理由逾期提起的,人民法院不予支持。

由此,在破产程序中,当应收账款质权与法定抵销权存在冲突而管理人对抵销主张有异议的,管理人应以自己的名义提起诉讼,以确定抵销无效。而这仅是破产制度关于抵销权争议的程序性规定,该规定并没有在实体上为应收账款质权与法定抵销权之冲突提供确定的解决方案。

就应收账款质权与法定抵销权谁优先的问题,有学者认为,债务人对出质人享有的抵销权不因应收账款质权的存在与否而受影响。其一,应收账款质权系质权人与出质人通过质押合同设立,根据债的相对性原理,该合同仅约束出质人与质权人,不得限制第三债务人对出质人享有的权利,而法定抵销权和抗辩权是法律赋予第三债务人的权利;其二,根据物权法定的理论,物权的种类和物权的内容都应该由法律直接规定,我国现行《物权法》并没有规定应收账款质权可以强大到限制第三债务人行使抵销权等基于债权债务而享有的权利,不存在应收账款质权抑制第三债务人的抵销权行使的法律依据,也无法推导出应收账款质权可以对抗抵销权的法理。①

---

① 参见万冬朝:《应收账款质权与第三债务人抵销权的“冲突”及其保护》,载《中国律师》2014年第3期。

笔者认为,上述观点实难成立。

首先,我国物权法对物权变动模式采取的是债权形式主义,即物权变动不仅需要当事人债权法上的意思表示一致,而且还需要物权的公示,即动产的交付或不动产的登记,并且以动产的交付或不动产的登记作为物权变动的生效条件。就应收账款质权而言,其的确是通过质押合同设定的,不过,应收账款质押合同经签署且履行登记以后,一个基于该合同及登记公示的担保物权已经设定一方面,应收账款质押合同只是将出质人对第三人享有的债权质押给质权人,该合同并未改变应收账款债权债务之性质,根本就不涉及为第三人设定义务,也未限制第三人享有的权利(第三人对出质人享有的抗辩权,亦可向质权人主张);另一方面,应收账款质押合同不是孤立地存在,其与紧随其后的登记公示行为结合后即已设立了一个物权,而物权行为的效力当然及于应收账款的债务人。根据债的相对性原理,应收账款质押合同仅约束出质人与质权人的观点,显然是将物权变动之债权合意割裂开来孤立地看待,将应收账款质权视为一种合同债权,显然是不成立的。

其次,根据物权法定的原则及物权效力的理论完全可以推导出应收账款质权优先于法定抵销权。“物权的种类、内容、效力以及公示方法由法律规定,原则上不能由法律之外的规范性文件进行规定,也不能允许当事人自由创设物权的种类以及确定物权的内容、效力和公示方法”,[①]由此,物权法定包含物权的效力法定之意涵,而物权的效力尤其是物权的优先效力,已经为应收账款质权与法定抵销权之冲突解决提供了可以依凭的法理根据。“物权优先效力的含义是指作为同一标的物上有数个利益相互冲突的权利并存时,各权利效力的强弱问题,在一般情况下,物权具有优先于其他权利实现的效力”,[②]学者关于物权的优先效力之含义有不同的鉴定,但无论如何,均包含物权优先于债权实现的内容。

破产法上的抵销权,是破产债务人之债权人以其对破产债务人所负债务与其对破产债务人之债权相抵销,而不再对破产债务人清偿债务,此一抵销权属于形成权,在民事权利中,形成权与抗辩权、支配权和请求权相并列,系以民事权利

① 王利明:《物权法定原则》,载《北方法学》2007 年第 1 期。
② 韩松:《论物权的排他效力与优先效力》,载《政法论坛》2003 年第 2 期。

的作用为标准所作之区分,抵销权作为形成权只表明抵销的法律效果不依赖他人的意思表示即可达成,但其本质上还是属于一种债务清偿方式,其抵销的意思表示欲发生法律效力之前提为,第三人对抵销权人欲抵销之己方债务(出质人之债权)不存在优先的权利主张。也就是说,当作为第三人的质权人依据其质权可对抵销权人欲行抵销之债务享有物权优先权时,抵销权人不得主张以其对出质人的债权与该债务相抵销。简言之,依据物权的优先效力之法理,可推导出应收账款质权优先于破产抵销权的结论。

对于此一问题,司法实践中的判例极少,但仍不乏类似判决予以验证。

中国农业银行股份有限公司上海市分行(以下简称农行上海分行)与上海金源国际经贸发展有限公司(以下简称金源公司),佳宝控股集团有限公司、浙江佳宝聚酯有限公司、浙江佳宝高仿真化纤有限公司(以下简称佳宝公司)应收账款质权纠纷一案中,农行上海分行对金源公司享有债权,佳宝公司等曾为金源公司向农行上海分行提供担保,金源公司对佳宝公司享有债权,后佳宝公司进入破产重整程序,经金源公司申报及管理人审核确认的金源公司无异议债权为6.1亿余元。此后,金源公司以其对佳宝公司3.6亿余元的应收账款向农行上海分行提供质押并办理登记,以担保其本金2.6亿余元的债务,农行上海分行随后向佳宝公司申报担保债权并发函向管理人主张其基于应收账款质押合同享有的质权,根据生效的佳宝公司重整计划的安排,佳宝公司对普通债权的清偿比例为28%。据此,金源公司可自佳宝公司处受偿1.7亿余元,佳宝公司管理人主张以佳宝公司向农行上海分行承担担保债权之后对金源公司的追偿权(1.5亿余元)与该1.7亿元部分抵销,而农行上海分行则主张对该1.7亿元享有质权优先权。

浙江省绍兴市中级人民法院于2011年3月21日作出(2011)浙绍商初字第5号民事判决书,认为:“……应收账款质权自登记时设立。但质押合同及债权人据此享有的质权能否约束或对抗出质人的债务人,还需出质人对于其债务人确有债权真实存在为前提……”该判决基于佳宝公司依据重整计划向农行上海分行承担担保债权的同时必然对金源公司产生追偿权、本案中的质权设立于破产程序开始之后等理由驳回了农行上海分行行使质权优先权的请求。浙江省高级人民法院二审予以维持。2013年11月22日最高人民法院针对农行上海分行提出的再审申请,作出(2012)民申字第1019号民事裁定书,认为:“……应收账款质权优先于法定抵销权受偿应具备一定的条件，即不仅要设立时间在先，还要出质人的债务人未提出合理抗辩。依法定程序设立的应收账款质权，对质权登记的公示效力，应及于出质人的债务人……”①

本案一审、二审及申请再审程序虽均未支持农行上海分行关于行使质权优先权的请求，但裁判文书或者间接或者直接表明，应收账款质权在一定条件下可优先于法定抵销权。当然，这只是一个大的原则，在该原则之外，还存在一些例外，下文将会详述。

三、应收账款质权优先于法定抵销权之前提及应收账款质权人的保障

如上所述，应收账款质权优先于法定抵销权为一个基本原则，在该原则之外，还存在一些例外。或者说，应收账款质权优先于法定抵销权还存在一些必要的前提。换言之，应收账款质权的行使要以出质人的债务人未提出合理抗辩为前提。根据目前的理论与实践，应收账款质权优先于法定抵销权的主要前提有：

第一，出质人对于应收账款的债务人享有真实债权。倘若应收账款债权不真实存在，则应收账款质权的标的不存在，应收账款质权自无从主张。在上述案例中，最高人民法院即认为，“质押合同及债权人据此享有的质权能否约束或对抗出质人的债务人，还需要出质人对其债务确有债权的真实存在为前提”。

第二，应收账款质权的设立应先于出质人的债务人对出质人所负债权。其原因在于，应收账款质权已设立在先，特定应收账款已确定成为质权之标的，质权人对该标的享有完整的担保物权，则出质人的债务人对出质人嗣后成立的债权，不得与作为已设立质权标的的应收账款债务相抵销；否则，已经依法设立的应收账款质权将时时面临被应收账款债务人抵销的危险状态，显然与物权法设定应收账款质权制度之目的不合。此点，亦为最高人民法院在上述案例中所承认。

---

① 参见《中国农业银行股份有限公司上海市分行与上海金源国际经贸发展有限公司、佳宝控股集团有限公司、浙江佳宝聚酯有限公司、浙江佳宝高仿真化纤有限公司应收账款质权纠纷申请再审之〈民事裁定书〉》，载中国裁判文书网：http://www.wenshu.court.gov.cn，最后访问日期：2016 年 12 月 1 日。

第三,应收账款质权设立时,应遵循诚实信用原则。如出质人明知其对应收账款债务人负有同种债务或必将负同种债务,仍将应收账款出质的,应收账款债务人对出质人拥有的法定抵销权应优于应收账款质权得到法律保护。[①] 最高人民法院在上述案例中即表示,出质人金源公司明知佳宝公司为其向农行上海分行融资提供担保及农行上海分行已在佳宝公司破产程序中申报债权之事实,其明知对佳宝公司必然负债,仍然在佳宝公司破产案件审理过程中向农行上海分行提供应收账款质押,显然违背了诚实信用原则,质权人农行上海分行对此有相当的认知,其接受金源公司提供的以佳宝公司为债务人的应收账款质押亦存在过错,故从利益衡量的角度出发,不确认农行上海分行的应收账款质权优先于佳宝公司基于履行担保之追偿权而取得的抵销权。

第四,用于设立质权的应收账款尚未超过诉讼时效。若用于设立质权的应收账款已超过诉讼时效,意味着出质人的债权已从法律权利转变为一种自然权利,债务人当然有权拒绝承认该债权,如此,应收账款质权便不再具有法律执行效力。因此,从保障债权的角度出发,质权人与出质人在选取用于质押的应收账款时,应确保该应收账款债权尚未超过诉讼时效。在实务操作中,如能取得债务人对于应收账款之认可及付款承诺,则更为保险。[②]

以上四点前提,亦可看作应收账款质权人对于其质权应采取的相应保障措施,此外,质权人还可以采取的质权保障措施包括:第一,在设立质权时取得应收账款债务人的书面同意,如此,一方面可以防止债务人将来以此债务与其对债权人之债权主张抵销,另一方面亦可避免债务人对应收账款债权主张已超诉讼时效。第二,在设定质权时通知应收账款的债务人并给予其一个合理的异议期,以征求其意见,若债务人未在异议期内提出异议的,则出质人与质权人可以继续办理质权设定手续。也有学者提出在法律上确立应收账款债务人异议期制度,如果能在法律上对此明确,则可以大大增加质权实现的可能。[③] 第三,在未能采取前述两项措施的情况下,应尽快将应收账款质押的事实通知应收账款的债务人。

---

① 参见徐忠兴:《最高法院:应收账款质押纠纷13条裁判规则详解》,载北大法宝网:http://www.pkulaw.cn/fulltext_form.aspx? Gid=1895920650,最后访问日期:2016年12月2日。

② 最高人民法院物权法研究小组编著:《〈中华人民共和国物权法〉条文理解与适用》,人民法院出版社2007年版,第672页。

③ 参见袁小梁:《应收账款质权与法定抵销权冲突的司法处理》,载《人民司法》2012年第14期。

虽然应收账款质权作为一种担保物权具有对世性，但其权利之行使毕竟涉及作为第三方的债务人，且质权人将来不排除会直接请求债务人向自己履行付款义务的可能，故将质押的事实通知债务人确有必要，这在一定程度上可以避免债务人未来主张行使抵销权。

房地产企业破产债权人清偿顺序研究

李海峰[*]　孙秉坤[**]

房地产公司关涉的利益主体众多,在不动产的建造过程中,会涉及作为建造者的承包人,以及作为担保债权人的银行等;在不动产满足一定的销售条件时,又会涉及房屋买受人即消费者;在单位内部,会涉及用人单位与职工即劳动者的关系;在单位外部,会涉及抵押权人以及被侵权人等;在社会层面,又会涉及企业缴纳税款和社会保险费用所产生的与国家的关系。在实践中,房地产公司即开发商未按约定支付工程款时,会产生承包人的建设工程价款优先受偿权,承包人在主张权利时,又会遇到消费者的购房债权、其他抵押权和一般债权等;房地产公司破产时,会产生担保权利人的别除权、职工债权以及税收债权等问题;房地产公司侵权时,又会涉及侵权请求权的优先受偿问题。虽然这些问题不一定会交织在一起,可能部分权利在房地产公司进入破产程序前就已经得到了满足,但从整体上对这些权利加以分析梳理,对指导实践还是很有裨益的,也能整合法律规定之间的冲突。

---

* 江苏三法律师事务所律师。
** 江苏三法律师事务所律师。

一、房地产企业破产的主要特征

房地产企业与其他企业法人的破产相比具有特殊性。第一,破产所涉及的债权人主体范围广,包括但不仅限于购房人、工程承包人、材料供应商、向开发商提供贷款的金融机构等。第二,破产企业资产主要包括已经建成或正在建的商品房、土地使用权等不动产及其他相关权益。债权人一般必须通过把上述不动产及其相关权益变现的方式来实现破产债权。第三,破产涉及法律关系相对复杂,且有时会相互交织。具体来说,包括企业与购房人、购房人与按揭银行间等多种关系;施工企业、材料供应商与开发商,开发商与员工间的关系等;银行与开发商间的关系等。第四,破产所造成的负面影响一般较大。由于房地产业属于国民经济的支柱产业,同时房地产企业破产所涉及的债权人数量大、行业多,因而其破产影响范围广,且可能对我国金融乃至经济安全造成不利影响。第五,破产可能导致正在建设的大量房地产项目出现“烂尾”工程,不仅会损害城市发展的形象,同时也会造成对社会资源的浪费。

笔者认为,房地产企业破产的特殊性要求在处理房地产企业破产时需要慎之又慎。但由于我国现行法律体系并未对房地产企业破产与相关立法适用的衔接进行明确阐释,导致我国房地产企业破产时,债权人清偿顺序发生混乱。

二、现行法律对房地产企业破产债权清偿顺序的规定

鉴于房地产企业破产的特殊性,在处理房地产企业破产案件时,需慎之又慎,特别是在建设工程未完工的情况下,需优先考虑适用重整程序,通过政府直接出资或引入有实力的投资者改组股权,保证工程顺利完工,避免“烂尾楼”的出现,以最大限度地保护购房人利益,维护社会稳定。但是,在重整程序难以有效进行,破产清算不可避免的情况下,探讨和研究科学合理的破产债权清偿顺序变成了处理房地产企业破产清算问题的关键。现行法律法规和司法解释未就房地产企业破产债权清偿顺序作专门规定,“破产法除创造新的优先权外,其他法律规定的优先权的顺位安排和效率相关联时,其效力必然及于破产法律关系中。”在现行法律及司法解释没有就相关破产债权予以特别保护情况下,其他法律、司

法解释有规定的,从其规定。目前,涉及房地产企业破产债权清偿顺序的规定主要包括我国《企业破产法》第109条,即对破产人的特定财产享有担保权的权利人,对该特定财产享有优先受偿的权利。该法第113条规定:破产财产在优先清偿破产费用和共益债务后,依照下列顺序清偿:(一)破产人所欠职工的工资和医疗、伤残补助、抚恤费用,所欠的应当划入职工个人账户的基本养老保险、基本医疗保险费用,以及法律、行政法规规定应当支付给职工的补偿金;(二)破产人欠缴的除前项规定以外的社会保险费用和破产人所欠税款;(三)普通破产债权。破产财产不足以清偿同一顺序的清偿要求的,按照比例分配……"我国《合同法》第286条规定:发包人未按照约定支付价款的,承包人可以催告发包人在合理期限内支付价款。发包人逾期不支付的,除按照建设工程的性质不宜折价、拍卖的以外,承包人可以与发包人协议将该工程折价,也可以申请人民法院将该工程依法拍卖。建设工程的价款就该工程折价或者拍卖的价款优先受偿。我国《物权法》第20条第1款规定:当事人签订买卖房屋或者其他不动产物权的协议,为保障将来实现物权,按照约定可以向登记机构申请预告登记。预告登记后,未经预告登记的权利人同意,处分该不动产的,不发生物权效力。最高人民法院《关于建设工程价款优先受偿权问题的批复》规定:(1)人民法院在审理房地产纠纷案件和办理执行案件中,应当依照我国《合同法》第286条的规定,认定建筑工程的承包人的优先受偿权优于抵押权和其他债权。(2)消费者交付购买商品房的全部或者大部分款项后,承包人就该商品房享有的工程价款优先受偿权不得对抗买受人。

三、房地产开发企业破产债权清偿顺序的实然与应然

现行法律法规和司法解释未就房地产开发企业的破产债权清偿顺序作集中的专门规定。寻找破产债权清偿顺序法源的方法,正如有学者所言:"破产法除创造新的优先权外,其他法律规定的优先权顺位安排和效力相关联时,其效力必然及于破产法律关系中。"①目前,涉及房地产开发企业破产债权清偿顺序的规定主要包括:我国《企业破产法》第109条和第113条、《合同法》第286条以及最高

① 李雪田:《论破产优先权》,载《当代法学》2008年第3期。

人民法院《关于建设工程价款优先受偿权问题的批复》(以下简称《批复》)等。按照现行规定,房地产开发企业破产债权清偿顺序如下:破产费用及共益债务;支付全部或大部分购房款的消费购房人请求权;建设工程价款请求权;物权担保债权;工资等劳动债权;所欠税款及部分劳动债权;普通债权。对于被拆迁人权利,并无规则可循。笔者依据前述确定债权清偿顺序的基本规则,从应然角度出发,对房地产开发企业破产时所涉几类特殊破产债权的清偿顺序分析如下。

(一)被拆迁人权利顺位

2011 年 1 月 21 日起施行的国务院《国有土地上房屋征收和补偿条例》将国有土地上房屋征收和补偿的主体限定为市、县级人民政府,不包括房地产企业,但在该条例实施前,依照国务院《城市房屋拆迁管理条例》的规定,房地产企业取得房屋拆迁许可证的,可以成为拆迁人,与被拆迁人签订房屋拆迁安置补偿合同。另外,据笔者调研了解,《国有土地上房屋征收和补偿条例》实施后,以房地产开发企业作为拆迁主体的现象仍然存在。作为历史遗留和违法行为的共同产物,拆迁人房地产开发企业破产后,被拆迁人权利保护问题亟待解决。其中,被拆迁人选择房屋产权调换方式进行安置补偿的,因房屋的拆迁与安置房的建成补偿存在时间差,往往使补偿矛盾延续至破产程序中。对此,笔者认为,应当赋予被拆迁人的权利以绝对的优先性,作为第一顺位保护。立法论上的依据包括:拆迁房屋是被拆迁人赖以生存和生产的基本物质条件;房屋拆迁涉及社会公共利益,被拆迁人服从公益理应获得特别保护;被拆迁人与房地产开发企业签订安置补偿协议,早于土地使用权抵押或在建工程抵押,物保债权人通过审查及相应安排,完全可以防控被拆迁人权利优先性带来的信用风险。① 在解释论上,最高人民法院《关于审理商品房买卖合同纠纷案件适用法律若干问题的解释》第 7 条第 1 款规定:“拆迁人与被拆迁人按照所有权调换形式订立拆迁补偿安置协议,明确约定拆迁人以位置、用途特定的房屋对被拆迁人予以补偿安置,如果拆迁人将该补偿安置房屋另行出卖给第三人,被拆迁人请求优先取得补偿安置房屋的,应予支持。”虽然依据该款不能直接得出被拆迁人权利最优先的结论,并且优先权的法源也并非是司法解释,但足可印证最高司法机关所持被拆迁人权利优先

---

① 参见许德风:《论破产债权的顺序》,载《当代法学》2013 年第 2 期。

保护的立场。在被拆迁人权利优先性的实现方式上,用于置换的房屋为现房的,可以根据被拆迁人申请,将不动产所有权变更登记至被拆迁人名下;用于置换的房屋为期房的,被拆迁人可以继续获得该期房或者就相应期房变价所得优先受偿。

(二)消费购房人权利顺位

对消费者购房债权的保护,本质上是为了保护消费者的生存利益,这是最基本的利益,所以这里的"消费者"应指为生活消费需要购买使用商品房的自然人,而不包括为了营利而购买房屋的经营者。①

在不考虑消费购房人特殊性的情况下,作为整体的购房人权利应区分以下情形加以对待:首先,购房人支付全部购房款的情形。就购房人向债务人主张的权利性质,存在两种不同认识:一是物权请求权说,即购房人可以基于物权关系主张取回权。理由是,不动产物权由登记所赋予的观点,显然与登记的行政属性相悖,对不动产物权归属的判断,除法律另有规定,只能依赖基础民事法律关系的审查判断结果,绝对地将不动产登记作为认定不动产取回权成立与否的标准不可取。二是债权请求权说。理由为,购房人购买房屋,物权法上的属性为继受取得不动产,依据我国《物权法》第 14 条的规定,受让人自变更登记时才始取得不动产所有权;购房人与房地产开发企业签订的是购房协议,并非合作建房协议,不能得出购房人原始取得或共同共有房屋的结论。笔者赞同债权请求权说。其次,购房人支付部分购房款的情形。此时,购房协议属于双方均未履行完毕的合同,管理人有权选择是否继续履行合同。选择继续履行合同的,依照我国《企业破产法》第 42 条第 1 项的规定,购房人债权为共益债务;选择解除合同的,购房人债权不享有共益性质。②

按照前述分析,不考虑《批复》的规定,除购房人债权被确认为共益债务外,其他情形下购房人权利均应列为普通债权。由此带来的疑问是,购房人债权是否需要特别保护。可行的做法应当是,区分消费购房人和投资购房人予以不同对待,对消费购房人应予以特别保护,对投资购房人的债权则列为普通债权。对

① 参见梁慧星:《中国的消费者政策和消费者立法》,载《法学》2000 年第 5 期。

② 参见刘天利:《房地产企业破产制度的完善——从购房人权益保障视角来看》,载《人民论坛》2013 年第 17 期。

此，当时主流观点认为，购房消费属于投资，并不存在法律意义上的消费购房人。当时的判断依据是，在经济学中，住宅投入实质是购房者将其流动资产转变为固定资产，世界各国的经济学家和核算家都将住宅投入列为投资，而不是消费。时过境迁，现在认为，从强弱地位、购房目的、本国国情出发，认可存在购房消费者群体更合理。更关键的是，在破产领域，购房消费与普通消费在消费金额、在消费者的生存影响方面有明显差别，消费购房与投资购房在价值层面亦存在明显差别，予以特别保护具有正当性基础。具体如何区分是消费性购房还是投资性购房，可以从对消费购房人有赡养、扶养、抚养义务的人名下是否有其他能够维持生活必需的居住房屋的角度出发。

另外，《批复》规定："消费者交付购买商品房的全部或者大部分款项后，承包人就该商品房享有的工程价款优先受偿权不得对抗买受人。"首先，"大部分"该如何界定，是实务中需要解决的问题；其次，"不得对抗"是否意味着在顺位上居次，也一直存有争议；最后，该规定并未明确不得对抗买受人的何种权利，是请求给付房屋的债权，还是所有权，抑或是开发商无法给付时的价款返还请求权及损害赔偿请求权等，均需明确。

消费者交付全部款项的含义是清楚明确的，但"大部分款项"是多少或者说多大比例却需要我们思考，因为这直接关乎实践中对承包人和消费者利益的保护。对于"大部分"的含义，我们会有 1/2、2/3 或者 3/4 的理解，这也是在民法规则中经常遇到的"多数"，①对于究竟选择哪一个比例这个问题，笔者认为应以1/2为"大部分"的标准。

如此做法有以下几点考虑：第一，《批复》的规定在于加强对消费者权利的保护，若对"大部分"要求过高，则会使保护消费者权益的本旨大打折扣；第二，以 1/2 为标准也符合在实践中我们处理问题的常理，超过 1/2 即为大部分；第三，在实践中消费者交付房款有两种方式，一种是自己独立付款，另一种是通过向银行贷款付款，在后一种情况下，银行可能已经先行向开发商交付了绝大部分的购房款，剩下的只是银行和消费者之间的借贷关系，在这种情况下，若对"大部分"的范围要求过高，不仅不利于消费者权利的保护，还有可能在消费者还贷不能时损

---

① 参见金春：《论房地产企业破产中购房消费者的权利保护——消费者保护和债权人可预测性的平衡》，载《法律适用》2016 年第 4 期。

害银行的利益。其他债权和抵押权等的境况,对此顺位该如何理解,实值思考。《合同法》对建筑工程价款的优先受偿权进行了特别规定,再结合《批复》的规定认可建筑工程价款受偿权优先于一般债权、抵押权等。[①] 而消费者的权利是否仍优于其他一般债权和抵押权,笔者认为该观点有待商榷。因为按照此思路推导出消费者权益优先于建设工程价款优先受偿权、抵押权以及其他一切债权,其实是为消费者创设了一个位次极高的法定担保物权,这不仅不符合物权法定的原则,也是对《宪法》和《立法法》的违反,所以《批复》第2条并没有新创担保物权。

实际上,我们在使用"不得对抗"时,除了表明顺位关系,另一个很普遍的意义便是后者适用时,前者不能适用,如《物权法》第24条、第129条、第158条、第188条、第189条都规定了某些物权变动未经登记不得对抗善意第三人或者"在正常经营活动中已支付合理价款并取得抵押财产的买受人",《批复》中的承包人"不得对抗"买受人也是在这一含义上使用的,即承包人的价款优先受偿权遇到房屋买受人时不能适用。

消费者的优先权益旨在对抗承包人,相较于劳动所得,老百姓的住房是更基本的生存利益,而且劳动者的工资利益最直接的还是源于承包商等商家,各商家应有一定的资本来保障劳动者的劳动所得,从这个角度来说,建设工程价款优先受偿权对劳动者利益的保障是间接的。[②] 两相比较,规定建设工程价款优先受偿权不得对抗消费者的利益便不难理解。毕竟,消费者的利益属于生存利益,应当优先,承包人的利益属于经营利益,应当退居其次。[③]

但一味认为消费者的权益优先于一般债权和抵押债权等也有失正当,笔者认为,建设工程价款优先受偿权不得对抗消费者是对担保债权优先受偿以及一般债权按比例受偿的二次修正。具体而言,承包人的建设工程价款优先受偿权是对担保债权优先受偿以及一般债权按比例受偿的第一次修正,目的是维护劳动所得,维护社会的公平正义、和谐稳定,而建设工程价款优先受偿权不得对抗消费者是在建设工程价款优先受偿的基础上对担保债权优先受偿以及一般债权

---

① 参见叶伶俐:《建设工程价款优先受偿权的司法困境及其应对》,载《山东审判》2012年第6期。

② 参见刘俊玲:《我国房地产公司破产清算若干法律问题研究》,吉林大学2013年硕士学位论文,第22页。

③ 参见陆晓燕:《保障生存利益与维护交易安全的平衡——房地产开发企业破产中购房人权利之顺位研究》,载《法律适用》2016年第3期。

按比例受偿的二次修正，建设工程价款的优先受偿已是针对一般规则的特别规定，“承包人就该商品房享有的工程价款优先受偿权不得对抗买受人”这一说法有买受人的权利优先于承包人之嫌，因为我们在使用“不得对抗”时，常会理解为后者的地位或权利优于前者，但在此处，若认定为买受人的权利优先，则会造成在承包人的工程价款优先权优先于其他债权、抵押权等的基础上，对担保债权优先受偿以及一般债权按比例受偿的二次修正，建设工程价款的优先受偿已是针对一般规则的特别规定，而建设工程价款优先受偿权不得对抗消费者则是特别规定的特别规定。基于此，笔者认为，该二次修正应只针对建设工程价款有对抗性，而不能一并优先于一般债权和有担保的债权等，如此做法既遵从了法律的规定，也不会对既有的法律体系造成太大的冲击。或者可以说，消费者享有一定的“豁免权”，在遇到承包人的建设工程价款优先受偿权时可以保护自身的权益不受侵害的“豁免权。”

此外，也有学者主张，建筑工程价款优先受偿权不得对抗消费者的工程款部分不包含农民工工资部分，即当承包人的优先受偿权与消费者权利发生冲突时，应将工人工资，特别是农民工工资，从工程款中剥离，加以特别保护。[①] 此主张意在保护农民工的利益，确是《批复》立法目的的体现，但照此思路会出现一个循环，即建筑工程价款优先受偿权不得对抗消费者的购房债权，而消费者的购房债权又不得对抗属于建筑工程价款优先受偿权的农民工工资债权。此说有其合理性，特别是在开发商和房屋买受人合谋签订虚假的房屋买卖合同，而损害承包人利益的情况下，此时若一味维护买受人的利益，对承包人来说将是极大的不公平；但承包人的劳动者是农民工的情况又很多，上述观点的存在会使消费者的债权保障大打折扣。笔者认为，在通常情况下，应坚持建筑工程价款优先受偿权不得对抗消费者购房债权的主张，这也与其他相关法律的规定相吻合，并对消费者的购房行为进行严格审查，但在开发商和房屋买受人意图合谋损害承包人利益时，应推翻不得对抗消费者的规定，以积极维护承包人特别是农民工的利益。

（三）“以房抵债”的债权人权利顺位

以房抵债为当事人约定以房屋之交付来清偿原定债务的情形，有两个要件：

---

① 参见柴丽：《破产财产的清偿顺序及原则》，载《法制与社会》2008 年第 1 期。

一是原债务存在,二是以房屋来清偿原定之债。以房抵债的问题看似较简单,即用他种给付代替原定给付。但实际上却是较复杂的一种法律现象。大致有三种方式:第一种为签订买卖合同方式担保借款的履行;第二种为借款债权转化为房屋债权,这其中又分为代物清偿及债之更改;第三种为签订买卖合同之后,用借款债权抵销房款债务。下文对各种形式的以房抵债进行类型化研究。①

1. 以买卖形式担保借款的履行

这种情况通常为出借人在借款之前或之后,借款到期之前又与借款人签订买卖合同约定:若借款人到期不能偿还借款,则需要履行买卖合同。首先,当事人并没有买卖的意思,其真实的意思为借款,借款以取得利息为目的,并非以取得标的物所有权为目的。所以买卖合同为通谋虚伪表示,当事人之间真实的意思为借款合同,应当以当事人的真实意思为准发生相应的法律效果。其次,借款人到期不能还本,那么则需要以借款人的房屋进行清偿,这里本是应该通过执行程序来解决的问题,当事人其实不必约定。无非是当事人排除了清算程序约定直接用某房屋抵债,而根据我国《物权法》第 186 条的规定:"抵押权人在债务履行期届满前,不得与抵押人约定债务人不履行到期债务时抵押财产归债权人所有。"流押契约是法律明令禁止的,但借款人可以抗辩这里并非抵押权而不能完全适用,但根据最高人民法院《关于审理民间借贷案件适用法律若干问题的规定》第 24 条规定,当事人以签订买卖合同作为民间借贷合同的担保,借款到期后借款人不能还款,出借人请求履行买卖合同的,人民法院应当按照民间借贷法律关系审理,并向当事人释明变更诉讼请求。当事人拒绝变更的,人民法院裁定驳回起诉。按照民间借贷法律关系审理作出的判决生效后,借款人不履行生效判决确定的金钱债务,出借人可以申请拍卖买卖合同标的物,以偿还债务。就拍卖所得的价款与应偿还借款本息之间的差额,借款人或者出借人有权主张返还或补偿。所以最高人民法院在民间借贷司法解释明确规定这种情形应当履行清算程序,以弥补法律的不足。

事实上,以买卖合同形式的以房抵债并不违反我国法律关于流抵的强制性规定。该观点在最高人民法院的判例中有所体现,和最高人民法院在"朱某某与

---

① 参见史文仪:《对我国企业破产债权清偿顺序之思考》,复旦大学 2012 年硕士学位论文,第 22 页。

山西嘉和泰房地产开发有限公司再审案”中的裁判思路是一致的。在该案中,最高人民法院同时认可民间借贷和房屋买卖两个民事法律关系,认为两个合同都是双方真实的意思表示,依法合法有效。借款合同与商品房买卖合同同时成立,借款合同履行不能后方可履行商品房买卖合同的约定并不影响商品房买卖合同的效力。上述以房抵债不违反我国法律有关禁止流抵的规定,当事人有权要求并通过履行《商品房买卖合同》取得房屋所有权。

但最高人民法院在2015年公布的《关于审理民间借贷案件适用法律若干问题的规定》中对此作了相反的规定,该司法解释并不支持上述案例所阐明的观点。《关于审理民间借贷案件适用法律若干问题的规定》第24条对同时成立的民间借贷合同与买卖合同的性质作了详细的规定,最高人民法院认为,在债务人提供买卖合同作为民间借贷合同担保的情况下,一旦借款清偿期届满后债务人无力还款,而债权人起诉要求履行买卖合同的,法院应建议债权人变更诉讼请求为履行民间借贷合同,否则法院对于其起诉将予以驳回。此外,最高人民法院认为,法院作出的以民间借贷法律关系审理的判决生效后,在债权人的借款无法得到实现的情况下,有权要求对买卖合同项下的标的物申请拍卖,所得的拍卖款用于清偿借款。从该条规定中可以看出,最高人民法院已将上述情形下房屋买卖合同视为一种担保。公告案例在前、司法解释在后,笔者认为,《关于审理民间借贷案件适用法律若干问题的规定》的内容实际上是最高人民法院对前文提到案例中的裁判思路的修正。

但是面对这种类型的以房抵债,需要确定真实的意思表示及违背流质等禁止性规定不发生法律效力的问题,特点是发生在债务到期前当事人约定以房屋抵偿债务。在破产情况下,并没有变更为房屋之债,可以说债权人对破产企业的债权还是原来的债权,不会发生与房屋有关的债权问题。即该债权仍然为借款之债,为破产清偿顺序中的普通债权。

2. 借款之债转换为房屋之债

这种类型为借款到期之后,当事人签订以买卖合同的方式抵债或者直接签订抵债协议。由于并不违背法律强制性规定,所以不会发生无效的问题,当事人之间的约定应当发生效力。但发生的是何种效力?这种类型的以房抵债在解释上有两种可能:第一种为代物清偿,为实践性契约,当事人履行完毕才生效。第二种为债之更改,类似于合同的变更,为诺成性契约,既新债一经成立,旧债就消灭,当事人应当履行新债。根据《以物抵债若干法律适用问题的理解与适用》(江苏省高级人民法院〔2014〕2号审判委员会会议纪要)明确规定了以物抵债的,应当认定为实践性契约。但按照民法的私法自治原理,只要不违背法律强制性规定,任何约定均应有效。这里强行规定实践性契约是否合理?实际上,江苏省高级人民法院出台该解释主要是为了防止虚假诉讼,但虚假诉讼出现是否有必要否定一个民法制度则是值得怀疑的。笔者认为,在当事人明确约定是债的更改的前提下,应该承认其诺成性。但当事人未必能够约定得清楚,在很多情况下,当事人根本考虑不到这两者的区别,只是模糊的约定,这才是真正的难点,所以在约定不明的情况下应当采用哪种法律效果,其实民事法律制度大部分都是任意性规定,都是在弥补当事人意思表达的不足,这时候并不是解释个别当事人的意思,因为当事人的意思已经无法明确,而是根据一般人的观念去推知当事人应该有的意思,这是规范性的,是一种应然,而不是一种实然。这里会出现一个问题:以物抵债是一种单务行为,即债务人单方有义务变更其原定给付,而债权人则无须提供任何对待给付行为。既然是单务行为,那么这种行为应该确定一种推知的原则,既有利于债务人原则,在债务人的意思处于不明确的时候,应该采用对债务人负担较轻的解释方法,所以在债务人意思不明的情况下,应当推定为代物清偿,为实践性契约。

在破产的情况下,若当事人并没有明确是债的变更,且在解释不明确的情况下,应当认定为代物清偿,所以即使债权人已经办理了预告登记,那么由于债务在履行之前尚不成立,那么预告登记也不发生效力。但如果当事人明确约定是债的变更,那么办理预告登记应该是有效的,当然,如果在破产前一年内已构成了追加担保,那这已经是另一回事了——这种抵债并不能使其具有购房户的地位,因为只有抵债合同,并没有买卖合同。

3. 签订买卖合同之后,用借款债权抵销房款债务

根据最高人民法院《关于人民法院办理执行异议和复议案件若干问题的规定》第29条之规定:"金钱债权执行中,买受人对登记在被执行的房地产开发企业名下的商品房提出异议,符合下列情形且其权利能够排除执行的,人民法院应予支持:(一)在人民法院查封之前已签订合法有效的书面买卖合同;(二)所购商品房系用于居住且买受人名下无其他用于居住的房屋;(三)已支付的价款超过合同约定总价款的百分之五十。"买卖合同的买受人在满足一定的条件下房屋

之债是可以优先得到清偿的。按照一般民法原理,借款的人并非不能买房,买房的人也并非不能成为借款的主体,所以是否具有真实的买房意图成了关键。那么这与以房抵债的区别在哪里?关键就在于动机,为了还债而买房就是以房抵债,为了其他目的而买房就是购房户。即以房抵债的人把抵销作为签订买卖合同的一个前提要件,不得抵销买卖合同就不应该成立,比如,用于抵销的债权由于诉讼时效或破产法的原因不得行使抵销权,那么买受人是不愿意交付房屋价款的。所以这种情况形式上是买卖,实质上就是抵债。当然这种情况在证据上比较难认定,且债权人在债务人企业欠钱的情况下,很难发生不以抵销为前提的买卖,所以证据上应当从严把握。通常在权利主体不一致的情况下比较容易发生,如在继承、买卖合同转让的情况下。

在认定确实为真实购房户的情况下,剩下的问题为是否可以行使抵销权,如果在破产前6个月外行使抵销权,那么根据相关法律,没有禁止性规定,是为有效,且具有购房户的地位。如果是在破产前6个月内行使抵销权,根据最高人民法院《关于适用〈中华人民共和国企业破产法〉若干问题的规定(二)》第44条之规定:"破产申请受理前六个月内,债务人有企业破产法第二条第一款规定的情形,债务人与个别债权人以抵销方式对个别债权人清偿,其抵销的债权债务属于企业破产法第四十条第(二)、(三)项规定的情形之一,管理人在破产申请受理之日起三个月内向人民法院提起诉讼,主张该抵销无效的,人民法院应予支持。"那么该权利行使将会受到我国《企业破产法》第40条的规制,这和破产后向管理人主张抵销权的道理是一样的。所以在破产前6个月外行使抵销权不会受影响,在破产前6个月内或破产后行使抵销权将会受到债权人是否明知债务人有破产情况的影响。

(四)建设工程价款债权顺位

我国《合同法》第286条规定了建设工程价款优先权,《批复》进一步明确规定,建设工程价款优于抵押权和其他债权,由此,建设工程价款优先权得以确立。反对的观点认为,建设工程价款优先权不具有公示效力,不能对抗在先抵押权,否则将影响交易安全。笔者赞同赋予建设工程价款优先权。首先,建设工程价款涉及大量进城务工人员生存问题,予以特别保护有其强烈的时代背景,在先抵押权的保护同样可以通过其他制度予以弥补;其次,在比较法上,日本、法国民法也均规定了不动产工事优先权,该权利经登记可以对抗在先抵押权。此外,有观点认为,不动产建设优先权的债权人应当于工程完成后一定期间内就将经公证的工程款进行优先权登记,经登记之不动产建设优先权自工程开始之日起享有顺位,得对抗其后成立之抵押权,并得于登记额度内优先受偿。[①] 然而,该观点忽视了登记作用的发挥在于公示公信,以工程完成后的登记对抗在先登记,并不能起到保护交易安全的作用。基于我国建设工程价款优先受偿制度仍不健全,笔者提出以下建议。

1. 法律要明确该权利的性质

无论将其定性为优先权或是法定抵押权都需要看我国民法体系今后的发展状况。但是笔者认为,将其定性为优先权更合理,可弥补我国缺少的优先权制度的弊端,而且立法成本比较低。

2. 建立建设工程价款优先受偿权的预告登记制度

由于建设工程价款优先受偿权由我国《合同法》第 286 条直接规定,无须公示,排除了以登记为生效要件的公共公信原则。缺少公示使该权利具有较强的隐蔽性,第三人无法知晓发包人与承包人之间的债权债务情况,不利于交易安全,权利冲突频发。"纵观各现代企业国立法,不动产建造人就其建造不动产所产生的债权而在该不动产上成立的担保物权,在大陆法系国家和地区大体分为两大类型:一种是以法国和日本为典型的优先权立法模式;一种是以德国、瑞士为代表的法定抵押权立法模式。无论立法选择将建设工程价款优先受偿权视为法定抵押权还是优先权,大多通过预告登记制度以保全其效力。"[②]建立建设工程价款优先受偿权的预告登记制度,能减少权利冲突发生,维护交易安全。关于登记的效力,是登记对抗主义还是登记要件主义,登记的主体、范围、程序、时间等一系列问题还有待相关学者加以研究,并提出立法建议,以推动我国建设工程价款优先受偿权的预告登记制度的建立。

(五)抵押担保债权顺位

我国《物权法》第 170 条:"担保物权人在债务人不履行到期债务或者发生当

---

① 参见叶伶俐:《建设工程价款优先受偿权的司法困境及其应对》,载《山东审判》2012 年第 6 期。

② 同上。

事人约定的实现担保物权的情形,依法享有就担保财产优先受偿的权利,但法律另有规定的除外。”依照我国《合同法》第286条的规定,认定建筑工程承包人的优先受偿权优于抵押权这种意定担保物权和其他债权,属于法律另有规定的情形。这里有一个理论争议,即抵押登记是否包括预抵押。从不动产登记簿上的房产信息来看,银行在按揭贷款业务中最早办理的是两个预告登记——预购商品房预告登记、预购商品房抵押权预告登记。这里的预购商品房抵押权预告登记在实务中简称“预抵押”,它是否能起到抵押登记这一担保物权的作用,各地法院观点不一,在学理上也仍有争议。一般的按揭贷款因预抵押的房产在竣工验收、初始登记、领取产权证后便转为一般抵押登记,所以对于预抵押的性质争议没有显现,但对于破产房地产企业来说,大量房产处于“烂尾楼”状态,预抵押登记没有条件转为抵押登记。[①] 如何认定预抵押的性质就显得特别重要。从各地法院判决书来看,有支持预抵押是抵押登记的,还有认为预抵押只是预告登记,不是抵押登记,不构成担保物权。笔者支持后者。理由是:首先,我国《物权法》第20条规定:“当事人签订买卖房屋或者其他不动产物权的协议,为保障将来实现物权,按照约定可以向登记机构申请预告登记。预告登记后,未经预告登记的权利人同意,处分该不动产的,不发生物权效力。预告登记后,债权消灭或者自能够进行不动产登记之日起三个月内未申请登记的,预告登记失效。”从上述法条的规定可以看出,预告登记在性质上不属于不动产物权登记。其次,根据《不动产登记暂行条例实施细则》第85条规定,有下列情形之一的,当事人可以按照约定申请不动产预告登记:(1)商品房等不动产预售的;(2)不动产买卖、抵押的;(3)以预购商品房设定抵押权的;这进一步证明了预抵押的性质是预告登记。

(六)消费购房人定金债权顺位

定金作为债权担保方式,受偿顺位并无明确规则可循。我国《企业破产法》第109规定了担保物别除权,但是,除封金形式外,一般情形下定金并不是以特定财产设置的担保,债务人收取定金后,即以其非特定全部财产作为定金偿付责任财产,这使定金债权与其他破产债权的清偿财产范围完全混同,因此,“定金不

---

① 参见董兴亮:《论开发商破产时对经预告登记的预购人的权益保护》,北京大学2010年硕士学位论文,第18页。

属于物保债权范畴”。[①] 作为债权性质的定金能否得到优先受偿？这里，有必要对购房人支付定金行为进行分析。首先，受高房价影响，消费者为购买房屋而支付的定金额较职工平均收入而言普遍较高，对消费者来说，购房定金支出是一笔较大的开支，如对定金不予以优先受偿，在房地产开发企业破产清算中，支付定金的购房人很难得到清偿；其次，与房地产开发企业相比，购房人处于弱势地位，购房合同的预约、本约以及定金条款往往由开发企业直接提供，购房人难有商谈的空间和能力。鉴于以上分析，购房人支付的定金应予必要的保护，这也体现了对弱势一方保护的政策取向，符合实质正义的要求。[②]

至于购房人定金的保护范围和受偿顺序，可以参考美国破产法的规定，予以适当保护：首先，对支付的定金部分，可以设定保护限额或比例，与劳动债权作为同一顺位优先受偿。理由是，消费购房人定金债权与劳动债权性质类似，都是生存性债权，是个人享有的并以实现其生存利益为直接目的债权。其次，对加倍返还部分不予优先保护，而应按普通债权处理。有观点认为，加倍返还部分应作为劣后债权加以清偿，理由在于加倍返还部分属于惩罚性债权。该问题涉及购房人支付定金性质问题。在当事人没有特别约定的情况下，购房人定金可以认定为立约定金，这类定金的双方一般都有预约，支付定金的目的是保证订立本约即商品房销售合同。最高人民法院《关于适用〈中华人民共和国担保法〉若干问题的解释》第115条规定了立约定金，这也就确立了立约定金的担保性质，以区别于惩罚性违约金。因此，购房人支付的定金应作为普通债权受偿。当然，在当事人约定的定金数额明显高于所受损失的情况下，对超出部分可认定为惩罚性质，并作为劣后债权予以清偿。

(七)劳动债权和税收债权

劳动债权和税收债权受偿顺序属于破产法一般问题，不予赘述。需要说明的是，按照破产法规定，人民法院拍卖房地产所得税款征收权仅优先于无担保债权。但依照国家税务总局《关于进一步加强房地产税收管理的通知》(国税发

---

① 参见金春：《论房地产企业破产中购房消费者的权利保护——消费者保护和债权人可预测性的平衡》，载《法律适用》2016年第4期。

② 参见覃红卫：《房地产公司破产清算若干实务问题研究——以债权人申请破产清算为视角》，载《中国审判》2010年第8期。

〔2005〕82号)规定,房地产过户必须先缴纳税款,后办理产权证书,否则无法办理过户。该规定将税款的应征放在房屋流转之前,体现了税收的绝对优先性。依该规定,破产房地产开发企业的房地产拍卖成交后,往往因为税收问题造成拍卖标的物无法正常办理过户手续,导致担保物权等其他优先性权利不能得到优先受偿。该规定与破产法规定相悖,在实践中应予以注意。

综上所述,从应然角度出发,房地产企业破产债权清偿顺序如下:破产费用及共益债务;被拆迁人基于拆迁安置对债务人享有的请求权;消费购房人债权请求权、消费购房人支付的定金本金返还请求权;建设工程价款请求权;抵押物保债权以及不动产预告登记所涉债权,按登记先后顺序就相应不动产变价所得优先受偿;工人工资等劳动债权;税收债权及部分劳动债权;普通破产债权,包括签订买卖合同之后,用借款债权抵销房款债务中,借款债权大于房款债务的部分、投资性购房债权请求权以及补偿性质的定金罚则部分;劣后债权,包括惩罚性质的定金罚则部分。

困境和出路：我国现行债权人委员会制度评析

——兼述诸暨法院的实践和探索

何炯珉[*]　荣文华[**]　闫龙会[***]

一、问题的提出

我国1986年颁布的《企业破产法(试行)》并未规定债权人委员会制度，现行《企业破产法》在借鉴美国、德国和日本等国破产法的基础上，首次创设了债权人委员会制度。债权人委员会由债权人会议选举产生，代表全体债权人监督破产程序的进行，有利于维护债权人的合法权益。但我国《企业破产法》对该项制度的规定较概括与模糊，内容仅有第67条、第68条、第69条三个条文，给司法实践带来诸多不便，造成该项制度在破产审判中的使用率不高。以诸暨市人民法院为例，近5年来诸暨市人民法院共受理58件破产案件，其中仅有2件破产案件设立债权人委员会，占全部破产案件的比例尚不足3.4%。据笔者了解，周边法院办理的破产案件中也极少设立债权人委员会，没有发挥债权人委员会制度的应有

* 诸暨市人民法院副院长。

** 诸暨市人民法院金融庭副庭长。

*** 诸暨市人民法院牌头人民法庭副庭长。

作用,也与其他国家债权人委员会制度的适用比例存在较大差距。以美国《破产法》实践为例,据统计,美国受理的破产案件中有10%的小型破产案件设立了债权人委员会,40%的中型破产案件设立了债权人委员会,却有97%的大型破产案件设立了债权人委员会。而所谓大、中、小案件的划分标准,即6000万美元以上为大型案件;280万美元以上为中型案件;不足280万美元为小型案件。①

另外,由于我国现行《企业破产法》的有关规定较简单,关于债权人委员会制度在破产法司法实践中如何运用也存在诸多分歧和争议,这些问题主要是:债权人委员会有何作用?它与债权人会议、管理人职权如何协调?债权人委员会制度如何进一步完善?对这些问题的研究和讨论,将有助于澄清理论上的困惑并为司法实践提供支持。

二、债权人委员会制度概述

(一)债权人委员会的概念

关于债权人委员会,各个国家或地区的称谓有所不同。美国和德国破产法称为"债权人委员会",日本破产称为"监察人",我国破产法在立法时采用了德国和美国破产法上的概念,称为债权人委员会。一般而言,债权人委员会是指由债权人会议根据程序需要设立的、代表债权人的一般利益,监督破产程序进行的机构。根据我国《企业破产法》第67条的规定,债权人委员会并非破产程序中的必设机构,是否设立由债权人会议按照法定程序自有决定。

(二)债权人委员会的设立的必要性

债权人委员会具有以下作用:(1)协调各方利益冲突。破产程序是对债务人财产的概括性处理,各种利害关系人的利益冲突尤为激烈,主要表现在:债权人与债务人之间的利益冲突、债权人与出资人之间的利益冲突、债权人与债权人之间的利益冲突、有担保债权人与无担保债权人之间的利益冲突、申报债权的债权人与未申报债权的债权人利益冲突、共益债权人与一般债权人之间的利益冲突、

① See Lubben Stephen J., "Types of Chapter 11 Cases", *America Bankruptcy Law Journal* 84, 2010, pp. 84 - 233.

管理人与债权人之间的利益冲突、职工利益与其他利害关系人利益的冲突等。这些冲突需要一个有效的协商机制和协商机构,而债权人会议人数众多,显然不是一个理想的协商机构,设立债权人委员会可以充当这一角色。[①] 这也是债权人委员会在大型企业破产中比较常见的原因之一。(2)有利于维护债权人利益。破产程序中,管理人负责破产事务的具体执行,债权人会议作为临时性的会议组织显然无法行使对管理人的充分监督,如此一来,债权人就自然会担心自己的权益受到侵害。为兼顾实际需要,于债权人会议之外另设这一制度,专司对破产程序的监督工作。理论上,是否组建债权人委员会的标准是这些委员会对于充分维护其所代表的权利主体的利益是否是必要的。(3)节约破产成本。通过设立有法定人数限制的债权人委员会,可以较小的成本对破产程序进行有效的监督。(4)充分发挥债权人自治作用。按照大部分国家破产法的规定,是否设立债权人委员会由债权人会议决定,且债权人委员会需对债权人会议负责。如此一来,就保证了破产程序中债权人自治的基本原则。(5)有利于破产程序的顺利进行。破产程序充满矛盾,而这些矛盾的协调仅仅靠管理人往往难以做到,从而阻碍破产程序的顺利进行。而债权人委员会的特殊地位,也可以起到从中协调的作用。例如,在美国,正式组建的委员会可就案件的管理与债务人进行磋商;调查债务人的营业和财产状况;参与制订重整方案;履行其他职能。[②] 因此,就减少了破产程序中的很多障碍。正是权衡了债权人委员会的各种利弊之后,我国破产法非常慎重地规定了债权人委员会这一机构。

(三)债权人委员会与债权人会议的关系

从破产法规定来看,债权人会议和债权人委员会的关系是比较清楚的:债权人会议是破产程序的决策机构,其有权选择设立或者不设立债权人委员会;设立债权人委员会以后,债权人委员会需向债权人会议负责并报告工作。从债权人委员会的职权来看,债权人委员会的主要职能在于监督破产程序的进行,保护债权人利益,特别是监督管理人行使职权。债权人委员会虽然由债权人会议决定是否成立,但一旦决定成立,它就是一个独立的机构,并有自己的权利义务,如果

---

① [美]大卫·G.爱波斯坦:《美国破产法》,韩长印等译,中国政法大学出版社2003年版,第748页。

② 同上。

行为不当需对债权人承担民事责任。

(四)债权人委员会与管理人的关系

根据我国《企业破产法》第69条的规定:管理人实施下列行为,应当及时报告债权人委员会:涉及土地、房屋等不动产权益的转让;探矿权、采矿权、知识产权等财产权的转让;全部库存或者营业的转让;借款;设定财产担保;债权和有价证券的转让;履行债务人和对方当事人均未履行完毕的合同;放弃权利;担保物的取回;对债权人利益有重大影响的其他财产处分行为。未设立债权人委员会的,管理人实施上述行为应当及时报告人民法院。由此可知,管理人在履行上述职责时需向债权委员会报告。至于该项报告义务如何理解,是必须经过债权人委员会同意后方可实施,抑或只需报备即可,理论界尚存一定的争议。笔者认为,从比较法的角度来看,日本《破产法》第78条规定的是要经过法院许可;按照德国《支付不能法》的规定,如果设立了债权人委员会,如停止营业等行为要经过债权人委员会同意;未设立债权人委员会的,则需经过法院同意。因此,对"未设立债权人委员会的,管理人实施前款规定的行为应当及时报告人民法院"的理解,在设立债权人委员会时,应理解为报告债权人委员会同意后实施;如债权人委员会未通过,管理人或者债权人委员会就要提请召开债权权人会议讨论决定。

此外,管理人与债权人委员会之间系监督与被监督的关系,管理人如不接受债权人委员会的监督,则根据我国《企业破产法》第68条最后一款的规定:"管理人、债务人的有关人员违反本法规定拒绝接受监督的,债权人委员会有权就监督事项请求人民法院作出决定,人民法院应当在五日内出决定。"

三、诸暨市人民法院的有关实践和探索

2012~2016年诸暨市人民法院共受理破产案件58件,其中有2件设立债权人委员会,设立比例总体较低。从债权人委员会的运行情况来看,取得了一定的成效,债权人会议的职权部分授予债权人委员行使,有利于提高破产财产处置效率、加快破产程序进程;对管理人履职行为进行监督,有利于管理人勤勉履职;给部分债权人提供了参与破产程序的平台,有利于发挥债权人意思自治。当然,债权人委员会运行过程中也呈现不少问题,现就诸暨市人民法院的有关实践和探

索情况评析如下。

(一)债权人委员会的设立背景

诸暨市人民法院设立债权人委员会的破产案件均为大型破产案件,即涉及债权人众多,债权金额均在10亿元的规模以上。以诸暨市人民法院受理某建设集团公司破产清算案为例,该案申报债权共计261户,债权金额达18.46亿元,公司资产分布于全国多个省市,资产和债务情况复杂。为加快各项破产处理进度和对管理人监督,经债权人会议表决设立债权人会议;在另一家集团公司破产清算案中,因该公司关联公司众多,且涉及20余家金融机构、12亿元以上的金融债权处理,经部分债权人要求和债权人会议表决亦设立债权人委员会。

(二)债权人委员会组成及产生方式

债权人委员会均由5名成员组成,具体为债权人会议主席1名、债务人职工代表或者工会代表1名、债权人会议选任的债权人代表3名。其中,债权人会议选任的债权人代表人选,由管理人根据申报债权人所实际享有的债权金额、所代表的债权类型、债权人自我推荐、其他债权人联合提名以及后续债权人委员会开展工作便利等因素,列举3名债权人为债权人委员会成员候选人;同时,出席会议有表决权的债权人可以在选票上另行推选候选人以外的其他债权人作为债权人委员会成员。

债权人委员会成员经债权人会议选举产生后,还需经人民法院书面决定认可后确定。

(三)债权人委员会的职权

除我国《企业破产法》第68条明确规定的债权以外,经债权人会议表决同意委托债权人委员会行使部分监督职权,具体如下:(1)决定资产评估机构;(2)决定管理人推荐的候选资产拍卖机构;(3)决定涉及债务人财产的诉讼案件的和解和调节方案;(4)决定债务人破产宣告前的营业托管事项;(5)决定债务人对外投资企业的清算方案;(6)审议管理人提交的债务人全部或部分财产的重整预案;(7)决定重整投资人招募方案。

(四)债权人委员会的权利和义务

经选举产生的债权人委员会成员必须严格履行法定职责。如有未尽责的情形或有损害全体债权人利益的行为,将依法承担相应的法律责任。同时,经表决同意,债权人委员会成员一律不收取报酬。

(五)债权人委员会的工作机制

债权人委员会组成人员、管理人和人民法院均可提议召开债权人委员会会议。债权人会议主席负责召集和主持债权人委员会,管理人协助债权人会议主席召集、准备会议。债权人委员会表决通过的事项,应当形成书面的决议,与会委员应对决议进行签字确认,表决事项经债权人委员会全体成员过半数同意即可通过。债权人委员会成员怠于行使职权或因其他原因不能行使职权的,由债权人会议表决通过更换债权人委员会成员的决议后重新选举。

四、我国现行破产法债权人会议制度评述

(一)债权人委员会的设立

我国《企业破产法》第 67 条规定,“债权人会议可以决定设立债权人委员会”,由该条内容可知,债权人委员会并非我国破产程序中的必设机构。这在一定程度上符合国际立法惯例,如日本《破产法》第 144 条的规定,“法院依利害关系人申请,可以批准由破产债权人组成的符合法定条件的债权人委员会参与破产程序”。德国《破产法》对债权人委员会的设置也采取选择设立的立法例,但具体规定与其他国家略有不同。根据德国《破产法》第 67 条、第 68 条的规定,破产法院在第一次债权人会议前可以任命成立债权人委员会,但在召开第一次债权人会议时,债权人会议仍然有权对是否设立债权人委员会作出决议,对破产法院任命的债权人委员会决定是否保留。

虽然我国破产法关于债权人委员会是否设立符合国际立法惯例,但目前我国债权人会议一般仅就管理人提出的议案进行表决,且债权人会议作为会议机构本身不产生议案,故在管理人不主动提议设立债权人委员会的情况下,就不可能产生债权人委员会。

(二)债权人委员会的任职资格和人数

对于债权人委员会的人数,各个国家或地区的破产法规定不同。有的国家(地区)的破产法明确规定了最低人数限制:例如,日本《破产法》第144条规定,债权人委员会的人数应不少于3人。有的国家(地区)没有规定具体人数,如德国,但根据其工作机制,至少应不少于3人,否则便无法形成有效的决议。我国《企业破产法》第67条的规定:"债权人委员会由债权人会议选任的债权人代表和一名债务人的职工代表或者工会代表组成。债权人委员会得成员最高不得超过九人。"该条规定并未明确债权人委员会成员的具体人数,只规定最低和最高人数限制,即2人以上2人以下。但两人无法形成决议,因此,应理解最低为3人。

(三)债权人委员会的表决机制

关于债权人委员会的表决机制,德国《破产法》第72条规定:债权人委员会以多数成员参加时的多数票表决通过的决定为有效。我国破产法未对债权人委员会的表决机制作出任何规范,在实践操作中,债权人委员会决议一般采用"多数决"机制。理由在于:(1)债权人会议的决议,一般情形下均由出席会议的有表决权的债权人过半数通过,债权人委员会作为债权人会议的常设机构,其表决方式应与产生机构的表决方式一致;(2)从比较法的角度来看,债权人委员会的组成一般为单数制,而我国2006年《企业破产法》第67条规定了债权人委员会的人数不得超过9人,说明是多数表决机制;(3)应该采取人数过半数的表决机制。在破产法上,除重整计划、和解协议外,一般采取过半数的表决机制,在破产法未作特别规定的情况下应理解为过半数即视为表决通过。此外,在债权人委员会表决时,不应考虑债权比例情况,否则职工代表或者工会代表的债权比例显然处于不利地位。

(四)关于债权人委员会的职权

从比较法的角度来看,债权人委员会一般具有以下职权:一是代表债权人会议监督破产程序的进行。这是监察人的概括性职责。二是调查破产财产的状况,并有权随时要求破产财产管理人报告有关破产财产的情况。三是出席债权人会议,并有权申请召开债权人会议。四是监督破产管理人的有关破产财产的行为。这也是债权人委员会的主要职责。如德国《破产法》第 69 条规定:债权人委员会应支持并监督破产管理人履行经营管理的职责。而根据许多国家及地区破产法的规定,破产管理人从事许多有关破产财产的重大行为,必须经过监察人的同意。五是有权申请法院撤销破产管理人。

我国《企业破产法》第 68 条规定,债权人委员会行使下列职权:监督债务人财产的管理和处分;监督破产财产分配;提议召开债权人会议;债权人委员会执行职务时,有权要求管理人、债务人的有关人员对其职权范围内的事务作出说明或者提供有关文件;债权人会议委托的其他职权。而根据我国《企业破产法》第 69 条的规定,管理人实施下列行为,应当及时报告债权人委员会:涉及土地、房屋等不动产权益的转让,探矿权、采矿权、知识产权等财产权的转让,全部库存或者营业的转让,借款,设定财产担保,债权和有价证券的转让,履行债务人和对方当事人均未履行完毕的合同,放弃权利,担保物的取回,对债权人利益有重大影响的其他财产处分行为。

(五)关于债权人委员会成员资格的解除

关于债权人委员会成员资格的解除,各个国家或地区的法律规定不尽相同。有的国家或地区破产法规定,仅法院有权解任债权人委员会成员。如德国《破产法》第 70 条规定:破产法院得因重大事由解除债权人委员会成员的职务。此种解任可依职权,依债权人委员会成员或债权人会议的请求而作出。法院作出决定前应听取债权人委员会的陈述意见。对法院的决定,委员会成员有立即上诉的权利。根据德国法的规定,无论是依职权还是依有关当事人的请求,对监察人的解任权均在法院。2004 年前的日本《破产法》第 174 条规定:债权人会议可以以决议的方式解任监察委员,法院可依利害关系人的申请解任之,但法院无权以职权解任监察委员。由此可见,日本法将对监察委员的解任权赋予债权人会议而非法院。

根据我国 2006 年《企业破产法》第 61 条的规定,债权人会议有权选任和更换债权人委员会成员,但根据该法第 67 条的规定,债权人委员会成员应当经人民法院书面决定认可。由此可见,在债权人会议作出更换债权人委员会成员的决议时,也须经法院许可。

(六)债权人委员会成员的权利义务

关于债权人委员会成员在执行职务时是否有权领取报酬,我国2006年《企业破产法》并未对此作出规定,但从法理来讲,债权人委员会成员须承担一定的民事责任,在此情况下,考虑到权利义务对等的原则,债权人委员会成员理应享有领取报酬的权利。德国《破产法》第73条就明确规定:债权人委员会成员有权得到劳动报酬。从性质来说,债权人委员会成员的报酬属于共益费用,应从破产财产中随时支付。

至于债权人委员会成员所承担的义务,根据各个国家或地区破产法的规定,债权人委员会成员履行职责应对债权人的共同利益尽到善良管理人的注意义务。债权人委员会成员违反此义务者,应对债权人负赔偿责任。虽然我国《企业破产法》对此没有明确规定,但也应作相同的解释。

五、完善我国债权人会议制度的若干建议

(一)明确债权人委员会与债权人会议之间的关系

债权人委员会由债权人会议选举产生,债权人会议具有高于债权人委员会的决定权。在债权人会议能直接行使权利的情况下,其决议具有高于债权人委员会的效力。我国破产法应明确规定,债权人委员会是债权人会议的常设机构,债权人委员会根据法律授权或债权人会议的委托开展工作,债权人委员会执行职务不得违背债权人会议的决议;如果债权人委员会执行职务与债权人会议不一致的,应以债权人会议决议为准;债权人委员会成员应该出席债权人会议,并在债权人会议上报告其执行职务情况,并接受债权人的询问。当债权人委员会作出的决议与债权人会议相违背时,债权人会议有权撤销其不当决议。

(二)规定债权人委员会的成员组成和产生方式

为保证债权人委员会有效履职,宜规定债权人委员会成员由3~9人组成,债权人委员会成员应为单数,且其中1人应为债权人会议主席,1人应为债务人职工代表或者工会代表。债权人委员会成员应具有代表性,即应包括最大数额

的债权人、小额债权代表人以及有财产担保的债权人等。管理人、法院或者依法申报债权的债权人可以提名产生债权人委员会成员候选人。法院在决定认可或者不认可债权人委员会成员时，应参考以下因素：(1)债权人委员会成员是否有能力履行监督职责以及本身有无不宜担任债权人委员会成员的行为？如品行不端、难以公正履行职责等。(2)债权人委员会成员与破产债务人是否具有相互参股或者商业竞争关系？因为债权人委员会成员在履行职责时，可能接触到有关债务人的商业秘密信息，而这些信息一旦泄露给竞争对手，将造成对破产财产的不利，特别是债务人有继续营业的行为时更是如此。

(三)限定债权人委员会的职权范围

一是明确债权人会议委托的职权的范围。我国《企业破产法》第68条规定，债权人委员会可以行使“债权人会议委托的其他职权”。从原则上来讲，债权人会议可将其享有的所有职权授予债权人委员会，但笔者认为，债权人会议享有的部分职权不宜由债权人委员会享有，如核查债权、通过重整计划、通过和解协议等，上述职权应由债权人会议专属享有；二是宜赋予债权人委员会申请更换管理人，审查管理人的费用和报酬的权利，理由在于，债权人委员会是代表债权人会议监督破产程序进行的机构，其对管理人是否胜任工作有深入的了解，当发现管理人具有可撤销的理由时，应赋予其申请法院撤销的权利。而债权人委员会有权审查管理人费用和报酬，才能有效制约和监督管理人。

(四)完善债权人会议的决策机制

债权人委员会内部形成的关于执行职务的决定，应当以决议的形式集体行使权利。债权人委员会会议应有过半数的成员出席方为有效，其决议应按照一人一票的方式行使表决权，未出席会议的成员可以委托代理人行使表决权或者通过其他方式行使表决权，决议有过半数成员同意方可通过。在赞成票和反对票相等的情况下，会议主席享有一票投票权。

(五)明确债权人委员会的权利、义务与责任

明确债权人委员会成员的权利、义务和责任。债权人委员会成员为全体债权人的利益工作，有权获得一定的报酬。债权人委员会开展工作，还必须拨付一

定的办公经费,如办公场所、交通费、通信费等费用。债权人委员会成员的报酬和办公经费属于公益费用,应作为破产费用,并从破产财产中优先拨付。债权人委员会成员应当以善良管理人的注意义务执行职务。

论管理人对尚未履行完毕的房屋租赁合同的解除与撤销

——以破产企业为出租人为例

王语秋*

一、管理人对待履行房屋租赁合同的解除权

（一）待履行房屋租赁合同的界定

我国《企业破产法》第18条规定，人民法院受理破产申请后，管理人对破产申请受理前成立而债务人和对方当事人均未履行完毕的合同有权决定解除或者继续履行，并通知对方当事人。管理人自破产申请受理之日起2个月内未通知对方当事人，或者自收到对方当事人催告之日起30日内未答复的，视为解除合同。

由此可见，我国对于待履行合同的定义为“债务人和对方当事人均未履行完毕的合同”。对此，日本《破产法》的定义为“破产人及其合同的对方当事人在破产程序开始之时均未履行完毕的双务合同”，德国破产法的定义为“在破产程序开始时尚未为债务人和对方当事人履

* 浙江凯麦律师事务所律师。

行或完全履行的双务合同"。[①] 由此可见,虽然表述略有不同,但从合同的存续时间以及互负债务的双务合同性质的角度来看,主流大陆法系国家的立法的定义还是趋于一致的。特别说明的是,在我国《企业破产法》颁布施行前的1986年《企业破产法(试行)》中,清算组可以解除的是"破产企业未履行完毕的合同"。由此可看出,一方面,我国现行《企业破产法》中的规定更加符合立法趋势;另一方面,对管理人的合同解除权的范围也进行了一定的限制。

在研究管理人对房屋租赁合同的解除权之前,有必要先讨论这样一种常见的情形是否属于管理人有权解除的合同范围:当破产企业为出租人时,若承租人已经将租期内的租金全部支付完毕,是否还属于"双方均未履行完毕的合同"?

笔者认为,尽管承租人已经支付了租期内的全部租金,但是此时仍属于"双方均未履行完毕的合同"。理由是,在房屋租赁合同这一双务合同中,承租人的义务并非仅交付租金即履行完毕,还负有妥善保管、维护租赁物,按约定的用途使用租赁标的物,按约定遵守是否可以转租、装修改造等义务;另外,出租人的义务也并非仅交付房屋的使用权即履行完毕,而是在租赁期内,还负有对房屋保证使用、管理、监督等义务,其义务具有阶段性和持续性,只有在房屋租赁合同履行期限届满后,出租方的义务才履行完毕。[②] 在司法实践中,也有法院明确指出,租期尚未届满的房屋租赁合同属于"双方均未履行完毕的合同"。[③]

(二)国外立法考察及评述

1. 美国《破产法》对管理人拒绝房屋租赁合同的规定

美国《破产法》第365(h)(1)条规定:"(A)如果管理人拒绝履行债务人是出租人的未到期的不动产租约,并且(i)管理人的拒绝导致违约,使得承租人依据条款性质、禁止破产的另行规定或其他承租人达成的协议,享有终止合同的权利;承租人遂得以以拒绝履行为由终止租约;或(ii)如果租约的有关条款已经生效,承租人可以保留其依据租约享有的权利,为平衡该租约条款和更新或延展禁

---

① 王欣新、乔博娟:《论破产程序中未到期不动产租赁合同的处理方式》,载《法学杂志》2015年第3期。

② 参见最高人民法院(2012)民提字第73号民事判决书。

③ 参见绍兴市中级人民法院(2014)浙绍民终字第823号民事判决书。

止破产的另行规定赋予的可强制执行的权利,这些权利包含或附属于不动产权利”。[①]

由此可见,美国《破产法》把不动产租赁合同作为特殊的合同,当债务人为出租人时,对管理人拒绝这类合同作了限制。在实践中,出租人拒绝租约的案例极为少见。[②] 有学者指出,这样的规定就像空中楼阁,没有用武之地。但是,这并不能说明这样的规定就没有适用价值,从另一个方面来看,出租人极少拒绝租约的情况,也可以说是该规定发生威慑作用的一个反面例证。[③]

2. 德国《破产法》对管理人拒绝房屋租赁合同的规定

德国《破产法》第108条规定了长期债务关系的延续,即债务人关于不动产标的或房屋的使用租赁和收益租赁关系,以对破产财产具有效力的方式延续。[④] 另外,德国《破产法》第110条还对破产管理人对于破产程序开始后租金债权的处分权进行了限制。即“(1)债务人作为不动产或房屋的使用租赁或收益租赁的出租人在破产程序开始前对以后的使用租赁与收益租赁租金债权作出处分的,此种处分仅对破产程序开始时正在进行的那个日历月的使用租赁或收益租赁的租金有效。破产程序在该日历月的第十五日后开始的,处分也对下一个日历月有效”。

(三)对管理人行使房屋租赁合同解除权的建议

与国外立法不同,我国《企业破产法》对于待履行合同的管理人解除权仅作了一般规定,[⑤]这显然是不够的。本文将从理论与实务的角度出发,探讨当破产

---

① 11 USC. §365(h)。美国《破产法》使用的是“reject”,而非“terminate”或“avoid”。条文的中文翻译,参见李飞主编:《当代外国破产法》,郑冲等译,中国法制出版社2007年版,第520页。

② 参见[美]大卫·G.爱泼斯坦等:《美国破产法》,韩长印等译,中国政法大学出版社2003年版,第240页。

③ 参见李志伟:《论破产法上的待履行合同》,中国政法大学法学院2009年硕士学位论文,第33页。

④ 参见王欣新、乔博娟:《论破产程序中未到期不动产租赁合同的处理方式》,载《法学杂志》2015年第3期。

⑤ 我国《企业破产法》第18条规定,“人民法院受理破产申请后,管理人对破产申请受理前成立而债务人和对方当事人均未履行完毕的合同有权决定解除或者继续履行,并通知对方当事人。管理人自破产申请受理之日起二个月内未通知对方当事人,或者自收到对方当事人催告之日起三十日内未答复的,视为解除合同”。管理人决定继续履行合同的,对方当事人应当履行;但是,对方当事人有权要求管理人提供担保。管理人不提供担保的,视为解除合同”。

企业为出租人时,管理人应如何行使对房屋租赁合同的解除权。

1. 限制管理人的解除权

笔者认为,在上述情形中,应以限制管理人的解除权为一般原则;由于租赁合同的存在将导致承租房屋价值明显贬损或严重影响变价的,经管理人报请人民法院同意后,方可解除。理由是,在大多数情况下,承租人基于对租期的可期待性,往往在经营、生活上都对承租房屋有一定的依赖性。若管理人可随意解除,这将严重影响市场交易的稳定性与可期待性。

人民法院受理破产申请后,管理人依据租赁合同的期限、变价难度、解除后对承租人的影响等因素进行综合考虑,若认为需要解除原房屋租赁合同的,可与承租人进行协商解除。如果承租人不同意解除,管理人须报请人民法院同意后方可解除。例如,出租人将房屋部分进行出租,由于一部分上设立了租赁权,使管理人或新的买受人改变房屋用途变得很困难,严重影响了变价,甚至难以出售时,管理人可以申请法院同意解除。①

另外,若继续履行房屋租赁合同的,则可以借鉴美国的立法,免除破产企业对出租房屋的维护、修理等义务。

当然,在实践中,管理人还可以根据原租赁合同对于债务人与承租人约定的合同解除条款,结合合同的履行情况,解除原租赁合同。例如,承租人是否违反转租约定、房屋用途、从事违法活动、欠付租金达到解除条件等。但是,这不属于本文的讨论范围,故在此不做赘述。而对于实务中产生的低价出租,以及承租人以对出租人的债权所产生的本息抵作租金的,本文将在第三部分讨论。

2. 适用"买卖不破租赁"以及"承租人优先购买权"规定

若管理人与承租人协商解除,或报请人民法院同意解除原租赁合同的,管理人应适用"买卖不破租赁"以及"承租人优先购买权"的规定。值得提醒的是,根据我国的司法实践,破产财产中不动产的变价主要通过司法拍卖实现,为避免纠纷,管理人在实务操作中应按照最高人民法院《关于人民法院网络司法拍卖若干问题的规定》,并提前通知承租人参与竞买。

---

① 参见赵俊伟:《破产程序中未到期租赁合同处理规则研究》,辽宁大学法学院2016年硕士学位论文,第15页。

二、管理人解除房屋租赁合同后的处理

(一)损害赔偿请求权与返还财产请求权的性质

从世界范围来看,规定有待履行合同规则的破产法大多明文赋予了非破产方损害赔偿请求权。[①] 日本《破产法》第54条规定,破产管理人解除待履行合同的,合同对方当事人就损害赔偿可以行使作为破产债权人的权利。在破产财团中现存破产人取得的对待给付,合同的对方当事人可以请求将其返还。其不存在的,就其价款可以行使作为财团债权人的权利。日本破产法上的财团债权,相当于我国《企业破产法》中的共益债权。因此,日本破产法将非破产方损害赔偿请求权的性质一分为二,即非破产方因合同解除而享有的损害赔偿请求权的性质为破产债权,视为普通债权按比例清偿;而因破产程序开始之前所为之给付无法得以返还而享有的损害赔偿请求权的性质为共益债权。[②] 日本学者石川明先生认为,由于标的物在破产之前即已承受了租赁权的负担,因此,使其原封不动地构成破产财团是适当的。出租人的破产应不受租赁的影响,作为破产者的出租人的租金债权构成破产财团。[③] 许德风教授解释道,日本《破产法》对相对人的保护更进一步,按照该法第54条第2款,破产管理人选择解除合同的,若在破产财团之中现存破产债务人取得的对待给付,合同的相对当事人可以请求将其返还,该请求权为取回权;当原物不存在时,就其价额可以行使作为共益债权人的权利。[④]

根据美国《破产法》的规定,如果管理人拒绝履行债务人是出租人的未届期的不动产租约,并且管理人的拒绝导致违约……承租人遂得以拒绝履行为由终止租约。[⑤] 在此情况下,承租人可以选择将该租视为因拒绝而终止,就其因租约

---

① 参见兰晓为:《破产法上的待履行合同研究》,武汉大学法学院2010年博士学位论文,第6页。

② 同上。

③ 参见[日]石川明:《日本破产法》,何勤华、周桂秋译,中国法制出版社2000年版,第60页。

④ 参见许德风:《论破产中尚未履行完毕的合同》,载《法学家》2009年第6期。

⑤ 11 USC. §365(h)的中文翻译,参见李飞主编:《当代外国破产法》,郑冲等译,中国法制出版社2007年版,第520页。

被拒绝所遭受的任何损失,向破产财产主张债权。该债权构成普通的无担保债权。①

上述日本及美国《破产法》对不动产租赁合同解除后产生的损害赔偿与返还财产请求权的认定,代表了两种观点:一是作为共益债权或取回权,二是作为普通债权。两种不同的处理方式的背后,是各国破产法立法者对于破产程序中管理人解除待履行合同是否有合同溯及力的不同理解。

认为有合同溯及力的拥趸认为,根据我国《合同法》的一般原理,解除合同使双方恢复到缔约前的状态,最直接的法律后果应当是恢复原状。若双方当事人均未履行完毕合同义务时,管理人可以选择解除合同,此时对方当事人有权要求恢复原状。如果破产企业接受的对价给付仍存在破产财产中,对方当事人的该项请求应当认定为共益债务,得请求于破产财产中随时拨付,否则对方享有同时抗辩履行权,即在管理人因解除合同而使双方发生返还的效力,管理人向对方主张返还时,对方得对其形式同时履行抗辩权。②

对此合同溯及力持否定态度的学者大多诟病溯及力很有可能沦为破产企业与个别债权人串通以规避破产无效行为制度与撤销权制度的工具。③ 另外,还有学者提出了待履行合同的解除效力具有可选择性的观点。即为照顾和保护非违约方的合法权益,并为破产财产的利益考虑,可确定这样一种模式:合同解除原则上产生恢复原状的效力,但相对人得针对是否恢复原状作出选择,法律对一些特殊的双务合同的解除效力另作限制的除外,如继续性合同。④ 理由是,继续性合同用我国《合同法》第 97 条来处理非常不合适,因为"面对从性质上来讲对已经履行的部分不可能恢复原状的合同,当初设计最好的是让这一类合同从决定解除之时向后无效,过去履行的让它有效,非常爽快、非常方便判断"。⑤ 这一观点的提出,又有人诟病这与破产法的精神相悖,对作为非破产方的合同当事人的保护过犹不及。

---

① 参见李志伟:《论破产法上的待履行合同》,中国政法大学法学院 2009 年硕士学位论文,第 32 页。

② 参见孙应征:《破产法法律原理与实证解析》,人民法院出版社 2004 年版,第 105 页。

③ 参见兰晓为:《破产法上的待履行合同研究》,武汉大学法学院 2010 年博士学位论文,第 143 页。

④ 参见韩长印:《破产宣告对未履行合同的效力初探》,载《法商研究》1997 年第 3 期。

⑤ 梁慧星:《合同法的成功与不足》,载《中外法学》2000 年第 1 期。

有人认为,我国关于管理人解除合同的损害赔偿请求权的立法体例参照了美国破产法,应当认定为破产债权,作为普通债权来处理,其依据是我国《企业破产法》第53条规定,"管理人或者债务人依照本法规定解除合同的,对方当事人以因合同解除所产生的损害赔偿请求权申报债权"。

但其实不然,相反地,在司法实践中对不动产租赁合同解除产生的损害赔偿请求权与返还财产请求权没有作区分,混淆了两者的法律性质,机械地理解与使用该规定,严重损害了承租人的合法权益。[①]

在合同解除的溯及力问题上,笔者认为,应当遵循我国合同法的精神,认定管理人解除合同,具有溯及既往的效力。因此,在管理人决定解除合同后,作为非破产方的承租人理应享有财产返还请求权。

(二)破产程序中管理人解除不动产租赁合同后的处理

如果管理人根据我国《企业破产法》第18条的规定选择解除不动产租赁合同的,在实践中,作为非破产方的承租人一般会就预付租金、押金、装修装饰损失补偿、维修损失,以及其他损失向管理人进行债权申报。因此,如何正确认定上述款项的性质是管理人必须面对的问题。

1. 预付租金、押金

对此有人认为,应当将预付租金、押金、装修装饰损失补偿、维修损失等因财产或费用返还义务而产生的债务,都作为属于共益债务。[②] 在研究不动产租赁权时,学界常常有债权物权化的声音。德国有学者将住房租赁合同看作是房屋上的"物权性负担"的一种。[③] 如果在这一基础上承认债权与物权区分的相对化,把基于债权合同取得的租赁权也看作"物权"或至少承认其有"物权的属性",那么破产中待履行合同制度参照处置物权的规则调整不动产租赁合同便是有充分依据的。从法教义学的基础上来看,各国破产法通常都会规定破产财团的概念,即"破产申请受理时属于债务人的全部财产"。[④] 若将该概念作反面解释,即可

---

① 参见王欣新、乔博娟:《论破产程序中未到期不动产租赁合同的处理方式》,载《法学杂志》2015年第3期。

② 同上。

③ See Staudinger-Emmerich,2003,578 Rn.7;Vorbem. Zu § 535 Rn.24 ff. BGF.

④ 如我国《企业破产法》第73条,美国《破产法》第541条,德国《破产法》第35条等。

得出他人的房屋租赁权可构成破产财产的所有权的限制,从而不属于破产财产的结论。①

虽然我国《企业破产法》中并未明确规定,但有个别地方法院的指导意见中作出了解答。例如,《北京市高级人民法院审理民商事案件若干问题的解答之五(试行)》第51条规定,破产程序中,对于破产企业出租的房屋土地的处理问题,北京市高级人民法院的回答是:"破产企业出租的房屋土地无租赁期限的,可以随时解除租赁合同,但应留给承租人合理的时间。破产企业出租的房屋土地有租赁期限但未到期的,应区别情况处理:(1)如果承租人的各项财产情况表明可以继续使用,且该位置适于承租人发展的,则可以考虑继续履行租赁合同。继续履行的,拍卖时应向竞拍人做出说明,适用买卖不破租赁的原则。(2)如果该地点作其他开发更有价值,解除合同更有利于财产变现的,应解除合同。解除合同的补偿属于共益债权性质,在解除合同时向承租人优先支付"。

笔者认为,管理人不宜将承租人主张返还的预付租金与押金视为破产债权,该主张在法律性质上应认定为合同解除后的财产返还请求权,借鉴债权物权化及合同解除溯及力的理论,以及日本破产法对此关于取回权的规定,在实务中可以认定为取回权或共益债务。

当然,在实践中还有很多细节问题值得探讨。承租人若提出以押金抵扣租金的主张,管理人应当如何处理?笔者认为,应当分为两种情况来讨论。第一种情况是管理人决定继续履行合同的,此时,无论是根据我国《企业破产法》第42条第1款的规定,还是上述对于财产返还请求权的观点,看似管理人应当支持该主张。但是,此时租赁合同仍需继续履行,尚未解除或终止,由于押金的担保属性,管理人应当在合同解除或终止时,待与承租人结算完毕后,方可返还押金。第二种情况是管理人决定解除合同的,无论是根据我国《企业破产法》第40条关于破产抵销权的规定,抑或是依据上述财产返还请求权的观点,管理人应当支持承租人关于押金抵扣租金的主张。在司法实践中,这一观点也得到了一些法院的认同。②

① 参见许德风:《论破产中尚未履行完毕的合同》,载《法学家》2009年第6期。

② 绍兴市柯桥区人民法院(2012)绍民初字第1600号民事判决,法院认为,根据我国《企业破产法》第40条之规定,关于承租人主张押金在其应付的租金中抵销之诉请,由于利息损失发生于破产申请之后不应抵销之外,押金抵销租金符合上述法律之规定,亦符合公平之原则,理由正当,本院应予支持。

2. 装修装饰补偿

对于承租人主张的装修装饰物补偿，管理人不应简单“一刀切”地认定，而应当根据合同约定、履行情况，具体问题具体分析。首先，对于承租人装修装饰物的补偿问题，由于承租房屋的装修涉及民法上的强迫得利以及添附等问题，管理人应先根据我国《合同法》和最高人民法院《关于审理城镇房屋租赁合同纠纷案件具体应用法律若干问题的解释》第10条、第11条、第12条的规定，对承租人提交的租赁合同、装修合同、发票等证据，认定承租人是否享有装修装饰补偿债权及其金额。其次，如果合同约定出租方解除合同时，应赔偿的装修装饰款明显带有违约责任或损害赔偿责任的，则管理人应对承租人申报的装修装饰款进行分别处理，即对于装修装饰残值的补偿款，宜认定为共益债务或取回权；对于带有违约责任或损害赔偿性质的赔偿款，则宜认定为普通债权。

三、管理人对房屋租赁合同撤销权的行使

在实践中，管理人经常会遇到债权人与破产企业签订房屋租赁合同，约定以债权人对破产企业享有的债权来抵扣租金的情况。例如，2014年5月公司A向公司B借款1000万元，借期自2014年5月10日至2014年11月10日，月利1分，利随本清。借款期间，公司A因受担保链、资金链影响，已严重资不抵债。借款到期后，公司A无力支付本息，双方于2015年12月1日签订《房屋租赁合同》，公司A将其所有的1号厂房出租给公司B，租金为每月10万元（与市场价相当），租金从公司B对公司A享有的本息债权中抵扣，无须支付其他对价，租期5年，租期到期后仍未抵扣完毕的，租约自动延续。嗣后，人民法院于2016年4月1日裁定受理了对公司A的破产清算申请。

当管理人遇到此种情形时，理论上有三种选择路径：一是选择继续履行，二是选择解除，三是选择撤销个别清偿行为。当然，出于维护其他债权人的利益，管理人一般不会选择继续履行。有人认为，管理人与其行使破产撤销权，倒不如选择提起请求撤销个别清偿行为纠纷之诉。因为在上述案例中，公司B通过承租破产企业A厂房的形式，使其原本只能作为普通债权得以清偿的债权在实质上获得了“优先受偿”的效果。

管理人若选择撤销个别清偿行为的实践意义不大。理由是，撤销个别清偿

行为的法律后果是,对于债务人个别清偿行为的交易相对人来说,在其将所受清偿的财产或利益返还之后,相对人因被撤销的债务清偿行为而消灭的债权连同所有的从权利和担保物权均予恢复,可以申报债权参加破产分配。[①] 即公司B应当向管理人支付之前的租金,并就相应的债权向管理人进行债权申报。这一法律后果看起来使破产企业能够全额收取租金,并且在破产财产变价后,只需就相应债权按比例清偿即可。但是,公司B若要求按照我国《企业破产法》第40条主张抵销权,那么,当不存在《企业破产法》第40条但书中的例外情形时(其实在实践中,管理人要证明但书的情形也是很困难的),由于公司B对破产企业A的租金债务是在破产申请前形成的,因此,公司B有权行使破产抵销权。也就是说,此时相当于该笔租金仍旧抵销了公司B对破产企业A的债权。

需要指出的是,虽然从法律后果的角度来说,撤销个别清偿行为的实践意义不大,但对于税务处理上还是有一定区别的。比如,若上述案例中的公司A与公司B系关联公司,那么当管理人未撤销个别清偿行为的,破产企业A作为支付利息的一方,管理人应当根据财政部、国家税务总局《关于企业关联方利息支出税前扣除标准有关税收政策问题的通知》(财税〔2008〕121号),在利息扣除上注意特殊限额问题:在计算应纳税所得额时,企业实际支付给关联方的利息支出,不超过以下规定比例和税法及其实施条例有关规定计算的部分(金融企业为5∶1;其他企业为2∶1),准予扣除,超过的部分不得在发生当期和以后年度扣除。另外,如果公司A能够按照税法及其实施条例的有关规定提供相关资料,并证明相关交易活动符合独立交易原则的;或者该企业的实际税负不高于境内关联方的,其实际支付给境内关联方的利息支出,在计算应纳税所得额时准予扣除。也就是说,虽然超出这个比例,但没有逃税嫌疑和事实,也可以扣除。[②]

但是,如果租金明显低于市场价,管理人仍然可以通过我国《企业破产法》第31条第2项提起破产撤销权纠纷。

---

① 参见王欣新:《破产法》,中国人民大学出版社2011年版,第124页。

② 参见李舟:《企业关联方借款利息的两难困境》,载中道财税网:http://www.chinaacc.com/shuishou/nsfd/zh1703304616.shtml,最后访问日期:2017年3月30日。

浅析管理人破产撤销权的行使与规制

薛　枫*　荣　艳**　焦明明***

一、问题的提出

破产撤销权，指债务人财产的管理人对债务人在破产申请受理前的法定期间内进行的欺诈债权人或损害对全体债权人公平清偿的行为，有申请法院予以撤销并追回财产的权利。① 破产撤销权作为破产法律制度非常重要的组成部分，通过对债务人损害全体债权人利益行为的纠正，实现对普通债权人利益的保护，从而保证全体债权人能够在破产程序中平等受偿。正如有学者所言，"可撤销交易制度是破产法对商法最重要的贡献，这不仅仅是因为该制度促进了破产法的平等分配原则，而且它减少了对债权人从智力竞争中得益的刺激，促进了合理的商业活动"。②

---

*　南京市中级人民法院民二庭庭长。

**　南京市中级人民法院清算与破产庭副庭长。

***　南京市中级人民法院清算与破产庭法官助理。

①　参见王欣新：《破产法学》（第 3 版），中国人民大学出版社 2011 年版，第 112 页。

②　石静遐：《跨国破产的法律问题研究》，武汉大学出版社 1999 年版，第 268 页。

破产撤销权制度在我国《企业破产法》上集中规定在第31条、①第32条、②第34条③,其中依据该法第31条、第32条的规定,管理人可以行使破产撤销权的撤销行为共6类,分别是:(1)无偿转让财产;(2)以明显不合理的价格进行交易;(3)对没有财产担保的债务提供财产担保;(4)对未到期的债务提前清偿;(5)放弃债权;(6)个别清偿行为。

笔者针对南京市两级人民法院2013年以来受理的破产撤销权案件情况进行了统计,全市两级法院共受理破产撤销权案件15件(见图1),其中涉及"个别清偿的""对没有财产担保的债务提供财产担保的""无偿转让财产的"情况较多,三类诉因的案件所占比例高达86.67%。

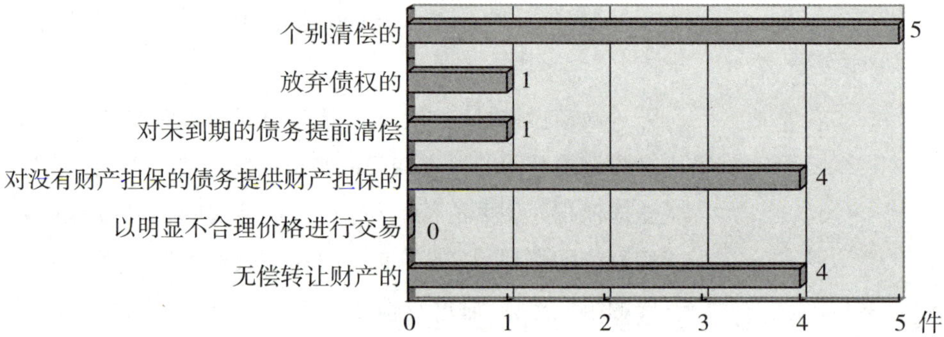

图1 破产撤销权案件诉因统计

上述案例及裁判文书案例库中能够检索到的破产撤销权案件的综合统计具有相似性,在统计的涉及破产撤销权案件38件中(见图2),涉及"个别清偿的""对没有财产担保的债务提供财产担保的""无偿转让财产""放弃债权"四类诉因的案件,占统计案件数的89.47%。

---

① 我国《企业破产法》第31条规定:"人民法院受理破产申请前一年内,涉及债务人财产的下列行为,管理人有权请求人民法院予以撤销:(一)无偿转让财产的;(二)以明显不合理的价格进行交易的;(三)对没有财产担保的债务提供财产担保的;(四)对未到期的债务提前清偿的;(五)放弃债权的。"

② 我国《企业破产法》第32条规定:"人民法院受理破产申请前六个月内,债务人有本法第二条第一款规定的情形,仍对个别债权人进行清偿的,管理人有权请求人民法院予以撤销。但是,个别清偿使债务人财产受益的除外。"

③ 我国《企业破产法》第34条规定:"因本法第三十一条、第三十二条或者第三十三条规定的行为而取得的债务人的财产,管理人有权追回。"

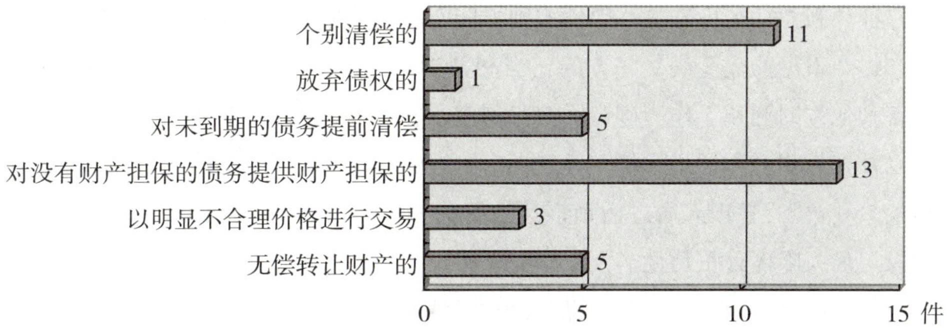

图 2　破产撤销权案件诉因统计

同时,对案件的搜索和统计发现,管理人行使破产撤销权最终获得支持的案件占绝大多数(约占 65%)。但通过对南京市两级法院汇总及法院裁判文书案例库中搜集的涉及破产撤销权案件的统计情况来看,管理人运用破产撤销权追回财产的数量比例不算高。在破产实践中,破产财产是破产案件中的焦点问题,而大量的案件在进入破产程序之前早已出现破产原因,但迟迟未进入破产程序。一些企业在进入破产程序前已经经历了"自我治疗"的过程,在此过程中,出现转移企业资产、偏颇性清偿等现象的不在少见,给进入破产程序后的管理人工作带来障碍。充分运用破产撤销权这一法律手段,追回企业资产,保护全体债权人的公平受偿权,是管理人的权利;同时,从管理人忠实、勤勉的职责要求角度,及时行使破产撤销权,最大限度地追回破产企业的财产,也是管理人的法定职责。从目前的实践来看,管理人在对破产撤销权的行使还存在认识不清、行使不积极等问题。在对破产法及其司法解释规定的破产撤销权的要件认识、破产撤销权如何行使以及与相关权利的冲突,还存在模糊的认识。笔者试从管理人破产撤销权的行使与规制作为研究重点,以期对破产撤销权制度在破产程序中得到更好的运用有所裨益。

二、破产撤销权相关理论及比较

(一)破产撤销权的价值基础

"法律的主要作用之一就是调和一个社会中相互冲突的利益,无论是个人利益或社会利益。这在某种程度上必须通过颁布一些评价各种利益重要性和提供调整种种利益冲突标准的一般性规则方能实现。”①在破产法律制度中,债务人的破产财产不可能完全满足各方的正当利益诉求,仅保护一方的正当利益必然会损害其他方的利益。作为破产撤销权制度,公平是其追求的最基本价值,在债务人以及交易相对方通过无偿转让、非正常交易或者偏袒性清偿的方式损害全体债权人利益时,管理人通过撤销该违法行为,确保破产财产的最大化,从而保障债权人最大限度公平清偿。

与此同时,从破产法的发展历程来看,破产法经历了从债权人本位到债权人与债务人的利益平衡本位,再到社会利益与债权人利益、债务人利益并重的变化和发展过程。② 破产撤销权的设计在公平原则的基础上,亦应考虑利益的冲突,特别是在涉及善意第三人、市场经济秩序等社会利益时,在破产撤销权行使时,应考量对上述所涉社会利益是否存在损害,从而寻求债权人利益、债务人利益与社会利益的三方利益的平衡。

(二)破产撤销权与破产无效行为制度

破产无效行为制度,是规定债务人在破产临界期内进行的损害债权人共同利益或破坏公平清偿的行为无效的制度。破产无效行为制度与破产撤销权制度都是对债务人有害于全体债权人利益的行为的否认,从而实现破产财产利益的最大化。我国《企业破产法》采用破产撤销权制度与无效行为制度相并行的立法模式,其中该法第31条、第32条、第34条对有害于债权人利益的一般行为规定为可撤销行为,可以行使破产撤销权,该法第33条③对债务人主观恶意明显,严重损害债权人利益、破坏债权人公平受偿权的行为规定为无效行为。

破产撤销权与破产无效制度属于不同的法律制度,两个法律制度虽然都是为了保全破产企业的财产,但存在差异。首先,权力行使主体不同,在破产撤销权制度中,只有破产管理人能够行使撤销权,而破产无效行为系绝对无效的法律行为,任何利益相关者均可主张。其次,行为效力不同,破产撤销权未行使之前,

---

① 参见[美]E. 博登海默:《法理学:法理哲学与法律方法》,邓正来译,中国政法大学出版社1998年版,第398页。

② 参见王欣新:《破产法学》(第3版),中国人民大学出版社2011年版,第9页。

③ 我国《企业破产法》第33条规定:“涉及债务人财产的下列行为无效:(一)为逃避债务而隐匿、转移财产的;(二)虚构债务或者承认不真实的债务的。”

可撤销行为即为有效,在破产撤销权行使之后归于无效,而破产无效行为是自始无效、当然无效。再次,行为范围不同,只要是有害于债权人整体利益的行为都可以被撤销,破产撤销权涉及的行为范围较宽泛,不仅包括法律行为,还包括事实行为,而破产无效行为制度中将无效行为限定于法律行为,范围比较窄。最后,权利行使期间不同,各国破产法对于破产撤销权的行使均规定有除斥期间或时效期间,我国破产法规定破产撤销权的行使时效为破产程序终结后的2年内,而对于破产无效行为,根据学理解释,因为无效行为属于自始无效,原则上不存在除斥期间或消灭时效的问题。[①] 由此可以看出,相较于破产撤销权制度,破产无效行为制度对于债务人来说更严苛。

(三)破产撤销权与债权人撤销权

债权人撤销权,是指当债务人所为的减少其财产的行为,在危害债权人的债权实现时,债权人为保全债权请求法院予以撤销该行为的权利。其与破产撤销权的相同之处都在于为保障债权人利益撤销债务人所为的减少其财产的相关行为。

相比债权人撤销权,破产撤销权对于债权人的保护更全面,在我国破产法律制度下,破产撤销权的行使不需要任何主观要件,而我国债权人撤销权(参见我国《合同法》第74条[②])的行使要求债务人主观上存在恶意,即"债务人以明显不合理低价转让财产,对债权人造成损害",同时要求受让人主观上亦有恶意,即"受让人知道该情形的"。而我国破产法对于破产撤销权采取的是形式判断原则,从我国《企业破产法》第31条的字面来看,只要债务人财产在破产临界期内减少导致债权人可供清偿的财产受损,即可行使破产撤销权,并不考虑债务人及交易相对人的主观因素,该法第32条的规定亦是如此,[③]这一点系破产撤销权与

---

① 但是根据我国《企业破产法》第123条的规定,第33条所列的破产无效行为与破产撤销权一样适用2年的除斥期间,这与无效行为的基础理论明显不同。

② 我国《合同法》第74条规定:"因债务人放弃其到期债权或者无偿转让财产,对债权人造成损害的,债权人可以请求人民法院撤销债务人的行为。债务人以明显不合理的低价转让财产,对债权人造成损害,并且受让人知道该情形的,债权人也可以请求人民法院撤销债务人的行为。撤销权的行使范围以债权人的债权为限。债权人行使撤销权的必要费用,由债务人负担。"

③ 需要说明的是,从《破产法司法解释二》第15条的规定来看,破产撤销权与司法行为冲突的情况下需要考虑债务人及交易相对人的主观恶意程度,该条规定,"债务人经诉讼、仲裁、执行程序对债权人进行的个别清偿,管理人依据《企业破产法》第三十二条的规定请求撤销的,人民法院不予支持。但是,债务人与债权人恶意串通损害其他债权人利益的除外"。

债权人的撤销权的最大不同之处。这就扩大了破产撤销权的行使范围,同时与债权人撤销权由部分债权人个人行使不同,破产撤销权由管理人代表全体债权人统一进行。当然,在破产程序中,破产撤销权只是优先于债权人撤销权行使,并不意味着债权人撤销权被排除适用,特别是在管理人未行使或者拒绝行使破产撤销权的情况下,债权人可依据我国《合同法》第74条规定请求撤销。①

(四)破产撤销权的域外立法

国外破产法律制度中对于破产撤销权的对象、行使主体、行使方式、法律效力等都进行了相对详细的规定,形成了一整套的破产撤销权制度体系,这对我国破产撤销权的行使与规制有借鉴意义。

1. 德国《破产法》上的破产撤销权

德国《破产法》对于破产撤销权的对象采取概括主义与列举主义相结合的立法例。一方面,将应予撤销的行为加以抽象的概括规定,即德国《支付不能法》第129条"原则"规定:(1)支付不能程序开始之前实施的行为;(2)支付不能债权人受到不利益(有损害)的法律行为;(3)行为发生在程序开始之前的法定期间内。另一方面,又将破产事件中典型的应撤销行为作具体列举,即在符合该法129条"原则"规定的构成要件基础上,管理人可以依据该法第130~146条行使破产撤销权。②

同时,德国破产法在认定行为的可撤销性时,如是无偿行为,无须证明当事人的主观恶意,即可行使撤销权,但对于有偿行为,则要求举证证明当事人的主观恶意。

2. 日本《破产法》上的破产撤销权

在日本《破产法》上,破产撤销权称为破产否认权,其对象主要为诈害行为和偏颇行为,其中诈害行为主要是债务人支付能力不足时所为的绝对地减少对全体债权人的责任财产的行为,偏颇行为主要是债务人支付能力不足时只对特定

---

① 《破产法司法解释二》第13条规定:"破产申请受理后,管理人未依据企业破产法第三十一条的规定请求撤销债务人无偿转让财产、以明显不合理价格交易、放弃债权行为的,债权人依据合同法第七十四条等规定提起诉讼,请求撤销债务人上述行为并将因此追回的财产归入债务人财产的,人民法院应予受理。"

② 参见杜景林、卢堪译:《德国支付不能法》,法律出版社2002年版,第68页。

债权人清偿的行为。

日本法上的否认分为故意否认（日本《破产法》第 72 条第 1 款）、危机否认（日本《破产法》第 72 条第 2～4 款）与无偿否认（日本《破产法》第 72 条第 5 款），由破产官财人通过诉讼主张对这些行为的效力否认。同时，为保护交易相对方的利益，在否认权行使之后日本《破产法》第 78 条赋予了相对方主张对等给付的返还的权利。①

3. 美国破产法上的破产撤销权

美国《联邦破产法》对于破产撤销权的规定较详尽，其规定破产管理人可以撤销任何一种在非破产法上享有优先权和担保权的债权人可以撤销的转让或者使不动产的善意购买人可以撤销的转让，无论这个债权人或者善意购买人是否真实存在。②

美国《联邦破产法》将撤销权对象区分为偏颇性清偿行为以及欺诈行为，其中，偏颇性清偿是在破产申请提出前的法定期间内，为清偿先前债务，债务人向债权人转让财产或设定财产担保利益，使个别债权人获得优先于该行为未发生时在破产分配中的清偿地位。同时，为防止债务人财产的任何转让都可能因偏颇性清偿行为被撤销，避免损害部分受让人的利益，美国《联邦破产法》第 547(c)条规定了 9 种例外情形可以适用。而欺诈行为是在破产临界期内进行的“欺诈性转让”，美国《联邦破产法》第 548(a)条和第 548(b)条分别规定了实际欺诈和推定欺诈两种欺诈性转让的撤销。

三、破产撤销权行使的条件和方式

如前所述，我国《企业破产法》对于破产撤销权采用列举主义立法模式，规定了 6 类可撤销的行为，分析这 6 类行为，可以看出我国破产撤销权的行使必须要满足以下构成要件：(1)须存在债务人的一定行为，这里的行为既包括作为行为，如转让财产、提供担保等行为，也包括不作为行为，如放弃诉讼时效抗辩等行为。(2)可撤销的行为应发生在法定的破产临界期内，我国《企业破产法》规定了不

---

① 参加[日]石川明：《日本破产法》，何勤华、周桂秋译，中国法制出版社 2000 年版。

② 参见[美]大卫·G. 爱泼斯坦：《破产法及相关法律》(影印本)，法律出版社 2005 年版，第 233 页。

同的临界期间,分别是“破产案件受理”这一起算点前的 1 年(该法第 31 条)和 6 个月(该法第 32 条)。同时,对于发生在破产受理申请前 6 个月内的个别清偿,需其时的债务人已发生破产原因,即已不能清偿到期债务,且资产不足以清偿全部债务或者明显缺乏清偿能力。(3)须债务人的行为损害债权人的利益,即债务人的行为导致破产财产减少进而导致其他债权人受清偿的比例降低。

同时,与德国、日本等国不同的是,我国破产撤销权采取形式判断规则,即凡是发生在破产临界期内的损害债权人利益的行为都在可撤销的范围之内,而无须考量债务人或交易相对人是否存有主观恶意。

虽然破产撤销权的设立是为维护全体债权人的公平受偿权,但行使破产撤销权的主体应当为破产管理人,而不是全体债权人,破产撤销权的行使既是管理人的法定职权,亦是一项完全独立的权利,其是否撤销债务人在破产临界期内的行为或者撤销哪一项行为原则上都应当由管理人自行决定,不受债权人或者债权人会议的干涉,也无须经过同意或者授权。① 当然,如果管理人在破产撤销权的行使过程中,没有履行法定职权,债权人一方面可以通过行使债权人撤销权来维护其权利,另一方面也可以向管理人主张赔偿。因此,从此意义上来讲,破产撤销权的行为也是管理人的一项法定义务。

在实践中破产撤销权的行使方式,管理人一般采取先直接向可撤销行为的相对人主张权利,要求追回财产,在相对方不予配合时,向法院提起诉讼的方式。从南京法院的破产实践来看,相对方配合的比率几乎为零。因此,从提高效率、节约成本的角度来看,笔者认为,管理人行使破产撤销权可采取直接向人民法院提起诉讼的方式。

四、破产撤销权与其他权利之冲突与规制

破产撤销权制度使债务人在破产申请受理前一定期间内对其财产所为的一定行为得以撤销。但行使该权利的同时,一方面,需考虑破产法及其司法解释规定的除外情形,如对个别清偿使债务人财产受益的,和为维系基本生产需要要支付的水电费等,以及债务人支付的劳动报酬、人身损害赔偿等不在撤销范围之内;另一方面,需考量与其他相关权利之间的冲突与平衡。

---

① 参见王欣新:《破产法学》(第 3 版),中国人民大学出版社 2011 年版,第 123 页。

(一)破产撤销权与抵销权

如前所述,破产撤销权是指债务人财产的管理人对债务人在破产申请受理前的法定期间内进行的欺诈债权人或损害对全体债权人公平清偿的行为,有申请法院予以撤销并追回财产的权利。而抵销权是指在当事人互负到期债务,该债务的标的物的种类、品质相同的情形下,一方可以将自己的债务与对方的债务抵销,或者双方合意进行抵销的权利。[①] 根据破产法的规定,进入破产程序后,债权人基于破产申请受理前对债务人所负的债务,除特殊情况外,仍可向管理人主张抵销权。因此,在一般情形下,对于破产临界期内已经抵销的债务清偿,管理人不得再行使破产撤销权。[②] 从破产撤销权案件的审判实践来看,此类情形主要出现在银行提前收贷的案件中。银行与企业的金融借款合同一般约定,当企业出现经营风险的情况下,银行可宣布贷款提前到期。此时,如企业在银行的账户中仍有存款,特别是活期存款,银行能否以行使抵销权的形式直接扣收,进入破产程序中,往往形成撤销权行使的原因之一。从目前的司法实践来看,一般认为,银行在出现合同约定情形时宣布贷款提前到期,对于企业来说,属于对银行负有到期债务;而企业在银行的账户中的活期存款,可随时向银行主张,即银行对企业亦负有到期债务,二者均为金钱债务。因此,银行可在通知企业后行使抵销权,故而管理人的破产撤销权在此种情形下将难以得到支持。

(二)破产撤销权与再次转让行为

一般而言,破产撤销权的行使对象是债务人不当处分财产的行为,该行为通常只发生在债务人与交易相对人之间,但在实践中,往往会出现交易相对人将其

---

① 我国《合同法》第99条规定:“当事人互负到期债务,该债务的标的物种类、品质相同的,任何一方可以将自己的债务与对方的债务抵销,但依照法律规定或者按照合同性质不得抵销的除外。当事人主张抵销的,应当通知对方。通知自到达对方时生效。抵销不得附条件或者附期限。”该法第100条规定:“当事人互负债务,标的物种类、品质不相同的,经双方协商一致,也可以抵销。”

② 我国《企业破产法》第40条规定:“债权人在破产申请受理前对债务人负有债务的,可以向管理人主张抵销。但是,有下列情形之一的,不得抵销:(一)债务人的债务人在破产申请受理后取得他人对债务人的债权的;(二)债权人已知债务人有不能清偿到期债务或者破产申请的事实,对债务人负担债务的;但是,债权人因为法律规定或者有破产申请一年前所发生的原因而负担债务的除外;(三)债务人的债务人已知债务人有不能清偿到期债务或者破产申请的事实,对债务人取得债权的;但是,债务人的债务人因为法律规定或者有破产申请一年前所发生的原因而取得债权的除外。”

从债务人处获得的财产再次转让给第三人,甚至多次转让,此时即发生多次受让行为,如管理人行使破产撤销权,就会与后续受让人受让财产的行为发生冲突。

我国破产法中对于多次转让的行为能否适用破产撤销权直接撤销没有明确。从比较法上来看,许多国家破产法中对于后续的受让行为(该行为亦被称为转得行为)的效力有规定。日本《破产法》第83条规定:"在下列情况下,对转得人亦得行使否认权:(1)转得者在转得的当时,对各位前者的否认原因已知道时;(2)转得人是破产人的亲属或同居者时,但在转得的当时不知对于各转得人的前手有否认原因的,不在此限;(3)在转得者以无偿行为或与之同样看待的有偿行为转得情况下,对各位前者有否认的原因时。"德国《支付不能法》第145条规定:"在权利取得人明知其前权利人的取得行为有可以撤销的事由,或取得物为无偿时,可以对之主张行使撤销权。"从德国、日本的《破产法》来看,受让债权的行为能否撤销需看两个方面的条件:转得行为是否有偿、受让人的主观要件。具体来说,当后续的受让行为是无偿时,无论受让人是否具有主观的恶意,只要其前手有被撤销的原因时,就可以对受让人行使破产撤销权,当后续受让的行为是有偿时,需要受让人具有主观恶意才可以行使破产撤销权。

美国《破产法》对于后续受让行为亦有相应的规制,其破产撤销权被称为"优惠无效制度",该制度并不要求以恶意动机和不合适的商业行为的存在作为优惠无效的理由。[①] 此时,对善意的受让人也可以行使破产撤销权,但因受让人在受让财产时完全是善意的,并且付出一定的价值,故美国破产法也规定,善意受让人在支付的价值范围内,对被转让的财产享有优先受偿权,这样也就保护了善意受让人不受损失。

在破产实践中,较多的情形是债务人以物抵债后,受让人将其所得财产又进行了再次的转让。此时,管理人能否行使撤销权,在实践中一般认为,管理人得基于破产撤销权提起撤销两次交易行为的诉讼,但对后续的受让人与债权人之间交易的撤销,基于保护交易安全与秩序的考虑,则需考虑主客观的要件,在有偿的交易中,需考量受让人是否系善意。虽然我国破产法对破产撤销权的立法采取的是形式判断原则,但该原则的适用应限于债务人与其相对人之间,在符合撤销条件的情况下,对于相对人所为的再次转让的撤销,可适用无权处分制度行

① 参见石静遐:《跨国破产的法律问题研究》,武汉大学出版社1999年版,第272页。

使权利,同时应考虑后续的受让人善意取得与撤销权之间的冲突。对于无法撤销的交易,则由无权处分人承担相应责任。

(三)破产撤销权与司法行为

在司法实践中,在破产临界期内进行个别清偿的案件较多,甚至有债务人为逃避破产债务、进行偏袒性清偿,与他人合谋通过借助法院裁判、调解或者仲裁裁决等实现可撤销行为合法化的情况。对于此时管理人能否行使破产撤销权的问题,最高人民法院《关于适用〈中华人民共和国企业破产法〉若干问题的规定(二)》第15条规定,“债务人经诉讼、仲裁、执行程序对债权人进行的个别清偿,管理人依据《企业破产法》第三十二条的规定请求撤销的,人民法院不予支持。但是,债务人与债权人恶意串通损害其他债权人利益的除外”,即管理人对经过生效法律文书认定以及法院执行程序进行的个别清偿,因经过司法确认,对当事人具有法律强制力,如任意撤销生效裁判和执行行为,将损害司法的权威性,故在一般情形下不能行使破产撤销权,但在债务人与债权人存在恶意串通情形的情况下,管理人得直接向人民法院提起破产撤销权之诉,而无须通过申请再审等程序行使权利。

但有观点认为,该规定维护了交易秩序和司法权威,但忽视了对全体债权人利益的保护,有违破产程序对全体债权人公平清偿的基本原则,无论是经法院裁判后当事人的债务清偿还是经强制执行完毕的债务清偿都是债的履行,与当事人间自行履行债权债务没有本质上的差别,“只不过在实现方式上由当事人自愿调整为国家的强制,但这并不改变行为的本质及其背后的债权债务关系”。[①] 强调在此种情况下管理人不能撤销个别清偿行为,会导致债务人与个别债权人以诉讼形式恶意侵害其他债权人公平清偿权情形的发生,而因当事人间的“恶意串通”对于管理人或相关债权人来说,都难以举证证明,故适用“恶意串通”主张追回债务人财产的可能性相对较小。同时,部分债权人在是否请求债务人破产的问题上也会犹豫不决,如债权人能利用信息优势尽早通过寻求司法裁判获得的清偿比例比经破产程序获得的清偿比例大,会促使部分债权人与债务人达成某种利益交易,造成恶意诉讼案件的多发。破产制度的设置本身就是防止个别债

① 许德风:《破产法论——解释与功能比较的视角》,北京大学出版社2015年版,第375页。

权人基于其与债务人的特殊关系或使用其他方法而优先获得超出平均比例的清偿,确保破产财产最大化,保护全体债权人能够公平受偿。因此,这明显与破产制度的立法目的不符。

从国外的相关立法来看,德国和日本的破产法对于司法行为的撤销持肯定态度。德国《支付不能法》第141条“执行名义”规定:“对法律行为已经取得具有执行力的债务名义,或行为系因强制执行所取得的,不因此而排斥撤销权。”① 日本《破产法》第75条规定:“就欲否认的行为,虽有有执行力的债务名义,或其行为系基于执行行为者,亦不妨碍否认权的行使。”②其中,日本《破产法》所列的执行行为即包括已经取得执行名义的法院判决、调解等司法确定的权利义务。

破产撤销权的实质是对债务人不当处分财产行为的撤销,其所撤销的是债务人的行为,而不是裁判、执行等公权力作出的结果,在当事人间不存在恶意串通的情况下,公权力的结论或结果本身并不存在错误。基于此,在完善破产撤销权制度时,可考虑在特定条件下允许管理人撤销在破产临界期经司法确认的债务清偿行为。

(四)破产撤销权与票据付款行为

根据我国《企业破产法》第55条的规定,债务人是票据的出票人而进入破产程序,该票据的付款人继续付款或者承兑的,付款人可以由此产生的请求权申报债权。该条规定规范的是当出票人进入破产程序后,付款人付款后形成的债权请求权,可进行债权申报。最高人民法院《关于审理票据纠纷案件若干问题的规定》第17条作出了类似的规定。③ 因此,当出票人或背书人进入破产程序的情况下,付款人或承兑人的权利为债权请求权,此时管理人不得对票据付款行为行使破产撤销权。该条规定仅是针对破产企业系出票人或背书人的情况下付款人或承兑人付款的追索权问题,对于票据付款人进入破产程序时,管理人对此前破产临界期内的付款行为能否行使破产撤销权,破产法没有规定。在票据关系中,持

---

① 王欣新:《破产撤销权研究》,载《中国法学》2007年第5期。

② [日]石川明:《日本破产法》,何勤华、周桂秋译,中国法制出版社2000年版,263页。

③ 最高人民法院《关于审理票据纠纷案件若干问题的规定》第17条规定:“票据出票人或者背书人被宣告破产的,而付款人或者承兑人不知其实而付款或者承兑,因此所产生的追索权可以登记为破产债权,付款人或者承兑人为债权人。”

票人需在一定的期限内向付款人或承兑人提示付款。经提示付款后,付款人必须在付款当日足额付款。票据承兑或付款的基础原则是票据行为的无因性,即票据行为只要具备法定的形式要件即可生效,即使票据的基础关系无效或有瑕疵,票据债务人仍应对持票人按票据所载文义负责。

付款人在破产临界期内向持票人付款,进入破产程序后,管理人能否行使破产撤销权在实践中存在争议。债务人在破产临界期内对票据持票人的付款行为,性质上也属于对个别债务的清偿,根据破产法关于破产撤销权的立法精神,其也在破产撤销权的行使对象范围内。但是,如果将其作为个别清偿行为而撤销,如何保障持票人的权利是焦点问题。持票人持票向债务人提示付款并接受清偿后,又因付款人进入破产程序而面临被撤销的风险;而如果持票人不提示付款,则又无法取得拒绝证明,无法行使对前手的追索权,从而影响票据的正常流通,进而影响社会交易秩序的稳定。

从其他国家的破产法看,一些国家的破产撤销权制度中规定了票据承兑的例外,如德国《支付不能法》第137条规定,债务人的票据付款不得依据该法130条向手令人请求返还。日本《破产法》第73条也作了类似规定。同时为防止对其他债权人的损害,德国《支付不能法》规定,如果最后偿还义务人或者委托发票人,在发出票据的当时已经知道或者应当知道债务人已经停止支付或者破产申请的事实时,破产管理人可以请求其偿还破产债务人支付的票据金额。①

在破产债务人作为付款人的情况下,对于其票据付款行为能否行使破产撤销权,涉及与票据的无因性这一基本原则的冲突。从权利本质属性分析,在票据关系中,付款人一般基于与出票人之间的商业关系承担付款责任,或受出票人委托而付款,因此,本质上属于个别清偿或无偿转让。而根据我国《票据法》的规定,持票人提示付款后,付款人即应当承担到期足额付款的责任。换言之,即使此时出现破产原因,根据票据法的规定,付款人也应付款。在此种情况下,进入破产程序后,管理人对此付款行为能否行使撤销权,如果行使撤销权,产生何种法律后果,持票人的权利如何保障,有待在破产撤销权制度中进一步完善。

① 参见杜景林、卢谌译:《德国支付不能法》,法律出版社2002年版,第74页。

(五)破产撤销权与公益性捐赠行为

根据我国《企业破产法》第31条规定,对于无偿转让财产的行为,管理人可以行使破产撤销权。但是,对于债务人在破产临界期间内因公益性捐赠而为的无偿转让财产的行为,管理人能否行使破产撤销权?从我国《合同法》第186条、①第188条②的规定来看,对于赠与人具有救灾、扶贫性质的公益性捐赠行为,不仅在转移之前不能撤销赠与,赠与人不交付赠与的财产的,受赠人还可以要求赠与人交付承诺赠与的财产。但我国《合同法》第195条同时规定,“赠与人的经济状况严重恶化,严重影响其生产经营或者家庭生活的,可以不再履行赠与义务”。因此,有观点认为,在此情形下,管理人对公益性的赠与行为,也可以行使破产撤销权。同时,也有观点认为,公益性赠与行为属于无偿转让财产的行为,而我国《企业破产法》属于民事特别程序法,根据该法第31条规定应当撤销,如果对该种行为不能撤销,将会损害全体债权人的利益。对此,笔者认为,就公益性赠与行为能否撤销的问题,应当从破产撤销权与公益性赠与的本质分析。破产撤销权的立法本意是为了维护全体债权人的公平受偿权利,虽然是债权人的整体性利益,但其本质仍是债权人的私权利;而公益性赠与承担了救灾、扶贫等维护社会公益的职能,是企业承担社会责任的体现,具有公益性权利的性质。因此,当两者发生冲突时,应遵循公益优先的价值判断,对公益性赠与行为应作为管理人行使破产撤销权的例外情形。

五、结　　语

破产撤销权制度是破产法为了防止债务人在丧失清偿能力或者有明显丧失清偿能力可能的情况下,通过不当手段损害全体或多数债权人利益,破坏公平清偿原则而设立的特殊制度。该制度为管理人履行职责,保全债务人财产,维护债权人之间的实质平等,实现破产财产在全体债权人之间的公平分配提供了有力

① 我国《合同法》第186条规定:“赠与人在赠与财产的权利转移之前可以撤销赠与。具有救灾、扶贫等社会公益、道德义务性质的赠与合同或者经过公证的赠与合同,不适用前款规定。”

② 我国《合同法》第188条规定:“具有救灾、扶贫等社会公益、道德义务性质的赠与合同或者经过公证的赠与合同,赠与人不交付赠与的财产的,受赠人可以要求交付。”

的工具。破产撤销权的行使,既是管理人的权利,也是管理人的法定职责。管理人接管破产企业后,应当通过对债务人企业在破产程序开始前一段时间内的交易行为进行依法审查,对破产财产进行准确界定,考量与相关权利之间的冲突与平衡,依法准确行使破产撤销权,才能做到对全体债权人利益的合法公平保护。

破产清算中财产接管及风险控制之探究

朱华军* 周 军**

在破产清算中，保证和实现债务人财产的完整及价值最大化是管理人的核心工作。完整归集债务人财产是管理人勤勉尽职的重要内容，实现债务人财产的顺利变价及价值最大化则是破产清算的核心事项，再考虑破产程序中的抵销权、撤销权、取回权及债权人的受偿权等都紧紧围绕债务人财产而展开，管理人更需对债务人财产接管工作给予重点的关注并投入最大精力以有效避免资产的流失，保障各个权利人的合法权益，化解因企业破产引发的社会矛盾，以最大限度减少管理人的履职风险。本文旨在从实务的角度解析破产清算中债务人财产接管及风险控制，确保债务人财产完整性和安全性。

一、债务人财产范围的界定

我国《企业破产法》第30条规定："破产申请受理时属于债务人的全部财产，以及破产申请受理后至破产程序终结前债务人取得的财产，为债务人财产。"在破产清算实务中，除债务人所有的货币、实物外，债务人依法享

* 浙江中兴会计师事务所有限公司所长助理。

** 浙江中兴会计师事务所有限公司所长助理。

有的可以用货币估价并可以依法转让的债权、股权、知识产权、用益物权等财产权益，均应认定为债务人财产。在破产清算实务操作过程中，按范围节点，将债务人财产分为以下三类。

（一）债务人在破产申请受理时经营管理的全部财产

债务人在破产申请受理时经营管理的全部财产是指债务人在破产申请受理时所有的或者经营管理的全部财产，包括应当由债务人行使的相关财产权利。其构成分为债务人所拥有的有形财产和无形财产权利。

1. 债务人所拥有的有形财产。主要包括：(1)货币资金；(2)存货，如原材料、在产品、产成品等；(3)固定资产，如房屋建筑物及构筑物、在建工程、机器设备、运输工具、办公及电子设备等。

2. 债务人所拥有的无形财产权利。主要包括：(1)债权；(2)证券权利，如票据、债券、股票等有价证券所代表的财产权利；(3)股权；(4)知识产权，如发明专利、商标以及工业品外观设计等方面组成的工业产权和著作权；(5)用益物权，如土地承包经营权、建设用地使用权、宅基地使用权及地役权，破产清算中的用益物权更多表现为建设用地使用权；(6)其他财产权利，如企业拥有的、可以用货币计量并可以变现的排污权、经营资质等。

（二）债务人在破产申请受理后至破产程序终结前取得的财产

破产管理人在接受人民法院指定后，可以代表债务人进行必要的民事活动，通过管理人的民事行为所取得的财产也属于债务人财产，具体包括以下 8 种。

1. 因债务人的债务人主动清偿和财产持有人的交还或者经管理人催讨而得到的财产属于债务人财产。

2. 管理人对破产申请受理前成立而债务人和对方当事人均未履行完毕的合同有权决定解除或继续履行，因继续履行尚未履行完毕的合同而取得的财产属于债务人财产。

3. 债务人的出资人尚未完全履行出资义务的，管理人有权要求出资人缴纳所认缴的出资，而不受出资期限的限制，补足的部分属于债务人财产。

4. 债务人的董事、监事和高级管理人员利用职权从企业获取的非正常收入和侵占的企业财产，管理人追回后列入债务人财产。

5. 债务人财产所产生的孳息收入,如租金收入、利息收入等。

6. 债务人企业因投资或者所有知识产权而得到的收益,如公司股东的分红收入、特许使用权收入等。

7. 破产清算期间债务人继续经营的产生收益。

8. 基于其他合法原因而取得的财产,如因破产清算过程中他人侵犯债务人的权益而获得的赔偿,接受捐赠等。

(三)管理人因行使撤销权所追回的财产

管理人行使撤销权所追回的财产应当列入债务人财产范围内。法律赋予管理人行使撤销权的目的在于纠正债务人在破产程序开始前法定期间内的不当财产处分行为,恢复其所应有的财产,以实现债务人财产的最大化,确保债务人财产得以在全体债权人之间进行公平分配。管理人行使撤销权主要有以下三个方面。

1. 人民法院受理破产申请前1年内,涉及债务人财产的下列行为,管理人有权请求人民法院予以撤销:(1)无偿转让财产的;(2)以明显不合理的价格进行交易的;(3)对没有财产担保的债务提供财产担保的;(4)对未到期的债务提前清偿的;(5)放弃债权的。

2. 人民法院受理破产申请前6个月内,债务人有我国《企业破产法》第2条第1款规定的情形,仍对个别债权人进行清偿的,管理人有权请求人民法院予以撤销。但是,个别清查使债务人财产收益的除外。

3. 债务人为逃避债务而隐匿、转移财产,虚构债务或者承认不真实的债务的,应当认定债务人行为无效。

二、对债务人财产的接管

管理人在接到人民法院指定后,一般要组织相关人员对债务人财产进行全面调查、管理,逐项核对点清,查明债务人企业实际所拥有或控制的资产。管理人应根据各类资产的不同性质,依法采取合理的接收和管理措施,保障债务人财产的安全和价值的最大化。

(一)现金及有价证券

对现金及有价证券(包括但不限于应收票据、基金、债券、股票等),管理人应确定财务等专业人员负责保管和核算,并注意安全防范措施,严格落实破产清算过程中的资金使用审批制度。对于银行存款,可以采取全面销户集中存款的方式,通过法院的裁定书及划款通知书将债务人开户行的存款划入管理人账户集中管理,并应当注意有无资金挪用、非正常支出和不明去向等情况。同时,为保障资金收益的最大化,可采用竞价方式择优选择银行开立破产管理人账户。

(二)应收对外债权

对应收对外债权,管理人应通过审计机构对应收债权数额进行审核,并发函至次债务人要求其对债权进行确认,若双方核对一致,则管理人应通知次债务人及时清偿债务并缴入管理人账户;若双方核对不一致,则管理人应和次债务人及时对账,并查明差异的原因。管理人应制定专门的外债权催收及追讨方案,在债权人会议的监督和法院的指导下积极催讨,必要时通过诉讼途径进行追索。

(三)土地、房屋等不动产

对土地、房屋等不动产,管理人主要是接管不动产权属证书及于不动产相关的协议(如土地出让合同、租赁协议等)。管理人应当从不动产权属部门查询债务人企业所有的不动产登记信息,查询所得信息与接收的不动产权属证书进行核对,并结合实地踏勘,必要时进行丈量,查明不动产的权属及可能的权利限制。对于已出租的,或者闲置的、具备对外出租条件的不动产,如果案件处理周期比较长,可以在不影响最终变价清算的前提下对外出租,以实现资产价值的最大化。

(四)在建工程

对在建工程,管理人应及时向法院汇报,续建与否应征得债权人会议的决定。在债权人会议决定前,管理人应组织在建工程负责人对在建工程的当前状态进行核算,并做好现场的安全保卫措施。

(五)机器设备、办公及电子设备、存货等动产

对机器设备、办公及电子设备、存货(包括原材料、在产品、产成品)等易于流失的动产,管理人应会同债务人企业、资产评估人员及所聘用安保人员等四方对上述动产按存放地点逐一盘点,必要时对所盘点资产按顺序贴标签并连续编号,同时拍照留存,防止少盘或漏盘。盘点完成后,参与盘点各方对财产盘点表进行签字确认,管理人对所盘点完毕的区域张贴管理人封条予以封存,并由专人负责看管。对于季节性、易损、易腐、易跌价或者保管费用较高的财产以及其他不适合长期保管的商品,应当在得到法院许可的前提下采取公开方式及时处置,以减少债务人财产损失。

(六)车辆等运输工具

对车辆等运输工具的接管,管理人应首先获取车辆登记证及车辆行驶证,并获取车辆钥匙(包括备用钥匙)。同时,管理人应到车辆登记部门查询车辆登记信息,以查明是否存在遗漏或者使用瑕疵(如注销)等现象。管理人在接管债务人企业后,所有车辆均应停止使用,并对车辆进行安全加锁,以避免继续使用带来的风险。

(七)知识产权、专有技术、商业秘密、企业商号等无形资产

对知识产权、专有技术、商业秘密、企业商号等无形资产,管理人应当调查了解所有与知识产权有关的注册登记证明及协议,同时应到相关主管部门进行核查,确定无形资产的权属情况,避免无形资产的流失,并对其使用的有效期间进行必要的关注。

(八)对外投资

对于对外投资,管理人应要求债务人企业提供对外投资合同、协议、章程等投资证明资料,并通过工商登记部门进行查询验证。管理人要根据债务人企业所占股份份额分别进行管理。对于全资子公司,管理人则应全面接管,将全资子公司视同债务人企业;对于占控股权的公司,则应视实际情况进行接管,在资产评估和股权转让后退出,收回投资纳入债务人财产分配;对于其他参股企业,管理人应发函通知该企业,要求依法进行资产评估和股权转让,收回投资纳入债务人分配。

一般情况下,破产企业普遍都会出现管理混乱、留守人员不足等现象,管理人对债务人企业财产的接收和管理存在较大的难度。破产管理人应及时制订债务人财产的接收方案,并制作移交清单经双方签字确认,同时本着有利于债务人财产最大化的原则来进行管理,积极采取有效措施防止债务人财产因人为的或者意外的原因遭受损失,以提高破产债权人实际清偿率。此外,在接管债务人企业时,务必要区分债务人财产和非债务人财产,对所有权的清晰界定,既有利于对债务人、债务人及非债务人财产的权利人的权益保护,也有利于保障破产案件的顺利进行,同时也避免了管理人的履职不当所带来的风险。在认定债务人财产时应注意,以下财产不应认定为债务人财产:(1)债务人基于仓储、保管、承揽、代销、借用、寄存、租赁等合同或者其他法律关系占用、使用的他人财产;(2)债务人在所有权保留买卖中尚未取得所有权的财产;(3)所有权专属于国家且不得转让的财产;(4)其他依照法律、行政法规不属于债务人的财产。

三、债务人财产的接管风险

管理人应在人民法院的指导和监督下,公平公正地接管债务人财产,切实保障债务人财产的安全,对非法处置的财产进行追回,从而保障债权人的合法权益。如管理人未勤勉尽责、忠实执行职务,人民法院依法可以处以罚款;给债权人、债务人或第三人造成损失的,承担赔偿责任,构成犯罪的,追究刑事责任。因此,管理人在实际操作中应勤勉尽责,避免出现以下风险。

(一)债务人财产完整性风险

债务人财产是破产程序进行的基础,是债权人通过破产程序得到清偿的物质保证,因此,管理人在接管债务人财产时,应确保债务人财产的完整性,使其价值最大化,从而保障债权人的合法权益。如果接管债务人财产不完全,缩小债务人财产范围,就会减少可供清偿的财产金额,最终影响债权人利益。在实践中,管理人主要面临以下两类风险。

1. 管理人少接管债务人财产或多接管非债务人财产的风险

在实际操作中,管理人比较关注债务人的货币资金、房屋、机器设备、存货等有形资产和土地使用权等价值明显的无形资产,往往会忽视债务人不明显的或不在财务报表反映的财产和财产权益,如专利、商标等知识产权,在外的质物、留置物,以及债务人的出资人尚未完全履行出资义务等。如果管理人在接管过程中少接收了本应属于债务人的财产,那就等于人为缩小了用于清偿债权人的债务人财产,进而影响债权清偿比例,最终损害债权人利益。

此外,如果管理人仅凭债务人提供的文件和资料就接管债务人财产,未认真核查财产的所有权,正确区分债务人财产和非债务人财产,就可能会产生多接收非债务人财产的情况,如债务人基于仓储、保管、承揽、代销、借用、寄存、租赁等合同或者其他法律关系占有、使用的他人财产。如果到财产处置完后才发现多接收非债务人财产情况,就可能会带来一系列诉讼案件,不仅费时费力,还会增加破产费用,进而减少可供分配的财产总额,最终同样会损害债权人利益。

2. 管理人未清查应予追回财产的风险

在实践中,如果管理人怠于行使撤销权,未深入和全面地清查债务人财产,未详尽询问债务人相关人员,未密切关注债务人是否存在可撤销行为和无效行为,就会导致未发现或未尽责追回债务人财产,最后使债权人蒙受损失。

(二)债务人财产价值贬损风险

接收债务人财产后,管理人就承担起财产管理和保护的责任,保护财产价值不受非正常损害,以避免财产流失。管理人应对财产的种类、特征和特性进行分类汇总,并要定期对财产的状态进行查看、对财产的数量进行盘查,及时关注财产状态和价值上的变化,如管理人未及时关注或管理不善,就会面临债务人财产价值贬损的风险。

1. 有形资产价值贬损风险

进入破产清算程序的企业往往已停止营业,职工已被停工或遣散,财产处于无人管理状态,此时管理人进场,就要积极采取有效措施加强管理,避免发生价值贬损风险:首先,对于那些年久失修、疏于管理和长期不使用的房屋、机器设备、汽车进行全面的安全检查;其次,正确区分不同物品的自然属性,对一些不易保管或者不及时变现价值将严重贬损的财产,本着实现财产价值最大化的原则,在报请人民法院批准后，及时进行变现处理；最后，加强安保工作，防止产生因管理不善而发生的财产被盗、失窃、火灾等意外事件。

2. 无形资产价值贬损风险

管理人管理财产过程中同样要对无形财产提高认识、加强管理，特别是专利、商标、商业秘密等知识产权类无形资产。由于进入破产清算程序的企业一般已处于停产停业、巨额亏损状态，知识产权等无形财产无法在产品销售中体现其自身价值，因此，管理人在接收中往往会忽视这类无形财产，对这类无形资产放松管理，甚至出现到期未及时续期情况，同时在资产评估中也存在被低估的现象。这不仅造成债务人财产的流失，而且也不利于债权人利益的保护和知识产权的延续。

（三）破产管理人的道德风险

道德风险是20世纪80年代西方经济学家提出的一个经济哲学范畴的概念，即从事经济活动的人在最大限度地增进自身效用的同时，做出不利于他人的行动。引申到破产清算中，管理人道德风险就是管理人在最大限度地增进自身效用的同时可能做出不利于债权人利益的行为选择。我国《企业破产法》借鉴国际通行的管理人制度，赋予管理人非常大的权力，管理人作为债务人财产的代管人，参与破产程序的全过程，管理破产中的各项事务，包括接管财产、财产处分、财产分配等等。尽管管理人在执行职务过程中要向人民法院报告工作，接受人民法院、债权人会议和债权人委员会的监督，但由于信息的不对称性，在实践中很难衡量和定论管理人清算过程中是否对于债务人财产公正、客观地履行自己的职权，是否以价值最大化为目标，是否公平、公开地处置资产。这就有可能会发生管理人滥用职权而偏离法定职责和债权人期望的情形。

四、债务人财产接管风险的应对

应对和防范上述风险，不仅是管理人履行好职责的保证和必然要求，而且也是管理人自我保护的一种方式。管理人应从根源上对风险加以防范，遵守职业道德，勤勉尽责；另外，管理人还应采取一系列相应制度和措施，控制、降低、转移各种可能出现的风险。

(一)认真履行勤勉忠实义务是防范风险的前提基础

企业破产法规定,管理人应当勤勉尽责、忠实执行职务。在防范财产接管风险中,管理人应当尽到勤勉义务和忠实义务,从根源上防范接管风险。

1. 勤勉义务

勤勉义务是从作为的角度强调管理人的义务,要求管理人应当秉持努力不懈的工作态度,脚踏实地地工作,勤勤恳恳、兢兢业业,其标准为双重标准:一个是主观标准,拥有管理人实际拥有的一般知识、技巧和经验的理性勤勉的人所能尽到的勤勉标准;另一个是客观标准,拥有任何执行破产管理人职能的人能够被合理期待拥有的一般知识、技巧和经验的理性勤勉的人所能尽到的勤勉标准。[①]在实际接管债务人财产过程中,管理人就要做到:第一,勤劳尽责;第二,注意效率;第三,勤俭管理;第四,谨慎处事。如果做到了勤勉尽责,符合主客观双重标准,并及时向法院和债权人委员会报告相关情况,即使最后给债权人造成了损失,也可请求免责。

2. 忠实义务

忠实义务则是从不作为的角度来强调管理人的义务,要求管理人切实履行自己的职责,不得利用所处的地位滥用职权、牟取私利,从而最大限度地维护债务人财产和全体债权人的利益。管理人接管债务人财产时,可参考我国《公司法》第148条对董事、高级管理人员的规定,严格要求,避免出现违反忠实义务的行为。

(二)制定积极有效的管理人内部控制是应对风险的重要措施

制定管理人内容控制是防范和应对风险的重要环节之一,完整和成熟的管理人内部管理制度、详细而具体的破产操作流程,是管理人在接管债务人财产中防范和应对风险的有效保障。[②]

---

① 参见樊云慧:《破产管理人的义务和责任探究》,载中国法学会商法学研究会编:《中国商法年刊》,北京大学出版社2007年版,第385页。

② 参见栾甫贵:《论企业破产清算的内部控制》,首都经济贸易大学出版社2014年版,第105页。

1. 设立管理人内部职能机构

管理人可根据破产工作的需要,在内部设立职能机构,成立资产接管组,便于加强组织和管理。同时建立分级管理责任制,责任具体落实到项目负责人、小组负债人和各成员中,明确各自的工作职责,层层把关,严格控制。

2. 制定管理人内部各项制度

为使管理人有效行使管理权,保障破产工作的有序开展,管理人可制定管理人内部各项制度和操作流程。在接管债务人财产方面,管理人可建立财产接管的质量控制体系,内容包括:(1)制订管理人接管方案,细化接管程序和要求;(2)按工作方案划分接管小组,落实责任人;(3)按工作方案开展工作,办好移交手续;(4)按分级管理责任制程序对债务人财产进行管理;(5)制作完备的管理人工作记录;(6)管理人工作结束后,及时总结,并做好归档。

(三)参加商业保险是化解风险的最后保证

在破产清算过程中,管理人全程参与,职权宽泛、管理复杂,因此责任重大。一旦管理人在财产管理上出现风险并造成损失,就要承担赔偿责任,如果赔偿金额巨大,无力承受,还会连累事务所面临倒闭而退出市场的严重后果。因此,为了避免这种后果的出现,管理人除在工作上勤勉尽责外,还可参加一些商业保险,转嫁、分散风险。关于参加商业保险,我国《企业破产法》第 24 条规定,个人担任管理人的,应当参加执业责任保险。机构担任管理人是否应当参加执业责任保险破产法未曾提及,但可以理解为,机构担任破产管理人时可以参加执业责任保险。其实,保险制度以分散风险为原理,以消化损失为目的,管理人参加保险后,一旦发生赔偿责任,就可分散风险,避免损失或使损失控制在可以承受的范围内。

破产财产变价中的管理人风险及应对研究

宋华斌[*]　周少华[**]　秦　立[***]

优胜劣汰是市场经济永恒的主题，适者生存、不适者淘汰。对于我国民营企业来讲，改革开放近40年来涌现了一大批优秀的企业，同时也有一部分企业因各种原因走向消亡。为了适应市场经济的发展，更好地完善我国市场主体的退市制度，2007年我国《企业破产法》正式实施，为处于困境中的企业指明了方向。《企业破产法》借鉴了管理人制度，赋予了管理人新的使命，但由于目前并没有明确的管理人工作实施细则，内部控制环节薄弱，在实务中，管理人会面临各种情况的发生，存在很多风险。本文将重点对破产财产变价过程中的变价方案、变价行为、纳税义务、资产移交等方面存在的管理人风险及应对展开论述。

一、破产财产变价的定义

破产财产变价是指在破产清算的程序中，管理人将破产人的非货币形态财产，通过拍卖或债权人会议决议

* 浙江中兴会计师事务所有限公司注册会计师。
** 浙江中兴会计师事务所有限公司会计师。
*** 浙江中兴会计师事务所有限公司注册会计师。

的其他形式出售、处置,从而转化为货币形态财产的行为。破产财产的变价过程是破产清算中最重要的工作之一,是保证债权人利益最大化的直接体现。

(一)破产财产变价的基本原则

在变价过程中,管理人应勤勉尽职、忠实执行职务,保证破产财产通过市场手段实现价值最大化。因此,管理人应遵循以下基本原则。

1. 公开、公平原则

公开、公平原则是管理人执行职务的基本原则之一。管理人受人民法院指定,接管破产财产,由于破产前债务人已造成了债权人的损失,管理人只有对自身工作做到公开、公平,才能打消债权人的不信任感,维护各债权人的利益。

2. 破产财产价值最大化原则

破产财产的变价结果直接影响财产分配程序中债权人的分配比例。债权人认可的破产财产变价方案一定是体现价值最大化的,因此,管理人拟定的破产财产变价方案必须充分体现债权人利益最大化,而债权人利益最大化的前提是破产财产变价实现价值最大化。需要指出的是,价格的最大化并不等同于价值最大化,管理人体现的价值最大化,不仅是财产转让的价格最大化,同时也是社会利益的最大化,[①]需要兼顾债权人、债务人和社会的利益平衡。

3. 适时变价原则

管理人应当适时变价出售破产财产。对于破产财产的变价时间,法律并没有具体的规定,但变价往往会受到市场变化的影响,管理人制订的变价方案一般是原则性的方案,这就赋予了管理人灵活处置的权利。管理人应在人民法院和债权人会议的监督下灵活处置相关财产,适时变价,使破产财产能在最合适的时间实行变价。

(二)破产财产变价的方式

我国《企业破产法》第 112 条规定:"变价出售破产财产应当通过拍卖进行。但是,债权人会议另有决议的除外。破产企业可以全部或者部分变价出售。企

---

① 参见徐根才:《破产法实践指南》,法律出版社 2016 年版,第 247 页、第 252 页。破产财产的有效处置应遵循"利益等边三角形"理论,兼顾债权人、债务人和社会的利益平衡。

业变价出售时,可以将其中的无形资产和其他财产单独变价出售。按照国家规定不能拍卖或者限制转让的财产,应当按照国家规定的方式处理。”

破产财产的变价方式主要分为两种,一种以拍卖的方式变价,另一种以变卖的方式变价。

在实务中,一般优先选择拍卖方式进行财产变价。最高人民法院《关于人民法院民事执行中拍卖、变卖财产的规定》(法释〔2004〕16号)中提到:“人民法院对查封、扣押、冻结的财产进行变价处理时,应当首先采取拍卖的方式。”浙江省高级人民法院《关于企业破产财产变价、分配若干问题的纪要》(浙高法〔2013〕154号)中提道:“十一、经债权人会议决议以拍卖方式变价出售破产财产的,且破产财产适宜由法院主持进行网络拍卖的,可由管理人申请法院根据本院《关于全面推进网络司法拍卖工作的通知》和相关工作规程,通过网络拍卖方式变价破产财产。”由此可见,管理人通过拍卖的方式,特别是网络司法拍卖,对破产财产实施变价,可以实现破产财产的价值最大化,更好地维护破产债权人的利益,而且这种变价方式保证破产财产变价的公开、公平。

当然,破产财产变价直接关系全体债权人的利益,在变价方式上必须尊重债权人的意愿。若大多数债权人认为,直接作价变卖可以更好地实现破产财产的价值,并将这一决定写入债权人会议通过的破产财产变价方案,对破产财产的变价就可以不采取拍卖的方式,而按照债权人会议决议的规定对破产财产实施变价。

二、财产变价过程中管理人工作存在的风险及应对

我国《企业破产法》第111条规定:“管理人应当及时拟订破产财产变价方案,提交债权人会议讨论。管理人应当按照债权人会议通过的或者人民法院依照本法第六十五条第一款规定裁定的破产财产变价方案,适时变价出售破产财产。”我国现行《企业破产法》对破产财产的变价原则规定得不具体,对破产财产的处理期限未作规定,这些缺陷有待修改完善。管理人在执行职务过程中,应积极与指导法院、债权人委员会沟通方案的可行性和合理性,当好方案的执行者。

(一)破产财产变价方案中的风险及应对

破产财产变价方案是管理人向债权人会议传达资产处置思路的一个窗口,

必须坚持以有效提升变价效益为导向,以保护债权人合法利益为目标,以市场化运作方式为路径,促进破产资产快速有效变价,实现破产财产经济效益和社会效益的最大化。

我国《企业破产法》第111条对于管理人对破产财产变价方案拟定的职责规定,是纲要式的程序,对个案来说指导意义有限,这既给管理人留出自主发挥的余地,同时也是管理人面临的巨大挑战和风险。管理人追求的是问题最优化解,及时实现破产财产变价,使效率提高,[①]所以在实务中,管理人必须主动创新,以切合变化中的实际情况,针对可能出现的风险提前准备解决预案,避免以下风险的出现。

1. 方案对变价资产范围界定模糊不清

确定破产财产的范围是变价工作的出发点。管理人应当尽最大可能查证核实破产财产,对可能属于债务人的财产进行充分的调查,避免不必要的流失。资产的查证是一项复杂且涉及多部门的工作,管理人在方案中理应向债权人说明相关问题,特别是以下4种特殊财产的说明:

(1)房产类破产财产的调查

对于房产类破产财产,管理人若没有到房管、国土部门详细了解房屋、地产的权属状况以及附于房地产上的特殊权益,则极有可能遗漏破产财产或错误划定范围,譬如,将职工的住房和有权属争议的房地产纳入拍卖范围,导致拍卖陷于纠纷而造成损失。同时,管理人应取得城建房管部门认可的地理位置、用地性质、房屋结构、建筑年代,是否符合城市规划要求等资产信息也尤为必要。

(2)国有划拨土地的调查

企业如存在国有划拨土地的情况。国有划拨土地的变价应按照我国《企业破产法》第133条、最高人民法院《关于破产企业国有划拨土地使用权应否列入破产财产等问题的批复》的规定执行。国有划拨土地上附着的建筑物属破产财产的,管理人需向法院汇报,积极协调当地政府,破产企业的上级主管机关在收

---

① 参见李曙光、王佐发:《中国破产法实施的法律经济分析》,载中国人民大学书报资料中心编:《政法论坛》2007年第1期。任何问题和它的解决方案都有必然的前提条件,也就是它们都只能在一定条件下才能成立。制定破产财产变价方案,当然首先要考虑可能出现的问题,其次是针对若干此类问题提供解决方案。当然,笔者在此着重强调对同一问题的不同解决方案的最优化解是如何形成的,及时实现破产财产变价,使效率提高,包括对机会成本的注重,避免使"股东和债权人不能集中精力进行其他投资活动"等情况的出现。

回国有划拨土地的同时,以建筑物的评估价格或市场价收回建筑物。

(3)公益福利性设施的调查

某些国有企业或者集体所有制企业中存在的幼儿园、学校、医院等公益福利性设施,由于不是生产经营的设施,具有社会公益性质,且与职工的生活安置息息相关,因而破产管理人不宜将它们作为破产财产处理。①

(4)对外债权的调查

对外债权的变价,管理人经调查后发现确无追回可能或追收成本大于债权本身的,应该报请债权人会议决议是否予以核销处理。对资产有追回可能的,管理人应积极催收或提起诉讼。

2. 方案对破产财产现状描述言不符实

对变价资产的现状描述在一定程度上决定了其变价价值,譬如,一台高科技机器设备若已被风雨侵蚀,惨败不堪,没有使用价值,但在管理人制订的变价方案甚至拍卖方案中并没有明确的说明,传递给债权人和竞买人与实际不符的信息,造成相关方的误解。因此,资产现状的正确描述不仅是债权人非常关注的一方面,也是为根据变价方案制订适合的拍卖方案的前提,管理人有义务进行客观评价,若管理人在没有经过专门勘察或者故意隐瞒实际情况作出名不副实的意思传达,会造成相关方的误解,最终偏离各方的预期或贱卖破产财产,妨碍破产清算的顺利进行。针对上述风险,管理人应从以下两个方面着手应对:

(1)从资产实物调查

管理人必须认真勘察资产的实际情况,结合审计机构和评估机构,从使用时间、构成材料、品牌性能、产品瑕疵、维修保养及外观新旧等方面作出全面的初步评估,尽量还原资产的真实状况。如有必要,还可聘请专业人士进行资产解读,②

---

① 参见李国光等:《正确理解〈关于审理企业破产案件若干问题的规定〉》,中国法制出版社2002年版,第201~202页。在国有企业破产案件中,破产企业职工的住房,除已经通过房改出售给个人的外,属于破产财产。企业职工已经缴纳了房改金的,则房屋的所有权、使用权归职工,房屋不再计入破产财产。对于房改尚未完成但是具备房改条件的住房,破产管理人应当向有关部门申请尽快办理房改事项,向职工出售。对于不具备房改条件或者职工不愿意购买的,破产管理人应当将其归入破产财产。在某些国有企业或者集体所有制企业中存在的幼儿园、学校、医院等公益福利性设施,由于不是生产经营的设施,具有社会公益性质,且与职工的生活安置息息相关,因而破产管理人不宜将它们作为破产财产处理。

② 在实践中,由于存在企业私搭私建现象,管理人接管后应委托专业的机构对不动产进行再次测绘。

对于破产财产在拍卖市场上的行情也需有一定的了解，有助于变价工作的有序展开。此外，对于资产存在出租的行为，也需要在方案中对租赁范围、租赁期限、租金水平和特别情况进行充分的披露。

（2）从资产外部调查

为全面了解变价的影响因素，管理人也需前往发改委、经信委、环保局、国土局及其他有关政府职能部门咨询，了解区域规划、产业政策、发展方向、环境要求，挖掘资产的利好、限制等相关信息，以免发生无效的资产处置行为。

（二）破产财产变价评估中的风险及应对

1. 评估机构选择

企业一经宣告破产，进入破产清算程序，债权人几乎是会蒙受损失的。普通债权清偿率常常不足 10%，债权人往往难以接受。在进入破产清算程序后，要使债权人的损失降到最低，只能使破产企业尚存的财产获得公平合理的变价，使其符合市场的公允价值，满足债权人的预期。而这一切的起点，就是对管理人已接收的债务人财产的评估。如果高值低估，将会导致债务人财产的变价过低，侵害债权人的利益；如果低值高估，那就需对财产进行多次变价，会大大减缓债务人财产的变价速度，一方面，使债权人受偿的进程变慢，损失了货币的时间价值；另一方面，也不利于管理人工作的开展，增加管理人的工作负担，同时也浪费了多次变价产生的公告、登报等破产费用。

对破产财产有一个准确的评估价格，管理人第一步就是要选取合适的评估机构。在实务中，由于目前破产法等相关法律并没有明确的条文规定评估机构的产生方式，通常的做法是由管理人指定。这种做法的可能存在如下风险：一是管理人可能任人唯亲，挑选平常有业务往来，关系较好的评估机构，甚至可能造成徇私舞弊。① 二是管理人一般会从其已知的评估机构中选择，但有些财产比较特殊，已知评估机构专业胜任能力不足，管理人如果勉强指定评估机构，其中会存在较大的风险。要防范以上风险，管理人可以采取以下应对措施。

---

① 参见栾甫贵等：《论企业破产清算的内部控制》，首都经济贸易大学出版社 2014 年版，第 246 页。

(1)引入评估机构招投标制度

引入评估机构招投标制度,一方面,扩大了评估机构的选择范围;另一方面,可以防止徇私舞弊的产生,体现了公平、公正。不仅如此,引入招投标制度可以使符合资格条件的评估机构能够在公平竞争条件下,以合适的价格获得服务机会,降低了变价过程中破产费用的支出;也可以促使评估机构进行学习和技术改造,以提高服务质量。

(2)建立评估机构名录

管理人可请示人民法院应建立评估机构名录库。首先,对评估机构的资质、人员构成、业务能力、过往业绩、业务专长等进行记录在案;其次,对其各方面的能力进行等级划分,并确立各个方面的权数,得出其综合评价结论;最后,建立相关评估机构的信用档案,一旦其在执业中有重大过错或过失等,可将其列入黑名单。建立评估机构名录库的优势在于可通过名录进行快速、合理、专业的选择,提高破产工作效率。

此外,管理人还可将相关评估机构的选择交给债权人,在债权人会议方案中充分介绍各机构的情况,供债权人选择。

2. 评估结果认可问题

评估报告出具后,管理人应得到股东、法定代表人的签字认可,股东、法定代表人对相关评估结果应签字确认。在根据变价方案制订相关拍卖方案后,有条件的应让重要利益相关者如股东、法定代表人、抵押权人,或债委会对相关方案进行签字认可;如有必要,也可通过债权人会议授权通过,以此避免由于遗漏重要利益相关者对相关方案结果认可引起的风险。

(三)破产财产拍卖中的风险及应对

破产财产的拍卖从宏观视角来看其实就是商品销售,商品接受市场的检验,除商品自身属性外,竞买人对商品的认知、拍卖时间的选择和管理人选择变价财产的组合方式也是影响商品成交的因素。

1. 拍卖公告刊登方式不合理引起的风险

根据我国《企业破产法》、最高人民法院《关于人民法院网络司法拍卖若干问题的规定》等法规并结合实际,管理人在实践中对财产变价采用的最普遍的方式就是司法拍卖。欲拍卖,必先公告。最高人民法院《关于人民法院网络司法拍卖若干问题的规定》第12条也规定,“网络司法拍卖应当先期公告,拍卖公告除通过法定途径发布外,还应同时在网络司法拍卖平台发布。拍卖动产的,应当在拍卖十五日前公告;拍卖不动产或者其他财产权的,应当在拍卖三十日前公告”。在进行拍卖公告时,管理人为图省事,仅通过网络司法拍卖平台发布公告,这有可能令信息流通不充分,导致管理人承担道德风险。一方面,公告的受众面不够广泛,令参与竞买人较少,竞买时缺乏竞争导致破产财产真正市场价值无法实现。竞买人甚至可能恶意串通,从而以较低的价格拍走破产财产,侵害债权人的利益。另一方面,公告不充分也令债权人不能及时了解破产财产变价的进程,对管理人工作产生质疑。

针对以上风险,管理人除在网络司法拍卖平台发布公告外,也应该在当地较有影响力的报刊、杂志上同步进行拍卖公告,针对特殊行业,管理人还可联系相关行业产业协会,利用其工作平台进行宣传,使拍卖信息公开的范围扩大。此外,管理人应积极寻找潜在的买家,并对其进行定向公告,如邮寄、电话通知、上门递送方案等。

2. 变价时间的不合理引起的风险

管理人在对待资产变价的时间选择上,必须谨慎决定,针对不同资产作出不同分析。如果出现明显的原则失误,使破产财产遭受毁损,也会受到债权人及相关部门的追责。因此,管理人必须针对行业、企业财产的特殊性,避免出现以下风险。

(1)季节性商品等不易保存的资产未及时处置

对季节性商品、鲜活、易腐烂变质及易损易耗物等不宜保管的破产财产必须进行变价处置的,管理人及时报请法院同意,在法院和已知主要债权人的监督下,进行紧急处置,并在事后向债权人会议报告。①

(2)其他资产缺乏多重条件的综合考虑

资产变价往往不是简单的钱货交换,会衍生出各种条件、要求与其他情况,此时就需要管理人统筹考虑各项事宜,力争探讨出各方共赢局面下通过对破产参与人各方利益的保护,实现破产财产最大化和社会成本最小化的最佳方案。

---

① 浙江省高级人民法院2013年6月28日发布《关于企业破产财产变价、分配若干问题的纪要》(浙高法〔2013〕154号)第5条。

譬如,不能简单因为土地使用权预期价值的可增长性,而对土地使用权的出售久拖不决,也不能因为出高价的购买方将付款期限延长,而同意接受。这种思考方式是单向性的,正确的决策必须建立在与其他多种条件综合考虑的基础上,如及时变价能够解决其他设备必要的修理费,或可以在整机出售等情况的基础上。

(3)对市场行情的严重误判

若管理人对市场行情出现低级的误判,没有适时处置,会造成不应当的损失,并有可能形成管理人失职的情况。而“适时”并非是主观判断的结果,需要管理人收集破产财产在现有市场的价格信息,通过征求债务人、债权人及其他专业机构、人员的意见后,确定必要的工作程序,并按程序的步骤形成判断标准。

3. 变价财产组合方式不合理性引起的风险

破产管理人执行变价程序,并非简单理解为“为卖而卖”的行为,变价既是为了弥补债权人的损失,也是为了盘活资产、优化产业配置。因此,破产财产变价的整体与拆分处置,意义完全不同,管理人既要体现变价价值最大化与变价效率最优化的平衡,更要符合国家对于该行业的方针政策。如若整体处置,能让这个原有行业资产更好地存续,管理人在选择上应优先考虑整体处置方式变价财产,否则应合理组合财产,更好地发挥资产组合处置的优势。

(四)破产财产变价的纳税风险及应对

破产财产变价过程中会涉及一系列的纳税问题,比如,存货、设备、车辆转让过程中会涉及增值税、城建税、教育费附加、印花税等税费,不动产转让过程中除上述税费外,还涉及土地增值税、契税等税费。由于破产财产分配的不可逆性,管理人在拟订破产财产变价方案、制作拍卖公告、财产交接过户等过程中应特别注意纳税问题给管理人工作带来的风险。

1. 纳税义务转嫁引起的风险及应对

尽管在2012年年底的最高人民法院《关于适用〈中华人民共和国企业破产法〉若干问题的规定(三)》(证求意见稿)中提道:“人民法院受理破产申请后,因管理、变价和分配债务人财产发生的营业税、增值税及契税等相关税费,由管理人统一办理免征申请手续。税务机关审批同意的,债务人可以免予缴纳。”但在现阶段相关税法及实务操作中,相关税费均需按规定缴纳。

根据税法的相关规定,如《增值税暂行条例》规定:销售货物单位为增值税的纳税人,缴纳增值税。《营业税改征增值税试点实施办法》(财税〔2016〕36号)规定:销售服务、无形资产或者不动产的单位为增值税纳税人,缴纳增值税。《土地增值税暂行条例》规定:转让国有土地使用权、地上的建筑物及其附着物并取得收入的单位为土地增值税的纳税义务人,缴纳土地增值税。由此可见,税收相关法律有明确规定,出卖人为纳税义务人,缴纳相关税费。

目前,“税费由买受人承担”这样的约定在人们的日常经济活动中普遍存在,似乎已经约定俗成。管理人在拟定破产财产变价方案时,为了最大限度实现债权人利益最大化,往往也会在方案或拍卖公告中注明“财产转让过程中产生的一切税费均由买受人承担”,在实务中,税收部门只要相关方将税费及时缴纳,基本上也不会查清税费究竟系哪一方缴纳。但在实际意义上,这样的约定擅自改变了纳税主体,明显违反了相关税收对纳税人的规定,显然这一约定是不合法的。

值得注意的是,动产的变价处置中,买受人已付清了相关拍卖款项并完成了动产的交接,但未及时缴纳相关税,“财产转让过程中产生的一切税费均由买受人承担”这一行为并未真正完成,这将导致相关动产的处置所产生的税费未能缴纳,这势必影响破产企业的清算终结程序,我国《企业破产法》第41条第2款的规定,管理人变价产生的费用应为破产费用,应优先受偿。又由于财产分配的不可逆性,而管理人没有及时提存相关税费,最终导致这部分税收的流失,这势必使管理人承担不必要的税收风险。

针对上述风险,目前的做法是在财产拍卖完毕后、资产交接前,管理人要求买受人除付清拍卖款外,还须预交给管理人相关税费,待交清税款后才能办理移交手续。当然,最好的方法还是“谁是纳税义务人,谁缴清相关税费”。

2. 忽视税务筹划的纳税风险及应对

忽视税务筹划的税收风险是指财产变价中管理人对变价方案预判不足导致相关利益主体造成的税收负担。破产程序是法律程序,管理人的所有事务都是在法院监管下进行的,管理人执行税收筹划的前提之一就是合法性。① 在合法的大框架下,管理人为相关利益主体进行破产财产变价前的税务筹划,制定合适的方案,使纳税人税负最轻,以获得税收收益,是管理人勤勉尽职的充分体现,有助

① 参见宋小毛:《刍议税收筹划在破产程序中的运用》,载中国律师网:http://www.acla.org.cn/article/page/detailByld/19405,最后访问日期:2017年3月1日。

于实现变价最大化目标。

在实务中,竞买人竞拍破产财产前除了解相关资产情况和竞买价格外,还会关注成交后所需缴纳的相关税费,这部分税费也是竞买人特别关注的内容。所以,管理人在制定财产变价细则时,需做好税收筹划。

资产处置中产生增值税的问题。随着"营改增"的正式实施,营业税退出历史舞台,而增值税属于实行税款抵扣的一种流转税。针对破产企业系一般纳税人单位,税务机关申报税收债权时,可抵扣的进项税是不会主动告知管理人的。对破产企业来讲,其实这部分进项税是一项隐性的资产,管理人应在制订方案的过程中根据破产企业的具体情况,查清企业破产前是否有可抵扣的进项税额,从而进行相关的筹划,防止企业资产流失,避免相关当事人多交冤枉税款。

不动产处置中产生土地增值税的问题。土地增值税是指转让国有土地使用权、地上的建筑物及其附着物并取得收入的单位和个人,以转让所取得的收入包括货币收入、实物收入和其他收入减除法定扣除项目金额后的增值额为计税依据向国家缴纳的一种税赋。在目前地价奇高的情况下,一旦涉及处置破产企业不动产,土地增值税缴纳数额就成为相关当事方十分关注的问题。当前中国的土地增值税,实行按增值额占扣除项目金额的比率确定30% ~60%的四级超率累进税率,对土地增值率高的多征,对土地增值率低的少征或免征,例如,土地增值额大于20%未超过50%的部分,税率为30%,土地增值额超过200%的部分,则要按60%的税率进行征税,目前土地增值税几乎是破产不动产变价中最重的税赋。

在实务中,管理人一般将不动产整体与不同不动产组合之间分别测算相应税额,再选择低税负的方法,以达到节税的目的;同时,管理人会将土地上的构筑物、无证房产、房屋内部的办公设备、电器等设施从整个房地产价值中分离出来,单独制定附属设备转让拍卖方案,分别处置,从而使土地增值额降低而节省了应纳土地增值税。此外,根据我国税法对土地增值税的相关减免规定,如《土地增值税暂行条例》第6条规定:因国家建设需要依法征用、收回的房地产,免征土地增值税。财政部、国家税务总局《关于土地增值税一些具体问题规定的通知》(财税字〔1995〕48号)规定:在企业兼并中,对被兼并企业将房地产转让到兼并企业中的,暂免征收土地增值税;结合《企业破产法》的立法宗旨,即挽救企业,在企业重整无望转清算时,对于优质的产业资产,特别是无形资产,管理人应采用"清算式"重整的方式,比如,由土地部门征收破产企业土地,然后再出让给意向购买方,这样就可以享受土地增值税免税待遇。

(五)破产财产移交中的风险及应对

破产财产变价的最后一步,就是破产财产拍卖完成后,将相关资产移交到买受人手中。对于资产的移交,相关法律并没有对移交的定义、移交方式、移交程序等作出明确规定。通俗地讲,移交是指把事物转移给有关方面。管理人将资产移交给买受人一般有以下两种方式:一是对于无须产权登记的资产,如机器设备、办公电子设备等,管理人应将其交与买受人,使破产财产处于买受人可处置的状态;二是对于需要登记产权的资产,如房屋、土地、机动车、股权等,管理人不仅应将实物交予买受人,还应协助其完成过户登记。一般而言,管理人在这个移交过程中存在如下风险。

1. 财产完整性风险

尽管目前在拍卖公告中会出现"明细仅供竞买人参考,不作为拍卖成交后交付的依据""移交以现场实物为准"等语句,目的是让相关当事人规避由于一些原因引起的风险。但从财产完整性来讲,移交的资产与买受人拍得的资产应完全一致,如果移交的资产含买受人没有拍得的资产,那就会导致债权人财产的流失,侵害债权人的利益;如果资产移交不足,那就会损害买受人的利益,给管理人带来诉讼风险。

应对上述风险的有效措施除在财产接管方面认真负责外,在资产评估方面应准确比对、描述,更应在移交过程中,在各方均在场的情况下,将拍卖清单与移交物品仔细核对、签字确认。

2. 移交安全性风险

移交安全性风险既包括环境安全风险,也包括人身安全风险。因部分设备的特殊性,买受人在接受资产时需对设备进行拆卸组装,有些设备在拆卸过程中可能对环境产生污染和人身造成伤害,如部分环保装置、配电设备等。如果不能对这些风险进行转移或者规避,管理人也有可能给自己带来法律纠纷。

应对以上风险,管理人必须加强监督,要求买受人在遵守相关的法律法规和保证人员的安全下进行设备的拆卸;也可以要求买受人签下承担一切相关风险的承诺函,达到转移风险的目的。

3. 移交用印的风险

对于需要登记过户产权的资产，如房屋、土地、机动车、股权等，虽然在拍卖成交后，法院会出具相关成交裁定书及协助执行通知书，但是期后买受人仍会需要在一些资料上加盖原破产企业的公章以协助其过户。因此，该类资产移交不仅存在上述风险，还会存在因印章使用不当造成的法律风险。①

针对用印风险，除建立起完善的印章管理制度外，对期后协助过户需要使用印章时，管理人应让买受人书面承诺关于移交过程中由于用印产生的对债权人造成的损失，以此来转移风险。

三、结　　语

破产管理人是我国《企业破产法》中的重要机构，所有破产财产的管理和处分均要通过破产管理人，各位破产管理人既要忠实执行职务，维护债权人的利益，更要在面对各种风险时更好地保护好自己权益。设立完善合理的破产管理人内部控制，规避实务中各阶段的风险，对保证破产案件的顺利进行，保护债权人利益具有深远的意义；而完善破产管理人内部控制，需要各破产管理人在实践中不断摸索前行，作为破产管理人，任重道远。

---

① 关于印章管理内容，参见陈仕清、张雪莲、吴国弘：《基于内部控制的印章管理》，载《现代国企研究》2015 年第 24 期。

论破产重整程序中管理人对待履行合同的处理

朱志亮[*]　高　慧[**]

一、破产重整程序中待履行合同概述

在我国现有的破产法律及其相关司法解释中，并没有出现“待履行合同”一词，但结合我国《企业破产法》第18条规定可知，[①]所谓“待履行合同”，是指在破产申请受理前成立的，但双方当事人均未履行完毕的合同，即任何一方的不履行将构成“根本违约”抑或是“实质违约”，即当事人违反合同致使合同目的不能实现的情形。笔者认为，该从以下三个方面予以具体把握：

第一，待履行合同是双务合同。双务合同，是指合同当事人双方互负对待给付义务的合同，即当事人一方履

* 江苏省启东市人民法院清算与破产庭庭长。

** 江苏省启东市人民法院民二庭助理审判员。

① 我国《企业破产法》第18条规定，“人民法院受理破产申请后，管理人对破产申请受理前成立而债务人和对方当事人均未履行完毕的合同有权决定解除或者继续履行，并通知对方当事人。管理人自破产申请受理之日起二个月内未通知对方当事人，或者自收到对方当事人催告之日起三十日内未答复的，视为解除合同。管理人决定继续履行合同的，对方当事人应当履行；但是，对方当事人有权要求管理人提供担保。管理人不提供担保的，视为解除合同”。

行合同旨在获得对方的对待给付。[①] 待履行合同不仅具有双务性,还具有对价性,即双方的履行标的具有一定的对等性,若合同相对方没有支付相应的对价,则该类合同很可能属于可撤销的合同,进入破产程序后,破产管理人可依据我国《企业破产法》第31条的规定,请求法院予以撤销。

第二,待履行合同是在破产申请受理前已成立。即在企业进入破产程序前既已有效成立,在进入破产程序后仍然有效存在的合同。在破产程序开始前已终止的合同不是待履行合同。根据我国《合同法》的规定,无效合同自始无效,视为不存在。在破产程序开始时前有效成立的效力待定的合同,只有当真正权利人予以追认或不予追认从而使效力待定合同的效力得以最终确定后,才能够判断该合同是否属于待履行合同。破产程序开始后的可撤销合同同样不是待履行合同,当撤销权人行使或放弃撤销权后,该合同或者自始不存在或者转变为待履行合同。

第三,待履行合同是破产程序开始时合同双方均未履行或未履行完毕合同。未履行完毕的仅限合同的主要义务。所谓主要义务,是指合同当事人履行了全部或主要的合同义务,其未履行部分不会构成实质性违约。如果在破产程序开始前一方或双方当事人已经履行主要义务,那么该合同所产生的效果将与单务合同相同,所产生的权利义务关系是明确的。已履行主要义务的合同相对方可以将其合同债权申报为破产债权,而如果是破产债务人履行了主要义务,那么破产管理人可以要求合同相对方为对待给付。

二、破产重整程序中待履行合同面临的困境

在破产重整程序中,破产财产价值的增加是我们所追求的不变目标,重整程序能否启动、债权人的债权能否得到偿还、重整计划能否顺利进行在很大程度上受破产财产价值的影响。要想实现各方当事人利益的最大化,就必须实现破产财产价值的最大化。而破产财产价值能否实现最大化又受到破产重整程序中待履行合同处理情况的限制。然而,法律规定过于粗糙,导致在实践中,破产管理人对待相同或者类似的待履行合同的处理方式迥异。

---

① 参见王泽鉴:《债法原理》(第1册),中国政法大学出版社2001年版,第112页。

(一)未对待履行合同的进行明确界定

破产重整程序中待履行合同的处理对破产重整程序有重要影响。我国现行《企业破产法》并未对待履行合同进行明确的界定。由于缺乏具体的评判标准,会导致破产管理人在判定待履行合同时,并不能确定哪些合同为待履行合同,很可能会导致管理人将待履行合同认定为一般合同,或者将一般合同认定为待履行合同。鉴于待履行合同界定标准的不明确,管理人在进行认定或者处理时,很可能因为自身条件的限制作出错误的判断;同时,不进行明确的界定,也很可能给管理人滥用权利、徇私舞弊留下可操作空间,最终会影响破产企业的利益,损害债权人权益,进而阻碍破产重整计划的进行。

(二)监督制约机制有待完善

在破产重整程序中,管理人作为重整计划的执行人,拥有较多权利。我国《企业破产法》赋予破产管理人对待履行合同处理方式的单方选择权,主要是为了提高破产效率,避免在实践中出现多组投而不决、难以形成有效决议的情况。权利是一把"双刃剑",大多数管理人对待履行合同的处理是基于自身经验、在利益权衡的基础上作出判断的,这种处理模式具有较大的随意性,但管理人对待履行合同的处理关系到破产重整债权人、债务人的利益,关系到破产企业能否重整成功。因此,应对管理人该项权利进行监督,以期督促权利有效运转。若是不对管理人的选择权进行限制,极有可能导致管理人肆意行使选择权,造成管理不当或者管理不力。①

(三)待履行合同的处理方式有待完善

我国《企业破产法》中关于待履行合同的处理方式明确规定的有两种:"继续履行"与"解除合同"。然而在司法实践中,越来越多的案例表明,仅运用这两种方式来解决待履行合同问题是远远不够的。对于某些合同,如若强行适用这两种方式,会造成破产财产价值得不到最优处理。在企业进入破产重整程序后,虽

---

① 参见张尧:《破产管理人选择权行使规则之解释论》,载《武汉理工大学学报》(社会科学版)2014 年第 1 期。

然企业处于继续营业的状态,但受限于自身经营现状,面对一些颇有价值的合同时,因为企业缺乏相应的履行条件,最终还是迫于无奈放弃,给重整中的企业带来预期利益的损失,若能找到另外一种新的合同处理方式,想必是极好的。美国《破产法》对于待履行合同的规定中,就详尽地规定了"转让待履行合同"这种处理方式,在合同一方破产时,破产管理人可将其想继续履行却迫于现状无法继续履行的合同转让给第三人。

(四)特殊类型的待履行合同缺乏具体规定

我国《企业破产法》仅对一般待履行合同作了简单的规定,对特殊待履行合同并未作规定。以附所有权保留合同为例,当出卖人破产时,出卖人一方并不必然享有合同解除权;当买受人不愿意解除合同而要求继续履行时,出卖人则不得解除合同;如果买受人不愿意继续履行合同,拖欠甚至拒绝付清欠款,此时出卖人有权随时解除合同,并可要求买受人进行相应赔偿。但如果按照破产法中待履行合同的规定,若出卖人破产且买受人未支付所有款项,基于管理人的单方决定权,管理人可选择收回附所有权保留合同中的标的物,并将其作为破产债务人财产。由此可见,合同法及破产法对所有权保留合同的处理规则大有不同。在破产程序中,不能将一般待履行合同的适用规则适用于特殊待履行合同,如若用相同的处理规则进行处理,则不仅会对合同的处理造成极大的不便,降低工作效率;同时,对于维护双方当事人的利益也十分不利,甚至很可能造成合同双方权益极大的不公平。① 建立一套规范的、符合其特殊性的适用规则势在必行,这样才能更好地实现重整程序的价值目标。

三、破产重整程序中待履行合同的处理方式

(一)破产重整程序中待履行合同的继续履行

1. 债务人继续履行合同应当具备的条件

我国《企业破产法》未明文规定管理人应继续履行的合同应当具备什么条件,符合什么标准,仅概括规定,"管理人决定继续履行合同的,对方当事人应当

---

① 参见李永军:《论破产管理人合同解除权的限制》,载《中国政法大学学报》2012年第6期。

履行;但是,对方当事人有权要求管理人提供担保。管理人不提供担保的,视为解除合同”。笔者认为,对该规定进行深入分析,可以得出以下两层含义。

(1)重整企业破产管理人在决定继续履行合同时,企业尚未出现合同违约行为的,可以依照正常的程序提请法院批准继续履行合同。

(2)当重整企业存在合同违约时,必须对违约行为进行补救,并按合同相对方的要求对将来继续履行合同提供担保,此时,法院才能按照法律规定批准管理人继续履行合同,企业才能享受合同带来的利益。破产企业对将来履约提供担保,该担保必须是充分的,能够解除合同相对方后顾之忧的,但具体是何种程度的担保,我国《企业破产法》等相关法律并未明确规定。关于“充分担保”的说法也存在于最高人民法院《关于适用〈中华人民共和国民事诉讼法〉执行程序若干问题的解释》,该解释第 16 条第 2 款中规定,“案外人向人民法院提供充分、有效的担保请求解除对异议标的的查封、扣押、冻结的,人民法院可以准许;申请执行人提供充分、有效的担保请求继续执行的,应当继续执行”。在司法实践中,必须将“充分担保”与具体案件事实联系起来予以综合考虑。

管理人对待履行合同的处理主要有两种判断标准。

第一,“沉重负担”标准。该标准的本意在于限制破产人拒绝给破产企业带来沉重负担的待履行合同。因为拒绝权是放弃一部分权利这样的事实,可以得出这样一个明显的结论:破产托管人不得拒绝或废弃合同或者租约,除非该合同对于破产财团来说构成负担。这是一种比较苛刻的标准。①

第二,“商业判断”标准。笔者认为,商业判断标准是目前法院审查破产重整案件中管理人待履行合同的处理是否适当的最佳标准。如果合同继续履行明显有利于推动破产企业重整进程、有利于重整计划的实施,那么对于管理人的决定,法院就应当予以支持。同时,对于管理人决定继续履行合同的审查应该比解除合同更加严格,因为继续履行合同将带来一系列的后果,对企业及债权人的影响更大。

2. 继续履行合同的法律后果

第一,破产管理人选择继续履行的,破产管理人或合同相对方在破产申请前存在违约情形的,就该违约行为而言,双方均可要求对方赔偿损失。如果破产企

---

① Greedon and Zelman, Landlord’s Bankruptcy: Laissez, 26 Bus. Law. 1391, 1395(1971).

业在破产申请前存在违约行为,合同相对方就其遭受的损失可以申报债权。但要注意的是,对于破产债务人在破产程序开始前的违约行为,使待履行合同相对方享有损害赔偿请求权,该权利属于普通破产债权,无论待履行合同是否继续履行,合同相对方对该债权均不享有优先受偿权,否则有违债权平等受偿原则。如果是合同对方当事人在破产申请前违约,破产管理人可以立即向合同相对方主张债权。但对于该债务,若合同相对方对破产企业享有债权,可以向管理人主张抵销。

第二,根据我国《企业破产法》第 42 条的规定,人民法院受理破产申请后,破产管理人继续履行待履行合同所产生的债务为共益债务,包括破产管理人在继续履行待履行合同的过程中因违约行为给对方当事人造成的损失,合同相对方可就该损失主张为共益债务。共益债务由债务人财产随时清偿。立法目的在于更好地保护合同相对方的利益。在破产债务人已进入破产程序的情况下,合同相对方继续履行合同有可能使自己的合同债权处于无法保障的地位,对合同相对方显然不公平,而将这部分债权作为共益债权由债务人财产随时清偿,显然更有利于平衡合同当事人之间的利益。

第三,破产管理人决定继续履行待履行合同的,合同相对方在企业进入破产程序前已经给付的,属于破产债权,与作为无担保的普通债权与其他普通破产债权人一同平等受偿。合同相对方在破产程序开始前已为部分给付的,并不会因破产管理人选择继续履行而全部归为共益债权。

第四,合同相对方对破产管理人决定继续履行待履行合同时提供的担保享有优先受偿权,但在破产重整程序中应受到限制。因为在破产重整程序中,债权人的担保物权普遍受到限制,如果此时还允许债权人行使担保物权,那么将会严重影响重整进程。但若破产重整程序不需要该担保物,也就没有必要限制担保物权的行使。对担保物权的行使作出限制,亟待法律作出明确规定。同时,笔者认为,担保物权的暂停行使只是在时间上暂时停止,并不影响实体权利,若是重整程序最终转为破产清算程序,那么债权人仍对特定的担保财产享有优先受偿权。

（二）破产重整程序中待履行合同的解除

1. 享有待履行合同解除权的主体

根据我国《企业破产法》的规定，解除待履行合同的权利只归属于破产管理人。将待履行合同解除权同样赋予其他主体容易导致破产法体系的混乱。若出于保护合同相对方利益的角度考虑，可以通过限制破产管理人对待履行合同的解除权来实现。

2. 管理人解除待履行合同的情形

根据我国《企业破产法》第 18 条的规定，破产管理人对待履行合同的解除可以体现为 4 种情形：一是破产管理人决定解除，并通知合同相对方的；二是破产管理人自破产申请受理之日起 2 个月内未通知合同相对方的；三是破产管理人自收到合同相对方催告之日起 30 日内未答复的；四是破产管理人决定继续履行合同后，却拒不按照合同相对方的要求提供担保的。后 3 种情况均是基于管理人的不作为，而推定出来的解除合同之意。这不违反法律的规定，因为我国破产法并未规定解除合同需得到债权人会议、债权人委员会或法院的同意。

3. 合同解除的效力

在我国《合同法》的理论和实践中，合同解除一般会产生溯及既往的效果，待履行合同被破产管理人解除后，视为自始未成立，尚未履行的部分将会被终止履行；已经履行的部分，现在欠缺法律上的原因，属于不当得利，合同当事人根据履行情况和合同性质可以请求恢复原状，无法恢复原状的，可以采取其他补救措施，简单地说，即合同关系溯及既往地消灭，并会在当事人之间产生恢复原状的义务。

但笔者认为，破产重整程序具有其特殊性，合同解除后，重整企业承担物权性的返还义务，无疑是使陷入破产境地但尚存一线生机的企业“雪上加霜”，不利于企业重生，因此，在破产重整程序中，承认待履行合同解除的溯及力有欠妥当。

第一，如果允许待履行合同相对方取回存留于破产财产中的对待给付，势必会造成破产财产的减少，与破产法破产财产最大化的原则相违背。

第二，合同相对方能否恢复其对待给付取决于该对待给付是否存留于破产财产中。也就是说，如果对待给付还在，那么相对人就可以获得这笔财产；如果不在，那么相对人就只能申请破产债权，最后很有可能无法获得对待给付的等价。这无疑造成了债权人之间的不平等。

第三,只要合同相对方的对待给付不存在,相对人就不能要求返还原物,那么为了使破产财产最大化,破产管理人完全有可能在作出解除待履行合同的决定时就尽快处置破产财产中合同相对方的对待给付。合同相对方的返还原物请求权流于形式。

第四,合同法之所以规定合同解除会产生溯及既往的效果,主要是为了制裁合同中的违约方并保护合同中非违约方的利益。而在债务人破产的情形下,破产债务人的违约是法律予以认可的,而在所有破产债权人平等受偿的破产法原则下,也不应当给予非违约方特殊的保护。

因此,笔者认为,否认待履行合同解除的溯及力,既有利于维持破产财产的价值,构建诚信社会,还可以减轻破产管理人的工作量,实现破产关系的稳定。相对人已履行之给付,不产生恢复原则的效力,只可作为破产债权进行申请,这与我国《企业破产法》第38条的规定并不相悖。

4. 合同的特殊类型对破产管理人待履行合同解除权的限制

担保合同中的保证合同及所有权保留合同、租赁合同、知识产权转让合同、劳动合同和保险合同等特殊类型的合同可能对破产管理人待履行合同解除权产生限制。

(三)破产重整程序中待履行合同的转让

转让合同,即破产企业承认现有的待履行合同,但在承认之后将合同的权利义务概括转移给第三人。破产企业因转让行为获得的收益,将由其享有并被归入破产财团,并退出待履行合同原有的权利义务关系,这对重整中继续营业的企业具有特殊意义。然而,我国《企业破产法》无论是破产清算还是破产重整,抑或是破产和解,都只规定管理人可以选择继续履行或者拒绝履行合同,没有规定可以转让合同。因此,在重整程序中,面对一些颇有价值的合同,企业自身没有能力履行,管理人最终不得不选择放弃。

美国《破产法》将待履行合同的处理方式分为:拒绝合同、承担合同、转让合同。美国破产法中的转让制度,首先,要对破产中待履行合同的承认,若是对合同不承认,则不能转让,在对合同承认前,也是不得进行转让的。其次,要想转让合同,受让合同的第三方必须提供相应的担保,这种担保非基于违约作出,而是基于保证的要求,并且转让的权利是法定可转的,即使合同双方当事人在原合同中约定合同不可转让。再次,美国《破产法》中的转让在受让人不履行合同时转让方是免除责任的,即只要受让的第三方提供了担保,转让方就退出转让程序,不承担此后因合同履行等问题引发的责任。最后,对破产重整中待履行合同,必须被整体承担或拒绝,如果要承担一项合同,不能对合同内容进行挑选。①

四、我国破产重整程序中待履行合同的制度完善

(一)待履行合同处理方式的完善

在破产程序中,遇到一些颇有价值的合同,若能继续履行,将给破产企业带来不菲的收入,但因企业自身条件的限制,企业没有履行合同的能力,对于这类合同管理人只能在无奈中放弃,选择解除合同。根据我国《企业破产法》第53条规定,"管理人或者债务人依照本法规定解除合同的,对方当事人以因合同解除所产生的损害赔偿请求权申报债权",因此,管理人行使合同解除权后,还要承担合同相对方因解除合同造成的全部损失。如果能够将合同转让出去,第三人继续履行合同,不仅可以避免合同相对方的损失,还能给企业带来一定的收益,增加企业的财产,更有利于实现企业的成功重整。同时,为预防第三人也不能履行合同的风险,可以要求第三人提供担保,这样就避免了给合同相对方造成二次伤害。因此,我国可以适当借鉴美国的"待履行合同转让"制度。具体分析如下;

首先,明确"转让"制度的重要性。对于债务人来说,转让合同能够实现合同双方继续履行合同的愿望,多样化破产财产的处理方式,缩短破产财产变现时间,提高破产效率,为重整计划的通过打下基础;对于债权人来说,在获得第三人的担保的同时,实现合同订立的目的,互利共赢。

其次,明确待履行合同转让权的特征。转让权的主要特征包括:必须将整个合同的权利义务作为一个整体一并转让,不能有选择的转让;在破产法中,合同的转让必须为整体转让而不能将整体分解;必须经过债权人同意,若是债权人不同意则是不能转让的。具体到破产法中,那就是破产管理人想要将待履行合同转让给第三人,必须以债权人同意为前提;第三人若受让该合同,则必须提供充

① 参见尹正友、张兴祥:《中美破产法律制度比较研究》,法律出版社2009年版,第78~82页。

分的担保。

最后,明确待履行合同转让权的限制。我国现行的法律体系中,明文规定禁止合同转让的规定并不多见,主要有以下 3 种合同:(1)某些涉及国家利益的合同。债务人或担保人为国家机关的不良债权、经国务院批准列入全国企业政策性破产计划的国有企业债权、国防军工等涉及国家安全信息的债权以及其他限制转让的债权,不得对外公开转让。对外转让不良债权中不得含有我国各级政府及其所属行政部门作为债务人或提供担保的债权。(2)最高额抵押的主合同。担保法规定,最高额抵押的主合同债权不得转让。(3)未竣工的预售商品房合同。禁止商品房预购人将购买的未竣工的预售商品房再行转让,在预售商品房竣工交付、预购人取得房屋所有权证前,房地产地产部门不得为其办理转让等手续。

(二)明确待履行合同的界定标准

待履行合同在破产重整中具有非常重要的地位,待履行合同的执行对破产重整具有积极的作用,能够影响破产财产的价值。破产重整程序中待履行合同执行后必须要有使破产企业重生的可能性,有助于促进破产重整计划通过。

在破产程序中,管理人所要坚持的原则是实现债权人利益最大化,尽可能地减少债务,但对于重整中的企业来说,减债的目的是发展,而不是财产变现,当减债给债务人带来的好处远远小于认可债务对债务人的冲击(包括对现有经营的冲击,如影响供货的稳定而影响销售合同的完成,也包括对企业未来发展的制约,如对债务人在市场上的诚信口碑的损害)时,应该考虑继续履行合同。所以,对于破产制度给债务人的保护来说,我们在利用的时候,也必须充分分析该制度利益可能对债务人的无形伤害,管理人应在保护债权人利益最大化的前提下,充分考虑债务人的发展需要及更好地保护债权人的利益。

运用商业思维判断合同是否继续履行,需要结合债务人的现有生产经营要素的资源,如现金流、客户关系(如生产企业的供与销)、员工队伍等因素,以及债务人重整后的发展计划,是否为企业未来发展的核心业务等进行综合判断,在笔者所在法院受理的南通太平洋海洋工程破产重整案中,面对 100 多份待履行合同,管理人充分运用商业思维及专业判断,严格甄别,对有利于推进企业重整进程、能够增加破产财产价值,以及确定处于产业链核心地位的关键利益人的合同决定继续履行,并报法院批准。

(三)完善破产管理人履职监督机制

在待履行合同的处理中破产管理人起主导作用。如果对管理人定性不清,很容易出现管理人权利缩小或者滥用,最终损害破产财产的价值,有必要进一步厘定管理人职责,明确管理人对待履行合同的处理规则,建立法院对破产管理人的批准和监督机制、破产管理人的问责制度,完善信息披露制度。

笔者认为,可将“商业判断”标准和“沉重负担”标准并用。“商业判断”标准确定为管理人正确行使权利的标准,既有利于监督管理人,又能更好地指导破产管理人处理待履行合同,实现破产财产价值最大化,有其合理性。但同时也应注意到,“商业判断”是基于商业经营而作出的,而非基于法律裁判作出的。“商业判断”侧重于破产财产价值最大化的实现,其核心也就是以实现自身的利益为出发点,权衡继续履行合同与解除合同之间的利弊,作出选择。同时,引入“沉重负担”原则加以平衡,充分考虑全体债权人、债务人的利益,只要对债务人的财产不会造成太大的损失就不能拒绝履行合同。对于管理人决定继续履行或者解除的合同,要报法院批准。同时,充分发挥债权人、债权人委员会及其他监督主体的监督作用,维护破产企业及广大债权人的利益。在利益关系人受到管理人的侵权时,可向法院起诉要求损害赔偿。

(四)完善特殊性合同的具体规定

在处理待履行合同时,很难针对不同类型的合同采取与之相适应的处理方式,给司法实践造成极大困扰,严重影响我国破产法律规范化的进程。① 破产法律要明确各类合同的不同性质,做到有针对性地对不同性质的合同采用不同的方式,用司法解释弥补立法的不足,并发挥其他法律的补充作用。要分清重整程序中的待履行合同属于一般待履行合同还是属于特殊待履行合同,是属于特殊待履行合同中的专利许可合同还是租赁合同等,尽可能细致地对特殊待履行合同的处理作出明确规定。

---

① 参见吴维娜:《待履行合同中破产管理人的选择权》,西南政法大学2014年硕士学位论文,第30页。

反向出售式重整模式在建筑企业破产程序中的运用

——兼评浙江振越建设集团有限公司破产重整案

李乐敏[*]　王荣江[**]　丁天甲[***]

近年来，受国家房地产调控政策的影响，加上经济下行压力加大，建筑企业出现资不抵债的情况不断增多，随之而来的在建工程停工、建筑工人讨薪等成为处理该类案件的重大难题。基于破产企业财产价值最大化及社会稳定等因素的考量，建筑企业除通过破产清偿债权债务外，仍然需要继续完成在建工程项目的施工管理及合同保修期的质保义务。同时，建筑企业特殊的施工资质，也使其获得了与一般破产企业相比所不同的独特价值。本文拟以浙江振邦律师事务所作为破产管理人参与的浙江振越建设集团有限公司（以下简称振越建设）破产重整案为视角，探讨建筑企业在破产程序中走"反向出售式重整"之路的唯一可行性及重整过程中会遇到的法律难点问题，以期为建筑企业的破产管理之路提供实践参考。

---

[*] 浙江振邦律师事务所律师。
[**] 浙江振邦律师事务所律师。
[***] 浙江振邦律师事务所律师。

一、破产重整模式的一般理论问题

破产重整作为一种挽救公司的有效机制,从2007年我国《企业破产法》实施以来,成功挽救了许多企业。虽然我国新实施的《企业破产法》对于重整制度进行了相应的规定,但是规定得较简单,偏重于程序和基本程序,很多实践中发生的具体问题找不到明确的依据,因此,重整的过程就是不断创新的过程。[①] 从2007年到如今,《企业破产法》已经实施10余年,就目前的实践而言,已经不再局限于传统的重整模式,而是相应地发展出了新的重整模式。

现行各国(或地区)的立法和实践,将破产重整模式分为3种:(1)企业存续型,由债务人与债权人等协议减免或犹豫债务之额度或期限,以谋求企业之重建;[②](2)企业清算型,在重整程序中直接制订清算计划,由此形成清算型重整;[③](3)营业转让型,债务人将全部或部分资产出售给一个新设实体(壳公司),同时,该新设实体会在购买合同中承诺承担实施破产重整的债务人的特定部分债务,出售的对价及债务人未出售的其余资产将分配给债权人。[④] 上述3种模式都有各自的特征,例如,就传统的企业存续型重整而言,其标志性的特点是,保持原企业的法人资格存续,在原企业的外壳之内进行重整。[⑤] 而所谓的营业转让型重整在大体的模式上与王欣新教授所说的出售式重整相同,可以认为是同一种的重整模式。这种模式的主要特点在于,并不保留原企业的主体资格,其保留的是企业尚处于良性的事务,通俗地说,就是具有重整价值的事务。

除上述的3种模式外,在破产实践中还逐渐延伸出一种新的模式,学者将其称为"反向出售式重整",即将良性的资产留在企业本身,对于其余资产则是将其剥离出去并在变现之后将所得款项用于清偿所有的债务。此种方式相对于出售式重整来说,其保留了企业的主体资格。

反向出售式重整与出售式重整相比,存在一定的区别:从目的上分析,出售

---

① 参见郑志斌、张婷:《公司重整:角色与规则》,北京大学出版社2013年版,前言。

② 参见唐江荣:《论困境企业出售式重整制度》,华东政法大学2015年硕士学位论文,第7~8页。

③ 参见王欣新:《重整制度理论与实务新论》,载《法律适用》2012年第11期。

④ 参见丁燕:《论"出售式重整"的经济法品格》,载《法学杂志》2016年第6期。

⑤ 参见王欣新:《重整制度理论与实务新论》,载《法律适用》2012年第11期。

式重整的目的在于保护主营业务的存续,而反向出售式重整的目的在于保护与原债务人主体资格密不可分的特殊资质的价值;从操作路径上来看,出售式重整是将主营业务进行出让,最后债务人的主体资格消灭,而反向出售式重整却是与营业相剥离,投资人收购债务人的壳资源,保留债务人主体资格。①

二、建筑企业破产案件的特点及"振越建设破产重整案"的模式选择

(一)建筑企业破产案件的特点

1. 建筑企业具有独特的"壳资源"——建筑资质。根据我国《建筑法》的规定,从事建筑活动的建筑施工企业、勘察单位、设计单位和工程监理单位,按照其拥有的注册资本、专业技术人员、技术装备和已完成的建筑工程业绩等资质条件,划分为不同的资质等级,经资质审查合格,取得相应等级的资质证书后,方可在其资质等级许可的范围内从事建筑活动。由此可见,对于建筑施工企业来说,建筑资质是企业生产经营的立生之本;反过来说,国家对于建筑资质取得的高要求,使实践中能够取得建筑资质的企业少之又少,特别是对于取得一级以及特级资质的更是凤毛麟角。因而在实务中,建筑企业的建筑资质已经成为一种稀缺资源。然而,一旦建筑企业进行破产清算,全部债权债务清偿完毕后,建筑企业的主体即被注销,依附于企业名称之上的资质一夜归零,从社会价值的角度来讲,显然也是一种资源浪费。

2. 建筑企业一旦清算违约成本过高。破产程序,追求债务人财产和债权人利益保护的最大化。② 简单来说,我国《企业破产法》发展至今已经不再是简单的保护一方利益的法律,其所要兼顾的是多方的利益主体,也就是债权人利益、债务人利益以及社会利益,这三者之间的地位是对等的,并不存在谁先谁后之分。对于我国建筑企业来说,最主要的经营范围就是承接工程施工,尤其是在我国长期以来的建筑行业惯例,建筑企业普遍采用的是挂靠经营或者转包经营的

① 参见徐阳光、叶希希:《论建筑企业破产重整的特性与模式选择——兼评"分离式处置"模式》,载《法律适用》2016 年第 3 期。

② 参见许跃芝:《企业破产:追求债务人财产和债权人利益最大化保护》,载《经济日报》2013 年 9 月 20 日,第 15 版。

模式，对于业主单位和实际施工人来说，企业仅仅是一个中间连结点。但正是因为这个连结点的作用，导致一旦建筑企业进行破产清算，终止合同，不仅对上要向业主单位承担违约责任，对下也要对实际施工人承担违约责任，无端增加了建筑企业需要对外承担的债务。

3. 建筑企业的“产品”具有特殊性。对于建筑企业来说，其生产的产品即为建设工程，而我国法律对于这类特殊产品规定了相对严格的保修责任。如我国《建筑法》第 62 条规定：“建筑工程实行质量保修制度。建筑工程的保修范围应当包括地基基础工程、主体结构工程、屋面防水工程和其他土建工程，以及电气管线、上下水管线的安装工程，供热、供冷系统工程等项目；保修的期限应当按照保证建筑物合理寿命年限内正常使用，维护使用者合法权益的原则确定。具体的保修范围和最低保修期限由国务院规定。”如果进行破产清算，建筑企业主体灭失，保修责任显然无法落实，如何保障民生工程，尤其是涉及公共利益的工程的质量是个难题。

（二）振越建设破产重整案的模式选择

如前述三点特征，显然，对于建筑企业来说，破产清算并不适合。以振越建设为例，振越建设具有房屋建筑施工总承包壹级；市政公用工程施工总承包贰级；建筑装修装饰工程专业承包贰级；钢结构工程专业承包贰级；园林古建筑工程专业承包贰级；机电设备安装工程专业承包贰级；消防设施工程专业承包贰级；承装（修、试）电力设施施工承装类五级、承修类五级等众多的资质。这些资质已经成为振越建设中最被其他人所觊觎的资产。同时，振越建设在破产案件受理时仍有 106 个建筑工程项目尚未完工，另有 255 个项目尚处于保修期内。许多在建工程或者说合同义务未完全履行完毕的施工合同的存在，导致建筑企业无法简单地通过破产清算使企业顺利退出市场，在建工程的处置不当直接影响的是社会稳定，工程“烂尾”产生的影响是极其恶劣的，无法按时完工导致购买了商品房的小业主不能顺利交房、不按进度施工导致业主单位不拨付进度款影响民工工资顺利结清等，都会引发群体性纠纷。

但是，最终振越建设为什么选择了反向出售式重整模式？

第一，建筑企业项目公司较多，遍布全国各地，因项目公司的债务最终需要由建筑企业承担，导致或有债务风险较大，如果用传统的企业存续型重整模式，很难吸引投资人。

第二,我国建筑法所规定的建筑资质依附于原企业,如果采用正向出售式重整模式,没有办法将建筑资质与原企业剥离,而投资人所看重也仅是原企业的建筑资质。

第三,如果重整程序不能取得比破产清算更高的破产分配率,那么就不具有经济分析上的制度正当性。① 反向出售式重整恰恰可以通过将破产建筑企业资质的价值变现,从而增加企业债权,提高破产分配率。

三、重整之路上的荆棘:如何破解法律难题顺利推进破产重整

要顺利推进建筑企业的破产重整,管理人必须解决以下五大问题。

(一)清算程序如何转重整程序?

根据我国《企业破产法》第70条规定:债务人或者债权人可以依照本法规定,直接向人民法院申请对债务人进行重整。债权人申请对债务人进行破产清算的,在人民法院受理破产申请后、宣告债务人破产前,债务人或者出资额占债务人注册资本1/10以上的出资人,可以向人民法院申请重整。由此可见,我国《企业破产法》在清算转重整的方式下,设定了两条路径:一条是债务人申请,另一条是出资额占债务人注册资本1/10以上的出资人申请。投资人申请自然是无可非议的,那么既然破产法规定了债务人可以向人民法院申请重整,那么债务人到底应该如何申请?既然债务人要申请重整,其首先要作出相应的意思表示。那么债务人要如何才算是作出了有效的意思表示?在破产程序中,债务人已经处于瘫痪状态中,公章等物品已经向管理人移交,此时如果严格按照我国《公司法》的规定,应该由债务人的股东作出相应的股东会决议才能认为是债务人有效的意思表示。然而,在我国《企业破产法》已经规定出资额占债务人注册资本1/10以上的出资人可以申请,如严格要求债务人作出相应的股东会决议才算是有效的意思表示是和破产法此条规定的实质精神相违背的。同时,管理人此时

① 参见齐明:《破产法学:基本原理与立法规范》,华中科技大学出版社2013年版,第179页。

已经接管了债务人企业,法律也赋予了管理人诸多的职权,此时应当认为管理人有权代表债务人向人民法院提起重整的申请。

另外,虽然经过上述论证,管理人应当有权向人民法院申请重整,但是在实践中笔者尚未见到有管理人申请重整的先行案例。同时,管理人申请重整的情况下往往意味着股东的不配合,而股东的不配合会直接导致一个问题的产生——股权无法过户。如果这个问题不能够很好的解决,那么重整必然是会失败的。在振越建设中,管理人同样也遇到了这个问题,虽然最后经过管理人的多方努力,终于使股东同意重整,但是对于上述情况,也作了相应的备选预案。虽然在破产的情况下,股东的收益必然为零,股权作为股东的个人资产,管理人是没有权利处置的。但是在振越建设中,根据管理人的调查,发现存在以下情况:在股东的数次增资中,其资金的最终来源是企业本身,同时股东的个人资产与公司资产存在混同的情况。因此,管理人想通过以股东个人资产与公司资产存在混同为由,要求将股东的资产并入债务人资产,包括股东名下的振越建设的股权。由此可见,即使在股东不作相应配合的情况下,管理人将有权处置股权。

(二)决定对施工合同是否继续履行?

根据我国《企业破产法》第18条规定,人民法院受理破产申请后,管理人对破产申请受理前成立而债务人和对方当事人均未履行完毕的合同有权决定解除或者继续履行,并通知对方当事人。管理人自破产申请受理之日起2个月内未通知对方当事人,或者自收到对方当事人催告之日起30日内未答复的,视为解除合同。管理人决定继续履行合同的,对方当事人应当履行;但是对方当事人有权要求管理人提供担保。管理人不提供担保的,视为解除合同,赋予了管理人对于债务人与对方当时人均未履行完毕合同是否解除的决定权,那么对于建筑企业破产中的建筑施工合同来说,是否属于双方均未履行完毕的合同?根据王欣新教授的观点:"所谓'履行完毕',是指对合同主要义务或关键性义务的履行完毕,即已经达到当事人签订合同的实质性目的。"[①]反观建筑施工合同,其合同的实质性目的在于工程的竣工验收,因而对于在建工程的施工合同应当属于双方

---

① 王欣新:《房地产公司破产案中的房产权属与合同继续履行问题》,载《人民法院报》2011年4月13日,第7版。

均未履行完毕的合同,即管理人有权决定是否继续履行该合同。

管理人作为整个破产程序中具体的各项事务的操作单位,其在履行职责的时候,最主要的是要把握住债权人合法利益最大化、社会效果最优化等原则。因而在建筑企业破产案件中,管理人在决定是否继续履行合同之前要考虑哪种选择对于债权人、债务人以及社会效果均是最好的。就振越建设而言,尽管当初是以破产清算立案,在清算的状态下,建筑企业主体必将消失,建筑资质也将不复存在,而建筑施工合同又要求施工单位必须具有相应的资质,因此在清算状态下,合同势必只能解除。但是管理人在接到指定时就已经考虑到建筑企业进行破产清算存在诸多不利之处,如解除合同后会产生大量违约责任,债务规模将急剧扩大;解除合同便无法保障工程的质量安全,甚至产生工程“烂尾”的现象;解除合同后,实际施工人的利益无法得到保障,而在其身后的材料商以及农民工的利益也将受到损害,不利于社会的安定;等等。

因此,在振越建设中,管理人针对所有在建工程的合同相对方在法定期限内寄发了继续履行合同的通知。这样既可以避免在之后清算程序转为重整程序的时候不会因为合同的解除而导致重整失败的尴尬,也有效避免了因合同解除而带来的诸多不利因素。

(三)如何继续履行施工合同?

既然管理人已经决定了要继续履行合同,那么随即就产生了一个问题——管理人作为中介机构并没有相应的履行合同义务的能力。换言之,管理人对于在建工程的施工并不具备相应的施工管理能力,这意味着在继续履行合同的前提下,工程的质量以及安全仍旧是无法保障的。一旦工程出现安全事故或者质量问题,这个责任是没有人能够承担的。出于这方面的考虑,因而在振越建设的破产管理进程中,管理人特别聘请了具有工程管理能力的第三方来帮助管理人监管所有振越建设的在建工程,以确保工程质量与安全,并且与其签订了相应的托管协议。

从法律的角度来说,管理人是否有权做这件事?根据我国《企业破产法》第28条第1款的规定:管理人经人民法院许可,可以聘用必要的工作人员。这条规定了管理人在经过人民法院的许可后,是有权聘用必要的工作人员的,由此可见,在管理人已经决定继续履行合同的情况下,管理人对于工程无法监管并保障工程的质量以及安全也是事实,在这样的情况下,管理人势必要聘请第三方来协助管理人将所有的在建工程进行管理。相对于因工程质量以及安全而导致的后果,工程托管而产生的费用是微不足道的,这样做也符合破产法的精神。

(四)在建项目工程款如何支付?

对于我国目前的大多数建筑施工企业来说,其主要的经营模式为挂靠或者转包,因此对于项目来说,实际上是由实际施工人所承建,建筑企业所收取的仅是管理费。如果在企业正常的情况下,发包方将工程款支付给建筑企业后,建筑企业应按照与实际施工人之间约定扣除相应的管理费后将工程款支付给实际施工人。然而在破产程序中,破产企业的应收账款属于企业的财产,但是除破产费用以及共益债务是随时清偿的以外,所有的债权无论清偿比例如何,均要在人民法院裁定破产财产分配方案后才能清偿。另外,实际施工人对于建筑企业的所应得到的工程款是否能够全额付清?

在振越建设中,管理人针对这个问题进行了详细的论证。首先,对振越建设下属的在建工程项目进行了调查,了解到振越建设名下的工程均采用挂靠的模式。而挂靠模式往往具有以下特点:一是挂靠者通过借用被挂靠者的企业名称、资质证书、营业执照从而能够承揽工程。二是挂靠者通常以被挂靠者的分支机构、施工队或者项目经理部等形式对外开展活动。三是挂靠者以被挂靠者的名义承揽到工程后,通常是独自组织实施,自主经营、自负盈亏,被挂靠者一般不参与工程施工。换言之,挂靠者是履行实体义务和最终享有权利的主体。四是被挂靠者只是配合承接工程项目,如根据要求提供资质证书、技术人员等,并非实际上真正履行所谓的管理义务,同时要以管理费、保证金的形式向挂靠者收取一定的费用。[①] 其次,实际施工人所代表的并不仅是其一个人的利益,一个实际施工人的后面往往还有一大批农民工、材料商等。一旦实际施工人拿不到其应得的工程款,那么材料商、农民工的利益必然受到损害,特别是农民工的利益。最后,工程款的支付是不能拖延的,原因在于:第一,工程款的延期支付的会承担相应的赔偿责任;第二,拖延支付后,工程也将会因此而延期,同时也有可能引发农

---

① 参见徐阳光、叶希希:《论建筑业企业破产重整的特性与模式选择——兼评“分离式处置”模式》,载《法律适用》2016 年第 3 期。

民工群体事件,这也就与最初决定继续履行合同的初衷相违背了。因而,经过管理人的慎重考虑并在报告法院后,最终还是决定将所有的在建工程的工程款按照原有的方式支付给实际施工人。

那么如何从法律的角度分析支付工程款的合理性?首先,在管理人决定继续履行合同的前提下,才产生了上述所谓的工程款支付的问题。也就是说,在管理人决定继续履行合同之后,对于实际施工人来说,建筑企业向其支付工程款是合同所规定的义务。换言之,在实际施工人将项目做到相应的节点之后,其即持有对建筑企业的债权。我国《企业破产法》第42条规定:人民法院受理破产申请后发生的下列债务,为共益债务:因管理人或者债务人请求对方当事人履行双方均未履行完毕的合同所产生的债务。因而,对于实际施工人的工程款支付义务是在履行双方均未履行完毕的合同过程中所产生的债务,应当列为公益债务。其次,我国《企业破产法》第43条规定:破产费用和共益债务由债务人财产随时清偿。因此,对于在建工程的工程款管理人是可以即时向实际施工人支付。

(五)如何避免未申报债权的风险?

反向出售式重整作为较为契合建筑企业的重整模式,其并不是法律所明文规定的一种重整模式,而是管理人在实践过程中所创造的一种新模式。反向出售式重整的核心在于根据实际的情况将资债进行分离,而在"振越建设破产案"中,管理人专门设立资债处置公司用于清理不在重整范围内的资产以及债务。根据《重整计划》的规定,属于原振越建设的债务按照账面原值以及原有的法律状态剥离至资债处置公司,最终清偿及补充分配后,各债权人未获清偿部分不再清偿,各债权人也不得向留存的新振越公司进行主张。那么这种做法是如何避免未申报债权风险的,从法律的角度来说是否有效?

首先,需要对于将原振越建设的资债转移至资债处置公司的行为的法律性质进行认定。根据我国《合同法》第84条的规定:"债务人将合同的义务全部或者部分转移给第三人的,应当经债权人同意。"合同法上所规定的债务转让所针对的应是每一笔具体的债务,对于债务转让时是需要征得债权人同意的。那么如果将振越建设所有的债务一并转让到资债处置公司,按照我国《合同法》的一般规定是需要每一位债权人对这样的做法表示同意的。但是,在破产案件中,重整计划仅是由债权人会议进行表决通过的,对于那些不同意的债权人,或者未申报的债权人,这样的债务转让是否对其产生法律的效力?

其次,根据我国《企业破产法》第 64 条第 3 款的规定:“债权人会议的决议,对全体债权人均有约束力。”这就意味着,债权人会议的决议对于投不同意票的债权人也是产生法律效力的,因此对于已申报的所有债权人来说,即可认为对于他们的债权转让到资债处置公司的行为是具有法律效力的。那么对于未申报债权的债权人来说,是否也具有相同的法律效力?笔者认为,债权人会议的决议对于未申报债权的债权人也是当然有效的。对于我国《企业破产法》第 64 条中的全体债权人不应对其作限缩解释,认为仅局限于作出决议时向管理人申报债权的债权人。我国《企业破产法》的精神在于公平清理债权债务,保护债权人和债务人的合法权益,维护社会主义市场经济秩序。既然未申报债权人有权按照我国《企业破产法》第 92 条的规定获得清偿,那么也就意味着重整计划效力应当及于未申报的债权人,否则在其有清偿权利的情况下,却不用承担重整计划所约定的相应义务,这明显有违我国《企业破产法》的精神。由此可见,新设公司的处置做法,虽然在法律上没有一个明确的规定,但是探索我国《企业破产法》的精神实质,应当是一种有效防止债务人二度破产的方法。

四、振越建设破产重整案的启示

2016 年 9 月 30 日振越建设第二次债权人会议召开,对《重整计划草案》进行了表决,财产担保债权组、职工债权组及出资人组均以全票通过、普通债权组 91.87% 的债权人人数和 87.62% 债权额的赞成通过。2016 年 10 月 10 日诸暨市人民法院裁定批准振越建设重整计划,终止重整程序,振越建设破产重整案进入重整计划执行阶段。至此,管理人提出的“反向出售式重整”计划获得债权人大会的通过。

通过观察振越建设破产重整案的进程,管理人提出的“反向出售式重整”计划能够获得债权人大会通过,与管理人此前的努力密不可分,也值得我们借鉴。

(一)托管经营,努力确保在建项目有序完成

建筑企业进入破产程序后,最大的难题在于在建工程的处置。如果贸然终

止在建项目,不仅企业本身要承担严重的违约责任,由此产生的项目逾期导致小业主无法顺利收房、工程中的民工工资无法顺利结清等问题,也将直接影响社会的稳定。而要继续履行施工合同,仅凭管理人一己之力,显然无法兼顾。如何确保破产案件审理期间振越建设总承包施工的工程能够按照合同约定有序履行,确保在建工程与质保期内的工程质量符合工程质量标准,维持建筑企业原本的工程施工资质和品牌价值,成为管理人首先需要解决的问题。而解决这个问题最好的方法是,选定一家具备建设工程管理能力的第三方,与其签订工程项目托管经营协议,以保证所建项目都能按照合同要求保质保量完成。通过托管经营的方式,有效维护了企业的建设工程资质和公司工程方面事项的正常经营,确保各个在建工程的顺利完结,为破产重整成功创造良好的外部环境。

(二)分离处置,积极发掘企业的无形价值

对于建筑企业来说,资质是其立身之本,必须获得建筑资质才能正常经营、承接工程。例如,振越建设是一家拥有房屋建筑施工总承包壹级、市政公用工程施工总承包贰级、建筑装修装饰工程专业承包贰级、钢结构工程专业承包贰级等专业资质的企业,因此,其所拥有的建筑资质本身就是很多战略投资人关注和青睐的重点。但是,建筑资质又依附于企业,离开了企业就无法存续。如果继续按照破产清算的模式走下去,振越建设主体灭失,振越建设 20 多年来苦心经营所取得的资质、商誉等无形价值一切归零;另外,等到全部在建工程完工且 5 年保修期满,破产清算的周期大大延长,长时间清算期间还会产生大量职工工资、工资结算费等公益债务。而如果按照普通重整程序,虽然振越建设的资质让人眼热,但已经经过初步审计确定的 8 亿元的账面负债让任何一个战略投资人都望而却步。必须寻找一条既能保留“振越建设”这一品牌,又能依法处置债权债务的破产之路。然而,我国《企业破产法》实施距今不过 10 余年,国内还没有特别成功的建设公司破产案例可询,管理人只能凭着自己之前办理其他破产案件的经验慢慢探寻、摸索。最终,管理人确定了一条分离处置的方案:设立一家新的公司,由新公司承接除在建项目和各项权利许可外的所有资产和债务,并进行清算;老公司重整,引入新的投资人,重整投资人的出资并入新公司进行清算偿债。

(三)多措并举,大力争取政府法院双重支持

公司重整程序是政府与法院所搭建的债权人与债务人集中解决债权债务关系的平台。① 振越建设的破产重整不仅是单纯的法律问题,更是涉及大量政策和社会问题的系统工程,例如,因破产前振越建设长期拖欠到期贷款,导致公司已经进入银行征信系统黑名单;分离处置,将债权债务平移到新的公司,相应的资产增值税如何承担;因振越建设涉及许多的债务纠纷,其所有的财产早已被法院财产保全等,这些问题都需要政府、法院的大力支持才能得到解决。为此,管理人多次向诸暨市政府、诸暨市人民法院进行沟通汇报,寻求支持。在诸暨市政府的主持下,多次召开了包括公安、财政地税、国税、建设、人民银行等部门参加的联席会议,专门就振越建设破产重整案进行协调,出具了会议纪要,有效解决了振越建设的信用恢复、税务豁免、财产保全解除、抵押权注销等问题,一举扫除了振越建设破产重整方案实施过程中的政策制约。

(四)分段清偿,适当提高弱势债权分配比例

破产之前,振越建设大部分资产都已设定了抵押,可供普通债权人的清偿金额极少,管理人考虑到小额债权人的利益,确定了对普通债权人分段清偿的方案:每户债权人 20 万元以下部分(含 20 万元)按 20% 的比例进行清偿;20 万元以上部分则对剩余款项进行比例清偿,该段部分预估清偿比例为 5.1255%。按照此种分段清偿方案,经过初步测算,普通债权的平均清偿率将由破产清算情况下的 0.8106% 大幅增加到 5.5238%。为此,管理人在确定重整计算草案后,主动与振越建设的 261 位债权人进行沟通,耐心、详细地解释现有重整草案与原有清算程序相比的优势,通过正、反两方面对比,使广大债权人真正认识到分离处置与分段清偿的好处,为重整草案的成功通过奠定了基础。

五、结 语

建筑企业破产作为破产案件中一类较复杂的案件,其无论是在程序上抑或

① 参见齐明:《破产法学:基本原理与立法规范》,华中科技大学出版社 2013 年版,第 188 页。

是实体问题上,相对于一般的破产案件来说都有许多特殊的问题需要解决,而这些问题很多都是我们法律未规定的。在这样的情况下,我们所应该要做的是,在法律不禁止的情况下,大胆创新。笔者就自身承办的振越建设破产重整案为例,分析了建筑企业破产中一些新型的法律问题,或者说是法律上没有明确规定的问题,希望能够对广大管理人有所帮助。

重整计划外营业转让方式在重整程序中的适用

姜　涛[*]　俞锦峰[**]

在重整程序中营业转让包括两种：一是通过制订重整计划继而进行的营业转让，①二是重整计划外的营业转让方式，即绕过重整计划，由债务人申请，法院许可后即可实行。考察美国、日本法律可知，重整计划外的营业转让早有成例。② 具体在司法实务中，我国破产工作中主要运用的重整方式有债转股模式、资产出售模式等。以政府所提倡"尽可能多兼并重组，少破产清算"的供给侧结构性改革背景而论，所实施的重整制度之目的应该是使债务人的营业得以继续经营并恢复盈利。因此，借鉴美国和日本的重整计划外营业转让方式是有必要尝试的。每个企业都有自身的特点，市场变化更是瞬息万变，

---

* 浙江省江山市人民法院审管办主任。

** 浙江省江山市人民法院审管办法官助理。

① 在日本《公司法》上，一个公司各种财产的总体为客观意义上的事业（营业），包括积极财产和消极财产（债务）。具体而言，积极财产包括：(1)土地、建筑物、机械、商品、原材料、现金等不动产和动产；(2)地上权、抵押权等物权；(3)应收账款等债权；(4)特许权等知识产权；(5)被称为商誉或老字号等有财产价值的事实关系。

② 美国《联邦破产法》第363条以及日本《民事再生法》第42条、第43条都规定了债务人在面对财产贬值等紧急情况下，可不经过债权人同意，在法院许可后直接处分债务人财产。

在这种情况下,按照传统的破产重整方式,可能无法满足破产企业与债权人的预期要求,不仅会使破产企业与债权人产生损失,也不利于破产市场化。因此,笔者认为,无论是顺应国际潮流,还是从更好的保护债权人、债务人利益以及社会利益三者衡平保护的角度出发,构建和完善我国重整计划外营业转让方式的规定既是当下的现实要求,也是未来破产经济发展的大势所趋。

一、重整计划外营业转让方式的价值意义

截至目前,笔者所参与的在审破产重整案件15件,涉及资产总额高达30多亿元,债权人数达3000人之多。当中由于种种原因,有8家公司的重整计划表而未决导致表决期较长,导致其中部分有价值营业事业因重整计划未决而难以转让,进而在一定程度上造成资源浪费。而放眼全国各地重整案件审理,因重整计划久而不决或久久难决的现象并不少见。因此,若重整计划外营业转让顺利实施,无疑会给重整案件审理拓出一条蹊径。笔者认为,重整计划外的营业方式转让至少具有如下三点意义。

(一)延续营业

一般而言,提起破产申请会使债务人的正常经营变得更加艰难,无论是供应商还是债务人企业职工都会因为担心各自利益而顾虑重重,势必会造成债务人在资金、供应、生产、经营上陷入更大困境。这种情况下,无论是银行还是其他金融机构都难以施加援手,债务人想通过借贷、融资继续维持企业存续几乎是不可能的。由于这些可能的结果,将债务人的营业尽可能快地转让给第三方所有,使原营业可以在其他人手中继续进行。进行营业转让后,为原企业的员工提供了继续就业的机会,也维持了与企业交易方的继续合作关系。对于债权人以及受让方来说,重整中的营业转让对其也是有益的。

(二)资产保值

随着时间的推移,债务人的资产很可能正以一个边际效益的方式运营,资产价值甚至可能下降。一方面,较早的营业转让可以获取更多的价值,该部分价值可以用于债权人的清偿,提高债权清偿率;另一方面,债务人的资产在其有价值

的时期迅速地转让出售,使企业获得更多重整资本从而有效地使破产企业摆脱过去的问题,而被出售的实体也可以在一个新的受让人控制之下开启全新的运营。

(三)高效快捷

目前,国内的破产重整案囿于重整计划表决程序的规定,重整中的营业转让往往延期较长,甚至造成错失引进战略投资者的时机与处置资产的最佳机遇现象。而重整计划外营业转让是一种较快捷的重整方式,例如,美国《联邦破产法》第363条规定的出售式重整方式,出售资产的时间短则几日,长则几个月,较传统的重整计划通过的方式而言不会拉长重整的战线,效率明显提高。当然,如果想实现上述计划外营业转让重整方式的优势,就必须在破产申请后尽早地实施营业转让。因为在破产申请后,企业的价值会迅速减损,所以绕过重整计划进而快速灵活地进行营业转让具有重大现实意义。①

二、重整计划外营业转让方式的现实状况

(一)关于营业转让的相关规定

1.我国法律中缺少营业转让制度规定。在日本《民事再生法》和《公司更生法》中,营业转让作为破产处理的方式之一,往往是在破产企业仍有盈利能力和品牌价值时将其营业(资产)的一部分或者全部从本体分离,受让方可以继续经营的并购型重整方式。而在我国现行《企业破产法》上构建重整计划外营业的难点关键在于,我国商法上未对营业转让的概念作出明文规定,仅在破产法中作出简要表述:我国现行《企业破产法》规定,管理人事前向债权人委员会报告(没有设置债权人委员会的向法院报告)后,可以进行营业转让(我国《企业破产法》第69条)。管理人在第一次债权人大会召开之前没有设置债权人委员会时,即使在程序的早期阶段得到法院许可后也可以进行营业转让(我国《企业破产法》第26条)。

---

① 参见相泽光江:《计划外的营业转让》,载"今中利昭先生古稀纪念·围绕最新倒产法、公司法上的营业转让"民事法研究会,日本东京,平成17年,第232页。

2. 我国破产法缺少营业转让的程序性规定。我国现行《企业破产法》中缺少营业转让的程序性规定。在日本法上,营业转让后的结果就是转让营业的公司今后不仅在法律上,在事实上也不能从事之前的营业活动,因此,日本《公司法》规定,"营业转让时必须经过股东大会的特别决议"(日本《公司法》第309条第2项①),此为营业转让的有效要件。如果没有经过股东大会特别决议,无论受让人是善意还是恶意,日本法上都将此次转让作为无效处理。并且,在营业转让时,属于事业的各个资产需要分开办理转让程序和登记程序。但是,我国目前《企业破产法》中未对营业转让的程序性操作作出规定,因而,构建我国重整程序中重整计划外营业转让方式的第二步即为制定详细的具有可操作性的营业转让方式。

(二)关于破产重整计划外营业转让的相关规定

我国《企业破产法》第25条第6项规定,管理人职责之一为管理和处分债务人的财产,第69条第3项则进一步指明管理人有权转让全部库存或者营业。因此,根据我国《企业破产法》的现行规定,破产管理人对于债务人企业的财产是有处分权的,但这些规定仅仅是粗糙的一般性规定。②

同时,该法第26条又规定:"在第一次债权人会议召开之前,管理人决定继续或者停止债务人的营业或者有本法第六十九条规定行为之一的,应当经人民法院许可。"由此,对于企业营业的全部转让,根据现有的法律规定,可以看到,在重整程序的早期阶段有类似日本和美国重整计划外营业转让方式的影子。③ 但对于进行重整计划外营业转让的时间要件、主体要件以及客观要件,我国《企业破产法》似乎又缺少实体和程序上的规定。

1. 实体缺少。我国《企业破产法》虽然赋予了管理人或者债务人处分财产的权利,但是缺少像美国法和日本法上明确的客观要件,即在何种情形下管理人或

---

① 日本《公司法》第309条第2项规定:持有总表决权过半数的股东出席,并必须经出席会议的股东所持总表决权的2/3以上多数通过。

② 参见贺丹:《通用公司重整模式的破产法分析》,载《公司重整法律评论》(第2卷),法律出版社2012年版,第40页。

③ 美国《联邦破产法典》第363条明确授权了经管债务人或托管人在进入重整到提出重整方案期间可以进行的行为包括出售、出租以及使用债务人的财产,日本《民事再生法》第42条、第43条也规定了重整计划外营业转让方式。

者债务人有权向法院申请对重整期间债务人的财产进行重整计划外营业转让。此外，对于处分权的归属我国企业破产法也没有明确规定，美国和日本的规定都是在债务人申请后，法院经过一系列法定程序后允许，我国实体法上未明确申请人。

2. 程序疑难。对破产程序中全部资产的出售，我国《企业破产法》作出了程序性的一般规定：对全部资产的出售需要报告债权人委员会或人民法院。根据该法第69条的规定，管理人转让全部库存或者营业，应当及时报告债权人委员会：未设立债权人委员会的，管理人实施前款规定的行为应当及时报告人民法院。与日本和美国的规定相比：首先，我国《企业破产法》未明确在何种情形下管理人有权对债权人的事业进行全部或重要的一部分的转让；其次，在报告债权人委员会或者法院之后应当适用何种程序，是由法院许可还是由债权人会议决定，没有明确的权责归属；最后，关于有权主体审查的标准为何在现行法上没有相关规定，未予以明确。

（三）关于出售式重整与营业转让的实践

以笔者所办案件为例，2016年4月8日江山市人民法院依据我国《企业破产法》裁定江山三星铜材线缆有限公司（以下简称三星公司）等5家公司进入破产重整程序。2016年12月30日经过8个月的重整，管理人与重整方江山虎集团签订收购协议以8550万元出售三星公司和星翔公司有效资产和营运价值，两家公司的非重整资产将与其他3家公司资产合并进入破产清算的破产财团。并于当日裁定三星公司等5家公司重整计划生效。三星公司进行重整的方式正是通过出售企业有价值的营业，其最大的意义在于将债务人企业的有效资产从中剥离出来，单独运营，用营业转让后所得对价清偿债务。这其实与本文所述的营业转让型重整方式如出一辙。三星模式即在企业资不抵债的境况下将企业的优良资产分离出售给第三方，债务人企业的原有营业能在第三人手中继续经营，债务人企业在得到价款后也可以提高债权人的清偿比例，从整体上提高重整的效率和效果。但此种出售式重整仍是在法定程序中通过重整计划进行的，不属于重整计划外营业转让的重整模式。当下，采用此种出售式重整模式已经逐渐成为一种潮流乃至主流。在该案中，早在重整计划制订之前，法院及管理人即有找寻战略投资者进行营业转让的具体计划，唯有后期始终围绕重整计划未有提前实施计划而异于重整计划外的营业转让,其根本在于该案的营业转让不具有紧迫性,等待重整计划通过的周期不至于导致企业营业的贬损。但究其实质,该案已经有了重整计划外营业转让的萌芽。

三、重整计划外营业转让方式的适用路径

在实务中,当债务人企业进入重整程序后,固然可选择合适的重整方式,但在债务人企业财务匮乏的情形下,企业要获得重整所需的新资金是有困难的,在通过其他重整途径并不能有效地使企业起死回生时,应当考虑利用营业转让这种重整方式。在法定重整程序中,不妨借鉴美国和日本在实体法上确立的规则,将营业转让分为两种:一是重整计划内的营业转让,二是重整计划外的营业转让。前者是指将营业转让作为重整计划内容的一部分记载于其中,从目前我国《企业破产法》第 25 条、第 26 条、第 68 条、第 69 条的规定来看,在实际操作中并没有障碍。但是,关于重整计划外的营业转让,我国现行法上并未明确。因此,若想构建我国重整计划外营业转让方式,必须对重整计划外营业转让在申请时间、申请主体、许可主体、审查要件等方面加以严格的限制条件。

(一)申请时间

申请采用重整计划外营业转让方式的时间节点主要可以分为三个阶段:一是申请进入重整程序到法院裁定进入重整程序阶段;二是裁定进入重整程序后到重整计划通过前阶段;三是整计划批准后阶段。对于第一阶段,国外并无允许营业转让的具体规定,而从日本《民事再生法》的规定来看,重整计划外营业转让方式仅限于裁定进入重整程序后到重整计划通过前的这一阶段。至于第三阶段,依照我国《企业破产法》的规定,当重整计划得到法院认可后,事实上重整程序已经终了,此时进行营业转让已经不受我国《企业破产法》约束,自然不再产生重整程序效果。因此,允许我国企业采用重整计划外营业转让方式的时间点应该限定为从法院裁定进入重整程序后到重整计划提出之前,即法院宣布某企业进入重整程序后到管理人提出重整计划方案前的早期阶段即可实施,以避免企业营业的迅速贬值带来的不利影响。

(二)申请主体

企业申请破产重整后,其经营管理最终都是为了挽救企业,延续原有的经营事业。因此,在进入破产重整后,由谁掌握程序性权利和实体性权利(重整的控制权)对重整进程、挽救企业和延续经营,将产生的决定性作用。

考察各国立法可知,破产程序中对于债务人企业的控制管理是以分为两种模式,即"占有中的债务人"和(Debtor in Possession,DIP)模式和管理人模式。值得一提的是,在日本、美国的 DIP 模式中,债务人享有大量的程序性权利和实体权利。因此,在重整计划外营业转让方式中,债务人有权向法院提交申请,请求法院允许其进行重整计划外的营业转让。

我国《企业破产法》采用的是两类并存模式:一种模式是经债务人申请,人民法院批准,债务人可以在管理人的监督下自行管理财产和营业事务;另一种模式是由管理人负责管理债务人的财产和营业。由此可知,在我国破产重整程序中,债务人并没有拥有较多的权利。因此,对于重整计划外营业转让的申请权归属,我国法律上应明确两类主体较适宜:一是管理人,二是债务人自身。

(三)许可主体

如前所述,我国《企业破产法》对处分债务人财产或是营业转让进行了规定:(1)管理人的职责包括管理和处分债务人财产(该项第 25 条);(2)管理人在管理和处分债务人财产时受债权人委员会监督,债权人委员会执行职务时有权要求管理人、债务人的有关人员对其职权范围内的事务作出说明或者提供相关文件,管理人、债务人的有关人员违反本法规定拒绝接受监督的,债权人委员会有权就监督事项请求人民法院作出决定(该项第 68 条);(3)管理人转让全部营业的,应当报告债权人委员会,未设立债权人委员会的,管理人实施此行为则应当及时报告人民法院(该项第 69 条);(4)在第一次债权人会议召开之前,管理人决定转让全部营业的,应当经人民法院许可(该项第 26 条、第 69 条)。

结合"(一)申请时间"所述,以第一次债权人会议召开为界,即分为法院裁定进入重整程序后到第一次债权人会议召开、第一次债权人会议召开后到重整计划通过前两个阶段,对于其许可主体问题,具体分析如表 1 所示。

表1 管理人转让全部营业的许可主体分析

<table>
<tr><th colspan="2">时间界限</th><th>许可主体</th><th>法条依据</th><th>法理分析</th><th>存在问题</th></tr>
<tr><td colspan="2">第一次债权人会议召开前</td><td>我国《企业破产法》明确将重整计划外营业转让的许可权赋予法院</td><td>我国《企业破产法》第26条、第69条</td><td>在第一次债权人会议召开前,债务人也具有充足的时间来完成营业转让。我国《企业破产法》第62条规定:“第一次债权人会议由人民法院召集,自债权申报期限届满之日起十五日内召开。”而根据该法第45条的相关规定,“债权申报期限自人民法院发布受理破产申请公告之日起计算,最短不得少于三十日,最长不超过三个月”。因此,在第一次债权人会议召开前有至少30日,至多105日的时间,在此期间内,管理人可以请求法院许可其转让全部营业</td><td>由于在这一阶段债权申报和审查工作尚未完成,因此,对债务人财产的处分也无法得到相关债权人的同意,利益相关人的异议权如何实现也是我国《企业破产法》亟待解决的问题。如果债权人受到了损害,如何通过相应的救济程序来主张自己的权益,这些都是我国《企业破产法》应当明确的</td></tr>
<tr><td rowspan="4">第一次债权人会议召开之后</td><td rowspan="3">报告债权人委员会</td><td rowspan="3">破产法语焉不详,宜由法院行使许可权</td><td rowspan="3">我国《企业破产法》第61条、第68条、第69条</td><td>①我国《企业破产法》第68条赋予债权人委员会的是一种监督权而非许可权限</td><td rowspan="3">我国《企业破产法》第61条中的“债务人财产的管理方案”是否属于“重整计划外营业转让”,应当进一步予以明确</td></tr>
<tr><td>②我国《企业破产法》第61条债权人会议职权中没有关于“重整计划外营业转让”的立法规定</td></tr>
<tr><td>③债权人会议的召开和表决并不是一个简单的程序,重整计划外营业转让的实施如果由债权人会议许可,可能会导致僵局,或是贻误时机,不利企业重整,与重整程序实现债权人利益最大化的初衷也相违背</td></tr>
<tr><td>报告法院(未设立债权人委员会</td><td>法院继续享有许可权</td><td>《企业破产法》第26条</td><td>如前所述,第一次债权人会议召开之前法院都有独立的许可权,在召开之后法院的许可权当然可以继续享有</td><td>当债权人委员会或是部分债权人认为此营业转让有损债权人利益时,如何救济</td></tr>
</table>

(四)审查要件

重整计划外的营业转让并不是常态,从法理来说,要进行营业转让应该是将其记载于重整计划进行。但考虑一些特殊情形,不立即实施重整计划外营业转让,企业的营业可能变得毫无价值或者此种营业在原来经营者手中根本无法进行时,法律赋予一种例外情形,即许可其进行重整计划外营业转让。笔者认为,法院应当重点审查如下三大要件:

一是实施重整计划外营业转让的必要性。此中的必要性体现出债务人财产面临的紧迫局面,如果不立刻实施营业转让,债务人财产将面临重大贬值、资产显著减少等不利因素。对于这种紧迫必要性的考量需要法院及管理人结合市场化原则、公平性原则来把握。此外,还应当从营业转让的实用性角度出发,考察该项重整计划外的营业转让是否具有挽救债务人企业的可操作性和有用性。

二是实施重整计划外营业转让的正当性。所谓的正当性,即需要坚持衡平主义视角,审查实施重整计划外营业转让的价值导向是否正当,是否有偏颇性行为。一般而言,进行重整计划外的营业转让,管理人或债务人必须基于正当的善意理由,为了债权人的最大利益,立足保留企业的营运价值,在维护债权人利益的同时也兼顾了社会公共利益。

三是实施重整计划外营业转让的专业性。其一,是对企业营业资产的专业评估。管理人或者债务人在决定对营业进行转让时,应当对营业(资产)进行评估,在向法院申请许可营业转让时提交相关机构的评估意见书,供法院在审查时参考。其二,是对营业转让合同的专业审查。法院不仅要对该营业转让的售价是否公平进行审查,也要正对该营业转让涉及的产业发展、营运资质等市场因素进行审查。

四、结　　语

从我国现行《企业破产法》的相关法律规定来看,在重整程序的早期阶段确实有实施重整计划外营业转让的空间,但关于进行重整计划外营业转让的时间、主体、审查等要件在我国《企业破产法》实体和程序两方面都需要进行完善。重整计划外营业转让方式可以使企业重整的方式更加灵活多变,能让债务人企业根据实际情况选择更加适合自身实现重生的重整方式,同时也能够更好地保护债权人利益,真正保障债权人利益、兼顾债务人利益并平衡社会利益的重整制度目标,因此,在重整程序中构建和完善我国重整计划外营业转让方式具有重要意义。

破产法律制度的实施是一项实践性很高的工程,与法院法官专业水平紧密相连,与管理人队伍素质融为一体,与整个经济社会的体制机制息息相关。当然,所有制度都是一把“双刃剑”,在运用重整计划外营业转让方式时,必须对该制度的实施进行一定的限制,避免管理人或者债务人滥用权力,误导法院作出许可决定,也需要避免法院法官滥用职权、损害债权人利益、破坏社会经济秩序。

清算会计与破产法冲突吗?[*]

——破产财务报表视角下管理人职责探讨

陈秧秧[**]

一、引论:财务报表与破产法冲突?

在党中央、国务院调整产业结构、优化产能过剩和加快“僵尸企业”市场出清的战略部署下,财政部于2016年7月4日发布一份《企业破产清算有关会计处理规定》(征求意见稿)的配套文件(财办会〔2016〕28号,以下简称2016 ED),[①]并于同年12月20日发布正式稿(财会〔2016〕23号,以下简称清算会计规定),对破产清算会计规范作出调整。[②] 此前我国沿用1997年财政部制定的《国有企业试行破产有关会计处理问题暂行规定》(财会

---

* 本文为作者提交给“中国破产法论坛·管理人制度的实践与创新专题研讨会”的参会论文,后发表于《新会计》2018年第5期。

** 会计学博士,法学博士后,华东政法大学国际金融法律学院副教授。

① 参见财政部:《关于征求企业破产清算有关会计处理规定意见的函》,载中华人民共和国财政部网:http://kjs. mof. gov. cn/zhengwuxinxi/gongzuotongzhi/201607/t20160712_2353444. html,最后访问日期:2017年1月10日。

② 参见财政部:《关于印发〈企业破产清算有关会计处理规定〉的通知》,载中华人民共和国财政部网:http://www. mof. gov. cn/pub/kjs/zhengwuxinxi/zhengcefabu/201612/t20161227_2505655. html,最后访问日期:2017年1月20日。

字〔1997〕28 号,以下简称 28 号文),大量非国有企业破产清算的会计核算在较长时期未得到正视。即便自 2006 年 2 月以来我国颁布的与国际惯例趋同的新企业会计准则体系中,依然以持续经营的企业为会计核算的前提,进入破产清算或营业终止的非持续经营主体游离在会计规范之外的状况没有得到根本改变。与此同时,我国《企业破产法(试行)》(1985 年)在 2006 年全面修订,法律适用范围已从国有企业扩展至所有企业法人,破产清算司法程序也日臻完善,包括引入国际上流行的管理人制度,28 号文由此更加凸显与破产法律制度革新的滞后性。社会经济环境变迁、会计准则体系完善以及破产法律制度改进均将企业破产清算这一特殊事项安排的会计处理与财务信息呈报提上日程。

清算会计规定适用于经法院宣告破产、处于破产清算期间的企业法人(23 号文第 2 条),由此将那些虽经申请破产(无论债务人或债权人提出),且法院裁定受理破产申请,其后却转入重整或和解程序的债务企业暂时排除在外。所谓暂时,是因为即便在重整或和解程序下,仍存在被法院宣告终止重整或和解进程、再次转为破产清算的可能性。清算会计规定提出破产清算条件下破产企业资产与负债的全新计量属性,即以破产清算净值计量破产财产,以清偿价值计量破产债务,设计了破产企业资产与负债的初始确认与后续计量规则,在此基础上构建一套包含法院破产宣告日和法院或债权人会议所要求其他时点的清算资产负债表,破产清算期间的清算损益表、清算现金流量表以及债务清偿表等破产企业财务报表体系。

自 2016 ED 发布以来,就其与现行企业破产法下基本原则的关系、在破产清算司法实践中的应用,法律界人士提出较尖锐的批评意见。以浙江省高级人民法院章恒筑法官与上海国家会计学院颜延教授《财产状况报告与财务报表不同——对〈企业破产清算有关会计处理规定(征求意见稿)〉的评述》一文为例(以下简称章颜一文),[①]他们认为,“人民法院受理破产案件后的债务人(破产人),已经或有可能被裁定破产并进行清算,丧失了持续经营的基本特质”,由此被法院裁定破产清算的破产人和处于破产重整、和解程序中的债务人均已不满足当前企业会计准则下会计主体持续经营的前提条件,进而不能再行编制财务

---

① 章筑恒、颜延:《财产状况报告与财务报表不同——对〈企业破产清算有关会计处理问题规定(征求意见稿)〉的评述》,载《人民司法·应用》2016 年第 25 期。

报表；相反，依据现行企业破产法，此时应由人民法院指定的管理人来制作破产企业的财产状况报告。而破产法下的财产状况报告与财政部2016 ED中的破产财务报表不同，[①]前者用于债务人财产的管理、变价与分配，后者则应是在企业持续经营状态下编制的、用于反映特定期间企业财务状况与经营成果的报表。换言之，该文认为，破产清算条件下作为非持续经营主体的破产企业不应编制财务报表，由此可见，财政部在企业破产法下制定破产清算会计处理规定，要求人民法院指定管理人编制破产清算条件下债务人的清算财务报表，于法无据且理论不充分，并建议由法院通过发布司法解释来进一步规范破产法上财产状况报告的制作。

上述质疑引出的第一层问题可直接地归纳为，非持续经营条件下的会计主体，以破产清算司法程序中的债务企业为例，是否适用当前以主体持续经营为核算前提的企业会计准则体系所规范的财务报表概念，进而应当编制清算财务报表。正如章颜一文所采用的主要论据，企业会计准则之基本准则明确规定，会计确认、计量和报告以持续经营为前提，[②]被法院宣告破产的债务企业显然将不再持续经营，即通过财产清算与债务清偿而终止营业，进而不适用企业会计准则，也不应当编制财务报表。然而，事实上，这一问题背后隐含的深层次争议在于，持续经营或者作为其对立面的营业终止（含破产清算）这一会计准则所采用的会计核算前提条件，作为被业界普遍接受的会计基本假设之一，其内涵与作用应如何在当前会计准则制定中作出准确而清晰的界定及解释，由此审视破产清算条件下的会计主体是否应当或者可以包含在现行企业会计准则体系规范之下，进而"天然"或"法定"地必须通过财务报表来揭示其宣告破产当时的真实财务状况和破产清算期间财产处置、债务清偿及其损益结余的动态过程，为债权人、企业职工与出资者等利益攸关方和法院、主管部门等事件裁决者提供其判断与决策所需的有用信息。

本文拟从会计准则制定的逻辑基础和企业破产法解读的视角，探讨清算财务报表与财产状况报告是否构成冲突的问题。首先，回顾基本准则即域外的财

---

① 财政部在征求意见稿中用了术语"破产财务报表"，而在正式稿中将其修订为"清算财务报表"，为其后进一步制定破产清算之外企业终止营业（如解散清算）的会计处理及其财务报表编制预留空间。

② 参见财政部《企业会计准则——基本准则》（2014年修订）第6条。

务会计概念框架中对持续经营假设的界定,并解释破产清算情形应当内嵌于当前持续制定的企业会计准则体系之中;其次,解读破产法上如何界定管理人所制作的财产状况报告及其信息基础;最后,从破产法下债权人会议、法院等机构对破产企业的财务信息需求和会计准则发展及会计理论继承性角度,提出构建和改进清算财务报表体系的若干思路。

二、基于假设的会计准则制定:持续经营与破产清算对立统一

(一)会计准则中的持续经营假设

我国会计法规定,公司、企业必须根据实际发生的经济业务事项,按照国家统一的会计制度的规定,确认、计量和记录资产、负债、所有者权益、收入、费用、成本和利润(我国《会计法》第25条)。其中,国家统一的会计制度,是指国务院财政部门根据会计法制定的关于会计核算、会计监督、会计机构和会计人员以及会计工作管理的制度(我国《会计法》第50条第2款)。2006年以来,财政部发布及后续修订的企业会计准则是当前我国统一的会计制度中有关企业经济业务事项会计核算最核心的部分,其中,基本准则是一系列具体会计准则的基准。基本准则要求,在我国境内设立的企业应当参照企业会计准则编制财务会计报告(又称财务报告,含会计报表及其附注)(基本准则第2~4条)。此处,会计准则并未限定适用于持续经营中的企业,身陷破产清算囹圄的企业也应当涵盖在内。虽然基本准则后续又规定,企业应当以持续经营为前提进行会计确认、计量和报告(基本准则第6条),并由此构建了持续经营假设下一整套相互关联且内在逻辑紧密的会计基本概念与原则,如权责发生制和五类计量属性(历史成本、重置成本、可变现净值、现值与公允价值),然而,基本准则并未排斥非持续经营主体如破产清算条件下破产企业编制清算财务报表的必要性与可行性。

破产会计一般是指法院裁定企业宣告破产到法院终结破产程序这一期间所办理的会计事务,它属于财务会计的一个分支,①而"财务报表是财务会计最重要

① 这是20世纪80年代末、90年代初会计界的主流观点,代表性文献可以参见苏锡嘉(1988年)、韩传模(1996年)、周仁俊(1997年)以及李祥义(1998年)等。

的部分，财务会计的最终目的就是要提供财务报表”。[①] 对于进入破产清算程序的企业来说，持续经营假设不再适用，使其较之正常持续经营企业表现出很多特殊性，但财务会计的多数概念依然适用于破产会计，譬如，会计主体与货币计量假设以及决策有用观视角下提供有助于信息使用者（以债权人与法院为主）作出理性经济决策的破产会计目标。基本准则对会计假设、报表要素、确认标准、计量属性以及财务会计报告等概念的界定，均旨在为真实且公允地编制财务报表进行铺垫，财务报表则成为财务会计实现“决策有用”之目标的主要信息披露载体。

我国会计准则虽然将企业持续经营设定为会计核算的前提，然而，“经营主体具有持续的经营期限这一假定很大程度上是一种便利性假设，因为没有人能可靠地预期未来事态的发展”。[②] 即便存在企业破产、清算和解散等情况的可能性，一定程度的持续性是企业的典型经历，持续经营而非清算才是正常的预期，因此，“会计准则必须主要考虑正常或典型的情况”。持续经营假设或持续性概念的重要意义主要体现在定期财务报告，由此使另一基本假设会计分期成为对持续经营假设的补充。持续经营假设下的财务报表具有暂时性特征，因为会计分期中断了企业持续经营活动的许多实际联系，使定期财务数据呈现特定的即时可靠性，而这一可靠性在很大程度上取决于未来事项的发展。在最终清算前，绝不可能完全识别一个企业的全貌。换言之，当营业终止与最终清算时刻终于到来时，基于清算条件下的特殊确认标准（如必须经管理人或法院确认）和计量属性（如快速可变现净值，而非账面价值）所编制的清算财务报表将可呈现企业营业终结时点的财务状况和清算期间财产变现、债务清偿以及可能的损益结余情况。因此，无论持续经营，抑或是营业终止，以财务报表为基础向各种情形下的利益相关方提供其决策所需的财务信息均毋庸置疑。

会计准则将持续经营等基本假设内嵌为会计核算的前提，其中缘由应重拾中西方有关基本假设在会计规范演进中的重要作用。所谓会计的基本假设（假定、假说），是指主要由客观环境（当时我国讨论这一基本概念时更多地将其称为

---

① 葛家澍：《基本会计准则与财务会计概念框架——关于进一步修改、完善1992年〈企业会计准则〉的个人看法》，载《会计研究》1997年第10期。

② ［美］W. A. 佩顿、A. C. 利特尔顿：《公司会计准则导论》，厦门大学会计系翻译组译，中国财政经济出版社2004年版，第11页。

商品经济)所决定的会计运行的前提条件和某些具有本质意义的特征。这些前提条件和特征的被认识,需要人们进行概括。会计的基本假设不是主观的无根据的设想,而是以一定的客观条件、材料为依据,对那些难以直接观察到的规律或事实所作的假定。人们对客观真理的认识需要有一个过程,为了便于探求客观真理,往往有必要对某些未知的事实先提出假设。会计假设无非代表那些虽未最终得到证实,但已由长期实践所一再证明了的、反映会计的本质和规律性的科学推理。这种推理的主要依据是商品经济和当前市场经济给予会计的深刻影响。会计基本假设作为会计运行的前提条件是客观存在的,但对这些前提条件的认识还不能避免人的主观因素。并且,会计基本假设不是一成不变的,因为产生这些假设的条件——商品经济和当前市场经济环境就处于发展变化之中。①

(二)持续经营与破产清算对立统一

在我国,持续经营假设是针对商品经济(及当前市场经济)条件下,作为会计主体的企业存在竞争,其经营的持续时间带有不确定性而提出的。如果说,会计主体假设为会计活动规定了空间范围,那么持续经营假设则为会计的正常活动作出时间的规定。从企业的客观实际来看,没有一个企业能够无限期地存在下去,然而,每一个企业在何时将“关停并转”又难以准确预料;从企业的主观愿望来看,除少数企业有预定经营目标或有经营期限外,一般都采取长期连续经营,不断发展壮大。这为持续经营假设提供了客观依据。尽管企业的经营存在不确定性,自身经营不善或市场意外变化经常威胁着企业的存续,但会计进行反映和控制的正常程序和方法,会计经常提供的信息,却不能立足于企业随时可能停止营业而应当立足于企业将持续进行经营的基础上,除非获得了明确而显著的相反证据。这便是持续经营假设的基本含义,以此为基础,会计分期假设无非是从持续经营的补充来说的。

然而,事物总是一分为二的,有持续经营就会有停业清理甚至破产清算。“在会计理论中,探讨持续经营假设,探讨重要性原则时,还要研究不重要或非典型性情况的灵活处理。”当出现明确且显著的非持续经营这一相反证据时,会计

---

① 这一部分的论述,参见葛家澍:《试论会计的基本假设及其在我国有计划的商品经济条件下的特点》,载葛家澍:《关于会计基本理论与方法问题》(增订版),经济科学出版社2004年版,第126页。

便需调整其反映和控制的正常程序和方法，按照清算的要求，如实反映企业清算时的财务状况和财产关系，着眼于变现能力和清偿能力，提供有助于正确处理各方权益、顺利进行清算和结束一个企业剩余财产的信息。因此，当会计主体需要停业清理甚至破产清算时，其会计信息系统要相应地进行立足点的转变，也就是从立足于持续经营向立足于停业、破产与清算转变。因此，基于对立统一视角，停业或破产清算作为持续经营假设运行环境的对立面，事实上其内涵于持续经营这一基本假设中，是对持续经营假设作出完整解释时不可或缺的必要组成部分。与持续经营的会计主体需要定期总结财务状况和经营成果的情形完全相同，无论基于何种原因终止营业的企业亦有报告其在清算期内特定时点财务状况和特定期间清算损益的必要。而编报基础的灵活调整，如持续经营条件下的权责发生制和账面价值等常规计量属性变更在清算条件下应更多考虑收付实现基础的快速可变现净值与应偿付金额，使此类财务报表编制现实可行。

在我国统一的会计制度尤其新企业会计准则体系中，“基本会计准则是准则的准则”，“是整个准则体系中的基本法”，它通过假设、目标、要素、确认、计量、披露等基本概念和一般原则，用于指导会计准则的制定，评估已制定的会计准则，并对在没有具体准则的领域中所发生的一些交易和事项，可据以进行恰当的会计处理。因此，“我国的基本会计准则既是理论，又是准则”。正如美国财务会计准则委员会（Financial Accounting Standards Board，FASB）将有关财务会计基本概念的系列研究即概念框架，纳入用于指导企业会计实务的公认会计原则（Generally Accepted Accounting Principle，GAAP）体系中，“准则和评估与发展准则的理论之间并没有不可逾越的鸿沟”。事实上，我国基本会计准则的制定借鉴了美国财务会计概念框架研究的两种基本思路，即20世纪60年代美国注册会计师协会提出的以基本假设、一般原则作为概念结构的基本框架，和1978年以来FASB发布的现在较为流行的目标导向，包括目标、信息质量、要素及其确认与计量、财务报表的概念结构之基本框架。由此，基本准则不仅是一项国家统一的会计制度，更是一套开放的、继承性且持续发展中的财务会计理论，包括其中特定或具体的某个概念。因此，不能切断会计准则制定与概念框架理论发展所内含的基本逻辑，而生硬地进行比较与阐释，尤其是在利益关系剑拔弩张的破产清算司法实践中。

三、企业破产法下的财产状况报告:法律属性及其信息基础

在破产清算司法程序中,企业破产法授权由法院在裁定受理破产申请的同时指定债务企业的管理人(我国《企业破产法》第22条),管理人则可以由有关部门、机构的人员组成的清算组或者依法设立的律师事务所、会计师事务所、破产清算所等社会中介机构担任(我国《企业破产法》第24条)。管理人向法院报告工作,并接受债权人会议和债权人委员会的监督(我国《企业破产法》第23条)。破产法明确赋予管理人的核心职责之一是调查债务人财产状况,制作财产状况报告(我国《企业破产法》第25条第2项)。然而,破产法下的财产状况报告是特指一份具体的司法文书,还是仅要求管理人在破产清算过程中就所接管的破产财产之变价、处置与分配情况向债权人会议和法院进行及时报告,以履行受托责任的行为?从破产清算司法程序的时间维度分析,当破产申请被提出、法院裁定受理破产申请的同时指定管理人之后,债务企业可能沿循以下路径推进债务问题的解决:第一,重整。具体指在债权人申请对债务人进行破产清算的情形下,在法院受理破产申请后、宣告债务人破产前,债务人或者出资额占债务人注册资本1/10以上的出资人,可以向法院申请重整(我国《企业破产法》第70条)。第二,和解。具体指债务人可以在不能清偿到期债务且资产不足以清偿全部债务或明显缺乏清偿能力时,依照破产法向法院直接申请和解,也可以在法院受理破产申请后、宣告债务人破产前,向法院申请和解。重整或和解程序旨在对破产债权进行相应调整(如延期、分期清偿或者全部或部分免除)之后尽量维持债务企业的持续经营活动,实现债务企业与债权人利益的最大化。第三,被法院宣告破产。即因债务人不能清偿到期债务,且资产不足以清偿全部债务或明显缺乏清偿能力,法院由此认定其具备破产原因,而宣告债务人破产。在上述3种可能的路径中,重整程序下法院裁定批准重整计划或者和解程序下法院裁定和解之后,管理人均应当向债务人移交财产和营业事务,而无须再另行制作财产状况报告。尤其在重整程序下,企业破产法明确规定由债务人向履行监督职责的管理人报告"债务人财务状况"(我国《企业破产法》第90条第2款)。由此可见,只有在债务人被法院宣告破产的情形下,管理人才应切实启动与破产企业财产变价、处置与分配相关的法律文书的制作。

依据企业破产法，自法院宣告债务人破产至裁定终结破产程序之间的破产清算期间，管理人应当制作的法律文书包括：(1)针对所接管的破产财产，及时拟订破产财产变价方案，并提交债权人会议讨论。该方案在债权人会议通过或因债权人会议表决未通过、由法院裁定之后，管理人需适时变价出售破产财产。破产财产变价出售以拍卖或债权人会议另行决议的方式进行，法律未对处置价格即财产的计量属性作出具体限定，显见尊重市场实践和债权人利益最大化原则；(2)结合破产财产变价处置、破产债权登记确认以及破产费用和共益债务发生支付情况，及时拟订破产财产分配方案，并提交债权人会议讨论。破产财产分配方案通常应当载明这些事项：①参加破产财产分配的债权人名称或姓名、住所；②参加破产财产分配的债权额；③可供分配的破产财产数额；④破产财产分配的顺序、比例及数额；⑤实施破产财产分配的方法。该方案在债权人会议通过、法院裁定认可之后，由管理人执行；(3)破产财产在最后分配完结后，管理人及时向法院提交破产财产分配报告，并提请人民法院裁定终结破产程序。显然，这份破产财产分配报告应以债权人会议表决通过且经法院裁定认可的破产财产分配方案为基础，结合实际财产额分配、债权人领受、管理人提存等具体情形而向法院汇总呈报的破产企业债务清偿的最终报告，也是法院裁定破产事件中各方债权债务纠纷公平解决、破产程序终结的依据。

综上所述，对我国现行《企业破产法》下有关管理人在破产清算期间的职责进行梳理不难发现，法律并未将“财产状况报告”界定或限定为一份特定时点或期间针对破产企业以所拥有财产来清偿所承担债务的具体司法文书，相反，“财产状况报告”表现为破产清算期间各项程序推进的过程中，由管理人分别拟订、制作并提交给相关权力机构(债权人会议或人民法院)的涉及破产财产清理、变价、处置与分配的多份方案与报告。

为了及时、全面且准确地拟订和提交上述法定方案与报告，由清算组或社会中介机构担任的管理人依据破产清算市场实践与会计惯例，在制作财产变价与分配方案前或其他必要的时点，遵循会计准则的要求，编制宣告破产日的资产负债表(附清算财产表)、破产清算期间的清算损益表和债务清偿表等清算财务报表，完全必要且合理。具体而言，以破产清算条件下快速可变现净值表述的破产宣告日或破产报表日资产负债表，揭示破产企业可用于偿债的财产基础和经过登记确认的债务情况，成为法院认定债务人是否具备破产原因、债权人会议是否表决通过财产变价与分配方案的判断基础。破产清算期间的清算损益表集中揭示持续经营和非持续经营条件下破产财产在账面价值与清算价值之间的显著差异及由此带来的处置损益,将便于债权人和出资人等利益相关方了解财产价值兑现及其去向信息。会计准则下的债务清偿表与企业破产法下的财产分配方案则有异曲同工之妙,是对破产企业财产清偿破产债权(破产企业债务)这一安排的两种不同方向的表述而已。因此,清算财务报表不仅是管理人制作一系列财产状况报告,即拟定变价与分配方案、提交分配报告的信息基础,也是债权人会议表决和法院裁定前述债权债务解决方案与报告的决策依据。会计准则所规范的清算财务报表与企业破产法下的财产状况报告之间不仅不存在任何冲突,相反,二者共同服务于破产清算司法程序的顺利推进和及时完结。

四、破产法与会计准则下清算财务报表构建:决策有用观视角

(一)破产法下法院对破产企业的财务信息需求

我国《企业破产法》的立法宗旨在于公平清理债权债务,保护债权人和债务人双方的合法权益,维护社会主义市场经济秩序。为此,《企业破产法》开宗明义地规定了破产案件必须交由人民法院管辖,意在以法院之司法独立的公众形象为各方利益主体"主持公道"。而鉴于破产清算事由中债权债务认定、财产变价处置、不同优先序列债务清偿等高度专业化且利益纷争密结的司法进程,破产法又引入管理人制度,要求法院在裁定受理破产申请的同时便指定专业的清算组或社会中介机构来接管破产企业的营业事务和财产簿记,借由专业人士来推进破产清算繁杂问题的解决。在"法院—管理人"的受托责任关系中,管理人由法院指定,按照破产法的要求履行职务,向法院报告工作,同时接受债权人会议和债权人委员会的监督。法院借由管理人的专业能力和职务履行,裁定债务企业是否具备不能清偿到期债务且资产不足以清偿全部债务或明显缺乏清偿能力等破产原因,裁定债务企业在破产宣告日的真实财务状况,也就是以快速可变现价值为基础计量的资产总额和经过法院确认的应偿付负债总额,以获得清算开始时该破产案件债务问题解决难易程度的初始印象,以及在清算过程中裁定破产财产变价方案与分配方案,以严密监督破产企业债务问题的公平解决及其正当

权益的及时维护。管理人以破产财产变价方案、分配方案及其具体实施情况为依据制作并向法院提交破产财产分配报告，以此解除受托责任，并作为法院裁定是否终结破产程序的决策依据。

（二）会计准则如何构建清算财务报表体系？

回顾我国破产清算会计规范制定历程，1996 年财政部便曾发布一份《企业会计准则第 × 号——清算（征求意见稿）》（以下简称 1996 ED），其后因各种原因未能正式生效。这份准则草案将清算人①接管清算企业日至破产终结裁定日之间的期间清晰地界定为破产清算条件下会计核算的会计期间，要求以破产清算企业为会计主体，以可实现净值为基础，由清算组编制以下财务报表：(1) 清算开始日的清算资产负债表和净资产变动表；(2) 清算期间跨年度的，在年度终了编制清算资产负债表和净资产变动表；以及 (3) 清算会计期间终了之前，编制财产分配表。其中，清算资产负债表通常附以清算财产表，后者综合反映清算报表日企业财产的账面价值、预计可实现净值和预计的变现损益情况。净资产变动表则全面揭示企业在清算期间因财产重新计量、债务重新确认以及发生清算费用与共益债务等引起的净资产动态变化过程。显然，1996 ED 已初步建构起一套在清算即非持续经营前提下，涵盖会计主体、会计期间、编报基础、编制人以及清算报表体系的相对完整且基本与破产法律制度要求相吻合的以债权人为导向的清算会计规范。

然而，相较于这份未正式成文的 1996ED，1997 年正式发布且施行至今的 28 号文除适用范围特殊（限于国有企业）外，在会计处理程序上明确要求破产企业和清算组分别编制破产清算期间的会计报表。具体言之，破产企业应在法院宣告破产后，沿循现行（持续经营假设下）会计制度所规定的报表格式和编制方法，编制宣告破产日的资产负债表、自当年年初至破产日的损益表以及科目余额表，并报送主管财政机关、同级国有资产管理部门和企业主管部门。上述报表编报结束后，破产企业须及时向清算组移交各项会计档案，此时，清算组则应采用清算条件下的计量基础与报表格式编制破产清算会计报表，具体包括：(1) 清算开

---

① 根据 1985 年《企业破产法（试行）》第 24 条的规定，“人民法院应当自企业破产之日起十五日内成立清算组，接管破产企业……清算组成员由人民法院从企业上级主管部门、政府财政部门等有关部门和专业人员中指定”。

始日的清算资产负债表;(2)清算期间,按照人民法院、主管财政机关和同级国有资产管理部门规定的期限,编制清算资产负债表、清算财产表和清算损益表;(3)清算终结时的清算损益表和债务清偿表。正如上文所分析的法院对债务企业的财务信息需求,破产宣告日以现行会计制度编报的持续经营前提下基于账面价值的财务信息已基本丧失决策相关性,债务企业事实上没有编制此套报表的必要性。

反观当前最新的清算会计规定,财政部要求以破产清算企业为会计主体即会计核算对象,以破产管理人为唯一编报人,在法院或债权人会议要求的时点编制清算财务报表。清算财务报表应包括:(1)破产宣告日的清算资产负债表;(2)法院或债权人会议要求的其他时点的清算资产负债表、清算损益表、清算现金流量表、债务清偿表及相关附注;(3)在向法院申请裁定破产终结前的清算损益表、债务清偿表及相关附注。其中,清算资产负债表意在揭示破产企业在破产报表日(破产宣告日、债权人会议确定的编报日或破产终结申请日)的财产状况,包括以最可能的变现价值所计量的资产和以法律规定或合同约定应偿付之金额所计量的负债;清算损益表主要反映破产企业在破产清算期间由资产处置、债务清偿或其他活动带来的收益与费用;清算现金流量表则旨在传递破产清算期间货币资金余额的变化状况。由此可见,破产管理人所主导编制的清算财务报表体系将向法院和债权人会议全面展示破产企业在特定时点的真实财务状况,不仅是管理人自身履行破产法下财产状况报告责任的主要信息基础,也成为法院推进破产清算案件司法程序的重要决策依据。

与此同时,为了促使会计准则与破产法进一步衔接,清算会计规定中几个核心概念仍有进一步厘清的必要。

问题一,如何界定破产清算会计期间。由于会计新规明确将适用于经法院宣告破产的企业,那么,破产清算会计核算期间自然应当以法院宣告破产日为始点;同时,破产法上以法院裁定破产终结为破产程序的终结,那么,破产清算会计核算期间亦应以此时点为终点;由此可见,会计核算中的破产清算会计期间应清晰地界定为自法院破产宣告日至法院裁定破产终结日之间的期间。这也是1996 ED中已经明确提出的清算期间观念。

问题二,清算财务报表中有无必要新增现金流量表。众所周知,现行会计准则下企业编制的现金流量表很大程度上是对持续经营前提下按照权责发生制原则所编制的资产负债表和损益表的一种调整，由此直观地得到会计主体在某一期间现金进出流量及其结余额。在破产清算条件下权责发生制已基本被现金制基础的快速可变现净值所取代，破产资产负债表事实上已揭示资产的即时可变现价值和债务的当前应偿付金额，其与现金流之间的差异已尽可能缩小，另行编制一份破产现金流量表并无充分的必要。相反，管理人以可变现净值为基础编制清算资产负债表和清算损益表，并据以制作破产法上所要求的破产财产变价方案、实施破产财产变价处置以及在此基础上制作破产财产分配方案，已经能够充分地履行清算会计规定下编制清算现金流量表意欲传递的破产清算期间现金流动的信息功能，清算财务报表体系似乎无须增加清算现金流量表。

问题三，会计新规中的债务清偿表与1996 ED中的财产分配表、2005年破产法上的财产分配方案及报告无非一体两面，均表述以破产企业所拥有之财产，通过变价处置等清算方式，清偿其所承担之债务这一相同的事实，债务清偿的过程即财产分配的过程。而结合破产法中有关财产变价与分配的报告要求，建议会计准则宜采用1996 ED中便已经提出、与相关法律制度表述更一致的财产分配表概念。

从会计准则发展视角来看，自1996 ED、28号文至2016 ED及后续正式颁布的《企业破产清算有关会计处理规定》，关于破产企业财务报表组成、尤其报表名称虽不尽相同，报表编制主体也发生一些变化，然而，针对破产清算这一非持续经营条件下，会计主体即债务企业在特定时点的财务状况、特定期间财产变现和债务清偿等事项安排及其损益的及时报告，则始终是实务界共识，2016年会计新规提出清算财务报表概念也绝非是对当前企业破产法下财产状况报告全新的或颠覆性的解释，仅表现为准则制定的连续性和会计理论的继承性而已。会计准则关于破产清算条件下的企业编制清算财务报表的要求，不仅未与破产法下管理人制作财产状况报告的规定相冲突，事实上成为后者一系列法律文书制作的信息基础，成为法院主持之下一系列债权债务纠纷公平及时解决的决策依据。破产清算会计准则是当前市场经济环境与法律制度下产业结构调整、“僵尸企业”出清等重要政策布局所必要的基础性配套机制，应当及时、准确且完整地执行。

诚信义务与层次履职：管理人工作评价标准之探析

韩　骏*

如何评价管理人工作的好坏，一直是实务中让人颇为纠结的问题。由于评价结果往往直接决定管理人报酬的高低，各方关注和争议在所难免。最高人民法院《关于审理企业破产案件确定管理人报酬的规定》第 4 条、第 9 条虽然确立了“可供清偿的财产价值与管理人工作量”并重的总体原则以及一个相对细化的评价标准，①然而浓厚的“以结果论英雄”式思维还是与现实发生了严重脱节。比如，按照破产法的机理，重整条件下的可分配财产必然高于清算条件，管理人报酬也自然随之提升。但是不是就能直观认为重整条件下的管理人工作量必然大于清算条件？当前市场环境下，成功破解资产变现难题的清算管理人，与搭上之前就已在政府和银行努力下敲定投资者的“便车”的重整管理人，哪一个贡献更大？又或者说，管理人为了重整目标付出的诸多辛劳终因企业不容于市场而无奈接受清算，此时是否可以因重整结果

---

* 浙江京衡律师事务所合伙人、律师。

① 最高人民法院《关于审理企业破产案件确定管理人报酬的规定》第 9 条列举了 6 种因素：破产案件的复杂性、管理人的勤勉程度、管理人为重整与和解工作做出的实际贡献、管理人承担的风险和责任、债务人住所地居民可支配收入和物价水平、其他因素。

未达致既定目标而抹杀管理人的工作付出?

另举一实例,某地中级人民法院在预定管理人报酬方案时,不问个案的实际情况,管理人报酬一律按最高人民法院《关于审理企业破产案件确定管理报酬的规定》7 折预估(而最终实际确定时没有一个案件达到或者超过 7 折),引发非议一片。笔者有机会与数位该地域办理破产案件的法官讨论,得知法院内部、政府金融主管部门以及很多债权银行甚至觉得这个报酬比例还是过高,缘由在于之前多起破产案件中,管理人的工作表现与成果令各方大失所望,往往事事推之于法院,工作业绩与可计报酬严重失调,形成了不该出现的法院与债权人整体性消极评价甚至否定管理人工作的失衡局面。

笔者从事管理人实务工作多年,深知管理人工作的不易,也倾听到多方对于管理人工作的期盼与心声。通过本文,笔者试图从主观与客观两个层面对管理人工作的评价标准进行探析。

一、管理人工作评价的主观标准:诚信义务

我国《企业破产法》第 27 条规定:"管理人应当勤勉尽责,忠实执行职务。"我国《公司法》第 148 条规定:"董事、监事、高级管理人员应当……对公司负有忠实义务和勤勉义务。"无论对管理人的性质和地位如何界定,实务中管理人对破产中公司董监高权利与职责的"一肩挑"确是不争的事实。因此,当我们摒弃"结果论"这一不科学的评价标准,平心静气审视管理人的工作投入过程,是否善尽管理人的"诚信义务"应当是相对科学合理的评价标尺。

公司的管理者,或者掌控公司权力的人,包括董事和高管人员……应当诚实信用地按照公司利益最大化的原则,来履行自己的职责。这被称为诚信义务。[①]"传统上诚信义务包括两个方面,即忠实义务和注意义务。忠实义务,也有文献将其翻译为受信义务、忠诚义务;注意义务,也有文献翻译为善良管理义务(简称善管义务),或者勤勉义务。前者对应着对义务人品德的要求,后者对应着对义务人能力的要求。"[②]尽管在理论上可以将公司法上董监高"诚信义务"的概念及

---

① 参见邓峰:《普通公司法》,中国人民大学出版社 2009 年版,第 438 页。
② 邓峰:《普通公司法》,中国人民大学出版社 2009 年版,第 449 ~450 页。

内容笼统嫁接到管理人身上,比如,管理人应当以债权人利益最大化为原则,管理人应当忠诚于债权人,管理人应当具备符合破产案件办理要求的人员规模和专业能力等。[①] 但董监高的"受托人地位"与管理人的"独立机构地位"之异,必然导致两者诚信义务的内涵判然有别。

公司法课以董监高之诚信义务,初心在于防范董监高利用其职务便利和控制优势,做出不利于公司的举动。以忠实义务为例,利益冲突构成了忠实义务的核心,凡属自我交易、抢夺公司机会、财务协助等违反忠实义务的行为,其结果必然是在公司损失的同时,违反义务者获取了利益。但这一逻辑看来并不适合管理人,管理人尽管在许多重大决策和行动时受制于债权人和法院,然而其独立的"私机构"地位[②]决定了不存在也无必要与其他主体的利益冲突。假定管理人单纯以追求报酬最大化作为利益目标,而逻辑上报酬最大化又以破产财产最大化为基础,那么实务中管理人就应当穷尽一切可能增加破产财产的线索、途径与措施,比如,尽可能纠正偏颇清偿、尽可能追收流失资产、尽可能监管并参与生产经营、尽可能寻求商业机会、尽可能引入投资者、尽可能拓展资产变现方法与渠道、尽可能促成清算向重整或和解的转化等。无论从理论设计还是事实检验来说,这是管理人追求并实现工作报酬最大化的正途。

当然,不能绝对排除管理人利用其独特地位,从破产财产中牟取私利的迹象,但在实务中管理人以权谋私的情况确实少之又少。一方面,因为担任管理人的中介机构确实没有必要进行职业冒险;另一方面,破产案件本身的透明机制也足以防止此类情况的发生。出现前述法院、政府或者债权人对管理人勤勉程度诟病的主要情形是管理人的怠惰,具体表现为管理人对分内之事不愿做、不敢做、不会做。这看上去与前面的探讨产生了剧烈的矛盾,既然只有做了很多事情才能增加破产财产,继而提升管理人报酬,为什么很多管理人反而选择了漠视与退缩?这可能归结于三个方面的原因:一是成本因素,破产案件需要较多而持续

---

① 除上述条文规定的忠实义务与注意义务(英美法系国家称为信托义务)外,综观各国破产法,破产管理人还负有接受监督、提供担保义务等。参见张艳丽:《破产管理人的法律责任》,载《法学杂志》2008年第4期。

② 就破产管理人的法律地位而言,目前德国的"机构说"为主流学说。"私机构",是德国法上对遗产管理人、强制执行管理人、破产管理人等概念加以抽象而形成的上位概念。在法律地位上,相当于"信托受托人"。其成立并非基于合同,而是基于法律规定或者死因行为。参见许德风:《破产法论》,北京大学出版社2015年版,第258~259页。

的人力投入,甚至有些规模较小的中介机构一段时间内不得不放弃其他业务,倾全所之力办理,这是人力成本之不可承受;破产案件耗时短则数月,长则跨年,管理人团队必须派员长期驻守现场,这是时间成本之不可承受;尽管破产法规定管理人报酬属于破产费用,可以随时清偿,但鲜有管理人于债权人清偿之前收取报酬,往往要等到债权人清偿完毕后再收取,有些类似于"全风险收费",这是经济成本之不可承受。二是能力因素,管理人往往被视为"全能型选手",最佳的管理人团队当然是复合型人才聚拢的团队,但实际上很难达到这样的构建要求。对于自身能力所不达或者未来有可能承担决策与执行风险的领域,保守的管理人难免会倾向回避或者推诿。三是危险因素,债务人企业在破产前必然是各种矛盾冲突交杂,而管理人一旦接管,随即替代了债务人企业的矛盾核心地位。处于风暴中心的管理人既可能面对个别蛮横无理的债权人,也可能因正当履职行为触犯既得利益者,管理人受到攻击乃至伤害并不罕见。这三个方面的原因,造成管理人思想的波动与摇摆,映射于行动上,就极容易对外描画出一副"怠惰"之态。

综上分析,所谓管理人的"怠惰"确实无法单纯归因为主观上不能善尽诚信义务,如同公司法上评价董事与高管的诚信义务往往援引商业判断规则,对管理人是否尽到诚信义务的评价,也需与当时当地的客观情况相互结合才能公允判断。譬如,管理人及时终止无休止的重组谈判,可能丧失了一个引入投资人的机会,但也可能避免了破产财产价值的持续贬损,对此就没有理由认定管理人违反诚信义务,或者说工作不得力;再如,即使是无产可破的案件,管理人仍然应当对是否存在偏颇清偿行为进行系统梳理,纵然最终无果,也需向全体债权人报告披露。倘若管理人对此视而不见或干脆束之高阁,则很难评价其已全面完成了管理人工作,至少从诚信义务的角度来说,该管理人的履行是失当的。[①]

① 诚信义务的评价与管理人职责紧密相关。换言之,诚信义务更侧重考察管理人是否履行职责要求,而不是绝对的结果主义。以勤勉义务为例,勤勉程度的判断以符合职责要求为尺度,如果管理人作出的决定或采取的措施不足以满足履行职务的要求,则认为其未达到足够的勤勉;如果管理人已经达到了职责要求,则即使有意外的损失发生,也不应由管理人承担责任。参见王卫国:《破产法精义》,法律出版社 2007 年版,第 76 页。

二、管理人工作评价的客观标准:层次履职

通俗来说,管理人工作评价的客观标准就是管理人做了哪些事情。细分解之,包括管理人应做的事情、不应做的事情、做的事情有无实际效果等。就不应做的事情而做,产生了管理人越权的问题,但如前述,破产程序本身的特殊性使管理人越权成功率较低,而事后风险与责任追究概率极高,所以此情况不作为讨论重点。当下主要显现的是管理人应为而不为的问题,这里又可分为两个层面:一是管理人不完全履行法定职责的情况;二是虽不属于法定职责,但个案实际需要管理人履职,而管理人不予履行的情况。最后还是对"结果论"的反诘,即仅以事后结果来评判管理人工作,是否会形成"做了有风险,还不如不做"的普遍心理,从而造就一批保守而僵化的管理人。

我国《企业破产法》对管理人职责除设第 25 条专条规定外,还分布于其余各章各节中,不可谓不细。但在具体立法技术上,似乎有一些可推敲之处。比如,从逻辑结构来看,该法第 25 条与散见各条貌似形成了"总—分关系",比如,该法第 25 条第 6 项——"管理和处分债务人的财产",其余所见的对外追收财产、决定继续履行合同以及该法第 69 条所涉及的其他重大财产处分行为等均属于此范畴。但"权利审查"这一管理人核心工作却被支离单列在外,实则债权审查、取回权审查与抵销权审查等均应属于在该法第 25 条加设"权利审查"职责的映射。又如,破产撤销权,仔细审视破产法全文,破产撤销更似被赋予了一种管理人权利性质,条文描述为"管理人有权请求法院撤销,有权追回财产",这与该法第 35 条、第 36 条追收未到位出资与非正常收入中条文描述为"管理人应当"形成了极鲜明的对照。既然是权利,就有视情放弃或者变通的可能。但是在最高人民法院的司法解释里,破产撤销实实在在成了管理人的应然职责,还被加诸赔偿之锁。那么破产撤销到底是权利还是义务就变得非常模糊。再如,重整计划的制作主体,该法第 80 条规定在占有中的债务人(Debtor in Possession,DIP)模式下由债务人自行制作,而现实中债务人几乎是不具备制作能力的,管理人不参与重整计划制作是不可想象的。但个别不尽职的管理人则以法律明文为由推脱了该项应尽职责,法院对这个貌似合法实则荒谬的"挡箭牌"也无可奈何。最后,该法第 25 条兜底项——"人民法院认为管理人应当履行的其他职责",遗漏了更合适

的授权主体债权人会议,不得不说是立法的疏失。

立法安排的失误造成了应然和实然的脱节,也使事后管理人工作的评价左右为难、无所适从,也随之模糊乃至扭曲了管理人报酬的确定机制。本文试图从归纳管理人工作实务中主线职责的角度出发,提出一种“层次履职”的客观评价标准,以为参考借鉴。

假设一个陷入债务危机的企业起初并未启动破产程序,而直接通过司法执行程序进行集体清偿,那么其清偿目标的实现是借助于债权人、企业自身及法院共同努力与分担的结果。在企业进入破产程序后,这些职能(职责)几乎都交由管理人实施完成。也就是说,管理人工作职责涵盖并替代了上述主体。于是笔者将其称为第一层次:管理人的替代履职。但司法执行程序最局限的问题是,它仅能保证形式上的分配公正,却无法溯及或者纠正偏颇清偿等危害实质公平的行为,该类情形的消除和财产的追回只能通过破产程序,且只能通过管理人行使。笔者将其称为第二层次:管理人的专属履职。在第三层次,笔者称其为:管理人的贡献履职。这一层次是指并不属于管理人的法定职责,但管理人为破产工作做出了特殊贡献的履职行为,比如,管理人参与投资者谈判并拟定了投资方案、管理人设计并实施了灵活的资产变价方案、管理人协助参与了群体性事件的维稳协调工作等。

(一)第一层次:管理人的替代履职

笔者 10 年前曾经代理一位债权人,参与过某法院组织的集中清偿程序。当时债务人企业实际已经处于严重资不抵债的状态,数十名债权人排队起诉执行。法院囿于现状,采取了集中审理、集中执行与集中分配的方式,相关流程至今历历在目,且几乎与目前的破产案件各个环节一一相映。如第一步:起诉(对应权利申报);第二步:审理(对应权利审查);第三步:法院召集全部胜诉原告开会,告知债务人企业的客观情况与集中执行清偿的安排(对应第一次债权人会议);第四步:法院查核与追索债务人全部资产,并开展评估(对应清产核资与财产管理);第五步:法院启动执行拍卖(对应破产财产变价);第六步:法院再次召集全部胜诉原告开会,告知财产拍卖情况,现场进行分配(对应第二次债权人会议与破产财产分配);第七步:法院执行终结,债务人向工商部门申请企业注销(对应破产程序终结,企业主体注销)。总体来看,以上 7 个步骤实际构成了一个典型破产案件的主线工作,在进入破产程序后,这些工作几乎集中交由管理人行使。每一个步骤层层递进,缺一不可。可以认为,破产法在向管理人交托这些工作的同时,实质上已经赋予了破产管理人"准司法机构"或"初司法机构"的职权和职责,由管理人替代法院履行,而法院则退身成为监督者或者辅助者(如提供财产处置平台等)的角色。易言之,如果将破产程序理解为执行程序的进阶程序,则以上工作就成为破产法对管理人的基础要求。诚如与笔者交流的某位法官所言,如果管理人连这些替代工作都不愿做、不会做,则不如法院自己亲力亲为,要管理人何用?因此,本文将管理人的替代履职列为第一层次的评价标准,这一层次的每项工作均属于基础性工作,若非极其特殊情况,管理人没有任何理由可以忽略或者推诿。否则,其是否具有胜任管理人工作的资格和能力均值得质疑和重新考量。

(二)第二层次:管理人的专属履职

本文对专属履职的定义是,破产法规定于破产程序,仅由管理人专属行使的工作职能。该类事项通常因破产程序之启动而发生,且除管理人外,其他主体均无法定依据主动与独立履行。本文对此具体概括为以下三类。

第一类:财产追收工作涵盖催收债务人的债权、取回债务人的资产、启动破产撤销与宣告行为无效及由此衍生的资产追回、追收未到位出资、追收非正常收入等。

第二类:经营管理(监管)工作涵盖决定继续或停止债务人营业、决定继续或解除待履行合同、主持或监管债务人经营、实施我国《企业破产法》第69条规定的重大财产处分行为等。

第三类:与重整计划(和解协议)相关的工作涵盖主导重整投资者引入的谈判、参与各类别表决组主要债权人的协商、主持制作重整计划(和解协议)草案、监督重整计划(和解协议)的执行等。

相较于第一层次区分阶段的工作内容,第二层次贯穿于破产案件的全过程,并对管理人工作提出了更高的要求。在多地推行的管理人分级机制中,能否高效胜任第二层次专属履职的各项工作,可以作为划分管理人级别的重要参考标准。笔者认为,由于个案基础情况有别,以上工作内容未必当然呈现,但仍然属于在客观条件具备时,管理人不得推诿履行的工作职责。如追收财产中的"纠偏”职责,在线索与证据已然充足的情况下,除非债权人会议另有决议,管理人不得视而不见、听而不闻;如监管债务人继续经营,不能杜绝和排除债务人在破产程序中转移资产或个别清偿的情形,管理人至少应当建立与落实完备的管控制度,绝不能放任自流;如重整计划的草拟工作,当债务人缺乏制作能力时,管理人不得以债务人自营为由推脱。若因此错过重整计划提交期限,管理人理当担责。

诚如前言,笔者反对“结果论英雄”。但就管理人专属履职内容而言,做与不做完全不同,也是评价管理人是否善尽诚信义务的关键。一方面,虽然结果不理想,但管理人确实为此付出大量努力,仍然应当评价为认真履行了专属职责。比如,前文所提及的市场环境造成了重整转清算的局面。另一方面,管理人纵使不打算履行部分专属职责,也应将相关事实和理由报告债权人会议(债权人委员会)与法院,得到事前授权或者事后许可,而绝不能无意疏忽或有意隐瞒。比如,针对追收财产事宜,在综合比较追收成本与追收可能后,认为徒增追收成本,则可以提出不再采取追收措施。

总而言之,第一层次工作尚可相互取代,第二层次工作管理人义不容辞、责无旁贷。毫不夸张地说,第二层次的工作职责才是体现管理人存在意义和价值的具象与典范。①

(三)第三层次:管理人的贡献履职

虽然不能以结果论英雄,但结果却可见英雄的高下。破产案件常常在关键节点时遭遇以下情况:投资者重整破产企业意向满满,却苦于找不到合适的途径与方案;破产财产经由传统的拍卖渠道无人问津或性价失衡;债务人企业继续经营前景可期,却困扰于流动资金的缺乏;债权结构错综复杂,笼统的分配方案无法平衡各方利益;债权人中的弱势群体情绪波动,形成不稳定苗头与群体性事件……这类问题能否顺利应对和解决,有时候会成为整个案件的转折点。如果处理失当,可能会对破产进程的推进形成重大阻碍,而一旦突破,则案件极可能从此一马平川。

---

① 在日本破产法中,所列举的第一层次与第二层次义务被认为是管财人(管理人)应当履行的一般性、平均性义务。参见金春、Stacey Steele、Andrew Godwin:《破产重整程序中的管理人制度》,载《政法论坛》2010 年第 6 期。

破产法在总体定位上还是以清算为主轴,因此,管理人工作的定性与列举总体也偏于保守和平静。但从债权人角度来说,四平八稳的管理人并不受宠,特别是在当前宏观经济面并不景气,资产处置难度日益凸显的背景下,一家只能按部就班走完流程的管理人,即使在公开、公平与公正上无可指摘,却很难被评价为优秀的管理人。笔者将严格意义上不属于法定的管理人职责,但在实践中又需要管理人发挥专业能力与敬业能量,为破产案件顺利推动与圆满结案而履行的职能称为第三层次:管理人的贡献履职。在国家鼓励"僵尸企业"市场出清的方针引导,不良资产处置市场日趋兴旺,尤其是在破产法律文化日益深入人心的今天,涉危企业、债权人、政府乃至法院,都迫切呼唤一支具有法治理念、市场思维、创新激情和干练作风的管理人队伍。

与替代职能及专属职能相比,贡献职能不拘泥于法律的事前规定,更多源自个案中管理人的主动发起并结合债权人会议(债权人委员会)的授权、许可与追认。实际上,综观我国破产法全篇,"债权人意思自治"立法理念的贯彻始终,已经为管理人的发现和实施贡献职能提供了足够的发挥空间。比如,重整融资与共益债务机制的匹配、企业资产整体出售与单独转让的自由切换、资产变价方式不局限于拍卖、财产分配不局限于货币、庭外重组机制的鼓励支持等,都是管理人长袖施展的舞台。

有必要指出的是,债权人会议在赋予或者接受管理人贡献履职的同时,应当辅以建立适度的履职"容错"机制。这是因为,与替代履职与专属履职相比,贡献履职有可能大幅提升债权人受偿结果,但往往也伴生较大的履职风险。典型如在面临 A 和 B 两个资产处置机会时,管理人经权衡比较,认为 A 机会效果更佳,并在报告债权人会议(债权人委员会)后,选择了 A 机会。但其后实施过程中,因客观情况的变化,A 机会最终搁浅,而同时 B 机会也已丧失。如果没有"容错"机制,管理人就几乎不会考虑 A 机会,而倾向选择 B 机会。当然,"容错"机制同时也要求管理人要真实并完整地向债权人会议(债权人委员会)履行披露义务,并严格按照相关会议决议实施。如因管理人主观履职失误,导致 A、B 机会均丧失,则不能适用相应的"容错"机制。

三、结　　语

按照主客观相统一的标准,一家将诚信义务牢记于心且能力出众的优秀管理人,必然也会在具体的破产管理工作中受到各方主体的认可与赞许。但就当前管理人队伍建设而言,水平参差不齐是难以回避的现状。这其中既有新兴管理人因经验不足而需要更多的培育和鼓励,也有确实心不在焉的管理人需要整肃乃至清退,更有业绩与口碑俱佳的管理人需要发挥榜样示范效应。笔者努力从对管理人职责条分缕析的角度出发,探索建立一种分层评价管理人工作的标准,并建议法院与各类破产案件相关主体根据分层评价结果确定所对应的管理人报酬,避免已有"大一统"的简单评价方式,逐步形成规范化与可视化的管理人工作评价标准。

破产管理人赔偿责任诉讼的相关判例分析

曹勇前[*]　吕纪昕[**]

笔者在裁判文书网中以“管理人责任纠纷”为案由、以“管理人赔偿责任”为关键词进行检索，共检索出97份与管理人赔偿责任相关的裁判文书，排除其中原告撤诉、再审案件原审裁判、同一被告同一事实的系列案件，共计33份有效裁判文书，作为本文分析论证的基础。在有效裁判文书中，从判例年份来看，2014年之前仅有2份，2014年有4份，2015～2016年呈爆发式增长，共计25份。且审判法院的层级越来越高，省高级人民法院6份判例，最高人民法院4份判例，基本集中在2015～2016年。从诉讼请求来看，33份裁判文书中反映出原告的起诉事由十分广泛，涉及管理人工作的各个方面，甚至具体到管理人对某一合同的履行、对某一债权人的分配。由此可见，随着破产实践的发展，管理人的赔偿责任问题已逐渐爆发出来，且由于管理人工作的繁杂，其面临被诉的范围也极大、可能性极高，对此不得不引起重视。本文将从管理人赔偿责任纠纷的诉讼主体、起诉事由、归责原则、责任承担方面进行分析，探讨管理人赔偿责任的要素。

---

* 安徽深蓝律师事务所高级合伙人、律师。

** 安徽深蓝律师事务所律师。

一、诉 讼 主 体

(一)被告:"管理人"或是担任管理人的中介机构或个人?

1. 相关判例情况

笔者检索的33份有效判例中,有20份将中介机构作为被告,占比61%(见图1)。同时两份最高人民法院的判例均认为,管理人系临时设立的专门职能机构,并非独立的民事主体,不属于民事诉讼的"其他组织",应当将担任管理人的律师事务所列为本案被告。①

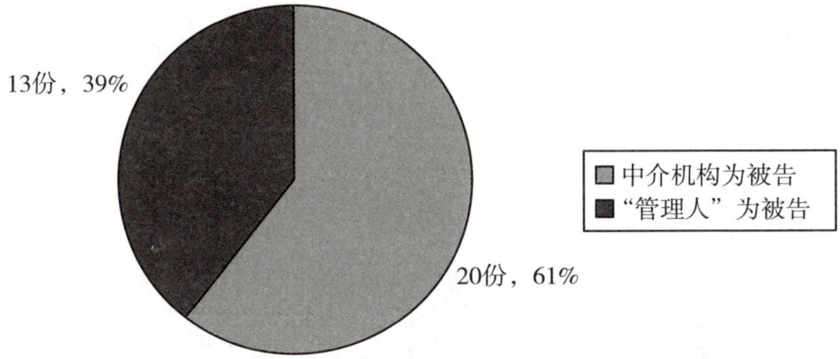

图1

2. 管理人的诉讼主体资格

根据我国《企业破产法》第130条的规定,在管理人未依法履职情形下造成的损失,由管理人承担。则根据该条款的直接解释,管理人赔偿责任纠纷应当以管理人为被告。但"管理人"是否符合诉讼主体资格?

首先,我国《企业破产法》对于管理人的定位为"职务"性质,如具体法条中对于管理人的表述为"担任""执行职务""胜任职务"等,由人民法院在具有特定资质的中介机构或个人中选定担任,其民事主体仍为该中介机构或个人。

其次,我国《民事诉讼法》第48条第1款规定:"公民、法人和其他组织可以作为民事诉讼的当事人。"而在我国现行管理人制度中,管理人既不属于公民也不属于法人,则其是否构成"其他组织"? 最高人民法院《关于适用〈中华人民共

① 参见(2014)民申字第827号民事裁定书。

和国民事诉讼法〉若干问题的意见》第40条中明确,“其他组织”指合法成立、有一定的组织机构和财产,但又不具备法人资格的组织,并作列举,如依法登记的合伙组织、社会团体,但并不包括破产管理人。对此,相关判例已明确:管理人没有独立的财产,无法对外承担独立的法律责任,故不属于“其他组织”,不具有诉讼主体资格。①

综上所述,我国《企业破产法》第130条中“管理人”承担赔偿责任系指担任管理人职务的中介机构或个人。

(二)原告

1. 相关判例情况

根据笔者检索的33份有效判例中,向管理人提起的赔偿责任纠纷的主体主要由债权人(21份,占比63.6%)、第三人(7份,占比21.2%)以及债务人(包括股东,共5份,占比15.2%)(见图2)。

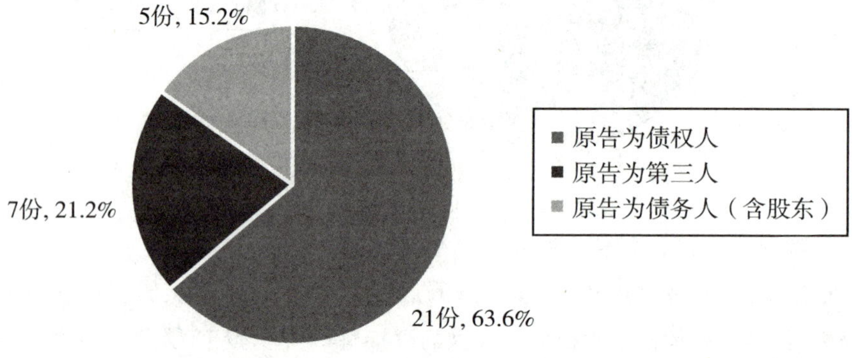

图2

2. 债权人

对于债权人的诉讼主体资格,因有破产法的明确规定以及其本身的利害关系,在实践中并无较大争议,因而该类型管理人赔偿责任纠纷案件相对较多。但需注意,以债权人名义提起诉讼的,必须证明其已通过申报或其他方式向破产企业确认了债权及其债权人的主体身份,否则原告主体不适格。②

① 参见(2016)豫08民终1121号民事裁定书。

② 参见(2016)吉民终128号民事裁定书。

此外,在管理人因未尽勤勉尽责义务导致破产财产受损失的情形下,虽然未直接造成债权人的现实利益损失,但必然造成债权人的清偿率下降,期待利益受到影响。对此可参照股东的派生诉讼或代位权的原理,赋予债权人诉权或诉讼代表人身份。①

3. 第三人

关于第三人的损失赔偿,破产法中分别有两处条款进行规定。我国《企业破产法》第 130 条规定,管理人未依法履职给第三人造成损失,管理人承担赔偿责任。这也是在实践中第三人起诉的主要法律依据。此外,该法第 42 条规定,管理人或者相关人员执行职务致人损害所产生的债务为共益债务,由破产财产随时清偿。因管理人履职的目的在于使破产财产最大化,以公平清理债权债务,故管理人执行职务造成的损失由破产财产清偿不难理解。

4. 债务人(包含股东)

根据我国《企业破产法》第 130 条规定,债务人亦可起诉要求管理人承担赔偿责任,但在实践中存在两大问题。

(1)债务人起诉与破产管理人代表诉讼的冲突

根据我国《企业破产法》第 25 条明确规定,管理人代表债务人参加诉讼系管理人的职责之一。但在该法第 130 条规定下,债务人起诉管理人时,管理人是否代表债务人参加诉讼?从诉讼利害关系回避角度来说,当管理人作为被告时,其不可能再代表债务人,否则违背基本诉讼原则;另外,根据管理人的"职务"性质,其与债务人具有内在联系,对外管理人可代表债务人参加诉讼,类似于公司总经理可代表公司参加诉讼,甚至是对股东提起的诉讼。但涉及内部纠纷时,双方互为对方当事人,只能以自己的名义提起诉讼。在实践中,债务人股东亦可基于股东派生诉讼的原理向人民法院提起诉讼,此时并无管理人代表诉讼的冲突问题。

故我国《企业破产法》第 25 条中所指的诉讼,应当为属于争议标的与管理人并无实质上的利害关系的诉讼,此时管理人依据法律规定的职责代表债务人参加诉讼,如债权确认之诉、债权异议之诉等。但在管理人赔偿责任纠纷案件中,双方均是实体权利义务人,不属于管理人代表债务人的范围。

---

① 参见朱福华:《浅析破产管理人诉讼主体资格》,载《科技经济导刊》2016 年第 28 期。

(2)破产案件中债务人是否存在利益损失

债务人要求管理人承担赔偿责任的前提为造成损失,但在破产程序中债务人的损失难以界定。首先,债务人进入破产程序时绝大部分均已资不抵债,所有者权益为负值,无任何损失可言。且破产清算程序旨在消灭债务人的主体地位,债务人已无自身独立的利益可言。[①] 其次,即便在重整或和解程序中,因清偿率的原因,债务人的实际损失难以确定,赔偿责任亦不能确定。

但从法理角度来说,在债务人未被宣告破产前,均不能完全确定债务人已资不抵债,仍然存在可能的利益,并具有进入重整、和解的可能性,可能对债务人造成实际损失。此外,破产财产分配前,债务人对破产财产仍享有所有权,无论将来是否对债务人造成损失,该破产财产的实际损失即是债务人的损失。故债务人起诉管理人要求赔偿损失具有法理基础。

二、诉讼管辖

(一)相关判例情况

对于管理人赔偿责任纠纷案件的管辖,笔者检索的33份有效判例中,由破产受理法院管辖的共计20份(其中包括破产受理法院与侵权行为地法院重合的部分),非破产受理法院管辖的共计13份(见图3)。

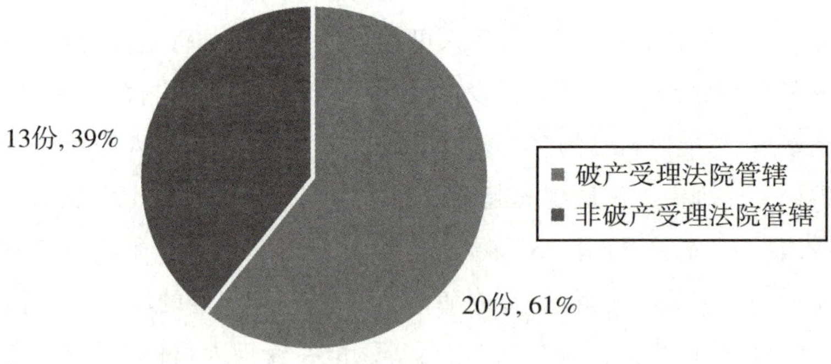

图3

① 参见李江鸿:《论破产管理人的民事责任——以英美法之借鉴为视角》,载《政治与法律》2010年第9期。

判例中主要存在以下三种观点。

观点一,由被告所在地、侵权行为地法院管辖,裁判理由:管理人赔偿责任纠纷,在性质上属于侵权责任纠纷,应适用侵权责任纠纷案件管辖的一般原则,由侵权行为地或者被告住所地人民法院管辖。①

观点二,由破产受理法院管辖,裁判理由:根据我国《企业破产法》第21条和最高人民法院《关于适用〈中华人民共和国企业破产法〉若干问题的规定(二)》第47条的规定,人民法院受理破产申请后,有关破产企业的民事诉讼案件,由受理破产申请的人民法院管辖。②

观点三,以破产程序终结为限,终结前由破产受理法院管辖,破产后按侵权责任纠纷案件管辖原则管辖,裁判理由:最高人民法院《关于破产清算组在履行职责过程中违约或侵权等民事纠纷案件诉讼管辖问题的批复》中明确:企业被宣告破产后,清算组因履行清算职责对他人违约或者侵权引起的民事诉讼,发生在破产程序终结之前的,由受理破产案件的人民法院管辖,在破产程序中一并处理。③

(二)管理人赔偿责任纠纷案件管辖

笔者认同上述第三种观点,具体如下。

1. 破产程序终结前,由破产受理法院管辖

首先,目前国外大多数国家的破产法都规定,破产派生诉讼案件专属于破产法院管辖,如日本《破产法》第245条、德国《支付不能法》第180条。④ 在我国,破产法属于民事诉讼法的特别法,而破产法中已明确规定,有关破产企业的民事诉讼案件,由受理破产申请的人民法院管辖。该规定也应属于破产派生诉讼的专属管辖,有观点认为,破产派生诉讼作为一种有关债务人的民事诉讼,只能向受理破产申请的人民法院提起,由受理破产申请的人民法院集中管辖。即使诉讼标的不属于受理破产申请的人民法院管辖,该法院也具有专属管辖权,而不受级

① 参见(2014)绍越商初字第1466号民事判决书。

② 参见(2015)琼民二初字第7号民事裁定书。

③ 参见(2016)浙02民辖终953号。

④ 参见雷震、帅晓东:《破产派生诉讼若干法律问题探讨》,载《人民司法》2010年第17期。

别管辖规定的限制。[①] 况且管理人赔偿责任纠纷本身并不属于海事纠纷、专利纠纷、证券市场因虚假陈述引发的民事赔偿纠纷等专属管辖,故由破产受理法院管辖并无异议。

其次,破产程序注重效率原则,若破产派生诉讼按照一般民事诉讼管辖原则由非破产法院审理,可能须经过两审程序,期限过长,导致破产程序中债权等相关事宜的不确定性,与破产效率原则不符。

最后,在管理人赔偿责任纠纷案件中,法院必须对管理人是否勤勉忠实履职进行审查,由此判断管理人是否需要承担赔偿责任。对此,由接受管理人报告工作的破产受理法院管辖显然更适宜。

2. 破产程序终结后,按照民事诉讼法规定的管辖原则管辖

破产程序终结后,再无"管理人"职务,但担任管理人的中介机构或个人对在破产程序中因未勤勉忠实履职导致的损失仍需承担责任,此时并无破产派生案件的专属管辖,应按照民事诉讼法的规定由被告担任管理人的中介机构或个人住所地、侵权行为地法院管辖。

但需要明确的是,管理人赔偿责任不仅局限于侵权责任,还可能存在违约责任。在实践中多数判例均认为,管理人赔偿责任纠纷性质上属于侵权责任纠纷,忽视了管理人违约损害赔偿的可能性。而在破产实践中,管理人以自身名义签署合同并不为立法所禁止,其违反合同义务承担违约责任的可能性不能被排除。

三、管理人被诉事由及裁判提示

(一)相关判例情况

根据笔者检索出的33份裁判文书,在实践中管理人被诉承担损害赔偿责任的主要事由有以下几类:与破产财产相关的10份,主要为破产财产管理、处置及分配,占比30.3%;与破产债权相关的8份,主要为债权申报通知、债权确认、债权清偿,占比24.2%;与侵犯第三人权益相关的8份,占比24.2%;其他类的5份,如管理人消极履职等,占比15.2%(见图4)。

---

① 参见刘子平:《破产债权确认诉讼制度研究》,载《法律适用》2007年第10期。

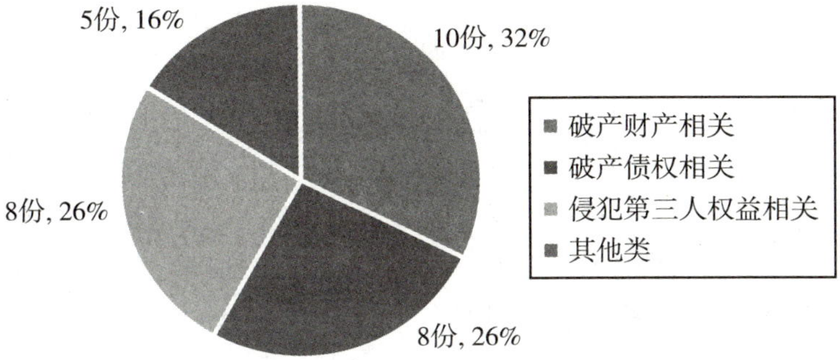

图 4

(二)管理人可能的被诉事由及相关裁判规则提示

根据破产法的规定,管理人职责包括:(1)接管债务人的财产、印章和账簿、文书等资料;(2)调查债务人财产状况,制作财产状况报告;(3)决定债务人的内部管理事务;(4)决定债务人的日常开支和其他必要开支;(5)接收债权申报,编制债权表;(6)在第一次债权人会议召开之前,决定继续或者停止债务人的营业;(7)行使撤销权、取回权,清收债权;(8)管理和处分债务人的财产;(9)代表债务人参加诉讼、仲裁或者其他法律程序;(10)提议召开债权人会议;(11)破产财产的变价与分配;(12)其他。

结合实践判例,将管理人被诉事由分为以下几类。

1. 破产企业的经营管理

根据我国《企业破产法》的规定,管理人的职责范围包括对破产企业的经营管理,如决定破产企业的内部管理事务、日常开支、是否继续营业等。由于管理人系专业的法律或财会人士,但并不善于企业的经营管理。并且,企业的经营管理包含商业经营或决策,其必然面临相应的商业风险,可能导致破产财产损失。但由于商业风险属于客观存在的风险,不可避免,若由管理人承担该商业风险不符合公平合理原则。故只要管理人勤勉忠实履行职务,基于合理的商业目的进行风险性经营活动即可,即使失败,亦免予责任追究,除非破产管理人的经营决策行为达到了重大过失或故意的程度。[①]

虽然目前检索出的判例中尚无因商业风险导致损失而起诉管理人的情形,但管理人仍需注意,破产企业的管理事务范围较广、权责较细,具体如合同的履行、款项的报销等,均可能导致相对人的损失而面临被诉。例如"原告霍某某等与被告天津市缝纫机针厂破产管理人侵权责任纠纷案"[②]中,原告起诉要求被告赔偿因迟延报销医药费造成的损失,法院认为,职工的医疗费用应及时予以报销,被告未及时予以报销,给原告造成了一定的损失,判决被告予以合理补偿。

2. 破产财产管理

破产财产系分配和清偿的基础,与债务人及全体债权人的利益息息相关,也是各方关注的重点,对于破产财产的管理也属于管理人最重要的职责之一,稍有不慎,即可能存在被诉风险。因破产财产管理不善导致损失、未依法行使取回权撤销权等。

在实践判例中,第一,对于管理人消极履行职责的,债务人或债权人起诉要求管理人履职不属于受理范围。如在江苏润澳花园大酒店集团有限公司诉常州龙德置业有限公司管理人责任纠纷案[③]中,原告起诉要求法院查明管理人拒绝履行保护债权人和业主财产职责的侵权行为之后,判令管理人履行管理职责,法院认为,该请求不属于人民法院受理民事诉讼的范围,其起诉不符合民事案件起诉条件。第二,对于管理人依法定程序执行职务,不属于违反勤勉忠实义务。如在上诉人泰州市春江城建开发公司因与被上诉人江苏经纬会计师事务所有限公司管理人责任纠纷一案[④]中,虽然管理人未依法追缴债务人的出资人虚假出资责任,法院认为,管理人在调查查明出资无法追缴的情况下提出核销方案,并经债权人会议表决通过,故尽到了忠实、勤勉的义务,不存在损害债务人利益的行为。

值得注意的是,虽然上述具体判例中管理人未承担赔偿责任,但若因管理人未尽勤勉忠实之职责导致破产财产的损毁灭失,如管理不善导致破产财产被盗等,则必然要承担相应的赔偿责任,在实践中管理人须对此特别注意。

---

① 参见陈义华、王蕴慧:《论破产管理人的注意义务》,载《河北青年管理干部学院学报》2008年第4期。

② 参见(2015)丽民初字第2883号民事判决书。

③ 参见(2016)苏04民终2969号民事裁定书。

④ 参见(2016)苏12民终1500号民事判决书。

3. 破产债权登记与审查

如果说破产财产属于期待利益，则破产债权属于现时利益，往往是破产案件中矛盾最集中的焦点。对于管理人来说，债权申报通知、债权申报登记、债权审查属于必经程序，也是管理人的重要职责。其中可能被诉的事由有未通知已知债权人、对申报债权不予确认等。

首先是通知申报债权，虽然破产法规定通知已知债权人属于法院的职责，但在实践中破产企业由管理人接管，管理人通过财务资料查找财务登记的债权人并向法院反映或直接通知更合理，在此过程中管理人可能因此担责。如在上诉人上海精星仓储设备工程有限公司与被上诉人陕西华弘破产清算事务所有限公司管理人责任纠纷一案①中，上诉人主张其债权已经法院判决，并在破产企业《债权名册》中出现，故属于已知债权人，管理人未履行通知义务，导致上诉人未能申报债权获得清偿，要求管理人赔偿损失。法院认为，虽然《债权名册》上出现"上海精星仓储公司"，但具体名称与债权数额均与上诉人主张不相符，管理人凭债务人移交的资料不能获知上诉人作为债权人的相关准确资料，客观上无法直接通知上诉人申报债权；管理人对无法直接通知或将不确定的债权人通过人民法院予以公告，该程序符合法律规定，上诉人起诉理由不能成立。

其次是对于债权的审查，破产法并未明确管理人的审查标准，且破产债权的确认须经过管理人审核、债权人会议核查、法院裁定确认的程序，并非管理人单方确定，故在实践中管理人依法审查债权并告知救济途径则不属于违法勤勉尽职义务的情形。如再审申请人张某某因与被申请人北京市天正律师事务所管理人责任纠纷一案②中，法院认为，管理人经过对申请人申报的债权进行审查，作出不予确认债权的审查结论，并在《不确认申报债权告知书》中说明了不予确认的理由以及法律救济途径，系正常履行管理人职责的行为。申请人主张管理人违反法定职责对其债权不予确认并要求赔偿损失及追究管理人负责人的民事和刑事责任，罢免管理人资格，没有事实和法律依据。

值得注意的是，虽然管理人有权对债权不予确认，债权人亦可通过债权异议、债权确认之诉进行救济。但并不代表管理人在债权审查过程中可任意妄为，

---

① 参见(2015)咸中民终字第00560号民事判决书。

② 参见(2016)最高法民申1467号民事裁定书。

如明显违反行业普通标准对债权进行核减或不予确认,由此导致申报人的债权损失或诉讼费用损失等,管理人须承担赔偿责任。

4. 破产财产分配

破产法规定,破产财产分配方案由管理人拟定、债权人会议讨论通过、法院裁定认可、管理人执行。

首先,对于分配方案的拟订,管理人不仅要考虑方案的合理性,更要保证方案的合法性。如对于诉讼或者仲裁未决的债权以及对于附生效条件或者解除条件的债权,管理人应当将其分配额提存。此外,在破产实践中因破产财产变现涉及各类税收,还需对应缴税费进行预留。若管理人未依法预留或提存,将承担赔偿责任。如在原告戴某某与被告绍兴宏泰会计师事务所有限公司管理人赔偿责任纠纷一案①中,法院认为,管理人在已对原告的债权人身份进行了确认的情况下,仅凭债权人的口头弃权即确定原告不具有债权人的地位过于轻率;并且在制作分配方案时未予以预留,导致原告丧失按照第一次分配方案确定的数额进行分配的可能,管理人对此未尽到勤勉尽责的义务,对原告的损失存在一定过错,应根据过错比例承担赔偿责任。

其次,分配方案的执行中,管理人严格按照法院裁定认可的分配方案执行,不属于未尽勤勉忠实义务的情形。如在再审申请人河南安彩高科股份有限公司因与被申请人华飞彩色显示系统有限公司管理人管理人责任纠纷一案②中,法院认为,申请人对其案涉职工债权异议未提起诉讼,管理人按照无异议债权予以确认,并无不当。本案所涉《破产财产分配方案》,业经债权人会议讨论通过和人民法院裁定后予以执行,并无不当。管理人依据我国《企业破产法》第 116 条的规定执行该《破产财产分配方案》,于法有据。

5. 侵犯第三人权益

管理人在履行职务过程中,可能导致第三人的财产损失,具体如侵占、处分非破产财产等。在上诉人冀东水泥吉林有限责任公司与被上诉人长春市建筑材料总公司破产清算组、长春市人民政府国有资产监督管理委员会管理人责任纠纷案③中,法院认为,管理人在管理企业破产财产时应勤勉尽责,处分了不属于破

---

① 参见(2014)绍越商初字第 2382 号民事判决书。

② 参见(2014)民申字第 827 号民事裁定书。

③ 参见(2016)吉民终 396 号民事判决书。

产企业财产的行为构成侵权,管理人应予以赔偿;考虑到管理人自身并无财产,侵权处分财产拍卖所得款在管理人用于企业破产活动,综合衡量以上因素,该侵权损失由管理人在债务人的破产财产范围内予以赔偿为宜。

6. 管理人未依法履职的其他情形

在破产案件中,管理人的职责较繁杂,不仅包括具体事务的处理,如破产财产管理、变现等,还包括程序上的义务。除管理人履职不当可能导致被诉以外,对于管理人消极履职,也属于未尽勤勉忠实义务的情形,可能导致管理人面临被诉风险,如未及时召开债权人会议、未回复债权异议等。但管理人承担赔偿责任必须有相应的损害结果,如果债权人认为管理人不能胜任职务,可以通过破产程序得到救济,如以债权人会议决议的方式申请法院更换管理人。在李某某等诉江苏华景投资实业有限公司破产清算组管理人责任纠纷一案①中,原告以破产清算组未依据其申请,通知召开第二次债权人会议为由提起诉讼,法院认为,管理人未依法勤勉尽责、忠实执行职务的,人民法院可以依法处以罚款。本案纠纷属于破产程序过程中产生的相关问题,应依照我国《企业破产法》的规定进行处理,原告就此单独提起民事诉讼于法无据,其起诉不属于人民法院受理民事诉讼的范围。

四、责任承担

(一)归责原则

1. 法律规定

对于管理人赔偿责任纠纷,我国《企业破产法》第 130 条并没有明确规定管理人的归责原则,仅以"未勤勉尽责,忠实执行职务"为要素,而对于何为"勤勉""忠实"并无具体衡量标准,导致具体案例中适用的困难。而与管理人相类似,我国《公司法》第 147 条同样规定公司董事高管对公司负有勤勉义务与忠实义务;我国《信托法》第 25 条规定,受托人管理信托财产,必须恪尽职守,履行诚实、信用、谨慎、有效管理的义务。但法律对于公司董事高管勤勉忠实义务或信托受托人的诚实信用义务亦未明确规定,参考意义有限。

---

① 参见(2016)苏民申 3373 号民事裁定书。

2. 国外立法

日本《破产法》中对于管理人的义务表述为“破产管理人负有善良管理人应尽的注意义务”,采用注意义务标准。英国破产法对于管理人的责任要求较严格,根据英国《破产法》第212条的规定,如果管理人在行使职责中有任何过错行为或违反任何信托或其他义务,则法院可以经申请检查其行为,并责令其承担相应责任。[①] 美国《破产法》中将管理人定位为信托人,但未对信托义务作具体规定。而在其《模范公司法增订本》中对董事的勤勉义务作了具体表述可供参考:(1)秉持善意;(2)具备一个正常人在类似的处境下所应有的谨慎态度;(3)采用良好的方式,并且有理由相信符合公司利益的最佳方式。[②]

3. 审判实践

在我国的判例实践中,对于管理人的未尽“勤勉”“忠实”义务的判断标准为管理人故意或者重大过失。[③] 而在以下情形下管理人不承担赔偿责任:(1)依法履职,如管理人依照法定程序行使破产管理人职权,对破产过程中发现的问题进行了披露、调查,并提出处理方案,最终经过债权人会议表决形成了处理结果。[④] 履行管理人法定职责的职务行为,在履行职务过程中所造成的他人损失为共益债务。[⑤] (2)无损害结果或原告未能举证证明损害结果,认为破产管理人违反勤勉忠实义务给其造成损失要求赔偿,但没有提供具体的事实依据,不符合法定起诉受理条件。[⑥]

4. 故意或重大过失原则

首先,根据我国《企业破产法》的规定,管理人属于“职务”性质。而参照职务行为的法律规定,因职务行为损害他人利益,应由单位承担侵权责任,但在最高人民法院《关于审理人身损害赔偿案件适用法律若干问题的解释》第9条规定的情形下,“雇员因故意或重大过失致人损害的,应当与雇主承担连带赔偿责任。雇主承担连带赔偿责任的,可以向雇员追偿……”由此可见,管理人未勤勉忠实

---

① 参见李江鸿:《论破产管理人的民事责任——以英美法之借鉴为视角》,载《政治与法律》2010年第9期。

② 参见尹正友、张兴祥:《中美破产法律制度比较研究》,法律出版社2009年版,第87页。

③ 参见(2014)民申字第827号民事裁定书、(2014)绍越商初字第1466号民事判决书。

④ 参见(2016)苏12民终1500号民事判决书。

⑤ 参见(2015)民申字第1766号民事裁定书。

⑥ 参见(2016)桂民申90号民事裁定书。

履职导致的损害赔偿亦以故意或重大过失为归责原则。

其次，在破产程序中，管理人履职的目的在于保证破产财产的最大化，以实现公平清偿，其代表的是债务人与全体债权人的共同利益，其行为的受益主体也是债务人与债权人，故对于管理人赔偿责任的归责原则不宜过于严格，参照故意及重大过失原则具有合理性。

（二）赔偿责任

1. 责任承担主体

按照管理人的职务属性，其本身无独立财产，如因管理人未依法履职导致他人损失的责任应由担任管理人的中介机构或个人承担。即使对导致第三人损失，根据上文分析，最终责任仍然由担任管理人的中介机构或个人承担。但若因管理人履职行为导致第三人损失，而同时使破产财产相应增加，责任由破产财产承担更适宜。如管理人处分了不属于破产企业的财产，所得款用于破产活动，该侵权损失以破产财产予以赔偿。[①] 理论依据在于我国《企业破产法》第42条规定的共益债务以及管理人的侵权行为并未导致破产财产的实际损失。

2. 责任承担范围

对于管理人赔偿责任的赔偿范围，侵权法理论中一般为填平原则，而违约赔偿责任在没有约定情形下一般为实际损失为限。则管理人的赔偿责任范围是否为造成的实际损失？

从理论上来讲，该赔偿责任范围具有合法性。但在破产实践中严重不合理。

从破产案件的规模来看，自2017年以来，破产案件涉及的资产数额越来越大，甚至破产案件的一个派生诉讼的涉案金额都超过亿元人民币。一旦产生损失，数额可能远超过作为管理人的中介机构或个人所能承担的范围。如果以实际损失为赔偿范围，可能导致管理人的执业风险巨大，影响中介机构担任管理人的积极性，不利于管理人队伍发展以及市场经济秩序的维护。

从管理人所能获得的受益来看，虽然最高人民法院《关于审理企业破产案件确定管理人报酬的规定》中管理人报酬标准略高于民事诉讼律师代理费用，但这是基于破产案件的复杂性及案件周期跨度较长决定的。并且在实践中破产企业

---

① 参见（2016）吉民终396号民事判决书。

的资产规模两极分化严重，部分破产案件最终清偿的财产价值总额具有不确定性，甚至面临无产可破的情形。这导致一方面管理人面临极大的法律风险，而另一方面不确定的收益使风险与收益严重不对称。

故在此现状下，有必要引入最高赔偿限额制度，使管理人的执业风险降至合理程度。目前，各国破产法并没有对最高赔偿额制度作出规定，但可以在其他法律制度中找到类似的制度。如我国《侵权责任法》第16条规定的对于误工费的赔偿以当地居民平均生活费3倍为限，实际超过该限制的不予赔偿。我国《海商法》第11章对海事赔偿责任限制作了详细的规定，采用了“计算单位”这一标准。对此，管理人的最高赔偿限额可借鉴上述规定，参考管理人报酬标准，对管理人的赔偿责任范围作出限定。

五、管理人赔偿责任风险防范

根据上述管理人的职责及相关判例，在实践中管理人面临被诉的风险较大，对此，笔者结合法院的裁判规则，提出如下风险防范措施。

（一）以勤勉忠实履职为基本原则

勤勉忠实履行职务系破产程序中管理人的基本义务，也属于判断管理人是否承担赔偿责任的基本标准，对于管理人的风险防范意义重大。虽然破产法未对该义务作明确解释，但根据实践中的一般解释，勤勉义务为作为具有专业资质的管理人在履行职责时需与处于同样境地、同样专业能力的人同样的行为标准，但不同专业属性的管理人的勤勉义务标准存在区别，如律所担任管理人应尽专业法律人士的注意义务，不能违背基本的法律原则及明显突破法律规定；会计师事务所担任管理人应尽专业财会人员的注意义务，如对于破产企业财务的审计、财务的管理不能出现明显瑕疵，对于非本专业事务应尽合理的注意义务。而忠实义务主要是指防范利益冲突或以职位谋私利的情形，如不得利用职务便利侵占破产财产、收取中介佣金等。

（二）风险防范的具体措施

1. 履职的合法性

合法性包括实体合法及程序合法，在实践中对于实体合法普遍较重视，在此不再赘述。而破产程序虽然涉及法律、财务、管理等方面，但其本质上仍属于公平清理债权债务的法律程序，故管理人履职的程序合法极为重要。如债权的审查、核查、裁定确认程序，以及债权人会议的相关表决程序，一旦程序上存在瑕疵，不仅难以补救，且会导致严重的后果，带来的损失巨大。在目前的司法判例中，法院对于程序合法的管理人履职行为效力均予以认可，即使导致了损害结果，管理人也无须承担赔偿责任。

除《企业破产法》明确规定的程序性要求外，如债权人会议提前 15 日通知、重整计划草案的表决与裁定等，对于破产法中众多没有明确规定的事务如何保证履职程序的合法？我国《企业破产法》第 23 条规定，管理人依照本法规定执行职务，向人民法院报告工作，并接受债权人会议和债权人委员会的监督。对此，管理人可充分发挥债权人会议、债权人委员会的作用，以及及时履行向法院报告的义务。对于管理人工作中的疑难问题或难以解决的问题，如对于资产管理中可能存在的风险进行披露或报告，对于资产变价过程中细节问题如流拍降价幅度、变卖的价格等由债权人会议或债权人委员会讨论决定等，以此避免管理人的履职程序不合法的风险。

2. 履职的合理性

实践中管理人的职责极为繁杂，而破产法无法对所有职责予以明确规定，故对于部分管理人的履职行为无法以合法性进行判断，只能以合理性作为勤勉忠实义务的标准。合理性如何体现？结合破产法的立法宗旨及基本原则，管理人履职的合理性应体现为以破产财产最大化以及公平清偿为目的。

如管理人的职责中包含对债务人企业的经营管理义务，根据上文所述，企业的经营管理不可避免地面临商业风险，若管理人作出的经营决策行为系以增加破产财产为目的，在该行为没有违法的情形下，应当认为具有合理性，即使导致商业损失，也不应当由管理人承担赔偿责任。

3. 合理的分担风险

如上文所述，管理人是一个风险与收益不成比例的职业，而且工作内容繁杂,在过长的周期中将面临各种风险,管理人承担全部风险的责任过大,有必要通过合理方式将部分风险转移。

首先,恰当运用其他专业机构协助工作。管理人工作涉及的专业种类较多,很多问题非单一专业管理人能够解决。如律所担任管理人时,对于财务审计工作可通过聘请专业的会计师事务所进行审计,对于资产安全可聘请安保公司进行保卫,若因财务审计或资产管理问题导致管理人的赔偿责任,管理人亦可进行责任追究方式降低风险。

其次,合理运用保险制度。如部分破产案件中破产财产管理困难,损毁灭失的可能性较大,对此,管理人可通过投保财产险的方式保障资产安全,由保险公司承担资产损失风险。此外,对于管理人本身亦可投保执业保险。目前,我国《企业破产法》仅规定个人管理人须投保执业责任保险,而中介机构管理人的执业保险尚处于起步阶段,但对于律师、会计师等社会中介机构专业人员可考虑投保专家责任保险,以合理规避专家执业的高风险。

破产管理人的民事责任分析

赵坤成[*]　金　恒[**]

我国现行《企业破产法》实现了历史性的跨越与进步,引入了域外先进成熟的破产理念与制度,其中即包括管理人制度。该制度的引入为市场经济条件下新的破产制度的运行提供了制度支撑与保障,让破产程序的推进在法院的掌控下更具市场性与中立性。管理人作为破产程序的深度参与者以及特定事宜的决策者,其依据我国《企业破产法》享有相应职权,对应则存在相应责任及风险。本文将根据现有法律规定,结合已有案例,对破产管理人民事责任进行实证分析,界定管理人民事责任性质及其构成要件,并分析探讨管理人责任纠纷中需要注意的特殊事项,期以防范管理人执业风险,完善管理人制度,建立专业、勤勉、尽责的高素质管理人队伍,促进我国《企业破产法》的顺利实施。

一、破产管理人民事责任之案例

自我国《企业破产法》实施以来,人民法院指定管理

---

* 北京市金杜律师事务所破产重组部合伙人。

** 北京市金杜律师事务所破产重组部律师。

文章系笔者个人观点,与笔者所在单位无关,文责自负。

人履行职责,充分发挥了管理人在破产程序中的地位与作用,相应地,管理人在履职过程中亦与有关方发生争议与纠纷,并诉诸法院。笔者以“管理人法律责任”破产管理人法律责任”“《企业破产法》第130条”“破产案件有关纠纷”“管理人责任纠纷”“破产管理人责任纠纷”“破产管理人、勤勉尽责”为关键词,通过最高人民法院裁判文书网、“无讼”案例网进行检索,共计检索到74件以管理人为被告、要求管理人承担责任或履行职责的案件。[①] 该类案件有关情况如下。

(一)一审案件受理法院级别

1. 总体情况

经过分析上述74件案件,其一审受理法院涵盖基层人民法院、中级人民法院及高级人民法院,其中以基层人民法院为主,中级人民法院次之,高级人民法院仅受理1件管理人责任纠纷一审案件(见表1)。

表1 一审案件受理法院级别情况

序号	一审受理法院	案件数量(件)	占比(%)
1	基层人民法院	55	74.32
2	中级人民法院	18	24.33
3	高级人民法院	1	1.35

2. 分析

(1)通过表1可知,目前在司法实践中管理人责任纠纷或与管理人责任纠纷相关纠纷一审案件主要由基层人民法院受理,但由中级人民法院受理的一审案件亦不在少数,而高级人民法院受理一审案件数量极少。

(2)自然人池某与某矿业股份有限公司管理人责任纠纷案系目前司法实践中唯一一例由高级人民法院受理的管理人责任纠纷一审案件。该案之所以一审即由青海省高级人民法院审理,系因根据《全国各省、自治区、直辖市高级人民法院和中级人民法院管辖第一审民商事案件标准》(2008年3月31日最高人民法院公布,自2008年4月1日起执行)的规定,[②]青海省高级人民法院管辖下列第

---

① 需要说明的是,同一案件若经过二审、再审,笔者亦将其作为一件案件进行统计。

② 该规定目前已被最高人民法院《关于调整高级人民法院和中级人民法院管辖第一审民商事案件标准的通知》(法发〔2015〕7号)所取代。

一审民商事案件:诉讼标的额在2000万元以上的第一审民商事案件,以及诉讼标的额在1000万元以上且当事人一方住所地不在本辖区或者涉外、涉港澳台的第一审民商事案件。该案中,原告起诉要求法院判令被告承担因未尽勤勉义务给原告造成的债权损失暂计人民币24,265,213.06元、因申报债权产生的相关费用损失2000元及本案诉讼费用。该请求金额属于青海省高级人民法院一审管辖金额,故该案一审直接由青海省高级人民法院受理。

(二)案件生效情况

1. 总体情况

经过分析上述74件案件,其判决或裁定生效情况呈现出如下4种情形(见表2)。

表2　案件生效情况分析

序号	生效情况	案件数量(件)	占案件总量比例(%)	占已有实体生效判决案件比例(%)
1	一审生效	9	12.16	21.95
2	两审终审生效	23	31.08	56.10
3	申请再审	9	12.16	21.95
4	尚无实体生效判决	33	44.60	—

2. 分析

(1)通过表2可知,在已有实体生效判决的案例中,经一审判决后即生效的案件数量不多,仅占已有实体生效判决案件总量的21.95%。相反,两审终审后生效及当事人申请再审的案件数量众多,占已有实体生效判决案件总量的78.05%,尤其是上述9件申请再审案件,均申请最高人民法院再审。该种情形充分说明了此类纠纷处理较复杂,各方利益冲突较明显,即使判决已经两审终审而生效,但当事人依然申请最高人民法院再审,对两审法院裁判不予认可,由此亦凸显该类案件处理的难度。

(2)上述33件尚未出具实体生效判决的案件,主要系如下原因所致:①当事人对一审法院的管辖权提出异议,且经一审法院裁定后上诉,经二审法院裁定后方确认管辖法院,包括某市某电炉有限公司与某律师事务所管理人责任纠纷系列案(涉案数量30件),某律师事务所、某机厂侵权责任纠纷案;②一审法院移送管辖,经请示上级法院后方确定管辖法院,甲投资有限公司、乙投资有限公司与某实业发展股份有限公司、某会计师事务所与企业破产有关的纠纷案即为此例;③在某贸易有限公司与某市某区粮食局、某市某区粮油集团总公司破产清算组管理人责任纠纷案中,一审法院裁定不予受理,二审法院裁定应当受理,目前该案尚未进行实体审理并出具生效判决。

(三)案件被告

1. 总体情况

经过分析上述74件案件,案件被告呈现出如下4种情形(见表3)。

表3 被告种类分析

序号	被告种类	案件数量(件)	占比(%)
1	以清算组成员为共同被告	2	2.70
2	以担任管理人的社会中介机构为被告	42	56.76
3	以管理人为被告	19	25.68
4	其他情形	11	14.90
	以管理人和第三人为共同被告	7	9.50
	以清算组及清算组负责人为共同被告	1	1.35
	以清算组成员及牵头成立清算组的政府为共同被告	1	1.35
	以担任管理人的社会中介机构及第三人为共同被告	2	2.70

2. 分析

(1)如表3所示,上述74件涉及管理人责任纠纷或与管理人责任纠纷有关的案件,案件被告并不统一,呈现出多种形态,其中以担任管理人的社会中介机构为主,占案件总量的50%。笔者认为,随着越来越多的管理人由会计师事务所、律师事务所、清算事务所等社会中介机构担任,相应地,社会中介机构未来作为管理人责任纠纷案件被告的比例将持续上升并保持在较高比例,这亦与社会中介机构担任管理人的总体趋势相吻合。

(2)对于起诉担任管理人的清算组和(或)其成员、负责人乃至牵头政府的案件亦不在少数,虽然原告诉请得到支持的不多,且清算组主要由政府部门派员组成,但依然不影响当事人以清算组为被告提起诉讼。因此,未来由债务人所在地政府部门或其派出人员组成的清算组,并不能当然免于承担管理人责任,依然存在被债权人等利害关系人通过诉讼方式追究责任的风险。

(3)部分案件被告为案件管理人,而非担任管理人的社会中介机构或清算组及其组成人员,且此类案件数量占案件总量的近30%。但值得注意的是,在此类案件中,原告并非直接要求管理人承担赔偿责任,通常系要求管理人确认其债权或履行某项法定职责。

(4)由表3可知,虽然均为管理人责任纠纷或与破产有关的纠纷,但当事人诉请对象并不统一,法院对此态度亦非一致,差异巨大,充分说明目前该类纠纷诉讼规则不明,各地法院受理与处理标准不一,亟待明确与规范。

(四)管辖法院

1. 总体情况

经过分析上述74件案件,其管辖法院呈现出如下4种情形(见表4)。

表4 管辖法院情况分析

序号	管辖法院	案件数量(件)	占比(%)
1	侵权行为地法院	3	4.05
2	被告住所地法院	33	44.60
3	破产案件受理法院	28	37.84
4	其他情形	10	13.51

2. 分析

(1)如表4所示,在司法实践中管理人责任纠纷案件或与破产有关的纠纷案件管辖法院亦呈现多种形式,其中以被告住所地法院最多,其次为破产案件受理法院。笔者认为,该种情形基本符合我国《企业破产法》第21条规定的破产案件专属管辖制度以及我国《民事诉讼法》第28条规定的侵权责任纠纷案件管辖制度,系在司法实践中此类纠纷管辖的主要样态。

(2)上述“其他情形”项下的10起案件无法准确识别管辖法院,主要情况如下:①因侵权行为发生地法院、被告住所地法院及破产案件受理法院指向的系同一法院,且案件当事人亦未就管辖提出异议,故从判决中无法识别原告起诉时确定管辖法院的依据,包括4起案件。[①] ②在“自然人池某与某矿业股份有限公司管理人责任纠纷案”中,因原告主张金额属于青海省高级人民法院一审管辖范围,故一审直接由青海省高级人民法院受理管辖。③在部分案件中,案件受理法院既非破产案件受理法院,亦非侵权行为发生地法院及被告所在地法院,包括5起案件。[②] 如在“自然人董某、自然人赵某等与某县人民政府、某县某经销公司破产管理人管理人责任纠纷案”中,被告住所地及侵权行为发生地、破产案件受理法院均在渑池县,但原告向灵宝市人民法院起诉并由法院受理。

(3)如表4所示,上述74起案件的管辖法院并不统一,呈现出各种样态,部分法院根据我国《侵权责任法》以侵权行为发生地或被告所在地确定管辖法院,部分法院将其作为破产衍生诉讼确定管辖法院,部分案件受案法院因披露信息不详,无法准确界定。该种局面亦充分说明了该类涉及管理人责任纠纷案件的管辖规则亟待明确,目前各地法院对此类案件的受理法院存在不同的确定标准,凸显了该类纠纷亟待出台统一明确的解决规则之必要性。

(五)原告诉讼请求获支持情况

1.总体情况

经过分析上述74起案件,原告诉讼请求获支持情况包括如下5种情形(见表5)。

表5 原告诉求获支持情况

序号	原告诉求获支持情况	案件数量(件)	占比(%)
1	诉讼请求获得全部支持	3	4.05
2	部分获得支持,部分未获支持	2	2.70
3	作撤诉处理	2	2.70

① 该4起案件分别是“某市某家居有限责任公司与某市某房地产开发有限公司管理人管理人责任纠纷案”“自然人韦某与某县食品公司破产清算组、某市某商业总公司民间借贷纠纷案”“自然人张某与某市某破产清算事务所有限公司、某县人民政府劳动争议纠纷案”“自然人张某与某县钨矿清算组、某县经济和信息化局、某县人民政府用人单位侵权责任纠纷案”。

② 该5起案件分别是“自然人董某、自然人赵某等与某县人民政府、某经销公司破产管理人管理人责任纠纷案”“自然人李某与某卷烟厂管理人管理人责任纠纷案”“某纺织服装有限公司与某市某镇人民政府、自然人卢某等财产损害赔偿纠纷案”“某经贸有限公司与某市某区粮食局、某市某区粮油集团总公司破产清算组管理人责任纠纷案”“自然人梁某与被申请人某市建筑安装工程总公司破产清算组、被申请人某市交通建设国有资产经营有限责任公司劳动争议纠纷案”。

续表

序号	原告诉求获支持情况	案件数量(件)	占比(%)
4	尚无实体生效判决	33	44.60
5	未获支持	34	45.95
	原告主体不适格	1	1.35
	被告主体不适格	8	10.81
	不属于法院受案范围	3	4.05
	无事实及法律依据	22	29.74

2.分析

(1)不考虑法院尚未作出生效判决的33起案件,在已有生效判决的41起案件中,5起案件原告诉讼请求得到法院支持或部分支持。总体而言,此类纠纷中原告诉讼请求获得法院支持案件数量不多,仅占已有实体生效判决案件总数的12.20%。

(2)在上述原告诉讼请求获得法院支持的案件中,在自然人吴某与某实业有限公司破产管理人破产债权确认纠纷案中,原告起诉某实业有限公司破产管理人要求确认债权,法院判决确认债权成立,确认原告自然人吴某对某实业有限公司享有189万元的破产债权,并通过破产程序受偿,而非由管理人承担清偿责任,但同时判决管理人承担该案诉讼费用。

在另外4起案件中,法院均认定管理人之行为构成侵权,应当依据我国《企业破产法》第130条的规定向原告承担赔偿责任,但具体责任人不同。在自然人戴某与某会计师事务所所有限公司公司合并纠纷、申请破产清算案及某拍卖有限公司与某清算事务所有限公司委托合同纠纷案2起案件中,法院判决由担任管理人的社会中介机构承担赔偿责任,而在自然人杨某与某市实业公司破产清算组民间借贷纠纷案及某吉林有限责任公司诉某市材料公司等管理人责任纠纷案2起案件中,法院判决由作为管理人的清算组承担赔偿责任。

(3)在已有生效判决的41起案件中,除2起原告撤诉案件及上述原告诉请获得支持的5起案件外,其余未获支持的34起案件原告诉请未获支持的理由主要包括以下两个方面。

①不符合我国《民事诉讼法》第119条规定的受理条件

如在自然人李某与某炼油厂破产清算组等管理人责任纠纷案中,法院认为,自然人李某不能证明其与本案所争议的管理人责任赔偿请求权具有直接利害关系,其原告主体并不适格。自然人李某一审起诉时明确其以最高人民法院《关于适用〈中华人民共和国企业破产法〉若干问题的规定(二)》第 33 条第 2 款之规定,作为其向石化公司清算组、炼油厂清算组及自然人吴某主张管理人责任的依据,而依照该款规定,不但主张权利的主体须为破产企业的“债权人”,且其主张的债务须为“管理人或者相关人员在执行职务过程中,因故意或者重大过失不当转让他人财产或者造成他人财产毁损、灭失,导致他人损害产生的债务”。现自然人李某既不能证明其已通过申报或其他方式向破产企业确认了债权及其债权人的主体身份,又不能证明其所主张的债务系由管理人或者相关人员在执行职务过程中,因故意或者重大过失不当转让自然人李某或其他主体的财产等原因而产生的债务。因此,其所提交的证据并不能证明其符合管理人责任赔偿请求权的主体身份,与本案不具有直接利害关系,其起诉不符合我国《民事诉讼法》第 119 条第 1 项之规定,不是适格的起诉主体。该案中,法院即认为原告主体资格不适格。

如在自然人池某与某矿业股份有限公司管理人管理人责任纠纷案中,最高人民法院认为,根据我国《民事诉讼法》第 48 条第 1 款和最高人民法院《关于适用〈中华人民共和国民事诉讼法〉的解释》第 52 条的规定,民事诉讼的“其他组织”应当有一定的组织机构和财产。某矿业股份有限公司清算组作为配合重整程序的开展而成立的临时性组织,随着重整程序的终结而解散,不符合成为民事诉讼当事人的法定条件,法院即认为被告主体资格不适格。自然人池某以不符合民事诉讼当事人法定条件的管理人为被告提起诉讼,青海省高级人民法院裁定驳回起诉并无不当。

在某投资顾问有限公司与某刃具厂清算组成员管理人责任纠纷案中,二审法院认为,原告起诉破产管理人组成人员,主张其连带赔偿损失 3,196,763.88 元,实为破产债权,系对某刃具厂破产财产的处理和分配存在异议,该异议应属于破产案件审理的范畴。2010 年 7 月天津市某区人民法院宣告某刃具厂破产,并于 2012 年 6 月 26 日裁定终结破产程序。据此,一审法院认为,某投资顾问有限公司起诉某刃具厂破产管理人组成人员管理人责任纠纷,不属于人民法院受理民事诉讼的范围,并裁定不予受理,并无不当。该案中,法院即认为该案不属于法院受理范围。

②原告诉求缺乏事实及法律依据,法院不予支持

如在自然人苏某与某印刷公司与破产有关的纠纷案中,法院认为,关于印刷公司管理人应否对印刷公司的补发工资、安置费等债务负连带责任。根据我国《企业破产法》第130条的规定,本案中,自然人苏某没有证据证明印刷公司管理人存在不当执行职务并给其造成损害的情形,故自然人苏某提出的印刷公司管理人承担连带责任的请求不能成立。

总体而言,上述司法实践中已有的74起管理人责任纠纷或与管理人责任有关纠纷的案件,其在案件受理法院、被告资格、法院对原告诉求的认定与支持上均存在较大差异。一方面,说明此类纠纷情形较复杂,当事人诉求多样,各方利益冲突明显;另一方面,也凸显规制此类纠纷的规则缺失,无法对司法实践形成有效的指引,案件受理法院裁判标准掌握的尺度空间不一,亟待规范。

二、破产管理人民事责任的性质和构成要件

本文第二部分通过分析总结已有案例,将司法实践中有关管理人民事责任纠纷或与管理人责任纠纷有关案件进行了梳理,发现此类纠纷无论从管辖、当事人主体资格抑或是管理人责任认定标准方面,均不统一,亟待通过立法进行完善。下文将从理论上分析管理人责任的性质及构成要件,以期为此类纠纷的解决提供有益尝试。

(一)性质

1. 理论争鸣

关于破产管理人民事责任的性质,理论上存在争议,主要包括如下3种观点。

(1)违约责任

该说认为,管理人承担的损害赔偿责任系契约责任。该种学说在德国为主流认识。在德国破产法理论界,关于管理人法律地位的学说中,占主流地位的系"破产财团代表说",即认为破产财产为有目的的财产而具有主体性,管理人与破产财团之间存有契约,系破产财团的代表人或代理人。德国《破产法》上关于破产管理人法律地位的学说占主流地位是所谓的破产财团代表说,即认为破产财

团为目的财产而有法律主体属性,破产管理人为其代表人或代理人,因为破产财团在破产法上系一目的财产。① 而管理人系法院选任的破产财团的执行机关,代表破产财团、执行法定职务,其地位与董事无异,自应适用有偿委托之规定。②

(2)侵权责任

该说认为,破产管理人的民事责任系侵权责任,该责任符合侵权责任的一般法律特征。首先,破产管理人侵犯的是利害关系人的财产权利或权益,该种权利或权益属于我国《侵权责任法》的保护对象——绝对权利。其次,破产管理人民事责任成立的前提系破产管理人违反谨慎义务与忠实义务,该两种义务均系法定义务,亦为保障利害关系人利益的强制性规范,而非合同义务。③

(3)专家责任

该说认为,专家责任是指提供专门技能或知识服务的人员,因其疏忽或过失而提供的服务存在缺陷致人损害而应承担的民事赔偿责任。专家责任具有高度的信赖性,其负有高度的注意义务和忠实义务,因此,破产管理人符合专家的特征,相应地,破产管理人责任亦属于专家责任。④

2. 一家之言——侵权责任

针对理论上就管理人民事责任的性质界定,笔者更倾向侵权责任说。理由包括以下三个方面。

(1)符合侵权责任之条件

我国《侵权责任法》第 2 条第 1 款规定:“侵害民事权益,应当依照本法承担侵权责任。”所谓侵权责任,系指民事主体因实施侵权行为而应承担的民事后果。其法律特征包括:第一,侵权责任是民事主体违反法定义务而应承担的后果;第二,侵权责任成立以存在侵权行为或事实为前提;第三,侵权责任以国家强制力保障其实现,当事人一般不得事先约定免除一方因故意或重大过失所致的侵权

---

① 参见郭毅敏主编:《破产重整·困境上市公司复兴新视野:以审判实务研究为中心》,人民法院出版社 2010 年版,第 38 页。

② 参见柯芳枝:《公司法论》,中国政法大学出版社 2004 年版,第 249 页。

③ 参见陈泽桐:《破产管理人制度研究》,吉林大学 2008 年博士学位论文,第 127 页。

④ 参见[日]浦川道太郎:《德国的专家责任》,载梁慧星主编:《民商法丛论》(第 5 卷),法律出版社 1996 年版,第 534 ~ 535 页。转引自姚彬、孟伟:《破产程序中管理人制度实证研究》,中国法制出版社 2013 年版,第 256 页。

责任。[①]

按照上述理论，对照破产管理人民事责任可以发现：破产管理人民事责任系管理人违反我国《企业破产法》第25条、第27条之法定义务，实施了未能勤勉尽责、忠实执行职务之侵权行为，并造成权利人利益损害，应当依法承担的赔偿责任。因此，管理人民事责任完全符合我国《侵权责任法》所规定之侵权责任。

(2)违约责任及专家责任在现行法下存在法律适用障碍

就专家责任而言，由于我国《企业破产法》仅将管理人作为临时性机构，且其组成人员除律师事务所、会计师事务所等社会中介机构外，尚有企业上级主管部门组成的清算组，其并非专家，相应地，亦无从将管理人民事责任认定为专家责任。目前，广泛使用的“专家责任”之表述，很容易将一般专业人士因执业过失而需要承担的法律责任提升到专家水平，最典型的就是“高度注意义务”的概念，这对于一般专业人士来说是不公平的。因此，专家责任是一种类责任，但并非是独立于侵权责任、违约责任之外的独立的私法责任。[②]

就违约责任而言，同样存在法律适用困境。违约责任作为约定责任，适用的前提是双方之间存在契约，该种契约不得拟定，而必须由当事人约定。在我国《企业破产法》中，管理人作为参与当事人，其接受法院指定，依法履行法定职责，并未与债务人、债权人之间建立契约关系，则自然无法基于契约关系而将管理人责任认定为违约责任，该种责任不存在基础法律关系。

(3)司法实践的支持

在上述74件涉及管理人责任的案件中，其中61件案件系以“管理人责任纠纷”这一案由立案，且在该类案件中，受案法院均将原告根据我国《企业破产法》第130条的规定向管理人主张的责任定性为侵权责任。虽然部分法院在判决或裁定中并未明确使用“侵权”之表述，但在说理部分均就管理人是否违反勤勉尽责义务、是否存在故意或重大过失、原告损失与管理人行为之间是否存在因果关系进行分析，实质即按照我国《侵权责任法》关于侵权责任之构成要件来认定管理人责任。

如在某吉林有限责任公司诉某市材料公司等管理人责任纠纷案中，二审法院吉林省高级人民法院认为，在管理企业破产财产时，某市材料公司破产清算组

---

① 参见马俊驹、余延满：《民法原论》，法律出版社2009年版，第986页。

② 参见陈泽桐：《破产管理人制度研究》，吉林大学2008年博士学位论文，第128页。

处分了不属于破产企业而是属于某吉林有限责任公司的财产,该行为构成侵权,故某市材料公司破产清算组应对某吉林有限责任公司予以赔偿。

在自然人徐某与某律师事务所管理人责任纠纷案中,一审法院认为,本案系管理人责任纠纷,属于侵权责任之范畴,故本案应当根据侵权民事责任的管辖规则确定管辖法院。二审法院绍兴市中级人民法院认为,管理人责任纠纷为民事责任纠纷,其所要解决的是在管理人违反勤勉忠实义务、不当履行职责的行为,给债权人、债务人或者第三人造成损失时,受害人要求管理人承担的相应民事赔偿责任。

在"某电炉有限公司与某律师事务所管理人责任纠纷系列案"中(涉案数量30件),二审法院认为,本案系管理人责任纠纷,在性质上属于侵权责任纠纷,应适用侵权责任纠纷案件管辖的一般原则,由侵权行为地或者被告住所地人民法院管辖。

综上所述,在现行法下,将管理人责任界定为侵权责任,既符合现行法有关管理人地位的界定以及侵权责任的规定,亦契合司法实践,同时能够避免违约责任、专家责任在解释与适用上的困境,因此,将管理人民事责任界定为侵权责任更具合理性。

(二)构成要件

1. 管理人责任系一般侵权行为所致的责任

在将管理人民事责任界定为侵权责任的前提下,笔者将进一步分析其构成要件。根据侵权责任基本理论,对于侵权责任构成要件的分析,需要判断此类侵权行为是一般侵权行为抑或是特殊侵权行为,两者构成要件存在差异。

对于一般侵权行为,各国主要采过错责任原则,即我国《侵权责任法》第7条规定,行为人因过错侵害他人民事权益,应当承担侵权责任。根据法律规定推定行为人有过错,行为人不能证明自己没有过错的,应当承担侵权责任。

对于特殊侵权行为,各国主要采无过错责任原则,即我国《侵权责任法》第7条规定,"行为人损害他人民事权益,不论行为人有无过错,法律规定应当承担侵权责任的,依照其规定"。

根据上述规定,结合我国《企业破产法》第130条的规定,笔者认为,在现行法下,管理人之侵权责任系一般侵权行为所致责任,适用一般侵权行为构成要件即可。

2. 管理人民事责任构成要件

在将管理人侵权责任界定为一般侵权行为所致责任的前提下，需要进一步拆解其构成要件。笔者认为，管理人责任构成要件与一般侵权行为无异，主要包括以下几个方面。

（1）侵权行为——未能勤勉尽责、忠实执行职务

我国《企业破产法》第25条规定了管理人的职责，第27条对管理人履行第25条的职责提出了“勤勉尽责、忠实执行职务”的要求，因此，就管理人而言，其在破产程序中的法定义务是勤勉尽责、忠实执行第25条赋予其的法定职责。而对于如何判断管理人是否勤勉尽责，忠实执行职务，现行法并无明确规定。而实践中已有的74件案件中有5件支持原告诉请的案件，其中4件就管理人之侵权行为进行了分析：①在自然人戴某与某会计师事务所公司合并纠纷、申请破产清算案中，法院认为管理人在明知有未申报债权且债权人未书面放弃债权的情况下未进行债权应分配额预留，构成侵权。②在某吉林有限责任公司诉某市材料公司等管理人责任纠纷案中，法院认为管理人处置了不属于债务人的财产，构成无权处分的侵权行为。③在自然人杨某与某市实业公司破产清算组民间借贷纠纷案中，法院认为某市实业公司破产清算组对杨某借款债权既未清偿，亦未进行其他处理而终结破产程序，导致杨某损失，构成侵权。④在某拍卖有限公司与某清算事务所有限公司委托合同纠纷案中，法院认为管理人擅自占有保证金，违反管理人应尽职责及忠实义务，构成侵权。

而在另外22件以原告诉讼请求缺乏事实依据而不予支持的案件中，原告并未提供证据证明管理人未能勤勉尽责、忠实执行职务，法院亦未进行深入分析。

鉴于此，笔者以我国《企业破产法》赋予管理人的职责为基础，对管理人勤勉尽责、忠实执行职务的标准进行类型化分析，以期完善判断管理人履职是否构成侵权的认定标准。

①针对接管债务人的财产、印章和账簿、文书等资料的要求，管理人应当向债务人开具接管清单，由债务人原负责人及相应材料保管人填写并确认前述资料的种类与数量，并由管理人与移交人员清点后签署交接清单，同时建立专项保管制度，依法保管接管的资料。

②针对调查债务人财产状况，制作财产状况报告的要求，管理人应当书面通

知债务人上报财产清单,并根据财产清单进行实物盘点、登记部门走访查证,并以书面形式固定盘点、查证情况。

③针对决定债务人的内部管理事务的要求,管理人应当建立内部决策机制,对于管理人权限范围内的事宜,按照内部决策机制进行决策并形成书面决策记录;对于非管理人决策权限的事项,管理人应当依法向法院、债权人会议或债权人委员会报告,并取得后者的书面意见,并将执行情况以书面形式报告决策机构。

④针对决定债务人的日常开支和其他必要开支的要求,管理人应当根据法院或债权人会议的要求,建立破产期间财务制度,在法院或债权人会议、债权人委员会授权范围内按照财务制度决定债务人开支,并由债务人提交开支说明及明细留存。

⑤针对管理和处分债务人的财产要求,就前者而言,管理人应当建立财产管理制度,安排专人负责财产保管,并定期巡视检查,形成书面检查记录,确保资产安全。就后者而言,一方面,管理人需要明确资产权属,对于不属于债务人的财产,管理人不得处分;另一方面,对于债务人的财产,未经法院或债权人会议同意,不得自行处置。即使取得处置授权,亦应当以拍卖为原则,变卖为例外。在"某吉林有限责任公司诉某市材料公司等管理人责任纠纷案"中,法院认为管理人在管理企业破产财产时,处分了不属于破产企业的财产,构成侵权。

⑥针对代表债务人参加诉讼、仲裁或者其他法律程序,管理人应当安排工作人员或委托律师事务所按照法定的期限、要求参加诉讼、仲裁,未经债权人会议、债权人委员会或法院同意,不得自认对债务人和全体债权人不利之诉求,不得放弃权利。对于诉讼、仲裁所涉事宜,管理人内部讨论应当形成书面决议,重大疑难案件处理方案应当报送案件受理法院备案。

⑦针对债权审查与认定的要求,管理人应当坚持真实性、合法性、有效性原则,根据债权人申报材料、公司财务与业务部门书面意见,依法认定债权是否成立有效,并出具书面审查意见。对于存疑债权,应当通过书面方式与债权人沟通,留存沟通记录。

⑧针对追收财产的要求,管理人应当安排专人梳理债务人进入程序前的资金流出情况,对于涉嫌可撤销及无效的行为,管理人应当通过书面方式发函要求有关方返还财产或行使撤销权,必要时通过诉讼方式追收。根据最高人民法院

《关于适用〈中华人民共和国企业破产法〉若干问题的规定(二)》(以下简称《企业破产法司法解释二》)第9条第2款的规定,“管理人因过错未依法行使撤销权导致债务人财产不当减损,债权人提起诉讼主张管理人对其损失承担相应赔偿责任的,人民法院应予支持”。因此,管理人应当依法行使撤销权,追收债务人财产。

⑨对于债权申报通知的要求,管理人应当要求债务人提供已知债权人的有效信息,并留存债务人提供的债权人信息表,并据此逐一通知债权人,同时留存通知的证明材料。在某设备工程有限公司与某破产清算事务所有限公司申请破产清算、管理人责任纠纷案中,法院认为,被上诉人某破产清算事务所有限公司接受人民法院指定担任某药业有限公司的管理人后,在债务人提交的债权法律文书中未出现上诉人某设备工程有限公司的相关债权文书,被上诉人在债务人移交的资料中不能获知上诉人作为债权人的相关准确资料,客观上无法直接通知上诉人申报债权。人民法院依照法定程序在《人民法院报》发布公告,告知债权申报方式,上诉人未在法定债权申报期限内申报债权,其债权未得到清偿的不利后果应自行承担。

⑩针对预留分配款项的要求,管理人根据其掌握的材料,判断可能存在未申报债权的情况,应当预留相应偿债资金,确保该部分债权人得以受偿。在自然人戴某与某会计师事务所公司合并纠纷、申请破产清算案中,法院认为,根据被告的上述陈述,被告在制作分配方案并提请债权人会议表决时应当明知无证据表明原告已明确放弃权利,其在制作债权分配方案时应当考虑到该事项,对于原告已被刑事判决书认定的损失,应按分配比例予以预留并提交债权人会议就预留金额、时间等事项进行表决。由于被告未考虑上述情形,导致原告丧失了按照第一次分配方案确定的数额进行分配的可能,被告对此未尽到勤勉尽责的义务,对原告的损失存在一定过错。现原告认为,被告对其无法参与第一次分配存在过错并要求其承担赔偿责任。法院认为,原告未及时申报债权对于其损失具有主要过错,被告未尽勤勉尽责的义务对原告的损失具有次要过错,根据过错相抵规则,法院确定被告赔偿的比例为40%,即107,616元。

以上是根据我国《企业破产法》所规定的管理人职责,就认定管理人是否勤勉尽责、忠实执行职务提出的一般标准。而管理人在实践中为防止日后有关方向其主张责任,需要关注行为的程序与行为过程中的有关证据,以便涉诉后法院可据此判断管理人某项行为的实施程序是否合法、合理,是否在其权限范围内,综合判断管理人是否勤勉尽责、忠实执行职务。

(2)主观过错

对于管理人民事责任的主观过错认定标准,笔者倾向故意和重大过失。对于一般过失或轻微过失来说,其系注意义务的一般化,若在破产案件中广泛适用,因管理人职责与义务较重,极易触发该条件而被要求承担责任,管理人将时时处于违反义务的境地,加重管理人负担,不利于管理人充分履行职责,因此,将管理人主观过错界定为故意和重大过失,相对更合理。

《企业破产法司法解释二》第33条即坚持该种处理,其规定管理人或者相关人员在执行职务过程中,因故意或者重大过失不当转让他人财产或者造成他人财产毁损、灭失,导致他人损害产生的债务作为共益债务,由债务人财产随时清偿不足弥补损失,权利人向管理人或者相关人员主张承担补充赔偿责任的,人民法院应予支持。

在司法实践中亦采该种标准。在自然人徐某与某律师事务所管理人责任纠纷案中,法院认为,管理人民事责任属于侵权责任之范畴,适用过错责任,且宜采用故意和重大过失标准。在自然人陈某与某高级装饰砖厂、某清算服务有限公司破产债权确认纠纷案中,佛山市中级人民法院认为,某清算服务有限公司为法院依法指定的某砖厂破产管理人,负责某砖厂财产的管理、处分、业务经营以及破产方案的拟订和执行,确认债权人对债务人之享有债权为其法定职务行为,在其未能勤勉尽责、忠实执行职务时,依法可由法院进行罚款或承担相应赔偿责任。在本案中,并无证据证明其在确认债权的过程中存在未尽忠实勤勉义务之故意或重大过失行为,故某公司无须就法院撤销盈顺公司对某砖厂的普通债权负担诉讼费用。

(3)与管理人侵权行为有因果关系之损害事实

权利人要求管理人承担责任的前提是其因管理人之侵权行为存在财产权益的损失,否则不能要求管理人承担赔偿责任,此乃自然之理。但值得注意的是,此处需要区分管理人职务行为侵权与非职务行为侵权存在的差异。

①管理人因职务行为侵权

根据我国《企业破产法》第42条第5项及第43条之规定,管理人或者相关人员执行职务致人损害所产生的债务,属于共益债务,由债务人财产随时清偿。

《企业破产法司法解释二》第30条规定："债务人占有的他人财产被违法转让给第三人，依据物权法第一百零六条的规定第三人已善意取得财产所有权，原权利人无法取回该财产的，人民法院应当按照以下规定处理……（二）转让行为发生在破产申请受理后的，因管理人或者相关人员执行职务导致原权利人损害产生的债务，作为共益债务清偿。"该法第30条第1款规定："管理人或者相关人员在执行职务过程中，因故意或者重大过失不当转让他人财产或者造成他人财产毁损、灭失，导致他人损害产生的债务作为共益债务，由债务人财产随时清偿不足弥补损失，权利人向管理人或者相关人员主张承担补充赔偿责任的，人民法院应予支持。"

因此，根据上述规定，需要注意以下三个方面：第一，对于管理人职务行为侵权所致责任，应当作为共益债务，以债务人财产、在债务人破产程序中处理，而非由管理人承担第一位的责任；第二，若债务人财产无法覆盖全部共益债务，则管理人应当承担补充赔偿责任；第三，债务人以共益债务承担管理人职务行为所生侵权责任后，若管理人之侵权职务行为系管理人未能勤勉尽责、忠实执行职务所致，则债权人有权根据《企业破产法司法解释二》第33条第2款的规定，要求管理人承担相应赔偿责任。

②管理人非因职务行为侵权

对于该种情形，则不能适用"①管理人因职务行为侵权"中的有关规定，因为管理人之行为与其履行管理人职责无关，而系其自主行为，自不应由债务人财产承担责任，而应当由管理人自行承担责任，不涉及由债务人先承担责任，后向管理人追偿的情形。

三、破产管理人责任纠纷案件注意事项

（一）管辖法院

对于管理人责任纠纷案件的管辖法院，我国《企业破产法》并未明确规定。笔者认为，在将管理人责任界定为侵权责任的前提下，对于管理人责任纠纷案件，其地域管辖应当采取如下原则。

1. 破产程序尚未终结，由破产案件受理法院专属管辖

我国《企业破产法》第21条规定："人民法院受理破产申请后，有关债务人的

民事诉讼,只能向受理破产申请的人民法院提起。”该条建立了与破产程序有关之案件由破产案件受理法院管辖的专属管辖制度,以便节省司法资源,提高案件审理效率,将与债务人破产程序有关的案件均由破产案件受理法院审理,以便查明事实,尽快解决纠纷。而《民事案件案由规定》将“285、管理人责任纠纷”置于“二十三、与破产有关的纠纷”项下,故管理人责任纠纷亦属于与债务人破产有关的纠纷,应当由破产案件受理法院管辖。这一点在甲投资有限公司、乙投资有限公司与海南某实业发展股份有限公司、某会计师事务所(以下简称某会计所)与企业破产有关的纠纷案中得到了印证与支持。

在该案中,最高人民法院作出《关于原告甲投资有限公司、乙投资有限公司与被告海南某实业发展股份有限公司、被告某会计师事务所管理人责任及公司决议撤销纠纷一案指定管辖的通知》认为,本案是2原告针对北京某破产管理人某会计所未勤勉尽责、忠实执行职务提起的损害赔偿纠纷,属于与企业破产有关的纠纷,即破产衍生诉讼。根据我国《破产企业法》第21条和《企业破产法司法解释二》第47条的规定,人民法院受理破产申请后,有关破产企业的民事诉讼案件,由受理破产申请的人民法院管辖,故本案应由审理某公司破产案件的北京市第一中级人民法院管辖。通过该案,最高人民法院确定了一个原则,即原告根据我国《企业破产法》第130条起诉管理人未勤勉尽责所致损害赔偿纠纷属于与破产企业有关的纠纷,构成破产衍生诉讼,应适用该法第21条专属管辖的规定。

但值得注意的是,最高人民法院《关于破产清算组在履行职责过程中违约或侵权等民事纠纷案件诉讼管辖问题的批复》规定,企业被宣告破产后,清算组因履行清算职责对他人违约或者侵权引起的民事诉讼,发生在破产程序终结之前的,由受理破产案件的人民法院管辖,在破产程序中一并处理。该规定虽然亦建立了清算组违约或侵权纠纷由破产案件受理法院专属管辖的制度,但将案件起诉时间限定为破产程序终结前。而对于破产程序终结后此类纠纷的管辖法院,依据前述规定,并不适用专属管辖制度。由于该规定目前尚未失效,故笔者认为,管理人责任纠纷案件由破产案件受理法院专属管辖应当限定为破产程序终结前起诉,否则不应由破产案件专属管辖,因破产程序已经终结,破产案件受理法院专属管辖之条件已经不具备。

在某律师事务所、某机厂侵权责任纠纷案中,天津市第一中级人民法院认为:根据法律规定,企业被宣告破产后,清算组因履行清算职责对他人违约或者侵权引起的民事诉讼,发生在破产程序终结之前的,由受理破产案件的人民法院管辖,在破产程序中一并处理。本案被上诉人诉请上诉人承担侵权责任,因上诉人系破产案件的破产管理人,故本案系管理人责任纠纷,应由受理破产案件的人民法院管辖。本案受理破产案件的人民法院为辽宁省鞍山市中级人民法院,故辽宁省鞍山市中级人民法院对本案具有管辖权。

2. 破产程序已经终结,适用我国《民事诉讼法》第 28 条的规定

如前所述,管理人责任纠纷案件由破产案件受理法院专属管辖应当限定为破产程序终结前起诉,而对于破产程序终结后提起的此类诉讼,因笔者将管理人责任界定为侵权责任,则应当适用我国《民事诉讼法》第 28 条的规定,即因侵权行为提起的诉讼,由侵权行为地或者被告住所地人民法院管辖。

在某电炉有限公司与某律师事务所管理人责任纠纷系列案中(涉案数量 30 件),法院即确立了上述管辖规则。针对原告提起的诉讼,被告提出了管辖权异议,认为本案是管理人责任纠纷,原告认为是被告在担任债务人破产清算案件管理人时行使职责不当所导致的侵权问题,原告在起诉状中陈述的所谓侵权事实均发生在宁波市北仑区,而该 2 件破产清算案的管辖法院为宁波市北仑区人民法院,本案由宁波市北仑区人民法院管辖更有利于查明案件事实,以节约司法资源。一审法院认为,原告提起的系管理人责任纠纷,在性质上属于侵权责任纠纷,应适用侵权责任纠纷案件管辖的一般原则,根据我国《侵权责任法》的规定,由侵权行为地或者被告住所地人民法院管辖。二审法院宁波市中级人民法院认为,因宁波市北仑区人民法院已于 2014 年 10 月 20 日裁定终结债务人破产程序,故上诉人认为本案应参照适用最高人民法院《关于破产清算组在履行职责过程中违约或侵权等民事纠纷案件诉讼管辖问题的批复》的上诉意见,于法无据。

3. 特定情形下的指定管辖

对于上述两点确立的管辖基本原则,案件管辖法院若存在不能管辖的情形,可以根据我国《民事诉讼法》第 37 条的规定,申请上级法院指定管辖。

(二)被告

对于管理人责任纠纷案件的被告,现行法并未明确。若仅从字面意思理解,则应当以管理人为被告,因为系管理人责任。但仔细分析,实则不然。

管理人系案件受理法院从特定社会中介机构中选任或由债务人上级主管部

门派员组成,依法履行法定职责,该组织本身并无财产,并不进行登记,系临时存续,随着破产程序终结而解散,相应的财产责任由债务人承受。因此,笔者理解为,管理人责任承担主体应当系担任管理人的社会中介机构或清算组成员,而非管理人这一临时性组织。

从权利义务对等角度来说,虽然管理人收取报酬,但该报酬实质系由担任管理人的社会中介机构收取,并非由管理人这一法定机构收取,若管理人存在侵权行为,实质系担任管理人的社会中介机构存在侵权行为,[①]自然应由其承担赔偿责任,以实现权利义务对等。

1. 管理人由社会中介机构担任,则由该中介机构承担侵权责任

在某高科股份有限公司与某显示系统有限公司管理人其他合同纠纷案中,最高人民法院认为:某高科股份公司基于某显示系统公司管理人履职不当提起诉讼,应当将担任管理人的某律师事务所列为本案被告。某高科股份有限公司将某显示系统有限公司管理人列为被告不当,对此法院予以指出。鉴于该判决已经发生法律效力,本院对此不再予以纠正。在该案中,最高人民法院明确管理人责任纠纷案件应由担任管理人的社会中介机构作为被告。

在某拍卖有限公司与某清算事务所有限公司委托合同纠纷案中,法院认为:沐川县人民法院根据相关主体的申请,裁定受理某公司破产清算纠纷一案并指定某清算事务所有限公司担任该公司破产管理人,全面负责该案的破产工作。根据我国《企业破产法》第 27 条“管理人应当勤勉尽责,忠实执行职务”,该法第 130 条“管理人未依照本法规定勤勉尽责,忠实执行职务的,人民法院可以依法处以罚款;给债权人、债务人或者鲁政造成损失的,依法承担赔偿责任”之规定,某清算事务所有限公司在担任某公司破产管理人期间,应当勤勉尽责,忠实执行管理人职责,包括决定债务人的内部管理事务、日常开支和其他必要开支,管理和处分债务人财产等。某拍卖有限公司接受管理人委托对某公司的破产财产进行了拍卖,现拍卖变现工作已经完成,某拍卖有限公司在答辩中表示,作为管理人的某清算事务所有限公司放弃依《委托拍卖合同》向某拍卖有限公司主张违约责任,故管理人应退还某拍卖公司 20 万元保证金。由于案涉保证金既未进入管理人账户,亦无证据证明其作为某公司破产财产并进行了清偿、分配,某清算事务

---

① 当然,该种侵权行为既可能与履行管理人职责有关,亦可能与履行管理人职责无关。

所有限公司擅自占有保证金的行为,违反了前述法律规定的管理人应尽职责、忠实义务,具有过错。某拍卖有限公司对管理人享有 20 万元保证金的合法债权,应当得到清偿,某清算事务所有限公司作为管理人未对该笔保证金进行清偿,也未作出其他处理,即申请法院终结破产程序,造成某拍卖有限公司的该笔债权无法得到清偿。依据前述法律规定,作为管理人的某清算事务所有限公司应承担该笔保证金的赔偿责任,故某清算事务所有限公司应向某拍卖有限公司赔付保证金 20 万元。

在自然人戴某与某会计师事务所合并纠纷、申请破产清算案中亦是如此,法院认为,担任某包装材料有限公司管理人的某会计师事务所未尽到勤勉尽责的义务,对原告的损失存在一定过错。

2. 清算组担任管理人所涉责任承担

在该种情形下,由于清算组系由债务人所在地政府主管部门有关单位派员组成,并不收取报酬(中介机构担任清算组成员并收取报酬的除外),且单位众多,其责任如何承担,不无疑问。由于清算组作为管理人并不领取报酬,但需履行法定职责,同时还需要承担侵权责任,对于清算组组成人员来说不公平,但清算组又系临时性组织,自身并无财产,其所掌握的财产系债务人或全体债权人的财产,无法承担责任,导致在清算组作为管理人的情况下,其侵权责任承担存在障碍。

在"自然人杨某与某市实业公司破产清算组民间借贷纠纷案"中,法院认为:某市实业公司于 2004 年进行破产清算,该笔借款在破产清算过程中,于 2005 年 12 月 12 日作为其他应付款移交被上诉人破产清算组,即应当作为破产债务进行清偿,但被上诉人破产清算组对该笔借款未进行清偿,也未作其他处理的情况下,即申请法院终结破产程序,造成债权人自然人杨某的该笔债权无法得到清偿,依照我国《企业破产法》第 130 条的规定,被上诉人破产清算组应承担该笔借款的赔偿责任,并以实际损失为限,即借款本金 26,000 元及自然人杨某为该笔借款在信用社所负担的贷款利息。

而在"自然人池某与某矿业股份有限公司管理人责任纠纷案"中,最高人民法院认为:根据我国《民事诉讼法》第 48 条第 1 款和最高人民法院《关于适用〈中华人民共和国民事诉讼法〉的解释》第 52 条的规定,民事诉讼的"其他组织"应当有一定的组织机构和财产。某矿业的管理人是清算组。清算组作为配合为重整程序的开展而成立的临时性组织,随着重整程序的终结而解散,不符合成为民事诉讼当事人的法定条件。自然人池某以不符合民事诉讼当事人法定条件的管理人为被告提起诉讼,青海省高级人民法院裁定驳回起诉并无不当。自然人李某诉某置业有限公司破产管理人(清算组成员)管理人责任纠纷案与此类似,法院认为:本案管理人虽为临时设立的专门职能机构,并非独立的民事主体,但法律赋与其在破产程序中实施相关的民事行为,并非清算组成员个人实施的民事行为。因此,原告以本案清算组成员为被告提起破产债权确认诉讼,缺乏事实依据和法律依据,原告起诉被告主体不适格,理由不能成立,法院不予支持。

因此,针对清算组作为管理人的情况,由于清算组构成的特殊性与基于权利义务对等的考量,要求清算组承担侵权责任存在障碍。为避免该种责任落空之情形,建议尽快规范细节,实现权责统一,落实管理人责任。

四、结　语

随着企业破产案件的增多,相应的管理人责任纠纷案件亦会日渐增多,从短期来看将会给管理人履职带来风险与压力,但从长远来看,这将有利于督促管理人提高自身业务素养,真正做到勤勉尽责、忠实执行职务,从而有利于培养一支高素质的破产管理人队伍,促进我国《企业破产法》的依法高效实施。就目前管理人执业现状而言,管理人队伍建设亟待加强,管理人规范与责任意识亟待提高,而通过完善管理人责任制度,将促使管理人不断提高职业素养,增强风险意识,提高风险防控,推动破产制度良性发展。

管理人评估考核机制的实务探究

孔　政[*]　唐慧农[**]　祝继萍[***]

2009年最高人民法院《关于正确审理企业破产案件为维护市场经济秩序提供司法保障若干问题的意见》中强调："人民法院要特别注意加强对管理人业务知识和各种能力的培养，建立管理人考核机制，通过业绩考核，形成激励和淘汰机制，逐步实现管理人队伍的专业化。"在实务中，如何让管理人的工作量、工作能力、工作态度客观反映出来，体现到管理人报酬和履职资料库中，亟须为管理人量身定做一套切实可行的考评标准，通过量化指标、分数比重的设计，化虚为实，将管理人的勤勉忠实义务具体化，同时根据考评结果进行奖惩，将各监督主体的监督职责落到实处。

一、管理人评估考核机制的必要性分析

任何法律制度都是权责的统一体，管理人制度亦不例外，我国《企业破产法》赋予管理人管理、处置破产财产，执行破产事务等广泛职权。同时，规定管理人应当勤

---

* 杭州市余杭区人民法院常务副院长。
** 杭州市余杭区人民法院民二庭庭长。
*** 杭州市余杭区人民法院民五庭法官助理。

勉尽责,忠实执行职务,但破产程序的顺利运行不能单纯依赖管理人自身的高尚品德,为避免管理人懈怠、滥用权力,牟取私利,法律规定管理人负有接受监督的义务,而管理人评估考核机制是一套用“数字”监督管理人的机制,在监督标准、监督方式不清晰的当下,其无论是对法院、债权人会议(债委会),还是对管理人,都十分必要。

(一)细化法院行使监督权的标准

法院是居于核心地位的监督主体,其直接作用于管理人发生监督效果,是最直接有效的监督,但在实务中法院的监督依然面临困境:一是缺乏监督标准,我国《企业破产法》第25条关于管理人职责的规定过于原则,未明确管理人履行职责的具体内容,也缺乏具体的衡量标准,这让法院监督权的行使缺乏可操作性,影响法院的监督实效;二是监督能力局限,破产案件尤其是上市公司、证券公司、房地产企业破产案件专业性强、牵涉面广,加之受破产案件承办法官审判任务繁重、专业能力有限等因素的影响,很难对破产程序中涉及并购重组、项目融资、在建工程复工续建等复杂且专业性强的事务进行全面有效监督;三是监督内容过窄,法院监督权的行使多见于对管理人的损害他人行为、违法行为的监督,对怠于履行、迟延履行职务等不当行为通常未能给予及时有效的监督。建立管理人评估考核机制,将我国《企业破产法》规定的管理人9项职责细化成可操作性强的分类指标,将管理人工作“一目了然”地呈现,以弥补法院行使监督权的立法缺陷。

(二)推动债权人切实有效行使监督权

从利益动机角度来说,债权人最关心管理人是否勤勉忠实履职,债权人有行使监督权的热情,但也存在一定局限性:一是债权人较分散,彼此之间互不认识,尤其是人数众多的债权人会议,很难就监督事项达成一致,故寄希望于债权人会议集体共同监督不太现实;二是债权人会议为非常设机构,对繁杂的日常性事务进行监督的可行性低,既不经济也不高效,若仅为监督而召开债权人会议,对债权人来说是一种负担;三是债权人非破产专业人士,对破产程序、管理人职责等事项了解甚少,加上信息不对称,监督效果大打折扣。

建立管理人评估考核机制,细化考评指标,考评内容在第一次债权人会议上向全体债权人通报,根据债权人人数的寡众,由债权人会议授权债委会或债权人会议主席参与管理人评估考核工作,进一步强化债权人自治,让债权人掌握管理人工作情况,对管理人工作打分评价,全面直接行使监督权,这相较于债权人会议、债委会仅通过知情权和异议权来行使监督权有了很大进步。

(三)优化管理人报酬决定机制

管理人报酬决定机制的合理性关系管理人制度的设计初衷能否实现及管理人队伍的培育发展,在实践中,管理人报酬决定机制存在一定缺陷。比较一组案例:案例一是某机械公司破产清算案,该破产企业债权债务关系清楚,唯一固定资产即该公司厂房在破产受理前已被执行拍卖,执行法院未分配的拍卖所得价款1600余万元,该案历时6个月结案;案例二是某混凝土公司破产清算案,该破产企业财务账册灭失,债权债务关系复杂,公司厂房建立在租赁土地之上,其余资产包括生产线、工程车等,价值甚微且变现困难,该案历时两年仍在审理过程中。根据我国《企业破产法》第28条第2款的规定,管理人的报酬由人民法院确定。最高人民法院《关于审理企业破产案件确定管理人报酬的规定》(法释〔2009〕9号,以下简称法释〔2007〕9号)第2条规定,确定管理人报酬的基本标准是债务人最终清偿的财产价值总额。上述两个案例如果完全根据“债务人最终清偿的财产价值总额”来确定管理人报酬所形成的巨大反差让人困惑,前者可以轻松拿到100余万元的报酬,而后者在作出大量工作后却无利可图,由此可见,管理人报酬不能简单地通过数学计算公式得出,将管理人错综复杂的工作抽象为简单的数额和比例存在不合理之处。

为弥补计酬方式存在的缺陷,法释〔2007〕9号同时规定,人民法院确定或者调整管理人报酬方案时,应当考虑破产案件的复杂性、管理人的勤勉程度、管理人为重整和解工作所做出的实际贡献、管理人承担的风险和责任、债务人住所地居民可支配收入及物价水平和其他影响管理人报酬的情况。这就要求法院确保管理人报酬比例适当,在比例限制范围内根据管理人履职情况对其报酬作必要调整,而建立管理人评估考核机制正是为法院考量、调整管理人报酬提供标尺。

二、管理人评估考核机制的功能与价值

近年来,各地法院纷纷探索设计管理人考核机制,并取得了一定成果,如深

圳市中级人民法院于2013年出台《破产案件管理人考核办法(试行)》、浙江省平阳县人民法院于2015年出台《关于破产企业管理人履职情况评价试行办法》,我国《企业破产法》中关于管理人勤勉、忠实义务的规定扩展为可量化考评的指标,其意义不言而喻。管理人评估考核机制的设计初衷、功能定位并非为考评而考评,其目的在于通过发挥评估考核机制的指引和导向作用控制管理人的执业风险,增进管理人与法院、债权人、债务人及其他利害关系人的沟通交流,从长远来看,科学合理的考评机制可以增强管理人竞争意识,推动管理人队伍的专业化建设。

(一)引导作用——控制管理人执业风险

管理人受托行使各种管理处分破产财产的权利,并获得相应的报酬,就应当承担一定的风险,规范自己的行为。[①] 管理人的执业风险各种各样,如因怠于履行职务导致的责任风险、因贻误破产财产处置时机导致的商业风险、因未妥善平衡各方利益导致的维稳风险等,这些风险多为管理人注意义务范围内可预见的风险,但对于经验不足的管理人来说,需要法院的提示与引导,考评机制旨在通过一项项具体的考评指标,引导管理人比照考评指标,规范执业行为,降低执业风险。

(二)沟通作用——搭建法院、债权人与管理人的交流平台

管理人评估考核机制的运作前提是充分的信息披露和沟通交流,法院、债权人只有在对管理人工作充分了解的基础上才能有效行使监督权。管理人评估考核机制要求管理人履行报告义务,定期或不定期向法院、债权人会议和债委会披露工作进展、重大事项等,考评机制是法院、债权人了解管理人工作的一个重要切入点,有利于跟踪破产程序进程,配合、保障管理人履职,实现管理人与法院、债权人之间良性沟通和彼此信任,从而形成合力推动破产处置工作。

(三)倒逼作用——提高管理人综合素质

管理人评估考核机制是优胜劣汰的市场规律在管理人制度中的延伸。管理

---

① 参见尤冰宁:《执业风险控制:我国破产管理人制度的完善》,载《人民司法·应用》2009年第11期。

人提供专业服务,收取相应报酬,承担相应责任是一种市场行为,但这并不能排除法院对管理人的监督,我国管理人制度尚处于起步阶段,建立评估考核机制,并将考评结果作为管理人报酬和分级管理的重要依据,迫使管理人不断加强业务能力学习,将外部的强制约束转化为管理人内部自我约束,提高履职能力和综合素质。

(四)淘汰作用——推动管理人队伍职业化

具备流动性的管理人队伍才能保持活力,通过考评机制,让表现不合格的管理人受到应有的惩戒,及时将确实无法胜任管理人职务的中介机构或个人淘汰出管理人队伍,这对推动管理人队伍职业化、专业化具有重要意义。有人指出,通过考核淘汰机制,有助于培养一支人员相对稳定、专业水准高、人才搭配相对合理,能够承担证券公司、商业银行、保险公司、上市公司等重大复杂破产清算或重整工作的高素质管理人队伍。①

三、管理人评估考核机制的设计路径

(一)多元化的考评主体

法院主导管理人考评是目前通常的做法,且破产业务庭负责人、破产合议庭成员是当然的考评人员,如深圳市中级人民法院设立评审委员会负责考核工作,下设考核办公室,考核办公室人员由公司清算和破产审判庭庭长、副庭长、审判长和内勤组成。平阳县人民法院设立管理人履职综合评定工作小组,组成人员包括分管院长、监察室负责人、审理破产案件的业务庭庭长、司法行政科科长、破产案件合议庭成员、对外委托管理部门经办人。此外,各地法院结合案件实际积极探索考评主体多元化:一是将政府相关部门纳入考评主体范围,在各地探索实践“府院联动”破产模式中,政府扮演重要角色,以房地产企业破产案件为例,项目融资、“烂尾楼”复工续建、维稳等事宜离不开政府相关部门的支持,如杭州市余杭区就破产房地产企业的“烂尾楼”工程成立由维稳、住建、属地镇街等部门组成的“工作专班”,专门负责与管理人协调推进项目复工续建,其对管理人在项目

---

① 参见余俊福主编:《中国破产管理人实务》,法律出版社 2015 年版,第 28 页。

复工续建中的工作表现有一定了解,将“工作专班”成员的相关意见和建议纳入对管理人的考评之中具有合理性;二是将债委会纳入考评主体范围,法律赋予债权人会议和债委会监督管理人的职权,债委会由债权人代表、职工或工会代表组成,具有代表性且相对容易召集,故在成立债委会的破产案件中由债委会代表全体债权人对管理人工作进行考评有利于保障债权人的合法权益;三是将行业协会纳入考评主体范围,考虑到管理人团队中会计师与律师的工作分工、尽责程度、履职能力存在区别,可以探索建立与会计师协会、律师协会联动的有效评价机制,在对管理人进行整体评价的同时,也尽量能体现参与管理人工作每个成员的履职尽责情况。[①] 随着管理人队伍的发展壮大,将会计师协会、律师协会纳入考评主体范围,甚至成立管理人行业协会,将其纳入考评主体的呼声较高。笔者认为,应探索多元化的考评主体设计,以法院考评为中心,结合个案实际,辅之以债委会、政府相关部门等多元主体的考评模式,在多方利益主体冲突的困境中构建利益制衡机制从而实现对管理人的科学有效监督。

(二)动态化的考评方式

破产清算程序中的关键节点主要包括接管、债权审核、财务审计、债权人会议、财产调查与追收、资产管理与评估、资产处置与分配、破产程序终结八大节点,在重整、和解程序中另包括制作重整计划草案与和解协议、监督重整计划执行与和解协议履行。把握关键节点进行动态考核,在每一个关键节点结束后,破产合议庭即对管理人的履职工作进行考评,在破产案件终结后,由评估考核小组对管理人工作进行全面考核。动态化的考评方式具有如下优势:一是提高考评结果的准确性,破产案件往往审理时间较长,其中可能存在的合议庭成员调动等因素都会影响最终考评结果,因此,在每一项关键性工作完成后及时进行考评,有利于确保考评结果的客观公正;二是及时对管理人工作中存在的不当行为予以纠正,动态化的考评结果如管理人履职过程中的一面镜子,随时反映管理人工作状态,督促管理人在工作中勤勉尽职。

(三)精细化的考评指标

考评指标设计是评估考核机制的核心,也是难点所在,考评指标过细,可能

---

① 参见徐建新主编:《破产案件简化审理程序探究》,人民法院出版社2015年版,第233页。

束缚管理人主观能动性的发挥，同时带来考评成本高、效率低等负面作用，若考评指标过粗，则考评指标的可操作性低，对管理人的指引、监督效果也会大打折扣。为此，建议设计考评指标时重点考虑以下因素：一是不同破产程序的价值目标、工作流程不尽相同，管理人承担的职责存在差异，故针对破产清算、重整与和解程序设计不同的量化考评表；二是在设计分数权重时，应“抓大放小”，重点考评破产程序中的关键性工作；三是区分动态考评指数和综合考评指数两种类型，动态考评指数由法院、债委会在破产程序中根据工作节点及时考评，综合考评由法院、债委会组成的考评小组，视情纳入政府相关部门在案件终结后进行全面考评。以破产清算程序为例，杭州市余杭区人民法院将管理人考评指标分为四级，其中一级指标包括动态考评指数和综合考评指数两大类，动态考评指数下设管理人日常性工作及主动接受监督情况两类考评指标，分值合计 60 分；综合考评指标下设案件难易程度、管理人内部管理制度、管理人工作实绩三类考评指标，分值合计 40 分，详细情况如表 1 所示（囿于篇幅原因，四级指标不予赘述）。

表 1　管理人考评指标

<table>
<tr><th>一级指标</th><th>二级指标</th><th>三级指标</th><th>四级指标</th><th>分值</th><th>考评部门</th></tr>
<tr><td rowspan="10">动态考评指数</td><td rowspan="8">日常性工作</td><td>接管</td><td rowspan="8">……</td><td rowspan="8">50 分</td><td rowspan="8">法院、债委会</td></tr>
<tr><td>债权审核</td></tr>
<tr><td>财务审计</td></tr>
<tr><td>债权人会议</td></tr>
<tr><td>财产调查与追收</td></tr>
<tr><td>资产管理与评估</td></tr>
<tr><td>资产处置与分配</td></tr>
<tr><td>破产程序终结</td></tr>
<tr><td rowspan="2">主动接受监督</td><td>重大事项请示报告</td><td rowspan="2">……</td><td rowspan="2">10 分</td><td rowspan="2">法院</td></tr>
<tr><td>定期报告工作进展</td></tr>
</table>

续表

一级指标	二级指标	三级指标	四级指标	分值	考评部门
综合考评指数	案件难易程度	涉诉量	……	20 分	法院
		财产分布范围			
		历时长短			
		破产财产处置数量			
		破产债权数量			
		不稳定因素			
	管理人内部管理制度	人员管理	……	10 分	法院
		制度管理			
		公章管理			
		财务管理			
		档案管理			
	管理人工作实绩	案件处理效果	……	10 分	法院、债委会、政府相关部门
		创新性做法或示范性经验			
		受到的嘉奖或表扬			

(四)功能化的考评结果

一是考评结果与管理人报酬挂钩。区别于法院的公共服务,管理人有权收取报酬,科学合理的报酬决定机制要求管理人报酬应与其工作量相当,不同破产案件的管理人报酬应体现相对公平。在实务中如何统筹内外确保管理人报酬的科学合理,建立统一的考评机制并将考评结果与管理人报酬相挂钩不失为一种选择,也体现了"激励与约束相结合"的管理人动态管理价值取向。① 目前,浙江省多地人民法院已建立破产援助专项资金,在无产可破的破产案件中,管理人的考评结果亦可与管理人破产援助专项基金的给付金额相挂钩。

二是考评结果决定管理人的"去与留"。选定的管理人在履职过程中往往存

① 参见章恒筑、杨宇军、王雄飞:《浙江省高级人民法院关于〈规范企业破产案件管理人工作若干问题的意见〉解读》,载浙江法院内网:http://www.zj.pcc/art/2014/3/5/art-951-103208.html,最后访问日期:2017年3月13日。

在各种问题,如联合管理人之间沟通协调不畅影响工作开展、重大复杂破产案件通过随机方式产生无相关破产经验的会计师事务所担任管理人、因管理人工作懈怠严重影响破产审理进程等,灵活运用考评机制监督管理人工作,与在动态考评中2个关键节点考评不合格的管理人进行约谈,如杭州市余杭区人民法院在一起房地产企业破产案件中对管理人的失职行为进行约谈,要求限期改正并更换管理人团队成员;对连续3个关键节点考评不合格的管理人依法予以更换,如温州地区建立管理人替换机制,对破产审理过程中,不能胜任工作的管理人,在取得债权人会议的同意后,试行通过二次摇号的方式予以更换。[①]

三是考评结果纳入管理人履职资料库。浙江省高级人民法院《关于规范企业破产案件管理人工作若干问题的意见》(浙高法〔2013〕38号)第4条第3款规定,"受理企业破产案件的审判业务庭应将债权人会议和人民法院对管理人履职情况的评价意见向管理人反馈,并将评价意见留存管理人履职资料库"。我国管理人制度起步不久,建立管理人履职资料库,将管理人历次履职的评估考核结果记录在案,为法院在选任管理人时提供参考,同时也作为管理人分级管理的重要依据,从而真正实现管理人职业化,让管理人在市场竞争中实现优胜劣汰。

四、完善管理人评估考核机制的相关配套制度

(一)破产援助专项资金制度

在无产可破的企业破产案件中,报酬无保障是管理人的一大顾虑。事实上,很大一部分进入破产程序的企业无现金流、无有价值资产,债权人清偿率低,管理人报酬几近于无,而管理人所需承担的工作量大,所需协调的关系多,所需运用的专业知识要求高,若无基本报酬保障,难以保证管理人勤勉尽责履职。针对此类情形,在实践中主要有两类探索:一类是通过从各破产案件的管理人报酬中提取一定比例款项设立破产援助专项基金,对无产可破案件中的管理人报酬予以援助;另一类则是法院主动与政府对接,争取财政支持,设立破产援助专项资金,探索为管理人履职创造一个激励性环境,推动管理人队伍的良性发展和破产案件的有序稳妥推进。

---

① 参见徐建新主编:《破产案件简化审理程序探究》,人民法院出版社2015年版,第233页。

(二)管理人报酬预付制度

破产案件的审理周期普遍较长,对管理人来说,破产项目运行成本高,若由管理人长期垫付人员工资、住宿费、差旅费、办公费用等一系列费用,会让许多中小型中介机构望而却步,不利于管理人市场的培育。最高人民法院《关于审理企业破产案件确定管理人报酬的规定》第3条明确规定,"人民法院可以根据破产案件的实际情况,确定管理人分期或者最后一次性收取报酬"。确定管理人报酬预付制度,通过分期支付报酬,细化支付的节点和阶段,与管理人评估考核机制相匹配,根据各节点管理人的考评情况确定管理人报酬的预付标准,从而为管理人履职创造激励性环境。

(三)管理人分级管理制度

管理人办案能力不一,对管理人实行分级管理有利于激发管理人工作积极性,形成"能者进、弱者淘汰"的动态局面。2007年最高人民法院提出建立管理人评价档案,探索管理人分级管理。浙江省高级人民法院已明确分级建立管理人履职资料库,将个案中债权人会议和法院对管理人履职情况的评价留存管理人履职资料库,后依据管理履职资料库,结合管理人履职情况,逐步建立管理人名册和省级资料库的动态调整机制。由此可见,管理分级管理制度与管理人评估考核机制相辅相成,后者是前者的依据,前者是后者切实有效推行的一大保障,两者的价值取向均为"激励与约束相结合"。

(四)管理人责任制度

没有法律责任制度保障的管理人评估考核机制很难真正发挥作用。对考评不合格的管理人,法律设置相应的责任体系,赋予监督有威慑力的法律后果也许是对管理人最有力的督促也是对债权人利益最大的保护。目前我国《企业破产法》所构建的管理人责任体系较简单,主要包括:管理人未勤勉尽责,忠实执行职务情况下的更换管理人、罚款;给债权人、债务人或第三人造成损失情况下的承担赔偿责任;违反我国《企业破产法》的规定,构成犯罪的情况下承担刑事责任。成熟的管理人责任制度应当主要包括以下五个方面:一是行业协会的纪律处分,随着管理人队伍的发展壮大,建立专门的管理人行业协会是大势所趋,管理人行业协会可以参照律协的设计，对管理人的不当行为作出训诫、通报批评、公开谴责和取消会员资格的处分；二是司法行政机关的行政处罚，对管理人的行政处罚由司法行政机关根据破产当事人的检举控告、管理人行业协会的建议、法院的司法建议作出，主要包括警告、罚款、暂停执业、吊销执业资格、取消管理人资格等；三是司法强制性措施，由法院根据管理人违法行为的轻重，对管理人采取罚款、拘留等措施；四是民事责任，明确归责原则、追责程序等内容；五是刑事责任，或在我国《刑法》中增设与破产相关的罪名，或在我国《企业破产法》中明确相关罪名，这是未来立法需要解决的问题。

管理人评估考核机制是管理人制度的重要组成部分，梳理法院与管理人的关系，激励与约束并举，探索设计集多元化考评主体、动态化考评方式、精细化考评指标和功能化考评结果为一体的管理人评估考核机制是努力的方向。目前，该机制设计尚处于起步阶段，有待进一步征求各方意见并接受实践检验，其中存在的许多问题如配套机制的完善、考评结果的公开、管理人对考评结果的异议权等值得进一步探究。

破产管理人职业化进路研究*

钱　凯**

一个国家的经济发展，从根本上要靠供给侧推动。2016年中央经济工作会议明确指出，2017年是我国供给侧结构性改革的深化之年。以去产能、去库存、去杠杆、降成本、补短板为重点的供给侧结构性改革成为当前经济发展的重要任务，其中去产能位列五大任务之首，如何破解优化产能困境成为当务之急。破产制度作为保障市场在资源配置中起决定性作用的法律手段，可以促进市场要素的合理流动和配置，有利于降低市场成本，带动价格回归与企业利润增长，实现产业结构的优化升级。破产管理人制度作为有别于清算组的新型破产事务处理制度，其能否胜任职务，能否依法、公正、忠实执行职务，是否勤勉尽责，是破产程序能否顺利进行的重要因素。如何实现破产管理人职业化，提升破产管理人执业水平是我们亟须解决的问题。

* 本文系国家社会科学一般项目“破产管理人选任机制创新研究”(13BFX098)、西南政法大学2016年研究生科研创新计划项目“供给侧改革背景下‘僵尸企业’破产重整公司治理的路径探析”(2016XZXS174)的阶段性成果。

** 西南政法大学2016级民商法学博士研究生，南阳理工学院讲师，全国民政政策理论研究基地(南阳)助理研究员。

一、破产管理人职业化发展现状

作为破产事务的具体执行者,破产管理人制度在国外市场经济发达国家是一个较成熟的法律制度,其运行机制也较完善。我国现行破产法规定破产管理人制度,客观上规范了破产案件的法治化办理,对破产案件的办理起到了促进作用。但是,由于引入该项制度的时间较短、配套措施尚不够完善、职业化程度较低,导致出现背离立法初衷的现象。

一是法律未规定破产管理人自治管理事宜。我国《企业破产法》第 24 条规定了破产管理人的组成人员可以分为两类:一类是由政府有关部门或机构的人员组成清算组处理破产事宜;另一类是指定律师事务所、会计师事务所、破产清算事务所等社会中介机构的专业人士担任破产管理人。这就说明破产管理人组成人员职业类型存在多样化,担任破产管理人角色的人员并不是职业化的破产管理人,而是由国家机关工作人员或者是其他职业化的群体兼任,对他们来说,破产事务的办理属于从属性事务,导致现有的破产管理人缺乏足够的责任感和职业动力。

二是破产管理人专业素质普遍无法与破产案件相匹配。破产管理是一项涉及法律关系众多、利害关系复杂交错,并附随大量社会矛盾的庞大而复杂的工程,往往涉及法律实务、财务管理、经营管理、商业运作、处理社会矛盾等综合性实务,属于高度专业化、职业化的行业,对管理人在素质和能力方面有较高的要求和标准,应当具备复合型的知识和技能,而不是仅具有某些方面专业知识即可。如重整案件,要解决债务减免、延期清偿、股权调整、资产重组、改善经营管理、引进投资人等问题,这就要求破产管理人不仅熟悉法律知识,还要具有资本市场、企业经营管理等方面的知识和丰富经验。① 可是现实情况是,由于制度施行时间有限,现有的管理人队伍尚未实现真正的职业化、专业化。虽然根据最高人民法院《关于审理企业破产案件指定管理人的规定》(以下简称《指定管理人的规定》),各地均能严格编订管理人名册,依法依规科学择录,但囿于经济发展水平和专业素质所限,导致在司法实践中出现某些破产管理人难以胜任职务,严重影响破产案件办理效率。

---

① 参见王欣新:《破产管理人制度立法完善问题研究》,载《法治论坛》2010 年第 4 期。

三是破产管理人业务指导匮乏。一个行业的健康发展,需要高水平、高素质的人才队伍的引领,而队伍建设不仅在于行业从业者具备的专业素养,更需要通过后期专业知识的继续教育进行积累,管理机构进行业务培训与指导就是有效提升从业人员业务技能的重要手段。破产管理人作为新设的破产事务负责人,基于自身职责的重要性和经济发展的多变性,更需要不断地进行业务培训,学习新知识、新技能,更好地胜任破产事务。虽然在实践中部分法院对破产管理人的业务开展出台了相关规定,但是法律层面对于管理人业务指导与培训工作并没有相关制度予以规范,导致破产管理人业务机能提升有限,行业整体发展缓慢。

四是破产管理人自治管理缺位。俗话说,"无规矩不成方圆"。行业的发展,既需要从业者素质的优化,也需要加强行业自律,树立行业良好形象。行业的自我管理,实现行业自治,有效的手段就是成立行业协会。可是在目前,虽然部分地区成立了破产管理人协会,但是从全国范围来看,基本上还是处于各自为政的状态。既不能以团体的力量发表意见,也不能对从业人员形成自我管理,更无法对素质低下的破产管理人进行有效惩戒,实施有效的行业自律。

五是无产可破案件破产管理人报酬保障制度缺失。破产管理人的报酬一般是人民法院以债务人最终清偿的财产价值总额为基数,在一定比例范围内确定的。但是从目前来看,在全国范围内,有相当数量的破产案件几乎没有财产可供清偿,加上法律对于此类情形并没有明确的规定,导致破产管理人的报酬无法得到满足。这就严重挫伤了破产管理人从事破产事业的积极性,从长远来看,降低了破产管理人的职业荣誉感,不利于破产管理人职业团体的良性发展。

二、实施破产管理人职业化的必要性和可行性

破产管理人作为破产事务的主要执行者,其职业化程度的高低决定破产事务办理质量的优劣,深刻地影响着市场在资源配置中决定性作用的发挥程度。因此,在当前社会背景下建立全国性的破产管理人自治组织,实现破产管理人职业化有现实的必要性和可行性。

(一)破产管理人职业化的必要性

一是经济发展的需要。随着社会主义市场经济的建立,我国经济融入全球

化的进程逐步加快,经济发展容易受到外部波动的影响。经过长期的高速发展,我国经济增长从注重数量转向以质量建设为主,产业政策实施结构性调整,逐步实现换代升级。尤其是在当前实施供给侧结构性改革改革的浪潮下,去产能、去库存、去杠杆、降成本、补短板的要求,相当一批的企业由于高耗能、低产出的原因将逐步关停,经营陷入停顿,出现所谓的“僵尸企业”。如何顺利处置此类企业,单靠行政措施不仅不符合市场经济的要求,也不利于问题的有效解决。通过运用破产法,实施法治化处理,可以有效地解决此类问题。随着破产案件的增多,作为破产事务重要执行者的破产管理人需求更加旺盛,破产管理人的工作量大幅增加,对破产管理人的素质和能力有了更高的要求。破产管理人作为高度职业化的团体,实施团体自治、自我管理,提升职业素质和水平,有利于推动经济的良性发展。

二是社会治理的需要。在破产案件中,破产财产的管理和清算工作沉重繁杂,破产财产的分配涉及众多利益群体,破产企业职工的安置更是关系破产成败的重要环节。破产管理人作为破产事务的具体执行者,不仅应当具备丰富的司法实务经验和理财经营的管理才能,更要具有综合协调处理社会问题的社会责任,有义务、有责任安置好破产企业员工,维护社会稳定。破产管理人实施职业化,有助于提高执业水平和能力,实现社会的有序治理。

三是破产管理人自身建设的需要。破产管理人是提供破产服务的社会民间团体,从性质上来说是中介机构,而不是国家权力机关的附属组织,没有行政管理的职权与职责。作为社会中介机构,首要任务就是实现自治。由于社会经济发展日新月异,新政策、新问题不断出现,破产管理人需要不断学习,提升自己破产管理和服务水平,才能有效地推动破产事业的发展,而这些需要通过破产管理人自治组织才能更好地实现。因此,建立全国性的破产管理人协会,实施自治、自我管理、科学管理、奖惩结合、行业自律、净化队伍,提升业务水平,打造高精尖的破产管理人队伍,加强职业团体自身建设。

(二)破产管理人职业化的可行性

一是破产管理人制度理论研究趋于成熟。在我国,实施破产管理人制度的时间较短,实施时间不过 10 余年。但自 20 世纪 80 年代末,学界开始关注破产管理人问题,20 世纪 90 年代后成为国内学术界历久弥新的热门研究话题。近年来,对破产管理人制度的研究成果也很丰硕。通过中国知网(CNKI)资源总库检索(截至2016年年底),题目中含有“破产管理人”的学术论文达227篇,硕士学位论文达152篇,博士学位论文2篇。这些成果分别对破产管理人基本理论问题作了较全面系统的比较分析。其中黄锡生、刘伟光、杨姝玲等学者提出,破产管理人应当建立全国性的破产管理人协会作为自治团体,由破产管理人协会负责团体职业化建设事务,加强管理人自治管理,优化自身建设。可以说,实施破产管理人职业化的理论基础已经具备。

二是地方破产管理人协会自治实践的有益探索。虽然对破产管理人职业化问题在国家层面并没有予以回应,但是地方已经对破产管理人的自治管理进行了有益的探索。中国首个破产管理人自治组织广州市破产管理人协会2014年11月20日在广州率先成立。2015年8月河北省破产管理人协会成立,2016年1月温州市破产管理人协会成立,2016年5月济南市破产管理人协会成立,2016年12月17日厦门市破产管理人协会,2016年12月23日杭州市破产管理人协会成立。为了实现科学管理,上述破产管理人协会均制定了协会章程和具体的管理制度,完善了组织结构,为全国性破产管理人协会的建立提供了良好的实践。2016年5月中国破产管理人行业联盟在山东省济南市第二届山东破产法论坛上正式启动筹备工作,将会对建立全国性破产管理人协会产生巨大的推动作用。①

三是国家政策的外部支持。在当前,国家大力实行供给侧结构性改革,实现产业换代升级,需要研究制定全面配套的政策体系保驾护航。如何积极稳妥化解产能过剩,应当采取因地制宜的方针分类有序处置,破产法作为市场主体通过法治化手段自由退出的法律,可以有效地解决企业的发展困境,既可以通过重整使企业焕发生机,也可以通过清算使企业摆脱包袱、轻装上阵,开拓新的发展历程。这就为破产管理人的登台创造了条件,也促使破产管理人通过职业化提升管理水平。

---

① 参见项军权:《浅谈破产管理人协会的建立对完善破产管理人制度的作用》,载《第一届西部破产法论坛论文集》,重庆,2016年11月,第56页。

三、破产管理人职业化的路径比较分析

(一)国外

在国外,各市场经济发达的国家大都建立有职业化的破产管理人团体,其破产职业协会多是民间职业团体。从破产管理人职业化载体的职业团体名称来看,各国并没有统一的标准名称,基本上都是依据本国破产法实际予以命名的,但是也有不少类似之处。如破产组织联合会(the International Association of Insolvency Regulators,IAIR)的成员中有如下几类破产职业团体:如美国破产协会(American Bankruptcy Institute)和美国破产和重整咨询师协会(Association of Insolvency and Restructuring Advisors)。有的国家有明确的"破产执业人"名词的破产职业团体,如澳大利亚破产执业人协会(Insolvency Practitioners Association of Australia)、日本破产执业人协会(Japanese Federation of Insolvency Professionals)等。同时明确"破产执业人"和"重整"或"商业拯救"的破产职业团体的国家有英国商业恢复协会——R3 协会(Association of Business Recovery Professionals)、加拿大破产和重整职业协会(Canadian Association of Insolvency and Restructuring Professionals,CAIRP)、尼日利亚商业恢复和破产执业人协会(Business Recovery and Insolvency Practitioners Association of Nigeri)、斯里兰卡商业恢复和破产执业人协会(Business Recovery and Insolvency Practitioners Association of Sri Lanka)。在有些国家和地区有执照制度,只有那些经过授权或通过考试而具有破产执业资格的律师或会计师才具有担任破产管理人的资格,没有执照的没有被选任的资格,但是这些国家和地区一般没有独立的破产职业协会。①

在上述国家,破产案件基本上都由主管部门负责监管。美国是由隶属于联邦司法部的联邦破产托管人执行办公室负责执行和监督破产案件,下设 21 个地方办公室。加拿大是由隶属于工业部的破产管理署监督管理破产财产和相关事宜,下设 14 个地方办公室。澳大利亚是由隶属于证券与投资委员会的国家破产协调处负责对破产从业人员的行为进行监督。英国是由隶属于工商部的破产服

---

① 参见刘伟光:《中国破产管理人制度设计研究》,大连出版社 2009 年版,第 92 ~ 93 页。

务局负责对破产案件的宏观管理。① 当然,这些部门都与破产管理人职业协会合作在破产管理人建设上存在广泛的合作,共同促进破产管理人的职业化。以加拿大为例,CAIRP和加拿大政府机构破产管理署(Office of the Superintendent of Bankruptcy,OSB)一起在破产教育、准则制定、课程设置、提高破产制度水平方面进行合作。CAIRP和OSB合作向破产职业人员提供OSB公布的指令和政策说明的解释。CAIRP是加拿大破产职业资格项目(the National Insolvency Qualification Program,NIQP)的合作伙伴。1997年9月CAIRP和破产管理署签署备忘录,合作设立(加拿大)国家破产职业资格项目,NIQP项目的目的是使成为CAIRP的成员的要求与成为破产托管人的要求协调一致。NIQP项目提出了成为破产托管人的准则,使以后所有的注册破产和重整职业人士(Chartered Insolvency and Restructuring Professional,CIRP)都可以成为破产托管人,同时,所有的破产托管人必须是CIRP会员。②

关于破产管理人资格问题,大部分市场经济发达的国家基本上都是向政府承认的职业团体申请执业许可,或者直接向政府申请个人职业许可,而这些团体大部分是破产职业协会。具体来讲,各国规定又略有不同。如在英国,担任破产管理人需要具备积极资格(执照制度)、消极资格和利益冲突的要求,其中破产管理人必须具有工商部或其认可的职业团体颁发的执照,这些职业团体大部分是律师或者是注册会计师团体,破产管理人必须达到满足7家职业团体所要求的相关教育水平并通过规定的专业考试。在美国,所有私人托管人的申请资格由美国总检察长公布在28U. S. C. §586(d)和28C. F. R. §58.3上,但没有强制必须是律师或者是注册会计师团体。③

(二)国内

就破产管理人职业化而言,我国由于实行市场经济较晚,现行《企业破产法》引入破产管理人制度时间较短,没有规定破产管理人的自治问题,在实际生活中也没有形成全国性的破产管理人自治团体,破产管理人各自为政,松散式发展,职业化程度较低,不利于破产案件的办理质量和办理效率。

---

① 参见刘伟光:《中国破产管理人制度设计研究》,大连出版社2009年版,第101~102页。

② 同上书,第95页。

③ 同上书,第83~87页。

随着社会转型改革的深入，经济形势出现波动频繁，市场主体发展出现困顿的情形呈现出增多的趋势，在当前大力提倡供给侧结构性改革的形势下，对经营陷入困境的企业实施破产可以实现市场主体的自由退出，优化市场资源配置，为经济良性发展提供助力。破产企业的增多，需要更多高素质破产管理人的介入，呼吁建立破产管理人协会、实施破产管理人自治管理再次被提上议事日程，在此背景下，地方开始进行破产管理人职业化的"试水"，进行了有益的探索。如前所述，截至2016年年底，我国已经成立了一个省级和五个市级破产管理人协会。

根据《社会团体登记管理条例》第3条的规定，社会团体成立时必须有业务主管单位。① 因此，上述破产管理人协会在成立时基本上都选择了将本级人民法院作为自己的主管单位，这是由于目前我国并没有具体负责破产事务的行政机关。② 而我国现行《企业破产法》在破产管理人的选任模式上实行由人民法院指定，在管理人名册的制定、选任、报酬、更换、辞任、监督等方面受到人民法院的管理和监督，导致破产管理人在破产案件办理过程中受到人民法院的绝对控制，因此，选择由人民法院作为破产管理人协会业务主管单位有助于开展业务。

另外，2016年8月11日最高人民法院发布《关于在中级人民法院设立清算与破产审判庭的工作方案》，明确清算和破产审判庭的重要职责之一就是负责破产管理人队伍建设等相关工作。具体来讲，一是加强破产管理人队伍自身建设，实现素质和能力的提升；二是做好管理人分级管理工作，实现能力与任务相匹配；三是引入淘汰机制，实现有效监督。③ 此项工作方案的实施，进一步强化了人民法院作为破产管理人业务主管部门的地位。

在破产管理人资格的设置问题上，我国现行《企业破产法》也从积极条件④、

---

① 《社会团体登记管理条例》第3条规定："成立社会团体，应当经其业务主管单位审查同意，并依照本条例的规定进行登记……"

② 在我国香港特别行政在，规定由破产管理署作为主管部门，负责执行各项与破产和清盘相关的法定事务。

③ 参见《最高人民法院民二庭负责人就设立清算与破产审判庭答记者问》，载中国法院网：http://www.chinacourt.org/article/detail/2016/08/id/2055103.shtml，最后访问日期：2017年3月26日。

④ 我国《企业破产法》第24条第1款规定："管理人可以由有关部门、机构的人员组成的清算组或者依法设立的律师事务所、会计师事务所、破产清算事务所等社会中介机构担任。"该条第2款规定："人民法院根据债务人的实际情况，可以在征询有关社会中介机构的意见后，指定该机构具备相关专业知识并取得执业资格的人员担任管理人。"

消极条件①和利益冲突②三个方面进行了规定,对我国破产管理人的发展产生了良好的促进作用,但是由于规定较笼统,没有进行必要的细化,某些措施不具有可操作性,导致有些破产管理人并不能胜任破产管理事务的角色,对破产管理人职业化建设产生了不良影响。

(三)评析

综上所述,一些国家由于市场经济发达、法律比较完备,在破产法律事务方面经验丰富,实现了破产管理人的职业化,有力地促进了经济的良性发展。我国破产法律制度滞后于经济发展的要求,尤其是破产管理人职业化不足,尚未建立全国性的破产管理人职业团体,破产管理人来源多样化,任职资格较笼统,可操作性不强,并且在破产管理人协会主管部门的确立上存在司法权与行政权不分的现象,制约破产管理人的职业化良性发展。

四、我国破产管理人职业化的制度设计

(一)自治机构

作为破产管理人的全国性自治团体,应以“中国破产管理人协会”命名为宜。该协会应为民间职业团体,并非官方机构或政府机构。

破产管理人协会的建立,首要问题是确定业务主管单位。根据《社会团体登记管理条例》第6条第2款的规定,社会团体的业务主管单位应当是国务院有关部门和县级以上地方各级人民政府有关部门、国务院或者县级以上地方各级人民政府授权的组织。③ 这就说明现在试行的由人民法院作为破产管理人协会业务主管单位于法不符,违背有关法律的规定。按照《指定管理人的规定》,人民法

---

① 我国《企业破产法》第24条第3款规定:“有下列情形之一的,不得担任管理人:(一)因故意犯罪受过刑事处罚;(二)曾被吊销相关专业执业证书;(三)与本案有利害关系;(四)人民法院认为不宜担任管理人的其他情形。”

② 我国《企业破产法》第22条第2款规定:“债权人会议认为管理人不能依法、公正执行职务或者有其他不能胜任职务情形的,可以申请人民法院予以更换。”

③ 我国《社会团体登记管理条例》第6条第2款规定:“国务院有关部门和县级以上地方各级人民政府有关部门、国务院或者县级以上地方各级人民政府授权的组织,是有关行业、学科或者业务范围内社会团体的业务主管单位。”该条例第11条规定:“申请登记社会团体,发起人应当向登记管理机关提交下列文件……(二)业务主管单位的批准文件……”

院掌控破产案件办理的全过程，导致破产管理人过于关注法院的态度，而不是充分考虑破产案件中各方的利益。“不受制约的权力必然产生腐败。”法院拥有过多权力，再加上没有相应的制约机制作保障，容易形成利益团体，产生新的市场准入障碍，出现垄断现象，造成司法腐败，进而威胁我国市场经济制度基础。在破产案件中，作为中立方的人民法院与代表广大债权人利益的破产管理人之间仅仅在业务上存在合作关系，并无行政隶属上的“管理”关系，法院也不能既当裁判员又当运动员。[①] 因此，人民法院作为破产管理人的业务主管单位是不合适的。

目前，我国尚未明确具体的行政机关负责破产事务，鉴于破产事务较复杂，涉及经济发展和社会稳定，应当成立破产管理局具体负责全国破产事务的监督管理工作，由国家工商行政管理总局代管，这是由于破产企业的处置关涉市场秩序的运行和市场资源的配置，而国家工商行政管理总局负有“负责市场监督管理和行政执法的有关工作”的职责，由其监管可以实现公司的注册、管理和破产三方面内容统一由一个部门管理，可以共享信息、节约行政资源、提高办事效率。为了防止出现地方保护主义，不建议按照行政层级设置破产管理机构，应当参照审计署特派员办事处的模式，在全国范围根据工作需要设置若干破产管理局派出机构，负责各地破产事务的监督与管理。当然，破产管理局自然就成为破产管理人协会的业务主管单位。破产管理局指导破产管理人协会开展工作，破产管理人协会负责向人民法院推荐破产管理人，人民法院负责破产案件的审理工作，实现行政权和司法权的分别行使，相互制衡、相互协调，保证破产案件办理的公平、公正。

（二）工作职责

一般情况下，职业性团体基于发展和管理的需要，应当制定自己的宗旨和职责。[②]

---

① 参见陈夏红：《成立全国破产管理人协会刻不容缓》，载中国普法网：http://www.legalinfo.gov.cn/index/content/2016-08/17/content_6765157.htm，最后访问日期：2017年3月26日。

② 《社会团体登记管理条例》第14条规定：“社会团体的章程应当包括下列事项：……（二）宗旨、业务范围和活动地域……”

以加拿大破产和重整职业协会为例,[①]结合我国地方性破产管理人协会建设的经验,中国破产管理人协会的职责应当有以下几个方面:

1. 保障破产管理人依法执业,维护破产管理人的合法权益;

2. 总结、交流破产工作经验;

3. 制定行业规范和惩戒规则;

4. 组织破产管理人业务培训和职业道德、执业纪律教育,对破产管理人的执业活动进行考核;

5. 组织管理申请律破产执业人员的实习活动,对实习人员进行考核;

6. 向人民法院推荐破产管理人;

7. 对破产管理人及其所属中介机构实施奖励和惩戒;

8. 受理对破产管理人的投诉或者举报,调解破产管理人执业活动中发生的纠纷,受理破产管理人的申诉;

9. 代表中国破产管理人行业开展国际交往活动;

10. 法律、行政法规、规章以及破产管理人协会章程规定的其他职责。

破产管理人协会制定的行业规范和惩戒规则,不得与有关法律、行政法规、规章相抵触。

(三)资格及准入条件

作为高度专业化、职业化的团体,破产管理人应当是复合型人才,仅具有某方面专业知识和技能并不能胜任破产事务工作。根据破产工作的要求,可以将破产管理人任职资格区分为积极资格、消极资格和利益冲突三个方面。

1. 积极资格

积极资格是指担任破产管理人需要具备的能力,主要考虑的是胜任能力,一

---

① 加拿大破产和重整职业协会职责为:(1)作为协会,与破产管理署一起在破产教育、准则制定、课程设置、提高破产制度水平方面有不可替代的地位和责任;(2)与破产管理署合作向破产执业人员提供破产管理署公布的指令和政策说明的解释,选择托管人执照申请的面试委员会成员;(3)执行《行业行为准则》,建立行为纪律检查程序;(4)执行《执业实务标准》;(5)执行对本身治理结构的改革;(6)为协会总部工作人员开办破产管理培训班;(7)每年在6个城市举办继续教育研讨会;(8)宣传有关破产法律;(9)组织全国范围内的关于破产问题的研究和出版论文;(10)颁发资深注册破产和重整职业人士证书,以表彰对协会作出杰出贡献或对破产执业行业发展作出杰出贡献的会员;(11)成为国际性组织破产联合会(INSOL)的创始会员。参见刘伟光:《中国破产管理人制度设计研究》,大连出版社2009年版,第94页。

般要求具有财务、经营、经贸、法律等方面的知识。具体来讲包括:(1)企业经营管理能力,应当通晓管理学、经济学、会计学、财务管理和市场营销等方面的专业知识;(2)法律运用能力,应当通晓公司法、合同法、担保法和破产法等与市场经济联系紧密的法律知识;(3)谈判沟通能力,应当具有处理问题和沟通协调的实务经验。

2. 消极资格

消极资格是指不能担任破产管理人的情形,一般不涉及知识和技术等基本条件,主要是指破产管理人应当具有民事行为能力,在立法上一般采用否定形式进行列举,我国就是采用此种方式,①但是涵盖的情形不够全面。因此,应当明确规定不得担任破产管理人的情形:(1)因故意犯罪受过刑事处罚的;(2)曾被吊销相关专业执业证书的;(3)未经解除债务责任的破产人;(4)曾被法院判决宣告无民事行为能力和限制行为能力人的;(5)曾因渎职行为或不合资格行为而根据我国《公司法》被解除管理职务的人;(6)基于不正当行为违反大部分债权人真实意思的人;(7)不宜担任管理人的其他情形。

3. 利益冲突

利益冲突是指破产管理人应当具有中立性,与破产案件中任何利益人不得有利害关系。至于哪些属于利益冲突的情形,我国《企业破产法》并没有明确界定。一般情况下,破产管理人应当代表全体债权人利益公正处分破产财产,不得与破产案件中的债权人或债务人具有财产利益冲突关系。具体来讲,利益冲突应当包括:(1)曾经或现在代理着债权人、债务人的利益;(2)持有债权人或债务人证券的;(3)曾是债权人、债务人的工作人员;(4)曾是破产企业的债务人公司的或是担保人公司的股东、董事、监事、高管的破产管理人;(5)曾在破产企业申请前2年内是债务人的或该债务人的银行的董事、高管或工作人员;(6)曾在破产企业申请前3年内是债务人发行证券的证券公司的代理人或曾在债务人募集、销售或发行证券的过程中代表过证券公司;(7)破产财产有可能在未来对破产管理人有商业往来的人有不利诉求,或对破产管理人的亲属有不利诉求;(8)与破产申请人的法定代表人存在姻亲关系在内的堂兄弟姐妹序列以内的亲

① 我国《企业破产法》第24条第3款规定:"有下列情形之一的,不得担任管理人:(一)因故意犯罪受过刑事处罚;(二)曾被吊销相关专业执业证书;(三)与本案有利害关系;(四)人民法院认为不宜担任管理人的其他情形。"

属关系;(9)法律、法规和章程规定的可能存在利益冲突的情形。①

在准入条件方面,目前破产管理人主要是在律师和注册会计师中选任,鉴于目前部分破产管理人出现不能胜任的情形,应当严格破产管理人的准入条件。具体分两步走:第一步对律师和注册会计师进行“加试”,律师加试企业经营管理方面的知识,注册会计师加试法律方面的知识,考试合格后的律师和注册会计师才能担任破产管理人,过渡期以5年为宜;第二步待条件成熟时,根据破产管理人需要具备的专业知识和技能,组织统一的破产管理人资格考试,统一标准、严格管理。在获得破产管理人资格后,可以向全国破产管理人协会申请执业,经过实习期,进行必要的实务操作训练后,颁发破产管理人执业证书,具备向人民法院推荐担任破产管理人的资格。

五、结　　语

市场经济的良性发展,需要市场主体的自由流动。在当前供给侧结构性改革的背景下,破产法的功能和作用越发显得重要,破产管理人作为破产事务的具体执行者,其执业能力和业务素质的高低直接制约破产效果的优劣。实现破产管理人的职业化,建立破产管理人自治组织,实施自我管理,优化破产管理人队伍,有助于提升破产事务的办理质量和效率,促进社会经济的健康发展和社会治理的良性运转。但是,破产管理人的职业化并非仅仅靠成立破产管理人协会就可以完成的,需要各方面综合协调,充分发挥制度引领作用。这不仅是一个法律问题,也是一个经济问题,体现着国家治理理念与治理方式。破产管理人职业化任重而道远。

① 利益冲突情形参照美国《破产改革法》第5章、第7章的内容。

破产管理人分级制度的问题及完善建议

缪心毫[*]　夏旭丽[**]　何晓艳[***]

一、破产管理人分级制度：现实背景与目标导向

（一）分级制度的现实背景：破产管理人供给与需求的错配

我国《企业破产法》借鉴的破产管理人制度，在整个破产程序中具有非常重要的地位，破产程序能否顺利地开展进行，直接关系破产程序中债权人的合法权益能否得到切实的保障，直接决定了破产程序能否顺利进行。然而，破产管理人制度作为一项外来的新鲜制度，在司法实践过程中引发了许多问题，而其中最突出的问题则是破产管理人水平参差不齐，不适格的破产管理人无法及时、快速或者妥当地处理重大破产案件。作为对上述问题的解决方案之一，破产管理人分级制度的产生具有一定的现实合理性。破产管理人的分级制度，意在解决现行制度下破产管理人供给与需求的错配。

近年来，我国破产案件的大量增加。最高人民法院

---

* 温州大学法政学院副教授。
** 温州市瓯海区人民法院民事审判庭二庭庭长。
*** 温州市瓯海区人民法院民事审判庭二庭书记员。

公布的数据显示,2016 年我国共受理企业破产案件 5665 件,同比上升 53.8%;审结企业破产案件 3602 件,同比上升 60.6%。据估计,2017 年我国破产案件比 2016 年增长 50%左右。与破产案件相对应的是,破产管理人的数量变化不大,具体体现为管理人名册僵化。许多地方法院多年对名册不予调整,既不允许新的中介机构进入名册,也未清退不合格的破产管理人。①

破产管理人名册未进行调整具有一定的合理性,即针对当前的破产案件数量而言,现有的破产管理人数量是足够的。然而,这也导致了破产管理人供给的结构性短缺日益突显。破产管理人良莠不齐,处理破产案件的能力参差不一,而这种现象因为破产管理人的选任方式使问题进一步突出。

目前,我国《企业破产法》明确破产管理人由法院选任,除商业银行、保险公司、证券公司等金融机构或全国范围内重大影响、法律关系复杂的案件可以竞争方式产生外,其他破产案件破产管理人选任方式基本上采取轮候、抽签、摇号等方式随机产生破产管理人。随机产生破产管理人虽然具有一定的公平性,但其实际结果是导致破产管理人未必有足够的能力履行其作为管理人的职责。②

(二)破产管理人分级制度的目标导向

如时任最高人民法院审判委员会专委杜万华所言,对破产管理人进行分级管理,针对不同类型的破产案件从不同级别、资质的管理人名册中指定管理人,既有利于确保破产案件质量的提高和破产程序顺利进行,又有利于管理人队伍的发展壮大和整体素质提升。③ 最高人民法院对于破产管理人分级制度的导向性设置基本奠定了当前各级人民法院推进破产管理人分级制度的价值取向,但各法院又在此基础上进行了些许调整。

2013 年深圳市中级人民法院分布的《破产管理人分级管理办法》的目的是为完善管理人运行机制,促进管理人队伍的健康发展,保障破产审判工作的顺利进行。2016 年无锡市中级人民法院《破产管理人分级管理和选任办法》明确,破

---

① 近年来,随着破产案件的激增,许多地方法院相继对破产管理人名册予以调整。

② 参见李卓甫:《试论我国破产管理人制度的“违市场化”问题》,载《成都行政学院学报》2015 年第 3 期。

③ 参见杜万华:《大力有序推进破产审判工作》,载搜狐号网:http://mt.sohu.com/20160422/n445625089.shtml,最后访问日期:2017 年 3 月 11 日。

产管理人分级制度的目的是推动全市法院破产审判工作的开展、保障破产审判工作的进行、正确适用破产管理人制度。2013年浙江省高级人民法院《关于规范企业破产案件管理人工作若干问题的意见》则指出，其宗旨应该是为了公平、公正和高效审理企业破产案件，依法保护债权人、债务人和其他利害关系人的合法权益，确保企业破产案件管理人勤勉尽责、忠实履职，进一步推进浙江省市场化导向企业破产审判工作。2014年上海市高级人民法院《关于评定企业破产案件一级管理人的公告》则明确评定企业破产案件一级管理人目的是保障重大复杂破产案件的审理，确保审判质量和效率。

综合比较，最高人民法院及各地法院对破产管理人分级制度的认识，或者设计破产管理人分级制度的目的存在细微的差异。如上海市高级人民法院的目的主要是促进破产案件的顺利审理；杜万华专委、深圳市中级人民法院、无锡市中级人民法院的理念则是兼顾破产管理人与破产案件两方面，既促进破产管理人健康发展，又着眼于促进破产审判工作的顺利开展，其中前者的健康发展是促进破产审判工作顺利的有效手段。然而，综言之，上述法院对于破产管理人分级制度的设立却缺乏明确的指导思想。理念上的不明确，在一定程度上导致各法院在如何设置破产管理人制度方面存在思路上的混乱。浙江省高级人民法院相对明确地提出了破产审判工作的市场化导向，然而遗憾的是，尚没有建立明确的破产管理人分级制度。

二、破产管理人分级制度的具体实践分析

（一）破产管理人分级制度的实践方案

1. 考察的因素类型

在具体如何对破产管理人进行分级方面，各地法院设置了不同的考察因素类型。如最高人民法院《关于审理企业破产案件指定管理人的规定》明确指出，应根据社会中介机构的专业水准、经验、机构规模、初步报价等因素选拔破产管理人。深圳市中级人民法院提出，要由本院评审委员会根据破产管理人的执业能力、职业操守、工作绩效、勤勉程度等进行评定。河南省高级人民法院则规定，根据全省社会中介机构的实际情况，结合其执业业绩、能力、专业水准、社会中介机构的规模、办理企业破产案件的经验等因素制定评定标准。贵州省高级人民

法院则认为,应综合管理人的职业道德、业绩表现、破产案件数量等因素提出调整意见,并经院评审委员会讨论决定。2016 年山东省高级人民法院《关于更新企业破产案件管理人名册的公告》中规定,在对破产管理人进行分级时将考量社会中介机构的规模、执业能力、专业水准、业绩、办理企业破产案件的经验等。

2. 具体标准

然而,仅仅列明考察因素对于破产管理人分级制度的建立是远远不够的。目前,部分地方法院虽然明确了对破产管理人进行分级须考察的因素,但并未给予明确的分值或权重。如深圳市中级人民法院仅说明将管理人名册的社会中介机构分为一级、二级、三级管理人,但并未提供相应的具体标准,这在一定程度上给予了法院过大的决定权。

有的法院则进行了有益的尝试。如山东省高级人民法院《关于更新企业破产案件管理人名册的公告》规定,律师事务所的考察因素及所占分值如下:(1)执业人员规模 15 分;(2)从事过破产案件律师人员数 30 分;(3)办理破产案件数 30 分;(4)责任能力 10 分;(5)表彰奖励情况 15 分。满分 100 分。会计师事务所:(1)机构规模 15 分;(2)业务收入 25 分;(3)从事过破产案件人员数 25 分;(4)办理破产案件数 25 分;(5)表彰奖励 10 分。满分 100 分。破产清算事务所:(1)机构规模 15 分;(2)业务收入 25 分;(3)从事过破产案件人员数 25 分;(4)办理破产案件数 25 分;(5)责任能力 10 分。满分 100 分。

然而,遗憾的是,山东省高级人民法院仅明确了各项因素的分值,至于各因素如何根据具体情况进行赋值,文件对此并未予以任何规定。河南省高级人民法院的做法与之相类似,规定执业业绩重点考察近 3 年来执业总体情况及取得的荣誉奖励等,分值 30 分;能力、专业水准重点考察律师、注册会计师、其他职业人员(通过国家统一考试并获得证书的资产评估师、房地产评估师、土地估价师、税务师、证券从业资格人员等)的人数、从业年限等,分值 30 分;社会中介机构的规模重点考察注册资本、年收入(以纳税资料为据)等,分值 30 分;办理企业破产案件的经验重点考察办理企业破产案件数量、标的额、难易程度及绩效等,分值 10 分。①

笔者认为,相对而言,无锡市中级人民法院在确定破产管理人分级标准时所设置的条件更具有可操作性。如无锡市中级人民法院规定,具备以下条件可被

---

① 河南省高级人民法院:《关于更新企业破产案件管理人名册的公告》,2016 年 10 月 18 日。

评定为一级管理人:(1)从事破产管理工作3年以上;(2)承接破产案件、公司强制清算案件不少于10件次;(3)具备律师资质或注册会计师资质的从业人员不少于20人;(4)具备担任重大疑难复杂案件破产管理工作的能力。具备以下条件可被评定为二级管理人:(1)从事破产管理工作两年以上;(2)承接破产案件、公司强制清算案件不少于5件次;(3)具备律师资质或注册会计师资质的从业人员不少于15人;(4)具备担任疑难复杂案件破产管理工作的能力。[①]

南京市中级人民法院的规定与无锡市中级人民法院类似,一级机构管理人应当具备下列条件:(1)从事破产管理工作5年以上;(2)具有律师、注册会计师等资质的专职从业人数不少于30人;(3)担任破产清算案件管理人不少于10件次;(4)每年度履职评价均为良好等次以上;(5)具备从事重大、疑难、复杂破产案件管理工作的能力;(6)机构、破产管理团队成员在破产管理工作中,近3年没有违规行为;(7)机构、破产管理团队成员在破产管理工作中没有违法行为。[②]

3. 数量控制及动态末位淘汰

值得注意的是,部分法院在设定具体标准的同时与一级破产管理人的数量予以了控制,并辅之以动态末位调整制度。如无锡市中级人民法院规定,根据年度考核的得分名次,一级管理人的最后一名降级为二级管理人,二级管理人的最后三名降级为三级管理人,三级管理人则有可能被调整出破产管理人队伍。[③]

(二)案件分类:破产管理人分级制度的落脚点

破产管理人分级制度设置的初衷是为了有效地合理配置破产管理人资源,将能力欠缺的破产管理人排除在一些重大破产案件之外,从而提高破产案件处理的效率。因此,对破产案件进行合理的分类,并使各破产管理人得以处理相适应的破产案件,对于破产管理人分级制度目的的实现至关重要。

如无锡市中级人民法院规定,重大破产案件包括:(1)商业银行、证券公司、保险公司等金融机构破产案件;(2)上市公司破产案件;(3)本市、本省或全国范围内有重大影响且案情复杂的破产案件。[④]

---

① 无锡市中级人民法院:《无锡法院破产管理人分级管理和选任办法》,2016年8月17日。

② 南京市中级人民法院:《关于规范破产管理人工作若干问题的意见》,2015年9月9日。

③ 无锡市中级人民法院:《无锡法院破产管理人分级管理和选任办法》,2016年8月17日。

④ 同上。

其他地方的中级人民法院则在此基础对破产案件所涉金额、涉案人数等方面进行了补充规定。如南京市中级人民法院则规定,重大、疑难、复杂的破产案件的管理人,应当在一级管理人当中选择,其他破产案件的管理人可以在一级、二级或只在二级管理人中选择。重大、疑难、复杂的破产案件是指具有下列情形之一:(1)商业银行、证券公司、保险公司等金融机构破产;(2)上市公司被申请破产;(3)被申请破产企业注册资本5000万元以上;(4)被申请破产企业职工人数300人以上;(5)两个以上关联企业同时被申请破产,且总注册资本5000万元以上;(6)债权人人数50人以上,且债权总额超过1亿元;(7)其他存在重大、疑难、复杂情形的破产案件。①

有的地方法院则对案件的分类层级予以了拓展。深圳市中级人民法院规定,将破产案件分为重大复杂破产案件、普通破产案件和小额破产案件3类。一级管理人可以担任前款规定的3类破产案件的管理人,二级管理人可以担任除重大复杂案件之外的其他两类破产案件的管理人,三级管理人只能担任小额破产案件的管理人。重大复杂破产案件是指:(1)商业银行、证券公司、保险公司等金融机构破产案件;(2)上市公司破产案件;(3)本辖区、本省或者全国范围内有较大社会影响的破产案件;(4)债务人财产价值总额1亿元(含本数)以上的破产案件;(5)深圳市中级人民法院认为属于重大复杂的其他破产案件。普通破产案件是指债务人财产价值总额在100万元(含本数)以上、1亿元以下的破产案件。小额破产案件是指债务人财产价值总额在100万元以下的破产案件。②

贵州省高级人民法院则规定,符合下列情形之一的,为第一类案件:债务人的财产状况明确、有关财务会计报表完整且债权人人数在100人以上或破产财产价值、债务总额分别在1亿元以上;债务人的财产状况不明确、有关财务会计报表不完整且债权人人数在50人以上或破产财产价值、债务总额分别在5000万元以上;破产重整、和解案件;商业银行、证券公司、保险公司、公司制新型金融组织等金融机构破产案件;在全国或全省范围内有重大影响的破产案件。第二类案件标准:债务人的财产状况明确、有关财务会计报表完整且债权人人数在50人以上100人以下或破产财产价值、债务总额分别在5000万元以上1亿元以下;

① 南京市中级人民法院:《关于规范破产管理人工作若干问题的意见》,2015年9月9日。

② 深圳市中级人民法院:《深圳市中级人民法院破产案件管理人分级管理办法》,2013年5月16日。

债务人的财产状况不明确、有关财务会计报表不完整且债权人人数在 50 人以下或破产财产价值、债务总额分别在 5000 万元以下。第三类案件标准：债务人的财产状况明确、有关财务会计报表完整且债权人人数在 50 人以下或破产财产价值、债务总额分别在 5000 万元以下的。①

三、破产管理人分级制度的改进

(一)破产管理人分级标准的反思

1. 现存破产管理人分级标准的问题

如前所述，当前各地法院针对破产管理人分级制度设置了不同的规定。目前破产管理人分级标准的设置仍然存在诸多问题，破产管理人选任制度既有的缺陷在破产管理人分级制度上仍然被延续下来。

首先，法院在破产管理人分级标准及名册的具体设置方面的权力过大。目前不同法院在破产管理人分级标准不相一致。有些法院破产管理人分级标准较模糊，过于原则化，这在某种程度上使法院在遴选确定一级、二级破产管理人名册的自由裁量空间过大，其结果有可能导致与法院关系较好的破产管理人能够进入一级、二级破产管理人名册，而部分较优秀的中介机构因为缺乏与法院的良好关系而无法进入一级、二级破产管理人名册。如果说未分级的破产管理人名册制度使相对条件较好的中介机构均有机会进入名册并从事破产业务，那么分级制度如设置不当，则导致已入册的中介机构被人为地分化，部分较好的破产管理人可能因此无法参与重大疑难的破产案件。

其次，破产管理人分级标准的设置基本上沿袭了原有的破产管理人名册的准入标准。一级、二级破产管理人基本排除了自然人作为破产管理人的可能性，这与欧盟各成员国法律采用以自然人担任破产管理人为主导的模式形成了鲜明的对比。如比利时法律明确规定，律师只要是比利时律师协会的成员，受过专门培训，具备处理破产领域事务的能力，即可成为破产管理人。②

笔者认为，律师事务所、会计师事务所对具体专业人士的办案水平依赖度较

① 贵州省高级人民法院：《破产管理人管理制度》，2015 年 3 月 27 日。
② 转引自种林：《破产管理人选任制度：中欧比较研究》，载《政法论丛》2015 年第 4 期。

高,由于律师事务所、会计师事务所等中介机构人员流动的自由度较大,破产管理人办理破产案件的能力与水平因破产团队带头人或者整个破产团队的“跳槽”而发生较大的变化,而破产管理人分级标准以机构作为单位,往往不能及时有效地根据具体人员的变动而调整其相应的级别。

2. 建议方案

基于如上问题,笔者以为可以从如下方面进行优化:

首先,优化评价机制,增加破产案件相关利益方的评价在破产管理人分级标准中的比重。破产案件相关利益方的评价,尤其是破产案件债权人的评价,能够相对更准确地反映破产管理人在破产案件中的重要性。法院可同时辅之第三方评价机制,引入客观、独立的第三方对破产管理人办理破产案件的相关档案等情况进行评价,并将其评价作为衡量破产管理人履职情况及履职能力的重要参考。

其次,适当考虑将部分具有较高水平的自然人破产管理人纳入一级、二级破产管理人中。换言之,着重根据自然人破产管理人的履职能力、履职情况等情况进行评价,并赋予其参与处理重大破产案件的机会。相对于直接以机构为单位作为分级评价对象,以自然人破产管理人为评价对象,能够更为精准地衡量破产管理人的管理能力。为弥补自然人破产管理人可能存在单独的管理能力不足这一问题,法院可设置相对较高的标准,并要求自然人破产管理人与其他破产专业人士组成联合破产管理团队。

(二)破产管理人分级动态调整之末位淘汰制的反思

1. 破产管理人分级动态调整的末位淘汰制存在的问题

对破产管理人分级进行动态调整,相对于原来保持稳定的破产管理人名册来说,是一项进步。部分法院拟对分级后的破产管理人实施末位淘汰制,如一级破产管理人的最后一名降到二级破产管理人,二级破产管理人的最后一名则降到三级破产管理人;反之,二级管理人第一名可升为一级破产管理人。

末位淘汰制的好处在于:一则有助于维持一级、二级破产管理人数的稳定性;二则有助于在破产管理人间形成有效的相互竞争氛围,能够刺激破产管理人提高水平。

然而,末位淘汰制的问题也是显而易见的。根据末位淘汰制,破产管理人被降级的依据并非其处理破产案件水平的高低,而是其在同一级的破产管理人群中的序列。换言之,破产管理人维持一级或二级破产管理人的身份,不在于其自身处理破产案件水平的绝对高度,而在于其相对于同一级里最差的破产管理人的高度。假设同一级的破产管理人水平均较高,则即使排名最后一名,也是可以胜任相对应难度的破产案件,没有降级的必要;反之,如同一级的破产管理人水平均相对较差,则末位淘汰制仍然未能有效地剔除不合格的破产管理人。

同时,末位淘汰制意味着破产管理人淘汰标准的模糊性。破产管理人无从得知维持或进阶破产管理人的客观标准,也无从据此有针对性地提高或改善自己的破产管理水平。法院因而获得了较大的自由裁量权,从而为部分破产管理人"寻租"提供空间。

2. 建议方案

笔者以为,末位淘汰制反映了法院保持破产管理人队伍相对稳定的审慎态度在破产管理人分级制度上的延续,应予以调整,具体做法可作如下考虑:

首先,建立破产管理人年度考核的客观标准。在建立破产管理人分级的客观标准的同时,建立破产管理人年度考核的标准,综合考虑破产管理人在过去一段时间内的具体办理破产案件的勤勉程度、办案效果、各方评价以及处理破产案件水平的变动情况,以百分制衡量其水准。

其次,改变破产管理人级别数量恒定的僵化做法,一级、二级破产管理人数量的多寡根据前述年度考核的结果予以调整,如考核结果达到优秀级别的,则可以调整为上一级别的破产管理人,考核结果不合格的,则调整为下一级别的破产管理人。

(三)案件分类标准的反思

1. 案件分类标准存在的问题

破产案件分类标准的合理性,是破产管理人分级制度发挥应有功能的保障。第一、第二类案件,或者仅一级、二级破产管理人可以从事的破产案件,如果其标准过于宽泛,则意味着大量的破产案件为少数一级、二级破产管理人所垄断。反之,如果标准过于严苛,则可能导致破产管理人分级制度失去其应有的区分意义。

贵州省高级人民法院规定的二类案件标准之一,为破产财产价值 5000 万元以上 1 亿元以下,破产财产价值为 5000 万元以下的,则属于第三类案件,所有的破产管理人均可参与办理。与之形成鲜明对照的是,深圳市中级人民法院规定的二类案件标准之一,为债务人财产价值100万元以上1亿元以下,债务人财产价值低于100万元的破产案件则被认定为小额破产案件,可由三级破产管理人办理。考虑到贵州省经济发展水平与深圳市的差异,贵州省高级人民法院设置的5000万元金额标准过高,二级、三级破产管理人的区分意义不大,而深圳市中级人民法院所设置的100万元金额标准则过低,在事实上极大地剥夺了三级破产管理人参与破产管理的机会。这从一个方面反映了各地法院设定案件分类标准时过于随意。

2. 政策建议

笔者以为,针对既有各地法院的做法,可作如下调整:

首先,案件分类的层级不宜过多。破产管理人分级,以及破产案件的分类,其主要目的是确保部分重大复杂的破产案件能够交由具有胜任能力的破产管理人担任。就这个意义而言,只要合理设置一级破产管理人,并相对应地设定一类案件标准,即可实现上述目的。层级过多,反而有可能造成适用上的困难。

其次,对于一级破产管理人以外的其他破产管理人,法院可考虑采取分级制以外的办法,如设定详细的评分细则,并根据评分结果进行排序,从而确定破产案件的破产管理人。如重庆市高级人民法院出台的《关于以竞争方式选任破产管理人的评分细则(试行)》并未采取破产管理人分级制度,分别从专业水准(20分)、从业经验(50分)、机构规模(10分)、现场评价得分(20分)等方面进行评分,并在此基础上以竞争方式选任破产管理人。①

① 重庆市第五中级人民法院:《关于以竞争方式选任破产管理人的评分细则》,2016年8月22日。

图书在版编目(CIP)数据

破产法论坛. 第十五辑 / 王欣新, 郑志斌主编. --
北京 : 法律出版社, 2019
(破产法文库 / 王欣新主编)
ISBN 978 - 7 - 5197 - 3443 - 5

Ⅰ. ①破… Ⅱ. ①王… ②郑… Ⅲ. ①破产法 - 中国
- 文集 Ⅳ. ①D922. 291. 924 - 53

中国版本图书馆 CIP 数据核字(2019)第 083305 号

破产法论坛(第十五辑)
POCHANFA LUNTAN(DI SHIWU JI)

王欣新 郑志斌 主编

策划编辑 沈小英
责任编辑 沈小英 张泽华 毛镜澄
装帧设计 马 帅

出版 法律出版社
总发行 中国法律图书有限公司
经销 新华书店
印刷 固安华明印业有限公司
责任校对 郭艳萍
责任印制 吕亚莉

编辑统筹 法治与经济出版分社
开本 710 毫米 × 1000 毫米 1/16
印张 36
字数 630 千
版本 2019 年 6 月第 1 版
印次 2019 年 6 月第 1 次印刷

法律出版社/北京市丰台区莲花池西里 7 号(100073)
网址/www. lawpress. com. cn
投稿邮箱/info@ lawpress. com. cn
举报维权邮箱/jbwq@ lawpress. com. cn
销售热线/010 - 83938336
咨询电话/010 - 63939796

中国法律图书有限公司/北京市丰台区莲花池西里 7 号(100073)
全国各地中法图分、子公司销售电话:
统一销售客服/400 - 660 - 6393
第一法律书店/010 - 83938334/8335
西安分公司/029 - 85330678
重庆分公司/023 - 67453036
上海分公司/021 - 62071639/1636
深圳分公司/0755 - 83072995

书号:ISBN 978 - 7 - 5197 - 3443 - 5
定价:188. 00 元